Volker Mehnert

SÜDWESTEN
Utah, New Mexico, Arizona, Süd-Colorado / USA

VERLAG MARTIN VELBINGER

Erhältlich im Buchhandel oder gegen Voreinsendung von DM 46,- auf das Postgirokonto München, Konto-Nr. 2o 65 6o-808, BLZ 7oo 1oo 80 oder gegen Verrechnungsscheck im Brief.

VERLAG MARTIN VELBINGER, Bahnhofstr. 1o6, 82166 Gräfelfing/München

Anreise

generelle Übersicht 9

Anreise Flug 9
Zielairports im Südwesten 9
Preis/Zeitkalkulation 10
ANREISE VIA NEW YORK 11
ANREISE VIA KALIFORNIEN bzw. LAS VEGAS . 12

Anreise Zug 12

Anreise Bus 18

Anreise Auto ab Ostküste 19
Wichtigste Straßen-Verbindungen
Ostküste zum Südwesten der USA 20

Transport im Südwesten

generelle Übersicht 21

Mietwagen 21
Preise 21
Auswahl 21
Motorrad 23
Wohnmobile 23
Autofahren im Südwesten 24
Tanken 25
Highways/Interstates/Freeways 25
Parken 26
Sonderregelungen 27

Überlandbusse 28
Ameri-Pass 29
Stadtbusse 29

Zug 30
Strecken 30
Museums- Züge 31

Taxi 33

Flug 33
Airports 33
Flugpreise 33
Die wichtigsten US-Airlines und ihre Vertretungen in
Deutschland, der Schweiz und Österreich 34

Fahrrad 36

Trampen 36

Allgemeine Tips

Einreise...39/ Zollbestimmungen...39/Tourist Info...39/ Post...40/
Telefon...41/ Geld...43/ Klima...45/ Reisezeiten...46/ Gesundheit...46/
Sicherheit...47/ Alkohol...48/ Sprache...48/ Masse und Gewichte...48/
Elektrizität...49/ Zeitzonen...49/ Datum...49/ Öffnungszeiten...50/
Reservierungen...50/ Feiertage...50/ Feste & Festivals...51/ Kinder...51/
Senioren...52/ Behinderte...52/ Fotografieren und Filmen...53/
Shopping...53/ Souvenirs...54/ Radio...55/ Fernsehen...55/
Zeitungen...56/ Kleidung...56/ Highlights...57/

Unterkunft

Hotels	61
Motels	62
Inn	65
Resort	65
Bed & Breakfast	66
YMCA/YWCA	68
Jugendherbergen	68
Camping	68
Wohnmobile	69

Essen und Trinken

Fast Food	71
Southwestern Cuisine	71
Einwanderer-Küchen	74
Alkoholische Getränke	74
Mahlzeiten	76
Selbstversorger	77
Kleines Küchen-ABC	77

Sport

Ski alpin	81
Ski Langlauf	82
Kanu/Kajak	83
Rafting	83
Schwimmen und Baden	83
Wasserski	83
Angeln	83
Tennis	83
Golf	84
Reiten	84
Jogging	84
Radfahren	84
Ballonfahren	84
Wandern	84
Zuschauer-Sport	86

Natur und Umwelt

Canyons	89
Mesas	91
Wüste	91
Wasser	93
Bisons	96
Dickhornschafe	97
Grizzly Bären	97
Braunbären	97
Klapperschlangen	98
Gila-Krustenechsen	99
Taranteln und Skorpione	99
Koyoten	100
Pumas	100
Stachelschweine	101
Nationalparks	101

Indianer - Kulturen

Hohokam	105
Salado	106
Mogollon	107
Sinagua	108
Anasazi	109
Archäologie	111
Pueblo-Indianer	113
Hopi	115
Navajo	117
Apachen	119
Pima/Papago	120
Ute/Paiute	121
Indianerpolitik der US-Regierung	122
Indianer heute	123

Geschichte 125

Literatur 155

ARIZONA
COLORADO PLATEAU

Kingman 161
Route 66 166
Williams 168
Flagstaff 168
Walnut Canyon Nat. Monument 176
San Francisco Peaks 176
Sunset Crater Nat. Monument . 178
Wupatki Nat. Monument 178
San Francisco Volcanic Field .. 180
Little Colorado River Gorge.... 180
Grand Canyon 181
Arizona Strip 201
Lake Powell 202
Page 204
Tuba City 204
Kayenta 205
Navajo Nat. Monument 205
Monument Valley 207
Canyon de Chelly Nat. Monument 209
Window Rock 214
Petrified Forest Nat. Park 216
Holbrook 219

ZENTRAL - ARIZONA

Sedona 223
Montezuma Castle Nat. Monument 228
Camp Verde 229
Tuzigoot Nat. Monument 230
Clarkdale 231
Jerome 232
Prescott 233
Phoenix 239
Umgebung von Phoenix 255

SÜDOST - ARIZONA

Florence 266
Apache Trail 268
Tonto Nat. Monument 270
Globe 270
Miami 272
White Mountain Apache Indian Reservation 273
Highway 666 273
Old West Highway 275
Willcox 276
Fort Bowie Nat. Monument 278
Chiricahua Nat. Monument..... 279
Douglas 280
Bisbee 281
Coronado Nat. Memorial 283
Sierra Vista 283
Tombstone 284
Nogales 289
Tucson 292
Umgebung von Tucson 309

SONORA WÜSTE

Kitt Peak 322
Ajo 323
Organ Pipe Cactus Nat. Monument 325
Ajo Mountain Drive 326
Puerto Blanco Drive 326
Yuma 328
Lake Havasu City 335

NEW MEXICO
HIGH DESERT

Gallup 339
Red Rock State Park 341
Zuni Pueblo 341
El Morro Nat. Monument 341
Grants 342
El Malpais Nat. Monument..... 344
Highway 117 345
Acoma Pueblo 345
Laguna Pueblo 346

Chaco Culture Nat. Historic
  Park 346
Salmon Ruins 350
Farmington 350
Aztec 353
Aztec Ruins...................... 353
Shiprock 355
Albuquerque.................... 357
Santa Fe......................... 371

SOUTHERN ROCKIES
Pecos Nat. Historical Park 385
Los Alamos...................... 391
Bandelier Nat. Monument 394
Puye Cliff Dwellings............ 396
Española 397
Taos 398
Enchanted Circle................ 407

THE PLAINS
Raton.............................. 411
Capulin Volcano Nat. Mon..... 414
Fort Union....................... 415
Las Vegas........................ 416
Montezuma 420
Tucumcari 420
Santa Rosa....................... 420
Fort Sumner..................... 420
Clovis 421
Portales 422
Roswell 422
Artesia 422
Hobbs............................. 422
Carlsbad 423
Carlsbad Caverns Nat. Park.... 425

SÜD - NEW MEXICO
Salinas Nat. Monument......... 429
Socorro 432
The very large Array 436
Silver City 438
Pinos Altos 441
Gila Cliff Dwellings Nat. Monument.......................... 443
City of Rocks State Park........ 444

Lordsburg 444
Shakespeare 444
Stein's Ghost Town............. 445
Deming........................... 445
Columbus........................ 446
Las Cruces...................... 447
Mesilla 447
White Sands Nat. Monument .. 448
Alamogordo 449
Sacramento Mountains.......... 451
Sacramento Peak................ 453

SÜDWEST - COLORADO
Durango.......................... 456
Ignacio 461
Chimney Rock 461
San Juan Skyway............... 462
Mesa Verde Nat. Park.......... 463
Cortez............................ 469
Dolores........................... 471
Hovenweep Nat. Monument ... 471
Ute Mountain Tribal Park....... 472
Four Corners Monument 473

UTAH
Salt Lake City................. 475

NORDWEST - UTAH
Logan 495
Ogden 502
Sagebrush Country.............. 507
Tooele............................ 507
Park City........................ 509
Heber City....................... 511
Alpine Loop 512
Sundance 512
Timpanogos Cave Nat. Monument.......................... 513
Provo............................. 514
Utah Lake........................ 515
Fillmore.......................... 515
Beaver............................ 515
Parowan 516
Springville....................... 516

Fairview 516
Spring City 516
Manti 517
Sigurd 517

NORDOST - UTAH

Vernal 519
Dinosaur Nat. Monument 521
Flaming Gorge 523
Price 526
Castle Dale 529
San Rafael Swell 529
Nine Mile Canyon 529

SÜDOST - UTAH

Green River 533
Moab 534
Arches Nat. Park 538
Colorado River Canyons 540
Canyonlands Nat. Park 541
Dead Horse Point State Park ... 542
Monticello 548
Natural Bridges Nat. Mon 553
Lake Powell 555
Hanksville 558
Goblin Valley 558

SÜDWEST - UTAH

Capitol Reef Nat. Park 559
Highway 24 562
Scenic Drive 563
Bryce Canyon Nat. Park 568
Cedar Breaks Nat. Monument . 574
Cedar City 578
St. George 579
Zion Nat. Park 580
Kanab 587

INDEX 590

ANREISE  Flug

Retourflüge ab EUROPA in den SÜDWESTEN der USA sind derzeit je nach Saison und Angebot sowie Route ab ca. 1.3oo - 2.2oo DM möglich.

Derzeit keine Direktflüge ab Europa zu den Metropolen des Südwestens der USA. Daher ist Umsteigen in den USA nötig:

1.) AMERIKANISCHE AIRLINES: fliegen ab Europa über den Atlantik zu ihrem jeweiligen Drehkreuz in den USA und von dort sternförmig weiter zum jeweiligen Ziel (so auch Städte des Südwestens). Die jeweilige Airline abprüfen, inwieweit kein hoher Zeitverlust bei Warterei auf Anschluß im betreffenden "Drehkreuz" entsteht.

   DELTA fliegt z.B ab Europa zu den Drehkreuzen New York und Atlanta, - AMERICAN AIRLINES nach Chicago und Dallas, - UNITED nach Denver.

2.) EUROPÄISCHE AIRLINES: Lufthansa und Swiss Air fliegen ab Europa direkt nach z.B. New York oder Chicago. Dort Anschluß mit inneramerikanischen Airlines in den Südwesten der USA.

   Direktflüge ab Europa nach Los Angeles/Kalifornien (z.B. mit Lufthansa ab Frankfurt) bzw. mit Condor nach Las Vegas. Ab hier u.a. Arizona bequem per Mietwagen zu erreichen sowie Rundtouren.

Welche Airline-Connection die günstigste ist, hängt daher von den Anschlüssen und der Warterei am jeweiligen USA-Umsteigepunkt ab, - aber auch von den Preisen (siehe unten).

ZIELAIRPORTS im SÜDWESTEN:

Welchen Zielflughafen man wählt, hängt von der geplanten Reiseroute ab. Beschränkt man sich auf jeweils einen der Bundesstaaten, dann bietet sich natürlich die entsprechende Metropole an.

Für Rundreisen durch den gesamten Südwesten dürften wegen zentraler Lage und guter Verkehrsverbindungen vor allem Phoenix und Albuquerque in Frage kommen. Wer auch Teile von Südkalifornien in die Reise einbaut, ist mit Los Angeles oder Las Vegas gut beraten.

* PHOENIX: größter Airport im gesamten Südwesten mit hervorragenden regionalen und landesweiten Anschlüssen. Bester Ausgangspunkt für Touren durch Arizona und in die Grand Canyon Region. Außerdem günstig für große Rundfahrten durch den Südwesten.
* TUCSON: ideal für Touren im südlichen Arizona und New Mexico sowie für Abstecher nach Mexiko.
* ALBUQUERQUE: bester Einstieg für Reisen durch New Mexico und ins südwest-

liche Colorado. Günstig auch für eine Rundtour auf dem GRAND CIRCLE zu den vielen landschaftlichen und kulturellen Sehenswürdigkeiten im Grenzgebiet der vier Bundesstaaten New Mexico, Colorado, Utah und Arizona.

* SALT LAKE CITY: zwar gute Flugverbindungen in alle Teile der USA, für Reisen durch den Südwesten allerdings in einer etwas ungünstigen Randlage. Empfehlenswert für Touren, die sich auf Utah und die Grand Canyon Region beschränken und evtl. den Yellowstone National Park in Wyoming mit einschließen sollen.
* DENVER: ebenfalls relativ abgelegen als Ausgangspunkt für Touren im Südwesten. Lohnt als Einstieg nur, wenn auch die Rocky Mountains von Colorado auf dem Programm stehen. Für Südwest-Colorado empfiehlt sich dagegen eher eine Kombination mit Teilen New Mexicos und Utahs, Ausgangspunkt Albuquerque.
* LAS VEGAS/Nevada: hat den Vorteil einer Nonstop-Direktflugverbindung ab Frankfurt nach Las Vegas (derzeit mit "Condor") und bietet sich an als Beginn für Reisen auf dem Colorado Plateau (Nord-Arizona und Süd-Utah) mit anschließender Tour durch die kalifornischen Wüsten. Dazu das Glitzer- und Neon-Flair der weltberühmten Spielerstadt.
* LOS ANGELES: auch hier Nonstop-Direktflugverbindungen (z.B. ab Frankfurt mit "Lufthansa") nach L.A. Abgesehen vom lohnenden Aufenthalt in der Westküsten-Metropole besteht von dort die Möglichkeit einer attraktiven Wüstentour: durch Süd-Kalifornien und die Sonora Wüste in Arizona. Leicht realisierbare Abstecher auch nach Las Vegas und in die Grand Canyon Region. Ausführliche Details und jede Menge Tips zu Los Angeles, Südkalifornien und Las Vegas im VELBINGER Bd. 53, Kalifornien.

PREIS / ZEITKALKULATION:

Es gibt eine Fülle von preisgünstigen Flügen in die USA, - gehandelt in normalen Reisebüros sowie in sogenannten "Billigflugbüros".

Am besten Zeitungsannoncen (Reiseteil der großen Tageszeitungen wie SZ, FAZ, Welt etc.) sowie die Anzeigen der jeweiligen Stadtzeitungen studieren. Hier vermarkten die sogen. "Billiganbieter", aber auch reguläre Airlines über den Umweg von Reisebüros ihre preisgünstigen Tickets. Rumtelefonieren und Preisvergleich lohnt.

* Das billigste Flugticket ist unterm Strich nicht unbedingt das günstigste. Manchmal lange Wartezeiten beim Umsteigen auf der USA- Drehscheibe.

  Oder aber Flugverbindungen z.B. asiatischer Airlines, die in Europa u.U. mit Verspätung den Transatlantik- Flug nach USA antreten, womit man u.U. den Anschluß beim Umsteigen in den USA verpaßt (Warterei oder Übernachtung). Weiterhin gibt es Tickets, die so umständlich mit Umsteigerei konstruiert sind, daß man bis zu 24 Std. unterwegs ist.
* Direktflüge z.B. Frankfurt -> Las Vegas oder -> L.A. sparen Zeit. Tip sind hier derzeit u.a. die Condor sowie LTU nach Las Vegas. Verschiedene internat. Airlines (z.B. Lufthansa) fliegen nonstop ab Europa nach Los Angeles. Ob derartige Flüge jedoch preisgünstig (z.B. "Holiday Tarif") sind wäre abzuprüfen.
* Gabelflüge: z.B. hinwärts nach Phoenix oder Los Angeles, retour ab Albuquerque bei

manchen Airlines ohne (oder bei nur geringem) Aufpreis möglich. Für Rundreisen praktisch und spart Zeit.

* <u>Ticketgültigkeit/Reisesaison</u>: während die eine Airline bereits den günstigeren Saisontarif anbietet, - gilt bei der anderen Airline noch der teurere Tarif. Ebenso gibt es bei den Airlines unterschiedliche Ticketgültigkeit - sowie unterschiedliche Möglichkeit der nachträglichen Umbuchung des Flugtermins. Bei manchen Airlines ist die nachträgliche Umbuchung nicht möglich oder nur gegen entsprechenden Aufpreis, der je nach Airline von "preiswert" (ca. 1oo DM) bis "saftig" ausfällt. Auch hier lohnt der Vergleich.

* <u>Flugtermine</u>: definitive Engpässe bestehen um die Weihnachtstage und Ostern. Hier nicht nur höhere Tarife, sondern auch ohne langfristige Vorreservierung meist keine Chance, einen Platz im Flugzeug zu bekommen. Für die Sommermonate gilt: höhere Preise und gewisse Engpässe; wer jedoch nicht auf bestimmte Tage sowie an bestimmte Airline gebunden ist, bekommt in der Regel irgendwo noch Platz im Jet.

Bezüglich Preis und freie Sitzplätze sind die günstigsten Monate: Mitte Okt. bis Mitte Dez. und Febr. bis Mai (ausgenommen Ostern).

WIE KOMMT MAN AN GÜNSTIGE TICKETS?
Die Szene der "Billigtickets" ist zwischenzeitlich perfekt organisiert. Die sogenannten "<u>Studenten</u>- und <u>Billigflugbüros</u>" gibt's in allen größeren Städten. Sie annoncieren ihre Angebote in den dortigen Stadtzeitungen, - aber auch im Reiseteil überregionaler Zeitungen wie Süddeutsche, Zeit etc.

Die Billigflugbüros stehen in ungeheurem Konkurrenzkampf untereinander und unterbieten sich nicht selten hart an ihrer unteren Verdienstgrenze.

Darüber hinaus werden die <u>Billigtarife</u> auch per Computerverbund in fast allen anderen <u>Reisebüros</u> angeboten. Man kommt also selbst in kleinen Vorstadt- Reisebüros oft an erstaunlich günstige Tarife, die sich kaum von denen der "Billigflugbüros" unterscheiden. Dies beim Vorteil, daß man nicht umständlich in die Innenstadt zum sogenannten "Billigflugbüro" fahren muß, sondern sich "ums Eck" das Ticket abholt.

In jedem Fall gilt aber: Preise und Bedingungen der Angebote vergleichen.

Anreise via New York

Zwar gibt's extrem günstige Flugpreise ab Europa über den Atlantik bis <u>New York</u> (in Billigflugbüros je nach Saison retour ab ca. 7oo DM). Zusammen mit einem vor Ort in New York gekauften Flugticket in den Südwesten der USA reist man meist aber teurer, als wenn man gleich ab Europa die Gesamtstrecke kauft.

Der Einstieg via New York oder Miami/Florida lohnt daher nur, wer zusätzlich diese Regionen in die Reise einbauen möchte plus Trip quer durch die USA per Bus/Zug/Flug mit entsprechenden Zwischenstops.

Heißer Tip in Bezug "Erlebnis der Entfernungen" und "Ausdehnung der USA" ist insbesondere der <u>ZUG</u> quer durch die USA. Bester Einstieg hier Chicago oder Miami. Alle Details siehe Kapitel "Anreise Zug".

Anreise via Kalifornien bzw. Las Vegas

Bei genügend Urlaubszeit keine schlechte Idee. Es gibt ganzjährig jede Menge an Billigflügen von Europa nach <u>Los Angeles</u> und <u>San Francisco</u> - sowie mehrere preisgünstige Direktflüge nach <u>Las Vegas</u>. Die Retourpreise bewegen sich je nach Saison zwischen ca. 1.000 - 1.800 DM. Hier besteht die Möglichkeit, Südkalifornien plus den Südwesten zu kombinieren. Tip allerdings nur, wenn man über genügend Urlaubszeit verfügt. Die Ausdehnungen sind gewaltig, und die möglichen Stops sowie Sehenswürdigkeiten umfangreich.

Als <u>Anreisevariante</u> insofern Tip, da es zu o.g. Destinationen ein größeres Angebot an preisgünstigen Flügen gibt - die man nutzt, um den Südwesten zu erreichen. Wer jedoch beide Regionen (Südkalifornien und den Südwesten der USA) intensiv auskosten möchte, braucht Zeit. Im Minimum 2 Monate oder mehr.

Flugverbindungen: täglich ab sämtlichen Einstiegspunkten der US- Drehscheiben (New York, Miami, Atlanta, Chicago, Denver etc.) häufig nach -> Salt Lake City, -> Phoenix, -> Tucson oder -> Albuquerque.

Ebenso tägl. häufig nach -> Los Angeles und Las Vegas. Wer mehrere Städte anfliegen möchte, ist unter Umständen mit einem der US- Airpässe billiger bedient. Da sich die Bedingungen ständig ändern, - am besten ein gut informiertes Reisebüro aufsuchen und die günstigsten Tarife recherchieren.

ZUG
Zwar nicht die billigste und schnellste Anreise, so doch die schönste. Im Vordergrund steht das Erlebnis der gewaltigen Entfernungen.

Die großen <u>TRANSKONTINENTAL- STRECKEN</u> quer über den Kontinent beginnen in der Regel in <u>**CHICAGO**</u>. Zu erreichen im Direktflug mit der "American Airlines" ab Frankfurt oder der "Lufthansa" ab München (ca. 10 Std. Direktflug).

Anschließend <u>1 1/2 Tage</u> im Zug quer über die Weiten des Westens: herrlich relaxing in komfortablen Zügen der "Amtrak".

Man hat Zeit, vom Streß in Europa auszuspannen und positiv den Freiraum von "Langeweile" zu genießen.

Echt langweilig dürfte es an Bord der superluxuriösen Amtrak- Züge nie werden. Silberne, zweistöckige Luxusliner mit exzellentem Restaurant und Video an Bord. Wegen des Langstreckentrips kommt es zwangsläufig zu Kontakten mit Mitreisenden, - an der Bar, - im Panoramawagen oder wo sonst. In jedem Fall aber <u>Schlafwagen</u> buchen und genügend Lesestoff mitnehmen.

<u>**CHICAGO**</u>: ab <u>O'HARE AIRPORT</u> (übrigens einer der meistfrequentierten Airports

der Welt) fahren Busse ins Stadtzentrum und halten dort vor den größeren Hotels (ca. 15 US/Person). Erheblich billiger: eine Schnellbahn verbindet die einzelnen Airport-Terminals (gratis). Ab Terminal 3 Abfahrt der Metro ins Stadtzentrum (ca. 4o Min.) für lediglich 1,5 US. Vorteil zudem: die Metro unterliegt keinerlei Gefahr von Staus. Ab z.B. Station "Washington" kann man sich dann preiswert für die Kurzstrecke bis zum Hotel ein Taxi nehmen.

CHICAGO DOWNTOWN (nennt sich "Loop"): Ansammlung der größten Hochhäuser der Welt. Gigantische Szenerie, lohnend die Fahrt mit dem Fahrstuhl auf den Hancock Tower (343 m) mit spektakulärem Blick tagsüber sowie nachts auf die Skyline am Michigan Lake. - Noch höher (und derzeit höchstes Hochhaus der Welt) ist der Sears Tower mit 443 m, er steht rund 2oo m vom Bahnhof entfernt.

Der Bahnhof UNION STATION (Channel St./Adams St.) liegt unter einem 3o stöckigen Hochhaus, ein Gang verbindet mit der traditionsreichen Bahnhofshalle, die renoviert wurde. Für First Class Passagiere gibt es eine eigene Amtrak- Lounge mit gratis softdrinks und Kaffee.

Nach Stadtbesichtigung CHICAGO (lohnende Museen sowie Musikszene insbes. Blues und Jazz) dann der Transkontinental- Trip mit Amtrak. Folgende Möglichkeiten, die Buchung eines Schlafwagens wegen Langstrekkentrip zu empfehlen:

* **Southwest Chief** (3): tägl. von Chicago nach Los Angeles via Kansas City -> Dodge City -> Albuquerque -> Flagstaff. Fahrzeit bis Albuquerque 24 Std., bis Flagstaff plus 5 Std, bis Los Angeles plus 1 Nacht.

  Die Strecke gilt als eine der schönsten Transkontinental- Durchquerungen, und das Waggonmaterial als bestes der Amtrak. Haupterlebnis sind die grandiosen Wüstenlandschaften von New Mexico, Arizona und Südkalifornien.

  Eine Vielzahl an Zwischenstop- Möglichkeiten, u.a. auch einer der Gründe, warum er bei Transkontinent- Durchquerern so beliebt ist. Auswahl: Dodge City: zu Zeiten des Wilden Westens die berüchtigtste Stadt mit Falschspielern, Saloons und "Helden" wie Wyatt Earp (diverse Museen), - Flagstaff: als Ausgangspunkt zum Grand Canyon Nationalpark, des tiefsten Canyons in Nordamerika sowie zum "Sunset Crater Nat. Monument" mit mehr als 4oo früher aktiven Vulkanen in der Umgebung. Viele weitere Ziele, die in unserem Band beschrieben sind, werden mit dieser Zugverbindung tangiert.

* **Sunset Limited** (4): 3 mal/Woche von Miami nach Los Angeles via New Orleans -> El Paso -> Tucson -> Phoenix.

  Die einzige durchgehende "coast-to-coast" - Zugverbindung, die zwischen Miami und New Orleans Zeit benötigt (24 Std.), bringt in diesem Abschnitt wenig Abwechslung. Ab New Orleans bzw. Houston tägl. Zugverbindung weiter in den Südwesten (da von Chicago kommende Waggons angekoppelt werden).

  Fahrzeit ab New Orleans bis El Paso 24 Std., bis Tucson plus 4 Std., bis Phoenix plus 4 Std. Gesamte Streckenlänge New Orleans -> Los Angeles 3.25o km.

  Neu eröffnet wurde die durchgehende Verbindung Miami -> L.A. 1993, wobei die Gleise im Abschnitt Miami-> New Orleans erneuert wurden, um höhere Geschwindigkeiten zu ermöglichen. Hier fuhr früher der "Gulf Wind", der 1971 wegen Unrentabilität eingestellt worden war.

14 Anreise

Der "<u>Sunset Limited</u>" ist eine der <u>ältesten durchgehenden Zugverbindungen</u> quer über den nordamerikanischen Kontinent, die den Atlantik mit dem Pazifik verbindet. Transatlantik- Passagiere von Europa erreichten per Dampfer New York. Von hier seit <u>1904</u> Anschluß per Schlafwagen nach New Orleans und weiter mit dem damals "Sunset Express" benannten Transkontinentalzug nach Los Angeles am Pazifik.

Zwar gab es bereits seit <u>1869</u> eine durchgehende Eisenbahnverbindung ab Chicago -> San Francisco/Pazifik (Details zum Bau siehe VELBINGER Band 53, Kalifornien). Sie war jedoch wegen damals noch schwacher Dampfloks und steiler Anstiege über die Rocky Mountains und die Sierra Nevada sehr zeitaufwendig. Die Eisenbahngesellschaft Southern Pacific realisierte daher ihr <u>Südgleis</u> zur Erschließung von Arizona und New Mexico. Es ist zwar an Meilen länger, dafür aber weniger steile Anstiege und somit für damalige Dampfloks schneller.

<u>Eisenbahnerlebnis heute</u>: endlose Weite und Entfernungen. Bei El Paso beginnen die großen Wüsten, die sich bis nach Los Angeles erstrecken. Viel Komfort in den Luxus- Linern der Amtrak mit ihren Doppelstock-Waggons, Restaurant- und Schlafwagen. Lohnende <u>Stops</u> unterwegs: New Orleans, weiterhin die in diesem Band beschriebenen Städte der Bundesstaaten New Mexico und Arizona, die das Gleis tangiert.

* <u>**Texas Eagle**</u> (1o): tägl. von Chicago via St. Louis nach Houston. <u>Fahrzeit</u> 1 Tag plus 1 Nacht. In Houston Anschluß an den Sunset Limited (4) nach New Mexico und Arizona sowie L.A.
<u>Eisenbahnerlebnis</u>: westlicher Randbereich der Mississippi- Tiefebene sowie Entfernungsdimensionen der USA. Nützlich als Querverbindung, wer die USA via Chicago beginnt und von hier in den Südwesten möchte.

* <u>**California Zephyr**</u> (1): tägl. von Chicago via Denver -> Rocky Mountains -> Salt Lake City nach Oakland/San Francisco. <u>Fahrzeit</u> bis Denver/Colorado 1 Nacht (ok., da im flachen Midwest landschaftlich wenig Spektakuläres passiert), bis Salt Lake City plus 1 Tag.
Die Strecke gilt als die schönste der nordamerikanischen Transkontinental- Gleise, vor allem der Anstieg ab Denver rauf in die Rocky Mountains und deren Durchquerung bis Salt Lake City, aber auch der Abschnitt über die Sierra Nevada runter nach Oakland/San Francisco.
Eröffnet 1869; die heutige Strecke folgt weitgehend dem damaligem Verlauf, ausgenommen Bereich Salt Lake City.

* <u>**Desert Wind**</u> (2): tägl. ab Chicago via Denver -> Salt Lake City. Dort werden die Waggons umgekuppelt an die Diesellok für die Weiterfahrt entlang der Rocky Mountains durch den Bundesstaat Colorado nach Las Vegas/Nevada und Los Angeles.
<u>Fahrzeit</u> bis Denver 1 Nacht, plus 1 Tag bis Salt Lake City, plus 1 Nacht bis Las Vegas. Erschließt den nordwestlichen Teil der in unserem Band beschriebenen Gebiete (sprich Utah), - bzw. Anbindung bei USA- Einstieg ab L.A.

Weitere Zugverbindungen siehe VELBINGER Bd. 53 Kalifornien und Bd. 54 Oregon/Washington.

<u>**PREISE UND BUCHUNG**</u>: wegen ihrer Beliebtheit sind die Transkontinental- Strecken (insbes. 1, 2, 3 und 4) oft langfristig ausgebucht.

Anreise 15

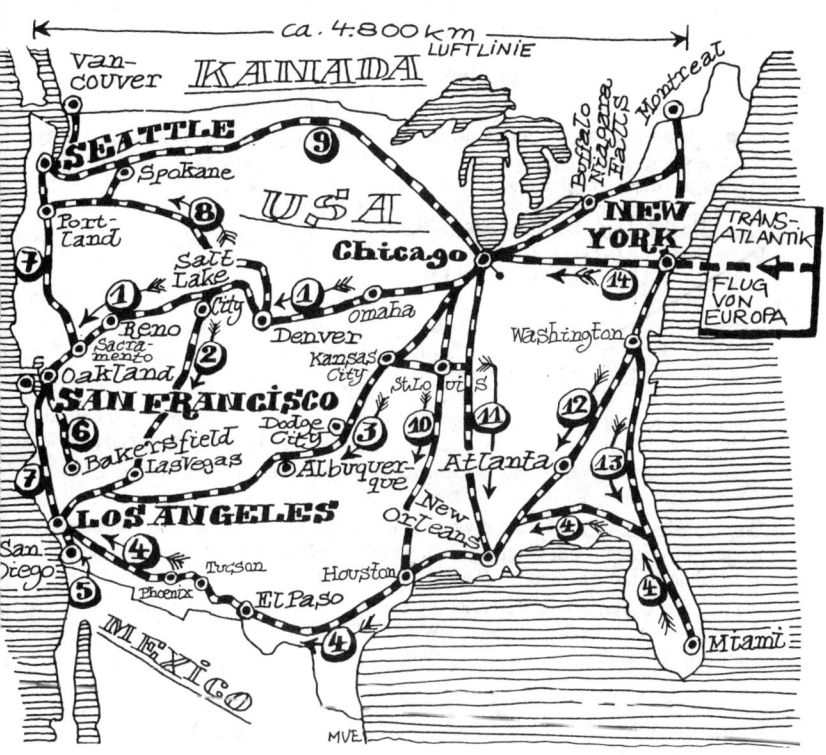

Transkontinentale Züge sowie Züge der East- und West- Coast

1. CALIFORNIA ZEPHYR: Chicago -> Denver -> Reno -> San Francisco
2. DESERT WIND: Chicago -> Denver -> Las Vegas -> Los Angeles
3. SOUTHWEST CHIEF: Chicago -> Kansas City -> Flagstaff -> Los Angeles
4. SUNSET LIMITED: Miami -> New Orleans -> Tucson -> Los Angeles
5. SAN DIEGANS: San Diego -> Los Angeles -> Santa Barbara
6. SAN JOAQUINS: Bakersfield -> Fresno -> San Francisco
7. COAST STARLIGHT: Los Angeles -> Oakland -> Portland -> Seattle
8. PIONEER: Chicago -> Omaha -> Denver -> Portland bzw. Seattle
9. EMPIRE BUILDER: Chicago -> Spokane -> Portland bzw. Seattle
10. TEXAS EAGLE: Chicago -> St. Louis -> Houston
11. RIVER CITIES: Kansas City -> St. Louis -> New Orleans
12. CRESCENT: New York -> Wasshington -> Atlanta -> New Orleans
13. SILVER METEOR: New York -> Washington -> Miami
14. LAKE SHORE LIMITED: Boston bzw. New York -> Buffalo -> Chicago

16 Anreise

Gilt insbesondere für die Ferienmonate Juni bis August. Zu dieser Zeit sollte man möglichst frühzeitig buchen.

AMTRAK- Generalagenten:

DEUTSCHLAND	ÖSTERREICH
DER- Deutsches Reisebüro, Emil von Behring Straße 6, Frankfurt/M., Tel: (o69) - 9588-1758.	Austria Reiseservice, Hessgasse 7, Wien, Tel.: (o222) - 31o-7441.
Jetair Deutschland, Liesegangstr. 18/I, Düsseldorf, Tel: (o211) - 361-3o51. Kaiserstr. 72/IV, Frankfurt/M., Tel.: (o69) - 252-o21. Karlsplatz 3/IV, München, Tel.: (o89) - 553-311. Persönlich haben wir dort gute Erfahrung bei Buchung gemacht!	SCHWEIZ Kuoni Travel Ltd., Neue Hard, Neugasse 231, Zürich, Tel.: (o1) - 277-4583 SSR Reisen, Bäckerstraße 52, Zürich, Tel.: (o1) - 297-1111 Travac, Seilergraben 61, Zürich, Tel.: (o1) - 252-2288

Bei den Generalagenten ist Buchung und Reservierung möglich, - aber auch bei jedem größeren Reisebüro, das Zugtickets verkauft. Da jedes Ticket in den USA angefragt werden muß, ist der schnellere und effizientere Weg die Buchung und Reservierung über den Generalagenten.

Weitere Abwicklung: nach Reservierung muß zunächst der Betrag in einem Reisebüro eingezahlt werden (stellt Quittung aus), woraufhin der Generalagent das Ticket zuschickt. Dies gilt auch für den Amtrak - Railpass siehe unten.

Ab dem Zeitpunkt, wo die Reservierung besteht, benötigt die weitere Abwicklung inkl. des Postversands der Tickets rund 1 Woche. Schneller geht's natürlich, wenn man die Tickets direkt beim Generalagenten bezahlt und abholt.

PREISE: bezüglich SITZPLATZ gibt es nur eine Klasse. Preisbeispiel ab Chicago nach San Francisco bzw. Los Angeles derzeit 211 US.

RAIL PASS: erhältlich für Nicht-Amerikaner bei den o.g. Generalagenturen (siehe Kasten) bzw. bei allen großen Reisebüros außerhalb der USA. Es gibt verschiedene Rail-Pässe, die auf Langstrecken u.U. viel Geld sparen können.

Speziell für die Transkontinental-Strecken ab Chicago und New Orleans sowie den gesamten Bereich westlich gilt der:

* WEST REGION RAIL PASS: bei einer Gültigkeit von 15 bzw. 3o Tagen berechtigt er während dieser Zeit zu beliebigem Fahren mit allen Amtrak- Zügen auf den Strecken ab Chicago/New Orleans westlich.

15 Tage:	188 US (Off-Peak)	228 US (Peak)
3o Tage:	259 US (Off-Peak)	289 US (Peak)

* NATIONAL RAIL PASS: gilt für sämtliche Amtrak Strecken der USA

15 Tage:	2o8 US (Off-Peak)	3o8 US (Peak)
3o Tage:	3o9 US (Off Peak)	389 US (Peak)

  Off-Peak ist die Zeit 3o.8 - 27.5., - Peak: 28.5. - 29.8.

Ob sich der WEST REGIONAL RAIL PASS lohnt, ist persönliches Rechenexempel. Ein normal gekauftes Einfach-Ticket von Chicago nach Tucson oder Flagstaff ist billiger als der Rail-Pass. Wer dagegen während der Gültigkeit des Rail-Passes (15 bzw. 3o Tage) mehrfach den Zug benutzt (z.B. Retourfahrt ab/bis Chicago sowie Querverbindungen nach Kalifornien), reist mit dem Rail-Pass günstiger. Zudem spart man sich vor Ort im Südwesten einiges an Transportkosten, wobei auch der Amtrak Bus Phoenix -> Flagstaff benutzt werden kann.

Der NATIONAL RAIL PASS (3o Tage) ist je nach Saison ca. 5o - 1oo US teurer, gilt dafür in gesamt USA. Prinzipiell realisierbar: preisgünstiger Atlantikflug nach New York (retour ab ca. 7oo DM) plus National Rail Pass für die Strecke ab New York retour in den Südwesten. Ist in der Regel billiger, als wenn man ab Europa direkt in den Südwesten fliegt. Aber berücksichtigen, daß die Zugstrecke New York -> z.B. Phoenix rund 3 1/2 - 4 Tage benötigt. Hierbei sinnvoll, Zwischenstops einzulegen, was sich wegen Länge der Strecke und vieler interessanter Punkte unterwegs sowieso anbietet.

EINSTIEG ab LOS ANGELES bzw. SAN FRANCISCO: zeitweilig waren Transatlantikflüge (von Billigflugbüros) ab Europa nach L.A. oder S.F. nur unwesentlich teurer als die nach New York. Sollte man an ein derartig preisgünstiges Flugticket kommen, bietet sich im Anschluß der FAR WEST- RAIL PASS an: er gilt für das gesamte Amtrakstreckennetz westlich von Denver, Albuquerque und El Paso (o.g. Städte inkl.). Er ist rund 5o US billiger als der West- Regional Rail Pass.

SITZPLATZ ODER SCHLAFWAGEN? Für Verbindungen am Tag sind die weichen, zurückklappbaren Pullmansitze durchaus bequem und besitzen zudem ausreichend Beinfreiheit. Kostet keinen Aufpreis, sondern ist im Amtrak Rail Pass inkl. Eine Nacht im Liegesitz läßt sich ebenfalls überstehen, - vor allem, wenn man anschließend einen Zwischenstop einbaut. Unterm Strich eine sehr bequeme Möglichkeit, den Kontinent preiswert zu durchqueren.

Für Nonstop- Trips mit 2 Übernachtungen sollte man aber Schlafwagen buchen, der Aufpreis kostet. In der preiswerteren 2. Klasse sind dies Mini- Abteile von je 2 gegenüberliegenden Sitzen, die nachts ausgezogen werden zum Bett. Immerhin: man liegt flach. Pro Abteil (= 2 Personen) ca. 27o US für Chicago -> Tucson.

In den wenigen 1. Klasse Abteilen Komfort mit Doppelstockbett, Dusche, Toilette und Waschbecken. Die Abteile sind größer und sehr schnell ausgebucht. Pro Abteil (= 2 Personen) ca. 55o US auf der Strecke Chicago -> Tucson inkl. aller Mahlzeiten. Unter Berücksichtigung, daß es sich hier um 2 Übernachtungen für 2 Personen inkl. Verpflegung handelt, nicht mehr ganz so teuer.

RESERVIERUNG: sowohl für Sitzplätze wie auch Schlafwagen nötig.

Während man für Sitzplätze in der Regel auch noch kurzfristig in den USA reservieren kann, sollte man den Schlafwagen (vor allem für Ferientermine) möglichst früh buchen. Wir haben allerdings die Erfahrung gemacht, daß man selbst im Sommer noch kurzfristig Chance hat, - nämlich wenn jemand anders abgesprungen ist.

FAHRTUNTERBRECHUNG: bei normal gekauftem Zugticket sowie mit dem Rail Pass generell ohne Aufpreis möglich. Allerdings rechtzeitig den Sitzplatz bei Amtrak reservieren. - Wer dagegen Schlafwagen bucht, zahlt Strecke für Strecke separat. Langstrecken sind hierbei billiger. Wer also z.b. Chicago -> Flagstaff bucht, zahlt weniger als derjenige, der Chicago -> Albuquerque plus Albuquerque -> Flagstaff bucht.

RAUCHVERBOT: die Amerikaner sind zwischenzeitlich sehr gesundheitsbewußt geworden. Rauchen ist nur in bestimmten Stellen im Zug gestattet sowie im Schlafwagenabteil. - STROM: zum Nachladen von Batterien (z.b. von Videokameras) gibt's in den Schlafwagenabteilen Stromanschluß. Für die Benutzung mit europäischen Flachsteckern braucht man allerdings einen Zwischenstecker (erhältlich in US- Elektrogeschäften).

EISENBAHNGESCHICHTE: das 1869 eröffnete erste Transkontinental Gleis (Details siehe VELBINGER Band 53 Kalifornien) von Chicago -> Oakland/San Francisco wird heute nicht mehr durchgehend befahren. Der "Empire Builder" fährt den Abschnitt Omaha -> Denver -> Ogden (nördlich von Salt Lake City). Der weitere Abschnitt Ogden -> zum Gleis nach Reno ist nicht mehr in Betrieb, da hier später eine Streckenverkürzung eingebaut wurde. An der Stelle, wo sich am 1o. Mai 1869 die beiden Gleisbautrupps trafen (Promontory Point), erinnert heute eine Gedenkstätte seitlich der Straße mit Replikas beider Dampfloks.

Wohl aber ist die Originalstrecke Reno über die Sierra Nevada nach Sacramento -> Oakland heute noch befahren ("California Zephyr"). Dieser Abschnitt gehört zu einer der schönsten Zugfahrten im Westen der USA.

BUS

Als Anreise in Verbindung eines preisgünstigen Transatlantikfluges von Europa nach New York (plus Weiterreise in den Südwesten) wegen der gewaltigen Entfernungen kaum attraktiv. Superstressig, da man ab New York gut 3 Tage in den Bus-Sessel eingeklemmt ist und sich im Gegensatz zum Zug nicht die Beine vertreten kann.

Greyhound "Ameri-Pass": kostet ca. 25o DM bei einer Gültigkeit 7 Tage bzw. 375 DM für 15 Tage und 5oo DM für 3o Tage.

Generalvertretung Deutschland: DER, Frankfurt/M., Emil von Behring Str. 6

Preislich bringt die Kombination "billiger Transatlantikflug bis New York retour" plus "Greyhound- Nonstop quer durch den Kontinent" keinen Vorteil gegenüber einem günstigen Retourflug ab Europa in den Südwesten. Dafür aber den Zeitverlust von gut 6 Tagen in An- und Rückreise per Bus.

Anders, wer ab New York bei genügend Urlaubszeit große Bereiche der USA per "Greyhound" erschließen will. Tip ist hier der große Ameri-Pass, der 3o Tage für das gesamte Streckennetz der Greyhounds gilt. Viel Zeit für den Südwesten dürfte einem dann aber nicht mehr bleiben. Weitere Details siehe auch Seite 28.

Auto

Als Anreise ab Ostküste in den Südwesten prinzipiell möglich, braucht aber Zeit. Attraktiv für Leute, die großflächig die USA entdecken wollen ohne Einschränkungen von Abfahrtszeiten von Bus, Zug oder Flug. Vorteil: größtmögliche Freiheit in individuellem Entdecken.

MIETWAGEN: Anmiete in z.B.: New York und Rückgabe in Arizona oder Colorado, Utah bzw. New Mexico möglich, jedoch unterschiedliche Bedingungen bei den einzelnen Verleihern. Teils werden Rückführungsgebühren verlangt, teils jedoch kein Aufpreis. Der Sprit in den USA ist günstig, so daß man per Mietwagen ab New York u.U. auf ähnlichen Gesamtpreis kommt wie Flug Europa -> Südwesten retour.

In jedem Fall den Wagen ohne Kilometerbegrenzung mieten; bei einigen Verleihern gibt's preisgünstige Tarife für Langzeitmiete. Weitere Details zu Mietwagen siehe Seite 21.

DRIVEAWAY: Überführung von Privatautos ab z.B. der Ostküste zur Pazifikküste im Auftrag der Fahrzeugbesitzer. Die Fahrzeit wird hierbei individuell vereinbart, die Benzinkosten trägt der Fahrer. Auf den ersten Blick eine äußerst preisgünstige Möglichkeit, quer über den Kontinent zu kommen.

Man sollte jedoch vorab sehr genau den Zustand des zu überführenden Fahrzeuges studieren sowie die Vertragsbedingungen: sie enthalten teils Auflagen, daß man für eventuelle Reparaturen am Fahrzeug unterwegs haftbar ist. Selbst wenn derartige Bedingungen nicht im Vertrag stehen: Was passiert, wenn unterwegs kostspielige Pannen wie z.B. am Getriebe entstehen, die man zahlt, um weiterzukommen, - und am Zielort (aus welchen Gründen auch immer) der Fahrzeugbesitzer entweder nicht erreichbar ist und/oder nicht zahlen will...

Hinzu kommen kann Ärger, daß z.B. Drogen im zu "überführenden" Fahrzeug eingebaut sind, oder aber daß es sich um ein gestohlenes Fahrzeug handelt...

Kann sein, - muß aber nicht. Unterm Strich eine Variante, die gegenüber z.B. Greyhound "3o Tage Ameripass" abzügl. Spritkosten ca. 25o DM spart, mehr Flexibilität aber auch Ärger bringen kann. Vermittler dieser Anreisevariante stehen in den gelben Seiten der Telefonbücher unter "Driveaway".

AUTOKAUF: insbesondere Gebrauchtfahrzeuge sind in den USA sehr preiswert. Lohnt sich wegen des damit verbundenen Zeitaufwandes jedoch nur bei mehrmonatigem USA- Aufenthalt.

Der <u>Kauf</u> selbst ist das geringste Problem: das Angebot in größeren Städten ist immens. Am besten kauft man in Städten der Ostküste (wegen billigerem Transatlantikflug). Der weitere Gang benötigt jedoch Zeit. Neben organisatorischen und behördlichen Problemen kommt hinzu, daß mögliche Reparaturkosten die Preiskalkulation schnell verderben können.

Auch der <u>Verkauf</u> des Fahrzeuges nach Ende der Reise geht in der Regel nicht reibungslos über die Bühne, zumindest benötigt er weitere Zeit.

<u>Vermittlung</u> von PKW- Ankauf in den USA mit dortiger Rückkaufgarantie über die Firma Mutorius, Kirchgasse 22, CH-8302 Kloten, Schweiz. Hier auch Informationen zu Anmeldung, Versicherung etc.

Wer sich von seinem Ami-Schlitten nicht mehr trennen kann: <u>Verschiffung</u> ab Westküste nach Europa ca. 1. 000 DM. Allerdings kommen in Europa dann noch einige 100 DM- Scheine hinzu: zunächst mal die Zollgebühren, weiterhin verlangt der deutsche TÜV eine ganze Reihe an kostspieligen Umbauten, bevor es die Zulassung gibt. Später geht's je nach Fahrzeugmodell u.U. weiter mit komplizierter und kostspieliger Ersatzteil- Beschaffung insbes. für Ami- Fahrzeuge.

Wichtigste Straßen-Verbindungen Ostküste zum Südwesten der USA (reine Fahrzeit je nach Strecke ca.4- 5 Tage)*

* <u>INTERSTATE 80</u>: von New York über Chicago, Omaha nach Salt Lake City. Die nördliche Route entlang der Großen Seen, durch den Mittleren Westen und über die Rocky Mountains. Die I 80 führt weiter über die Sierra Nevada nach San Francisco.

* <u>INTERSTATE 70</u>: von Baltimore/Washington D.C. über Indianapolis, St. Louis, Kansas City nach Denver und Zentral- Utah. Von dort weiter auf der Interstate 15 nach Las Vegas und Los Angeles.

* <u>INTERSTATE 40</u>: von North Carolina über Nashville, Memphis, Oklahoma City nach Albuquerque/New Mexico und Flagstaff/Arizona. Die I 40 führt weiter nach Los Angeles. Südstaaten-Atmosphäre in Tennessee, Wüstenlandschaften in New Mexico und Arizona.

* <u>INTERSTATE 10</u>: von Florida über New Orleans, Houston, San Antonio und El Paso nach Tucson, Phoenix und weiter nach Los Angeles. Durch die Südstaaten und die Wüsten von New Mexico und Arizona.

* <u>HIGHWAY 66</u>: die traditionelle Transkontinental-Straßenverbindung, in vielen Songs von Stones bis xy besungen und Traum vieler Transkontinent- Durchquerer.

Strecke: Chicago -> St. Louis -> Oklahoma City -> Albuquerque -> Flagstaff nach Los Angeles. Eine Distanz, für die der Jet 4 Std. braucht und die erst "on the road" so richtig die Entfernungen spüren läßt. Bei tägl. 8 Std. und Tempo 100 braucht man 5 Tage. Weitere Details siehe Seite 166.

*NONSTOP tagsüber

Transport im SÜDWESTEN

VORAB: die <u>Dimensionen</u> der in diesem Band beschriebenen Bundesstaaten nicht unterschätzen! Unter Umständen ist eine Kombination aus Flugzeug & Mietwagen die sinnvollste Kombination, wer knapp mit Urlaubszeit ist.

Mietwagen

Die beste Wahl, um <u>vor Ort flexibel</u> zu reisen. Im Gegensatz zu öffentlichem Transport (Zug, Bus) hat man mit dem Mietwagen keinerlei Gepäcktransport- Probleme. Einfach hinten rein ins Auto und vors Motel/Hotel fahren. Zudem ist man unabhängig von Bus- und Zugabfahrtszeiten, - Verbindungen, die zudem nicht jeden Punkt im Südwesten erreichen.

Die <u>PKW- Anmiete</u> läuft in den USA ähnlich unkompliziert wie der Kauf in einem Supermarkt. Jeder <u>Airport, aber auch jede einigermaßen große Stadt</u> hat Verleihstationen.

Die <u>Preise</u> liegen für einen Kleinwagen ab ca. 35o DM/Woche, gehobene Mittelklasse ca. 45o DM/Woche inkl. Vollkasko und unbegrenzter Meilen.

Der <u>Preisvergleich</u> vor Ort lohnt, da die Vermieter untereinander unter erheblichem Konkurrenzdruck stehen und zum Teil sehr günstige Spezialangebote haben. Beste Stelle für Preisvergleich sind die Airports, da die Vermieter nahe nebeneinander liegen und man kurze Wege hat. Insbesondere kann man auch die angebotenen Fahrzeugtypen per Foto sehen (vielfach in Deutschland nicht bekannte Typen).

➤AUSWAHL: die Zeiten großer Straßenkreuzer sind in den USA passé. Nicht nur die Japaner, sondern auch US- Hersteller wie Ford und Chevrolet bauen heute Kleinwagen, die mit allem technischen Komfort wie selbstanlegende Gurte etc. ausgestattet sind und sich auf der Straße (und Parklücken) bequemer fahren. Sie rangieren in der *"Compact Class"*, die zudem die preisgünstigste ist. Nachteil allenfalls der kleine Kofferraum.

➤Preisgünstige VERMIETER sind <u>Alamo</u> und <u>Dollar</u>, auch <u>Budget</u> hat günstige Tarife. Andere Vermieter wie Avis und Hertz bieten für Firmen, Mitgliedern von speziellen Kreditkarten etc. Rabatte an. Als Mitglied des ADAC erhielten wir bei Budget 5 % Rabatt, kann zukünftig sein, muß aber nicht. Rumfragen und Verhandeln lohnt, insbesondere, wer für mehrere Wochen ein Auto anmietet.

Wegen der großen Entfernungen sollte man den Wagen in jedem Fall auf <u>Basis unbegrenzter Kilometer</u> anmieten. Bei der Miete von <u>1 Woche oder mehr</u> gibt es einen vergünstigten Tarif. Es wird wie folgt abgerechnet: wer z.B. 2 Wochen und 3 Tage mietet, zahlt zweimal den vereinbarten Wochenpreis plus 3 mal den Tagespreis.

Bereits bei Anmiete wird in den Mietvertrag der <u>Tag der Fahrzeugrückgabe</u> eingetragen.

22 Transport im Südwesten

Wer das Fahrzeug länger braucht, ruft rechtzeitig den Vermieter an und teilt ihm dies mit. Diesen Anruf sollte man nicht versäumen (Datum und Name des Gesprächspartners notieren), damit man nicht eventuell den Versicherungsschutz verliert und/oder gar wegen "verschwundenem Fahrzeug" polizeilich gesucht wird.

In der Regel muß der Mietwagen an der Station zurückgegeben werden, wo er angemietet wurde, ansonsten Rückführungsgebühr. Die sogenannte "Einweg-Miete" ist nicht bei jedem Vermieter möglich. Sie muß zudem beim Anmieten des Fahrzeuges bereits im Mietvertrag schriftlich vereinbart werden.

✶ VERSICHERUNG: LDW (loss damage waiver) ist nicht obligatorisch, aber unbedingt ratsam. Sie schließt die Selbstbeteiligung bei Diebstahl oder Unfällen aus. Genaue Versicherungsbedingungen im Kleintext des Vertrages studieren: teils wird auch anteilige Selbstbeteiligung gefordert. Bei Verlust oder Beschädigung des Fahrzeuges dies sofort der nächsten Polizeistation sowie dem Vermieter melden, damit man den Versicherungsschutz nicht verliert.

Den Versicherungsschutz verliert in der Regel, wer akoholisiert oder unter Einfluß von Drogen das Auto fährt, - beim Vergessen des Zündschlüssels im Wagen sowie bei vorsätzlichem Fehlverhalten im Straßenverkehr.

Weitere Zusatzversicherungen kann man bei Anmiete abschließen, die Aufpreis kosten, aber nicht immer nötig sind.

✶ BEZAHLUNG: bei Anmiete ist die Vorlage einer Creditcard wie Diners, American Express, Visa, Master Card etc. üblich. Sie spart die sonst nötige Hinterlegung einer Kautionssumme. Manche Verleiher vermieten das Fahrzeug nur gegen Vorlage o.g. Creditcards.

✶ MINDESTALTER des Automieters: je nach Vermieter unterschiedlich, in der Regel 21 - 25 Jahre. Höchstalter des vermieteten Autos: 1 - 2 Jahre. Vermieter von älteren Autos haben beim harten Konkurrenzkampf kaum Chance.

✶ PKW- ÜBERNAHME: das Fahrzeug kontrollieren bezüglich Schäden an Lack und Karosserie sowie des im Vertrag angegebenen Tankinhaltes. Er ist in der Regel voll und muß so auch zurückgegeben werden. Andernfalls wird die Differenz berechnet.

Achtung: nicht nur die Japaner, sondern auch moderne amerikanische Autos sind heute mit Elektronik vollgestopft. Wer mit der Bedienung nicht klarkommt, sollte sich diese bei der Anmiete kurz erklären lassen. Gilt auch für automatisches Getriebe (heute fast eine Selbstverständlichkeit in US- Neuwagen).

Automatischer Gurtanleger: vielfach auch in Kleinwagen und für uns Europäer gewöhnungsbedürftig. Die Gurte hängen diagonal seitlich am vorderen Teil der Fahrer- und der Beifahrertüre. Erst wenn man die Zündung einschaltet, ziehen sie sich automatisch am Fenster entlang und legen sich über den Oberkörper. Soweit alles klar, - man darf aber unter keinen Umständen versäumen, zusätzlich noch per Hand den Beckengurt anzulegen. Andernfalls riskiert man bei Unfällen, daß man durchrutscht und am Hals stranguliert wird.

Mietwagen ohne Nummernschild: bei einer unserer USA- Reisen passiert. Das angemietete Auto, ein Ford, war fast neu und hatte lediglich rund 1.000 Meilen auf dem Tacho. Was ihm jedoch fehlte, war ein Nummernschild vorn und hinten. Das Fahrzeug hatte aber im Rückfenster einen Computerausdruck mit Klebestreifen angebracht, wo Shippingnummer, der Autovermieter als Besitzer des Fahrzeuges etc. verzeichnet war. Es wurde uns mitgeteilt, dies sei absolut ok für den Straßenverkehr. Auch 2 Polizeikontrollen während 4 Wochen bestand der Mietwagen ohne Probleme. Wer ein derartiges Fahrzeug bekommt, sollte trotzdem nochmal auf Nr.- Sicher gehen und rückfragen.

✷Die RÜCKGABE des Fahrzeuges läuft bei den Großvermietern wie Alamo, Dollar, Budget, Hertz, Avis etc. in der Regel problemlos: man reiht sich an der Verleihstation Nähe Airport in die Schlange und übergibt die Wagenpapiere. Im Gegenzug der Computerausdruck der Rechnung...

Fahrten nach Mexiko sind in der Regel nicht erlaubt, dafür ist eine Sondergenehmigung des Vermieters erforderlich, außerdem eine Zusatzversicherung, die an der Grenze erhältlich ist.

Vorbuchen ab Europa: Rumtelefonieren lohnt, z.B. vermittelt CA-Ferntouristik München preisgünstig amerikanische Mietwagen der Firmen "Alamo" und "Dollar". Anmiete pro Tag oder Woche auf der Basis unbegrenzter Kilometer.

Fly & Drive: Angebote europäischer Reiseveranstalter für günstigen Flug nach USA plus Mietwagen vor Ort.

Motorrad

Für Fans und Könner sicher eine reizvolle Sache, à la "Easyrider" über die Highways zu rauschen. Attraktiv sind fast alle Strecken im Südwesten, da die Straßen meist gut ausgebaut sind und durch phantastische Landschaften führen. Die schnurgeraden Pisten können allerdings auf Dauer ermüden.

Auch wenn Rasen verführerisch ist: Geschwindigkeitsbegrenzungen unbedingt einhalten. Die Polizei ist besonders gern mit Strafzetteln bei der Hand, auch auf vermehrte Ausweiskontrollen gefaßt sein. Motorradfahrer haben in den USA kein übermäßig gutes Image, resultiert noch aus Zeiten der "Hell's Angels", die damals auf Kaliforniens Straßen wenig gern gesehene Verkehrsteilnehmer waren.

Anmietung von Motorrädern am besten in Los Angeles, Phoenix oder Albuquerque. Ansonsten auch im Angebot von CA- Ferntouristik München sowie anderer USA-Veranstalter (ausführliche Liste im Heft "America" Nr. 2/93, Bonn, Borsingallee 6, Tel.: o228-252.o91. Die Zeitschrift ist Tip für Amerika Fans, Heft 2/93 enthält auch Infos für die Mitnahme des eigenen Motorrades nach USA).

Wohnmobile

In den USA sehr verbreitet und im Angebot vieler Veranstalter. Man kann anhalten, wo man will, führt Küche, Bett und Dusche/Toilette mit sich. Sehr beliebt auch bei Familien mit Kindern.

In den USA nennen sich Wohnmobile "Recreational Vehicles" (RV). Auch große Fahrzeuge dürfen mit dem PKW-Führerschein gefahren werden.

Es gibt folgende **TYPEN**:

✷**VAN bzw. VW-CAMPER**: voll eingerichtete VW-Busse oder äliche Fahrzeuge amerik. Fabrikate (z.B. Ford). Vorteil: sie sind kompakt, auch beim Einrangieren in enge Parklücken weniger Probleme, sowie geringerer Spritverbrauch. Nachteil: im Fahrzeug selber geht's eng zu, daher für maximal 2 Personen sinnvoll.

MOTORHOME: die Luxusversion, die viel Freiheit im Inneren des Fahrzeuges bietet, allerdings auch 6 bis 1o m lang ist und sich für den Großstadtverkehr/Parken kaum noch eignet. Auf den Weiten der Highways, den Campingplätzen und Nationalparks sind sie dagegen das Non-Plus-Ultra an Komfort, - vor allem, wenn man zu mehreren reist.

PICK UP CAMPER: hier wurde auf einen soliden, größeren PKW eine Wohn/Schlaf-Kabine aufgesetzt. Vorteil ist die Handlichkeit im Fahren, dafür innen extrem eng.

✳ANMIETUNG am besten in Phoenix oder Albuquerque (Adressen siehe Regional-Kapitel) oder bereits vor Urlaubsantritt in Deutschland. Auch hier lohnt ein Vergleich der einzelnen Veranstalter. <u>Größter Anbieter für Wohnmobile in den USA</u> ist "<u>Cruise America</u>" (mehr als 3.5oo Fahrzeuge neuer Bauart, unbegrenzte Meilen). Vorbuchen über europäische Reiseveranstalter möglich, z.b. "Campertours Worldwide", Hermann-Bähr-Str.3, 413o Moers, BRD, Tel.: (o2841)- 164.64, "CA- Ferntouristik" München und anderer. Auch kann u.U. <u>"Fly & Drive"</u> preisgünstig sein.

VORBUCHEN AB EUROPA: dürfte für Wohnmobile der sinnvollere Weg sein, da es bei weitem nicht so viele Wohnmobile wie Mietwagen der Verleiher gibt. Klartext: zur Hauptsaison/Sommer erhebliche Engpässe im Angebot. Zudem hat man bei geringer Urlaubszeit auch sicher vor Ort sein Fahrzeug reserviert. Andererseits lassen sich außerhalb der Saison bei einer Anmiete vor Ort u.U. Rabatte aushandeln wegen ungenügender Auslastung der Vermieter.

VERMEIDUNG VON PROBLEMEN: nach Übernahme des Fahrzeugs erst mal ein oder zwei Tage in der Nähe der Vermietstation verbringen. Evtl. Mängel zeigen sich oft recht bald, und man kann rechtzeitig reklamieren, statt sich während des gesamten Urlaubs damit herumzuschlagen.

✳PKW oder WOHNMOBIL? Auf Touren zu den Nationalparks und durch die einsamen Landschaften des Südwestens ist die Unabhängigkeit im Wohnmobil natürlich unschlagbar. Die Campingplätze sind überall auf Wohnmobile eingestellt (Wasser, Stromanschluß).

Andererseits existieren selbst in abgelegenen Gebieten einfache Motels, so daß PKW-Fahrer in den seltensten Fällen Übernachtungsprobleme haben. Lediglich in den Nationalparks kann es zur Hauptsaison eng werden, dann müssen allerdings auch für Wohnmobile die Stellplätze vorher reserviert werden.

Bei den niedrigen Maximalgeschwindigkeiten auf US-Autobahnen und Highways spielt der Vorteil des PS- stärkeren Mietwagens gegenüber Wohnmobil kaum eine Rolle. Fast alle Ziele sind über gut ausgebaute Straßen zu erreichen, die auch für große Campmobile kein Problem darstellen. Im Zentrum der größeren Städte ist wegen der Parkplatznot ein Wohnmobil allerdings extrem unpraktisch.

FAZIT: Beide Möglichkeiten (PKW oder Wohnmobil) sind komfortabel und praktisch. Wegen Einsparung von Hotels und (teils) Restaurants sind beide Varianten preislich nur gering im Unterschied.

Die Entscheidung hängt also weniger von objektiven Kriterien, sondern hauptsächlich von individuellen Reisebedürfnissen ab.

Autofahren im Südwesten

Prinzipiell herrscht überall auf den Straßen eine zuvorkommende und entspannte Atmosphäre. Kaum Raser, viel Rücksichtnahme beim Einfädeln und Spurenwechseln. Kein Drängeln oder Lichthupen auf der Überholspur. Dafür ist bei mehrspurigen Autobahnen rechts Überholen üblich, nicht nur im Stadtbereich.

In den Metropolitan Areas von Salt Lake City, Phoenix und Albuquerque ist der Verkehr allerdings sehr dicht und hektisch, vor allem zur Rush-Hour. Dort vergessen auch die Amerikaner schon mal ihre ansonsten vorbildlichen Manieren im Straßenverkehr. Aber längst nicht so aggressiv wie auf Deutschlands Autobahnen.

FÜHRERSCHEIN: der Nationale Führerschein reicht aus und wird ohne Probleme auch von Internat. Autovermietern akzeptiert. Übervorsichtige USA- Reisende legen sich jedoch noch den Internat. Führerschein zu, da er auch englischen Text besitzt. Persönliche Entscheidung; wir sind zumindest auch bei Polizeikontrollen immer mit dem nation. Führerschein klar gekommen, der volle Gültigkeit besitzt.

✱Tanken: die Benzinpreise sind erheblich niedriger als in Europa (umgerechnet auf Liter derzeit ca. 4o Pfennige), dies senkt die Reisekosten. Unleaded = bleifrei, und bei modernen Fahrzeugen in den USA allgemein üblich. Super kostet nur wenige Cents pro Gallon mehr. Besonders niedrig sind die Preise in den Ballungsgebieten. Dort lohnt das Volltanken kurz vor der Fahrt in die Wildnis und zu den Nationalparks, wo die höchsten Preise verlangt werden.

Viele Tankstellen sind rund um die Uhr geöffnet. Trotzdem sollte man bei Fahrten abseits der Hauptstrecken und -orte rechtzeitig nachtanken. Die Bezahlung mit Creditcards ist allgemein üblich, Bargeld wird auch akzeptiert. Die Tankstellen besitzen in der Regel Shops, wo man Coke, Bier bis hin zu Milch, Joghurt, teils auch Snacks, T-Shirts etc. kaufen kann.

Fast alle Tankstellen haben Selbstbedienung, viele bieten die Alternative zwischen Bedienung und Selbsttanken (entsprechende Hinweisschilder an den jeweiligen Fahrspuren zu den Zapfsäulen: "full service" oder "self-service").

Bedienung der Zapfsäulen: in der Regel muß zunächst ein Hebel runter- oder hochgeklappt werden, bevor das Benzin läuft (Erläuterung an der Zapfsäule, bei Problemen hilft der Tankwart). Anschließend kann man tanken, danach wird bezahlt.

Oder aber: es handelt sich um eine Tankstelle, in der man zuerst an der Kasse zahlen muß ("pay first"), bevor der Tankwart die Zapfsäule freigibt. Nicht zuviel veranschlagen, da es keine Rückzahlung gibt, wenn der Tank vorzeitig voll wird.

Bei manchen Säulen darf man zwischendurch nicht mit dem Zapfen aufhören, sonst stoppt der Vorgang, und man muß erst bezahlen, bevor es weitergeht.

Informationen über den Gebrauch stehen auf jeder Zapfsäule. Die Amerikaner verstehen aber eine eventuelle Hilflosigkeit vor den Tücken der Technik und springen gern unterstützend ein.

✱Highways: Landstraßen und mit **HWY** bezeichnet plus Nummer. Gerade Zahlen, wenn der HWY in Ost-West-Richtung läuft, - ungerade Zahlen in Nord-Süd-Richtung.

✱Interstates: Langstrecken-Autobahnen zwischen den Bundesstaaten. Sie tragen ein **I**

26 Transport im Südwesten

vor ihrer jeweiligen Nummer.

✱ Freeways: autobahnähnliche Schnellstraßen durch Großstädte. Sie sind mehrspurig, rechts überholen ist in den USA genehmigt. Ein fast durchgezogener weißer Streifen auf der Fahrbahn bedeutet: die rechts liegende Spur führt demnächst zu einer Ausfahrt oder zu einem Autobahnabzweiger.

Die Ausfahrten sind oft in Kurve schärfer als bei bundesdeutschen Ausfahrten. Mit welcher Geschwindigkeit die Ausfahrts-Kurve befahren werden kann, ist auf einem Hinweisschild mit Pfeil und Angabe der Miles angegeben.

Die AUSSCHILDERUNG gibt zwar Ortsnamen an, bezieht sich in der Regel aber auf die Nummern der HWY, I oder Freeway. Man sollte daher eine gute Detail- Straßenkarte im Auto haben, die sowohl die Straßennummern wie auch die Ausfahrten genau bezeichnet.

An großen Autobahnen selten Raststätten oder Parkplätze nach europäischem Muster. Man verläßt die Straße an einer der Ausfahrten zum Tanken, Pausieren und Verpflegen.

Maut: Straßengebühren werden im Südwesten nicht erhoben.

Straßenzustand: bis auf abgelegene Nebenstraßen und einige Strecken in den Indianerreservaten sind die meisten Straßen hervorragend ausgebaut und gut erhalten. In der Regel auch befahrbar für sperrige Wohnmobile, Einschränkungen sind immer angezeigt.

Auf dem Colorado Plateau und in den südlichen Rocky Mountains existieren während der Wintermonate und manchmal bis ins späte Frühjahr hinein Probleme mit verschneiten und vereisten Straßen. Im Zweifel bei der örtlichen Polizei Wetterbericht und Informationen über den Straßenzustand einholen.

✱ VERKEHRSFUNK: existiert nur rudimentär und ist nicht so notwendig wie auf den verstopften Straßen in Mitteleuropa. In Phoenix und Albuquerque senden einige Stationen Verkehrsdurchsagen. In der Nähe von Nationalparks oder Paßüberquerungen weisen manchmal Schilder auf spezielle Frequenzen hin, die Berichte zum Straßenzustand senden.

PANNEN/UNFÄLLE: in städtischen Bereichen kommt über Notruf 911 Hilfe; auf dem Land per "0" die Telefonvermittlung wählen, die den Notruf weiterleitet. Bei technischen Schwierigkeiten mit dem Mietwagen die nächste Firmenvertretung oder die Zentrale verständigen. Große Firmen haben einen eigenen Hilfsdienst.

AUTOMOBIL-CLUBS: die "American Automobile Association" (AAA)hat in größeren Städten Filialen. Bietet für Mitglieder Karten- und Informationsmaterial sowie Pannenhilfsdienst und Preisnachlässe in angeschlossenen Hotels. Gleicher Service auch für Mitglieder assoziierter europäischer Automobil-Clubs. Weitere Info geben die jeweiligen Clubs in Deutschland, Österreich und der Schweiz.

✱ Parken: in Kleinstädten und mittleren Großstädten selten Probleme, da es überall riesige Parkflächen vor Einkaufszentren und Veranstaltungsorten gibt.

Eng wird's eigentlich nur in der Innenstadt von Santa Fe und in einigen Bereichen des Zentrums von Tucson. Dort nach Möglichkeit gar nicht erst mit dem Auto aufkreuzen oder es gleich beim Vermieter abgeben. Parkraum ist extrem knapp und damit teuer; an Parkuhren sowie in privaten Parkhäusern sind die Gebühren saftig, in einigen Fällen bis zu 5 US pro Stunde.

An manchen Stellen ausgeschilderte Gratis-Kurzzeitparkzonen: Parkzeiten genau einhalten. Falschparken wird schnell und radikal geahndet, die Abschleppwagen stehen bereit. Kontrolle geht ohne die bei uns übliche Parkscheibe, die Kontrolleure ("parking reinforcement") haben ihr eigenes System mit Kreidestrichen am Reifen etc. Parken vor Hydranten ist ebenfalls streng verboten.

In größeren Städten ist das Parken oft auch reguliert durch die <u>Farben am Bürgersteig-Rand</u>:

> rot ......absolutes Halteverbot
> gelb ......Be- und Entladen nur für Fahrzeuge mit Sondererlaubnis
> blau ......reserviert für Behinderte
> grün......max. 1o Min. Parkzeit
> weiß......max. 5 Min. Parkzeit

<u>Motels</u> bieten für ihre Gäste Gratis-Parkplätze. Manche <u>Hotels</u> kassieren fürs Parken oft ein stattliches Extrasümmchen. Bessere Hotels haben "<u>valet parking</u>", d.h. das Hotelpersonal kümmert sich um das Abstellen des Wagens, natürlich gegen Gebühr und Trinkgeld.

Nicht immer hat man in diesen Hotels die Wahl, den Wagen selbst zu parken oder "valet parking" in Anspruch zu nehmen, zumal wenn das nächstgelegene Parkhaus voll ist (Hotels haben ihre Stellplätze reserviert). Ähnliches gilt für gute Restaurants, wo der Kunde vorfährt, sich um Parkplatzsuche nicht zu kümmern braucht, sondern den Zündschlüssel vertrauensvoll abgibt. Gewisse Vorsicht ist hierbei jedoch geboten!

✶Sonderregelungen:

<u>Geschwindigkeitsbegrenzungen</u> (in Meilen pro Stunde):

Interstate Highways 55- 65	Wohngegenden............... 25
sonstige Highways 55	Schulbereiche 15
Stadtstraßen................... 35- 45	

Mancherorts sehr strikte Kontrollen, bei Überschreitung saftige Strafen.

<u>Anschnallpflicht</u>: besteht in allen Bundesstaaten des Südwestens sowie in Kalifornien und Nevada. Sie gilt auch für Kinder, die einen speziellen Sitz benötigen. Wer ein Auto anmietet, bekommt diesen Kindersitz vom Autovermieter gegen Aufpreis.

<u>Alkohol</u>: Promillegrenze bei o,8. Darüber empfindliche Strafen. Angebrochene Flaschen oder Dosen dürfen im Wagen nicht mitgeführt werden!

<u>Rechts abbiegen an roter Ampel</u>: erlaubt nach kurzem Stop und Versicherung, daß die Verkehrslage es erlaubt.

"<u>XING</u>": kein Zugeständnis an chinesische Einwanderer, sondern ein ernstzunehmendes Warnschild, das auf Fußgänger, Kinder oder Wild hinweist, die möglicherweise die Straße unverhofft überqueren. Kurzform von "exiting".

"<u>4-way-stops</u>": an Kreuzungen oft Stopschilder für alle vier Fahrtrichtungen. Wer zuerst kommt, darf zuerst fahren. Staut sich der Verkehr, fährt man abwechselnd reihum. Die Amerikaner sind sehr rücksichtsvoll, und die Einfädelung in die Kreuzungen funktioniert ohne Hupen oder Gedrängel.

<u>Schulbusse</u>: kenntlich an der knallgelben Farbe. Auf keinen Fall überholen, wenn die roten Lampen blinken oder das seitliche Stop-Zeichen ausgeklappt ist. In diesem Fall auch nicht an entgegenkommenden Schulbussen vorbeifahren. Die Kinder steigen aus

und überqueren die Straße im Vertrauen auf die korrekte Einhaltung dieser Regeln durch die Autofahrer.

Ausscheren: auf kurvenreichen Strecken, wenn sich mehr als fünf Autos hinter einem stauen, ist es eine rücksichtsvolle Selbstverständlichkeit. Manchmal auch auf Hinweisschildern vorgeschrieben.

"Littering": Abfall aus dem Auto auf die Straße zu werfen ist streng verboten, auf Zuwiderhandlungen stehen hohe Geldstrafen bis 1.ooo US.

Überlandbusse

Auf den meisten Langstrecken im Südwesten besitzt die Firma GREYHOUND das Monopol. In New Mexico und den angrenzenden Staaten Colorado, Oklahoma und Texas fahren auf manchen Strecken Busse von "TEXAS, NEW MEXICO & OKLAHOMA COACHES" (TNM&O). Beide Unternehmen arbeiten eng zusammen, benutzen die gleichen Bus-Terminals und haben ihre Fahrpläne aufeinander abgestimmt.

Busfahren gilt in den USA als Sache armer Leute, allenfalls noch akzeptabel für Studenten in den Sommerferien. Entsprechend sieht die Mehrzahl der Terminals aus: heruntergekommen und nicht gerade das feinste Publikum. Wer mit dem Bus unterwegs ist, lernt also einen Teil des "anderen" Amerikas kennen. Diese Begegnungen können durchaus interessant sein, sind aber nicht immer erfreulich.

Die Busterminals sind nur in den seltensten Fällen ein gepflegtes, modernes Gebäude. Ihre Schalterhallen oft öde und leer, nur kurz vor den Abfahrten hektische Betriebsamkeit. Toiletten sind immer vorhanden, manchmal auch ein Fast-Food Restaurant. Fast überall Schließfächer für Gepäck. Im Extremfall findet der Ticketverkauf in einer Tankstelle oder einem Gemischtwarenladen statt, vor dem der Bus auf der Straße hält. Die Busse selbst sind komfortabel mit Klimaanlagen und Toiletten; aber keinen Luxus erwarten.

Positive Aspekte: die Terminals liegen meist relativ zentral mit guter Anbindung an die öffentlichen Verkehrsmittel der jeweiligen Stadt.

★STRECKEN: Greyhound-Busse verkehren mehrmals pro Tag insbes. entlang der großen Ost-West Autobahnen Interstate 8, 1o, 4o und 7o und verbinden Los Angeles und San Diego/Kalifornien mit den großen Städten des Südwestens. Entsprechend gut und häufig auch der Verkehr auf den Nord-Süd Strecken Interstate 15 (von Salt Lake City nach Las Vegas und L.A.), Interstate 17 (Phoenix-Flagstaff) und Interstate 25 (von Denver über Santa Fe und Albuquerque nach El Paso).

Weniger günstig sieht es aus in anderen Landesteilen. In Kleinstädten höchstens 1- 2 mal täglich Verbindung zur nächstgelegenen Großstadt, in vielen Fällen auch keinerlei öffentlicher Verkehr. Dies gilt vor allem für die National Parks, National Monuments und viele andere landschaftliche Attraktionen. Vor allem im Süden von Utah existiert praktisch kein öffentlicher Busverkehr. Eine positive Ausnahme bildet der Grand Canyon in Arizona, der mit Bussen gut zu erreichen ist.

★FAHRPLÄNE: wechseln ständig, je nach Saison, Nachfrage und Verfügbarkeit von

Bussen. Ein kurzer Telefonanruf beim örtlichen Bus-Terminal erspart Wege und unnötige Wartezeiten. Vor Ort gibt es jeweils aktualisierte Broschüren mit den Fahrplänen der lokalen Routen.

Kleinere Terminals sind oft nur rund um die Abfahrtszeiten der Busse geöffnet. Wer Informationen außerhalb dieser Zeit benötigt, wendet sich ans regionale Touristbüro, bzw. in kleinen Orten an die Besitzer von Motels, Restaurants etc.

✱ FAHRPREISE: bei Greyhound herrscht vor allem auf Langstrecken ein Tarif-Durcheinander sondergleichen. Die in diesem Buch angegebenen Preise können nur grobe Anhaltspunkte sein für "one way" Tickets.

Ansonsten gibt es eine Fülle an Vergünstigungen und Rabatten, die abhängig sind von jeweiligen Promotions- Aktionen, Auslastung der Busse, Zeitpunkt der Buchung etc. So kann beispielsweise ein Retour- Ticket kaum teurer sein als die Strecke einfach gefahren. Auf Langstrecken kann eine frühzeitige Buchung entsprechend Geld sparen, je nach Angebot. Es lohnt, hier hartnäckig nach Vergünstigungen zu fragen. Besonders hilfreich sind die Greyhound Angestellten nicht immer; vielleicht sind sie aber auch im Gewirr bestehender Sondervergünstigungen überfordert.

Auch der Preisvergleich zum Mietwagen lohnt: bei 2 Personen ist der Mietwagen oft günstiger als das normale Greyhound-Ticket. Und per Mietwagen reist man erheblich flexibler.

✱ SITZPLATZ im Bus: als schlechteste Plätze gelten die letzten hinteren, da der Bus dort am meisten schaukelt, sowie die vordersten. Platzreservierung vorab ist nicht möglich. In den Bussen besteht Rauchverbot, an das sich aber nicht alle Passagiere halten.

✱ FAHRZEITEN: kann zwischen zwei Städten unterschiedlich sein, je nach Anzahl der Stops und gewählter Route. Zwischen großen Städten verkehren täglich mehrere Expressbusse, mit denen man Zeit spart. Vor der Buchung also nachfragen, denn auf den Schautafeln im Terminal sind meist nur die Abfahrtszeiten angegeben und Expressbusse nicht gesondert gekennzeichnet.

Ameri-Pass: eine Netzkarte zur beliebig häufigen Benutzung aller Greyhound- Strecken der USA innerhalb ihrer Gültigkeit.
Sie kostet bei Gültigkeit 4 Tage: ca. 15o DM, - 7 Tage: ca. 25o DM, - 15 Tage: ca. 4oo DM, 3o Tage: ca. 5oo DM.
Die Netzkarte gibt es in Deutschland bei allen größeren Reisebüros sowie bei der Greyhound- Generalvertretung oder DER, Frankfurt/M., Emil von Behring Str. 6.

Die Netzkarte ist auch in den USA erhältlich, dort allerdings 15- 2o % teurer. Ihre Gültigkeit beginnt ab dem ersten Tag ihrer Benutzung.

Ob sich der Ameri-Pass lohnt, sei dahingestellt. In der Regel nur, wenn man sehr viel und vor allem Langstrecken fährt. Die Nationalparks im Südwesten sind vielfach nicht per Bus zu erreichen, - so daß Extrakosten für den Mietwagen entstehen. Unterm Strich in jedem Fall bequemer und meist auch billiger: vor Ort Mietwagen!

Stadtbusse: amerikanische Städte besitzen zu Recht den Ruf, vollkommen auf den Autoverkehr eingestellt zu sein. Für die Metropolen des Südwestens gilt dies in besonderem Maße. Ausnahmen bilden die überschaubaren Zentren von Salt Lake City, Tucson und Santa Fe, wo fast alles zu Fuß erreichbar ist und die etwas längeren Strecken problemlos per Bus zu überwinden sind.

In kleineren Städten ist man ohne Auto hoffnungslos verloren, da die Ausdehnungen immer noch beträchtlich sind, kein wirkliches Zentrum existiert sowie Hotels und Restaurants sich meist kilometerweit entlang der Ausfallstraßen aufreihen.

Zwar existiert überall ein öffentliches Verkehrssystem, doch sind touristische Attraktionen in den Außenbezirken nur selten per Bus zu erreichen. Durch die endlosen Geschäfts- und Wohnbezirke von Phoenix oder Albuquerque braucht man schon mit dem Auto übermäßig viel Zeit, die Benutzung öffentlicher Verkehrsmittel ist daher entsprechend mühsam und zeitaufwendig.

Zusätzlicher Nachteil der Busse: in den meisten Städten verkehren sie nur bis zum frühen Abend und sonntags gar nicht.

Zug

AMTRAK verfügt innerhalb des Südwestens zwar über ein bei weitem nicht so dichtes Streckennetz wie die "Greyhound" Busse, - bedient dafür aber die wichtigsten Langstrecken und ist dort komfortabler als der Bus.

Folgende Verbindungen, die Züge fahren 1 mal/Tag und Richtung:

SÜDSTRECKE: Der *"Sunset Limited"* kommt von Miami -> New Orleans und fährt durch den äußersten Süden von New Mexico (El Paso) weiter durch Süd Arizona (Tucson, Phoenix). Relaxing in den bequemen Waggons und viel Wüstenerlebnis.

Die wichtigsten Bahnhöfe in diesen beiden Staaten: Deming, Lordsburg, Tucson, Tempe, Phoenix und Yuma. Der Zug fährt weiter nach Los Angeles/Kalifornien.

ZENTRALSTRECKE: Der *"Southwest Chief"* kommt von Chicago, verbindet Santa Fe und Albuquerque in New Mexico mit Flagstaff und Kingman in Arizona und endet in Los Angeles. Zwischenstops in einigen kleineren Orten entlang der Strecke. Die zentrale Bahnlinie durch den Südwesten.

NORDSTRECKE: Der *"Desert Wind"* fährt ab Chicago eine nördlichere Route über Denver nach Salt Lake City und dann weiter über Las Vegas nach Los Angeles. Das Gleis durchquert den Bundesstaat Colorado, dort spektakulärer Anstieg in die Rocky Mountains. Zunächst schöner Blick auf Denver und die weiten Ebenen des Midwest am Horizont, anschließend durch Bergtäler. Der Bundesstaat Utah wird im mittleren und südwestlichen Teil durchquert.

USA/ SÜDWESTEN

VERLAG MARTIN VELBINGER

Bahnhofstr. 1o6 82166 Gräfelfing/München

Dieses vorliegende Buch erscheint als BAND 58 einer Reihe unkonventioneller Reiseführer im VERLAG MARTIN VELBINGER:

SÜDOST - EUROPA
- Bd. o4 Griechenland/Gesamt
- Bd. 3o Griechenland/Kykladen
- Bd. 32 Griechenland/Dodekanes
- Bd. 33 Nordöstl. Ägäis
- Bd. 21 Kreta
- Bd. 35 Ungarn
- Bd. 41 Österreich/Ost
- Bd. 42 Österreich/West
- Bd. 16 Jugoslawien/Gesamt
- Bd. 34 Jugoslawien/Inseln-Küste
- Bd. 52 Türkei/Küste

SÜD - EUROPA
- Bd. 11 Toscana/Elba
- Bd. 15 Golf von Neapel/Campanien
- Bd. 12 Süditalien
- Bd. 14 Sardinien
- Bd. 23 Sizilien/Eol.Inseln
- Bd. o6 Südfrankreich
- Bd. 46 Côte d'Azur/Provence
- Bd. 13 Korsika

SÜDWEST - EUROPA
- Bd. o5 Portugal/Azoren/Madeira
- Bd. 48 Andalusien

WEST - EUROPA
- Bd. 25 Bretagne/Normandie/Kanalinseln
- Bd. 26 Franz. Atlantikküste/Loire
- Bd. 24 Irland
- Bd. 17 Schottland
- Bd. 27 Südengland
- Bd. 57 Wales

NORD - EUROPA
- Bd. 18 Schweden
- Bd. 19 Norwegen/Süd-Mitte
- Bd. 28 Skandinavien/Nord
- Bd. 29 Finnland
- Bd. 5o Dänemark

STÄDTEFÜHRER
- Bd. o7 Paris
- Bd. 1o Wien

AMERIKA
- Bd. 53 USA/Westküste Kalifornien
- Bd. 54 USA/ Der Nordwesten Oregon, Washington
- Bd. 58 USA/ Der Südwesten
- Bd. o8 Bahamas/Florida
- Bd. o2 Südliche Karibik
- Bd. o3 Mexiko
- Bd. 36 Chile/Antarktis
- Bd. 37 Venezuela/Guyanas
- Bd. 38 Kolumbien/Ecuador
- Bd. 39 Brasilien
- Bd. 56 Argentinien/Uruguay/Paraguay

NAHER OSTEN/ AFRIKA
- Bd. 44 Togo
- Bd. 43 Kenia
- Bd. 51 Marokko

Weitere Titel in Vorbereitung. Bitte Anfrage an den Verlag.

Buchkonzept: Martin Velbinger
Karten: Pedro Zegarra (PZ), Martin Müller (MM), M. Velbinger (MVE)

Zusätzliche Texte in den Kapiteln Anreise, Transport, Allgemeine Tips und Unterkunft: Martin Velbinger

ISBN: 3-88316-065-2

ALLE ANGEGEBENEN PREISE sind Ca.-Preise, auch wenn sie nicht als solche bezeichnet sind. Für die Richtigkeit und Vollständigkeit aller Angaben, insbesondere der Abfahrtszeiten und Preise kann keine Gewähr übernommen werden.

© Copyright 1995 by Verlag Martin Velbinger, Gräfelfing/München. Alle Rechte vorbehalten, auch die der auszugsweisen Veröffentlichung, Übersetzung, Entnahme von Abbildungen etc. Die Wiedergabe von Gebrauchsnamen, Warenbezeichnungen, Handelsnamen u.ä. ohne besondere Kennzeichnung in diesem Buch berechtigen nicht zu der Annahme, daß diese im Sinne der Warenzeichen- und Markenschutzgesetzgebung als frei zu betrachten wären und daher von jedermann benutzt werden dürfen.

DRUCK und BINDUNG: Ebner Ulm
SATZ: Verlag Martin Velbinger, Gräfelfing/München
PRINTED IN GERMANY   **1. AUFLAGE 1995**

Transport im Südwesten 31

ZUGPREISE: als normal gekauftes Ticket teurer als der Bus. Allerdings gibt es auch bei Amtrak eine Fülle an Sondervergünstigungen und Spezialtarifen. Ständig wechselnde Angebote, Infos innerhalb der USA über die gratis 8oo- Telefonnummer (steht im Telefonbuch). Über diesen Telefonanschluß können auch Sitzplatz und Schlafwagen reserviert werden.

RAILPASS: lohnt preislich für alle in diesem Band beschriebenen Bundesstaaten, sofern man ihn auch für die Anreise ab z.B. Chicago, Denver, New Orleans oder anderen Einstiegspunkten benutzt.

Der "West Region Railpass" gilt für das gesamte Amtrak Streckennetz westlich ab Chicago. - Rund 5o US billiger ist der "Far West Railpass" ab Höhe Denver westlich. Keine schlechte Idee, da man sich die Anreise durch den Midwest ab Chicago bis Denver spart (=1/2 Tag plus 1 Nacht). Zudem ist auch der Schlafwagen wegen kürzerer Strecke billiger. Preisgünstige Transatlantikflüge ab Europa retour nach Denver u.a. mit American und Delta über Reisebüros.

Weitere Details zu den transkontinentalen Anschlüssen dieser Strecken sowie Rail Pässen im Kapitel "Anreise", Seite 12.

MUSEUMS-ZÜGE

Die großen Zeiten der amerikanischen Eisenbahnen als Transportmittel Nr. 1 sind seit spätestens Ende der 5o-er Jahre vorbei. Das Flugzeug war inzwischen soweit entwickelt, daß es (insbes. auch wegen der gewaltigen Entfernungen innerhalb der USA) die Eisenbahn ablöste. Und auf Überlandstrecken stiegen viele Menschen auf den Bus um bzw. benutzten ihr eigenes Auto. Zu den wichtigsten Eisenbahn- Museumsstrecken gehören:

DURANGO & SILVERTON NARROW GAUGE RAILROAD: gilt unter Eisenbahn Fans als eine der schönsten Strecken der Welt! Ausgangspunkt

des 1882 fertiggestellten Schmalspurgleises ist Durango im äußersten Süden des Bundesstaates Colorado Nähe Grenze zu New Mexico. Weitere Details siehe Seite 462.

GEORGETOWN LOOP RAILROAD: Ausgangspunkt ist Georgetown/Colorado an der Interstate 7o, westl. von Denver. Ebenfalls ein Schmalspurgleis zur Erschließung von Minen bei Silver Plume in den Rockies,

Brücke im Georgetown Loop, Foto Ende 19. Jh.

gebaut Ende des 19. Jhs. Als dann zu Beginn unseres Jahrhunderts die Minen per Straße erreicht wurden, war das relativ steil ansteigende Gleis unrentabel und wurde 1939 demontiert. In den 7o-er Jahren wieder in Stand gesetzt und als Touristen Attraktion eröffnet. Highlight ist die rund 1oo m hohe Brücke im Georgetown Loop, errichtet mit dünnen Eisenstelzen, die per Stahlseil verspannt sind. Besucher Ende des 19. Jhs. waren fasziniert von der filigranen Konstruktion, die trotzdem die Überfahrt von schweren Dampfloks aushielt.

Im Einsatz mehrere Dampfloks aus den 2o-er Jahren sowie Wildwest Waggon, Fahrten Mai - Okt., unterwegs wird eine Mine zu Fuß besucht.

GRAND CANYON RAILWAY: Ausgangspunkt ist Williams/Arizona an der Interstate 4o, westlich von Flagstaff. Das Gleis führt nördlich rauf, direkt bis zum Grand Canyon Village. Fahrzeit 8 Std. retour inkl. eines 3 1/2 stündigen Aufenthaltes am Südrand des Grand Canyons. Im Einsatz mehrere fotogene Dampfloks, gebaut 1906 - 1923. Abfahrten ganzjährig, im Sommer täglich. Es können auch Fahrten im Package zusammen mit Übernachtung am Grand Canyon gebucht werden.

Taxi

In größeren Städten gelegentlich eine notwendige und sichere Alternative zu den öffentlichen Verkehrsmitteln, z.B. bei Ankunft am Flughafen oder bei Rückkehr zum Hotel spät in der Nacht. Wer mit Bus, Bahn oder Flugzeug reist, muß immer dann auf Taxis zurückgreifen, wenn sich kein anderes lokales Verkehrsmittel anbietet, was vor allem in den Außenbezirken und der Umgebung der Städte nicht selten der Fall ist.

Fahrpreise: In der Regel ca. 2- 3 US für die erste Meile, 1,5o US für jede weitere. Zuverlässige Taxi-Unternehmen und Preise für die Strecken von den internationalen Flughäfen nach Downtown Phoenix, Albuquerque und Salt Lake City in den jeweiligen Regionalkapiteln.

Flug

Innerhalb des Südwestens lohnt Fliegen durchaus wegen der gewaltigen Entfernungen, - dies insbesondere bei knapper Urlaubszeit und großem Besichtigungsprogramm.
Andererseits gibt's entlang der Strecken zwischen den Metropolen (z.B. Phoenix -> Salt Lake City oder Albuquerque -> Salt Lake City) so viel zu sehen, daß die Fahrt überland lohnt. Hier befinden sich die schönsten Landschaften und Nationalparks des Südwesten.

AIRPORTS: Phoenix, Tucson, Albuquerque und Salt Lake City sind die Knotenpunkte des Flugverkehrs im Südwesten. Sie verfügen über moderne internationale Flughäfen, die in das kontinentale Linienflugnetz der großen US-Airlines eingebunden sind. Von diesen Knotenpunkten Verbindungen mit mehr als einem Dutzend kleinerer Regional-Airlines, die die umliegenden Städte anfliegen.

Kurzstrecken sind nicht gerade billig, lohnen aber je nach Strecke oft wegen grandiosem Blick während des Fluges, - vor allem, wenn Propellermaschinen eingesetzt werden, die niedriger als Jets fliegen.

Flüge über dem Grand Canyon: u.a. ab Las Vegas mit der "Scenic Air" und der "Air Nevada". Details siehe dort.

FLUGPREISE: kaum etwas ist so undurchsichtig wie der Tarif-Wirrwarr im amerikanischen Luftverkehr. Die mit allen Mitteln ausgetragene Konkurrenz der Airlines führt zu einer Unzahl von Tarifen, Sonderkonditionen und Spezialangeboten, die nur noch von Experten zu durchschauen sind. Bei der Buchung von Flügen lohnt sich deshalb der Gang zum Reisebüro und hartnäckiges Nachfragen.

34 Transport im Südwesten

Die Preisdifferenzen sind enorm: So kann ein Flug von Phoenix nach New York 1.3oo US kosten, unter Umständen ist er aber auch schon für 3oo-4oo US zu haben. Ähnliche Spannen sind zu beobachten auf den Strecken innerhalb des Südwestens.

Preise sind abhängig vom Wochentag, der Saison, Auslastung der jeweiligen Airline. So bekommt man teils last-minute günstigere Preise, teils aber auch durch langfristige Vorbuchung bei Fixierung auf feste Termine.

US-Air-Pässe: fast alle Gesellschaften bieten preisgünstige Air-Pässe an, Bedingungen und Tarife wechseln aber auch hier ständig. Das Prinzip: In einem festgelegten Zeitraum kann man für einen Festpreis eine bestimmte Anzahl von Städten anfliegen. Lohnt sich also nur bei Reisen, die außer dem Südwesten noch andere Teile der USA einschließen, sowie bei Anreise ab Europa mit Zwischenstop an der Ostküste.

Preisunterschiede und individueller Zuschnitt von Sonderkonditionen machen einen aktuellen Vergleich der Air-Pässe lohnend. Im Angebot sind Air-Pässe für die gesamten USA, für den West- oder Ostteil sowie für begrenzte Teilregionen.

Im Zusammenhang des Air Passes erhält man Flugcoupons, die pro geflogene Teilstrecke gelten. Der Preis der Coupons ist abhängig von der Jahreszeit, aber auch vom Streckennetz der Airline. Achtung: nur Flüge mit gleicher Flugnummer gelten als ein Flug; d.h. wer von New York nach Phoenix fliegt und beispielsweise in Denver umsteigen muß, hat nach der Regelung bereits zwei Städte angeflogen (= 2 Coupons), auch wenn er beim Zwischenstop kein Aufenthalt einlegt.

Beachten: Air-Pässe müssen in der Regel außerhalb der USA erworben werden, sind aber nicht unbedingt an einen Transatlantikflug mit der gleichen Gesellschaft gebunden.

Wichtig ist die genaue Kenntnis der Flugpläne der einzelnen Airlines: Bei den meisten muß bereits im voraus entschieden werden, welche Städte in welcher Reihenfolge angeflogen werden. Nachträgliche Änderungen kosten zusätzlich.

Bei Auswahl und Kauf von Air-Pässen spart die Unterstützung durch ein gutes Reisebüro die langwierige Suche nach dem aktuell günstigsten Angebot. Am besten einen groben Routenplan erarbeiten, für den das Reisebüro dann den preiswertesten und bequemsten Air-Pass heraussuchen kann. Genaues Studium der Sonderkonditionen erspart außerdem Ärger und Enttäuschungen vor Ort.

America West Airline: dominiert im Südwesten (Drehkreuz Phoenix) als eine der wichtigsten Airlines. Weitere Stützpunkte sind Columbus/Ohio und Las Vegas/Nevada.

Im Angebot preisgünstige Air Pässe: 4 Coupons, gültig für das gesamte Streckennetz ca. 7oo DM, 6 Coupons ca. 8oo DM, - bzw. für die Western Tri- States (Arizona, Kalifornien und Nevada) ca. 5oo DM für 4 Coupons.

Die wichtigsten US-Airlines und ihre Vertretungen in Deutschland, der Schweiz und Österreich:

AMERICA WEST: Kirchnerstr. 6-8, 6o311 Frankfurt 1, Tel. (o69) - 291o11.

AMERICAN AIRLINES: Wiesenhüttenplatz 26, 6o329 Frankfurt, Tel. (o69)-256o111.
- Pelikanstr. 37, 8o39 Zürich, Tel. (o1)- 221o67o.
- Ballgasse 6, 1o1o Wien, Tel. (o222)- 5o51896.

CONTINENTAL: Schwindstr. 3, 6o325 Frankfurt, Tel. (o69)- 75741oo.

Transport im Südwesten 35

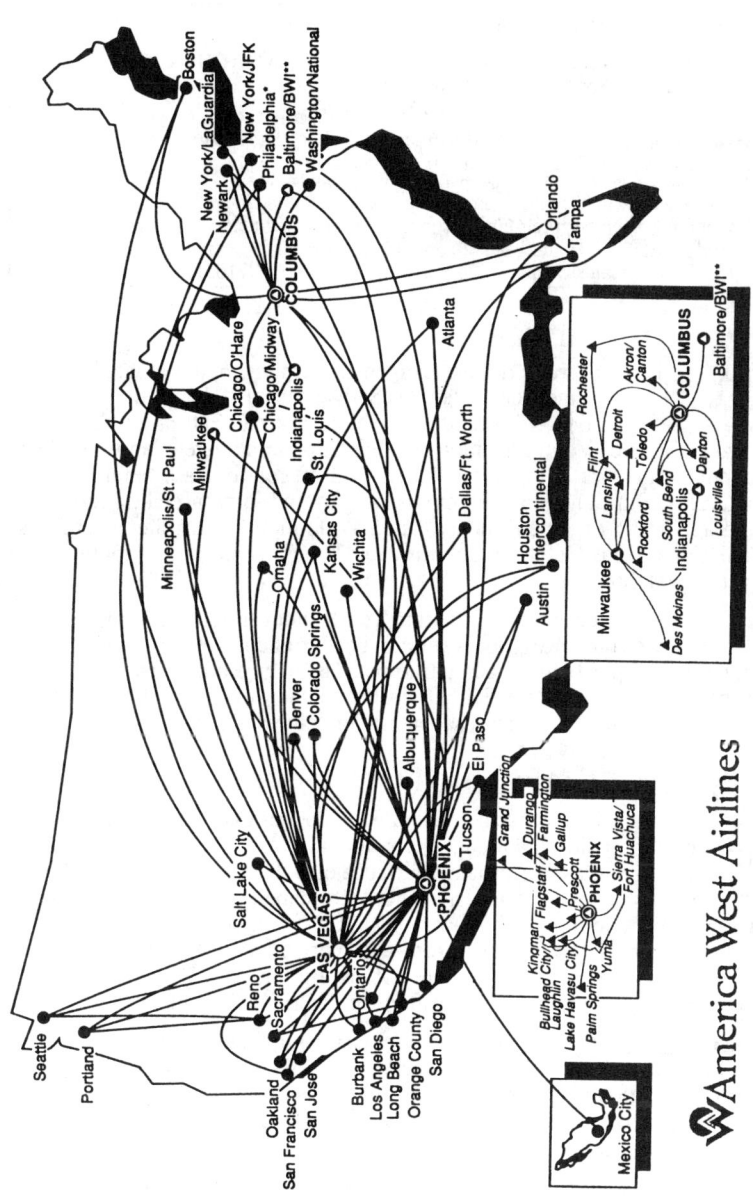

DELTA: Lyoner Str. 36, 60528 Frankfurt, Tel. (o69)- 6641234.
NORTHWEST: Lyoner Str. 26, 60528 Frankfurt, Tel. (o69)- 6641ooo.
- Seilergraben 49, 8oo1 Zürich, Tel. (o1)- 2512ooo.
- Kärntner Str. 23, 1o1o Wien, Tel. (o222)- 51287o9.
TWA: Hamburger Allee 2-1o, 60486 Frankfurt, Tel. (o69)- 7950 4o.
- Beckenhofstr. 6, 8o35 Zürich, Tel. (o1)- 3614111.
- Opernring 1/R/744, 1o1o Wien, Tel. (o222)- 5876868.
UNITED: Geleitsstr. 25, 60599 Frankfurt, Tel. (o69)- 6o5o32o1.
- Rütistr. 2, 54oo Baden, Tel. (o56)- 222259.
USAir: Schwarzwaldstr. 1o2, 60528 Frankfurt, Tel.(o69)- 6771631.

Fahrrad

Aufgrund der gewaltigen Entfernungen, der Höhenlagen in den meisten Teilen des Südwestens und der prallen Sonne in den wüstenhaften Gebieten ist das Fahrrad nicht unbedingt ein ideales Verkehrsmittel. Weitere Einschränkungen: landschaftlich schöne Routen zu den Nationalparks sind oft relativ stark befahren und dadurch gefährlich. Ein Problem auf engen und kurvenreichen Strecken sind außerdem die überdimensionalen Wohnmobile. Am Steuer oftmals Senioren, die das Gefährt nicht immer so beherrschen wie ein routinierter Lastwagenfahrer.

Ausgewählte Streckenabschnitte und Touren können reizvoll sein, sie sind in den jeweiligen Regionalkapiteln beschrieben. Den Südwesten im größeren Stil per Fahrrad zu erstrampeln, ist dagegen nur etwas für hartgesottene Fans. In jedem Fall ist ein Fahrradhelm zu empfehlen; überall erhältlich, da bei den einheimischen Radlern eine Selbstverständlichkeit.

Trampen

Ist zwar prinzipiell erlaubt, aber es existieren viele Einschränkungen, vor allem in den Vororten der Städte. Da der Ausländer die speziellen Bestimmungen nicht kennen kann, macht er sich schnell unwissentlich strafbar. Außerdem beachten, daß man nicht auf der Straße selber stehen darf, ebenso nicht im Bereich der Freeways (vergleichbar mit unseren Autobahnen). Tramper sind ein beliebtes Objekt für intensive Polizeikontrollen; kleinste Vergehen gegen Vorschriften werden rigoros geahndet.

Die Chancen für einen "lift" sind von Ort zu Ort sehr unterschiedlich. In ländlichen Gebieten zwar weniger Verkehr, dafür aber (wenn ein Auto kommt) schnellere Mitnahme. Im Stadtbereich sehr schwierig, da die Autobahnen oft mitten in der Innenstadt beginnen, der Nahverkehr vom Fernverkehr nicht getrennt ist und kaum Haltemöglichkeiten bestehen.

Empfehlenswert: direktes Ansprechen von Fahrern an Tankstellen oder Fast-Food Stops. Die Chancen sind hier größer als an der Straße per Daumen, da man mit ein paar freundlichen Worten sich persönlich "vorstellen" kann. Auch kann man sich selber ein Bild vom Fahrer machen. Für <u>alleinreisende Frauen</u> ist Trampen nicht zu empfehlen, - Belästigungen und mehr sind leider an der Tagesordnung.

Alternative sind die <u>Mitfahrzentralen der Universitäten</u> und Angebote auf den dortigen Schwarzen Brettern. Funktioniert in der Regel gegen Benzinkostenbeteiligung. Bei den niedrigen Spritpreisen ist man günstig dabei.

VERTRETUNGEN DER USA IN EUROPA

Deutschland:

Botschaft, Deichmanns Aue 29, 53179 Bonn, Tel. (o228) 3391.

Generalkonsulat, Siesmayerstr. 21, 60323 Frankfurt, Tel. (o69) 74oo71.

Generalkonsulat, Alsterufer 27-28, 2o354 Hamburg, Tel.(o4o) 441o61.

Generalkonsulat, Königinstr. 5, 80539 München, Tel. (o89) 23o11.

Generalkonsulat, Urbanstr. 7, 7o182 Stuttgart, Tel. (o711) 21o221.

Generalkonsulat, Clayallee 17o, 14195 Berlin, Tel. (o3o) 8195523.

United States Travel & Tourism Administration, Bethmannstr. 56, 6o311 Frankfurt, Tel. (o69) 295213.

Schweiz:

Botschaft, Jubiläumsstr. 93, 3oo5 Bern, Tel. (o31) 437o11.

Generalkonsulat, Zollikerstr. 141, 8oo8 Zürich, Tel. (o1) 552566.

Österreich:

Botschaft, Boltzmanngasse 16, 1o9o Wien, Tel. (o222) 31511.

Generalkonsulat, Gisela Kai 51, 5o2o Salzburg, Tel. (o6222) 86o1.

KONSULARISCHE VERTRETUNGEN

Deutschland:

Phoenix, 425o E. Camelback Rd., Tel. 952-91oo.

Albuquerque, 57oo Harper Dr. NE, Suite 33o, Tel. 822-8826.

Schweiz:

Phoenix/Scottsdale, 3o2o N. Scottsdale Rd., Tel. 947-oo2o.

Salt Lake City, 1455 S. 11oo East St., Tel. 487-o45o.

Allgemeine Tips

EINREISE

<u>Formalitäten</u>: Beschränken sich inzwischen auf ein Minimum. Deutsche, Schweizer und Österreicher benötigen einen gültigen Reisepaß und ein Rückflugticket, brauchen aber <u>kein Visum</u> mehr. Dies gilt seit 1991 auch für die Einreise auf dem Landweg von Kanada oder Mexiko aus.

Ausgefüllt werden muß eine <u>Einreisekarte</u>, worauf man eine Aufenthaltsgenehmigung für max. 3 Monate erhält. Sie ist nicht verlängerbar. Ein Teil der Karte wird bis zur Beendigung des Aufenthaltes in den Paß eingeheftet. Ausfüllen der Zeilen für die Adresse in den USA (Adresse von Freunden oder des ersten Hotels) erspart evtl. Rückfragen des Beamten der Einreisebehörde und Zweifel an der "Bonität" des Touristen.

<u>Vorübergehende Ausreise</u>: Wer zwischendurch z.B. nach Mexiko ausreisen will, besorgt sich an der Grenze ein entsprechendes Formular, mit dem er dann problemlos wieder einreisen kann. Man muß sich selbst darum kümmern, da die Grenzbeamten bei der Ausreise oft keinerlei Kontrollen vornehmen, man bei Wiedereinreise ohne das Papier aber Schwierigkeiten bekommt.

<u>Langfristiger Aufenthalt</u>: Wer länger als drei Monate in den Vereinigten Staaten bleiben will, sollte sich bei Botschaft oder Generalkonsulat im voraus ein Visum besorgen und bei der Einreise darauf achten, daß die Immigrationsbehörden die entsprechende Frist genehmigen. Auf dem Visum selbst erscheint nämlich nur das Datum, von dem an die Einreise möglich ist, den spätesten Ausreisetermin legt der Beamte der Einwanderungsbehörde bei der Einreise fest.

ZOLLBESTIMMUNGEN

<u>Zollerklärung</u>: Verlangen die Behörden bei der Einreise. Beträge in bar oder Reiseschecks im Wert von mehr als 1o.000 Dollar müssen deklariert werden. Einfuhr von 2oo Zigaretten, 1 Liter Alkoholika und Geschenke im Wert von bis zu 1oo US sind erlaubt. <u>Verboten</u>: Einfuhr von Obst, Gemüse, Fleisch, offenen Lebensmitteln, Drogen, pornographischer Literatur. Weitere Einschränkungen gelten für Tiere sowie Produkte aus kommunistischen Ländern, derzeit vor allem Kuba und Nordkorea.

Tourist INFO In jeder Stadt sowie in allen Nationalparks existiert ein umfassendes System zur Information von Besuchern. Amerikanische Touristen nehmen es gerne und häufig in Anspruch. Für eine erste Orientierung und die Beantwortung von speziellen Fragen in jedem Fall empfehlenswert.

Zuständig sind in den STÄDTEN entweder das "Visitors & Convention Bureau" oder die örtliche Handelskammer "Chamber of Commerce". In den großen Städten unterhalten oft beide ein Informationsbüro. In der Regel viel Karten- und Infomaterial sowie Auskünfte über aktuelle Veranstaltungen. Adressen in den Regional-Kapiteln.

NATIONALPARKS: verfügen jeweils über mindestens ein "Visitor Center", zumeist verkehrsgünstig an der Zufahrtsstraße gelegen. In Einzelfällen aufwendig ausgestattet mit Museum, Dia- oder Filmshows. Die dort tätigen Ranger sind hilfsbereit und beantworten Fragen hinsichtlich Wetterverhältnissen und Touren. Ihre Ratschäge und Warnungen sollten vor allem Wanderer und Bergsteiger besonders ernst nehmen.

Tip: Die Zufahrt zu den meisten National Parks und National Monuments kostet derzeit zwischen 2 und 1o US pro PKW. Wer eine Reihe dieser im Südwesten besonders häufigen Naturparks besucht, ist besser bedient mit dem Kauf des "Golden Eagle Pass": für 25 US freier Eintritt in alle National Parks und National Monuments der USA während eines Jahres (Ausnahme: Der Pass ist nicht gültig für die Carlsbad Caverns im Südosten von New Mexico). Zusätzlicher Vorteil: Preisnachlässe auf vielen Campingplätzen. Erhältlich in jedem Visitor Center.

STAATLICHE TOURISMUS-BÜROS

ARIZONA: Arizona Office of Tourism, 1loo W. Washington St., Phoenix, Tel. 6o2-542-4oo3

NEW MEXICO: New Mexico State Department of Tourism, Lamy House, Old Santa Fe Trail, Santa Fe, Tel. 5o5-827-74oo.

UTAH: Utah Travel Council, Council Hall, Capitol Hill, Salt Lake City, Tel. 8o1-538-1o3o.

POST

"Post office" in jedem Ort, meist zentral gelegen. Öffnungszeiten in der Regel Mo-Fr von 9-18 Uhr, manchmal auch samstags vormittags. Der "United States Postal Service" ist zuverlässig, wenn auch nicht immer besonders schnell. Briefe aus dem Südwesten nach Europa sind in der Regel knapp eine Woche unterwegs, in Ausnahmefällen auch länger.

"Zip Code": Amerikanische Postleitzahl. Ähnlich wie bei uns wichtig, wenn die Sendung schnell und zuverlässig zugestellt werden soll. Große Städte haben mehrere Zustellbezirke mit unterschiedlichen Zip Codes. Die meist fünfstellige Zahl steht am Ende der Adresse, hinter Ort und Abkürzung für den Bundesstaat. Beispiel: Phoenix, AZ 85oo7.

"General Delivery": Möglichkeit, sich Briefe von daheim an ein bestimmtes Postamt zuschicken zu lassen. Werden dort einen Monat aufbewahrt, Aushändigung gegen Vorlage des Ausweises. Zip Code des jeweiligen Postamts in diesem Fall ganz besonders wichtig. Beispiel: Mr. X, General Delivery, Santa Fe, NM 875o3. Name des Adressaten deutlich schreiben. Wird der erwartete Brief nicht gleich gefunden, auch mal unter dem Anfangsbuchstaben des Vornamens nachsehen lassen.

TELEFON

Öffentliche Apparate (auch für Gespräche ins Ausland) gibt's fast an jeder Straßenecke. Genaue Bedienungsanweisung steht auf jedem Apparat. Funktioniert so: Hörer abnehmen, Freizeichen abwarten (ein sich alle 4 Sek. wiederholender sanfter Ton), Münzen einwerfen und die Nummer wählen. - Besetztzeichen: härterer, sich wiederholender Ton.

ORTSGESPRÄCHE: Nummer wählen. - FERNGESPRÄCHE (innerhalb USA): zunächst "1" wählen, dann den Area Code (siehe Kasten) , dann die Teilnehmernummer.

Die Telefonapparate in den USA haben auf der Wählscheibe (Tastatur) neben den Nummern auch Buchstaben. Sinn und Zweck: manche Firmen geben ihre Telefonnummern zwecks besserer Einprägsamkeit in kurzem Wort an, Beispiel: "711-PARK". Dann die Tasten mit den entsprechenden Buchstaben drücken.

"AREA CODES": Die Vorwahl-Nummern gelten im Südwesten jeweils für einen ganzen Bundesstaat. Wer innerhalb des Staates Ferngespräche führt, muß die Vorwahl in der Regel ebenfalls benutzen.

| 6o2 | Arizona | 3o3 | Colorado |
| 5o5 | New Mexico | 8o1 | Utah |

BRD, CH ->USA:
oo1 + Area Code + Teilnehmer

A ->USA:
9oo1 + Area Code + Teilnehmer

INTERNATIONALE GESPRÄCHE: USA ->:
Deutschland: o1149 + Stadt (ohne Null) + Teilnehmer
Schweiz: o1141 + Stadt (ohne Null) + Teilnehmer
Österreich: o1143 + Stadt (ohne Null) + Teilnehmer

Das Telefonnetz in den USA wird von privaten Gesellschaften betrieben, die untereinander in Konkurrenz stehen. Sie bedienen sowohl die nationalen Telefonverbindungen innerhalb der USA wie auch die internationalen Verbindungen.

PREISE: für ein Ortsgespräch o,25 US (in Ausnahmefällen: o,2o US). Bei Ferngesprächen variieren die Kosten je nach Telefongesellschaft, Uhrzeit und gewünschtem Ortsnetz.

Die öffentlichen Apparate akzeptieren nur Münzen von 5 cent (Nickel), - 1o cent (Dime) und 25 cent (Quarter). Wer also ein längeres Ferngespräch per Münzbetrieb ab öffentlichem Telefon führen will, sollte sich gleich einen ganzen Sack an Münzen mitbringen!

Bei Ferngesprächen gibt's in der Regel eine freundliche Computerstimme, die darauf hinweist, wieviel Geld man für die ersten 3 Minuten einwerfen muß. Hat das Gespräch länger gedauert, verlangt die Stimme den Restbetrag.

Legt man gleich auf, so klingelt kurz darauf das Telefon, und die Stimme verkündet noch einmal die Restschuld. Zahlt man nicht, bekommt der Angerufene den Betrag aufgebrummt. Manchmal muß man schon während des Gesprächs Münzen nachwerfen, die Stimme fordert freundlich dazu auf. Zuviel gezahlte Beträge kommen nicht zurück.

Alternative per Credit Card: manche öffentlichen Telefone lassen sich mit Credit Cards wie American Express, Visa etc. betreiben, bzw. mit Plastic Cards der US- Telefongesellschaften wie z.b. AT&T (letztere bekommt man bei entsprechendem Antrag auch bei deren Europa-Vertretungen).

"Deutschland Direkt": spezieller Service, bei dem ab USA eine Vermittlung in Frankfurt gratis angerufen werden kann (Tel.: 1.800.292.0049). Sie vermittelt dann das Gespräch innerhalb BRD weiter. Auch als R- Gespräch möglich (=Angerufene bezahlt das Telefonat). Allerdings für die ersten 3 Min. nicht billig: rund 25 DM, je weitere Minute preisgünstig für ca. 3 DM. - Selber Service für Österreicher: "Austria Direct": Tel. 1.800-624-0043.

TELEFONIEREN ab HOTEL/MOTEL: Ortsgespräche sind manchmal gratis, abhängig je nach Hotel/Motel. Ferngespräche: vorab fragen nach dem Preis pro Gesprächseinheit; manche Hotels verlangen für den Service satten Aufpreis. Wer hier Geld sparen will, ruft in der Heimat an und läßt sich im Hotel zurückrufen.

Ferngespräche ab Hotel/Motel nach Europa: Bedienung sehr unterschiedlich. Ab großen Luxushotels kann man in der Regel direkt vom Zimmertelefon nach Europa durchwählen, allerdings sehr teure Gesprächseinheiten je nach Hotel. - Bei kleineren Hotels und Motels sind die Zimmertelefone in der Regel für Übersee-Telefonate gesperrt. Als Besitzer einer Credit Card (American Express, Visa etc.) kann man aber ab Hotelzimmer die Telefonnummer eines Operators in den USA anrufen. Diesem teilt man Namen und Nummer der Credit Card mit sowie die gewünschte Telefonnummer in Europa. Der Operator verbindet, und die Gebühr fürs Telefonat wird vom Credit Card- Konto abgebucht. - Über welche Telefonnummer man den betreffenden Operator erreicht, ist in der Rezeption zu erfahren.

TOLL FREE: alle Nummern mit dem Präfix "800" sind für den Anrufer kostenlos. Damit läßt sich viel Geld sparen beim Automieten und Reservieren von Hotels, Flügen etc., da die meisten größeren Unternehmen neben ihrer normalen Nummer auch "toll free" erreichbar sind. Dies allerdings nur innerhalb der USA.

TELEFONBÜCHER: das normale Telefonbuch hat auf seinen ersten Seiten eine Beilage mit relativ genauen Stadtplänen und einer Kurzbeschreibung der lohnendsten Sight-Seeing Punkte, der Parks sowie der Convention Centers und Theater mit Sitzplan-Nummern. - Das Branchenverzeichnis ("yellow pages") ist nützlich bei der Auffindung von Adressen und Telefonnummern z.B. von Autovermietern.

OPERATOR: in Zweifelsfällen die "0" wählen, die Vermittlung hilft weiter. Der Anruf ist kostenlos.

COLLECT CALL: nach Rückfrage durch den Operator kann der Angerufene die Kosten

Allgemeine Tips 43

des Gesprächs übernehmen (R-Gespräch). Funktioniert auch ins Ausland.

Notruf: in den Städten 911, auf dem Lande die O. Der Operator leitet den Notruf weiter.

GELD

Der <u>Wechselkurs</u> der vergangenen Jahre von 1 US = ca. 1,5o DM führte zu starkem Anstieg des USA- Tourismus ab Europa. Das Preisniveau in den USA ist derzeit in etwa vergleichbar mit dem in Deutschland.

ZAHLUNGSMITTEL: sollte man entsprechend stückeln je nach persönlichem "Sicherheitsbedürfnis".

* **Traveller- Schecks**: wer auf <u>Nr. Sicher</u> gehen will, legt sie sich zu, denn bei Diebstahl und/oder Verlust gibt's vollen Ersatz. Sie sind in US-Dollar auszustellen. Nachteil: für das Einlösen der Traveller-Schecks verlangen manche Banken hohe Abzüge ("commission"). Bei anderen Banken kein Abzug, dafür entsprechende Wege, um die betreffende Bank zu erreichen. Bevor man die Traveller- Schecks einlöst, sollte man daher wegen Abzügen fragen. Auch Hotels akzeptieren normalerweise bei Bezahlung der Rechnung Traveller Schecks.

* **Credit Cards**: neben Bargeld die Nr. 1 im nordam. Zahlungsverkehr. Akzeptiert in Hotels und selbst kleineren Motels, den meisten Restaurants, in Shops und Supermärkten, bei Airlines und Autoanmiete.
<u>Vorteil</u>: bei Bezahlung von z.B. Flugtickets ist eine Reiseversicherung inkl., bei Mietwagen entfällt die vorab zu hinterlegende Kaution etc. Vor allem ist man nicht gezwungen, mit größeren Bargeldsummen zu reisen, was zusätzlich die Sicherheit steigert. Vor allem gibt's bei Bezahlung per Credit Card (im Gegensatz zu Traveller Schecks) keinen Abzug für die Verwendung dieses Zahlungsmittels.

Die Credit Card bringt zudem den Vorteil, daß man in festgelegten Abständen auch Bargeld von Automaten der jeweil. Gesellschaft (z.B. in Airports) beziehen kann. Somit also nicht als "rollender Bargeld-Transporter" reisen muß.

Am gängigsten und am meisten verbreitet sind in den USA *"<u>Visa</u>"* und *"<u>Master Card</u>"* (=Eurocard). Sie sind die Credit Cards schlechthin, mit denen man fast überall klar kommt. Seltener akzeptiert dagegen *"<u>Diners</u>"* und *"<u>American Express</u>"* .

Die <u>Credit Card</u> ist in den USA extrem verbreitet. Manche Amerikaner haben gleich ein ganzes Paket dieser Plastikkarten, die je nach Karte zusätzliche Vergünstigungen bei Hotels, Airlines, Mietwagen etc. einräumen. Ähnliches setzt sich langsam auch in Europa durch.

<u>Wer noch keine Credit Card besitzt</u>, sollte sich eine für die USA- Reise zulegen. Um

44 Allgemeine Tips

eine Credit Card zu erhalten, ist ein gewisses Mindesteinkommen nötig. Bei VISA und MASTER CARD/EUROCARD liegt der Betrag relativ niedrig. Auch sollte man die einzelnen Angebote vergleichen; unterschiedliche Jahresbeiträge und Extraleistungen.

Da KRIMINELLER MISSBRAUCH von Credit Cards in den USA zwischenzeitlich an der Tagesordnung ist, besitzen fast alle angeschlossenen Unternehmen (Hotels, Shops etc.) neben oder in der Kasse ein Magnetstreifen- Lesegerät, durch das die Credit Card gezogen wird. Das Lesegerät hat per Telefonleitung Anschluß an den Großcomputer des Credit Card Unternehmens. Der Computer prüft verschiedene Daten, z.B. die Bonität des Kunden und seinen Kreditrahmen, - aber auch, wie oft die Karte innerhalb der letzten Zeit eingesetzt wurde.

Wer die Credit Card häufig und innerhalb kurzer Zeit einsetzt, - dem kann es passieren, daß der Computer nach Paß, Geburtsdatum oder gar der Nummer des Autokennzeichens fragt.

Grund: das Credit Card Unternehmen will sich hier vor Kartenmißbrauch schützen. Denn nach Verlust oder Diebstahl werden Credit Cards oft von unberechtigten Personen in großem Stil zum "Einkaufen" eingesetzt.

Mit derartigen Rückfragen muß man im "land of Credit Cards" leben. Zudem dienen solche Rückfragen letztendlich dem eigenen Schutz und gehen "on-line" mit dem Großcomputer in der Regel fix.

KARTENVERLUST: gemäß der Vertragsbestimmungen im Kleingedruckten umgehend melden. In dem Fall ist man nicht haftbar bei anschließender Fremdbenutzung der Karte durch Diebe etc.

Ärgerlicher ist dagegen der offenbar sehr niedrige KREDITRAHMEN bei manchen Kredit- Karten (vor allem solchen, die sehr häufig in den USA verwendet werden). Wer seine Karte innerhalb eines kurzen Zeitraumes oft und/oder für hohe Beträge einsetzt, erreicht schnell das Limit des Kreditrahmens und muß dann feststellen, daß die Karte gesperrt wird, - obwohl in Deutschland das Konto gedeckt ist. Grund: Ausgaben in den USA werden nicht sofort vom deutschen Konto abgezogen. Abhilfe: vorab der Reise einen höheren Kreditrahmen vereinbaren.

SELBSTÄNDIGE ABBUCHUNG ohne Genehmigung des Credit Card Besitzers: Es ist in den USA durchaus üblich, daß beim Einchecken in Luxus- oder Mittelklasse-Hotel sowie auch bei Autovermietern die Credit Card durch das Magnetlese- Gerät gezogen wird und pauschal der "zu erwartende Betrag" dem Konto des Credit Card Besitzers belastet wird. Beim Auschecken korrigiert das Hotel/Motel, die Mietwagen-Firma dann auf den korrekt angefallenen Betrag.

Der Vorgang läuft in der Regel gemäß der angefallenen Kosten korrekt. Zudem hat man gemäß des Kleingedruckten im Credit Card Antrag das Recht, falsch berechnete Beträge (z.B. in der Room- Bar) schriftlich zu monieren. Die im Kleingedruckten genannten Einspruchsfristen sind jedoch zu beachten. Sprich: Kontoauszüge rechtzeitig überprüfen, sowie rechtzeitiger einschriftlicher Einspruch!

Nie Quittungsbelege pauschal unterschreiben, ohne daß dort der Betrag verzeichnet ist! Auch sollte man im Quittungsbeleg nicht ausgefüllte Stellen vor dem US-Betrag per Linie ausstreichen.

RESTAURANT- QUITTUNGEN per Credit Card: da in den USA das Tipping

(Trinkgeld) üblich ist, enthalten die Quittungsbelege der Credit Cards eine eigene Rubrik für "tipping", den man entsprechend ausfüllt.

* **Bargeld**: gehört in jedem Fall ins Reisegepäck und sollte bereits ab Europa in US-Dollar mitgeführt werden. In den USA wechseln nur wenige Banken die DM (ÖS bzw. SF) und meist zu schlechtem Kurs.

Risiko bei Bargeld: wer nicht gerade stattliche Beträge bei nächtlichen Wanderungen durch düstere Downtowns mit sich trägt, läuft kein größeres Sicherheitsrisiko als in Mitteleuropa. Vorsichtiges Verhalten ist natürlich immer angeraten. Ebenso sollte man nicht Bargeld im Hotelzimmer rumliegen lassen, welches vom Zimmerpersonal u.U. als "Trinkgeld" verstanden wird...

STEUER
Auf alle Waren und Dienstleistungen wird eine Verkaufssteuer ("tax") von ca. 6-1o% aufgeschlagen, ihre Höhe variiert bei bestimmten Produkten und von Staat zu Staat, manchmal von Ort zu Ort. Leider ist die Steuer fast nirgends ausgewiesen, angegebene Preise sind immer Nettopreise. An der Kasse staunt man dann, daß es mehr kostet. Die Preisangaben in diesem Buch (Hotels, Restaurants etc.) enthalten dagegen die Steuer bereits.

TRINKGELD
in den USA im Betrag höher als in Europa. Dies hat geschichtlichen Ursprung.

Im Land der "Tellerwäscher zum Millionär" honorierten bereits im letzten Jhd. die Aufsteiger und zu Geld gekommenen Amerikaner gute Leistungen des Personals. Durch "üppige Trinkgelder" wurde einmal der eigene Aufstieg repräsentiert, zum anderen sollte das Engagement der Mitarbeiter im Bereich Dienstleistungen motiviert werden.

Auch heute werden gute Serviceleistungen mit entsprechend höherem Trinkgeld honoriert und miserable Leistungen mit Null-Trinkgeld.

In RESTAURANTS ist das Trinkgeld im Preis der Gerichte nicht enthalten. 15 - 2o % der Rechnungssumme für die Bedienung sind normalüblich. Bitte diesen Prozentsatz beachten, da die Kellner und Kellnerinnen hauptsächlich von den Trinkgeldern leben. Wer weniger gibt, setzt deutliche Zeichen der Unzufriedenheit mit dem Service.

Bei TAXIS ebenfalls 15 % und den Preis aufrunden.

KLIMA

Die Sonne ist das Hauptmerkmal des Klimas im Südwesten. Ganzjährig lange Schönwetterperioden in allen Bundesstaaten. In der Wüste des südlichen Arizona wird es auch im Winter nicht kalt. In den anderen Teilen des Staates ebenso wie in New Mexico, Utah und Colorado allerdings wegen der Höhenlagen kalte Winter mit gelegentlichem Schneefall. Auf den Bergketten Schnee bis ins späte Frühjahr hinein.

Regnerisch und bedeckt kann es während der Wintermonate auch mal für einige Tage werden. Im Sommer von Zeit zu Zeit heftige Gewitter mit kräftigen Niederschlägen, die trockene Flußbetten für kurze Zeit in reißende Flüsse verwandeln können. Besondere Vorsicht ist dann vor allem bei Wanderungen in engen Canyons und an Flußufern geboten.

Stabilste Wetterlagen und für Reisen die angenehmsten Temperaturen herrschen im Frühjahr und Herbst.

Reisezeiten

SOMMERHALBJAHR: Mit dem meisten Sonnenschein kann man von April bis Oktober rechnen. Hauptreisezeit der Amerikaner ist Juli/August. Die Hauptsaison endet mit dem "Labor Day" (Anfang Sept.). Vor allem die bekannten Nationalparks auf dem Colorado Plateau sind in dieser Zeit stark besucht und teilweise auch überfüllt. In den südlichen Teilen von Arizona und New Mexico herrscht während der Sommermonate dagegen wenig Betrieb, die Preise sind niedrig.

WINTERHALBJAHR: In dieser Zeit strömen die Massen nach Phoenix, Tucson und in die Wüstenregionen des südlichen Arizona und New Mexico. Gut besucht sind auch die Skigebiete im nördlichen Arizona, in New Mexico, Colorado und in der Umgebung von Salt Lake City. Überall sonst herrscht wenig Betrieb, und die Preise bewegen sich auf niedrigem Niveau.

Gesundheit

Krankenversicherung: Abchecken, ob die eigene Versicherung die Kosten im Ausland übernimmt. Vorsicht: Auch Kassen, die im Ausland entstandene Kosten zahlen, übernehmen meist nur die ortsüblichen heimischen Tarife. Da das Gesundheitssystem in den USA zu den teuersten der Welt gehört, können Arzt- und Krankenhaustarife dort erheblich höher liegen. Daher empfiehlt sich in der Regel eine zusätzliche Reise-Krankenversicherung, die das nicht abgedeckte Risiko übernimmt. Manche Kreditkarten übernehmen Unfallkosten, wenn das Verkehrsmittel mit der Karte bezahlt wurde.

Arztkosten: Müssen an Ort und Stelle bar vorgeschossen oder per Kreditkarte bezahlt werden. Ein weiterer Grund, nicht ohne Kreditkarte zu reisen, denn auch in Notfällen erfolgt vielfach keine Behandlung, wenn Zweifel an der Zahlungsfähigkeit des Kranken bestehen.

Impfungen: Derzeit sind für die Einreise in die USA für Europäer keine Impfungen vorgeschrieben.

Sonne: Vorsicht ist vor allem geboten bei Wanderungen und Kletterpartien in der Wüste, auf dem Colorado Plateau und in den Höhenlagen der südlichen Rocky Mountains. Während der Sommermonate brennt die Sonne im gesamten Südwesten unerbittlich.

Erkältungen: Kein größeres Risiko als in unseren Breiten. Gefährlich sind allerdings die weit verbreiteten Klimaanlagen in Hotels und Restaurants, so daß trotz brütender Hitze gelegentlich eine leichte Jacke nötig ist.

Höhenkrankheit: Kann bei Wanderungen und Kletterpartien in den südlichen Rocky Mountains auftreten, evtl. auch in einigen hochgelegenen Skigebieten. Äußert sich durch Kopfschmerzen und Übelkeit. Leicht zu vermeiden durch langsame Höhenanpassung mit anfänglicher Zurückhaltung bei körperlicher Anstrengung. Alkoholgenuß meiden.

Apotheken: Die "Farmacies" sind weit verbreitet, viele Supermärkte haben eine entsprechende Spezial-Abteilung. Die Rezeptpflicht wird streng gehandhabt. Wer bestimmte Medikamente benötigt, bringt sie am besten mit, ersatzweise ein deutlich geschriebenes Rezept.

Persönliche Hausapotheke: Empfehlenswert. Ausstatten mit den wichtigsten Medikamenten für die gewöhnlichen Zwischenfälle wie Erkältungen, Durchfall, Kopfschmerzen, kleinere Wunden. Unerläßlich bei Wanderungen in einsamen Gegenden, da Hilfe oft weit und breit nicht zu erwarten ist.

Rauchen: Ist gesetzlich verboten in öffentlichen Verkehrsmitteln (inkl. inneramerikanische Flüge), Fahrstühlen und der Mehrzahl der staatlichen und kommunalen Gebäude. In vielen Restaurants existieren Nichtraucherzonen, beim Empfang gibt man den gewünschten Bereich an. Viele Motels und Hotels verfügen inzwischen über Nichtraucher-Zimmer. In den meisten Bed&Breakfast Inns ist das Rauchen grundsätzlich nicht gestattet.

SICHERHEIT

Der Südwesten der USA ist im Prinzip ein ausgesprochen sicheres Reisegebiet. Auf dem Land, in Kleinstädten und in den Nationalparks kein größeres Risiko als in Mitteleuropa.

In einigen Bezirken der Großstädte, vor allem in Albuquerque und Phoenix, ist allerdings nach Einbruch der Dunkelheit Vorsicht geboten: Längere Gänge durch die Straßen meiden, es ist kaum jemand zu Fuß unterwegs, die meisten Amerikaner benutzen das Auto. Lieber mal 5 US für ein Taxi ausgeben als einen Überfall riskieren. Ist man trotzdem zu nachtschlafener Zeit unterwegs, möglichst wenig Bargeld und keine Wertsachen mitnehmen. Sollte es zu einer bedrohlichen Situation kommen, am besten das Geld herausgeben. Im Zweifelsfall eine Drohung lieber zu ernst als zu leicht nehmen.

Bei Verlust des Passes sofort das nächstgelegene Konsulat benachrichtigen, spätestens am Tag der Ausreise gibt es sonst Schwierigkeiten. Bei rechtzeitiger Information der Aussteller-Firmen (Telefonbuch "Yellow

Pages") sind Verluste von Reiseschecks oder Kreditkarten nicht tragisch. Die Versicherung tritt in Kraft, Ersatz ist relativ schnell zu beschaffen.

Frauen allein: Die Situation für alleinreisende Frauen ist im Südwesten vergleichbar mit derjenigen in Mitteleuropa. Die erwähnten Sicherheitsvorkehrungen in den Großstädten allerdings besonders ernst nehmen.

Drogen: Trotz offiziellen Verbots gibt es in den USA einen ausgedehnten Markt für Rauschmittel aller Art. Hände weg: Mit dem Besitz oder Konsum von Drogen ist in den USA nicht zu spaßen, auch Ausländern drohen rigorose Strafen.

ALKOHOL

In den Bundesstaaten des Südwestens werden alkoholische Getränke nur an Personen über 21 Jahre verkauft und ausgeschenkt. Wer jünger ist, sollte die Finger davon lassen; man verbringt schnell mal eine Nacht im Knast, wenn ein police officer gewillt ist durchzugreifen. Besonderheiten in den einzelnen Staaten:

Arizona: In den Reservaten der Navajo und Hopi ist der Besitz und Konsum von alkoholischen Getränken grundsätzlich verboten.

Utah: Alkohol darf in Lokalen nur in Verbindung mit Speisen ausgeschenkt werden. Häufiger als in anderen Staaten findet man Restaurants ohne Alkohollizenz. Vor allem in Salt Lake City existieren private Clubs, in denen Drinks zu haben sind. Viele Hotels bieten ihren Gästen kostenlose Mitgliedskarten für diese Clubs an. In Supermärkten Verkauf von Bier; Wein und Hochprozentiges gibt es nur in den speziellen State Liquor Stores.

New Mexico: An Sonntagen in Geschäften und Supermärkten kein Verkauf von alkoholischen Getränken.

SPRACHE

Die wenigsten Amerikaner verstehen Deutsch. Wer's in der Schule bruchstückhaft gelernt hatte, hat das meiste wieder vergessen. Dafür sind sie dankbar, wenn sich der Besucher im Englischen versucht, auch wenn es nicht perfekt klappt. In der Regel kommt man selbst mit wenigen Brocken problemlos zurecht.

MASSE UND GEWICHTE

Selbst wenn mancherorts schon mal eine metrische Angabe auftaucht, benutzen die Amerikaner im täglichen Leben fast ausschließlich weiterhin die traditionellen angelsächsischen Maßeinheiten: Sie messen in "inches" und "miles", trinken "quarts" von Milch und Whiskey, ihre Motoren schlucken "gallons" an Benzin, Hamburger verzehren sie nach "pounds", und schwitzen und frieren tun sie in Graden Fahrenheit.

Für den Mitteleuropäer ist also Umrechnung an der Tagesordnung. Nur der Dollar hat 1oo Cents, aber den muß man ja sowieso schon nach dem jeweiligen Wechselkurs in Mark, Schilling oder Franken verwandeln.

Für alle, die nicht in die USA fahren, um sich im Kopfrechnen zu perfektionieren, hier ein paar Grunddaten und einfache Faustregeln:

TEMPERATUR: Die komplizierte Formel, die Fahrenheit- in Celsiusgrade verwandelt (minus 32, geteilt durch 9, mal 5) am besten vergessen und sich ein paar markante Daten merken. Was dazwischen liegt, läßt sich dann leicht über den Daumen peilen.

32 Grad F = O Grad C   68 Grad F = 2o Grad C
5o Grad F = 1o Grad C   86 Grad F = 3o Grad C
1o4 Grad F = 4o Grad C

ENTFERNUNGEN: Auf Straßenschildern in Meilen angegeben (Ausnahme: auf der Strecke von Nogales nach Tucson in Arizona). 1 mile= 1,6o9 km. Höhenangaben meist in "feet": 1 foot= 3o,48 cm.

VOLUMEN: Wichtig beim Tanken: 1 gallon= 3,785 Liter.

GEWICHT: 1 pound=453 Gramm, also etwas weniger als unser "Pfund".

ELEKTRIZITÄT

Stromspannung 11o Volt Wechselstrom. Elektrische Geräte also nur mitnehmen, wenn sie von 22o auf 11o Volt umschaltbar sind. Steckdosen passen lediglich für Flachstecker, nur mit Adapter für unsere üblichen Stecker zu benutzen.

ZEITZONEN

Die Vereinigten Staaten sind aufgeteilt in 4 Zeitzonen. In allen Staaten des Südwestens gilt die "Mountain Time", 2 Stunden zurück verglichen mit New Yorker Zeit, 8 Stunden zur Mitteleuropäischen Zeit. Ausnahme im Sommer ist Arizona, siehe unten.

Winter- und Sommerzeit: In den Staaten Utah, New Mexico und Colorado Wechsel am letzten Sonntag im April sowie am letzten Sonntag im Oktober. Arizona wechselt nicht zur Sommerzeit über, hat daher von Mai bis Oktober die gleiche Zeit wie Kalifornien, d.h. 9 Stunden Unterschied zur MEZ. Lediglich im Navajo-Reservat (wichtig für Reisen auf dem Colorado Plateau) gilt die Sommerzeit.

DATUM

Die Zahl des Monats steht vor dem Tag: Mit 8.1.95 ist also der 1. August gemeint. Aufpassen vor allem bei Reservierungen und Flugdaten!

ÖFFNUNGSZEITEN

Kein einheitlicher Ladenschluß. Zwischen 9 und 18 Uhr (Mo-Fr) dürfte fast alles geöffnet sein (Banken bis 15 Uhr), Mittagspausen sind selten.

Geschäfte und Kaufhäuser haben oft bis in den Abend geöffnet; Supermärkte meist bis 22 Uhr, manchmal bis 24 Uhr und in Einzelfällen sogar 24 Stunden am Tag. Shopping Centers und manche Supermärkte sind auch Sa/So geöffnet, einige Banken am Samstagvormittag.

Die Öffnungstage der Museen sind nicht so einheitlich wie anderswo, oft haben sie montags geöffnet und an anderen Tagen geschlossen; konkrete Hinweise siehe Text. Die Öffnungszeiten variieren stark, man sollte sich aber darauf einstellen, daß in der Mehrzahl der Fälle bereits gegen 16-17 Uhr Schluß ist.

RESERVIERUNGEN

Für Hotels üblich und zur Hochsaison an vielen Orten unbedingt ratsam. Zu empfehlen auch bei Campingplätzen in der Nähe von Nationalparks. Per Telefon, bei besseren Hotels über die Gratis-Nummer "8oo".

"Ticketron" oder "Mistix": Zentrale Reservierungsbüros für Festivals, Theater, Konzerte oder Sport. Praktisch in jeder größeren Stadt, ebenfalls mit "8oo"er Nummer. Jeder Hotelportier weiß Bescheid oder übernimmt die Sache. Nummer einer Kreditkarte wird als Sicherheit verlangt.

FEIERTAGE

Da fast alle Feiertage in den USA ein verlängertes Wochenende bewirken, sollte man zu dieser Zeit mit einem verstärkten Ansturm auf Urlaubsorte und Nationalparks rechnen. Hotels dort meist schon frühzeitig ausgebucht. Entweder selbst ebenfalls langfristig reservieren, am besten aber solche Wochenenden für den Aufenthalt in größeren Städten einplanen (Ausnahme ist Santa Fe, das an Wochenenden ebenfalls einen großen Ansturm erlebt). Aufgepaßt auch beim Transport: Vor allem Flugtickets sind an "holiday-weekends" absolute Mangelware.

Neben Weihnachten, Neujahr und Ostern bleiben an folgenden Tagen Behörden, Banken und die meisten Geschäfte geschlossen:

15. Januar:	Geburtstag von Martin Luther King
dritter Montag im Februar:	President's Day
letzter Montag im Mai:	Memorial Day (Heldengedenktag)
4. Juli:	Independence Day
24. Juli:	Days of 47(staatlicher Feiertag nur in Utah)
erster Montag im September:	Labor Day (Tag der Arbeit)
zweiter Montag im Oktober:	Columbus Day
zweiter Montag im November:	Veteran's Day
letzter Donnerstag im November:	Thanksgiving

FERIEN: Schul- und Universitätsferien von Mitte Juni bis einschließlich Labor Day Anfang September. Außerdem über Weihnachten/Neujahr und während der Osterwoche.

FESTE & FESTIVALS

Der Kalender ist voll mit nationalen, regionalen und örtlichen Festen und Festivals unterschiedlicher Bedeutung. Neben ernsthaften und hochklassigen Musik- oder Theaterfestivals auch viele naiv-kitschige Feierlichkeiten mit Show-Business und Disneyland-Effekten.

Irgendwo dazwischen liegen zumeist die ethnischen Feste der verschiedenen Einwanderergruppen. Am traditionellsten und ursprünglichsten sind noch die indianischen und mexikanischen Feste und Feiertage.

Besonders bei indianischen Feierlichkeiten und Tänzen ist für Zuschauer Zurückhaltung geboten. Besucher sind zwar bei vielen von ihnen erlaubt, sie sind jedoch kein Touristenspektakel, sondern Teil der Religionsausübung und Weltanschauung des jeweiligen Stammes.

Daten und weitere Details in den jeweiligen Regional-Kapiteln. Wer darüber hinaus Interesse hat, fragt am besten beim örtlichen Visitors Center nach, ob in den nächsten Tagen irgendein Fest ansteht. Auch die Touristenbüros der einzelnen Bundesstaaten versenden eine lange Liste der Feierlichkeiten im Verlauf des Jahres.

Drei typisch amerikanische Feiern, bei denen jeweils ein ganz besondere Stimmung herrscht:

"INDEPENDENCE DAY": Erinnerung an die Unabhängigkeitserklärung der USA. Wichtigster Feiertag der Nation. Der 4. Juli wird überall mit Festen und Paraden begangen. Höhepunkt ist meistens ein Feuerwerk.

"HALLOWEEN": Traditionelles Kinderfest am 31. Oktober, bei dem sich der Nachwuchs kostümiert, von Haus zu Haus zieht und um Süßigkeiten und Geschenke bittet. Wer sich nicht drauf einläßt, dem spielen sie einen Streich ("trick or treat"). Symbol dieses Tages sind die schauerlichen Gesichter ausgehöhlter Kürbisköpfe, die bei Dunkelheit gespenstisch leuchten.

Die latent bedrohliche Atmosphäre an diesem Tag hat übrigens John Carpenter hervorragend eingefangen in seinem Grusel-Klassiker "Halloween". Allerdings nur im ersten Film der Serie; die zahlreichen kommerzialisierten Fortsetzungen sind verkommen zu blutrünstigen Schockern.

"THANKSGIVING": Erntedankfest am letzten Donnerstag im November. In fast allen Familien, die es sich leisten können, kommt der traditionelle gefüllte Truthahn auf die Festtafel.

KINDER

Die USA sind prinzipiell ein kinderfreundliches Reiseland: Mancherorts existieren speziell auf Kinder zugeschnittene Museen zum "Anfassen und Mitmachen". Auch die Sehenswürdigkeiten der Erwachsenen haben gelegentlich ihre "Kinderabteilung" oder sind für den Nachwuchs verständlich angelegt. Technische Museen verfügen oft über gute Abteilungen mit Animation für Kinder. In den Nationalparks bieten die Ranger besondere Aktivitäten und Programme für Kinder und Jugendliche an. Und wer sportlich ist, findet sowieso umgehend Anschluß an interessierte Gleichaltrige.

Zusätzliche Vorteile sind die erheblichen Preisnachlässe für Kinder in vielen Hotels, außerdem gibt es keine "stille Benachteiligung" kinderreicher Familien. Der Hochstuhl für die Kleinsten ist in praktisch jedem Restaurant ungefragt zur Hand, spezielle Kindergerichte sind ebenso selbstverständlich wie Kindersitze für Mietwagen und die kostenlose Benutzung von Kinderbuggies in Vergnügungsparks.

Ein besonderer Anziehungspunkt für Kinder befindet sich im Nordosten von Utah: Dinosaur National Monument. 14o Millionen Jahre alte Saurierknochen und -gerippe in einer riesigen Felswand. Dazu in mehreren Städten der Umgebung Museen mit paläontologischen Fundstücken, Replikas der Ur-Tiere und Dokumentationen über ihr Leben und ihren Untergang.

SENIOREN

Weitaus häufiger als bei uns sind amerikanische Senioren "auf der Walze", genießen ihren Lebensabend auf Rundreisen oder im Wohnmobil. Eine ganze Generation scheint permanent unterwegs zu sein, oft auch, um den Winter in warmen Gefilden zu verbringen. Rücksicht auf Ferientermine ist für sie nicht mehr nötig. Besonders in den südlichen Teilen von Arizona sammeln sich im Winter Zehntausende von Senioren, die dort überall das Straßenbild der Städte bestimmen und unter dem Spitznamen "snow birds" die örtliche Wirtschaft mit Dollars versorgen.

Das schlägt sich auch in der Tourismus-Branche nieder: Senioren werden umworben wie nirgendwo sonst. Es gibt Sondertarife und Rabatte bei Airlines, Bahn und Bus. Viele Hotels locken mit erheblichen Preisnachlässen, Eintrittspreise zu Museen und Veranstaltungen sind reduziert.

Oft gilt die Seniorenregelung schon ab 55; es lohnt sich also, den Ausweis parat zu haben und nach Sondertarifen Ausschau zu halten bzw. ohne Scheu zu fragen.

BEHINDERTE

Manches ist noch zu verbessern, aber in vielen Bereichen macht man in den USA ernst mit dem Versuch, das Reisen auch für Behinderte so angenehm wie möglich zu gestalten. Viele Restaurants und Hotels sind auf Rollstuhlfahrer eingerichtet. Blaue Markierungen reservieren Parkplätze für Behinderte direkt an den Eingängen.

Auch die Nationalparks kümmern sich: fast überall ein kurzer, asphaltierter

Rundweg, auf dem Rollstuhlfahrer einen Eindruck von den jeweiligen Naturschönheiten bekommen können. Freier Eintritt in alle National Parks und National Monuments mit dem "Golden Access Passport", erhältlich in den Visitor Centers.

Weitere Auskünfte über behindertengerechte Einrichtungen bei den örtlichen Tourismusbehörden.

FOTOGRAFIEREN und FILMEN

Vor allem die grandiosen Landschaften des Südwestens bieten Foto- und Videomotive in Hülle und Fülle. Nachschub an Filmmaterial ist kein Problem; allerdings sind nicht alle Marken erhältlich, die man in Europa gewohnt ist. Wer auf einer bestimmten europäischen Marke steht, sollte sich vor der Reise mit genügend Filmmaterial eindecken.

Seit Videokameras preiswert im Handel erhältlich sind (ab ca. 1.000 DM), stellen sie eine lohnende Alternative zum Fotografieren dar. Vorteile: bewegte Bilder, zudem mit Life-Ton. Mit den Kameras läßt sich auch bei Restlicht (z.B. Kerzenschein) filmen. Das bessere Videosystem ist Hi 8, u.a. da auf die Kassetten (Größe ca. einer Audiokassette) bis zu 9o Min. Film paßt. Achtung: Kassetten bereits aus Europa mitbringen, da für PAL-System. In den USA gekaufte bedeuten Farbverlust.

SHOPPING

Neben Fernsehen ist "SHOPPING" eine der attraktivsten Freizeitbeschäftigung der Amerikaner. Nicht ohne Grund haben die vielen Shopping Centers auch am Wochenende offen und sind dann am dichtesten frequentiert. Wahre Menschenmassen zelebrieren hier das Weekend, und die Parkplätze sind vollgeparkt.

Oft befinden sich Hunderte von Läden unter einem Dach, dazu Kaufhäuser, Restaurants, Spielplätze, Fitneß-Center und Kinderhorte. Das Bummeln durch diese Shopping Centers und Malls macht Spaß, da man viel Interessantes für den eigenen Einkauf entdecken kann - oder aber einfach den Flair und Rummel erlebt. Zudem preisgünstige Selbstbedienungs-Restaurants.

Wie sich Shopping und Leben zu einer beinahe untrennbaren Einheit entwickeln können, führen Bette Middler und Woody Allen in dem brillianten Film "Scenes from a Mall" (Ein ganz normaler Hochzeitstag) vor: In einem Shopping-Center verschwimmen für die beiden die Grenzen zwischen Shopping und menschlicher Existenz; das Einkaufszentrum wird zur Privatsphäre, und im Konsum lösen sich selbst die schwerwiegendsten Probleme wie von selbst auf.

GIFT SHOPS: keine Touristenattraktion, kein Museum, kein Nationalpark, der nicht über seinen "Gift Shop" verfügt. Verkauft wird alles, was sich verkaufen Läßt. Die Palette reicht von Souvenirs, jeder Menge an Sachen von Kitsch bis Kunst oder Geschenk für die Lieben daheim. Manchmal ist der "gift shop" wichtiger als die Sehenswürdigkeit selbst. Shopping ist das "Non-Plus-Ultra", - und amerikanische Sprüche wie "shop till you drop" oder "I am shopping, therefore I am" sind wohl kaum ironisch gemeint, sondern eher Ausdruck eines wirklichen Lebensgefühls der US- Gesellschaft.

In National Parks sind die dortigen Shops wichtige Infoquelle. Erhältlich hochwertige Publikationen zum Nationalpark sowie detailliertes Kartenmaterial.

SOUVENIRS

Wer sich für T-Shirts und Baseball-Mützen mit den unglaublichsten und ausgefallensten Aufschriften begeistern kann, befindet sich in den USA im Paradies. Noch das letzte Wüstenkaff an der mexikanischen Grenze wirbt mit irgendeinem originellen Slogan auf Hemden und Hüten. In Touristenzentren größeren Kalibers weitet sich dies aus auf Feuerzeuge, Kugelschreiber, Aschenbecher, Schlüsselanhänger etc. Wer etwas typisch Amerikanisches sucht: genau das ist es! Ernsthaftere Mitbringsel gibt es jedoch auch genügend, vor allem im Bereich des indianischen Kunsthandwerks.

KUNSTHANDWERK: Vor allem Navajo, Hopi Zuni und Pueblo-Indianer bestreiten einen großen Teil ihres Einkommens durch den Verkauf von Kunsthandwerk. Die Qualitäten sind zum Teil außergewöhnlich. Angeboten werden Teppiche, Schmuck aus Silber und Türkis, Keramik oder Holzschitzereien. Erhältlich entweder in den Reservaten selbst oder in den "gift shops" einschlägiger Museen und Kulturzentren. Spezialgeschäfte auch in den großen Städten, vor allem in Santa Fe, Albuquerque, Phoenix und Tucson.

KUNST: Der Südwesten ist ein Refugium für Künstler aus den gesamten Vereinigten Staaten. Ihre Hochburgen sind Santa Fe und Taos in New Mexico. Dort finden sich auch die meisten Galerien, die sich auf die verschiedenen Kunstrichtungen spezialisiert haben. Vieles ist allerdings stark auf den amerikanischen Publikumsgeschmack abgestimmt, die Grenzen zwischen Kunst und Kitsch sind fließend, die Preise hoch.

BÜCHER: Interessant vor allem die erstklassigen Bildbände über die Nationalparks. Eine Auswahl schöner Bände im Kapitel "Literatur".

KLEIDUNG: Vor allem in den großen Städten Geschäfte mit Marken-Kleidung zu stark reduzierten Preisen, manchmal direkt aus der Fabrik. Motto: "Designer Labels for less".

LEBENSMITTEL: Zutaten für die regionale Küche mit ungewöhnlichen Gewürzen und scharfen Soßen gibt es vor allem in New Mexico. Für Hobby-Köche eine Fundgrube, um am heimischen Herd die Düfte von originellen Rezepten aus spanisch-mexikanischer Tradition wiederzubeleben. Für Wein-Kenner evtl. interessant einige Tropfen aus Arizona und New Mexico, die inzwischen passable Qualitäten erreichen.

RADIO

In den großen Städten senden Dutzende von Stationen, die sich meist auf eine besondere Musikrichtung spezialisiert haben: Klassik, Rock, Jazz, Oldies, Country &Western etc. Einige Stationen bringen nur Nachrichten oder Sport, evtl. Verkehrsdurchsagen. Alle Programme werden regelmäßig unterbrochen durch Werbung.

Die besten Musiksender auf UKW (FM), Nachrichten in der Regel über Mittelwelle (AM). Die Reichweite der Stationen ist begrenzt, so daß man in der Umgebung der Großstädte eine Riesenauswahl hat, in abgelegenen ländlichen Gebieten unter Umständen aber nicht einen einzigen Sender empfängt. Ein Autoradio mit Kassettenteil ist auf solchen Strecken ein guter Begleiter.

FERNSEHEN

Kaum ein Hotelzimmer ohne Fernsehapparat. 6 Programme sind das Minimum, manchmal über 3o. Empfang und Bildqualität sind oft überraschend schlecht, selbst in Mittelklassehotels stehen manchmal antiquierte Apparate.

Viele Hotels verfügen über ein spezielles Video-Angebot, wobei man pro Film (meist aktuelle Hollywood-Hits, die gerade in den Kinos spielen) ca. 7-1o US zahlt.

Wer gezielt fernsehen will, sollte sich unbedingt ein Wochenprogramm besorgen (Beilage der großen Zeitungen). Es gibt keine präzisen Anfangszeiten oder Programmansagen, so daß eine Suche aufs Geratewohl chaotisch werden kann und man trotz der Fülle des Angebots nichts Vernünftiges findet. Diese Tendenz wird noch verstärkt durch die langen Werbeblöcke.

PROGRAMME: In der Regel seichte Unterhaltung, viele Spielfilme, oft aber von geringer Qualität. Sportfans kommen auf ihre Kosten, sofern sie eine der US-Profisportarten wie Baseball, Basketball, Football oder Eishockey mögen. CNN, der 24-Stunden-Nachrichtensender, ist inzwischen auch in Europa hinreichend bekannt.

Die TV-Mentalität der Nation zeigt sich besonders deutlich bei den billig produzierten "Comedy-Shows": Entweder Witzemacher, Komödianten oder Parodisten, die nacheinander auf der Bühne auftreten; oder Fernsehserien mit Szenen aus dem Familien- und Arbeitsleben, voll absurder und komischer Situationen. Ein imaginäres Publikum im Hintergrund setzt die Lacher an die richtigen Stellen. Produziert im Stil der traditionellen "Seifenopern".

Charakteristisch auch die Verkaufsprogramme: Bieten rund um die Uhr

Schmuck und andere angeblich erlesene Sachen zu Niedrigpreisen an. Zuschauer rufen an und erkundigen sich nach Details oder bestätigen die Qualität der Waren, bevor die Objekte endgültig per Telefon und Nennung der Kreditkartennummer an den Mann oder die Frau gebracht werden.

Zuguterletzt sollte man vielleicht mal reinschauen in eines der Programme des religiösen Show-Business: "Evangelisten", die vor laufender Kamera predigen, singen, Massen beschwören und sogar Wunder vollbringen. Alles ist möglich in diesen Sendungen, in denen es vor allem darauf ankommt, das Publikum zum Spenden zu animieren: Gelder für Entwicklungsprojekte in Afrika, für moderne Kirchenpaläste oder fürs Wohlergehen der telegenen Prediger. (Fast) jeder Kunstgriff ist erlaubt, und wer Erfolg hat, vergrößert die Zahl seiner willig zahlenden Schäfchen. Religion als Medienspektakel.

ZEITUNGEN

Europäische Zeitungen und Zeitschriften sind erhältlich an den internationalen Flughäfen sowie an wenigen großen Zeitungsständen in den Metropolen. Die Provinzblätter des Südwestens bieten kaum mehr als Lokalnachrichten, Sport und ein oder zwei Nachrichten zu Wirtschaft und Politik. Dafür jede Menge Werbung. Halbwegs passable lokale Zeitungen erscheinen in Phoenix, Salt Lake City und Albuquerque. Hilfreich sind unter Umständen die Wochenendausgaben mit brauchbaren Beilagen wie Fernsehprogramm und wöchentlichem Veranstaltungskalender (Hinweise zu Ausstellungen, Konzerten, Theater, Kino und Sportveranstaltungen).

Die ÜBERREGIONALE PRESSE bestimmen die beiden Wochenmagazine für Politik, Wirtschaft und Kultur: "Time" und "Newsweek". Außerdem die Tageszeitung "USA Today" (Mo-Do und Wochenendausgabe am Freitag): Knapper Abriß des Weltgeschehens. Die populäre Zeitung greift auch kontroverse Themen auf und setzt sich kritisch mit Aspekten des öffentlichen Lebens in den USA auseinander. Übersichtlich durch Grafiken und Statistiken. Gut für Überblick und ersten Einstieg ins US-Geschehen.

KLEIDUNG

Hängt natürlich weitgehend von Reisezeit und Region ab. Zu allen Jahreszeiten sollte man aber vorbereitet sein auf extremere Klimawechsel als in Mitteleuropa, daher den Koffer variabel packen, wenn man nicht bloß in die Wüste fährt. Von Frühjahr bis Herbst sind leichte Baumwollkleidung und für entsprechende Situationen ein warmer Pullover oder eine Regenjacke angemessen.

Gewicht sparen läßt sich vor allem an formalen Kleidungsstücken. Im Südwesten geht es locker bis rustikal zu, man beurteilt die Menschen hier weniger nach ihrer Kleidung als anderswo. Selbst in besseren Stadt-

Hotels sind Shorts und T-Shirt nichts Ungewöhnliches. Kein Problem auch mit der Wäsche: entweder den Hotel-Service in Anspruch nehmen oder selbst waschen in den überall vorhandenen "laundry-mats", den Waschsalons.

Highlights

Die folgenden Hinweise auf besonders attraktive oder ausgefallene Reiseziele im Südwesten unterliegen natürlich einer subjektiven Wertung. Trotzdem können sie zur Orientierung dienen, so daß man die Reiseplanung an einigen markanten Punkten ausrichten kann.

ARIZONA

<u>Wupatki National Monument</u>, Colorado Plateau: Prähistorische Ausgrabungsstätte mit Ruinen von großen Pueblos in einer Landschaft aus rotem Vulkangestein..Seite 178

<u>Grand Canyon</u>, Colorado Plateau: Die landschaftliche Attraktion des Südwestens schlechthin. Größter Canyon Nordamerikas mit atemberaubenden Landschaften und grandiosen Ausblicken sowie zahlreichen Möglichkeiten zur intensiven Erkundung............... ......Seite 181

<u>Monument Valley</u>, Colorado Plateau: Die Wildwest-Landschaft schlechthin, bekannt aus Filmen und Reklamespots. Bizarre Felsmonumente und massive Tafelberge in einer Sandsteinwüste........................Seite 2o7

<u>Canyon de Chelly</u>, Colorado Plateau: Mehrere Canyons mit extrem steilen Wänden und schwindelerregend gebauten Klippenhäusern der prähistorischen Anasazi-Indianer...Seite 2o9

<u>Petrified Forest</u>, Colorado Plateau: Vielseitige Wüstenlandschaft mit farbigen Sandsteinbergen, versteinerten Wäldern und einigen prähistorischen Ruinen...Seite 216

<u>Red Rock Country</u>, Zentral-Arizona: Bizarre Sandsteinformationen und monumentale Felskolosse in der Umgebung der Stadt Sedona....Seite 223

<u>Montezuma Castle</u>, Zentral-Arizona: Felsenhaus der prähistorischen Sinagua-Kultur, waghalsig in eine Felswand gebaut..............Seite 228

<u>Heard Museum</u>, Phoenix: Umfassende Ausstellung zu den Indianerkulturen des Südwestens. Das beste Museum dieser Art................Seite 243

<u>Apache Trail</u>, Südost-Arizona: Landschaftlich reizvoller Highway über Höhenzüge und durch enge Canyons. Spektakuläre Straßenführung, zahlreiche Seen..Seite 268

<u>Chiricahua National Monument</u>, Südost-Arizona: Ungewöhnliche Landschaft mit erodierten Felsformationen inmitten von Wäldern......Seite 279

Saguaro National Monument, Tucson: Hier wachsen die Riesen-Kakteen in ungewöhnlicher Konzentration. Ganze Wälder davon in einer trockenen und felsigen Wüstenlandschaft..Seite 317

San Xavier del Bac, Tucson: Die schönste spanische Missionskirche des gesamten Südwestens mit kunstvoller Barockfassade und reicher Innenausstattung..Seite 315

Arizona Sonora Desert Museum, Tucson: Weitläufiger botanischer Garten mit hervorragendem Überblick über Pflanzen und Tiere der Sonora Wüste...Seite 317

Kitt Peak, Sonora Wüste: Berggipfel mit phantastischem Ausblick über die Wüste im südlichen Arizona. Auf der Höhe ein Astronomie-Zentrum mit zahlreichen hochkarätigen Teleskopen, die zu den stärksten der Welt gehören..Seite 322

Organ Pipe Cactus National Monument, Sonora Wüste: Dichte Wälder der Orgelpfeifenkakteen, die ansonsten nur im nördlichen Mexiko vorkommen. Außerdem auch viele Exemplare der Saguaro-Riesenkakteen. Eine Wüstenlandschaft wie aus dem Bilderbuch.........................Seite 325

NEW MEXICO

El Morro National Monument, High Desert: Monumentaler Felsen mit Pueblo-Ruinen und Inschriften der prähistorischen Indianer, der spanischen Konquistadoren und frühen amerikanischen Siedler......Seite 341

Chaco Canyon National Historic Park, High Desert: Riesige Pueblo-Ruinen der prähistorischen Anasazi-Kultur in einem Canyon aus rotem Sandstein..Seite 346

Aztec Ruins, High Desert: Außenposten der Chaco-Kultur. Pueblo-Ruinen mit Zeremonialzentren und der am besten restaurierten Groß-Kiva des Südwestens..Seite 353

Balloon Fiesta, Albuquerque. Jährlich stattfindendes Treffen der Ballonfahrer im Oktober. Hunderte von Heißluftballons bieten am Himmel über der Stadt ein buntes Spektakel.................................Seite 367

Santa Fe: Die Hauptstadt New Mexicos ist mit ihrem mexikanisch-indianischem Stadtbild eine Sehenswürdigkeit für sich. Eine völlig untypische amerikanische Stadt mit viel Flair........................Seite 371

Bandelier National Monument, Southern Rockies: Pueblo-Ruinen und Felsenwohnungen aus prähistorischer Zeit in einem engen und bizarr erodierten Canyon..Seite 394

Taos Ski Valley, Southern Rockies: Schönstes Skigebiet New Mexicos mit phantastischen Abfahrten durch verschneite Wälder. Im Tal herrscht ewiger Frühling..Seite 4o5

Capulin Volcano National Monument, The Plains: Vom Kraterrand des erloschenen Vulkans ein Blick wie aus dem Flugzeug über die endlose Prairie des östlichen New Mexico und auf die Gipfel der Rocky Mountains..Seite 414

Carlsbad Caverns, The Plains: Riesiges Höhlenlabyrinth mit kilometerlangen Wegen im Untergrund und faszinierenden Kalksteinformationen..Seite 425

White Sands National Monument, Süd New Mexico: Weiße Dünenlandschaft aus feinstem Gips, deren Strukturen und Formen der Wind beständig verändert..Seite 448

City of Rocks, Süd New Mexico: Mitten in einer kargen Landschaft ein Haufen riesiger Felsbrocken, die zu einem attraktiven Gewirr zusammengewürfelt sind...Seite 444

Gila Cliff Dwellings, Süd New Mexico: Felsenhäuser der prähistorischen Mogollon-Kultur in einer steilen Felswand.........................Seite 443

Very Large Array, Süd New Mexico: Riesige Satellitenschüsseln zum Empfang von Radiowellen aus dem Weltall in einer kargen Hochebene. Fotogener Kontrast von High Tech und absoluter Wildnis........Seite 436

SÜDWEST-COLORADO

Mesa Verde National Park: Die attraktivste prähistorische Ausgrabungsstätte im gesamten Südwesten. Pueblo-Ruinen auf einem Hochplateau, mehrstöckige Felsenhäuser in steilen Canyonwänden.......Seite 463

Durango-Silverton Railroad: Nostalgische Eisenbahnfahrt mit Dampflok und historischen Waggons durch die Gebirgslandschaft der Rocky Mountains...Seite 462

Hovenweep National Monument: Im Grenzgebiet zu Utah Ruinen der Anasazi-Kultur mit rätselhaften turmartigen Konstruktionen......Seite 471

UTAH

Wasatch Range, NW-Utah: Die Skigebiete bei Salt Lake City, Park City und Ogden gehören zu den attraktivsten Nordamerikas. Der Schnee aufgrund der Klimaverhältnisse besonders pulvrig....................Seite 492

Dinosaur National Monument, NO-Utah: Bedeutende Fundstelle von Saurierknochen und Fossilien; Hunderte davon freigelegt in einer einzigen Felswand...Seite 521

Flaming Gorge, NO-Utah: Malerischer Stausee in einem engen Canyon. In der Umgebung ungewöhnliche geologische Formationen aus verschiedenen Schichten der Erdkruste...Seite 523

Arches National Park, SO-Utah: Hunderte von Torbögen aus Sandstein sowie andere Kunstwerke der Erosion..................................Seite 538

Island in the Sky, SO-Utah: Das Herzstück von Canyonlands National Park; atemberaubende Ausblicke auf ein Labyrinth aus Schluchten und Felsen, abenteuerliche Jeep- und Schlauchboot-Touren............Seite 543

Needles Overlook, SO Utah: Eines der Super-Panoramen auf den wilde Felslandschaft von Canyonlands National Park....................Seite 546

Dead Horse Point State Park, SO-Utah: Ebenfalls atemberaubende Ausblicke auf die Canyonlands.............................Seite 542

Valley of the Gods, SO-Utah: Eine verkleinerte Ausgabe von Arizonas Monument Valley; ähnlich beeindruckend und kaum besucht.....Seite 551

The Goosenecks, SO-Utah: Mäanderförmige Schleifen, die der Green River in den Fels geschürft hat. Seltene Perspektive auf einen der großen Flußläufe des Südwestens..............................Seite 552

Mokee Dugway, SO-Utah: Spektakuläre Straße, in eine steile Felswand gesprengt. Ausblicke über Ebenen und felsige Landschaften im Süden von Utah..Seite 552

Lake Powell, SO-Utah: Wassersportparadies in der Sandstein- und Felswüste. Einsame Buchten mit bizarren Ufern...................Seite 555

Goblin Valley, SO-Utah: Tausende von Sandsteinfiguren, die an eine verzauberte Märchenwelt erinnern.............................Seite 558

Capitol Reef National Park, SW-Utah: Gewaltiges Felsmassiv mit attraktiven Sandsteinformationen und engen Canyons.............Seite 559

Highway 12, SW-Utah: Zwischen Capitol Reef und Bryce Canyon eine dichte Folge von landschaftlichen Höhepunkten: Felsen, Schluchten, grandiose Ausblicke.....................................Seite 566

Bryce Canyon National Park, SW-Utah: Eine Märchenwelt der Erosion mit unglaublicher Vielfalt an Gesteinsformationen.................Seite 568

Cedar Breaks National Monument, SW-Utah: Halbrunder Canyon, dessen bunte Sandsteingebilde einen attraktiven Konstrast zum bewaldeten Hochplateau ergeben..Seite 574

Zion National Park, SW-Utah: Monumentale Felslandschaft mit gewaltigen Mesas, engen Canyons und spektakulären Wanderwegen....Seite 580

Unterkunft

Breites Angebot an Übernachtungsmöglichkeiten. Es reicht von <u>HOTELS</u> (vorwiegend in größeren Städten und teuer) hin zu den selbst in kleinsten Orten existierenden, preiswerten <u>MOTELS</u>. Weiterhin <u>COUNTRY INNS</u> und <u>BED & BREAKFAST</u> - Häuser.
<u>CAMPING</u> per Zelt oder <u>WOHNMOBIL</u> ist eine empfehlenswerte Alternative. Ausreichende und oft landschaftlich schön gelegene Plätze stehen zur Verfügung. Übernachtung in <u>JUGENDHERBERGEN</u> ist nur an wenigen Orten möglich.

✦ HOTELS

Hauptsächlich in großen Städten im Stadtzentrum. Meist Mittelklasse oder gehobene Kategorien, guter Service und feudale Eingangslobby. Sie werden vorwiegend von Geschäftsleuten genutzt. Die **Preise** für ein DZ liegen bei ca. 7o US rauf zu 2oo US und mehr pro Nacht. Am Weekend gibt's bei Stadthotels teils etwas reduzierte Preise (nachfragen, sonst zahlt man den normalen Preis der Übernachtung).

Ein Privatbad ist ebenso selbstverständlich wie Room-Service, Tel. und Farb-TV im Zimmer, teils auch Minibar, Kaffeemaschine und Mikrowellenherd. Hotels der gehobenen Klasse besitzen meist auch einen eigenen Swimmingpool sowie Whirl-Pool, Sauna, Fax-Service etc. <u>Vorteil</u> der Übernachtung im Hotel ist die meist zentrale Lage im Stadtzentrum, fürs Parken in der Hotelgarage wird oft Extragebühr verlangt.

Reservierung: durchaus praktisch, ein kurzer Anruf beim ausgewählten Hotel ist schnell getätigt und geht oft sogar auf Kosten des Unternehmens ("8oo"er Nummer). Für Reservierungen verlangen die Hotels teils die Nennung der Nummer der eigenen Credit Card. Wer dann trotz Reservierung im Hotel nicht erscheint, bekommt die entsprechend gebuchten Nächte u. U. vom Konto abgezogen.

Bei der telefonischen Reservierung sollte man auch angeben, wenn man später als 18 Uhr im Hotel eintreffen wird, da andernfalls die Reservierung verloren gehen kann. Ob sich das Hotel darauf einläßt, ist Frage seiner Auslastung.

Preise: oft bestehen für ein und das selbe Hotel eine <u>Vielzahl unterschiedlicher Preise</u>. Sie sind abhängig von Zimmergröße und Ausstattung. Aber auch abhängig von der Saison, Auslastung des Hotels - und der Frage, ob man einer zu bestimmten Personengruppe gehört, der das Hotel Rabatte gewährt. Bei geringer Auslastung des Hotels kann man u.U. auch als Tourist einen günstigeren Preis aushandeln.

<u>NOBEL- HOTELS</u>: abgesehen von 5- Sterne Luxuspalästen in supermodernen Wolkenkratzern gibt's auch stilvolle Hotels in schönen Backsteingebäuden.

<u>BILLIG-HOTELS</u>: In den größeren Städten existiert gelegentlich noch eine Sorte von extrem preiswerten Absteigen, die man als Tourist jedoch meiden sollte: heruntergekommene Hotels in Uralt-Häusern, ein Großteil

der Zimmer langfristig vermietet an manchmal zwielichtiges Publikum. Nicht nur schmutzig und ungepflegt, sondern oft auch gefährlich. Die bessere Wahl im Billig-Bereich sind Jugendherbergen, YMCA/YWCA und Billig-Motels am Stadtrand.

✦ MOTELS

Nr. 1 für preiswerte Übernachtung in den USA. Die Zimmer in der Regel recht groß, sauber, mit Telefon und modernem Farb- TV, - hinten das Privatbad, das in der Regel ebenfalls ausreichend Platz, Handtücher und Seife bietet. Gegenüber Luxushotels allerdings keinen Marmor etc. erwarten.

Preise fürs DZ ca. 25 - 6o US je nach Lage und Konkurrenzmotels. Der Betrag wird für die erste Nacht bereits beim Einchecken fällig und kann auch per Credit Card (meist Visa und Mastercard) bezahlt werden. Wer länger bleiben will, muß an der Rezeption bis 11 Uhr früh Bescheid geben. Ansonsten muß man das Zimmer bis 11 Uhr verlassen, sonst riskiert man die Forderung für eine weitere Nacht.

Abgesehen vom günstigen Preis haben MOTELS (gegenüber Hotels) den entscheidenden Vorteil: man kann mit dem Auto direkt bis vors Zimmer vorfahren. Dies bedeutet kürzeste Wege des Gepäcktransports ins Zimmer (im Hotel muß man durch endlose Gänge).

Wer mit viel Gepäck reist, hat im Motel einen weiteren Vorteil: hinten im Kofferraum des Autos die einzelnen Stücke sortieren, z.B. rechts die Kühlbox mit Lebensmitteln, benutzte Wäsche links etc. Man muß daher in kleiner Tasche nur das ins Zimmer nehmen, was man für die Nacht braucht. Auch kann man per kurzem Weg vom Zimmer zur Auto-Kühlbox, um dort Bier etc. nachzufassen.

MOTELS finden sich in größeren Städten an den Einfallstraßen. Dort oft Gruppierung von 5 bis 2o Motels nebeneinander, - so daß man die Preise vergleichen kann. Um unnötige Anfahrten zur Rezeption zu sparen, haben die Motels zudem eine grüne Neonschrift: *"vacancy"* (= Zimmer frei) bzw. *"no vacancy"*. Manche Motels werben sogar mit großen Schildern betreffend ihres Zimmerpreises.

In kleineren Orten und Siedlungen befinden sich die Motels an der Durchgangsstraße, oft auch in Nähe von Tankstellen. Wegen großer Werbeschilder kein Problem, die dortigen Motels zu finden.

Daß Motels "steril in Atmosphäre" seien, ist ein Vorurteil europäischer Reisender, die einen Flair eines kuschligen Schwarzwald- Hotels etc. erwarten. Derartigen Flair findet man weder in US- Motels noch (in der Regel) in US- Hotels.

Dafür aber im Rezeptionsbereich des Motels oft eine Kaffee-Maschine für den Gratis-Cafe. Irgendwo im Hof des Motels stehen die Coke- Maschinen für Softdrinks gegen Münzeinwurf sowie Gratis- Eismaschinen. Bei gehobenen Motels im Zimmer auch Eisschrank und teils Mikrowellenherd.

Zugegeben, Motels sind reine Zweckbauten: Hufeisen- oder U-Form, davor die Autos der Gäste geparkt. Entscheidend ist das "Innenleben": die Zimmer sind genauso geräumig wie in Hotels, teils sogar größer. Sie sind in der Regel sehr sauber, hierfür sorgt allein der Konkurrenzdruck der umliegenden Motels. Im Vergleich zu Hotels hat man zwar keine feudale Eingangshalle, dafür kostet die Übernachtung im Motel erheblich weniger. Und abends kann man es sich im Motelzimmer genauso gemütlich machen wie im Hotel...

Motels haben einen weiteren wichtigen Vorteil: Während man bei Hotels mühsam die angegebene Adresse per Stadtplan (guter Beifahrer als Kartenleser und Führer insbes. in Großstädten) - suchen muß, - stößt man von den Autobahn- und Highway- Abfahrten automatisch auf Motels. Dies spart viel Sucherei und Zeit.

Reservierungen: bei Motels normalerweise nicht nötig. Wenn ein Motel voll ist, geht man zum nächsten. Man sollte allerdings nicht nach 23.oo Uhr eintreffen, da später die Motel- Manager zu Bett gehen und mühsam rausgeklingelt werden müssen.

Achtung: Motels, die in der weiteren Umgebung von Nationalparks und sonstiger Feriengebiete liegen, sind am Wochenende und zu Ferienterminen oft restlos ausgebucht.

Preise: bei 3o - 4o US/DZ ist kaum noch Spielraum für Preisverhandlungen. Bitte beachten, daß der Betrieb und Unterhalt eines Motels sehr arbeitsaufwendig und teuer ist (Wäsche waschen, Zimmer säubern, zudem Reparaturen etc.). Zwar kann man das Runterhandeln des Preises versuchen bei gering ausgelastetem Motel (= am frühen Abend wenig Fahrzeuge vor den Zimmern). Viel mehr als 5 US ist nicht drin und sollte auch nicht verhandelt werden.

Anders dagegen, wer 5 Tage oder mehr im selben Motel bleiben will. Hier ist Rabatt durchaus üblich. Man sollte ihn vorab anfragen, da er nicht automatisch gewährt wird.

Anders dagegen auch, wenn offenkundig überhöhte Preise verlangt werden. In dem Fall das Zimmer vorab besichtigen, ob der Preis durch Extraausstatung (eventuell Blick etc.) gerechtfertigt ist. Ansonsten führt bei überhöhten Preisen der Gang zum gegenüberliegenden Motel schneller zum Ziel, als wenn man hier mühsam rumhandelt.

BILLIG- MOTELS: gibt's insbes. im Bereich von Großstädten. Hier logiert der abgebrannte Traveller. Ausgelatschte Teppichböden, ramschige Uraltmöbel, - und die Bettwäsche hat schon mehrere Gäste erlebt, ohne daß sie gewaschen wurde. Die Preise liegen bei ca. 2o US/DZ. Die paar Dollar mehr für ein ordentliches, anderes Motel sollte man drauflegen. Ob es sich um ein "Billig-Motel" handelt, erkennt man meist schon in der ramschigen Rezeption. In jedem Fall vorab das Zimmer besichtigen.

MITNEHMEN VON ESSEN INS ZIMMER: bei *MOTELS* absolut üblich. Spart Geld gegenüber teuren Hotel- oder sonstigen Restaurants. Bei *HOTELS* der gehobenen Preisklasse sieht man seltener Gäste, die mit der braunen Packpapiertüte voll mit Essen und Getränken durch die Lobby

marschieren. Grund: die Klientel, die über das Geld verfügt, 15o oder 2oo US pro Nacht hinzulegen, speist lieber bequem im Restaurant, als sich mit braunen Papiertüten + Inhalt quer durch die Lobby abzumühen...
Auch möchte das Hotel mit seinem Restaurant und Room- Service verdienen. Eine rechtliche Handhabe, den Lebensmittel- und Getränketransport per Packpapier durch die Lobby zu verbieten, gibt es nicht. Wer's praktiziert: bitte dezent, aber auch ohne übertriebene Scham...(Peinlich, wenn die Tüte dann vor der Rezeption wegen Übergewicht aufplatzt).

Hotel-/Motelgutscheine: gibt's für verschiedene Hotel- und Motel-Ketten in den USA. Funktioniert so: man kauft vorab einen Schwung an Gutscheinen für Übernachtung in den jeweiligen Hotels/Motels der Kette.

Dies hat zwar den Vorteil, daß man dort vergünstigten Preis bekommt. Gleichzeitig aber Nachteile:

* man ist auf ein spezielles Hotel/Motel der Kette fixiert, was umständliche Anfahrt und Stadtplan- Sucherei inkl. Zeitverlust bedeutet. Per "Motelsuche auf eigene Faust" vor Ort und ohne Gutschein ist man oft schneller und billiger bedient.

* Vorabreservierung sinnvoll, damit man nicht nach mühsamer Adreß- Suche vor ausgebuchtem Hotel/Motel steht. Dies schränkt flexibles Reisen ein, zumal man bis spätestens 18 Uhr an der betreffenden Adresse erscheinen sollte, um die Reservierung nicht zu verlieren.

* Vor allem sind derartige Übernachtungs-"Ketten" nie flächendeckend. Um den betreffenden Gutschein loszuwerden, muß man manchmal reichlich abseits der geplanten Reisestrecke logieren.

* Bevor man derartige Gutscheinhefte kauft, sollte man daher sehr genau prüfen, in welchen Orten und Städten man die Gutscheine einsetzen kann. Für mehrtägige Übernachtung in gutem Stadthotel Seattle/Portland können derartige Gutscheine lohnen, da man nur einmal die Anreisesucherei hat. Vorausgesetzt, die Ermäßigung stimmt.

* Manche Übernachtungsketten bieten auch ihre Gutscheine in gestaffelten Preisen an. Bei der Kette "Days Inn" gibt es die rote, grüne, blaue und goldene Voucher- Kategorie, deren Gutscheine je nach Farbkategorie unterschiedlich ca. 8o - 15o DM pro Übernachtung kosten.

* Prüfen, wieviel Stunden vorher man eine Reservierung stornieren muß, um bei Nichtbenutzung eines reservierten Zimmers nicht trotzdem zur Kasse gebeten zu werden. Bei manchen Gutscheinpaketen muß man 72 Std. (!) vorher stornieren, was erheblich das flexible Reisen einschränken kann!

* Prüfen, inwieweit man nicht benutzte Gutscheine nach Beendigung der Reise zurückerstattet bekommt und in welcher Höhe Stornogebühren anfallen. In der Regel sind 2o DM/Coupon, mindestens aber 5o DM fällig. Beispiel: wer 2 Coupons zurückgibt zahlt 5o DM Bearbeitungsgebühr, bei 4 Coupons sind 8o DM fällig. Den genauen Betrag vorab prüfen, kann auch höher sein, bzw. gar nicht möglich.

Vorsicht auch beim Kauf dieser Gutscheine bei Anbietern in Europa: die Preise können erheblich höher liegen als vor Ort.

Preise: in Europa zahlt man je nach Kette pro Übernachtungs-Gutschein (DZ/Nacht) ca. 75 - 11o DM, teils auch 15o DM.

Empfehlenswert aufgrund der Qualitäts-Preis Relation sowie wegen weiter Verbreitung im Südwesten:

BEST WESTERN INTERNATIONAL, Blvd. Lemmonier 14, B-1ooo Brüssel, Belgien, Tel. (o2)511737o. Gute Hotels und Motels der einfachen und gehobenen Mittelklasse.

HOLIDAY INN, Scheidswaldstr. 73, 60385 Frankfurt, Tel. (o69)446oo2. Hotels und Motels der Mittel- und Oberklasse.

CHOICE HOTELS INTERNATIONAL, Königsteiner Str. 1o, 65812 Bad Soden, Tel. (06196)643o94. Zusammenschluß mehrerer Motel-Ketten, u.a. die beliebten Quality Inns. Billig- bis Mittelklasse.

DAYS INN, c/o Herzog HC, Borsigallee 17, 60388 Frankfurt, Tel. (o69) 42o89o89. Mittelklasse, nur begrenzte Verbreitung im Südwesten.

MOTEL 6, c/o Anglo-American Reisebüro, Vidumstr. 2, 49492 Westerkappeln, Tel. (o54o4)257o. Preiswerteste Kette, Motels gepflegt, sauber und zu empfehlen. In beinahe allen wichtigen Orten eine Filiale.

SUPER 8 MOTEL, Adresse siehe "Motel 6", gepflegte Motels der Mittelklasse. Im Südwesten weit verbreitet, meist in guter Lage.

TRAVELODGE, Neue Mainzer Str. 22, 60311 Frankfurt, Tel. (o69) 23919o. In vielen Orten vertreten. Zuverlässiger Standard in der Billig- und Mittelklasse.

✦ INN

Mittelding zwischen Hotel und Motel. In der Regel umfangreiche Parkmöglichkeiten fürs Auto (ähnlich wie bei Motels), aber die Rezeption und der dortige Aufenthaltsbereich etwas "feudaler", in wärmeren Gegenden auch SW Pool im Garten. Die **Preise** fürs DZ je nach Lage und Ausstattung ca. 4o- 8o US/Nacht fürs DZ.

Derartige "Inns" sind teils in Übernachtungsketten zusammengeschlossen und bieten per Gutschein bzw. per Plasticcard vergünstigte Übernachtung.

Achtung: ein "Inn" kann sowohl Hotel- Charakter haben, also mehrstöckiges großes Gebäude mit Eingangslobby, weitläufigen Aufenthaltsräumen und Restaurant (z.B. "Holiday Inn"- Kette oder vielfach bei Häusern "Days Inn"- Kette). Er kann aber auch Motel-Charakter haben und nennt sich dann meist "Motor Inn". Ebenso gibt es den "Country Inn", der meist in die Kategorie "Bed&Breakfast" fällt, Details siehe unten.

✦ RESORT

Komfortable Motels in Feriengebieten und/oder einsamen, aber landschaftlich lohnenden Gebieten der USA. Ähnlich wie normale Motels verfügen sie über relativ große und komfortable Zimmer mit Privatbad und TV.

Sie sind billiger als die "Lodges". **Preise** je nach Saison und Auslastung ca. 6o- 12o US/DZ. Insbesondere zur HS ist langfristige Vorbuchung nötig, da nur wenige Zimmer.

Generelles zu Betten und Frühstück

Ähnlich, wie es eine Vielzahl an Übernachtungsmöglichkeiten in den USA gibt, gilt dies auch für die Rubrik Betten und Frühstück.

BETTEN: "Queen Size" entspricht etwa dem französischen Doppelbett, "King Size" hat Überbreite bis hin zu 2 m. In vielen Zimmern stehen auch zwei Betten der jeweiligen Kategorie. Für Familien natürlich billiger als das Anmieten von zwei Zimmern. Wer das preiswerteste Doppelzimmer sucht, fragt am besten nach "one bed, queen size".

Inwieweit Zimmer z.B. in Motels von mehr als 2 Personen ohne Aufpreis benutzt werden dürfen, wäre vorab bei Anmiete abzuklären.

FRÜHSTÜCK: bei Hotels und Inns teils im Übernachtungspreis inbegriffen (oft großes Frühstücksbuffet), - teils aber auch nicht. Daher vorab fragen!

Bei Motels kein Frühstück (da entsprechende Aufenthaltsräume fehlen). Trotzdem gibt's hier (seltene) Ausnahmen, wo einem größeren Motel noch ein Restaurantbetrieb angegliedert ist und man für 3 - 5 US/Person ein relativ üppiges Frühstück mit Kaffee und Fruchtsaft bekommt. Ansonsten frühstückt man in einem Café oder Fastfood Laden.

Bei Bed& Breakfast Häusern ist das Frühstück im Preis inkl.

BED & BREAKFAST

Vorab: nicht zu vergleichen mit den gleichnamigen Unterkünften in Großbritannien. Im Südwesten der USA immer mittlere bis gehobene Kategorie, die **Preise** ca. 5o- 15o US pro DZ, in abgelegenen Gebieten manchmal auch weniger.

Die Häuser sind oft renovierte Privatvillen im viktorianischen Stil. Innenausstattung: Antiquitäten, Landhausmöbel und stilvolle Badezimmer. Manchmal auch zuviel des Guten mit einer Überdosis an viktorianischem Firlefanz. Derartige B&B liegen vielfach am Stadtrand in einem Wohnviertel oder gleich auf dem Land. - Ebenfalls B&B. in gemütlichen ehemaligen Farmhäusern.

Die Zimmer: oft klein (je nach Haus auch ohne TV und Tel.). Manchmal gibt's Gemeinschaftsbäder auf dem Flur, teils auch Privatbad im Zimmer. In der Regel blitzblank und sauber. Da die Bed & Breakfast Häuser nur über wenige Zimmer verfügen, dürfte es vor dem Gemeinschaftsbad nie ernsthafte Warteschlangen geben.

Frühstück ist im Preis eingeschlossen, meist ein "American Breakfast". Teils zaubert auch die Dame des Hauses ein "Feuerwerk" aus mehreren Gängen: excellent und üppig,- eine Mahlzeit, die oft das Mittagessen ersetzen kann. Je nach Haus besteht auch die Möglichkeit, das Frühstück im Zimmer im Bett zu genießen.

In manchen B&B Häusern nachmittags Teestunde oder Cocktail, bei dem sich die Gäste für ein halbes Stündchen einfinden und sich mit Käse, Wein und Früchten bedienen.

Aufenthaltsraum: in der Regel gemütliches Wohnzimmer mit Sofas und Tischchen, wo man lesen und fernsehen, bzw. mit anderen Gästen Kontakt knüpfen kann. Wer dagegen signalisiert, daß er lieber in Ruhe alleine ein Magazin lesen möchte, wird ebenso respektiert.

Das Zimmer gehört ausschließlich den Gästen. Auch der Besitzer des B&B fühlt sich in diesem Raum als Gast unter Gästen, die er zusammenführt. Er kennt viele interessante Anekdoten zur Region und Tips für Ausflüge in die nähere Umgebung. Viele haben auch die Speisekarten örtlicher Restaurants im Haus und Tips, wo es sich besonders gut speisen läßt.

Diese Form einer angenehmen privaten Atmosphäre im komfortablen B&B wird bei immer mehr Amerikanern beliebt, - die die steril-neutrale Atmosphäre in Hotels oder Motels leid sind. Sie reisen in B&B- Häusern nach dem Motto: "home away from home". - Als Ausländer ist man gern gesehener Gast. Die Besitzer sehen darin eine persönliche Bereicherung ihres Hauses und kümmern sich rührend um den Fremdling. Insgesamt eine gute Gelegenheit, etwas näheren Kontakt zu Amerikanern zu bekommen.

Reservieren: da B&B- Häuser meist nur wenige Zimmer haben, ist eine Vorreservierung je nach Ferienzeit, Weekend langfristig sinnvoll. Mit Bitte um Verständnis, daß besonders schön gelegene B&B nur gegen Nennung der Credit Card vorreservieren. Wer dann nicht erscheint, bekommt den Betrag für das reservierte Zimmer vom Konto abgezogen.

Eincheck-Zeit in der Regel 15- 18 Uhr, bei telefonischer Voranmeldung läßt sich je nach Saison auch eine andere Zeit verabreden.

Einschränkungen: in den meisten B&B sind kleinere Kinder nicht erwünscht. Grund: man hat nur wenige Zimmer zu vergeben und wünscht Gäste, die ungestört von "Kindergeschrei und Rumtoben" relaxen können. - Rauchen ist fast überall strikt verboten (mit Rücksicht auf die anderen Gäste sowie (teils) Feuergefahr in den alten Holzhäusern).

Die Bed&Breakfast Inns im Südwesten sind teilweise in kleineren Organisationen zusammengeschlossen, die eigene Adressenlisten herausgeben; erhältlich bei den Touristenbüros der einzelnen Staaten oder direkt bei den unten genannten Adressen. Ein Gesamtverzeichnis der Inns existiert leider nicht.

Arizona Association of Bed&Breakfast Inns, 3661 N. Campbell Ave., Tucson, AZ 85719, Tel. 602-231-6777.

Mi Casa su Casa, P.O.Box 95o, Tempe, AZ 8528o-o95o, Tel. 6o2-99o-o682.

Bed&Breakfast in Arizona, P.O.Box 8628, Scottsdale, AZ 85252.

New Mexico's Bed&Breakfast Inns, P.O.Box 2925, Santa Fe, NM 875o4-2925.

Bed&Breakfast Inns of Utah, P.O.Box 3066, Park City, UT 84o6o, Tel. 8o1-645-8068.

★ YMCA/YWCA

Die Häuser der christlichen Vereine sind Alternative zu den Jugendherbergen und Billighotels in Portland und Seattle. **Preise**: übernachtet wird entweder in Schlafsälen (preiswertes Bett), oder in DZ- Zimmer (ca. 25 - 45 US). Auch für Nichtmitglieder möglich. In Relation zum Motel ist die Übernachtung im YMCA/YWCA per DZ daher kaum billiger und zudem oft ausgebucht.

YMCA für Männer und Frauen, YWCA nur für Frauen. Vorteil der Übernachtung in diesen Häusern: Treffpunkt junger Reisender, lockere und offene Atmosphäre, teils auch SW- Pool, Sauna, Fitness Center und Spiele.

Weitere Informationen und eine komplette Liste der "Ys" in den Vereinigten Staaten versendet CVJM-Reisen, Postfach 41o149, Kassel, Tel. (o561)3o87-o. Das Reisebüro bietet auch ein System von Übernachtungsschecks, die vor Ort eingelöst werden können und nimmt Reservierungen entgegen.

★ JUGENDHERBERGEN

Sind im Südwesten leider nur sehr dünn gesät, meist in mittleren und größeren Städten. Wer gern in Jugendherbergen übernachtet, muß an vielen Orten und vor allem in der Nähe von Nationalparks mit Motels oder Camping vorliebnehmen. In großen Städten jedoch die preiswerteste Art, ein festes Dach über dem Kopf zu bekommen.

Die Organisation "American Youth Hostels" ist Mitglied im Internationalen Jugendherbergs-Verband. Die Unterkünfte stehen auch Nicht-Mitgliedern offen. Mitglieder werden jedoch bei starker Nachfrage bevorzugt, der Jugendherbergsausweis lohnt sich also. **Preise**: ca. 1o- 12 US pro Nacht und Person, Nicht-Mitglieder zahlen ca. 2- 5 US mehr. Keine Altersbeschränkung.

Vor allem im Juli/August übersteigt die Nachfrage häufig das Angebot. Rechtzeitige Reservierung ist daher ratsam. Ausweichmöglichkeit in den großen Städten sind YMCA/YWCA und private Jugenherbergen.

Wer hauptsächlich in Jugendherbergen und YMCA/YWCA übernachten will, sollte seine Reise gut vorplanen.

Nähere Beschreibung der Häuser im Regionalteil.

CAMPING

Ein dichtes Netz schön gelegener Campingplätze existiert in allen Bundesstaaten des Südwestens, in der Regel zugänglich für Zelter und Wohnmobile. Camping lohnt vor allem in ländlichen Gebieten sowie in oder in der Nähe von Nationalparks, wo andere Unterkünfte knapp, teuer und meist nicht so schön gelegen sind. In den Großstädten oder deren Nähe ebenfalls akzeptable Plätze, die oft erstklassig ausgestattet, allerdings häufig mit Wohnmobilen und Langzeitcampern vollgestopft sind.

<u>State Parks</u>: Liegen in Arizona, Utah und New Mexico zumeist in reizvoller Umgebung und haben mindestens einen Campingplatz, der in der Regel solide ausgestattet und preiswert ist. An vielen Orten die empfehlenswerteste Alternative für Camper.

<u>Preise</u>: Einfache Plätze in den National Forests sind gratis oder kosten wenige Dollar. Für einen gut ausgestatteten Platz nach europäischem Muster sind 15-25 US zu berappen. In den State Parks ist man für ca. 7-12 US dabei. Tip: Viele Plätze gewähren Ermäßigung für Besitzer des "Golden Eagle Pass" (25 US), der für ein Jahr freien Eintritt in alle Nationalparks gewährt. Details zum Erwerb siehe "Allgemeine Tips/Tourist-Info".

<u>Komfort</u>: Viele Camper in den USA verzichten in der freien Natur gern darauf, so daß eine große Anzahl der Plätze äußerst einfach ausgestattet ist, oft ohne Duschen. Dies gilt vor allem für landschaftlich schöne Gebiete und die Nationalparks. In der Nähe von Städten und entlang der wichtigsten Highways liegen die gut ausgestatteten Campgrounds, frequentiert hauptsächlich von Wohnmobilen, aber meist auch für Zelter zugänglich.

"<u>wilderness camping</u>": Übernachtung im Freien außerhalb von Campingplätzen ist in einigen National Parks sowie den National Forests für Wanderer erlaubt. Voraussetzung ist eine kostenlose schriftliche Erlaubnis ("wilderness permit"), erhältlich beim zuständigen Visitor Center oder der nächsten Ranger Station. Strikte Einhaltung der örtlichen Verhaltensregeln (z.B. bezüglich Feuerstellen) sowie Rücknahme von Müll sind dabei eine Selbstverständlichkeit. Beachten, daß es in den Höhenlagen auch in Sommernächten empfindlich kalt werden kann.

Wild Zelten oder Übernachten im Wohnmobil außerhalb ausgewiesener Plätze ist ansonsten nicht erlaubt und wird in den Nationalparks streng kontrolliert (Hinweisschilder: "day use area only").

<u>Reservierung</u>: Viele Campgrounds haben eine Telefonnummer, Reservierung vor allem während der Sommermonate und an Feiertagen sinnvoll. Dies gilt besonders für beliebte Plätze innerhalb oder in der Nähe von Nationalparks. Wo nötig, finden sich entsprechende Hinweise im Text. Beim Anruf die Kreditkartennummer parat haben.

"<u>self-registration</u>": Auf vielen Campingplätzen eine einfache Art, den Stellplatz zu bezahlen. Am Eingang befindet sich ein Kasten mit vorgefertigten Umschlägen und Anweisungen. Geldschein hinein, Namen und Autonummer darauf notieren und den Umschlag in den bezeichneten Briefkasten werfen. Die Bezahlung sofort nach der Entscheidung für einen bestimmten Stellplatz erledigen. Kommt der Ranger und man hat nicht gezahlt, hagelt es saftige Bußgelder.

<u>Kombination Zelt/Motel</u>: Eine praktikable Alternative für alle, die mit dem Mietwagen unterwegs sind. Zelt dabeihaben und je nach Bedarf und Lage der Dinge campen oder im Motel übernachten. Macht flexibler und ist im Auto kein Transportproblem.

Wohnmobile
Wegen der vielen abgelegenen Sehenswürdigkeiten und landschaftlichen Attraktionen eine empfehlenswerte Übernachtungsalternative. Preislich allerdings nicht günstiger als eine Reise mit PKW und

Übernachtung im Motel. Weitere Informationen zum Anmieten und Fahren eines Wohnmobils in den USA, siehe Kapitel "Transport".

Fast alle Campingplätze sind auf Wohnmobile eingerichtet. Sie bieten den sogenannten "hook-up": Anschluß an Wasser, Elektrizität und Entsorgunsleitungen. Korrekte Entsorgung von Abwasser und Müll wird überall großgeschrieben. Wildes Ablassen der Tanks in der Landschaft ist "littering" und damit strafbar.

Adressen: Die in diesem Buch erwähnten Campingplätze liegen landschaftlich besonders schön oder sind günstiger Ausgangspunkt für Touren in Städte und Nationalparks. Sie bilden ein Netz, das für eine Rundreise im Südwesten völlig ausreichend sein dürfte. Wer darüber hinaus noch weitere Adressen braucht, besorgt sich am besten eine der folgenden Broschüren:

"New Mexico State Parks": Verzeichnis der State Parks und Campingplätze mit kurzer Beschreibung von Lage und Ausstattung sowie einer Übersichtskarte. Gratis beim staatlichen Touristenbüro.

"Arizona Campground Directory", Campingplätze im gesamten Bundesstaat Arizona. Kurze Beschreibungen der Installationen, dazu eine Übersichtskarte. Gratis beim staatlichen Touristenbüro.

"Arizona State Parks", einige der Parks verfügen über schöne und gut ausgestattete Campingplätze. Die Broschüre hat eine entsprechende Liste mit kurzen Beschreibungen. Gratis erhältlich bei Arizona State Parks, 800 W. Washington, Suite 415, Phoenix, AZ 85oo7.

"Reservation Information for Camping": Liste von Campingplätzen in ausgewählten National Forests von Arizona und New Mexico. Mit Preisangaben. Gratis bei den staatlichen Touristenbüros von Arizona und New Mexico.

"Utah State Parks": Beschreibungen und Adressen sämtlicher State Parks, übersichtliche Tabelle mit Lage, Ausstattung und Öffnungszeiten der Campingplätze. Gratis beim Utah Travel Council.

Größte private Kette mit vielen Plätzen in allen Staaten des Südwestens ist "KOA" (Kampgrounds of America). Hervorragend ausgestattete Campgrounds entlang der wichtigen Highways und in der Nähe von größeren Orten. Ein ausführlicher Katalog mit Beschreibungen und Lageplänen gratis auf jedem der Plätze.

Essen und Trinken

Wer in den Südwesten reist, hat die Chance, sich des immer noch weit verbreiteten Vorurteils zu entledigen, daß amerikanische Küche mit Fast Food gleichzusetzen sei. Zwar existieren in ländlichen Gebieten nur vereinzelt Alternativen zur Burger- und Pizza-Kultur, dafür aber bieten die Städte eine Vielzahl von ausgezeichneten Restaurants, die in der Regel auch ein günstiges Preis-Qualitäts-Verhältnis aufweisen. Eine regionale Besonderheit ist die "Southwestern Cuisine" mit ihren bodenständigen und verfeinerten Rezepten aus spanisch-mexikanischer Tradition.

★ FAST FOOD

Gilt im allgemeinen als der Beitrag Amerikas zur internationalen Küchen-Szene und ist im Südwesten natürlich ebenso verbreitet und beliebt wie anderswo in den USA. Die Ausfallstraßen der Städte sind gesäumt mit der sterilen Architektur und den aufdringlichen Reklametafeln der Hamburger-Stops und Pizza-Läden: MacDonald's, Carls Jr., Burger King, Kentucky Fried Chicken, Jack in the Box ....

Geschwindigkeit und Sauberkeit gelten in diesen Restaurants als Grundregeln. Letzteres oft auch im moralischen Sinn, denn Alkoholausschank ist vielerorts tabu. Wer's eilig hat, wird schnell bedient; wer keinen großen Wert aufs Essen legt, kann sich der lästigen Notwendigkeit in dieser Umgebung ohne viel Aufwand entledigen. Die Preise sind zivil. Für besonders Eilige hält der Fast Food Markt die Drive-ins bereit, wo das Essen direkt ans Auto serviert wird.

Gibt es für den Feinschmecker mal keinen anderen Ausweg als die Einkehr im Schnellimbiß, so braucht auch er nicht völlig zu verzweifeln: Er kann zurückgreifen auf die fast überall angebotenen Salate; diese sind meist knackig frisch und originell zusammengestellt.

★ SOUTHWESTERN CUISINE

Hinter diesem Begriff verbirgt sich eine Vielzahl von Strömungen der Küche des Südwestens. Traditioneller Ausgangspunkt sind die Rezepte der spanisch-mexikanischen Siedler am Rio Grande. Sie haben über die Jahrhunderte eine bodenständige und ländliche Küche entwickelt, die auf den Grundnahrungsmitteln Mais, Chili-Schoten und Bohnen beruht und im Laufe der Zeit auch indianische Elemente integriert hat. Sie ist heute verbreitet unter dem Begriff "New Mexican Cuisine", ihre besten Ausprägungen findet man im Norden von New Mexico (Santa Fe, Taos und Albuquerque).

Unter dem Einfluß der europäischen Nouvelle Cuisine haben vor allem Köche in den Großstädten diese traditionellen Rezepte aufgenommen und im Sinne der leichten Küche variiert. Dabei fließen nicht nur Elemente französischer Kochkunst mit ein, sondern man experimentiert auch mit indianischen Grundnahrungsmitteln, orientalischen Gewürzen und kreolischen Zutaten. Resultat ist eine neue regionale Küche mit originellen Rezepten und hervorragender Qualität.

Das Lesen der Speisekarte in einem der typischen Restaurants wird allerdings selbst demjenigen Schwierigkeiten bereiten, der des Englischen kundig ist. Fast alle Bezeichnungen haben ihren Ursprung in der spanisch-mexikanischen Tradition des Südwestens. Im folgenden daher eine kurze Beschreibung der wichtigsten Spezialitäten und Zutaten:

BURRITO: Große Tortilla, gefüllt mit Hackfleisch, Bohnen, Chili-Schoten und Käse. Evtl. überzogen mit einer pikanten Soße.

CARNE ADOVADA: Meist Schweinefleisch, mariniert in einer Soße aus Chili-Pulver und Gewürzen. Scharf angebraten und serviert mit Bohnen und Tortillas.

CHILE RELLENO: Grüne oder rote Chili-Schoten, gefüllt mit Käse, Eiern oder Gemüse. Seviert mit Tortillas und Bohnen.

ENCHILADAS: Zusammengefaltete Tortilla, gefüllt mit einer jeweils hauseigenen Mischung aus Käse, Fleisch, Gemüse und Chili-Schoten.

FAJITAS: Mariniertes Rind- oder Hühnerfleisch, gegrillt und in Streifen geschnitten und dann gedünstet mit Zwiebeln, Tomaten, Chili-Schoten und Gemüse.

GUACAMOLE: Avocado-Püree, verfeinert mit kleingehackten Tomaten, Chili-Pulver und Gewürzen. Serviert als eigenständige Vorspeise mit Tacos oder als Beilage zu vielen Gerichten.

HUEVOS RANCHEROS: Tortillas mit Eiern, Käse und Chili-Schoten. Ein beliebtes und herzhaftes Frühstück.

MARGARITA: Cocktail aus Tequila, Zitronensaft und Zucker. Vor dem Servieren wird der angefeuchtete Rand des Glases kurz in Salz getaucht. Paßt als begleitendes Getränk gut zu den scharfen und herzhaften Gerichten der Küche New Mexicos.

POSOLE: Herzhafter Eintopf aus Mais, Fleisch, Chili-Schoten, Knoblauch und Gewürzen.

TACOS: Knusprig fritierte Tortillas, gefüllt nach Art des Hauses mit Huhn, Rindfleisch, Gemüse oder Salat.

TAMALES: Vielfältige Füllungen (oft Maismehl vermischt mit Gemüse oder Fleisch) werden in Maisblätter eingewickelt und in heißem Wasser gargekocht.

CORN: Ob als Taco, Tortilla, Enchilada oder einfaches Brot: Der MAIS ist im Südwesten das wichtigste Grundnahrungsmittel und aus den meisten Rezepten der Southwestern Cuisine nicht wegzudenken. Doch seine Bedeutung reicht auch weit in die Vergangenheit hinein. Mit diesem traditionellen amerikanischen Getreide bestritten die indianischen Völker des Kontinents über Jahrtausende den größten Teil ihrer Ernährung.

Schon um 5ooo v.Chr. sammelten Indianer in Zentralamerika die damals noch sehr kleinen Früchte der wilden Maispflanze. Es dauerte rund eintausend Jahre, bis sie den Mais in rudimentärer Form domestiziert und kultiviert hatten. Damit war der Grundstein gelegt für die Lebensmittelversorgung der großen und einflußreichen Völker des Kontinents: Die Inka bauten den Mais auf Terrassen in den Anden an, die Maya kultivierten ihn im Urwald Mittelamerikas, die Azteken im mexikanischen Hochland und die Anasazi in den Trockengebieten des Colorado Plateau. Die Hochkulturen des präkolumbianischen Amerika beruhten auf der relativ gesicherten Versorgung der Bevölkerung mit Mais.

Viele Indianerkulturen verehrten den Mais als Gottheit. Für die Azteken war er eine heilige Pflanze, und für die Hopi ist der blaue Mais ein Symbol für den Charakter ihres Volkes: Einer ihrer Legenden zufolge wurden den Indianerstämmen des Südwestens verschiedene Maissorten zur Auswahl vorgelegt. Die Navajo nahmen die gelben Maiskolben, die Sioux wählten die weißen und die Apachen entschieden sich für die besonders langen. Die Hopi kamen zum Schluß dran und bekamen die besonders kleinen blauen Maiskolben. Sie versprachen ihnen eine lange, dafür aber beschwerliche Existenz. Noch heute verwenden die Hopi in ihren religiösen Zeremonien den Mais als Symbol für das Leben.

Als Kolumbus Amerika erreichte, überbrachten ihm Eingeborene die gelben Körner, die sie "mahiz" nannten, als Geschenk. Von einer seiner späteren Reisen brachte er die Samen dieser in Europa unbekannten Pflanze mit, die von den Botanikern der Alten Welt bestaunt wurde. Keine hundert Jahre später war der Mais in der europäischen, afrikanischen und asiatischen Landwirtschaft heimisch.

Eine der Ursachen für diese rasche Verbreitung des Mais sind seine überdurchschnittlichen Wachstumsqualitäten. Kein anderes Getreide verwandelt die Sonnenenergie so effizient in Nährwerte, innerhalb von vier Monaten sind die Pflanzen spätestens erntebereit. Sie wachsen in den unterschiedlichsten Klimazonen, vom tropischen Dschungel über wüstenhafte Trockengebiete bis in gemäßigte Bereiche.

Mit der Eroberung Nordamerikas durch weiße Siedler und Soldaten hat der Mais seine Rolle als Hauptnahrungsmittel eines ganzen Kontinents noch gefestigt. Ganze Bundesstaaten im sogenannten "corn belt" lebten und leben vom Anbau des Getreides und sind verantwortlich für die Hälfte der gesamten Weltmarktproduktion. Die USA produzieren heute mehr Mais als Weizen, Roggen, Gerste und Reis zusammen.

Die Ernte geht allerdings nur noch zu einem Teil in den direkten menschlichen Konsum. Ein großer Prozentsatz dient dagegen als Futtermittel und zur Herstellung von Sirup, Klebstoff, Treibstoff oder Süßstoff für Cola-Getränke. Ein Maisprodukt hat seine legendäre Führungsrolle mittlerweile jedoch eingebüßt: Als die Amerikaner im 19. Jahrhundert zur Eroberung des Westens aufbrachen, trank jeder von ihnen im Durchschnitt 23 Liter Whiskey pro Jahr. Ihre Nachkommen bevorzugen andere Getränke und haben den Whiskey-Konsum auf weniger als einen Liter pro Einwohner heruntergeschraubt.

✦ EINWANDERER-KÜCHEN

Vor allem in den größeren Städten findet sich eine Anzahl von Lokalen mit Kochkunst und Spezialitäten aus aller Welt, wo sogenanntes "ethnic food" auf der Speisekarte steht. Die Qualität meist gut bei moderaten Preisen. Viele Restaurants wandeln ihre Gerichte zwar mehr oder weniger nach amerikanischem Geschmack ab, aber Authentisches ist dabei längst nicht endgültig verloren gegangen.

Die MEXIKANISCHE Küche ist im Südwesten durch die direkte Nachbarschaft zu Mexiko sowie die zahlreichen Gast- und Wanderarbeiter natürlich besonders stark vertreten. Ihre wesentlichen Elemente ähneln der oben beschriebenen Küche New Mexicos.

Weit verbreitet sind CHINESISCHE Restaurants, die meist recht preiswerte Gerichte anbieten. In Kauf nehmen muß man dort zumeist ein spartanisches Ambiente mit kahlen Wänden und Plastikstühlen, oder auch die bei uns bekannten Dekorationen mit roten Lampions und goldenen Drachen.

Überall präsent ist auch die ITALIENISCHE Küche, vom einfachen Pizza-Laden bis zum Gourmet-Restaurant mit Spezialitäten aus einzelnen Regionen. Preise sehr unterschiedlich, der Qualität von Essen und Ambiente angepaßt.

FRANZÖSISCHE Küche umgibt die Aura des Exklusiven. Restaurants meist vornehm und teuer. Hauptsächlich zu finden in den Metropolen.

Gelegentlich vertreten ist auch die DEUTSCHE Küche. Sie gehört leider zu den traurigsten Exemplaren der Einwandererküchen und kommt kaum über Bratwurst, Kraut und Schnitzel hinaus.

Trinken:

Der Markt ist ähnlich vielfältig wie in europäischen Ländern. Im Heimatland des COLA-Rausches existieren natürlich zahllose Varianten des braunschwarzen Elixiers, dazu die allseits beliebten süßen Kohlensäuregetränke jeglicher Geschmacksrichtung. Wer's weniger künstlich mag: Aus den Obstanbaugebieten Arizonas und Südkaliforniens kommen die herrlichsten FRUCHTSÄFTE, oft frisch ausgepreßt.

ALKOHOLISCHE GETRÄNKE

Dürfen in allen Bundesstaaten des Südwestens nur an Personen über 21

Jahre verkauft oder ausgeschenkt werden. Bei Kontrollen ist die Polizei unnachsichtig und mit Strafen auch für den Konsumenten schnell bei der Hand. Ausweis in Kneipen und Restaurants dabeihaben, auf sein "erwachsenes" Aussehen kann man sich im Zweifelsfall nicht berufen. In den einzelnen Staaten existieren einige Besonderheiten:

<u>Arizona</u>: Besitz und Konsum von alkoholischen Getränken grundsätzlich verboten in den Reservaten der Navajo und Hopi.

<u>Utah</u>: In Supermärkten Verkauf von Bier; Wein und Hochprozentiges gibt es nur in den speziellen State Liquor Stores. Alkoholausschank in Lokalen nur in Verbindung mit Speisen. Häufiger als in anderen Staaten findet man Restaurants ohne Alkohollizenz, dafür existieren private Clubs, in denen Drinks zu haben sind. Viele Hotels bieten ihren Gästen kostenlose Mitgliedskarten für diese Clubs an.

<u>New Mexico</u>: An Sonntagen kein Verkauf von alkoholischen Getränken in Geschäften und Supermärkten.

<u>WEIN</u>: In Supermärkten und Restaurants bestimmen Weine aus Kalifornien das Angebot. Über deren Güte gibt es auch in Europa inzwischen keine Zweifel mehr. Rebsorten, Qualitätsstufen und Preislagen sind vielfältig, so daß für jeden Geschmack und Geldbeutel etwas vorhanden ist. Neuerdings gibt es auch einige Weinbaubetriebe in Arizona und New Mexico, die nach einigen Jahren des Experimentierens inzwischen passable Weine produzieren. Eine regionale Besonderheit, die durchaus mal einen Abstecher vom kalifornischen Pfad rechtfertigt.

<u>BIER</u>: In allen Supermärkten sowie den meisten Kneipen und Restaurants das eher trostlose Gebräu der amerikanischen Getränkekonzerne. In den Regalen auch die etwas besseren mexikanischen Biere und gelegentlich teure europäische Importe.

Die beste Alternative dazu sind die Biere der sogenannten "<u>Micro-Breweries</u>", lokaler Brauereien, die oft lediglich für den Bedarf ihrer eigenen Kneipe produzieren und nur ganz selten überregional bekannt sind. Sie sind im Südwesten leider noch nicht so weit verbreitet wie an der amerikanischen Westküste, doch hier und da findet man schon eine dieser Kleinbrauereien und den dazugehörigen Pub (siehe auch Restaurant-Tips in den Regional-Kapiteln).

Das Brauverfahren der "Micros" orientiert sich hauptsächlich an englischen Vorbildern. Porter, Ale und Stout sind leichter herzustellen als Pils. Im Angebot meist drei oder vier Sorten, oft je nach Jahreszeit unterschiedlich. Viele Brauereien experimentieren noch mit Rohstoffen und Verfahren.

Die Atmosphäre in den "<u>Brew-Pubs</u>" meist gemütlich-rustikal, hier treffen sich Kenner und Bier-Liebhaber zum Plausch und zur Verkostung des neuesten Produkts, über das dann mit dem Besitzer und Braumeister ausgiebig diskutiert wird. Für Biertrinker eine liebens- und lobenswerte Entwicklung, die in den nächsten Jahren auch im Südwesten weitere Verbreitung finden dürfte.

DIE MAHLZEITEN
Frühstück

Die USA sind kein Land für Frühstücksmuffel. Für ca. 3-6 $ bekommt man ein komplettes "breakfast" mit Kaffee, Saft und Eiern in jeder Variation. Eine reichhaltige Mahlzeit, die eine gute Weile vorhält, nichts für Leute mit Cholesterin-Problemen.

Motels und einfache Hotels bieten kein Frühstück an, man geht stattdessen in ein Café oder einen Fast Food Imbiß, wo es etwa bis 11 Uhr Frühstück gibt. Bessere Hotels servieren Tellergerichte oder offerieren ein Buffet, beides nur selten im Übernachtungspreis inbegriffen.

Zum Erlebnis wird das Frühstück in Country Inns und Bed&Breakfast Häusern. Oft zelebrieren der Inhaber oder die Hausfrau ein mehrgängiges Menü, ein weiteres Element der engagierten Gastfreundschaft in diesen Häusern. Wer sich danach allerdings noch zu größeren Taten aufraffen kann und nicht nahtlos eine Siesta einlegt, muß schon hart gegen sich selbst vorgehen.

Mittagessen

"Lunch" gibt's etwa zwischen 11:3o und 14 Uhr, manchmal auch bis 16 Uhr. Viele Amerikaner gehen über Mittag nicht nach Hause, sondern essen auswärts. Allerorten preiswerte Angebote, das Essen oft 5o% billiger als am Abend. Für 5-1o US bekommt man ein passables bis gutes Menü.

Tip: Da oft das gleiche Essen mittags viel preiswerter angeboten wird als abends, spart ein spätes Mittagessen gegenüber einem frühen Abendessen eine Handvoll Dollars. Wer's einrichten kann: Lieber kurz vor 16 Uhr essen als eine Stunde später und den Abendpreis bezahlen.

Abendessen

Im Südwesten ißt man in der Regel ziemlich früh zu Abend. Ab 17 Uhr servieren die Restaurants ihr "dinner". Oft kleine Menüs mit Suppe oder Salat als Vorspeise, danach Hauptgericht, Dessert und Kaffee. In einfachen Restaurants 5-1o US, für ca. 15 US bekommt man bereits ausgezeichnete Qualität. Einzelne Tellergerichte sind dagegen meist vergleichsweise teuer.

In Großstädten sind Lokale bis spät in den Abend hinein geöffnet, in der Provinz dagegen werden nach 21 Uhr vielerorts die Rolläden runtergelassen. Dann bleibt als Alternative nur noch Fast Food, wo man oft die ganze Nacht hindurch vorfahren kann.

SELBSTVERSORGER

Einkauf von Lebensmitteln in Geschäften und Supermärkten ist nicht nur wesentlich billiger als der tägliche Gang ins Restaurant, sondern fast überall in den Bundesstaaten des Südwestens auch attraktiv durch ein dichtes Netz von Picknickplätzen mit Bänken und Tischen. Sie liegen meist in landschaftlich schöner Umgebung und sind wegen des guten Klimas fast das ganze Jahr hindurch zu benutzen.

Einkaufen am besten in den großen und gut sortierten Supermärkten. Im Südwesten sind verschiedene Ketten vertreten, jeder größere Ort hat mindestens eine Filiale. Neben Getränken, Konserven und Milchprodukten meist eine ordentliche Auswahl an Fleisch, Obst und Gemüse. Dazu häufig auch Salatbars mit angemachten und frischen Salaten, gelegentlich fertige Suppen.

Die Supermärkte liegen oft in Einkaufszentren abseits der üblichen touristischen Pfade, Adressen günstig gelegener Märkte finden sich in den jeweiligen Regional-Kapiteln. Dort auch Hinweise auf besondere Spezialitäten und ausgefallene Einkaufsmöglichkeiten für den Reiseproviant.

KLEINES KÜCHEN-ABC

Einiges funktioniert anders beim Essen und Trinken im Land der unbegrenzten Möglichkeiten. Im folgenden daher Hinweise auf Besonderheiten der amerikanischen Restaurant- und Küchenszene, die dem Besucher im Südwesten fast überall begegnen.

"All you can eat": Manche Restaurants oder Fast-Food Lokale offerieren kalte oder warme Buffets. Für einen Festpreis bedient man sich, so oft man will. Gelegentlich auch als Salat-Bar eine Ergänzung zum bestellten Essen.

Baked Potato: Heißgeliebte Ergänzung zu Fleisch- oder Fischgerichten. Eine riesige Kartoffel, in Alufolie gehüllt und im Ofen gebacken. Serviert mit saurer Sahne oder Butter.

Barbecue: Aus den Tagen des Wilden Westens und der großen Viehtriebe stammende Art, Steaks und anderes Fleisch im Freien auf dem Grill zu brutzeln. Wird in vielen Steak-Houses nun auch unterm Dach zelebriert, so daß sich die verlockenden Düfte im ganzen Lokal breitmachen. Salate und Kartoffeln sind die passende Ergänzung zu den oft überdimensionalen Fleischportionen.

Bread: Gutes Brot ist ein echter Mangel im ansonsten vielseitigen Lebensmittel-Allerlei. Die Pappkameraden aus der Plastikfolie und rund um den Hamburger sind kaum zu genießen. Vernünftige Bäckereien existieren nur in Ausnahmefällen, die Suche danach ist für den Fremden fast aussichtslos. Alternative: In den Regalen der Supermärkte stößt man nach einigem Suchen auf heimisches und importiertes Knäckebrot (meist nicht in der Brot-, sondern in der Keksabteilung "cookies").

Burger: Inzwischen auch in Europa nicht mehr nur als Ham-Burger bekannt. Der Varianten gibt es viele; je dicker desto beliebter und technisch gesehen selbst für Akrobaten fast unmöglich zu verspeisen, ohne Teller, Tisch oder Hemd zu bekleckern.

Coffee: Wird zum Frühstück oft ungefragt serviert und vielfach auch mit der Hauptmahlzeit getrunken. Wer eine Tasse bezahlt, bekommt sooft gratis nachgeschenkt, wie er möchte.

Deli: Das Angebot an Delikatessen in diesen Snack-Bars hält sich in engen Grenzen. Hauptsächlich Sandwiches und Getränke zum Mitnehmen oder zum direkten Verzehr.

Doggy Bag: Was in einem amerikanischen Restaurant auf dem Teller übrigbleibt, nimmt der Gast völlig selbstverständlich mit nach Hause - ob für den Hund oder die nächste eigene Mahlzeit sei dahingestellt. Die Frage nach der "doggy bag" ist auch in guten Restaurants keinesfalls peinlich, sondern stößt bei der Bedienung auf vollstes Verständnis: Die Überbleibsel werden ordnungsgemäß verpackt.

Dressing: Salatsaucen, die man entweder am Buffet wählen kann oder von der Bedienung offeriert bekommt. Gängig sind "Thousand Island" (sahnig mit Paprika, Tomatenmark oder Ketchup), "Italian" (Essig, Öl, Kräuter), "French" (cremig mit Kräutern), "Blue Cheese" (sahnig mit Blauschimmelkäse), "Ranch" (mit Joghurt oder saurer Sahne).

Eggs: Entgegen aller Cholesterin-Warnungen immer noch der große Frühstücks-Renner: zwei oder drei, als Omelett, mit Schinken oder Speck. "Scrambled" ist das Rührei, beim Spiegelei gibt's gleich drei Varianten: "sunny side up" (einseitig gebraten), "over easy" (kurz gewendet) und "over" (gewendet und durchgebraten). Wer sich in diesem Etiketten-Dschungel nicht auskennt, stößt jeden Morgen auf das Unverständnis einer ansonsten freundlichen Bedienung.

Entree: Nicht, wie das Wort nahelegt, eine Vorspeise, sondern das Hauptgericht im Rahmen eines mehrgängigen Menüs.

Happy Hour: Erfindung zur Förderung des Umsatzes während schleppender Geschäftszeiten. In vielen Bars und Restaurants gibt's zwei Stunden lang (etwa 16-18 Uhr) zwei Drinks zum Preis von einem (aber nicht etwa einen zum halben Preis).

Ice-Cream: Leidenschaft aller Amerikaner. Eisdielen haben oft Dutzende von Geschmacksrichtungen im Angebot. Neuerdings beliebt ist Joghurt-Eis: "frozen yoghurt".

Muffins: Süße Küchlein, beliebt zum Frühstück oder als Beigabe zum

Kaffee, oft mit Blaubeeren, Nüssen oder anderem angereichert.

Pizza: Fast so beliebt wie der gute alte Hamburger. Wird auch ähnlich vermarktet im Fast Food Stil. Meist allerdings relativ teuer. Gelegentlich auch gepflegte Pizza-Kultur in italienischen Restaurants.

Seafood: Der Pazifische Ozean liegt nahe genug, so daß die Auswahl an frischem Fisch und Schalentieren in den Gourmet-Restaurants des Südwestens überraschend groß ist. Neben "salmon" (Lachs) besonders zu empfehlen: "oysters" (Austern), "scallops" (Jakobsmuscheln) und "clam chowder" (Muschelcremesuppe).

"Smoking or non?" Häufige Frage der Bedienung beim Betreten eines Restaurants. Viele Lokale haben inzwischen Nichtraucherzonen, so daß man sich für die verqualmte oder die Frischluft-Sektion entscheiden kann.

Steak: Für viele Amerikaner weiterhin das Nonplusultra der Eßkultur. Nicht verwunderlich angesichts hervorragender Rindfleischqualitäten in den besseren Steak-Häusern. Schließlich sind Arizona, Utah und New Mexico schon seit den Tagen des Wilden Westens große Fleischproduzenten, und Texas mit seinen riesigen Rinderherden liegt direkt in der Nachbarschaft.

Taco: Der exponierteste Vertreter der mexikanischen Küche. Knusprig gebratener Maisfladen, gefüllt mit Huhn, Fleisch, Gemüse und Saucen nach Art des Hauses. Hat auch schon erfolgreich Einzug gehalten in die Speisekarten mancher Fast Food Kette.

Tex-Mex: Amerikanisierte Fassung der mexikanischen Küche. Hauptmerkmale: Große Fleischportionen, mexikanische Beilagen, Verzicht auf scharfe Gewürze, serviert meist in einer Fast-Food Umgebung.

Tip: (engl.für "Trinkgeld") Bedienungsgeld, von dem die Kellner und Serviererinnen teilweise oder ganz leben. Taucht nicht in der Rechnung auf, deshalb werden zusätzlich 15% erwartet und von Amerikanern selbstverständlich gegeben. Auch der Tourist sollte sich daran halten, wenn er nicht als unverschämt gelten und Vorurteile gegen Ausländer nähren will.

Toast: Amerikanischern Brot-Ersatz. Wird zum Frühstück oft in mehreren Varianten angeboten. Was dann auf den Tisch kommt, unterscheidet sich aber vom Aussehen her kaum, vom Geschmack überhaupt nicht.

Turkey: Truthahn ist der Festtagsbraten der Amerikaner. Besonders beliebt der ganze Vogel zum Familientreffen an "Thanksgiving", gefüllt aus der Bratröhre. Ansonsten in Scheiben auf diversen Sandwiches.

"Wait to be seated": In den meisten Restaurants wartet der Gast am Eingang, bis die Bedienung ihm einen Tisch zuweist. Auch wenn's für den mündigen Mitteleuropäer, der seinen Platz selbst finden kann, ungewohnt ist: Die Regelung dient nicht der Bevormundung, sondern gilt als Aufmerksamkeit dem Gast gegenüber. Sie hat den Vorteil, daß man

Speisekarte und Wasserglas sofort erhält und evtl. lästiges Warten darauf in einer versteckten Ecke des Lokals entfällt.

<u>Whiskey</u>: Wenn nicht anders bestellt, schenkt der Bar-Keeper den amerikanischen Bourbon ein, gebrannt aus Mais und mehrere Jahre in Holzfässern gelagert.

SPORT

Zwar sind im Südwesten die grandiosen Landschaften und prähistorischen Ausgrabungsstätten für europäische Besucher der Hauptanziehungspunkt, doch wer seinen Urlaub nicht nur mit Besichtigungstouren verbringen will, hat in Arizona, Utah, New Mexico und Colorado ausgezeichnete Möglichkeiten zur sportlichen Betätigung. Amerikaner kommen vor allem zum Wandern und Skilaufen; wegen des milden Winterklimas ist der Süden von Arizona beliebt bei Golfern und Tennisspielern; im Sommer bieten zahlreiche Canyons und Flüsse aufregende Schlauchboot- und Kanufahrten.

Ausrüstung: Wer größeres Sportgerät wie Fahrräder, Kanus oder Ski nicht im ganzen Urlaub mitschleppen möchte, findet vor Ort die einschlägigen Firmen, die die notwendige Ausrüstung verleihen.

Preise: Die Kosten für sportliche Aktivitäten, Unterricht und Gerät sind von Ort zu Ort verschieden, liegen aber etwa auf europäischem Niveau. Details dazu in den jeweiligen Regionalkapiteln.

Ski alpin: In allen Bundesstaaten des Südwestens existieren erstklassige Skigebiete, von denen einige zu den besten und beliebtesten der USA gehören. Vor allem die alpinen Zentren in der Nähe von Salt Lake City und bei Taos/New Mexico sind internationale Spitzenklasse und machen den berühmten Skiorten von Colorado immer mehr Konkurrenz. Großer Vorteil gegenüber dem Skilaufen in Europa: Die Pisten sind in der Regel weitaus weniger voll, Wartezeiten an den Liften minimal.

In den Skigebieten des südlichen Arizona und New Mexico kann man vormittags skilaufen und am Nachmittag im Tal bei frühlingshaften bis sommerlichen Temperaturen Tennis oder eine Runde Golf spielen. Besonders günstig liegen die Skigebiete direkt vor der Haustür der Großstädte Tucson, Albuquerque, Santa Fe und Salt Lake City, alle in weniger als einer Stunde Fahrt von Downtown aus zu erreichen.

Pisten/Lifte: In den meisten alpinen Skizentren existieren Pisten aller Schwierigkeitsgrade und moderne Liftanlagen mit Sessel- und Schleppliften. Preise für Liftkarten variieren extrem zwischen den einzelnen Skigebieten (ca. 2o-4o US pro Tagesticket), Details im Text.

Saison: Beginnt in der Regel zum Wochenende von Thanksgiving (Ende November) und endet je nach Ort und Schneeverhältnissen Ende März oder Anfang April, in einigen Regionen Utahs sogar noch später.

Ausrüstung: Verleih in jedem Skiort. Wenn möglich jedoch nicht direkt am Lift mieten, im nächstgelegenen Ort sind die Ski meist ein paar Dollar billiger.

<u>Ausgewählte Skigebiete</u> (Weitere Orte und Einzelbeschreibungen in den jeweiligen Regionalkapiteln):

<u>ARIZONA</u>: Die beiden wichtigsten Zentren liegen im Norden und Osten des Bundesstaates: Verkehrsgünstig und von der Stadt aus leicht zu erreichen die Arizona Snow Bowl bei Flagstaff; etwas abgelegen, aber in landschaftlich schöner Umgebung das Skizentrum auf dem Gebiet der White Mountain Apache Reservation. Kleiner, aber wegen seiner Lage oberhalb der Wüste attraktiv ist das Skigebiet am Mount Lemmon vor den Toren von Tucson.

<u>NEW MEXICO</u>: Die meisten alpinen Zentren konzentrieren sich hier in den südlichen Ausläufern der Rocky Mountains. Zu den besten Skigebieten des Südwestens gehört Taos Ski Valley, in dessen Nähe sich noch weitere gute Skiorte (z.B. Red River und Angel Fire) befinden. In Taos kann man einen ganzen Skiurlaub verbringen und immer wieder neue Gebiete und Pisten erkunden.

Durch ihre günstige Lage in Citynähe zeichnen sich die Pisten bei Santa Fe und Albuquerque aus. Als Ergänzung zur Stadtbesichtigung legt man hier den einen oder anderen Skitag ein, wenn das Wetter gerade günstig ist. In den Sacramento Mountains im Süden von New Mexico existieren weitere Skizentren, am schönsten ist Ski Apache am Sierra Blanca Mountain.

<u>SÜDWEST-COLORADO</u>: Zwar sind die Skigebiete in der Umgebung von Durango und Telluride nicht so berühmt wie Colorados Vorzeigeorte Vail und Aspen, doch die Abfahrten hier sind ebenfalls nicht zu verachten. Niedrigere Preise und weniger Betrieb sind außerdem nicht zu unterschätzende Vorteile.

<u>UTAH</u>: Zu den besten Skigebieten Nordamerikas gehören die Zentren in den Wasatch Mountains. Viele von ihnen sind in weniger als einer Stunde Fahrt ab Salt Lake City zu erreichen. Besonders attraktiv die Pisten in den beiden Cottonwood Canyons, in der Umgebung von Park City und in der Nähe von Ogden. Diese sind teilweise einbezogen in die Olympia-Bewerbung Salt Lake Citys für das Jahr 2oo2 und werden bei einer positiven Entscheidung Schauplatz der alpinen Wettbewerbe.

Auch in anderen Teilen Utahs existieren Skigebiete; die schönsten im Logan Canyon (NW-Utah), bei Sundance (Nähe Provo) und am Cedar Breaks National Monument (Brian Head).

<u>Ski Langlauf</u>: Ist im Südwesten noch nicht so verbreitet wie anderswo in den USA. Gespurte Loipen findet man im Skigebiet Enchanted Forest bei Taos/New Mexico sowie im Nordic Center bei Flagstaff/Arizona; außerdem in einigen Skizentren von Utahs Wasatch Mountains. Saison von Ende November bis Ende März. Verleih von <u>Ausrüstung</u> in den Skizentren. Geringe Gebühr für die Benutzung gespurter Loipen. Weitere

Details im Text.

Kanu/Kajak: Absolute Spitzenreviere auf dem Colorado River (Utah und Arizona), dem Green River (Utah), dem Rio Grande (New Mexico) und einigen Nebenflüssen. Ein Abenteuer sind Touren durch den Grand Canyon. Die 45o km lange Strecke, die der Colorado River auf seinem Lauf durch den Canyon zurücklegt, gehört zu den reizvollsten Wildwasserrevieren der Welt. Durch enge Canyons fließen auch der Rio Grande bei Taos/New Mexico, der Green River im Nordosten Utahs und der Animas River im südwestlichen Colorado.

Rafting: Auf den gleichen Wasserwegen wie die Kanufahrten. Angeboten werden ein- oder mehrtägige Touren, bei denen für Schlauchboote, Verpflegung und Transport zum Startpunkt gesorgt ist.

Schwimmen und Baden: Findet im wasserarmen Südwesten zumeist in Swimming-Pools statt, selbst einfache Motels haben häufig ein kleines Becken, viele Gemeinden verfügen über öffentliche Schwimmbäder. Beliebt sind in den großen Städten die "water parks" mit einer Vielzahl von Einrichtungen für den Badespaß. Hier und da findet man einen Stausee mit Badestränden.

Ein besonderes Badevergnügen bieten die Stauseen am Colorado River: Lake Havasu, Lake Mead und Lake Powell. Diese Gewässer sind allerdings trotz ihrer gewaltigen Ausdehnung nur an wenigen Stellen zugänglich. Wer ein Boot hat, kann die einsamsten Buchten ansteuern und riesige Wasserflächen für sich allein genießen.

Ein Sonderfall ist der Great Salt Lake im Nordwesten Utahs. Sein hoher Salzgehalt verleiht einen so kräftigen Auftrieb, daß man fast von allein an der Oberfläche bleibt. Der Wasserstand des Sees ist jedoch so variabel, daß an den wenigen zugänglichen Stränden oft nur flaches Brackwasser zu finden ist.

Wasserski: Beliebt auf den Stauseen entlang des Colorado River in Arizona/Utah und des Rio Grande in New Mexico.

Angeln: An vielen Stauseen bestehen Angelmöglichkeiten. Attraktives Fliegenfischen auf Forellen in den glasklaren Gebirgsbächen der südlichen Rocky Mountains von New Mexico sowie in den Wasatch Mountains und anderen Gebirgsketten von Utah.

Tennis: Tennisplätze sind fast überall vorhanden. Besonders viele Anlagen in Tucson, Phoenix und Umgebung, wo das sonnige Klima vor allem während der Wintermonate Tennisspieler anzieht.

Golf: Wird in den USA immer mehr zu einer Art Volkssport. Vor allem Dutzende von Golfplätzen im Süden Arizonas (Phoenix, Tucson und Umgebung) sowie in Albuquerque sind winterliches Urlaubsziel vieler Amerikaner. Auch Utah verfügt über ein dichtes Netz an Golfplätzen, viele ebenfalls ganzjährig zu bespielen.

Reiten: Besonders attraktiv in den südlichen Rocky Mountains. Von Durango im südwestlichen Colorado aus organisierte Mehrtages-Touren (sogenannte "pack trips") mit Pferden und Mauleseln ins Gebirge: nach Western-Art mit Verpflegung und Gepäck auf dem Rücken der Mulis. Es geht durch Wildnis und abgeschiedene Berglandschaften. Reitkenntnisse hilfreich, aber nicht unbedingt erforderlich, die Tiere kennen ihren Weg und haben Geduld mit den Reitern. Schöne Touren auch in den Wasatch Mountains (Utah) sowie in der Umgebung von Tucson (durch die Catalina Mountains und die Kakteenlandschaft des Saguaro National Monument).

Jogging: Ist für passionierte Läufer natürlich überall möglich. Die übermäßige Hitze und die Höhenlagen der meisten Orte können dem Jogger allerdings ziemlich zu schaffen machen.

Radfahren: Überlandtouren sind zwar prinzipiell überall möglich, doch sind die Straßen im Südwesten kaum für Radfahrer eingerichtet. Erschwerend hinzu kommen Hitze und Höhenlagen. Einzelne Streckenabschnitte und Ausflüge können jedoch zum besonderen Erlebnis werden.

Attraktiv sind <u>Mountain-Bike</u> Touren in den südlichen Rocky Mountains (z.B. ab Taos/New Mexico oder Durango/Colorado) oder in den Sandia Mountains bei Albuquerque. Für Könner bieten sich verschiedene Pisten über Felsen und Sandstein bei Moab im südwestlichen Utah an. Auch in der Nähe von Tucson/Arizona sind einige Strecken (z.B. Catalina Mountains und Saguaro National Monument) für Radler zu empfehlen. Fahrrad-Verleih in den einschlägigen Orten stunden- oder tageweise. Auch Mehrtages-Anmietung möglich. Adressen und Preise im Regionalteil.

Ballonfahren: Besonders beliebt in Albuquerque und Umgebung. Dort sieht man fast täglich einige der bunten Heißluftballons über der Stadt. Höhepunkt ist die jährlich im Oktober stattfindende Balloon Fiesta, zu der sich Hunderte von Ballonfahrern aus der ganzen Welt einfinden.

Wandern: National Parks, einige National Monuments und die südlichen Rocky Mountains bieten ungewöhnlich vielseitige Möglichkeiten für Wanderer: von der Wüstentour bis zum Hochgebirgstrip. Wanderwege sind in vielen Fällen markiert.

Tageswanderungen ab Hotel/Campingplatz oder einem ausgeschilderten "trailhead" mit Parkplatz. Mehrtageswanderungen in der Regel mit Zelt, Hüttenübernachtungen sind nicht üblich. Übernachtung auf ausgewiesenen Campgrounds oder manchmal auch in der Wildnis ist in National Parks oder National Forests in der Regel erlaubt, meist ist jedoch ein kostenloses "wilderness permit" der nächstgelegenen Ranger-Station erforderlich. Damit wird vor allem in der Hochsaison der Andrang auf den beliebtesten Pfaden in den Nationalparks begrenzt.

VERHALTENSREGELN: Unbedingt auf den markierten Wegen bleiben und sich an die sonstigen Hinweise der Ranger halten, damit auch in Zukunft noch was von der Natur übrig ist. Zusammen mit dem "wilderness permit" gibt's ein Merkblatt mit den örtlichen Sonderregelungen.

WANDERSAISON: In der Wüste Süd-Arizonas und New Mexicos am besten im Winter, höchstens noch im Frühjahr und Herbst. Im Sommer sind die Temperaturen für längere Wanderungen unerträglich. Dann bieten sich die südlichen Rocky Mountains und einige andere Gebirgszüge in Utah, Arizona und New Mexico an. Die Nationalparks auf dem Colorado Plateau verfügen über grandiose Trails, auf denen es im Sommer allerdings ebenfalls sehr heiß werden kann, vor allem wenn es in die Canyons hinabgeht.

WÜSTENWANDERUNGEN: Tips und Vorsichtsmaßregeln zum Wandern in der Wüste im Kapitel "Natur und Umwelt".

AUSRÜSTUNG: Die einschlägigen Geschäfte der großen Städte sind gut bestückt. Ehe man sich jedoch vor Ort die Einzelteile zusammenkauft, besser die Ausrüstung von zu Hause mitbringen.

Wanderschuhe: Strapazierfähiges Schuhwerk ist unerläßlich. Mit Turnschuhen gerät man schnell an die Grenzen des Erträglichen: in den Canyons und Bergen oft steinige Pfade und manchmal bis in den Frühsommer hinein noch Schneematsch, in den Nationalparks und in der Wüste oft sehr steiniges und rauhes Gelände.

Guter Sonnenschutz (Brille, Hut) ist vor allem während der wärmeren Jahreszeit überall erforderlich, in der Wüste auch im Winter. Regenschutz und Windjacke sind ganzjährig notwendig im Gebirge. In den Höhenlagen der Rocky Mountains und Wasatch Mountains auch im Sommer auf überraschende Kälteeinbrüche vorbereitet sein. Im Juli/August in den Nationalparks auf dem Colorado Plateau und in der Wüste plötzliche Gewitter und intensive Regengüsse. Gefährlich ist dann das Wandern in engen Canyons, wo ausgetrocknete Wasserläufe in kürzester Zeit zu reißenden Flüssen anschwellen.

WANDERKARTEN und Beschreibungen von kürzeren Hikes und Tageswanderungen meist gratis bei der nächsten Ranger Station oder im Visitor Center der Nationalparks. Dort auch häufig für 1-3 US detaillierte Spezialkarten der jeweiligen Region mit Höhenlinien, Aussichtspunkten etc. Offizielle Angaben über Wanderzeiten auf den Wegen sind meist großzügig kalkuliert, der Durchschnittswanderer kommt in der Regel mit weniger aus. Wanderführer für die Staaten des Südwestens: siehe Kapitel "Literatur".

Ausgewählte Wandergebiete (weitere Möglichkeiten sowie Einzel-Beschreibung zahlreicher Touren im Text):

UMGEBUNG VON TUCSON/ Arizona: Vielseitige Touren durch die Gebirgswelt der Catalina Mountains und die Kakteenlandschaft des Saguaro National Monument.

CHIRICAHUA NATIONAL MONUMENT/ Südost-Arizona: Wälder und eine bizarre Felslandschaft mit Wanderwegen durch die erodierten Felsen.

ORGAN PIPE CACTUS NATIONAL MONUMENT/ Sonora Wüste: Ideal für Wüstenwanderungen zwischen großen Orgelpfeifen- und Kandelaberkakteen.

GRAND CANYON: Atemberaubende Wanderungen vom Canyonrand hinunter zum Colorado River. Gehören zu den schönsten Naturerlebnissen im gesamten Südwesten.

FLAGSTAFF: Nahezu unbegrenzte Wandermöglichkeiten in der Umgebung der Stadt, in den San Francisco Mountains und dem San Francisco Volcanic Field, im Oak Creek Canyon und der Landschaft am Mormon Lake.

SANDIA MOUNTAINS: In der Nachbarschaft von Albuquerque Wanderwege über Höhenzüge mit schönen Ausblicken auf die Stadt und das Tal des Rio Grande.

TAOS/ New Mexico: In der Umgebung von Taos Dutzende markierter Trails durch den Carson National Forest. Typische Gebirgswanderungen über Wiesen und durch dichte Wälder.

DURANGO/ Südwest-Colorado: Guter Ausgangspunkt für Hochgebirgswanderungen in den Rocky Mountains.

WASATCH MOUNTAINS/ Utah: Wanderwege durch alpine Landschaften in allen Teilen des Gebirges, besonders schön in der Umgebung von Logan, Salt Salt City und Sundance.

SÜDOST-UTAH: Trails durch atemberaubende Fels- und Sandsteinlandschaften, u.a. in den Nationalparks Arches und Canyonlands sowie in deren Umgebung. In Canyonslands anstrengende Abenteuertrips in entlegene Winkel, die kaum jemals ein Mensch gesehen hat.

SÜDWEST-UTAH: Auch hier sind die ungewöhnlichen Felsformationen, Canyons und Mesas einiger Nationalparks die lohnendsten Ziele. Bryce Canyon und Cedar Breaks bieten bunte Sandsteinwelten, durch die sich die Wanderwege schlängeln; in Zion auch steile Anstiege in Felswänden, die gelegentlich in kleine Kletterpartien übergehen.

ZUSCHAUER-SPORT

Basketball: Attraktive Profi-Sportart mit Millionenpublikum. Die "Phoenix Suns" und "Utah Jazz" (Salt Lake City) spielen in der amerikanischen Spitzenliga NBA und gehören seit Jahren zu den führenden Teams. Rund um den Weltklasse-Basketball, der bei jedem Spiel geboten wird, ist ein perfektes Show-Business arrangiert. Saison: November-Mai. Begeisterung und guten Sport findet man auch bei den Meisterschaften der Colleges.

Football: Amerikas Rugby-Variante, inzwischen auch in einigen europäischen Großstädten zu Hause. Die Spiele sind Spektakel zwischen Sport und Show-Business. Saison: August-Dezember. Wer mal zuschauen möchte, sollte sich vorher etwas über die Regeln informieren, sonst bleibt das Durcheinander der behelmten und gepolsterten Draufgänger schlicht unverständlich. Ein Profi-Team in Arizona, die "Phoenix Cardinals". College-Mannschaften an jeder Hochschule.

Baseball: Jahrzehntelang die unbestrittene Nr. 1 im amerikanischen Sport, inzwischen im Zuschauerinteresse abgelöst von telegeneren Disziplinen. Trotzdem hat Baseball noch eine Sonderstellung, die Berichte darüber kommen meist an erster Stelle. Für europäische Augen mutet das Spiel oft langwierig bis langweilig an; wer aber die Feinheiten begriffen hat, kann die Begeisterung der Amerikaner besser verstehen. College-Baseball ist auch im Südwesten weit verbreitet, Profi-Teams existieren dort nicht. Saison: April-September.

Fußball/"Soccer": Trotz millionenschwerer Investitionen ist der Funke immer noch nicht übergesprungen. Allerdings gewannen die US-Damen 1991 in China die erste Fußball-Weltmeisterschaft und sorgten damit für einigen Publicity-Wirbel. Auch der World Cup 1994 hat die Aufmerksamkeit stärker auf den Fußball gelenkt und dürfte zu einem weiteren Aufschwung der bisher wenig geliebten Sportart führen.

Eishockey: Die Spiele der Spitzenmannschaften im nordamerikanischen Eishockey (USA und Kanada) werden häufig per TV übertragen. Derzeit spielt ein nicht übermäßig erfolgreiches Team in Salt Lake City. Noch haben die Bosse der Liga kein Eishockey-Team in die Wüstengebiete von Arizona oder New Mexico verpflanzt. Daß dies gar nicht so unmöglich ist, zeigt der Erfolg einer Mannschaft aus Los Angeles. Saison: September-April.

Pferderennen: Pferdesport und Wettleidenschaft sind im Südwesten weit verbreitet. Wichtige Rennbahnen befinden sich in Phoenix, Tucson, Santa Fe, Farmington und Ruidoso/New Mexico. Saison jeweils unterschiedlich, Details im Text.

Windhundrennen: Die Alternative für passionierte Wettfanatiker, wenn die Pferde gerade nicht laufen. Rennbahnen in Tucson und Phoenix.

Rodeo: Ist der eigentliche Nationalsport des amerikanischen Westens, auch wenn er nicht solche Massen anzieht wie beispielsweise Football oder Baseball. Im Rodeo hat sich das Ideal vom einsamen Cowboy erhalten, der die Weiten der Prairie durchstreift und dessen Männlichkeit ungerührt allen Gefahren trotzt.

In New Mexico und Arizona wurden im 19. Jahrhundert die ersten offiziellen Rodeos abgehalten, aus denen sich dann die moderne Form des Sports entwickelt hat. Das Rodeo hat seinen Ursprung in der Zeit, als die transkontinentale Eisenbahn den Westen erreichte. Auf wochenlangen Viehtrieben brachten die Cowboys ihre Herden zu den Verladebahnhöfen. Am Ende ihrer Strapazen sehnten sie sich natürlich nach Abwechslung und entwickelten verschiedene Wettkämpfe, in denen sich perfekte Reitkunst im Dienst der vielfältigen Aufgaben des Viehtreibens demonstrieren ließ.

Später hielt das Rodeo Einzug auf den riesigen Farmen des Westens, man organisierte Wettkämpfe von Ranch zu Ranch oder traf sich in den hölzernen Arenen der Städte. Schon in den zwanziger Jahren übernahm ein Verband die Reglementierung und Aufsicht, das Rodeo als Sport war geboren.

Ein Rodeo besteht aus mehreren Wettkampfarten. Die klassische Disziplin ist das "Saddle Bronc Riding": Der Cowboy hat ein wildes Pferd zu bändigen und versucht, solange wie möglich im Sattel zu bleiben. Damit's nicht so einfach ist, natürlich einhändig. Die Kampfrichter bewerten neben der Dauer des Ritts auch die Figur, die der Kerl macht, während ihn das Pferd mit aller Kraft abzuschütteln versucht.

"Bareback Riding" und "Bull Riding" funktionieren ähnlich, aber auf dem Rücken eines ungesattelten Pferdes bzw. auf einem Stier. Beim "Team Penning" und "Team Roping" bemühen sich zwei oder drei Reiter um das geschickte Einfangen und Fesseln von Kälbern; beim "Steer Wrestling" wirft sich ein Reiter auf einen Stier, packt ihn bei den Hörnern, ringt ihn nieder und fesselt seine Beine. Im Programm sind weitere Schnelligkeits- und Geschicklichkeitswettbewerbe rund ums Reiten.

Es ist unschwer zu erkennen, daß die Wettkämpfe der täglichen Arbeit der Cowboys entstammen: dem Einreiten wilder Mustangs, dem Einfangen verirrter Kälber oder dem Festhalten der Stiere zwecks Verabreichung eines Brandzeichens. Trotz Jeep und Helikopter bilden manche dieser ursprünglichen Tätigkeiten auch heute noch den Alltag der Cowboys und Rancher.

In vielen Orten des Südwestens, wo das Cowboy-Dasein weiterhin zum Alltag gehört, finden im Laufe des Jahres ländliche Rodeos statt. Sie sind nicht nur Sportveranstaltungen, sondern gleichzeitig Volksfeste und inzwischen auch perfektioniertes Show-Business. Über die lokalen Grenzen hinaus bekannt sind die Veranstaltungen in Flagstaff/Arizona (Juni), Prescott/Arizona (rund um den 4. Juli) und Salt Lake City (in der Woche vor dem 24. Juli).

Kein Wunder auch, daß sich neben den regionalen Rodeos längst ein nationales Wettkampfsystem herausgebildet hat, das alljährlich im Dezember bei den "Rodeo National Finals" in Las Vegas/Nevada seinen Höhepunkt findet. Ein Riesenspektakel zwischen Sport und Show.

NATUR UND UMWELT

CANYONS

Überall im Südwesten finden sich tiefe Schluchten und Canyons, die die Gebirge durchziehen; mit Abstand am spektakulärsten sind sie jedoch auf dem Colorado Plateau. Diese Hochebene ist mit rund 4oo.ooo qkm größer als ganz Deutschland. Sie erstreckt sich rund um die "Four Corners", den Schnittpunkt der vier Bundesstaaten Arizona, Utah, Colorado und New Mexico. Ihre gegenwärtige Höhe von durchschnittlich 24oo m hat sie in einem Jahrmillionen dauernden geologischen Prozeß erreicht, der auch heute noch in vollem Gange ist. Das Plateau ist nicht vollständig eben, sondern etwa linsenförmig nach oben gewölbt, so daß beispielsweise der Nordrand des Grand Canyon über 3oo Meter höher ist als sein Südrand.

Gewaltige Bewegungen in der Erdrinde falteten vor etwa 2 Milliarden Jahren im westlichen Amerika riesige Felsmassive auf, die im Laufe von weiteren Millionen von Jahren durch Erosion wieder abgetragen und eingeebnet wurden, so daß am Ende eine Tiefebene übrigblieb. Diese füllte sich mit Wasser und bildete einen gigantischen See, auf dessen Boden sich im Laufe der Zeit Sediment-Gestein Schicht um Schicht ablagerte.

Am Ende dieses Prozesses ruhten auf dem Sockel des einstigen Gebirges Ablagerungen von mehr als drei Kilometer Dicke, die nach und nach aus dem See auftauchten und neue Bergketten formten. Abermals setzte ein Prozeß der Erosion ein, bei dem große Teile des neuen Gebirges wieder verschwanden. Noch häufig kam es im Laufe der Erdgeschichte zu ähnlichen Hebungen und Senkungen des Landes, zu Überschwemmungen und späterer Austrocknung.

Vor 65 Millionen Jahren begann durch unterirdischen Druck eine Wolbung des bis dahin entstandenen Plateaus und eine allgemeine Aufwärtsbewegung, die bis zum gegenwärtigen Zeitpunkt anhält. Dagegen arbeitet allerdings die Erosion, die nach Schätzungen derzeit in hundert Jahren etwa 1 cm beträgt. Durch die Wölbung erhielten die Flüsse, die bis dahin langsam über das Plateau mäanderten, ein größeres Gefälle, durch die Anhebung vergrößerte sich die vertikale Entfernung zum Meer. Infolgedessen strömte das Wasser rascher und fraß sich tiefer in das Gestein. Der Prozeß der Canyon-Bildung nahm seinen Anfang.

"Erst" vor rund 1o Millionen Jahren begann nach der Vereinigung von zwei Flüssen der Colorado River seine Schürfarbeit, die inzwischen u.a. zur Bildung des Grand Canyon geführt hat. In diesem Prozeß legte der Fluß Gesteinsschichten aus den verschiedenen Erdzeitaltern frei, so daß Geologen heute in der Lage sind, an den Canyonwänden Altersbestimmungen der Felsablagerungen vorzunehmen und aufgrund der Schichtenfolge die Entstehung des Colorado Plateau zu rekonstruieren.

Die Erosion in den Canyons des Colorado River und seiner Nebenflüsse ist ein spannendes geologisches Phänomen, bei dem neben dem Wasser weitere Kräfte eine entscheidende Rolle spielen. Die Energie des Flusses beruht dabei nicht in erster Linie auf der Menge des mitgeführten Wassers. In dieser Hinsicht ist selbst der Colorado River nicht übermäßig bedeutend; bezüglich seiner Wassermenge rangiert er nicht einmal unter den zwanzig größten Flüssen der USA. Was ihn so gewaltig macht, ist sein Gefälle: Mit 1,5 m pro Kilometer fällt er beispielsweise 25mal stärker als der Mississippi.

Heute ist die Kraft des Colorado River durch den Bau von Staudämmen stark eingeschränkt, aber noch 1927 ergaben sich bei Messungen beinahe unfaßbare Größenordnungen: An einem Hochwassertag im September führte der Fluß an einer bestimmten Stelle innerhalb von 24 Stunden über 27 Millionen Tonnen Geröll mit sich. Dabei konnten nur die Mengen gemessen werden, die durch das Wasser getragen wurden; hinzuzurechnen ist jedoch noch einmal die gleiche Menge an gelösten Partikeln und an Gestein, das auf dem Boden des Flusses entlanggerollt wurde. Zum Vergleich: Für die Verladung einer solchen Gesteinsmasse wären mehr als 1o Millionen Lastwagen nötig!

Bei Hochwasser verwandeln sich der Colorado River und seine Nebenflüsse also in eine Wasser- und Gesteinslawine, die sich durch die Canyons wälzt. Sie reißt an den Ufern und auf dem Grund bisher noch feste Felsmassen mit sich und beschleunigt dadurch die Erosion in verstärktem Ausmaß. Diese Gewaltausbrüche der Flüsse sind wirkungsvoll, aber in der Regel sehr kurz: Binnen weniger Minuten kann sich der Wasserspiegel um mehrere Meter erhöhen, um kurze Zeit darauf wieder auf seinen normalen Stand abzusinken. In der Zwischenzeit aber hat der Fluß seine Ufer und sein Bett merklich verändert; der Canyon ist breiter und tiefer geworden.

Zwischen den Hochwasserperioden schreitet die Erosion fort, nicht so spektakulär, aber dennoch wirkungsvoll: Der Fluß trägt weiterhin Geröll und Sedimente Richtung Meer, während das Wasser auch an den Rändern des Canyons seine Kräfte entfaltet. Regen ist in Felsspalten und poröses Gestein eingedrungen, das Wasser löst daraus Sand und Minerale und befördert sie zum Fluß. Der beständige Wechsel von extremer Hitze und Kälte führt zur Ausdehnung und Kontraktion des Gesteins und damit auf Dauer zur Schwächung des Zusammenhalts; der Stein zerbricht.

Bei Frost entsteht Eis, das sich ausdehnt und Teile der Felsen sprengt. Kleinere Partikel weht der Wind in den Canyon, andere werden vom nächsten Regen mitgetragen. Da die Gesteinsschichten unterschiedliche Widerstandskraft besitzen, bleiben bestimmte Teile länger an ihrem Platz als andere, und es bilden sich die bizarren Felsformationen an den Rändern der Canyons.

Selbst kleine und unscheinbare Pflanzen tragen auf ihre Weise zur Abtragung der Felsen bei: Flechten beispielsweise bilden bei der Wasseraufnahme eine Säure, die den unter ihnen liegenden Stein unmerklich zersetzt. Größere Pflanzen strecken ihre Wurzeln in Felsspalten, um sich Halt zu verschaffen. Werden die Wurzeln dicker, üben sie verstärkten Druck auf den Fels aus und brechen Bruchstücke aus ihm heraus.

Kleine und große Elemente der Erosion summieren sich jeden Tag zu einer Kraft, die das Aussehen der Canyons beständig verändert und sie immer tiefer in die Felsschichten eingräbt. Ununterbrochen vollzieht sich dieser Prozeß, in dessen Folge eine der grandiosesten Eriosonslandschaften der Welt entstanden ist und tagtäglich neu entsteht.

MESAS

Das Gegenstück zu den Canyons bilden die Mesas, die im Südwesten vielerorts das Landschaftsbild bestimmen. Der Begriff (mesa = spanisch für Tisch) deutet zunächst auf isolierte Tafelberge hin, und davon gibt es im Südwesten tatsächlich genug. Mesas heißen aber auch die fingerförmigen Ausläufer eines Plateaus (z.B. die Hopi-Mesas im nördlichen Arizona) oder riesige Tafelberge, die so unüberschaubar sind, daß sie schon einer Hochebene gleichen (z.B. die Cedar Mesa in Süd-Utah).

Besonderes Kennzeichen der Mesas ist ihre Trockenheit. Selbst dort, wo gelegentlich Regenfälle niedergehen, profitieren die Mesas nur in geringem Maße davon: Im Sommer verdunsten Regenschauer oft schon, bevor sie den Boden überhaupt erreichen. Intensivere Niederschläge kommen zwar auf der Erde an, verdunsten aber in kürzester Zeit durch darauffolgende Sonneneinstrahlung oder die heftigen Winde. Was noch übribbleibt, fließt auf dem felsigen Gestein rasch ab oder versickert im porösen Boden und erreicht auf diese Weise die Flüsse in den Canyons.

Kein Wunder, daß auf den Mesas nur äußerst widerstandsfähige Pflanzen eine Überlebenschance besitzen. Sie müssen in der Lage sein, während der Regenfälle in kürzester Zeit große Mengen von Wasser und Mineralien aufzutanken, und diese dann langfristig zu speichern. Kakteen mit ihrem flachen, aber weitverzweigten Wurzelwerk und ihrem schwammigen Gewebe zur Aufnahme von Flüssigkeit verfügen in dieser Hinsicht über gute Voraussetzungen (siehe auch weiter unten, Kapitel "Wüste"). Andere Pflanzen durchlaufen ihren vollständigen Lebenszyklus während der kurzen Feuchtigkeitsperioden, existieren während der Dürre als Samen oder Früchte und sichern auf diese Weise das Überleben der Art.

Insgesamt jedoch bieten die ariden Felslandschaften der Mesas wenig für Pflanzen- oder gar Tierliebhaber. Dafür entschädigen sie jedoch mit ihren bizarren und farbintensiven Gesteinsformationen, die nirgendwo so ausgeprägt sind wie zwischen Colorado River und Rio Grande.

WÜSTE

Ein großer Teil der Bundesstaaten Arizona, New Mexico und Utah ist

Natur und Umwelt

wüstenhaftes Gebiet. Selbst die Nationalparks im südlichen Utah oder das hochgelegene Colorado Plateau sind Trockenzonen, wo die Niederschläge in kürzester Zeit im porösen Gestein verschwinden, so daß sich kein fruchtbarer Boden bilden kann.

Allerdings liegen im Südwesten nur die Randgebiete der vier großen nordamerikanischen Wüsten, deren Kerne sich in Nevada (Great Basin Desert), Kalifornien (Mojave Desert) und Mexiko (Sonora und Chihuahua Desert) befinden. Der nördliche Zipfel der Chihuahua Desert streift New Mexico; im nordwestlichen Arizona liegt ein winziger Streifen der Mojave Desert; der östliche Abschnitt der Great Basin Desert bedeckt große Teile von Utah; die Sonora Wüste greift in ihren nördlichen Ausläufern bis in den Süden Arizonas.

Details zu den geographischen und klimatischen Besonderheiten der einzelnen Wüsten sowie zu ihrer ungewöhnlichen Flora und Fauna in den Regional-Kapiteln. Viele Wüstentiere sind außerdem beschrieben im Abschnitt "Tierwelt", siehe unten. Im folgenden einige Verhaltensmaßregeln, an die man sich vor allem im Sommer in allen wüstenhaften Landstrichen des Südwestens halten sollte:

UNTERWEGS IN DER WÜSTE

TIPS FÜR WANDERER UND AUTOFAHRER: Die Wüste ist nicht ungefährlich, vor allem während der Sommermonate, in denen das Thermometer leicht auf über 5o Grad Celsius ansteigen kann. Im Zweifel lieber eine Vorsichtsmaßnahme mehr ergreifen als eine zu wenig. Bedrohlich wird's aber eigentlich nur, wenn man einige wichtige Grundregeln mißachtet und meint, was in Mitteleuropa funktioniert, sei auch angemessen für das extreme Wüstenklima.

WASSER: In der Wüste das absolute Lebenselixier. Bei Wanderungen oder anderen Tätigkeiten braucht der Mensch im Sommer rund 4-5 Liter Flüssigkeit täglich. Genug Wasser mitnehmen und regelmäßig trinken, der Körper benötigt es ständig. Süße Getränke und Alkohol vermeiden. Es hat keinen Sinn, Wasser zu rationieren. Flüssigkeit sparen geht nur durch Einschränkung der Bewegung und Aufenthalt im Schatten. Alle notwendigen Aktivitäten nach Möglichkeit früh am Morgen verrichten.

KLEIDUNG: In der Sonne Körperflächen bedeckt halten: Dies verhindert nicht nur Sonnenbrand, sondern spart auch Flüssigkeit. Lange Hose und langärmliges Hemd sind ratsam, Hut und Sonnenbrille unverzichtbar.

WETTER: Hitze ist nicht das einzige klimatische Problem in der Wüste. Winternächte sind eisig kalt, bei längeren Wanderungen also entsprechende Ausrüstung mitnehmen. Unverhofft treten vor allem im Juli/August plötzliche sintflutartige Regenfälle ein, sogenannte "flash floods". Enge Canyons und ausgetrocknete Flußbetten verwandeln sich dabei im Nu in reißende Flüsse und können zur tödlichen Falle werden. Beim Campen also tief gelegene Stellen möglichst meiden.

WANDERUNGEN: Nur unternehmen nach guter Vorbereitung und mit angemessener Ausrüstung. Je länger die Wanderung, desto wichtiger sind die Vorsichtsmaßnahmen. Bei weiteren Strecken die Ranger über Ziel und Dauer informieren. Nicht vergessen, sich auch wieder zurückzumelden. Den größten Teil der Strecke am frühen Morgen absolvieren, später im Schatten ausruhen und Bewegung vermeiden.

TIERE UND PFLANZEN: Die Wüste hat einige Bewohner, mit denen Kontakt zu vermeiden ist, da ihre Bisse sehr unangenehm oder sogar giftig sind. Skorpione, Taranteln, Schwarze Witwen, Gila-Krustenechsen und Klapperschlangen sind aber im Normalfall nicht aggressiv. Wer einen Bogen um sie macht, hat wenig zu befürchten. Unübersichtliches Gestrüpp und dunkle Löcher meiden. Wer im Freien übernachtet, sollte sich für alle Fälle vorher ein Anti-Serum besorgen. Bei Bissen und Stichen so schnell wie möglich einen Arzt aufsuchen. Manche Kakteenarten haben unangenehme Stacheln, Distanz ist auch hier angebracht.

AUTOFAHREN: Für Wüstentrips (auch auf ausgebauten Straßen) einen zuverlässigen Wagen mieten. Reserverad und Werkzeug überprüfen. Neben Trinkwasser auch einen Kanister mit Kühlwasser dabeihaben. Im Sommer kommen an Steigungen manchmal die besten Wagen zum Kochen. Sandwege nur mit Vierrad-Antrieb befahren; Schaufel und Sandbrett gehören dann zur Grundausrüstung. Vorher bei den Rangern Auskunft über den Zustand der Wege einholen und sich an deren Tips halten. Ausreichende Mengen Benzin nicht vergessen.

NOTFÄLLE: Bei einer Panne auf jeden Fall beim Wagen bleiben. Möglichst im Schatten aufhalten, unbedingt notwendige Tägigkeiten nur nach Einbruch der Dunkelheit ausführen. Auf normalen Straßen kommt irgendwann jemand vorbei, auch wenn im Sommer der Verkehr extrem spärlich sein kann. Sind die Ranger über Autotouren oder Wanderungen in abgelegene Gebiete informiert, werden sie die Suche aufnehmen.

WASSER

Kein wirtschaftliches oder ökologisches Thema im Südwesten ist heißer umstritten als der Kampf ums kühle Naß. "Water" ist das Zauberwort in einer Gegend, in der jede menschliche Aktivität Unmengen von Wasser verschlingt, das vor Ort äußerst knapp ist und deshalb über weite Strecken herbeitransportiert werden muß.

Schon die spanischen Konquistadoren fanden die trockenen Gebiete Arizonas und New Mexicos ausgesprochen ungemütlich und ließen sich deshalb vorwiegend an den Ufern des Rio Grande nieder, der für die Versorgung der wenigen Menschen ausreichend Wasser bot. Kleine Kanäle leiteten das Wasser vom Fluß direkt auf die Felder. Auch die angloamerikanischen Siedler bedienten sich zunächst dieser Bewässerungsmethode.

Als um 19oo die Bevölkerung enorm anstieg, errichteten örtliche Gesellschaften Dämme am Rio Grande und einigen Nebenflüssen, hinter denen sich das Wasser staute, so daß man es zu allen Jahreszeiten je nach Bedarf verwenden konnte. Doch all dies war nur ein Vorspiel für das Großprojekt des 2o. Jahrhunderts: die Zähmung des Colorado River und die Nutzung seiner Wassermassen für die Bewässerung der Wüste und die Versorgung der dortigen Großstädte.

Seit das Wasser des Colorado zur Verteilung anstand, verwandelte sich allerdings die Wasserwirtschaft im Südwesten der USA in ein hochbrisantes Politikum, bei dem Gewinne in Millionenhöhe auf dem Spiel stehen. Bei der Eindämmung des Colorado und seiner Nebenflüsse wollten alle sieben Anrainerstaaten der USA sowie Mexiko ein gewichtiges Wort mitreden. 1922 einigten sie sich vertraglich auf bestimmte Mengen, die jedem Staat zustehen sollten.

Doch dieses Abkommen enthielt bereits den Keim für kommende Zwietracht: Die gesamte Wassermenge des Colorado veranschlagten die Partner nämlich nach Messungen in niederschlagsreichen Jahren. Als Trockenperioden einsetzten, war der tatsächlich zu verteilende Kuchen kleiner als die Summe der einzelnen Ansprüche.

Mit der Fertigstellung des Hoover Dam 1936 entbrannte also sofort der Streit um das Wasser des dahinter aufgestauten Lake Mead. Südkalifornien mit seinen wasserschluckenden Metropolen Los Angeles und San Diego beanspruchte einen zusätzlichen Prozentsatz vom Anteil Arizonas, das seine Quote nicht voll ausschöpfte. Jahrelange Prozesse bis hin zum Bundesgericht waren die Folge. Völlig ausgebootet sah sich Mexiko, das am Unterlauf des Colorado nur noch die versalzten Abwässer aus der kalifornischen Landwirtschaft entgegennehmen konnte.

Auch nach dem II. Weltkrieg und dem Bau weiterer Staudämme drängte das durstige und industriell entwickelte Kalifornien auf eine Erhöhung seiner Anteile, wogegen sich die Staaten des Südwestens vehement wehrten. Obwohl sie aktuell ihren Anteil nicht verbrauchten, wollten sie sich die Optionen für die Zukunft nicht verbauen. Und so kam es zu einer absurden Entwicklung: Um die eigenen Quoten langfristig gegen die kalifornischen Ansprüche zu sichern, mußten sie selbst einen höheren Verbrauch nachweisen und die Wassernachfrage künstlich steigern. Der Grundstein war gelegt für eine Verschwendung des eigentlich knappen Gutes.

Unterstützt wurde dieser Trend durch eine Wassergesetzgebung, die noch aus der Pionierzeit stammte: Jedes Stückchen landwirtschaftlich genutzter Boden hatte sein Wasserrecht, das auch auf spätere Käufer überging. Mit der Ausbreitung von Städten wie Phoenix und Tucson besaßen plötzlich Hausbesitzer Anrecht auf preiswertes Wasser, das ursprünglich für landwirtschaftliche Zwecke zu Verfügung stand.

Da ein Haushalt weniger Wasser verbraucht als ein bewässerter Acker, konnten die neuen Besitzer großzügig damit umgehen. Sie bauten im Stadtgebiet Unmengen von Swimming-Pools, künstliche Seen, Flüsse, Wasserfälle und bewässerte Golfplätze. Im Gegenzug erschlossen die Farmer mit den fürstlichen Erlösen aus dem Landverkauf weitere Wüstengebiete durch aufwendige Bewässerungsprojekte.

Dieser zusätzliche Verbrauch brachte das erwünschte Resultat: Er sicherte dem Staat Arizona seine Rechte am aufgestauten Colorado und den beteiligten Firmen ihre Gewinne im Wassergeschäft. Da die anderen

Staaten ähnlich agierten, gruben sie dem großen Fluß des Südwestens auf den rund 2300 km von seiner Quelle in den Rocky Mountains bis zur Mündung am Golf von Kalifornien den letzten Tropfen Wasser ab.

Verschärfend kommt hinzu, daß sich das urprünglich mitgeführte Wasser des Colorado durch die Anlage von immer mehr Staudämmen gewaltig reduziert, so daß die Bemessungsgrundlage der zwischenstaatlichen Wasserverträge weiter ad absurdum geführt wird: Über die riesigen Oberflächen der Stauseen verdunsten jährlich Millionen von Kubikmetern, die außerdem einen stärkeren Salzgehalt des verbliebenen Wassers bewirken, das damit für die Landwirtschaft immer weniger brauchbar wird.

Statt einer Anzahl kleinerer Stauseen mit geringer Verdunstungsrate am Oberlauf konstruierten die Planer die riesigen Seen in den heißen Regionen am Unterlauf: Dies hatte keine wasserwirtschaftlichen Gründe, sondern sollte den Transport des an den Staudämmen produzierten Stromes in die nahegelegenen Städte Los Angeles, Las Vegas und Phoenix verbilligen.

Je weiter die Erschließung des Colorado River zur Versorgungsader des Südwestens voranschritt, desto mehr von seinem Wasser ging verloren und wurde vergeudet, und desto größer wurde der Streit um die verbliebenen Mengen. Doch da Wasser in der Wüste Big Business bedeutet, ist auch für die Zukunft kein schonender Umgang mit diesem raren Rohstoff zu erwarten. Im Gegenteil: Wenn der Colorado künftig nicht mehr den aufgeblähten Bedarf deckt, gilt es, andere Wasserquellen zu erschließen, damit die Dollarquellen nicht versiegen.

Der Phantasie sind dabei keine Grenzen gesetzt; was heute utopisch erscheint, setzen kapitalkräftige Unternehmer und Techniker möglicherweise übermorgen in die Tat um: Ein Super Damm soll den gesamten Grand Canyon fluten; Wissenschaftler experimentieren mit künstlichen Regenfällen über den Rocky Mountains; Südkalifornien will Eisberge aus Alaska vor die Tore von Los Angeles schleppen; der Yukon soll aus Kanada umgeleitet, sein Wasser in den Oberlauf des Colorado gepumpt werden.

Vielleicht bleibt am Ende sogar noch irgendwo ein Stückchen Wüste übrig.....

TIERWELT

Zwar haben die Begleiterscheinungen der Zivilisation und des Geschäftemachens die Tierwelt in den Vereinigten Staaten stark dezimiert und viele Arten schon gänzlich ausgerottet, doch verglichen mit europäischen Verhältnissen existieren vielerorts noch Wildnisse, die zahlreichen ungewöhnlichen Tieren das Überleben sichern. Im folgenden eine Auflistung von Tieren, die das Bild des amerikanischen Westens geprägt haben und mit wenigen Ausnahmen auch heute noch in Arizona, Utah oder New Mexico anzutreffen sind, wenn auch nicht mehr in der Anzahl und Vielfalt des frühen 19. Jahrhunderts.

BISONS

Riesige Bisonherden bevölkerten vor dem Eintreffen der Europäer die nordamerikanische Prairie und weite Teile des gesamten Westens. Zwischen mexikanischer und kanadischer Grenze lebten schätzungsweise 60 Millionen Tiere. In keiner anderen Region der Welt hat ein Tier jemals eine derart dominierende Rolle gespielt. Ganze Indianerzivilisationen lebten über Jahrtausende in völliger Abhängigkeit von den Bisonherden, durch die sie sich mit Nahrung, Kleidung und Brennstoff versorgten.

Die großen Herden ließen sich leicht irritieren und boten dann das unvergleichliche Schauspiel einer "stampede": Hunderte von Bisons jagten panikartig über die Prairie und walzten alles nieder, was sich ihnen in den Weg stellte. Ein grollendes Donnern und eine immense Staubwolke kündigten die verschreckte Herde schon von weitem an.

Die Indianer nutzten dieses Phänomen, um die Bisons zu erschrecken und in Abgründe zu hetzen; am Ende des Winters trieben sie sie auf die gefrorenen Flüsse, deren Eis dem Gewicht einer Herde nicht mehr standhielt. Auf diese Weise versorgten sie sich mit ausreichend Nahrung, ohne einzelnen Tieren mühselig nachjagen zu müssen. Es war nämlich ausgesprochen schwierig, sich den Bisons zu nähern und sie mit Pfeil und Bogen zu erlegen. Erst als die Indianer über Pferde verfügten, gestaltete sich die Jagd einfacher und effektiver.

Für die Siedler in ihren Planwagen bedeuteten die "stampedes" der bis zu 1,80 m großen und eintausend Kilo schweren Giganten eine tödliche Gefahr. Viehzüchter und Cowboys sahen in den Bisons eine Konkurrenz zu ihren Rindern, und selbst den ersten Eisenbahnen konnte eine unkontrollierte Herde gefährlich werden.

Damit war das Schicksal der Bisons besiegelt. Der "Weiße Mann" mit seinen Repetiergewehren machte der Gattung in wenigen Jahren den Garaus. Ein Trapper namens William Cody erlegte um 1868 innerhalb von 18 Monaten allein über viertausend Tiere und verkaufte ihr Fleisch an die Gleisarbeiter der transkontinentalen Eisenbahn. Dies brachte ihm den Beinamen "Buffalo Bill" ein und machte ihn zu einer der legendären Figuren des "Wilden Westens".

1887 lebten nur noch rund tausend Bisons auf dem gesamten nordamerikanischen Kontinent. Die wenigen Exemplare sicherten das Überleben einer Art, die heute wieder etwas zahlreicher vorhanden ist, ihre angestammten Lebensräume jedoch endgültig verloren hat.

DICKHORNSCHAFE

Klettergewandte Tiere, die im kargen und steinigen Wüstengelände und im Gebirge überleben. Sie kennen abgelegene Wasserquellen in den Bergen, und bei akutem Wassermangel können sie sogar tagelang ohne Aufnahme von Flüssigkeit überleben. Zu Hilfe kommen ihnen dabei ihre gewaltigen, widderähnlich gekrümmten Hörner, mit denen sie Kakteen aufritzen, um an das saftige Fleisch zu gelangen. Durch ihre Gewandheit beim Klettern können sie sich in schwer zugänglichem Gelände selbst vor Koyoten und Wölfen in Sicherheit bringen.

Im 19. Jahrhundert haben Goldgräber und Viehzüchter die Tiere beinahe ausgerottet. Obwohl sie seit 1883 unter besonderem Schutz stehen, gibt es noch immer Schießwütige, die ihnen nachstellen. In den abgeschiedenen Landschaften des Südwestens ist es für die wenigen Ranger praktisch unmöglich, effektive Kontrollen durchzuführen. Eine zusätzliche Bedrohung stellen die Schafherden dar, die im Sommer in den Bergen grasen und damit die Nahrungsquellen verbrauchen, die ihre wilden Artgenossen im Winter benötigen.

Besucher werden die Tiere höchstens auf einer längeren Wanderung durch abgelegene Wüstengebiete zu Gesicht bekommen, und auch dann muß man genau hinsehen: Dickhornschafe sind extrem scheu, und ihr Fell unterscheidet sich kaum von der grauen, steinigen Landschaft.

GRIZZLY BÄREN

Einst gehörten sie zu den imposantesten Tieren des amerikanischen Westens. Seit um die Mitte des 19. Jahrhunderts Pelzjäger ihren Bestand drastisch reduzierten, ist diese Bärenart (*"ursus arctos horribilis"*) vom Aussterben bedroht und konnte nur noch in geringer Zahl in den völlig abgeschiedenen Regionen des Nordwestens der USA und in Teilen Kanadas und Alaskas überleben. Man schätzt, daß südlich der kanadischen Grenze von den ehemals 1oo.ooo Grizzlies heute noch ungefähr tausend in den Bergen von Washington, Idaho, Montana und Wyoming leben. In den südlichen Ausläufern der Rocky Mountains wird man sie dagegen vergeblich suchen.

BRAUNBÄREN

Auch der Braunbär war im 19. Jahrhundert ein beliebtes Ziel der Pelzjäger und Trapper, die jährlich ungefähr 3o.ooo Tiere erlegten. Trotzdem hat diese Bärenart (*"ursus americanus"*) weitaus besser überlebt als der Grizzly und ist heute in fast allen größeren Waldgebieten des amerikanischen Westens zu finden.

Seit der Zunahme des Massentourismus bereiten die Braunbären den Naturschützern allerdings ein besonderes Kopfzerbrechen: Statt sich von Beeren, Eicheln und Ameisen zu ernähren, haben sie gelernt, daß sich ihre tägliche Futtersuche besonders einfach gestalten kann: Der rasche Griff in fremde Picknickkörbe verheißt Leckerbissen ohne viel Mühe. Weil Bären intelligente Lebewesen sind, haben sie inzwischen nicht nur herausgefunden, wie die Leckereien der Touristen schmecken und riechen, sie kennen auch die typischen Verpackungen und Aufbewahrungsorte. Und darüber machen sie sich im Zweifelsfall her, ohne Respekt vor verschlossenen Kühlboxen oder Autotüren.

Zwar ist der Genuß menschlicher Nahrung für die Bären keineswegs ungesund, aber dadurch ändert sich abrupt ihr Lebensstil. Warum mühselig in der Wildnis nach Futter suchen, wenn es anderswo auf dem Tablett serviert wird? Sobald sie auf den Geschmack gekommen sind, treiben sich die Bären daher immer häufiger in der Nähe von Urlaubszentren herum, statt ihren angestammmten Beschäftigungen im Wald nachzugehen. Keine guten Voraussetzungen für ein natürliches Bärendasein und obendrein gefährlich für arglose Touristen.

Aus diesem Grunde sollten sich Besucher im "Bären-Revier" ein paar grundlegende Verhaltensweisen zu eigen machen: Keine Bären füttern; Lebensmittel unsichtbar und verpackt im Wagen verstauen (Kofferraum); im Freien keine Nahrung unbeaufsichtigt liegen lassen, beim Zelten sie verschlossen an einen unzugänglichen Ast hängen; Abfall nur in "bärensichere" Mülltonnen werfen.

Wenn Bären keine menschliche Nahrung bekommen, ziehen sie sich von allein in ihre natürlichen Gefilde zurück. Das erspart den Rangern eine in letzter Zeit häufig notwendig gewordene Praxis: Das Einfangen von bärenstarken Rumtreibern in der Nähe von Touristenzentren und ihr Abtransport per Hubschrauber in einsamere Gegenden. Dorthin, wo sie nicht sogleich wieder auf Milchtüten und Honigtöpfe treffen.

KLAPPERSCHLANGEN

Kaum ein Tier Nordamerikas hat einen schlechteren Ruf als die "rattler". Dabei sind diese Schlangen in der Regel nicht aggressiv und gehen dem Menschen nach Möglichkeit aus dem Weg. Zwar ist ihr Biß giftig, doch durch ihr Geklapper geben sie jedem Angreifer die Chance, sich rechtzeitig zurückzuziehen. Auch in Arizona, wo Klapperschlangen besonders häufig vorkommen, wird daher nur selten ein Todesfall wegen Schlangenbiß registriert.

Fühlt sich die Klapperschlange allerdings angegriffen, wird sie gefährlich. Eine Serie von hektischen Schwanzbewegungen bringt das Klappern hervor: Bis zu 9o Umdrehungen pro Sekunde schütteln die hohlen und hornartigen Teilchen in der Schwanzspitze durcheinander und produzieren das charakteristische Geräusch. Parallel dazu erhebt die Schlange ihren Kopf, der dann plötzlich zum giftigen Biß vorschnellt.

Normalerweise jedoch benutzt sie ihr Gift nicht zur Verteidigung, sondern um ihre Beute zu paralysieren. Sie ist nicht schnell genug, um ein Kaninchen oder Eichhörnchen zu verfolgen und nicht kräftig genug, um es festzuhalten. Deshalb wartet die Schlange beispielsweise vor einem Kaninchenbau und verpaßt ihrer Beute bei deren Auftauchen den giftigen Biß. Automatisch wird so viel Gift freigesetzt, wie für die Tötung des jeweiligen Tieres nötig ist, das nach wenigen Metern zu Boden sinkt. Danach kann sich die Schlange geruhsam auf ihr Opfer zubewegen und es verschlingen.

Da die Klapperschlange keine eigene Körpertemperatur hat, hängt ihr Verhalten stark von den Klimabedingungen ab. Nähert sich die Temperatur dem Gefrierpunkt, wird sie zunehmend langsamer und am Ende unfähig, ihre Muskeln überhaupt zu bewegen. Je wärmer es ist, desto schneller kommt sie voran. Temperaturen über 4o Grad jedoch erträgt die Klapperschlange nicht, selbst bei kürzerem Aufenthalt in glühender Hitze stirbt sie rasch.

> Bei der Begegnung mit einer Klapperschlange, die im Südwesten durchaus nichts Ungewöhnliches ist, sollte man sich an eine Vereinbarung halten, die in einer alten Navajo-Legende dokumentiert ist: First Man und Big Snake mochten sich nicht besonders, kamen aber überein, sich in Zukunft gegenseitig zu respektieren. Im einzelnen beinhaltete die Absprache folgende Regelungen: Der Mensch bringt weder Arme noch Beine irgendwohin, wo er sie nicht sehen kann. Auf diese Weise tritt er nicht auf die Schlange, sticht ihr nicht ins Auge oder verletzt sie anderweitig. Als Gegenleistung betätigt sie ihre Klappern, um den Menschen zu warnen, sobald er sich auf gefährlichem Terrain befindet.

GILA-KRUSTENECHSEN

Diese größte Echse Nordamerikas ist beheimatet in den heißen und trockenen Gebieten des Südwestens. Während sie im Winter oft monatelang ohne Nahrungsaufnahme in Felsspalten oder unter Steinen liegt, geht sie in der warmen Jahreszeit nachts auf Jagd. Lediglich an kühlen und feuchten Tagen ist sie tagsüber unterwegs, so daß sie nur selten zu sehen ist.

Der Biß ihrer scharfen Zähne wird unterstützt durch ein Gift, das sich in den Speichel mischt und in die Wunde eindringt. Ihre Größe von bis zu 6o cm, ihr eigenartiges Aussehen und die vergiftende Wirkung, die ein Biß hervorruft, haben der Echse den Namen "gila monster" eingebracht. Zahlreiche Legenden über die Bösartigkeit und Ekelhaftigkeit der Tiere kursieren, die meisten sind jedoch unzutreffend. Vorsicht ist allerdings trotzdem geboten, denn Biß und Gift sind auch für den Menschen gefährlich.

TARANTELN UND SKORPIONE

Noch zwei Tiere, die den ersten Siedlern einen gehörigen Schrecken einjagten. Die spinnenartigen Taranteln mit ihrem behaarten Körper haben bis zu zehn Zentimeter lange Beine und sehen in der Tat nicht gerade anziehend aus. Sie sind jedoch nicht aggressiv und beißen nur, wenn sie provoziert werden. Ihr Biß ist schmerzhaft und leicht giftig, kann einem Menschen aber nicht gefährlich werden.

Auch das Gift, das die käferartigen Skorpione in ihren Schwanzspitzen aufbewahren, kann nur in extremen Fällen bei Kleinkindern tödlich wirken. Angenehm ist ein näherer Kontakt mit ihnen natürlich auch für Erwachsene nicht, weshalb vorsichtige Wanderer und Camper am Morgen erst einmal ihre Schuhe und Kleidung ausschütteln, bevor sie sie anziehen.

KOYOTEN

Das nächtliche Heulen der Koyoten gehört zum Bild des "Wilden Westens" wie der Grizzly Bär und der Bison. Wegen ihrer Tendenz, sich nicht nur von wildlebenden Nagetieren zu ernähren, sondern auch Viehweiden und Hühnerställe heimzusuchen, verschafften sich die Koyoten einen schlechten Ruf bei Siedlern und Cowboys. Eine erbarmungslose Jagd auf die Tiere begann, zumal sich ihre Felle nach dem Aussterben von Bibern und Wölfen gut verkaufen ließen.

Doch im Gegensatz zu anderen Tieren führte die vermehrte Jagd auf Koyoten nicht zu deren Dezimierung, im Gegenteil: Sie zogen sich zurück in Gebiete, die ihnen früher fremd waren, paßten sich an die Phänomene der menschlichen Zivilisation an und erhöhten die Zahl ihrer Nachkommen. Heute machen sie sogar manche Vororte der Großstädte unsicher, und der Versuch, ihre Zahl zu vermindern, bringt paradoxerweise immer wieder das Gegenteil hervor. Ein Tier also, das dem menschlichen Jagdeifer bisher erfolgreich widerstanden hat.

PUMAS

Raubkatzen, die einst in ganz Nordamerika zu Hause waren, seit 1900 nur noch in Arizona, New Mexico und den Rocky Mountains. Bevorzugtes Revier sind hochgelegene Felslandschaften, wo die Pumas vorwiegend bei Dunkelheit auf Jagd gehen. Bis zu vierzig Kilometer legen sie pro Nacht zurück, wobei sie eine kreisförmige Route bevorzugen, die sie nach etwa zwei Wochen zu ihrem Ausgangspunkt zurückbringt. Geht ihnen die Beute in diesem Gebiet aus, suchen sie sich ein neues Revier, das sie rastlos umrunden.

Der Puma jagt beinahe alle Lebewesen des Gebirges, von Grashüpfern über Koyoten bis Rotwild. Größere Beute bedeckt er mit Gras und Zweigen, um Tage später wieder zurückzukommen und die Reste zu verzehren. Angriffe auf Menschen dagegen passieren nur in extremen Ausnahmesituationen. Manchmal folgt ein Puma zwar kilometerweit einzelnen Wanderern oder Jägern, doch hält er in der Regel einen gebührenden Abstand.

STACHELSCHWEINE

Diese außergewöhnlichen Tiere bevölkern noch heute die Wälder zwischen Arizona und Alaska. Lange Zeit bestand ein ungeschriebenes Gesetz, das die Tötung von Stachelschweinen verbot, da sie selbst einem unbewaffneten Menschen das Überleben im Wald garantierten. Sie sehen äußerst schlecht, und können daher leicht mit einem Ast erschlagen werden. Die Forstwirtschaft versuchte eine Zeitlang, die Tiere zu vergiften, da sie junge Bäume anknabbern. Doch das Tannin der Baumrinden in ihrer Hauptnahrung macht sie immun gegen viele Gifte.

Gegen ihre natürlichen Feinde schützen sich die Tiere durch eine Defensivtaktik: Sie drehen ihnen das Hinterteil zu und fahren unverzüglich ihre Stacheln aus. Mehr als 30.000 davon liegen verborgen unter einem weichen Fell. Mit ihren Widerhaken bohren sie sich in Haut und Fleisch des Angreifers, der sie praktisch nicht mehr los wird. Nur Pumas gelingt es gelegentlich, durch einen geschickten Schlag mit der Pfote, das Stachelschwein auf den Rücken zu werfen und dann den ungeschützten Unterkörper zu attackieren.

Vor Menschen zeigen Stachelschweine wenig Scheu. Wanderer sollten achtgeben auf gesalzene Lebensmittel: Das Salz zieht die Tiere geradezu magisch an, und vor allem bei Nacht machen sie sich über die Leckereien her, mit denen sich der Mensch am folgenden Tag bei Kräften halten wollte.

NATIONALPARKS

Keine andere Region der Vereinigten Staaten verfügt über eine so dichte Konzentration von National Parks und National Monuments wie der Südwesten. Begonnen allerdings hat die Einrichtung von derartigen Naturschutzgebieten weiter nördlich: 1872 stellte die US-Regierung den Yellowstone Park im Staat Wyoming unter die Aufsicht von Bundesbehörden und initiierte damit eine beispielhafte Entwicklung hin zu einem Nationalpark-System, das heute über 350 unterschiedliche Einheiten umfaßt. "Die beste Idee, die Amerika jemals hatte", wie der frühere britische Botschafter James Bryce erklärte.

Die Entstehung der ersten Nationalparks verdankt sich u.a. einer Art Umweltschutzbewegung, die sich im Westen der USA bereits im 19. Jahrhundert Gehör verschaffte. Neben Siedlern, Goldsuchern und Eisenbahnkonstrukteuren, die sich die Erde des amerikanischen Westens geschäftstüchtig untertan machten, standen von Anfang an auch Menschen, die von den landschaftlichen Schönheiten entzückt waren und sie für erhaltenswert erklärten. Sie empörten sich über die Ausrottung von Büffeln und Bären sowie den Raubbau an den Wäldern.

Die Motive dieser ersten Ökologen entsprangen dem US-amerikanischen

Ideal der "frontier": In der Eroberung von bisher unerschlossenem Neuland habe sich der besondere Charakter der Menschen in der Neuen Welt gebildet. Der zivilisierte Mensch des alten Europa habe sich angesichts der unberührten Wildnis erneuert und verbessert. Ein Teil dieser "frontier" müsse daher für nachfolgende Generationen erhalten bleiben, damit auch diese weiterhin den "American Spirit" entwickeln und bewahren können.

Bekanntester Sprecher der frühen Umweltschutz-Idee war der schottische Einwanderer John Muir, der sich vor allem für die Einrichtung von Nationalparks in der kalifornischen Sierra Nevada engagierte. Muirs Begeisterung für die unberührte Bergwelt der Sierra und der Cascade Mountains manifestierte sich in zahllosen Zeitungsartikeln und Büchern.

Die prompte Umsetzung von Ideen der Naturschützer im fortschritts- und technikgläubigen 19. Jahrhundert überrascht auf den ersten Blick. Alleine hätten sie dies wohl auch nie zustandegebracht, aber die Naturfreunde besaßen einen einflußreichen Partner mit starker Lobby in den Parlamenten: die Eisenbahngesellschaften. Diese griffen die Nationalpark-Idee begierig auf, da sie sich davon eine Ausweitung des Tourismus und damit die Erhöhung ihres Fahrgastaufkommens versprachen. Eine Kalkulation, die einige Jahrzehnte lang aufging.

Neben dem National Park institutionalisierte die US-Regierung später das National Monument: Liegen die Voraussetzungen für einen Nationalpark (vor allem hinsichtlich Größe und Vielfalt der Landschaften) nicht vor, kann der Präsident ein bestimmtes Gebiet durch Erklärung zum National Monument unter die Aufsicht der zentralen Nationalparkverwaltung stellen und damit für die Allgemeinheit zugänglich machen.

Hatte John Muir noch die Vision von der Erhaltung der Wildnis innerhalb der Nationalparks, so verwandelte sich das Management-Konzept der Parkbehörden schnell in ein typisch amerikanisches Business: Mit Hotel- und Straßenbauten sowie spektakulären Publicity-Aktionen sollten Touristen angezogen, die Parks in ein Sport- und Freizeitgelände verwandelt werden. Tenniscourts, Golfplätze und Skilifte entstanden, und man veranstaltete Bärenfütterungen vor großem Publikum.

Erst in den dreißiger Jahren verschafften sich wieder diejenigen Gehör, die die Parks als ökologische Einheit sahen, die es zu erhalten gelte. Das Straßennetz in den meisten Naturreservaten wurde auf ein Minimum beschränkt. Besucher sollen sich den Park erwandern und in der freien Natur übernachten. Nicht mehr weitgehende Erschließung für die rekreativen Bedürfnisse der Besucher ist das oberste Gebot, vielmehr steht die Erhaltung des Ökosystems im Vordergrund.

Einen radikalen Schritt voran in dieser Richtung bedeutete der sogenannte "Wilderness Act", den der amerikanische Kongress 1964 verabschiedete: Darin wurden große Flächen in den einzelnen Nationalparks zur "wilderness area" erklärt, in der die Natur Vorrang vor dem Menschen besitzt.

Um dies zu gewährleisten, sehen sich die Parkverwaltungen inzwischen gezwungen, den Besucheransturm durch Reglementierungen zu beschränken. "Wilderness areas" dürfen nur mit einer besonderen Erlaubnis betreten werden, die Anzahl der Wanderer hält man so auf einem Niveau, das der Natur nicht abträglich ist.

In den letzten Jahren stellt der moderne Massentourismus die Parks auch außerhalb der Wildnis-Reservate vor ständig steigende Schwierigkeiten. Einschränkungen des Besucherbetriebs sind die konsequente Folge. Freizeitangebote wie Skilaufen, Fischen, Jagen und selbst Wandern verlagern sich zunehmend aus den Nationalparks in die National Forests, die weniger strikten Regulierungen unterliegen.

NATIONAL PARKS (NP) UND NATIONAL MONUMENTS (NM) IM SÜDWESTEN:

ARIZONA

Grand Canyon NP (Colorado Plateau)	Seite 181
Sunset Crater Volcano NM (Colorado Plateau)	Seite 178
Walnut Canyon NM (Colorado Plateau)	Seite 176
Wupatki NM (Colorado Plateau)	Seite 178
Navajo NM (Colorado Plateau)	Seite 2o5
Pipe Spring NM (Colorado Plateau)	Seite 2o1
Canyon de Chelly NM (Colorado Plateau)	Seite 2o9
Petrified Forest NP (Colorado Plateau)	Seite 216
Montezuma Castle NM (Zentral-Arizona)	Seite 228
Tuzigoot NM (Zentral-Arizona)	Seite 23o
Tonto NM (Südost-Arizona)	Seite 27o
Casa Grande Ruins NM (Südost-Arizona)	Seite 263
Tumacacori NM (Südost-Arizona)	Seite 291
Chiricahua NM (Südost-Arizona)	Seite 279
Saguaro NM (Tucson)	Seite 313
Organ Pipe Cactus NM (Sonora Wüste)	Seite 325

NEW MEXICO

El Morro NM (High Desert)	Seite 341
Chaco Culture NP (High Desert)	Seite 346
Aztec Ruins NM (High Desert)	Seite 353
El Malpais NM (High Desert)	Seite 344
Petroglyph NM (Albuquerque)	Seite 36o
Pecos NM (Southern Rockies)	Seite 385
Bandelier NM (Southern Rockies)	Seite 394

Carlsbad Caverns NP (The Plains)	Seite 425
Fort Union NM (The Plains)	Seite 415
Capulin Mountain NM (The Plains)	Seite 414
White Sands NM (Süd New Mexico)	Seite 448
Gila Cliff Dwellings NM (Süd New Mexico)	Seite 443
Salinas NM (Süd New Mexico)	Seite 429

SW-COLORADO

Mesa Verde NP	Seite 463
Hovenweep NM	Seite 471

UTAH

Golden Spike NHS (NW-Utah)	Seite 499
Timpanogos Cave NM (NW-Utah)	Seite 513
Dinosaur NM (NO-Utah)	Seite 521
Arches NP (SO-Utah)	Seite 538
Canyonlands NP (SO-Utah)	Seite 541
Hovenweep NM (SO-Utah)	Seite 471
Natural Bridges NM (SO-Utah)	Seite 553
Rainbow Bridge NM (SO-Utah)	Seite 557
Capitol Reef NP (SW-Utah)	Seite 559
Bryce Canyon NP (SW-Utah)	Seite 568
Cedar Breaks NM (SW-Utah)	Seite 574
Zion NP (SW-Utah)	Seite 58o

INDIANER-KULTUREN

Keine andere Region in Nordamerika besitzt so vielfältige historische und aktuelle Bezüge zur Indianer-Kultur wie der Südwesten der USA: Klippenhäuser, Pueblos und Zeremonialzentren von präkolumbianischen Kulturen; Adobe-Siedlungen der Pueblo-Indianer am Rio Grande; Dörfer der Hopi auf den Mesas des Colorado Plateau; Handelsplätze der Navajo im größten Indianer-Reservat der USA; Nachfahren der berühmten Häuptlinge Cochise und Geronimo in Arizona und New Mexico.

HOHOKAM

Wann die ersten Menschen den Südwesten erreichten, ist unter Wissenschaftlern umstritten. Sicher ist lediglich, daß vor etwa 12.000 Jahren Gruppen von nomadischen Jägern und Sammlern in dieser Region beheimatet waren, die jedoch außer den Skeletten der von ihnen erlegten Tiere keine permanenten Spuren hinterließen.

Etwa zur Zeitenwende ließen sich einige der nomadisierenden Stämme dauerhaft nieder. Am Rande der Sonora Wüste im heutigen Arizona entwickelte sich die Hohokam-Kultur. In den Tälern von Gila River und Salt River widmeten sich diese Indianer der Landwirtschaft. Die zwei Regenzeiten pro Jahr und das sonnige Klima ermöglichten eine lange Wachstumsperiode. Neben Mais und Bohnen bauten sie Kürbis, Tabak und Baumwolle an (zur entscheidenden Bedeutung des Mais bei der Entstehung der prähistorischen Kulturen des Südwestens vergl. Kapitel "Essen und Trinken").

Durch künstliche Bewässerungsanlagen weiteten die Hohokam den Ackerbau auch auf wüstenhafte Gebiete abseits der Flüsse aus: Ihr Kanalsystem umfaßte später mehrere hundert Kilometer, einzelne Gräben waren bis zu zehn Meter breit, drei Meter tief und drangen rund 50 Kilometer weit in die Wüste ein. Dämme und Staubecken kontrollierten die Wasserzufuhr und ermöglichten die Bewirtschaftung des Landes während der Trockenzeit. Die Kanäle waren so geschickt angelegt, daß sie auch mit modernen Methoden kaum besser konstruiert werden können. Lediglich die Verwendung von Zement verhindert heute die ständige Erosion der Seitenwände, mit der die Hohokam zu kämpfen hatten.

Der Kontakt zu den Hochkulturen Mexikos brach auch mit der Seßhaftigkeit der Hohokam nicht ab. Ein deutlicher Beleg dafür ist die Tatsache, daß sie ein zeremonielles Ballspiel kannten, das neben den Maya auch andere mexikanische Kulturen praktizierten. Zwar sind die in Arizona gefundenen Ballspielplätze weniger aufwendig konstruiert, weisen aber die gleichen Grundmerkmale auf wie bei den mexikanischen Nachbarn. Nach welchen Regeln das Spiel genau ablief und ob es eine ähnlich umfassende religiöse Bedeutung hatte wie in Mexiko, läßt sich jedoch nicht mehr rekonstruieren.

Um 1200 n.Chr. wanderten Gruppen von Anasazi ins Gebiet der Hohokam ein, ohne daß es zwischen den beiden Kulturen zu Auseinandersetzungen kam. Sie lebten zeitweise sogar in den gleichen Dörfern zusammen und profitierten von den Kenntnissen der neuen Nachbarn. Vor allem in der Architektur wurden Fortschritte erzielt: Während des ersten Jahrtausends bestanden die Siedlungen der Hohokam noch vorwiegend aus Grubenhäusern; erst durch den Einfluß der Anasazi begannen sie mit der Errichtung überirdischer Lehmbauten.

Die Hohokam konstruierten mehrstöckige Pueblos, oft auf künstlichen Plattformen, die einen Überblick über die Bewässerungsanlagen ermöglichten. Im Stadtgebiet von Phoenix sind noch heute die gewaltige Plattform und die Ruinen von Pueblo Grande zu sehen. Außerhalb dieser Dörfer bauten die Hohokam in exponierter Lage mehrstöckige Gebäude, die sie zu zeremoniellen Zwecken, zur Lagerung von Vorräten und zur Beobachtung von Feldern und Bewässerungsanlagen benutzten. Das am besten erhaltene Beispiel dafür ist Casa Grande, südöstlich von Phoenix.

Dreihundert Jahre lang, zwischen 1150 und 1450 lebten die Hohokam in relativem Wohlstand. Gelegentliche Dürreperioden oder Zerstörungen durch Hochwasser überlebten sie durch regionale Verlagerung ihrer Siedlungen. Warum sie um 1450 plötzlich ihre Pueblos verließen und praktisch spurlos verschwanden, ist bis heute noch nicht erforscht. Niemand weiß, wohin sie gingen und was sie zu der Abwanderung veranlaßte.

Als die Spanier Mitte des 16. Jahrhunderts ins südliche Arizona vordrangen, fanden sie dort nur die Ruinen der einst bedeutsamen Kultur vor. Die ansässigen Pima- und Papago-Indianer (siehe unten) wußten nicht viel von den ehemaligen Bewohnern: "Hohokam" war die wichtigste Auskunft, die sie geben konnten - in ihrer Sprache "diejenigen, die verschwanden". Vermutlich waren sie selbst Nachfahren der Hohokam und nach einer längeren Wanderungsbewegung in ihren ursprünglichen Siedlungsraum zurückgekehrt.

SALADO

Wie wenig die Wissenschaft noch immer über die prähistorischen Indianer des Südwestens herausgefunden hat, wird vor allem deutlich an den Theorien über die Salado-Kultur. Einig ist man sich über den Lebensraum am oberen Salt River, im Gebiet des Tonto Basin beim heutigen Roosevelt Lake. Wer die Salado aber wirklich waren und woher sie kamen, ist weiterhin umstritten.

Einige Archäologen sehen in ihnen eine Verschmelzung von Hohokam- und Mogollon-Kultur, andere vermuten eine Verbindung zwischen Hohokam und Sinagua, wieder andere meinen, die Salado seien aus der Kultur von Casa Grande im nördlichen Mexiko hervorgegangen. Vielleicht erlebten sie aber auch eine eigenständige Entwicklung mit gewissen Einflüssen von allen ihren Nachbarn.

Gesichert ist, daß die Salado nur etwa dreihundert Jahre, von 115o bis ca. 145o im Tonto Basin lebten. In dieser Zeit entwickelten sie eine <u>Keramik</u>, die zu den wichtigsten Charakteristika ihrer Kultur gehört und sich von derjenigen ihrer Nachbarn durch ihre Form und die farbige Bemalung unterscheidet.

In der <u>Architektur</u> stellt man Merkmale der Bauweise von Hohokam und Anasazi fest: Die Salado benutzten sowohl Adobe- als auch Steinmauern bei der Konstruktion ihrer Pueblos. Auch die Plattformen der Hohokam-Dörfer finden sich in rudimentärer Form wieder. Die berühmteste Hinterlassenschaft der Salado, die Klippenhäuser von Tonto National Monument, sind dagegen eher untypisch für ihre Bau- und Lebensweise.

Zu Beginn des 15. Jahrhunderts muß es im Tonto Basin zu größeren Auseinandersetzungen gekommen sein. Möglicherweise waren sie verursacht durch Klimaänderungen, Abholzung der Wälder oder Versalzung der Felder. Unter Umständen kamen auch konkurrierende Stämme ins Siedlungsgebiet der Salado. Auf jeden Fall existieren Spuren von gewaltsamen Konflikten, die offenbar dazu führten, daß das Gebiet zwischen 14oo und 145o verlassen wurde. Es gibt keinerlei Hinweise auf eine Verbindung zwischen den Salado und gegenwärtigen Indianerstämmen des Südwestens. Ihr <u>Verschwinden</u> ist ein weiteres Mysterium in der geheimnisvollen Geschichte des prähistorischen Südwestens.

MOGOLLON

Etwa zeitgleich zur Hohokam- entwickelte sich die Mogollon-Kultur im südlichen New Mexico. Heute finden sich nur noch wenige Überreste der einstigen Siedlungen in den Tälern der Flüsse San Francisco und Mimbres; Überschwemmungen haben sie im Laufe der Jahrhunderte weitgehend zerstört.

Archäologen entdeckten jedoch viele Parallelen zur Lebensweise der Hohokam: Die ursprünglichen Grubenhäuser wurden später durch ebenerdige Lehmbauten verdrängt; es erfolgte eine Übernahme von Methoden der Landwirtschaft und Töpferei aus mexikanischen Hochkulturen; ein Zustrom von Anasazi aus dem Norden führte zeitweise zu einem friedlichen Zusammenleben beider Völker; um 14oo n. Chr. verließen die Mogollon ihre Siedlungsräume aus unbekannten Gründen und mit unbekanntem Ziel.

Bei der Sicherstellung ihres Lebensunterhaltes unterschieden sich die Mogollon allerdings von den Hohokam. In der Landwirtschaft vertrauten sie vollkommen auf Regenfälle, Methoden der künstlichen Bewässerung kannten sie nicht. Auch während der Blütephase ihrer Kultur hing ihr Speisezettel stärker von den Resultaten der Jagd und des Sammelns wilder Früchte ab, als dies beispielsweise bei Anasazi oder Hohokam der Fall war.

Wichtigstes Merkmal der Mogollon-Kultur ist eine speziell ausgeprägte Variante der Töpferkunst, die <u>Mimbres-Keramik</u>, benannt nach den Fundorten im Tal des Mimbres River. Sie besteht vornehmlich aus Tonschalen, die neben den üblichen praktischen Zwecken vor allem als Grabbeigaben dienten. Eine oder mehrere Schalen bedeckten das Gesicht der Toten, wobei sie im Boden ausnahmslos ein Loch aufweisen, das nachträglich eingeschlagen wurde und offenbar zeremonielle Bedeutung besaß.

Die faszinierende Malerei auf der Mimbres-Keramik gehört zu den eindrucksvollsten Hinterlassenschaften der präkolumbianischen Indianer-Kulturen in Nordamerika. Sie entstand vorwiegend im 12. Jahrhundert; warum die Mogollon ihre Kunst in den Jahren danach nicht weiter praktizierten, ist unklar.

Die in schwarz, braun oder rot gemalten Motive haben sich bis heute hervorragend erhalten. Neben filigran gearbeiteten geometrischen Mustern tauchen vor allem naturalistische Darstellungen von Menschen und Tieren auf. Die Fülle an Motiven ist enorm, kaum einmal wiederholt sich eine Dekoration auf den zahlreichen Fundstücken. Auffällig ist die peinlich genaue Wiedergabe auch kleinster Details bei Tierkörpern, die zusätzlich mit geometrischen Ornamenten geschmückt sind. Kurios dagegen erscheinen Fabelwesen, die mit viel Phantasie und Sinn fürs Ungewöhnliche gemalt wurden.

Die Dörfer der Mogollon waren lange Zeit wichtige Handelszentren und verbanden die Pueblos der Anasazi im Norden mit der Kultur von Casas Grandes, die ihrerseits in Kontakt stand mit den Hochkulturen im zentralen Mexiko. Neben langwährenden Trockenperioden, die sie zunächst zum Rückzug in die Berge veranlaßte, war es vermutlich auch der Untergang von Casas Grandes, der die Mogollon um 14oo zum Verlassen ihrer Siedlungsräume bewegte. Wohin sie gingen, ist unter Wissenschaftlern umstritten. Einige vermuten, daß sie sich den Hopi oder Zuni anschlossen, andere glauben, daß die Tarahumara-Indianer im nördlichen Mexiko Nachkommen der Mogollon sind.

SINAGUA

Ähnlich wie die Salado lebten die Sinagua an der Schnittstelle zweier größerer Kulturen - in diesem Fall der Hohokam und der Anasazi. Eine Gruppe von ihnen bevölkerte die Hochebene nordöstlich des heutigen Flagstaff, andere lebten im Verde Valley, einer fruchtbaren Flußniederung südlich von Flagstaff.

Die nördlichen Stammesteile hatten zunächst besonders mit der <u>Trockenheit auf der Hochebene</u> (span. "sierra sin agua") zu kämpfen. Um ihre spärlichen Ernten zu sichern, schufen sie ein System kleiner Dämme und Reservoirs in Canyons und Felsspalten. Als im Jahre 1o64 der Sunset Crater ausbrach und eine dichte Ascheschicht über das Land breitete, mußten die Sinagua ihre Siedlungsgebiete für eine längere Zeit aufgeben.

Doch in den folgenden Jahrzehnten kehrten sie zurück und nutzten die Vulkanasche für die Landwirtschaft: Plötzlich gab es fruchtbare Erde, wo vorher nur kahler Fels war. Der lockere vulkanische Boden hielt die Feuchtigkeit, Mais und Bohnen wuchsen besser als zuvor. Dies führte zu einer Immigrationswelle auch aus den Gebieten der Anasazi, und in kurzer Zeit wuchs die Bevölkerung rund um den Sunset Crater auf rund 8ooo Menschen an.

Von 115o bis 122o dauerte die Blüteperiode der Sinagua-Kultur auf dem Plateau, in dieser Zeit entstanden auch die heute noch eindrucksvollen Bauwerke von Wupatki, Wukoki und Lomaki, alle im Wupatki National Monument, sowie die Klippenhäuser im Walnut Canyon, südöstlich von Flagstaff. Offenbar führten zu dieser Zeit auch wichtige Handelswege durch das Gebiet der Sinagua: von den Anasazi-Pueblos im Norden zu den Kulturen Mexikos. Muscheln vom Pazifik und Papageienfedern aus Mittelamerika sind Überbleibsel dieser weitreichenden Verbindungen.

Doch der wirtschaftliche und kulturelle Aufschwung war nur von kurzer Dauer. Im Laufe der Zeit wehte der Wind den lockeren Vulkanboden fort, große Staubwolken müssen immer wieder über dem Land gelegen haben. Das Leben wurde zunehmend ungemütlich. Als dann Ende des 13. Jahrhunderts noch eine lange Dürreperiode hinzukam, wanderten die bis dahin noch verbliebenen Sinagua zu ihren Stammesbrüdern im Verde Valley ab.

Das Tal liegt gut tausend Meter tiefer als das Colorado Plateau um Flagstaff, so daß dort mildere Temperaturen und bessere Wachstumsbedingungen für landwirtschaftliche Erzeugnisse vorherrschten. Lebensmittelüberschüsse im 14. Jahrhundert führten zu einem starken Anwachsen der Bevölkerung und zum Bau großer Pueblos, von denen Tuzigoot und Montezuma Castle noch heute beeindrucken.

Wiederum kam jedoch des abrupte und nicht eindeutig zu erklärende Ende einer großen Kultur des Südwestens: Dürreperioden, Epidemien, Kriege oder das Verschwinden von Handelsverbindungen mögen um 1425 die Gründe für das Verlassen der Siedlungen gewesen sein. Ob die Hopi Nachfahren der Sinagua sind, ist ebenfalls nicht nachweisbar, sondern nur eine von vielen Vermutungen über das Verbleiben der prähistorischen Bewohner des Verde Valley.

ANASAZI

Bis etwa 7oo v.Chr. läßt sich die Kultur der Anasazi zurückverfolgen, die auf dem Colorado Plateau am Schnittpunkt der heutigen Bundesstaaten Arizona, Utah, Colorado und New Mexico beheimatet war. Die große Anzahl an Siedlungsruinen und die dort aufgefundene Keramik ermöglichten den Archäologen eine weitgehende Erforschung von Lebensweise und kultureller Entwicklung dieses Volkes.

In den ersten Jahrhunderten versorgten sich die Anasazi als Sammler und

Jäger mit Früchten und wilden Tieren. Nur langsam gingen sie dazu über, einen Teil ihres Nahrungsbedarfs durch den Anbau von Mais und Bohnen zu decken. Später hielten sie sogar ein Haustier, den Truthahn. Wichtigste Hinterlassenschaften aus jener ersten kulturellen Phase sind verschiedenartige Flechtarbeiten, z.B. Körbe, Schuhwerk oder Netze, die zum Einfangen wilder Tiere dienten. Als Rohstoff für diese Produkte verwendeten die Anasazi in der Regel Frauenhaar.

Der von Archäologen als Periode der "Basket Maker" bestimmte Zeitraum endete etwa um 7oo n.Chr., als die Anasazi begannen, ihre Grubenhäuser zu verlassen und überirdische Wohngebäude aus Lehm zu errichten. Dies kennzeichnet den Beginn der Pueblo-Bauweise, die auch von anderen prähistorischen Kulturen übernommen wurde und sich bis heute im Südwesten der USA erhalten hat.

Die Anasazi kombinierten zunächst rechteckige Räume zu größeren Wohneinheiten. Die per Hand geformten Adobe-Wände verstärkten sie durch Baumstämme und Flechtmaterial (Details zur Adobe-Bauweise siehe Seite 388). Bis etwa 13oo n.Chr. entfalteten sie den Pueblo-Stil zu einer imposanten Form der Architektur. Die mit der Hand geformten Lehmwände ersetzten sie später durch Ziegel, die sie in der Sonne trockneten und dann zu Mauern aufschichteten.

Diese Methode ermöglichte den Bau von mehrstöckigen Häusern und großen Gebäudekomplexen, in denen zahlreiche Familien wohnten. Die eindrucksvollsten Beispiele dafür finden sich im Chaco Canyon im nördlichen New Mexico und den Klippenhäusern von Mesa Verde (Südwest-Colorado), die an steilen Canyonwänden im Schutz von Höhlen und Felsvorsprüngen entstanden.

Die ehemaligen Grubenhäuser wurden jedoch nicht aufgegeben, sondern ausgebaut und verwandelt in zeremonielle Orte, wo die Anasazi ihre kultischen Handlungen abhielten und den Kontakt zur Götterwelt herstellten. Diese Kultstätten, "Kivas" genannt, finden sich noch heute im Südwesten der USA und haben auch in der Gegenwart eine entscheidende Bedeutung für indianische Riten (Einzelheiten dazu siehe Seite 354).

Die Technik des Töpferns lernten die Anasazi vermutlich durch ihren Kontakt zur Mogollon-Kultur. Einfache Gefäße für den täglichen Gebrauch wurden im Laufe der Jahrhunderte weiterentwickelt und künstlerisch verfeinert. Während die Anasazi bei der Bemalung anfänglich verschiedene Farben verwendeten, setzten sich später charakteristische Schwarz-Weiß-Muster durch: geometrische Grundformen wie Linien, Wellen, Punkte, Dreiecke und Rechtecke.

Das Ende der Anasazi-Kultur kam ebenso plötzlich wie bei den Nachbarvölkern. Im Gegensatz zu deren rätselhaftem Verschwinden sind die Ursachen für die Abwanderung der Anasazi jedoch weitgehend erforscht: Ab 1276 herrschte auf dem Colorado Plateau eine außergewöhnliche

Trockenheit; beinahe ein Vierteljahrhundert lang fiel kaum ein Tropfen Regen. Dies zwang die Anasazi zum Verlassen ihrer Siedlungen und zur Abwanderung Richtung Süden und Osten.

Sie ließen sich nieder auf den Hopi-Mesas im nördlichen Arizona, am Zuni River und am Rio Grande. Die heutigen Hopi und Pueblo-Indianer sind Nachfahren dieses Volkes, das zwischen Colorado River und Rio Grande die ausgeprägtesten Spuren aller präkolumbianischen Indianer-Kulturen hinterlassen hat. Weitere Einzelheiten zum Leben der Anasazi und ihren kulturellen Leistungen auch in den Regional-Kapiteln "Mesa Verde" und "Chaco Canyon".

ARCHÄOLOGIE IM SÜDWESTEN

Nur allmählich erwachte das Interesse für die präkolumbianische Hinterlassenschaft im Südwesten der USA. Während im frühen 19. Jahrhundert bereits zahlreiche europäische und amerikanische Expeditionen die Ruinenstätten des alten Mexiko erforschten, waren die Überreste der Anasazi-, Mogollon- oder Hohokam-Kulturen noch weitgehend unbekannt. Topographen der US-Armee entdeckten zwar um 1850 einige Ruinen im nördlichen Arizona und New Mexico, doch erweckten ihre Berichte zunächst keine gründliche wissenschaftliche Aufmerksamkeit. Erst Adolph Bandelier begann um 1880 im Auftrag des Amerikanischen Archäologischen Instituts eine systematische Bestandsaufnahme der bis dahin bekannten Ruinen.

1888 kam es zufällig zu einem sensationellen Fund, der der Archäologie wichtige Impulse geben sollte: Ein Rancher namens Richard Wetherill verfolgte einige entlaufene Rinder auf der Mesa Verde im südwestlichen Colorado und entdeckte dabei den "Cliff Palace", die eindrucksvollste Klippensiedlung der Anasazi. Dieses Erlebnis machte den Viehzüchter zu einem begeisterten Hobby-Archäologen, der in der Folgezeit noch weitere Klippenhäuser fand, die vor mehr als fünf Jahrhunderten verlassen und seither der Welt verborgen geblieben waren.

Inspiriert durch Wetherills Berichte und sein unermüdliches Engagement erfolgte um die Jahrhundertwende eine gezielte Erforschung der präkolumbianischen Hinterlassenschaft im Südwesten, vor allem auf der Mesa Verde und im Chaco Canyon. Bis 1930 hatten die Archäologen dann eine verläßliche Chronologie der verschiedenen indianischen Kulturen entwickelt.

Diesen Erfolg verdankten sie allerdings in der Hauptsache den Forschungsergebnissen eines Nicht-Archäologen, dem Astronomen und Klimaforscher A.E. Douglass. Dieser hatte in jahrelanger Kleinarbeit herausgefunden, daß die Proportionen der jährlich wachsenden Baumringe direkt zusammenhängen mit den Klimaverhältnissen des jeweiligen Jahres:

Größere Feuchtigkeit führt zu einem verstärkten Wachstum der Bäume und damit einem größeren Abstand der Ringe.

Als Folge dieser Erkenntnis konnte Douglass an lebenden Bäumen die Klimaentwicklung über ein Jahrhundert zurückverfolgen. Um an ältere Daten zu gelangen, untersuchte er daraufhin auch Balken und Pfosten von Gebäuden aus der spanischen Kolonialzeit. Beim Vergleich der äußeren Ringe toter Bäume mit den inneren Baumringen noch lebender stellte Douglass Übereinstimmungen bei den Jahresringen fest: Gleiche Proportionen der Ringe zeigten an, daß die Baumstämme aus kolonialzeitlichen Bauten noch gelebt hatten, als die zeitgenössischen Bäume ihr Wachstum begannen. Diese Überlappungsphasen ermöglichten Douglass unter Verwendung von zusätzlichem Baumaterial aus historischer und präkolumbianischer Zeit eine ständig weiter zurückgehende Datierung, die schließlich im Jahr 1237 n.Chr. endete.

Ein neuer Zweig der Wissenschaft war geboren, die <u>Dendro-Chronologie</u>. Sie erwies sich für die Archäologen im Südwesten als Glücksfall. Denn durch Übertragung der Klimadaten auf ihre eigene Forschung erhielten sie eine exakte Chronologie der frühen Indianer-Kulturen: Anhand der Größe der Baumringe und der von Douglass gemachten Datierung konnten sie aufs Jahr genau feststellen, wann die in Bauwerken verwendeten Bäume gefällt worden waren. Daraus ergaben sich Erkenntnisse über Beginn und Ende der Besiedlung von Dörfern und ganzen Regionen.

Neben dem <u>Baumring-Kalender</u> von Douglass ermittelten die Archäologen eine weitere lückenlose Chronologie aus früherer Zeit, die etwa 600 Jahre umfaßte. Diese war jedoch nicht mit den Daten bis 1237 korreliert, so daß eine eindeutige Zuordnung zu den Jahreszahlen unserer Zeitrechnung nicht möglich war. Ein schäbiger Balken, gefunden 1929 in einem Pueblo, stellte jedoch den Zusammenhang her. Seine Baumringe reichten in beide bekannten Chronologien hinein, so daß er als zuverlässiges Bindeglied eine exakte Rückdatierung ermöglichte. Von diesem Zeitpunkt an besaßen die Archäologen eine Chronologie, die bis ins 7. Jahrhundert zurückreichte. Bis heute ist es durch weitere Funde sogar gelungen, Datierungen bis ins 1. Jahrhundert v.Chr. vorzunehmen.

SEHENSWERTE RUINENSTÄTTEN präkolumbianischer Indianer-Kulturen:

ARIZONA

Navajo National Monument (Anasazi)	Seite 205
Canyon de Chelly National Monument (Anasazi).	Seite 209
Wupatki National Monument (Sinagua)	Seite 178
Walnut Canyon National Monument (Sinagua)	Seite 176
Tuzigoot National Monument (Sinagua)	Seite 230

Montezuma Castle National Monument (Sinagua)	Seite 228
Pueblo Grande (Hohokam)	Seite 244
Casa Grande National Monument (Hohokam)	Seite 263
Tonto National Monument (Salado)	Seite 27o

NEW MEXICO

Aztec Ruins National Monument (Anasazi)	Seite 353
Chaco Culture National Historic Park (Anasazi)	Seite 346
Salmon Ruins (Anasazi)	Seite 35o
Bandelier National Monument (Anasazi)	Seite 394
Puye Cliff Dwellings (Anasazi)	Seite 396
Coronado State Monument (Pueblo-Indianer)	Seite 361
Pecos National Monument (Pueblo-Indianer)	Seite 385
Salinas National Monument (Pueblo-Indianer)	Seite 429
Gila Cliff Dwellings National Monument (Mogollon)	Seite 443

COLORADO

Mesa Verde National Park (Anasazi)	Seite 463
Ute Mountain Tribal Park (Anasazi)	Seite 472
Chimney Rock (Anasazi)	Seite 461
Hovenweep National Monument (Anasazi)	Seite 471

UTAH

Hovenweep National Monument (Anasazi)	Seite 471
Edge of Cedars State Historical Monument (Anasazi)	Seite 55o
Anasazi Indian Village State Historical Monument (Anasazi)	Seite 566

PUEBLO-INDIANER

Die Indianer in den Pueblos zu beiden Seiten des Rio Grande und im westlichen New Mexico sowie die Hopi in Nord-Arizona bilden eine kulturelle Einheit. Sie sind Nachfahren der Anasazi, die um 13oo n.Chr. ihre weiter nördlich gelegenen Dörfer verließen, um sich in feuchteren und fruchtbareren Gegenden anzusiedeln. Lediglich die Bewohner von Zuni Pueblo im Westen New Mexicos stammen vermutlich von der Mogollon-Kultur ab, ihre Sprache unterscheidet sich vollständig von allen bekannten Indianersprachen Nordamerikas.

Die Pueblo-Indianer bilden keinen einheitlichen Stammesverband, jedes Dorf ist selbständig, verfügt über eine gesonderte Sprache oder zumindest einen eigenen Dialekt und praktiziert unterschiedliche religiöse Zeremonien. Gemeinsam sind ihnen allerdings die Pueblo-Architektur, eine vergleichbare soziale Organisation und ein Weltbild, das von tiefer Religiosität geprägt ist. Der Name stammt von den Spaniern, die sich beim Anblick der mehrstöckigen und langgestreckten Adobe-Häuser an die Dörfer (span. "pueblos") ihrer Heimat erinnerten.

In Anlehnung an die Architektur ihrer Vorfahren, der Anasazi, schufen die Indianer auch in ihrer neuen Heimat gemeinschaftliche Wohnanlagen aus Adobe-Ziegeln (Details zur Bautechnik siehe Seite 388). Dabei fügten sie lange Reihen von Wohnräumen aneinander, die später durch mehrere Stockwerke nach oben hin erweitert wurden. Manche Gebäude besaßen Hunderte von Zimmern. Durch Zumauern des Erdgeschosses und einen Zugang per Leiter über die oberen Stockwerke ließen sich die Pueblo-Gebäude in leicht zu verteidigende Festungen verwandeln.

Mit Ausnahme von Taos und Acoma wurden die heute existenten Pueblos erst im Anschluß an die Pueblo-Revolte von 1680 gegründet, bei der sich die Indianer gegen die spanischen Kolonialherren auflehnten und sie für mehr als ein Jahrzehnt aus ihrem Land vertrieben (Details dazu im Kapitel "Geschichte"). Auch nach ihrer Rückkehr gelang es den Spaniern nicht, die Pueblos in ihrem Sinne zu "zivilisieren"; Missionierungsversuche brachten nicht den gewünschten Erfolg. So konnten die Pueblo-Indianer ihren gesellschaftlichen Zusammenhang und ihren Glauben mit den dazugehörigen Zeremonien bis in die heutige Zeit bewahren, auch wenn inzwischen Fernsehen und Pick-up Trucks in den Pueblos eine Selbstverständlichkeit sind.

Die Pueblos sind sehr stark gemeinschaftlich organisiert; bis vor kurzem gab es keinerlei Anerkennung für die gesonderten Leistungen eines Individuums. Schon von klein auf werden die Kinder in diese Gemeinschaft integriert; sie nehmen an allen gesellschaftlichen Ereignissen teil und erhalten bereits in jungen Jahren einen erheblichen Anteil an der Verantwortung.

Innerhalb jedes Pueblos existieren verschiedene zeremonielle Vereinigungen, die sich im Verlaufe des Jahres um Vorbereitung und Durchführung wichtiger religiöser Riten kümmern. Dabei stehen Regen und Fruchtbarkeit im Mittelpunkt: Zu bestimmten Terminen müssen detailliert vorgeschriebene Rituale absolviert werden, um die Harmonie zwischen Mensch und Natur herzustellen, die dann zu den erwünschten und für die Landwirtschaft notwendigen Niederschlägen führen soll.

Die Zeremonien bedürfen tagelanger Vorbereitung: Eingeschlossen sind Reinigungs-, Meditations- und Opferriten, mit denen sich die Teilnehmer intensiv auf das Ereignis vorbereiten. Die Zeremonien einschließlich der traditionellen Tänze laufen nach einem genau festgelegten Schema ab, jede Abweichung stört die angestrebte Harmonie und gefährdet den Erfolg. Zeremonielles Zentrum sind die "Kivas", in den Boden gegrabene, runde Räume, die aus den einstigen Grubenhäusern der Anasazi hervorgegangen sind, und die auch in den präkolumbianischen Kulturen bereits zeremoniellen Zwecken dienten (vergl. dazu Seite 354).

Auch das Kunsthandwerk hat in den Pueblos eine lange Tradition, die noch heute aufrechterhalten wird. Hervorragende Produkte liefert vor allem die Töpferei. Sie wird im Prinzip noch so betrieben wie zu Zeiten der präkolumbianischen Anasazi, ohne Töpferscheibe oder Brennofen. Die früher dominierenden Naturfarben werden inzwischen allerdings zunehmend von synthetischen Farben abgelöst. Jeder Ort verfügt über spezifische Formen, Muster und Ornamente, die eine Zuordnung der Keramik zum jeweiligen Pueblo ermöglichen.

Wegen ihrer geographischen Zerstreutheit sind die Indianer in den verschiedenen Pueblos immer stärker den Einflüssen der amerikanischen Umwelt ausgesetzt. Dies führt zu erheblichen kulturellen Konflikten, die auch durch den Tourismus noch verstärkt werden. Besucher sind in der Regel willkommen, sollten aber unbedingt die vorgegebenen Regeln und Verhaltensweisen respektieren, die von Pueblo zu Pueblo verschieden sind (Details dazu im Regionalteil).

Bewohnte Pueblos in New Mexico

NÖRDLICH VON SANTA FE: Taos, Picuris, San Juan, Santa Clara, San Ildefonso, Nambé, Pojoaque, Tesuque.
ZWISCHEN SANTA FE UND ALBUQUERQUE: Cochiti, Santo Domingo, San Felipe, Jemez, Zia, Santa Ana, Sandia.
SÜDLICH VON ALBUQUERQUE: Isleta
WESTLICH VON ALBUQUERQUE: Laguna, Acoma, Zuni.

HOPI

Obwohl die Hopi durch den starken Einfluß der um 13oo zugewanderten Anasazi den Pueblo-Indianern zuzurechnen sind, haben sie sich in der Abgeschiedenheit ihres Lebensraumes eine starke kulturelle Eigenständigkeit erhalten. Ihr Shoshonen-Dialekt, der uto-aztekischen Sprachfamilie zugehörig, verweist auf eine gemeinsame Herkunft mit mexikanischen Indio-Kulturen. Die Hopi leben seit Jahrhunderten am Rande der Black Mesa im nördlichen Arizona, wo sich drei fingerförmige Felsvorsprünge in die Ebene hinausschieben. Die steilen Abhänge boten den oben gelegenen Dörfern Schutz vor Eindringlingen und garantierten lange Zeit eine relativ ungestörte Lebensweise.

Zwar konnten sich die Hopi im wesentlichen spanischer und mexikanischer Einmischung und den damit verbundenen Missionierungsversuchen entziehen, dafür mußten sie jedoch ständig Überfälle der Navajo befürchten. Die armen, aber kriegerischen Nomaden fanden bei den seßhaften Hopi leichte Beute, denn diese ließen sich nur selten auf Kämpfe ein. Sie bezeichnen sich selbst konsequent als "hopituh", die Friedfertigen. Zeitweise heuerten sie sogar Indianer vom Stamm der Tewa an, um ihre Dörfer nicht selbst verteidigen zu müssen.

Der <u>Konflikt mit den Navajo</u> hält bis zum heutigen Tage an. Seit die US-Indianerbhörde im 19. Jahrhundert beiden Stämmen benachbarte Reservate zuwies, kam es immer wieder zu Streitigkeiten um die Nutzung des Landes. Aufgrund ihrer nomadischen Traditionen und des starken Bevölkerungswachstums fiel es den Navajo schwer, die ohnehin nicht eindeutig definierten Grenzen zu respektieren. Bei zahlreichen Prozessen vor amerikanischen Gerichtshöfen verloren die Hopi Stück um Stück ihres Landes, so daß ihr Reservat heute vollständig von Navajo-Land umgeben ist. Als besonders problematisch erwies sich die Einrichtung einer Zone zur gemeinsamen Nutzung, die von den mobilen Navajo weitaus intensiver und zum Schaden ihrer Nachbarn genutzt wurde: Sie trieben ihre Herden über das Land und gefährdeten damit die bebauten Felder der Hopi.

Die lachenden Dritten in diesem Konflikt waren clevere amerikanische Geschäftsleute, die beide Stämme gegeneinander ausspielten und sich auf diese Weise zu einem Minimalpreis die Schürfrechte an einer riesigen <u>Kohlenmine</u> auf der Black Mesa sicherten, wo sie bis heute in großem Stil Tagebau betreiben. Angeschlossen ist ein gewaltiges Kraftwerk, dessen Emissionen oft den Himmel über der Mesa verdunkeln. Die zum Betreiben dieser Anlagen notwendigen Wassermengen pumpt das Unternehmen aus der Erde und hat damit den Grundwasserspiegel drastisch gesenkt, auf den die Hopi mit ihrem kargen Feldbau dringend angewiesen sind.

Die <u>Landwirtschaft der Hopi</u> befand sich schon immer an der Grenze des überhaupt Möglichen. Minimale Regenfälle und eine kurze, frostfreie Wachstumsperiode machen den Anbau von Mais, Bohnen und Gemüse auf den sandigen Feldern am Fuße der Mesas zu einer mühseligen Angelegenheit. Die Pflanzen werden einzeln in tief gegrabene Löcher gesetzt, damit sie dem Boden genügend Wasser entziehen können. Trotzdem müssen sie oft zusätzlich mit Gießkannen gewässert werden. Jeder Zentimeter, den der Grundwasserspiegel sinkt, bedeutet für die Hopi also noch größere Mühen bei gleichzeitigem Rückgang ihrer Ernteerträge. Längst können sie die wachsende Bevölkerung nicht mehr selbst ernähren und sind auf Lebensmittel von außen angewiesen.

Doch die <u>Umweltzerstörungen</u> auf der Black Mesa sind für die Hopi nicht nur ein wirtschaftliches, sondern auch ein religiöses Problem. Für sie ist dieses Land heilig, der Große Geist hat ihnen die Verantwortung dafür aufgetragen. In ihrer Weltanschauung entweihen Kohleminen, Kraftwerke und Hochspannungsleitungen den Boden und führen unweigerlich zum Untergang der Welt. Die Hopi befinden sich dadurch also unter einem gewaltigen spirituellen Druck; ihr Kampf um eine Wiederherstellung der Harmonie war bisher jedoch vergeblich: Die Erde wird weiterhin von riesigen Baggern aufgerissen, Rauch verdunkelt die Sonne, und Asche legt sich in einer schwarzen Schicht über das Land.

In dieser Situation spielt auch der Tourismus eine prekäre Rolle: Wegen des Rückgangs ihrer landwirtschaftlichen Produktion sind die Hopi auf Einnahmen aus diesem Wirtschaftszweig angewiesen. Eine besondere Funktion hat dabei der Verkauf von Kunsthandwerk, wobei die Hopi vor allem berühmt sind für ihre Körbe, Keramik und den fein gearbeiteten Silberschmuck. Ein Besonderheit stellen die "Kachinas" dar, aus Holz geschnitzte Figuren, die in der Glaubenswelt der Hopi Geister und Gottheiten repräsentieren und ursprünglich den Kindern einen Zugang zur spirituellen Welt ermöglichen sollten. Die Profanisierung dieser Figuren zu Verkaufsobjekten wird von vielen Indianern allerdings noch immer nicht gern gesehen.

Als weitaus problematischer für die Erhaltung der Hopi-Kultur erwies sich jedoch die Teilnahme von Besuchern an den farbenprächtigen religiösen Zeremonien, die im Laufe des Jahres in großer Anzahl auf den Mesas stattfinden. Besonders beliebt war der "Snake Dance", bei dem die Hopi die Gottheiten um ausreichend Wasser für ihre Ernten bitten. Die Schlange dient ihnen dabei als eine Art Götterbote, der die Gebete überbringt.

Um zu wirken, müssen derartige Zeremonien aber nach einem festen Plan ablaufen und dürfen nicht gestört werden. Respektloses Verhalten seitens vieler Besucher hat die Hopi in den letzten Jahren veranlaßt, die meisten der bisher öffentlichen Zeremonien den Besuchern wieder zu verschließen. Wer bei seinem Besuch der Hopi-Dörfer an einem für die Öffentlichkeit zugänglichen Fest teilnehmen kann, sollte also unbedingt strikte Zurückhaltung wahren und sich an alle Vorgaben und Regeln halten.

Der zunehmende Kontakt mit einer amerikanisierten Umwelt hat die Hopi in letzter Zeit intern gespalten: "Traditionalisten" beharren auf einer isolierten Lebensweise nach den strengen Regeln des alten Glaubens, während "Fortschrittler" die Errungenschaften der Industriegesellschaft für ihr Volk nutzen wollen. Dieser Bruch macht gemeinsame Aktionen der Indianer zur Vertretung ihrer Interessen in der Regel unmöglich.

Die Hopi-Kultur, bisher noch die am authentischsten erhaltene im Südwesten, droht durch die Fülle der erwähnten Schwierigkeiten unterzugehen. Die ständig stärker werdenden US-Einflüsse, der Konflikt mit den Navajo und die internen Streitigkeiten rütteln derzeit mit aller Macht an den Grundfesten von jahrhundertealten Lebensformen und Weltanschauungen.

NAVAJO

Mit rund 2oo.ooo Menschen sind die Navajo gegenwärtig der größte Indianerstamm in den USA. Ihr riesiges Reservat im Nordosten Arizonas besitzt flächenmäßig fast die Größe von Bayern. Es umfaßt allerdings im wesentlichen nur karges, unfruchtbares Land, auf dem die Navajo in kleinen Orten und ländlichen Siedlungen weit verstreut und häufig isoliert ein ärmliches Dasein fristen.

118 Indianer-Kulturen

Wie fast alle Indianerstämme haben die Navajo eine <u>leidgeprüfte Geschichte</u> hinter sich. Erst relativ spät, etwa um 1ooo n.Chr., wanderten sie von Norden her in ihr heutiges Siedlungsgebiet ein und erwiesen sich als ständige Bedrohung für die dort bereits ansässigen Stämme. Nach Ankunft der Spanier verwandelte sich langsam ihre nomadische Lebensweise: Sie begannen mit Viehzucht und Ackerbau und wechselten nur noch gelegentlich ihren Aufenthaltsort. Trotzdem setzte sich der Konflikt mit den benachbarten Hopi fort, da die Navajo ihre Tiere häufig über deren Felder trieben.

Während die Navajo von Spaniern und Mexikanern relativ unbehelligt blieben, reagierte die US-Regierung mit rücksichtsloser Härte auf gelegentliche Überfälle der Indianer: Mitten im Bürgerkrieg fanden die Truppen der Nordstaaten 1863 noch Zeit zu einem Vernichtungsfeldzug, bei dem die Navajo besiegt und in ein 65o km entferntes <u>Reservat bei Fort Sumner</u> in New Mexico verbannt wurden (Details dazu im Kapitel "Geschichte").

Nachdem ihnen die amerikanische Regierung 1868 die Rückkehr erlaubt hatte, fanden sie ihr Land verwüstet vor, ihre Lebensgrundlagen waren zerstört. Nur mit äußerster Anstrengung konnten die Navajo den Neubeginn schaffen. Aufgrund der zweideutigen Reservatspolitik der US-Regierung erfolgte ihr Überlebenskampf bis zum heutigen Tag allerdings immer wieder auf Kosten ihrer Nachbarn, der Hopi (siehe oben).

Neben der unvermeidlichen Übernahme amerikanischer Kulturelemente haben die Navajo viele ihrer <u>Traditionen</u> erhalten. Neben religiösen Zeremonien fällt dabei vor allem die eigentümliche Form ihrer Behausungen ins Auge: Die sogenannten "<u>Hogans</u>" bestehen aus Balken und Zweigen, die mit Erde und Lehm abgedichtet werden. Das runde Gebäude besitzt neben seiner Wohnfunktion auch zeremoniellen Charakter. Der Eingang ist immer nach Osten gerichtet, der aufgehenden Sonne entgegen. Ein neuer Hogan wird durch ein ausführliches Ritual eingeweiht, in seinem Innern herrschen vorgeschriebene Verhaltensweisen für Männer und Frauen. Stirbt ein Mensch darin, so wird der Hogan endgültig verschlossen und dient als Grab.

Der Stamm der Navajo ist <u>matriarchalisch</u> organisiert: Die Frau besitzt den Hogan, das Land und das Vieh, während der Mann nur über seine persönlichen Gegenstände verfügt. Junge Männer gehören bis zur Heirat zur mütterlichen Familie. Auch die traditionelle Scheidung erfolgt auf Initiative der Frau, die die Habe des Mannes einfach vor die Tür stellt und ihm so bedeutet, daß er zur Familie seiner Muter zurückzukehren hat.

Den Kontakt zur amerikanischen Umwelt bilden für die einfachen Indianer seit dem 19. Jahrhundert die "trading posts", wo sie vor allem die Produkte ihres Kunsthandwerks gegen Geld oder andere Waren eintauschen (Details zur Funktion dieser Handelsplätze siehe Seite 214). Beliebt bei Nachbarn und Besuchern sind neben dem hervorragenden Silberschmuck der Navajo vor allem ihre Wolldecken, die mit einer ungeheuren Vielfalt an bunten Mustern hergestellt werden.

APACHEN

Ähnlich wie die Navajo sind die Apachen erst relativ spät in den Südwesten eingewandert, sie kamen aus Alaska und dem nordwestlichen Kanada. Die verschiedenen Stämme suchten sich ihren Lebensraum je nach Jahreszeit zwischen der Prairie und dem Bergland des südlichen New Mexico und Arizona. Sie ernährten sich von allem, was ihnen das Land bot - Bisons, Kakteen, Agaven, Beeren und Wurzeln. Ihre Behausungen waren der nomadischen Lebensweise angepaßt: entweder mit Bisonhaut überzogene Stangenzelte ("tipis"), die leicht transportierbar waren, oder kugelförmige Hütten aus Zweigen, Häuten und Erde ("wickiups"), die vor allem vor der winterlichen Kälte schützten.

Die Apachen kannten wie niemand sonst die einsame Bergwelt, in der sie selbst unter schwierigsten Bedingungen überleben und sich dem Zugriff anderer entziehen konnten. Schon von klein auf übten sie ihre Ausdauer, Widerstandsfähigkeit und Kampfkraft. Jungen und Mädchen schossen mit Pfeil und Bogen und lernten das Reiten ohne Sattel, so daß im Ernstfall auch Frauen die Verteidigung ihres Stammes übernehmen konnten.

Dieser Ernstfall trat immer häufiger ein, nachdem sich im 17. Jahrhundert durch die Ausbreitung der Spanier der Lebensraum für alle Indianer im Südwesten eingeengt hatte. Nachdem die Kolonisatoren vergeblich versucht hatten, die Apachen zu bekehren, begannen sie mit einer Kampagne der Ausrottung und Versklavung. Auf diese Bedrohung sowie auf die damit einhergehende Verkleinerung ihrer Jagdgründe reagierten die Apachen mit Überfällen auf Dörfer und Rancher, wobei sie sich auf den Diebstahl von Pferden und Vieh spezialisierten.

Da es weder den Spaniern noch später den Mexikanern gelang, die Apachen endgültig zu unterwerfen, verlegten sie sich darauf, den Konflikt zwischen den Indianern zu schüren und die Apachen als die eigentlichen Feinde der Pueblo-Indianer hinzustellen. So stammt denn auch der Begriff "apache" aus der Zuni-Sprache und bedeutet 'Feind'.

Nach Übernahme des Südwestens durch die USA bekam die Armee den Auftrag, dem freien Umherziehen der Apachen und ihren Überfällen ein endgültiges Ende zu bereiten. Die Apachen wurden aufgefordert, sich in Reservaten einzufinden und dort seßhaft zu werden. Einige Stämme versuchten dies auch; ihre nomadischen Traditionen sowie die katastrophalen Zustände in den Reservaten ließen sie jedoch immer wieder die Flucht ergreifen. Das 1871 eingerichtete Reservat San Carlos im Südosten Arizonas diente als eine Art Internierungslager für verschiedene Stämme und galt als der tristeste Ort im gesamten Apachen-Land (vergl. dazu auch Seite 275).

Zur Durchsetzung ihres Anspruchs führte die US-Armee einen fast dreißig Jahre dauernden Vernichtungsfeldzug gegen die Apachen, der erst 1886 mit der endgültigen Niederlage des Häuptlings Geronimo und seiner stark dezimierten Truppe endete (Ausführliches zum Verlauf der Apachen-Kriege im Kapitel "Geschichte"). Konsequenz war die Ausrottung eines großen Teils dieses Volkes und die Verbannung der verbliebenen Stammesmitglieder in ein Reservat in Florida. Wer dort das ungewohnte Klima und die auftretenden Krankheiten überstanden hatte, durfte 1914 nach Arizona und New Mexico zurückkehren. Dort warteten vier Reservate auf die verschiedenen Stämme, die noch heute dort leben.

Zum Glück für die Heimkehrer interessierte sich im 2o. Jahrhundert niemand ernsthaft für die abgelegenen Reservate, die sich nur bedingt für die Viehzucht eignen und wo es keine bedeutenden Rohstoffvorkommen gibt. Dafür sind sie landschaftlich von ausgesprochener Schönheit, was sich die Apachen in den letzten Jahrzehnten zunutze gemacht haben: Teile ihres Landes stellen sie für touristische Aktivitäten zur Verfügung und sichern sich damit ein relativ gutes Auskommen. Vor allem das Reservat White Mountains im östlichen Arizona sowie die Reservate der Mescalero- und Jicarilla-Apachen in New Mexico sind heute beliebte Ziele für Wanderer, Angler und Skiläufer.

PIMA / PAPAGO

Beide Stämme leben im südlichen Arizona und sind vermutlich Nachfahren der präkolumbianischen Hohokam-Kultur. Im 17. Jahrhundert hatten sie intensiven Kontakt mit den jesuitischen Missionaren um Padre Kino, der von Mexiko aus in das Gebiet vordrang und zu den Indianern ein relativ freundschaftliches Verhältnis entwickelte (vergl. dazu auch Seite 315).

Während sich die Pima den Bekehrungsversuchen widersetzten, akzeptierten die Papago Teile der christlichen Religion und lebten in und um die Missionsstationen. Als die Jesuiten Ende des 18. Jahrhunderts vom Papst entmachtet wurden und Amerika verlassen mußten, blieben die Papago mit ihrer neuen Religion zunächst sich selbst überlassen. Als sich katholische Geistliche Jahrzehnte später erneut mit der Missionierung der Indianer im südlichen Arizona befaßten, fanden sie bei den Papago einen Glauben vor, der eine selbständige Entwicklung genommen und christliche mit indianischen Elementen vermischt hatte. Als "Sonoran Catholic Church" ist er noch heute eine institutionalisierte und anerkannte Form des Katholizismus.

Pima und Papago lebten traditionell in winzigen Siedlungen, die eine Familie oder einen Clan beherbergten. Es existierte keine Stammes-Hierarchie, die einzelnen Dörfer waren unabhängig voneinander. Sie trieben eine produktive Form der Landwirtschaft, indem sie die Bewässerungskanäle der präkolumbianischen Hohokam verwendeten. Überschußreiche Ernten von Mais und Bohnen ermöglichten ihnen einen relativ hohen Lebensstandard. Mit der Übernahme ihres Landes durch die USA begann jedoch ihr wirtschaftlicher Abstieg: Siedler und Goldsucher beanspruchten Teile des Landes, und die US-Regierung wies den Indianern Reservate zu, wo ihre landwirtschaftlichen Möglichkeiten bereits stark eingeschränkt waren.

Verschärft wurde die Situation im 2o. Jahrhundert mit dem Bau von Staudämmen am Gila-River. Das Wasser, das einst den Indianern zur Verfügung stand, wurde abgeleitet in die Städte und auf die Farmen der Weißen. Während man anderswo die Indianer zu einer seßhaften Lebenweise zwang und sie auf unfruchtbarem Boden zur Landwirtschaft anhielt, zerstörte die Bewässerungs-Politik im südlichen Arizona eine funktionierende Ackerbau-Kultur und überließ die Ureinwohner des Landes den Folgen der Trockenheit.

Da die Mehrzahl der Pima- und Papago-Reservate im sogenannten "Golden Corridor" zwischen Phoenix und Tucson liegt, ergibt sich für die Indianer gegenwärtig eine paradoxe Situation: Einerseits steigt der Wert ihres ansonsten wenig brauchbaren Landes in ungeahnte Höhen, was ihnen ein finanzielles Überleben in der amerikanischen Gesellschaft sichern könnte; andererseits würde der Verkauf des Landes eine Auflösung ihres Stammeszusammenhangs bedeuten und damit ihr kulturelles Überleben gefährden. Wie andere Stämme auch stehen die Pima und Papago heute vor dem schwierig zu lösenden Konflikt zwischen Tradition und Fortschritt.

UTE / PAIUTE

Die beiden Stämme bevölkerten bis ins 19. Jahrhundert große Teile der Staaten Utah und Colorado. Als Halbnomaden lebten sie vom Jagen und Sammeln sowie von rudimentären Formen des Ackerbaus. Eine übergreifende Stammesorganisation existierte nicht; in kleinen, unabhängigen Gruppen zogen sie durchs Land und sicherten sich ein karges Dasein. Kontakt zu anderen Indianerstämmen des Südwestens bestand nur sporadisch, und auch die Spanier drangen kaum in das Gebiet der Ute und Paiute vor.

Erst als Mitte des 19. Jahrhunderts die Mormonen und andere amerikanische Siedler nach Utah und Colorado kamen, gerieten die Indianer unter Druck: Die Weißen bemächtigten sich des Landes und der wenigen Wasservorräte, so daß sich die Ureinwohner entweder in schwer zugängliches Gebiet zurückziehen oder am Rande der neuen Siedlungen versuchen mußten, ihr Überleben zu sichern. Widerstand kam wegen der isolierten Positionen der einzelnen Gruppen und Familien nur selten auf.

Die wenigen hundert Überlebenden dieser unspektakulären, aber dennoch wirkungsvollen Form der Verdrängung und Ausrottung befinden sich heute in kleinen Reservaten im Südwesten Colorados und im Süden Utahs.

INDIANERPOLITIK DER US-REGIERUNG

Mit der Entwaffnung der Apachen und der Gefangensetzung ihres legendären Häuptlings Geronimo war 1886 die endgültige militärische Niederlage der Indianer sowohl im Südwesten als auch im restlichen Nordamerika besiegelt (Ausführliches zu den Feldzügen gegen die Indianer in Arizona und New Mexico im Kapitel "Geschichte"). Fortan nahmen sich vorwiegend die Politiker der "Indian Affairs" an; die Konsequenzen für die Indianer waren jedoch kaum weniger schlimm. Ihre Geschichte im 2o. Jahrhundert ist die Fortsetzung des Leidensweges, der mit der Eroberung des Westens begonnenen hatte. Der "Amerikanische Traum" blieb weiterhin ein "Indianischer Alptraum".

Bis Ende des 19. Jahrhunderts hatte sich das System der Reservate im gesamten Westen der Vereinigten Staaten durchgesetzt. Damit wollte die US-Regierung die ständigen Feindseligkeiten zwischen Siedlern und Indianern reduzieren. Natürlich auf Kosten der Indianer, die man ihrer ursprünglichen Jagdgründe beraubte und zumeist in unbrauchbaren Landstrichen zusammendrängte (typisch z.B. die Situation im Apachen-Reservat von San Carlos/Arizona, siehe dazu Seite 275).

Doch um die Jahrhundertwende änderte sich die Indianerpolitik der Regierung: Assimilation an die amerikanische Gesellschaft war das neue Ziel. Die Reservate mit ihrer relativ selbständigen Kultur und Verwaltung sollten langsam aufgelöst werden, die Indianer am Ende eines 25-jährigen "Lernprozesses" die volle Staatsbürgerschaft erhalten. Um die Assimilation voranzutreiben, erklärte man die Indianer 1924 tatsächlich zu amerikanischen Staatsbürgern; Arizona und New Mexico verweigerten ihnen jedoch noch bis 1947 das Wahlrecht.

In der Praxis bedeutete das Assimilationsprogramm für die Indianer weitere massive Landverluste. Die Auflösung der Reservate ging nämlich einher mit der Zuordnung eines Landstücks von bestimmter Größe an jedes Individuum. Die jeweilige Fläche war jedoch so bemessen, daß nach Aufteilung unter alle Stammesmitglieder noch Boden übrigblieb. Diesen gab die Regierung frei zur Besiedlung durch Weiße.

Die unerfahrenen indianischen Grundbesitzer waren nun völlig auf sich allein gestellt und damit Spekulanten und skrupellosen Maklern ausgeliefert. Diese nahmen ihnen oft für lächerliche Summen einen großen Teil ihres Besitzes ab. Auf diese Art verloren die nordamerikanischen Indianer noch einmal zwei Drittel des Landes, das ihnen noch 1887 im Rahmen der Reservate gehört hatte.

Mit Präsident Roosevelts Politik des "New Deal" erfolgte ab 1934 eine erneute Umkehrung der amerikanischen Indianerpolitik. Inhalt verschiedener gesetzgeberischer Maßnahmen war die Rückkehr zum Stammeswesen in den Reservaten und die teilweise Rückgabe von Grund und Boden. Erstmalig galt für Indianer auch offiziell die Religionsfreiheit. Ab

1946 begannen langwierige Prozesse, bei denen es um Wiedergutmachung für über hundert Jahre Landverlust und Vertragsbrüche seitens der Regierung ging. Allerdings zogen nur wenige Stämme aus den langwierigen Rechtsstreitigkeiten einen Vorteil, die meisten gingen leer aus oder mußten sich mit minimalen Entschädigungssummen abfinden.

Im Verlaufe der Kommunisten-Hatz des Senators McCarthy machte die Indianerpolitik der USA noch einmal einen Salto Mortale: Das Leben in den Reservaten und Stammeseinheiten erinnerte die konservativen Eiferer zu stark an kommunistische Wirtschaftsformen, weshalb wieder einmal die Abschaffung der Reservate zur Debatte stand. Über 60 indianische Gemeinwesen löste die Regierung in jener Zeit auf.

Mit der Zunahme indianischer Proteste und selbstbewußter Aktivitäten erreichte die Politik in den sechziger Jahren einen Kurs, der bis heute relativ konstant geblieben ist: das Schlagwort heißt nun "Selbstbestimmung". Im Rahmen der Studentenproteste und der "Civil Rights" Bewegung jener Jahre verschafften sich auch die Indianer als Minderheit Gehör und pochten auf ihre Rechte. Sie verlangten und erreichten ein relativ großes Maß an Selbstverwaltung in den Reservaten, u.a. in den Bereichen Gesetzgebung, Rechtsprechung und Steuerpolitik.

INDIANER HEUTE

Trotz einiger Erfolge gehören die Indianer auch gegenwärtig noch zu den am schlechtesten gestellten Minderheiten in der amerikanischen Gesellschaft, und zwar sowohl in den Städten als auch in den meisten Reservaten. Ein wachsendes Selbstbewußtsein und eine eindrucksvolle Wiedergeburt ihrer Kunst und Kultur haben daran nicht viel ändern können.

Die Entdeckung zahlreicher Bodenschätze vor allem auf dem Gebiet der Navajo und der Pueblo-Indianer hat zwar kurzfristig einen Dollarstrom in die Kassen dieser Stämme gebracht, die negativen Dauerfolgen sind aber längst absehbar: Die indianischen Arbeiter in den Uran-Minen haben mit langfristigen gesundheitlichen und genetischen Schädigungen zu kämpfen, und die riesigen Abraumhalden in den Reservaten werden noch für Jahrhunderte ihre Strahlendosis an die Umwelt abgeben. Der Kohlebergbau frißt sich täglich tiefer in eine Landschaft, die den Hopi und Navajo als heilig gilt, und die darin eine Zerstörung ihrer kulturellen Identität sehen. Die dazugehörigen Kraftwerke blasen ungeheure Mengen an Abgasen und Asche in die Luft, die über dem Land der Indianer niedergehen.

Folgen des überall schwelenden Konfliktes zwischen Tradition und Fortschritt sind kulturelle Entwurzelung, Alkoholismus, Drogenkonsum und eine erhöhte Selbstmordrate. Die radikalen Kürzungen im Sozialhaushalt der US-Regierung während der achtziger Jahre haben die Situation noch weiter verschärft, Armut und Kindersterblichkeit haben bei vielen Stämmen deutlich zugenommen.

Trotz aller Schwierigkeiten entsteht allerdings derzeit der Eindruck, daß die Indianer mancherorts etwas auf dem Vormarsch sind. Ihre Zahl hat sich seit dem Niedrigststand um die Jahrhundertwende (250.000) wieder auf rund 1,5 Millionen erhöht. Auch wenn sie häufig noch in "Traditionalisten" und "Fortschrittler" zerstritten sind, versuchen viele, ihre Interessen nicht mehr bloß auf Stammesebene zu vertreten, sondern die Vereinzelung in einer pan-indianischen Bewegung zu überwinden, die auch Kontakte zu den benachbarten Stämmen in Mexiko und Kanada knüpft und mit ihnen gemeinsame Strategien entwickelt.

Eine Annäherung an die aktuellen Probleme der Indianer ist vor Ort am einfachsten über eines der indianischen Kulturzentren oder Museen. Dort erhält auch der nur kurz durchreisende Tourist einen informativen Einblick in Geschichte und Gegenwart der jeweiligen Stämme und kann bei tiefergehendem Interesse die entsprechenden Kontakte knüpfen.

GESCHICHTE

Indianer, Cowboys und Revolverhelden, Saloons, Postkutschen und Dampfloks - das historische Bild des amerikanischen Südwestens ist geprägt von Hollywood und Karl May. Mythos, Klischee und Wirklichkeit lassen sich nur schwer voneinander trennen. Doch selbst wenn man Fiktionen und Legenden beiseite läßt, bleibt die Geschichte des Südwestens ein spannendes, leider auch gewaltsames und blutiges Abenteuer.

SPANISCHE KONQUISTA

Erst die kuriose Irrfahrt einiger Eroberer erweckte das spanische Interesse an den Gebieten nördlich des bis dahin bekannten Mexiko: Teilnehmer einer gescheiterten Expedition an die Küste Floridas erlitten 1528 Schiffbruch in der Nähe der Mississippi-Mündung. Nur eine kleine Gruppe unter Führung von Alvar Nuñez Cabeza de Vaca konnte sich retten und fiel in die Hände von Indianern. Mehrere Jahre brachten die Überlebenden in deren Gewalt zu und verschafften sich im Laufe der Zeit Respekt als Medizinmänner.

Um wieder in Kontakt mit ihren Landsleuten zu kommen, arbeiteten sich die Spanier langsam gen Westen vor und durchquerten zu Fuß das heutige New Mexico und Arizona. Acht Jahre nach ihrem Schiffbruch erreichten sie die mexikanische Pazifikküste, wo sie auf eine spanische Siedlung trafen und über ihr unglaubliches Abenteuer berichteten.

Unterwegs hatten die Indianer ihnen von sieben reichen Städten erzählt, die etwas nördlich der von Cabeza de Vaca eingeschlagenen Route liegen sollten. In ihrer andauernden Suche nach El Dorado witterten die spanischen Kolonialherren in diesen "Sieben Städten von Cíbola" sofort den ersehnten Reichtum und rüsteten zwischen 1538 und 1542 auf dem Land- und Seeweg insgesamt acht Expeditionen aus.

Die meisten blieben entweder in den schwer zugänglichen Wüstengebieten stecken oder verloren sich an wenig attraktiven Küsten des Pazifik oder des Golfes von Mexiko. Lediglich Francisco Vásquez de Coronado erreichte 1540 mit seiner Truppe den Grand Canyon sowie die Siedlungen der Zuñi- und Hopi-Indianer. Zu seiner Enttäuschung erwiesen sich die "Sieben Städte" als einfache Adobe-Pueblos, in denen für die spanischen Ansprüche wenig zu holen war.

Das zunächst freundliche Verhältnis zu den Indianern kühlte schnell ab, nachdem die Konquistadoren auf der Abgabe von Gütern und Frauen bestanden. Einen ganzen Winter lang kam es zu kriegerischen Auseinandersetzungen, bei denen zahlreiche Pueblos zerstört wurden. Nach einigen Streifzügen gen Osten zogen sich die Spanier nach Mexiko zurück. Reichtümer hatten sie nicht erobert, dafür erlangten sie ausgiebige Kenntnisse über das nördliche Grenzland, welche die Mär von den "Sieben

Städten" begruben.

Erst um 1600 unternahmen die Spanier unter Führung von Juan de Oñate einen ernsthaften Siedlungsversuch, um eine dauerhafte Kolonie namens "Nuevo México" zu etablieren. Die Unterwerfung und Bekehrung der Indianer bereitete jedoch mehr Schwierigkeiten als erwartet, so daß sich nur wenige Siedler am Rio Grande niederließen. Immerhin wurde 1610 die Stadt Santa Fe gegründet.

In den folgenden Jahrzehnten konnten vor allem die Pueblo-Indianer in ein System von Abhängigkeit und Ausbeutung gepreßt werden, die sogenannte "encomienda". Sie mußten Tribute an Siedler, Staat und Kirche abliefern und sich den Bekehrungsversuchen der Mönche unterwerfen.

Nach sorgfältiger Vorbereitung und Zusammenarbeit zahlreicher Stämme kam es 1680 zu einem Aufstand: Die Pueblo-Indianer vertrieben die Spanier praktisch aus dem gesamten Land, zunächst konnte sich nur die Stadt Santa Fe halten. Doch auch diesen letzten Stützpunkt gaben die Spanier später auf und zogen sich nach El Paso zurück. Die Indianer zerstörten mit Häusern, Kirchen und Schriftstücken die Erinnerung an die Spanier; sie hatten sich mit ihrer Rebellion für mehr als ein Jahrzehnt eine vorübergehende Atempause erkämpft.

Erst ab 1690 traten die Spanier zur neuerlichen Eroberung an, wobei sie auf das ausbeuterische System der "encomienda" verzichteten. Die Besiedlung ging jedoch nur sehr schleppend voran, denn die Indianer zeigten sich weiterhin widerspenstig und schneller Reichtum oder gar das El Dorado waren nicht zu erwarten.

Kaum mehr als 20.000 Spanier lebten zu Beginn des 19. Jahrhunderts in der Kolonie "Nuevo México", die sich im übrigen auf die Landstriche entlang des Rio Grande beschränkte. Durch Kämpfe und eingeschleppte Krankeiten hatte sich die Bevölkerung der Pueblos dagegen auf 10.000 verringert. Die wahren Herrscher in weiten Teilen der Region blieben die nomadisierenden Indianerstämme der Apache, Comanche und Navajo, mit denen es immer wieder zu kriegerischen Zusammenstößen kam.

Ins heutige Arizona drangen die Spanier nur sporadisch vor, lediglich im Süden kam es zu Missionierungsversuchen durch den Jesuitenpater Kino (vergl. Seite 315). Auch die Entdeckung der ertragreichen Silbermine "Arizonac" führte nicht zu weiträumiger Besiedlung, gab dem Territorium jedoch seinen Namen.

Insgesamt blieb die Kolonie "Nuevo México" ein wenig bedeutender Außenposten des spanischen Weltreiches. Erst als die USA zu Beginn des 19. Jahrhunderts von Frankreich das "Louisiana-Territory" erwarben und einige militärische Expeditionen Richtung Westen aussandten, erlangte die Grenzprovinz für Spanien plötzlich strategische Bedeutung. In einem umfassenden Abkommen über strittige Territorien einigten sich die beiden Mächte 1819 auf den Verkauf der spanischen Kolonie Florida an die USA, wobei die Amerikaner auf ihre Anprüche in Texas und weiter westlich verzichteten.

MEXIKANISCHES INTERMEZZO

Die von 181o bis 1821 andauernden Unabhängigkeitskämpfe in Mexiko gingen an der nördlichen Kolonie am Rio Grande praktisch spurlos vorüber. Die Siedlungen und Missionen waren zu unbedeutend und zu weit entfernt, als daß sich eine der Parteien dafür interessiert hätte. Mit der Unabhängigkeit übernahm die mexikanische Republik die nördlichen Territorien, die Spanien sich noch 1819 im Vertrag mit den USA gesichert hatte.

Im Alltag der Siedler änderte sich jedoch kaum etwas. Wie zur Zeit der spanischen Herrschaft blieb die Nordprovinz des unabhängigen Mexiko eine wenig beachtete und kaum organisierte Region, besiedelt lediglich in einem schmalen Streifen entlang des Rio Grande. Die ständig wechselnden Regierungen in den ersten Jahren der mexikanischen Republik hatten dringendere Probleme, als sich um eine ihrer entlegensten Provinzen zu kümmern. Die von der Zentralmacht in Mexico City entsandten Gouverneure besaßen kaum Rückendeckung, kamen häufig in Konflikt mit den Interessen der einheimischen Siedler und konnten ihre Absichten nur selten in die Tat umsetzen.

Eine wesentliche Änderung ergab sich allerdings im wirtschaftlichen Bereich durch die Öffnung der Grenzen: Während die Spanier aus ihren Kolonien sämtliche fremden Kaufleute ferngehalten und die Siedler auf den ausschließlichen Handel mit dem Mutterland verpflichtet hatten, erreichten nun die ersten amerikanischen Händler die Hauptstadt der mexikanischen Nordprovinz auf dem sogenannten "Santa Fe Trail", vom Missouri aus durch Kansas nach Südwesten.

Während die ersten Trecks auf dem "Santa Fe Trail" noch große Felsbrocken aus dem Weg räumen mußten, verwandelte sich diese Route in den folgenden Jahren in einen häufig benutzten Handelsweg. Schon ab 1825 unterstützte die US-Regierung die Bemühungen der Kaufleute durch Markierung und Verbesserung des Trails sowie durch militärische Eskorten zum Schutz vor Indianerüberfällen. Später sollten sowohl die Eisenbahnlinie als auch die erste Überlandstraße in den Südwesten im wesentlichen dieser erprobten Route folgen.

In Santa Fe waren die Kaufleute bei den Mexikanern höchst willkommen. Sie brachten vor allem Kleidung und Stoffe aus den amerikanischen Manufakturen des Nordostens, die weitaus vielseitiger und billiger waren als einheimische Produkte. Trotzdem machten die Händler einen enormen Profit: Ihre Waren brachten in der Regel des Sechsfache des in den USA zu erzielenden Preises ein.

Während das Geschäft florierte, hatten zahlreiche Politiker im fernen

Washington bereits weiterreichende Visionen: Die mexikanischen Nordprovinzen mit ihrer administrativen und militärischen Schwäche boten sich nicht nur als Handelspartner an, sondern weckten die Begehrlichkeit einflußreicher Expansionisten.

"MANIFEST DESTINY"

Einen weitreichenden Schritt zur Eingliederung des gesamten Westens in die Vereinigten Staaten unternahm Präsident Thomas Jefferson schon kurz nach der Jahrhundertwende. Zwar hatte er bei seiner Amtseinführung 1801 betont, daß das damalige Territorium der USA für Tausende zukünftiger Generationen ausreichen würde, aber schon kurz darauf strebte er bereits eine kleinere Expansion an: Seine Ambitionen richteten sich auf New Orleans, bedeutsam als Handelszentrum und Exporthafen für die US-Staaten entlang des Mississippi.

New Orleans befand sich im "Louisiana Territory", einem weiten und unerforschten Gebiet zwischen Mississippi und den Rocky Mountains, damals von Frankreich beansprucht. Als Jeffersons Unterhändler sich 1803 bei Napoleon um den Verkauf der Hafenstadt bemühten, überraschte sie dessen Außenminister Talleyrand mit einem Gegenangebot: Für 15 Millionen Dollar würde Frankreich das gesamte "Louisiana Territory" an die USA abtreten.

Zwar existierten für dieses Gebiet keine exakten Grenzen, doch die Amerikaner griffen zu: Details ließen sich nachträglich regeln; die spanischen Ansprüche in diesem Gebiet wurden beispielsweise 1819 vertraglich geklärt (siehe oben). Mit einem Schlag und völlig unvorbereitet hatten die Amerikaner damit ihr bisheriges Territorium enorm nach Westen ausgedehnt und beinahe verdoppelt.

In Politik und Öffentlichkeit entstand daraufhin das politische Schlagwort von der "Manifest Destiny", der amerikanischen Bestimmung, die Nation bis an den Pazifik auszudehnen. Diese expansionistischen Bestrebungen traten nicht als bloße Machtpolitik auf, sondern wurden verbunden mit einem humanitären Sendungsbewußtsein: Der Rest des Kontinents sehne sich nach amerikanischer Freiheit und Demokratie, weshalb man berechtigt sei, gegen widerspenstige oder diktatorische Regierungen vorzugehen. Ab 1821 richteten sich derartige Äußerungen vorwiegend gegen Mexiko im Südwesten sowie die britischen Ansprüche im "Oregon-Territory".

Vereinzelte Vorstöße von Trappern und kleineren Truppenkontingenten Richtung Südwesten fanden bereits während der spanischen Kolonialzeit statt. Doch derartige Aktionen wurden nicht von der US-Regierung gedeckt, sondern hatten eher den Charakter halboffizieller Freibeuterei. Handgreifliche Ergebnisse brachten sie nicht.

Weitaus effektiver dagegen erwies sich die expansionistische Strategie in Texas. Mit Duldung Mexikos hatten sich dort ab 1821 amerikanische

Siedler niedergelassen, die zunehmend in Konflikt mit der Regierung gerieten. Dabei stand die Auseinandersetzung um die Sklaverei im Mittelpunkt, die in der mexikanischen Verfassung verboten war, auf die texanische Grundbesitzer aber nicht verzichten wollten.

DER MEXIKANISCH-AMERIKANISCHE KRIEG

Als die mexikanische Regierung ihren Standpunkt durchsetzen wollte, kam es 1836 zum militärischen Konflikt, den die rasch zusammengestellte Truppe der "Texas Rangers" unter Führung von General Sam Houston für sich entschied. Offiziell blieben die USA in diesem Konflikt neutral, doch Freiwillige und Material aus den Vereinigten Staaten trugen wesentlich zum Sieg der Texaner bei.

Mexiko fand sich grollend mit dem nun unabhängigen texanischen Staat ab und erkannte ihn später sogar offiziell an, unter der Bedingung, daß er auch in Zukunft selbständig bleiben müsse. Doch in den USA drangen viele Politiker auf Annexion. Als 1844 der Expansionist James Polk zum Präsidenten gewählt wurde, war die Einverleibung von Texas nur eine Frage der Zeit: Bereits ein Jahr später beschlossen die Parlamente in Washington und Texas die Angliederung.

Mit der Abspaltung von Mexiko und dem zehn Jahre später erfolgten Anschluß an die USA hatte Texas die Machtbalance im Südwesten des Kontinents kräftig verändert. Die mexikanische Regierung protestierte, und im Grenzgebiet kam es zu militärischen Zwischenfällen. 1846 erklärte Präsident Polk Mexiko den Krieg.

US-Truppen besiegten die mexikanischen Armeen am Rio Grande und in Nord-Mexiko, wobei Santa Fe praktisch ohne Gegenwehr eingenommen wurde. Die Marine besetzte wichtige Küstenstädte in Kalifornien, und 1847 eroberte ein Expeditionskorps Veracruz und die Hauptstadt Mexico City.

Im Waffenstillstandsabkommen von Guadalupe Hidalgo (2. Feb. 1848) mußte Mexiko sein gesamtes nördliches Territorium abtreten. Für 15 Millionen Dollar erhielten die USA ihre heutigen Bundesstaaten Texas, New Mexico, Colorado, Utah, Arizona, Nevada und Kalifornien. 1853 kauften sie für weitere 1o Millionen Dollar das ökonomisch wichtige Gebiet um Tucson im südlichen Arizona hinzu.

Beide Summen kamen nicht einmal der mexikanischen Staatskasse zugute, sondern verschwanden in obskuren Kanälen, vorwiegend im Privatvermögen des Generals und Präsidenten Santa Ana. Die Vereinigten Staaten jedoch hatten damit die "Manifest Destiny" realisiert und ihren Herrschaftsbereich bis an die Pazifikküste ausgeweitet.

In den folgenden Jahren verschafften sich noch radikalere Forderungen nach Ausweitung des US-Territoriums Gehör: Ganz Mexiko und große Teile Mittelamerikas standen auf dem Programm der Expansionisten. In den Grenzgebieten des Südwestens kam es sogar zu der einen oder anderen militärischen Aktion und zur Gründung "amerikanischer Kolonien" auf mexikanischem Staatsgebiet. In der Hoffnung auf spätere Unterstützung durch die US-Regierung zeichneten einzelne Abenteurer mit Privatarmeen dafür verantwortlich.

Noch waren die Mexikaner in der Lage diese isolierten Aktionen militärisch zu beenden. Fraglich bleibt allerdings, ob sie etwas hätten ausrichten können gegen den Plan des einstigen Generals und späteren Gouverneurs von Texas, Sam Houston: 1859 begann er damit, die Truppe der "Texas Rangers" auf über 1o.ooo Mann zu erweitern, um damit Mexiko zu erobern und in ein texanisches Protektorat zu verwandeln. Der Ausbruch des amerikanischen Bürgerkrieges machte jedoch Houstons Pläne zunichte und beendete sämtliche Spekulationen auf eine Erweiterung des südwestlichen Territoriums.

DER EXODUS DER MORMONEN

Kurz bevor die Vereinigten Staaten sich den mexikanischen Norden offiziell einverleibten, hatte eine Wanderungsbewegung begonnen, an deren Ende die Gründung des Staates Utah stehen sollte: Der Exodus der mormonischen Kirche und ihrer Anhänger ins "Great Basin", zwischen Rocky Mountains und Sierra Nevada.

Die Bewegung der "Church of Jesus Christ of Latter-day Saints" hatte ihren Ausgangspunkt im Osten der USA. Ihr Gründer, Joseph Smith, war unzufrieden mit den kirchlichen und sozialen Konflikten in seiner Zeit und glaubte, daß eine einheitliche kirchliche Organisation die politischen Geschicke des Landes in rechte Bahnen lenken könnte. Smith berichtete von der Entdeckung goldener Schriftplatten, auf denen ihm göttliche Vorsehung die Geschichte eines frühen Christentums in Amerika vermittelt hätte. Im "Buch Mormon" veröffentlichte er 183o diese Geschichte, die zugleich als Plattform für eine neue Glaubensrichtung diente.

Die Anhänger Smiths stießen auf starke Ablehnung innerhalb der amerikanischen Gesellschaft, vor allem wegen des Anspruchs, daß es nur eine einheitliche Kirche gäbe. Außerdem widersprachen die mormonischen Vorstellungen von ökonomischer Gleichheit und Verteilung von Überschüssen an die Schwächeren den Prinzipien des prosperierenden amerikanischen Frühkapitalismus.

Von Beginn an sahen sich die Mormonen daher einer aggressiven Verfolgung ausgesetzt: Sie mußten ihre ursprüngliche Heimat in New York verlassen und ließen sich vorübergehend in Ohio, später in Missouri und Illinois nieder. Ihr starker innerer Zusammenhalt weckte jedoch überall Mißtrauen, ihr wirtschaftlicher Erfolg schürte den Neid der Nachbarn.

Der Anspruch auf autonome Regelung ihrer politischen und sozialen Strukturen brachte die Mormonen außerdem in Gegensatz zur örtlichen

Regierung und Verwaltung, die sich mit der proklamierten kirchlichen Autorität in weltlichen Angelegenheiten nicht abfinden wollte. Die Kontroversen endeten regelmäßig mit der Vertreibung oder dem "freiwilligen" Abzug der Mormonen, die sich auf diese Weise auf einer beständigen Wanderschaft gen Westen und auf der Suche nach einer dauerhaften Heimat befanden.

Als Joseph Smith 1844 in Illinois verhaftet und kurz darauf von einer "Bürgerwehr" aus dem Gefängnis geholt und erschossen wurde, entschieden sich die Mormonen unter ihrem neuen Oberhaupt Brigham Young zum Exodus: Kleinere Expeditionen brachen nach Westen auf, um ein "gelobtes Land" zu finden, wo sie ungestört leben konnten. Texas, Kalifornien, Oregon und Kanada waren zunächst im Gespräch; Brigham Young und die Kirchenleitung entschieden sich jedoch für das praktisch unbevölkerte "Great Basin" westlich der Rocky Mountains.

Der Aufbruch aus Illinois begann 1846, kleinere Gruppen erreichten vorerst eine Zwischenstation am Missouri. Die ersten Planwagen trafen 1847 am Großen Salzsee ein. Von diesem Zeitpunkt an entwickelten sich die Mormonensiedlungen rasant: Noch im ersten Jahr kamen beinahe 2ooo Siedler, und als die USA 1848 das Territorium von Mexiko übernahmen, lebten bereits 4ooo Mormonen in ihrem "gelobten Land".

MORMONEN BESIEDELN UTAH

Innerhalb eines Jahrzehnts bauten die Mormonen Salt Lake City zur Hauptstadt aus und gründeten über hundert weitere Orte. Eine zentral organisierte Besiedlungspolitik ermöglichte dieses Ergebnis: Bereits erfahrene Glaubensbrüder wurden den jeweiligen Neulingen zugeordnet, die im Osten der USA und in Europa von Missionaren rekrutiert wurden. Viele der ersten Pioniere mußten immer wieder ihren Wohnsitz verlassen, um neue Orte zu gründen und den frisch eingetroffenen Siedlern den Weg zu weisen. Man achtete außerdem darauf, daß an jedem neuen Ort die wichtigsten Berufszweige ausreichend vertreten waren.

Entscheidungen aller Art traf die Kirchenführung unter Leitung von Brigham Young, die sich als Vertreter von Gottes Willen auf Erden verstand. Als ihr Territorium nach dem Krieg gegen Mexiko unter amerikanische Souveränität gefallen war, entschlossen sich die Mormonen zur Gründung eines Staates mit Namen "Deseret" und beantragten 1849 dessen offizielle Aufnahme in die USA.

Doch in Washington hatte man gewichtige Einwände: Das von "Deseret" beanspruchte Territorium umfaßte das heutige Utah und Nevada sowie große Teile der Nachbarstaaten, u.a. ganz Südkalifornien. Ein Staat mit einem Sechstel des damaligen Staatsgebiets der USA war den Bundespolitikern nicht geheuer, zumal dort Leute das Sagen hatten, deren fundamentalen Prinzipien sie ablehnend gegenüberstanden. Deshalb lehnte die Regierung in Washington den Staat "Deseret" ab und entschied sich zur Gründung eines "Utah-Territory" unter Bundesverwaltung. Damit war der Grundstein gelegt für einen Konflikt, der über vierzig Jahre andauern sollte: Die von der US-Regierung entsandten Beamten rieben sich an den Lebens- und Denkweisen der Bevölkerungsmehrheit und den straffen Organisationsformen der mormonischen Selbstverwaltung. Die Spannungen erreichten 1857/58 einen Höhepunkt, als Präsident Buchanan die US-Armee nach Utah schickte, um den Forderungen der Regierungsbeamten Nachdruck zu verleihen und die Mormonen zur Zusammenarbeit zu zwingen. Durch Aufstellung einer eigenen Miliz und Verlassen ihrer wichtigsten Städte bereiteten diese sich auf einen militärischen Konflikt vor.

Erst diplomatische Verhandlungen im letzten Augenblick vermieden den Einsatz der Waffen. Die Mormonen akzeptierten eine engere Zusammenarbeit mit den Regierungsstellen sowie die Stationierung von US-Truppen auf ihrem Gebiet. Außerdem sollten Nicht-Mormonen, die sich inzwischen ebenfalls in Utah niedergelassen hatten, mehr Rechte und Entfaltungsmöglichkeiten erhalten.

In den folgenden Jahrzehnten setzten die Mormonen die Besiedlung ihres "gelobten Landes" in großem Stil fort. Bis 189o schlossen sich rund 1oo.ooo Menschen der Sammlungsbewegung an, die meisten von ihnen kamen in einer langen und beschwerlichen Reise aus Europa nach Utah. Ein speziell gegründetes Unternehmen half bei der Finanzierung der Transatlantik-Reise, auf den Planwagenrouten existierten mormonische Versorgungsstationen, und später erreichten die Gläubigen ihr Ziel mit der Eisenbahn.

Das ständige Wachstum der mormonischen Gemeinde betrachteten Regierung und Öffentlichkeit der USA mit Argwohn. Eine Bewegung, die staatlicher Autorität reserviert bis feindlich gegenüberstand, wollte der expandierende Staat prinzipiell nicht dulden. Immer wieder brachen daher Streitigkeiten aus, die aus den jeweiligen Machtansprüchen von Staatsgewalt und kirchlicher Autorität resultierten.

In der Öffentlichkeit machte sich die Debatte vorwiegend fest an der Polygamie, durch die schon die ersten Mormonen um Joseph Smith bei ihren Nachbarn Ablehnung und Feindschaft erweckt hatten. 1862 erließ die US-Regierung ein Gesetz, das Bigamie untersagte. Wichtigere Probleme während und nach dem Bürgerkrieg verhinderten jedoch die strikte Durchsetzung, so daß sich die Mormonen in Utah weiterhin dazu bekannten oder die Polygamie heimlich praktizierten.

Ab 188o entschloß sich die US-Regierung zum harten Durchgreifen und wies die Territorialverwaltung in Utah an, Polygamisten zu verhaften und zu verurteilen. Gleichzeitig startete sie eine Offensive zur Einschränkung des mormonischen Einflusses, wobei sogar einige weltliche Institutionen der Kirche verboten und aufgelöst wurden. Bis 189o erreichte die Verfolgung ihren Höhepunkt, die Gefängnisse waren überfüllt, viele Gläubige mußten sich verstecken und agierten aus dem Untergrund.

Angesichts dieses Drucks entschlossen sich die Kirchenführer 1890 zu einer radikalen Kehrtwendung: Um die langfristige Existenz ihres Glaubens zu sichern, verzichteten sie offiziell auf den Polygamie-Anspruch und machten dem Staat weitere Zugeständnisse. Nach einer generellen Amnestie stand die Frage der Zulassung als Bundesstaat auf der politischen Tagesordnung: Nach einigem Hin und Her wurde Utah 1896 in die Union aufgenommen.

Zu dieser Zeit bekannten sich neunzig Prozent der Bevölkerung zum mormonischen Glauben, einige beharrten weiterhin auf der orthodoxen Praktizierung ihrer Religion. Auch im 20. Jahrhundert war die mormonische Kirche deshalb immer wieder Vorwürfen ausgesetzt, daß sie politisch zu mächtig wäre und Polygamisten in ihren Reihen duldete. (Ausführliches zur Rolle der Mormonen im heutigen Utah im Regional-Kapitel "Salt Lake City").

"WESTWARD HO!"

Trotz anfänglicher Euphorie im Anschluß an den mexikanisch-amerikanischen Krieg und trotz des Engagements der Mormonen in Utah ging die Erschließung der neuen Gebiete im Südwesten nur langsam voran. Während der Goldrausch in Kalifornien ab 1849 den Ansturm Hunderttausender von Menschen auf San Francisco und die Sierra Nevada verursachte, blieben die Regionen am Rio Grande und am Colorado River vergleichsweise unbeachtet.

Auch die Trecks der Goldsucher und Abenteurer kreuzten in der Regel nicht den Südwesten. Zwar war der "Santa Fe Trail" bis New Mexico ein erprobter und relativ sicherer Weg, weiter westlich jedoch begann die Durchquerung der Wüste. Versuche, bei Yuma einen regelmäßigen Fährverkehr über den Colorado River zu installieren, scheiterten mehrfach am Widerstand der dort ansässigen Indianer.

Die Goldsucher und Siedler wählten daher in ihrer Mehrzahl die zentrale Route über die Rocky Mountains nach Kalifornien, die ebenfalls beschwerlich war, dafür aber die Goldgräberstädte auf direkterem Wege erreichte. Der Versuch, von der Planwagen-Route des "California-Trail" eine Abkürzung durchs nördliche Utah zu etablieren, scheiterte an den widrigen Bedingungen in der Großen Salzwüste, wo die Tiere nichts zu fressen fanden und die Wagen im Boden versackten. Der sogenannte "Hastings-Cutoff", der auf der Landkarte rund 500 Kilometer zu sparen schien, erwies sich als nicht praktikabel.

Eines der Hauptprobleme der neuen Territorien bestand damit in der Anbindung an den Rest der Nation, deren große Wirtschafts- und Bevölkerungszentren Tausende von Kilometern weiter östlich lagen. Ab 1850 existierte eine Postkutschenlinie über Salt Lake City nach Kalifornien, die aber für die Erschließung des Südwestens kaum Bedeutung erlangte. Als weitaus wichtiger erwies sich ab 1858 die legendäre "<u>Butterfield Overland Stage Coach Line</u>" zwischen St. Louis und San Francisco. Sie durchquerte den Südwesten über El Paso, Tucson, Yuma und Los Angeles und hatte eine Gesamtlänge von über 4500 Kilometern.

Mehr als 100 Kutschen und 2000 Pferde hielten die Verbindung aufrecht. Gut drei Wochen dauerte die Fahrt, wobei etwa alle dreißig Kilometer die Pferde an den fest installierten Relais-Stationen gewechselt wurden. Die Transportbedingungen waren äußerst widrig: Von Straßen konnte auf großen Teilen der Strecke nicht die Rede sein, es ging einfach überland. Indianer überfielen die Stationen, Banditen die Kutschen, und Wegelagerer verlangten einen Durchfahrt-Zoll. Hinzu kamen Flußdurchquerungen sowie Schnee- und Sandstürme, welche die Fahrt endgültig in ein Abenteuer verwandelten.

Doch trotz dieser Hindernisse kam die Postkutsche in ihrer dreijährigen Geschichte nur selten zu spät. Das Personal an den Stationen hatte sich angewöhnt, die Uhr nach ihr zu stellen. Nach Ausbruch des Bürgerkrieges 1861 wurde die Route von der Zentralregierung in Washington jedoch aus dem Süden abgezogen und weiter nördlich neu eingerichtet.

Auf dieser Route durchs nördliche Utah operierte ab 1860 auch der "<u>Pony Express</u>", der zwischen St. Joseph, Missouri und San Francisco nur 9 Tage benötigte. Das Ablöse-System der Ponys funktionierte ähnlich wie bei den Kutschen, die Transportkapazität (zwei Satteltaschen) war jedoch minimal. Leichtgewichtige Jugendliche wurden als Reiter angeheuert. Ihre Geschicklichkeit beim Wechseln der Pferde war legendär: Im vollen Galopp warfen sie die Satteltaschen auf das bereitstehende frische Pferd und schwangen sich selbst von einem Tier aufs andere, ohne den Boden zu berühren.

Der Preis von 1 Dollar pro Brief deckte jedoch die enormen Unkosten nicht, so daß die Linie in den 18 Monaten ihrer Existenz keinerlei Gewinn einbrachte. Eine durchgehende Telegraphen-Verbindung von der Ost- zur Westküste warf den "Pony Express" 1861 endgültig aus dem Rennen.

Ein originelles Transportmittel für die schwer zugänglichen Landschaften des Südwestens erprobte die US-Armee mit ihrer "<u>Camel Brigade</u>". Sie importierte mehrere Dutzend Kamele aus Nordafrika, die auf der Wüstenroute durch Arizona nach Südkalifornien eingesetzt wurden. Die Kamele erwiesen sich als praktisch und zuverlässig, so daß die Armeeführung den Ankauf weiterer Tiere empfahl. Doch auch hier setzte der Bürgerkrieg einer Ausweitung des Experimentes ein abruptes Ende. Einige Kamele blieben im Besitz der Armee bis 1885. Als sie danach in der Wüste Arizonas freigelassen wurden, erschreckte ihr plötzlicher Anblick manch hartgesottenen Revolverhelden.

Keines dieser legendären Transportmittel war also von großer Dauer und konnte daher auch kaum zur Entwicklung des Südwestens beitragen. Als entscheidendes Hemmnis erwies sich der Bürgerkrieg, der zwar in dieser abgelegenen Region des amerikanischen Teritoriums keine größeren Verwüstungen anrichtete, durch den aber wirtschaftliche Entwicklung und Überland-Transport zum Erliegen kamen.

In den kriegerischen Auseinandersetzungen selbst spielte der Südwesten nur eine Nebenrolle. Die Bewohner waren in ihrer Mehrzahl noch spanisch-mexikanischer Herkunft und nahmen in dem Konflikt keine Partei. Zwar reklamierten die Konföderierten Arizona und New Mexico zunächst für sich, nach kleineren Gefechten jedoch eroberten die Unionstruppen den Südwesten. Sie nahmen die Südstaaten dadurch in eine strategische Zange, die am Ende einen bescheidenen Beitrag zum militärischen Sieg des Nordens leistete.

DIE TRANSKONTINENTALE EISENBAHN

Erst mit dem regelmäßigen Verkehr von Eisenbahnen ging die Entwicklung des Südwestens wieder vorwärts. Pläne für den Bau einer Eisenbahnlinie vom Atlantik zum Pazifik bestanden schon in den fünfziger Jahren, wobei sich zunächst eine Routenführung durch den Südwesten anbot, da diese ohne Überquerung der Rocky Mountains und der Sierra Nevada auskommen und aus diesem Grunde billiger sein würde. Vermessungstrupps machten sich auf, um die günstigsten Strecken zu erkunden.

Doch der amerikanische Kongreß befand sich in einer Pattsituation und konnte keine definitive Entscheidung herbeiführen: Die Südstaaten propagierten die südliche Verbindung, die Nordstaaten befürchteten dadurch eine Stärkung der Sklavenstaaten und bestanden auf einer zentralen Route.

Nach Ausbruch des Bürgerkriegs entschied sich Präsident Lincoln 1862 statt dessen für eine nördliche Verbindung, die von Omaha am Missouri bis nach Sacramento führen sollte. Die Staaten des Südwestens wurden dadurch lediglich im nördlichen Utah berührt. Zwei Unternehmen erhielten die Baulinzenz: Die Union Pacific von Osten aus und die Central Pacific ab Sacramento sollten ihre Schienenstränge zu einem gemeinsamen Treffpunkt vorantreiben.

Zur Finanzierung des gigantischen Unternehmens stellte die US-Regierung großzügige Kredite und Subventionen bereit. Für jeden fertiggestellten Kilometer kassierten die Gesellschaften eine festgelegte Summe, die etwa dem Doppelten der tatsächlichen Baukosten entsprach. Außerdem erhielten die Eisenbahnen entlang der Route riesige Ländereien, die sie nach Einrichtung der Bahnlinie mit enormen Profiten verkaufen konnten. Neben Geldern aus Washington ließen sich die Gesellschaften obendrein von den Bundesstaaten und den "counties" am Rande der Strecke subventionieren.

Bestechung sowie das Fälschen und Frisieren von Rechnungen waren außerdem an der Tagesordnung, so daß das gesamte Unternehmen gigantische Profite abwarf. Die vier Eigentümer der kalifornischen "Central Pacific" beispielsweise vermehrten ihr Anfangskapital von 1oo.ooo Dollar im Verlaufe ihrer Eisenbahngeschäfte auf rund 2oo Millionen. Die sogenannten "Big Four" avancierten damit zu den reichsten und mächtigsten Männern im gesamten Westen der USA.

DAS WETTRENNEN NACH UTAH

Am 1o. Mai 1869 machte ein bis dahin unbekannter Fleck auf der Landkarte von Utah Geschichte: In Promontory Point nördlich von Salt Lake City stießen die Bautrupps der "Union Pacific" und der "Central Pacific" aufeinander und verbanden den amerikanischen Kontinent zum ersten Mal mit einer durchgehenden Eisenbahnlinie.

Doch bevor es dazu kam, mußten die Schienenstränge erst einmal verlegt werden. Keine leichte Aufgabe angesichts der geographischen und klimatischen Verhältnisse. Außerdem galt es, die Konkurrenz so weit wie möglich auszubooten: Der Treffpunkt der beiden Linien war vom Kongreß zunächst nämlich nicht festgelegt worden; je schneller die jeweilige Gesellschaft also vorankam, desto mehr Kilometer-Subventionen und Landbesitz konnte sie kassieren. Ein erbittertes Wettrennen begann.

Zu Beginn besaß die "Union Pacific" einen veritablen Vorsprung, konnte sie doch ihre Schienen durch die leicht zugänglichen Ebenen der Great Plains legen. Die "Central Pacific" dagegen hatte gleich zu Beginn ihren schwersten Brocken vor sich, die Überquerung der Sierra Nevada. Die Verlegung der Schienen kam dort von 1863-67 nur im Schneckentempo voran. Monatelang dauerten die zahlreichen Tunnelgrabungen, während der Wintermonate erzielte man kaum Fortschritte.

Ein weiterer Nachteil für die kalifornische Gesellschaft bestand in der Entfernung zu den Industriezentren im Osten. Während die "Union Pacific" ihr Material auf eigenen Schienensträngen zu den Baustellen rollte, mußten die Kalifornier Schienen und Lokomotiven im Osten kaufen und auf dem Seeweg nach Sacramento schaffen.

Außerdem hatte die "Central Pacific" in der ersten Zeit mit einem enormen Arbeitskräftemangel zu kämpfen. Die Bewohner Kaliforniens zogen es vor, in den Gold- und Silberminen zu arbeiten, die höhere Löhne zahlten. Erst als die Gesellschaft in den Chinatowns von San Francisco und Sacramento Chinesen anwarb, war die Lösung gefunden. Die Chinesen arbeiteten willig, kannten keine Streiks und ließen sich mit niedrigen Löhnen abfinden. Werbetrupps der "Central Pacific" waren daraufhin sogar in China unterwegs, um Arbeiter anzuheuern.

Zeitweise schufteten über 1o.ooo Chinesen an der Strecke. Sie arbeiteten in Schichten rund um die Uhr, durchbohrten und sprengten den massiven

Granit der Sierra, transportierten tonnenweise Gestein in Schubkarren, kämpften im Winter gegen Kälte und Lawinen und starben zu Hunderten bei Arbeitsunfällen.

Im Winter 1867 hatten sie die Sierra überquert, und fortan verlegten sie in der Hochebene von Nevada und Utah die Schienen in einem Tempo, über das die vorwiegend irischen Arbeiter der "Union Pacific" nur staunen konnten. Einmal erreichten sie die Rekordmarke von 1o Meilen pro Tag. Das Wettrennen wurde dadurch wieder ausgeglichener, erst recht als die "Union Pacific" die Rocky Mountains erreichte. Jetzt hatte die Gesellschaft aus dem Osten das Gebirge vor sich, während die Kalifornier ihre große Hürde bereits übersprungen hatten.

Die "Big Four" aus Sacramento hatten auch aus den Konflikten mit den Sioux und Cheyenne gelernt, die der "Union Pacific" in der Prairie des Mittleren Westens das Leben schwer machten. Die Kalifornier erlaubten den Indianern das kostenlose Mitfahren auf Güterwagen und boten den Häuptlingen lebenslange Dauerkarten in den Reise-Waggons an. Aus diesem Grunde gab es im Bereich der Central Pacific keine Auseinandersetzungen und Verzögerungen durch Indianerüberfälle.

Auf dem Höhepunkt des kilometerfressenden Rennens um Landbesitz und Subventionen trafen sich die Vermessungs- und Planiertrupps beider Gesellschaften irgendwo im Norden Utahs. Doch da die jeweiligen Parteien auf ein schnelleres Vorankommen ihrer Gleisarbeiter setzten, entstand die groteske Situation, daß nun auf über 3oo km Strecke parallel gearbeitet wurde; jeder ebnete das Gelände für sich und baute eigene Dämme und Brücken.

Erst nach einem Machtwort von US-Präsident Grant einigten sich die Gesellschaften auf den endgültigen Treffpunkt Promontory Point. Dort trafen sich Anfang Mai 1869 die chinesischen Bautrupps der "Central Pacific" mit den irischen Arbeitern der "Union Pacific". Sechs Jahre nach Baubeginn war die transkontinentale Strecke fertiggestellt. Das kräftezehrende Wettrennen hatte in kürzester Frist ein Projekt realisiert, dessen Beendigung erst für 1876, zum hundertjährigen Bestehen der USA, vorgesehen war.

Die Eisenbahnbosse ließen es sich natürlich nicht nehmen, die letzte Schiene selbst zu verlegen. Mit einem silbernen Vorschlaghammer trieb Leland Stanford von der "Central Pacific" einen goldenen Nagel in die Schwelle. Ein Telegraph verbreitete die Nachricht im ganzen Land, in allen Städten der Vereinigten Staaten läuteten die Glocken, und die Menschen im Osten und Westen konnten plötzlich das bis dahin völlig bedeutungslose Utah auf der Landkarte identifizieren.

"SOUTHERN PACIFIC" UND "SANTA FE RAILROAD"

Die Fertigstellung der ersten transkontinentalen Linie war jedoch erst der

Anfang des Eisenbahn-Geschäfts im Westen. Die kalifornischen "Big Four" hatten sich rechtzeitig die Lizenz für eine Verbindung durch den Süden der Vereinigten Staaten gesichert. Wieder erhielten sie Subventionen und großzügige Landzuweisungen seitens der Bundesstaaten und der US-Regierung.

Die dafür gegründete "Southern Pacific" stand auf dieser Strecke durch Arizona, New Mexico und Texas in Konkurrenz zur "Texas Pacific", die ihre Geleise von Osten her verlegte. Doch die Erfahrung mit dem ersten Wettrennen brachte den "Big Four" und ihrer "Southern Pacific" immense Vorteile, so daß sie ihre Schienenstränge bis 1879 nach Tucson und ein Jahr später sogar nach El Paso vorantreiben konnten. Die langsamer arbeitende "Texas Pacific" mußte sich mit einem Treffpunkt gut hundert Kilometer östlich von El Paso zufriedengeben. Ab 1883 bestand damit eine direkte Verbindung von San Francisco über Los Angeles und den Südwesten nach New Orleans.

Parallel dazu arbeitete die "Santa Fe Railroad" an einer Streckenführung entlang des traditionellen "Santa Fe Trail", wobei Kansas City mit den Bevölkerungszentren am Oberlauf des Rio Grande verbunden werden sollte. Auch auf dieser Strecke hatte die US-Regierung mehrere Lizenzen vergeben, so daß es zeitweise zu erbitterten Auseinandersetzungen kam, die manchmal sogar mit Waffengewalt entschieden wurden. 1878 dampfte die erste Lokomotive über die Grenze nach New Mexico, zwei Jahre später war Santa Fe erreicht.

Da die "Santa Fe Railroad" keine Lizenz für eine direkte Route von New Mexico nach Kalifornien besaß, verlegte sie ihre Schienen über Albuquerque nach Süden, um bei Deming einen Anschluß an die "Southern Pacific" zu bekommen. Daß diese Verbindung 1881 zustande kam, ließ die Bosse jedoch nicht ruhen. Sie wollten ihre eigenen Schienen bis zum Pazifik und erwarben nach harten Verhandlungen schließlich doch noch die Lizenz für eine Route durchs nördliche Arizona.

Während sie die Schienen über Gallup und Flagstaff Richtung kalifornische Grenze verlegten, war jedoch auch die "Southern Pacific" nicht untätig und arbeitete sich von Los Angeles aus zur Grenze voran. Die "Big Four" wollten ihr Monopol in Kalifornien mit allen Mitteln verteidigen. In Needles trafen sich beide Gesellschaften 1883 und mußten erneut miteinander auskommen.

Innerhalb von nur wenigen Jahren hatten die verschiedenen Eisenbahngesellschaften durch ihre erbitterte Konkurrenz zahlreiche Schienenstränge durch den Südwesten verlegt, die der bis dahin so entlegenen Region eine Anbindung an die Großstädte im Osten und in Kalifornien verschafften. Damit waren New Mexico, Utah und Arizona wichtige Durchgangsstationen auf dem Weg nach Westen, und entlang der Bahnlinien wuchsen nach und nach kleinere Orte und Städte aus dem Boden.

PER EISENBAHN DURCH DEN WESTEN

Daß bei den Wettläufen um Subventionen und Grundbesitz nicht selten gewaltig geschludert wurde, bekamen die Fahrgäste auf den Strecken durch den Südwesten noch jahrelang zu spüren. Schienenstränge waren aufgrund der Eile nur provisorisch verlegt und hielten einer Dauerbelastung nicht stand. Entgleisungen waren keine Seltenheit. Ähnliches galt für Bahndämme und Brücken, deren Balken sich unter dem Gewicht der Züge bogen und gelegentlich auch zusammenkrachten. Ungewollte Aufenthalte und Verspätungen waren an der Tagesordnung.

Wer genügend Dollar in der Tasche hatte, wagte den Trip dennoch. In acht bis zehn Tagen ließ sich damals die Fahrt zwischen der Ostküste und Kalifornien realisieren. Umsteigen war nötig an den Treffpunkten der verschiedenen Gesellschaften, beispielsweise in Promontory Point in Utah. Da die Anschlüsse nicht ordentlich koordiniert waren, kam es dort immer wieder zu Wartezeiten. Auch das Umladen der gesamten Fracht brauchte seine Zeit.

Die Geschwindigkeit der Züge mußte sich dem Zustand der Geleise anpassen und schwankte zwischen 2o und 55 Kilometern pro Stunde. Zwar konnte nach Verbesserungen des Gleiskörpers schneller gefahren werden, doch wegen der notwendigen Stops an Bahnhöfen und Wassertanks verringerte sich die Gesamtfahrzeit in den ersten Jahrzehnten nur wenig.

Ein besonderer Grund für Verzögerungen lag in der Verpflegung der Fahrgäste, die zunächst nicht an Bord des Zuges serviert wurde. Stattdessen gab es entlang der Bahnlinien Stationen, an denen die Passagiere zu den Mahlzeiten aussteigen mußten. Je weiter man nach Westen kam, desto trostloser sahen diese Imbiß-Stätten aus, die die Bahngesellschaften teuer an Konzessionäre verpachteten. Diese versuchten ihrerseits ihr Monopol zu nutzen, so daß die Klagen der verwöhnten Bürger von der Ostküste über Service und Essen nicht verstummten.

Die "Santa Fe Railroad" zog aus den beständigen Beschwerden als erste die Konsequenzen und vergab eine Gesamt-Lizenz an ein einzelnes Unternehmen, das entlang der Linie eine Kette von Restaurants errichtete. Die "Harvey Houses" nahmen Bestellungen der Fahrgäste per Telegraph entgegen, und als die Züge eintrafen, war das Essen bereits gerichtet. "Harvey" rüstete später auch die ersten Speisewagen der "Santa Fe Railroad" aus.

Neben den Mahlzeiten existierten weitere Abwechslungen für die Passagiere: Es gab kleine Konzerte, und am Sonntag hielt ein Pfarrer in einem der Wagen Gottesdienst ab. Die weniger Gläubigen spielten Tag und Nacht Karten, Poker entwickelte sich zum beliebtesten Zeitvertreib während der langen Reise. Mit der Zeit stiegen auch Profi-Spieler ins Geschäft ein, die fast jeden Zug begleiteten und den naiven Fahrgästen das Geld aus der Tasche zogen.

Andere erfreuen sich an den grandiosen Landschaften des Westens und den riesigen Büffel- und Antilopenherden. Nicht selten mußte der Lokführer warten, bis eine Büffelherde den Schienenstrang überquert hatte und die Geleise freigab. In den ersten Jahren war es geradezu ein Sport, vom Fenster aus auf die Tiere zu schießen, die den Zug manchmal über mehrere Kilometer begleiteten.

Die Passagiere aus dem Osten waren natürlich besonders neugierig auf die Indianer. Vor allem im Abschnitt der "Central Pacific" machten die dort ansässigen Paiutes und Shoshones Gebrauch von ihrem Recht auf kostenlose Fahrten, das ihnen seinerzeit von den "Big Four" gewährt wurde. Doch so nah wollte man die Indianer dann auch wieder nicht bei sich haben, weshalb es bald zu Beschränkungen der indianischen Rechte kam: Am Ende durften sie nur noch im Gepäckwagen und auf Trittbrettern mitfahren.

Zugüberfälle der Indianer blieben die Ausnahme. Dagegen spezialisierten sich sehr bald weiße Räuberbanden in diesem Metier. Als sich Banditen wie Jesse James oder Dutch Charlie Burris zur Landplage entwickelten, ergriffen die Eisenbahngesellschaften strengere Schutzmaßnahmen und ließen wertvolle Sendungen von bewaffneten Truppts begleiten.

Die Transportbedingungen erwiesen sich je nach Geldbeutel als sehr unterschiedlich: In der ersten Klasse zahlten die Fahrgäste z.B. von Omaha nach Sacramento 1oo Dollar, in der zweiten Klasse war man mit 75 Dollar dabei. Eine Sonderkategorie bildeten die Einwandererzüge, die für 4o Dollar pro Person Neuankömmlinge aus Europa quer über den Kontinent verteilten. Dicht zusammengedrängt saßen dort die Fahrgäste auf Holzbänken, die Waggons oft angekoppelt an langsame Güterzüge, so daß die Fahrt doppelt so lange dauerte wie in den Personenzügen. Ein besonderes Geschäft für die Eisenbahngesellschaften bestand im Verkauf von Land an die Neuankömmlinge, denen im Westen das Paradies auf Erden versprochen worden war.

Ende des 19. Jahrhunderts reisten Werbetrupps der konkurrierenden Eisenbahnen durch Europa, die die Vorzüge der Neuen Welt anpriesen, um den riesigen Landbesitz der Gesellschaften an den Mann zu bringen. Ihre Propaganda stieß bei Hunderttausenden auf fruchtbaren Boden, die ihre Heimat verließen und sich am Ende der Reise oft genug einem trostlosen Landstück gegenübersahen. Aber ein Zurück gab es dann nicht mehr, die letzten Ersparnisse waren für Landkauf und Fahrkarte aufgebraucht. Ob sie wollten oder nicht, mußten sie zur Erschließung des amerikanischen Westens beitragen.

Die Besiedlung Arizonas, New Mexicos und anderer Bundesstaaten war in der zweiten Hälfte des 19. Jahrhunderts also zum großen Teil ein Werk der Eisenbahngesellschaften, die durch Anpreisung und Verkauf ihrer Ländereien das Geschäft des Jahrhunderts machten.

DER "LANGE MARSCH" DER NAVAJO

Nach Übernahme des Südwestens durch die USA eskalierten die Konflikte mit den Indianern. Zwar gab es bereits vorher Auseinandersetzungen zwischen weißen Siedlern und Ureinwohnern, doch die durch Postkutsche und Eisenbahn verursachte Zuwanderung übte verstärkten Druck auf die traditionellen Lebensräume der Indianer aus. Für den Verlust großer Teile ihres Landes hielten sie sich schadlos durch Überfälle auf Farmen und Siedlungen.

Um die Indianer besser kontrollieren zu können, entschloß sich die US-Regierung, sie in Reservaten zu konzentrieren. 1861 wurden die Navajo aufgefordert, sich in ein Gebiet im östlichen New Mexico zu begeben, das rund 5oo Kilometer von ihrer Heimat entfernt war. Als sie sich weigerten, marschierten Truppen ins Navajo-Gebiet ein.

Unter Führung des einstigen Trappers und späteren Oberst Kit Carson praktizierten die Soldaten eine Politik der verbrannten Erde: Felder der Indianer wurden zerstört, ihr Vieh konfisziert. Die Navajo zogen sich zurück in den Canyon de Chelly, einen ihrer geheiligten Orte. Dort jedoch saßen sie in der Falle, denn Carsons Truppen blockierten den Zugang, und die Indianer waren in dem wüstenartigen Gebiet von jeglicher Versorgung abgeschnitten.

Im Sommer 1864 mußten rund 8ooo Navajos kapitulieren. Niemals vorher oder nachher hatten US-Truppen so viele Indianer mit einem Schlag gefangennehmen können. Als "Langer Marsch" ging der erzwungene Weg ins Reservat in die Geschichte der Navajo ein. Viele von ihnen überlebten die Strapazen nicht.

Die Lebensbedingungen im Reservat waren kaum besser, so daß selbst ein kommandierender General der US-Armee bei seinem Besuch schockiert war. Er handelte mit den Indianern einen Vertrag aus, der ihnen die Rückkehr in ihre Heimat erlaubte, wenn sie sich zukünftig jeglicher Feindseligkeiten enthielten. Den Navajo blieb keine Wahl, ihr Wille zum Widerstand war gebrochen, und sie begruben das Kriegsbeil.

APACHEN-KRIEGE (I): COCHISE

Weitaus länger, nämlich mehr als ein Vierteljahrhundert, dauerte die Unterwerfung der Apachen, die als Nomaden im südlichen Arizona und New Mexico sowie im Norden Mexikos umherzogen. Auch sie hatten auf das spanische und mexikanische Eindringen in ihr Territorium mit Überfällen und Viehdiebstahl reagiert und befanden sich in einem beständigen Kleinkrieg mit Siedlern und Soldaten. Die mexikanische Regierung hatte sich 1837 zu einer Ausrottungspolitik entschlossen und eine Prämie auf jeden Apachenskalp ausgesetzt.

Zu einer ersten Konfrontation mit US-Ansprüchen kam es 1858 im Zuge der Einrichtung der "Butterfield Stage Coach Line". Die Postkutschenlinie beanspruchte die Durchfahrt über den Apache-Pass im südlichen Arizona. Dieser lag mitten in den Jagdgründen der Chiricahua-Apachen, in seiner Nähe befanden sich für die Versorgung wichtige Wasserstellen. Nach langwierigen Verhandlungen gestattete Chiricahua-Häuptling Cochise die Errichtung einer Postkutschen-Station am Apache-Pass.

Doch schon kurz darauf kam es zu kleineren Kontroversen, die im Laufe der Zeit eskalierten und den zunächst versöhnlich gestimmten Cochise auf den Kriegspfad trieben. Die Apachen praktizierten ihre bewährte Guerrilla-Taktik, überfielen Siedler und Postkutschen und zogen sich dann ins Gebirge zurück. 1862 machten sie den Fehler, sich am Apache-Pass einen offenen Kampf mit der US-Armee zu liefern, die die Stellungen der Indianer mit Hilfe von Kanonen aufrieb.

Cochise hatte aus der Niederlage gelernt und kehrte zurück zur alten Taktik der Überfälle und das Rückzugs. Damit setzte er den Weißen noch über ein Jahrzehnt lang zu. Alle Versuche, ihn zu fangen, blieben ohne Erfolg. Immer wieder verschwanden er und seine Krieger in den schwer zugänglichen Bergen, in denen sie jeden Stein und jeden Busch kannten. Die US-Armee war so hilflos, daß General Sherman ironisch bemerkte, daß man einen neuen Krieg mit den Mexikanern anzetteln sollte, damit diese Arizona wieder zurückerobern könnten.

Doch Cochise ließ sich von seinen Erfolgen nicht blenden. Er war realistisch genug, um zu sehen, daß immer mehr Weiße ins Land strömten, denen mit Überfällen auf Dauer nicht beizukommen war. 1872 erklärte er sich zu Verhandlungen bereit, deren Resultat die Chiricahua-Apachen akzeptierten: Sie durften ihre Waffen behalten und in einem Reservat auf ihrem Stammesgebiet verbleiben.

Cochise starb zwei Jahre nach dem Friedensschluß und konnte nicht mehr miterleben, daß das Leben im Reservat für die Apachen keine dauerhafte Alternative darstellte: Als Nomaden konnten sie sich nicht über Nacht an eine seßhafte Lebensweise gewöhnen, die Reservatsverwaltung machte ihnen das Leben zusätzlich schwer. Zu den Lebensbedingungen in den Apache-Reservaten des 19. Jahrhunderts vergl. Kapitel "San Carlos", Seite 275.

Kein Wunder, daß die Apachen immer wieder das Reservat verließen und auf Beutezug gingen. Zunächst beschwerten sich die Mexikaner über wiederholte Grenzübertritte, später verlangten auch die Siedler in Arizona Einschränkungen der Bewegungsfreiheit für die Apachen. 1876 löste die Regierung das Chiricahua-Reservat auf und verfrachtete die Bewohner in das restriktivere Reservat "San Carlos", wo sie mit weiteren Apachen-Stämmen zusammenleben mußten.

APACHEN-KRIEGE (II): GERONIMO

Einer jedoch ließ sich auf diesen "Umzug" gar nicht erst ein: der Apachen-

Krieger <u>Geronimo</u>. Er setzte sich rechtzeitig ab und verschwand in den Bergen der Sierra Madre im nördlichen Mexiko. Dort kannte er sich bestens aus, da sein ursprünglicher Stamm in dieser Gegend beheimatet war. Erst nachdem er seine Frau und drei Kinder bei einem Massaker der mexikanischen Armee verloren hatte, war Geronimo zu den Kriegern von Cochise gestoßen und hatte mit diesen zehn Jahre lang das südliche Arizona unsicher gemacht. Für das kommende Jahrzehnt sollte er zum Alptraum für die amerikanische Armee werden.

Obwohl er gleichzeitig nie mehr als hundert Krieger zur Verfügung hatte, machte er den Norden Mexikos und den Süden Arizonas unsicher. Lediglich einmal ließ er sich fangen, nur um kurz darauf wieder aus dem Reservat zu verschwinden. Mehrfach handelte er mit seinen Verfolgern die freiwillige Rückkehr aus, doch lange hielt es ihn nie in den miserablen Zuständen des Reservats. Problemlos rekrutierte Geronimo unter den unzufriedenen Bewohnern eine neue Truppe und verschwand wieder in den Bergen.

Geronimos Überfälle diesseits und jenseits der Grenze veranlaßten Mexiko und die USA sogar zu einem gemeinsamen Abkommen, das den wechselseitigen <u>Grenzübertritt regulärer Truppen</u> bei der Apachen-Verfolgung gestattete. Doch auch durch diese Maßnahme konnte Geronimo nicht gefaßt werden. Erst der Einsatz <u>indianischer Scouts</u> führte die US-Truppe näher an das Rückzugsgebiet des Apachen-Häuptlings in der mexikanischen Sierra Madre heran.

1884 handelte Geronimo mit <u>US-General Crook</u>, seinem langjährigen Verfolger, einen Frieden aus. Er kehrte freiwillig ins Reservat zurück, wobei er zahlreiche Zugeständnisse für sich und seine Krieger erlangte. Doch dort brachen erneut Spannungen aus, so daß Geronimo wiederum verschwand.

Die Armee setzte nun alles daran, um die Indianer endgültig zu unterwerfen. Zunächst wurde die Mehrzahl der Reservat-Apachen nach <u>Florida</u> transportiert, um Geronimo von seiner Familie und seinem Stamm zu isolieren. Danach marschierten rund <u>5000 Soldaten</u> über die mexikanische Grenze, um die Jagd auf die knapp fünfzig verbliebenen Apache-Krieger zu beginnen. In den Bergen der Sierra Madre installierten sie eine Art Telegraphen-System, das die Kommunikation der Truppenteile erleichtern sollte. Wasserstellen und strategische Pässe blieben dauerhaft besetzt. Irgendwie mußte sich Geronimo in diesem Netz verfangen.

Doch der bewegte sich und seine Krieger schneller und unvorhersehbarer denn je durch das Gebirge. Zwischenzeitlich tauchte er sogar wieder in Arizona auf. Die Armee konnte den Häuptling einfach nicht fassen. Deshalb entschloß man sich zu einem Verhandlungsangebot: Langfristig hatten die Gejagten keine Überlebenschance, und das mußte auch Geronimo einsehen. Man bot ihm Straffreiheit und eine Zusammenführung mit seinem Stamm in Florida an.

Der damals 57jährige Häuptling hatte seine letzte Kraft in der endlosen Flucht verausgabt, ließ sich auf die Bedingungen ein und begab sich 1886 freiwillig in die Gewalt seiner Verfolger. Nach über 25 Jahren war damit der Widerstand der Apachen endgültig gebrochen, mit Geronimo hatte der letzte bedeutende nordamerikanische Indianerhäuptling seinen Kampf gegen den Weißen Mann eingestellt.

Wahrscheinlich war er nicht einmal überrascht, daß er entgegen den Absprachen doch für zwei Jahre ins Gefängnis gesteckt wurde. Zu oft hatten die Weißen ihre Verträge und Zusicherungen gegenüber seinem Volk gebrochen. 1894 kamen er und die verbliebenen Chiricahua-Apachen in ein Reservat in <u>Oklahoma</u>, wo die meisten binnen kürzester Zeit erkrankten und starben. Geronimo lebte bis 1o09, gelegentlich bei nationalen Feierlichkeiten in Washington vorgeführt als Symbol für die Unterwerfung der Indianer. Die Wildnis und die vertrauten Berge seiner Heimat hat er nie wiedergesehen.

VIEHZÜCHTER UND COWBOYS

In der zweiten Hälfte des 19. Jahrhunderts entwickelte sich Texas zum Zentrum des "<u>cattle empire</u>", doch auch weiter westlich spielte die Viehzucht eine beachtliche Rolle. Die "Maxwell Ranch" im Nordosten von New Mexico besaß beispielsweise zehntausend Rinder, die "Aztec Cattle Company" in Arizona sogar über sechzigtausend.

In nur zwei Jahrzehnten, von 1865 bis 1885, breiteten sich die Viehzüchter praktisch über den gesamten Westen aus. Die Rinder grasten auf den endlosen Weiden der Prairie und in den Flußtälern, die öffentliches Eigentum waren, und für deren Nutzung niemand zu zahlen hatte. Als größtes Hindernis erwiesen sich in den Anfangsjahren die riesigen <u>Büffelherden</u>, deren Ausrottung folglich mit erbarmungsloser Konsequenz und in kürzester Zeit betrieben wurde (Details dazu im Kapitel "Natur und Umwelt").

Ihren größten <u>Boom</u> erlebte die "cattle industry" von 188o bis 1885. Ein neugeborenes Kalb, gekauft für 5 Dollar, mußte nur auf den öffentlichen Grasflächen aufgezogen werden und brachte am Ende auf den großen Viehmärkten bis zu 45 Dollar. An Unkosten fielen lediglich Löhne und Verpflegung der Cowboys an. Ein Bombengeschäft also, bei dem viele Rancher aus dem Südwesten gewaltige Reichtümer anhäuften.

Investitionen kamen aber auch von Unternehmern aus dem Osten der USA, und selbst britische Geschäftsleute legten damals fast 5o Millionen Dollar in Rindviechern an. Das Wort von der "beef bonanza" ging um und bewirkte einen Rausch, vergleichbar mit dem Goldfieber von Kalifornien oder Alaska.

Die Konkurrenz der Viehzüchter untereinander sowie mit Farmern und Schafzüchtern führte im Laufe der Zeit zu einem Anwachsen von Konflikten. Schafe fraßen das Gras so kurz, daß es für die Rinderzucht nicht mehr brauchbar war, Bauern beschwerten sich über das Eindringen der Tiere in ihre Felder. Der Kampf um Weideflächen auf öffentlichem Land eskalierte, die Streitigkeiten endeten oft genug in Schießereien, Mord und Totschlag. In einem Fall fesselten Cowboys eine Gruppe von Schafhirten und erschlugen mehr als achttausend Schafe mit Knüppeln.

Viele zogen daraus die Konsequenz und zäunten ihre Felder und Weiden ein, was die Spannungen jedoch nur verschärfte. Da jeder Rancher die Landnahme gemäß seiner Interessen vornahm, brachte ihn dies in ständigen Gegensatz zu seinen Nachbarn. Das Niederreißen von Zäunen und deren gewaltsame Verteidigung gehörten fortan zum Alltag. Auf öffentlichem Land war die Einzäunung sowieso illegal, und die amerikanische Regierung erließ immer schärfere Gesetze gegen das "fencing". Doch Washington war weit und die Profite so hoch, daß sich die Viehzüchter kaum darum kümmerten.

Das größte Ereignis für Viehzüchter und Cowboys bestand in den großen Viehtrieben, den "long drives". Schon um 185o trieben Cowboys Tausende von Rindern quer durch New Mexico und Arizona nach Kalifornien, wo der Goldrausch eine enorme Nachfrage nach Fleisch geschaffen hatte. Später verliefen die großen Trails vor allem von Süd nach Nord, von den Weiden in Texas zu den Verladebahnhöfen entlang der transkontinentalen Eisenbahnlinien. Eine der bedeutendsten Routen, der "Goodnight-Loving Trail", führte durch den Osten New Mexicos nach Denver in Colorado und Cheyenne in Wyoming.

Eine durchschnittliche Herde bestand aus etwa zweitausend Rindern, ein Dutzend Cowboys war unter günstigen Bedingungen in der Lage, sie unter Kontrolle zu halten. Die Herden kamen nur langsam voran, etwa 15-2o Kilometer pro Tag. Für einen Viehtrieb auf dem "Goodnight-Loving Trail" quer durch New Mexico bis zur Bahnstation in Denver benötigten die Cowboys rund drei Monate.

Doch nicht selten kam es zu unerwünschten Zwischenfällen, die mit dem Verlust einzelner Rinder oder ganzer Herden endeten: Überfälle von Indianern oder Viehdieben; Flüsse, die reißendes Hochwasser führten; Sandstürme, extreme Trockenheit und Wassermangel; Prairiebrände und Schneestürme. Am meisten fürchteten die Cowboys die sogenannten "stampedes", panikartige Ausbrüche einer ganzen Herde, die dann praktisch nicht mehr zu kontrollieren war.

Die großen Viehtriebe prägten auch den Mythos vom Cowboy, dem einsamen und rastlosen Helden und Einzelgänger, der selbst die größten Schwierigkeiten mit Bravour bewältigt. Doch die Wirklichkeit sah weniger glorreich aus: Die Cowboys waren schlecht bezahlte Angestellte der Ranch und mußten die Erhöhung ihrer kargen Löhne häufig genug durch Streiks erkämpfen. Zeitgenossen berichten, daß kaum ein Arbeiter in Amerika so hart arbeiten mußte und so schlecht bezahlt wurde wie der Cowboy.

Vor allem die Viehtriebe wurden zur Tortur. Monatelang saßen die Cowboys im Sattel, kaum geschützt vor glühender Sonne, Regen oder eisiger Kälte. Schmutzig, müde und hungrig erreichten sie in der Regel ihr Ziel. Kein Wunder, daß sie am Ende solcher entbehrungsreichen Monate große Teile ihres Lohns in Saloons und Freudenhäusern verpraßten. Kaum einer brachte es unter diesen Umständen zu mehr Besitz als einem Pferd und einem Gewehr, beides existentielle Voraussetzungen für die Ausübung seines Berufes.

DER "WILDE WESTEN"

Noch aus spanischer und mexikanicher Zeit rührte eine relativ gefestigte Sozialstruktur im Südwesten. Vor allem in den Siedlungen am Rio Grande verlief das Leben in ruhigen Bahnen und war geleitet vom katholischen Glauben der meisten Bewohner. Doch der Zustrom anglo-amerikanischer Siedler, Abenteurer und Glücksritter beendete das beschauliche Leben in New Mexico und Arizona und bereitete den Boden für Zustände, in denen für einige Jahrzehnte das Gesetz des Stärkeren vorherrschte. Gründe für Spannungen und Rivalitäten gab es genug:

Die hispanischen Siedler hatten zwar schon seit Generationen ihr Land bestellt, besaßen jedoch keine offiziellen Titel auf ihren Besitz, das ihnen folglich US-amerikanische Zuwanderer streitig machten. Das Territorium wurde von Washington aus verwaltet, so daß Entscheidungen bei Streitfällen kaum gefällt wurden oder ewig auf sich warten ließen.

Traditionell grasten auf den Weiden des Südwestens hauptsächlich Schafe, der "cattle-boom" der achtziger Jahre jedoch veranlaßte viele Neuankömmlinge zur Rinderzucht. Die Interessen prallten aufeinander, einige Rancher gingen dazu über, öffentliches Land einzuzäunen, um die Schafe herauszuhalten. Aus dieser Maßnahme folgten regelrechte Familienfehden, die in der Ausrottung ganzer Herden und in Schießereien zwischen den verfeindeten Gruppen kulminierten. Ähnliche Auseinandersetzungen ergaben sich aus den großen Viehtrieben zu den Verladebahnhöfen. Hierbei kollidierten vor allem die Interessen der Cowboys mit denen von Farmern, über deren Felder die Rinder rücksichtslos getrieben wurden (siehe oben).

In Arizonas Pleasant Valley beispielsweise stritten sich die "ehrenwerten" Familien Graham und Tewksbury beinahe ein Jahrzehnt lang um die Weiderechte für Schafe und Rinder. Mehr als ein Dutzend Tote forderte diese erbitterte Fehde, bei der keine Seite nachgab, bevor nicht beinahe alle Familienmitglieder erschossen waren.

Als ähnliche Auseinandersetzungen in Texas und Kalifornien durch Ranger und Bürgerkomitees beendet wurden, flüchteten die beteiligten Revolverhelden häufig nach New Mexico oder Arizona. Dort fanden sie ein neues Betätigungsfeld in lokalen Streitigkeiten, bei denen die Staatsgewalt in Gestalt des Sheriffs oder Marshals entweder gar nicht eingriff oder offen für eine der Parteien eintrat.

"Outlaws" und Revolverhelden aus Kalifornien und Kansas strömten ab 1880 ins südliche Arizona und verhalfen dem Silber-Boom in Tombstone zu seinen wilden und blutigen Begleiterscheinungen. Der Bergbau brachte Geld ins Land, das man den Besitzern auf leichte Art abnehmen konnte: Banken, Postkutschen und Lohngelder waren bevorzugte Ziele für Überfälle. Nebenbei konnte man sich außerdem als Revolverheld bei Auseinandersetzungen zwischen Ranchern, Bergleuten, betrügerischen Händlern oder Indianern verdingen.

SHERIFFS UND REVOLVERHELDEN

Wie wenig oft Staatsgewalt und Kriminalität auseinanderzuhalten waren, zeigt das Beispiel des legendären Wyatt Earp und seiner Brüder. Nach einem kurzen Intermezzo als Hilfssheriff von Tombstone verdingte sich Wyatt als Aufpasser in einer Spielhölle. Wie wichtig diese Funktion war, zeigt der ihm zugestandene Lohn: ein Viertel des gesamten Gewinns. In dieser Rolle machte er sich natürlich jede Menge Feinde.

Als Virgil Earp zum Marshal berufen wurde, fungierten seine Brüder Wyatt und Morgan wiederum als Hilfssheriffs und nahmen die Gelegenheit wahr, die Jagd auf einige unliebsame Cowboys zu veranstalten, die sie des Viehdiebstahls verdächtigten. Zusammen mit dem berüchtigten Zahnarzt "Doc" Holiday, der ebenfalls private Rechnungen zu begleichen hatte, stöberten sie die Cowboys auf. Es kam zu der legendären Schießerei am "OK Corral", bei der keiner der angeblichen Viediebe überlebte. Virgil wurde als Marshal entlassen, Wyatt von einer Mordanklage freigesprochen. Trotzdem war klar, daß hier der Sheriffstern für einen persönlichen Rachezug mißbraucht worden war. Wyatt Earp machte sich konsequenterweise aus dem Staub, um anderswo sein Unwesen zu treiben.

In einem erbitterten Streit zwischen den Geschäftsinteressen zweier Clans, der als "Lincoln County War" in die Geschichte New Mexicos einging, machte sich der legendärste Revolverheld des Südwestens seinen Namen: Henry McCarty alias Billy the Kid. Er stand in den Reihen einer der verfeindeten Parteien und erlangte bald den Ruf eines abgebrühten und sicheren Schützen. Ähnlich wie in Tombstone war auch im Lincoln County die Rolle der Staatsgewalt äußerst schwankend, so daß Billy mal ins Gefängnis wanderte, mal die Gelegenheit zum Ausbruch erhielt oder offiziell freigelassen wurde. Es kam eben darauf an, wer gerade Sheriff war und welche der streitenden Parteien er unterstützte.

Als die Schießereien und Morde bereits zwei Jahre andauerten und ihnen auch mehrere Sheriffs zum Opfer gefallen waren, mischte sich sogar der US-Präsident in den Konflikt ein. Er ernannte einen General zum Gouverneur von New Mexico, der den Spuk beenden sollte. Der neue Sheriff von Lincoln County, Pat Garrett, machte sich sofort auf die Suche nach Billy the Kid, der inzwischen auf eigene Rechnung das Land unsicher machte. Garrett konnte ihn festnehmen, und ein Gericht verurteilte ihn

1881 wegen mehrfachen Mordes zum Tode.

Doch kurz vor dem Vollstreckungstermin gelang Billy die spektakuläre Flucht aus dem Gefängnis. Einem Wächter hatte er die Pistole entrissen und damit den örtlichen Schmied gezwungen, ihm die angelegten Ketten durchzufeilen. Der Sheriff nahm sofort die Verfolgung auf, stellte den Revolverhelden und erschoß ihn. Mit 21 Jahren hatte das Leben von Billy the Kid ein abruptes Ende genommen. Nach zeitgenössischen Berichten hat er für jedes seiner Lebensjahre einen Menschen umgebracht, "Mexikaner und Indianer nicht gerechnet".

Daß auch der Staat Utah nicht nur ehrbare Mormonen hervorgebracht hat, machten Paul Newman und Robert Redford in dem Film "Butch Cassidy and Sundance Kid" einem weltweiten Publikum klar: Butch Cassidy erblickte 1866 als Robert LeRoy Parker das Licht der Welt im Städtchen Beaver und wuchs auf der Farm seiner Eltern bei Circleville auf. Später trieb er sich in Colorado herum, beging kleinere Betrügereien und übernahm von einem fragwürdigen Herumtreiber den Namen Cassidy.

Mit 23 Jahren überfiel er seine erste Bank. Die Beute betrug stattliche 3o.ooo Dollar und war Motivation genug, im Geschäft zu bleiben. Um die Effizienz seiner Vorhaben zu steigern, nahm er sich einen Partner: Harry Longabaugh alias "Sundance Kid", der zur Verstärkung des Unternehmens noch seine Freundin Etta Place mitbrachte. Das Trio beschäftigte zeitweise rund einhundert Banditen, die unter dem Namen "wild bunch" zahleiche Banken in Utah und Nevada überfielen.

Später konzentrierte sich Butch Cassidy mit seiner Bande auf Eisenbahnüberfälle. Dabei tauchte er unverhofft in den verschiedensten Gegenden auf; zwischen Wyoming, Utah und New Mexico war kein Zug mehr vor ihm sicher. Die Bevölkerung sah dem Treiben nicht besonders beunruhigt zu, schließlich schädigte der Ganove ja ausschließlich die reichen Banken und Eisenbahngesellschaften.

Diese hatten naturgemäß eine etwas andere Sicht der Dinge und beauftragten die bekannte Agentur "Pinkerton", dem Unwesen des "wild bunch" ein Ende zu setzen. Detektive machten sich auf die Jagd nach den Anführern, denen es daraufhin im Südwesten langsam zu ungemütlich wurde. Um die Jahrhundertwende setzte sich Butch zusammen mit Sundance Kid und Etta nach Südamerika ab. Dort fanden sie jedoch nicht das vom Film inszenierte dramatische Ende, sondern schlugen sich weiter mit Überfällen und undurchsichtigen Geschäften durchs Land.

Die Spuren von Sundance und Etta verlieren sich, während Butch Cassidy nach Aufenthalten in Mexiko und Europa angeblich in den amerikanischen Westen zurückkehrte. 1937 soll er als ehrbarer Geschäftsmann bei Spokane im Staate Washington gestorben sein. Wie im Leben anderer Helden des "Wilden Westens", verwischen sich jedoch auch bei Butch Cassidy die Grenzen zwischen Mythos und Wirklichkeit, so daß niemand genau weiß, welche Überfälle wirklich auf sein Konto gehen und was am Ende tatsächlich aus ihm geworden ist.

Wyatt Earp, "Doc" Holiday, Billy the Kid und Butch Cassidy sind die bekanntesten Revolverhelden jener Zeit; zwischen 1860 und 1900 ging es jedoch in vielen Teilen des Südwestens ähnlich zu. Silber- und Goldfunde, der Bau der Eisenbahnlinien sowie das Auf und Ab der Rinder- und Schafzucht brachten zwielichtiges Gesindel ins Land, das sich kurzfristig erheblichen Reichtum versprach und dafür ständig von Ort zu Ort zog, wobei die Colts ausgesprochen locker saßen.

STAATSGRÜNDUNGEN

Kein Wunder, daß angesichts solcher Zustände die Regierung in Washington zögerte, Arizona und New Mexico als Bundesstaaten in die Union aufzunehmen. Während Kalifornien bereits 1850, Nevada 1864, Colorado 1876 und Utah nach den beschriebenen Schwierigkeiten mit den Mormonen 1896 beitraten, handelten sich Arizona und New Mexico immer wieder Ablehnungen ihrer entsprechenden Petitionen ein.

Neben den andauernden Gesetzlosigkeiten gab es noch weitere Gründe: Die Politiker in Washington beklagten die mangelnde wirtschaftliche Entwicklung und hatten Bedenken, Staaten mit einer Bevölkerungsstruktur zuzulassen, die in großen Teilen immer noch spanischer und mexikanischer Herkunft war.

Entscheidend dürften jedoch parteipolitische Querelen im amerikanischen Kongreß und innerhalb der Antragsteller selbst gewesen sein: Während sich die Befürworter von einem Bundesstaat wirtschaftlichen Aufschwung erhofften, befürchteten die Gegner eine Erhöhung der Steuern. Als 1890 eine Delegation nach Washington aufbrach, um wieder einmal den Beitritt zu fordern, zerstritt sie sich unterwegs dermaßen, daß die Mehrzahl der Teilnehmer vorzeitig die Heimreise antrat.

Zehn Jahre später schickte der amerikanische Kongreß zwei Komitees in den Südwesten, um die Situation zu erkunden. Während die eine Gruppe mit einem positiven Urteil nach Washington zurückkehrte, hatte sich die andere davon überzeugt, daß Arizona und New Mexico immer noch nicht reif waren.

Uneinigkeit bestand lange Zeit auch darüber, ob Arizona und New Mexico vereint oder als getrennte Staaten der Union beitreten sollten. Der Kongreß erarbeitete 1904 eine Gesetzesvorlage für einen einzigen Südwest-Staat. Die Minenbesitzer in Arizona jedoch wollten mit ihren Interessen nicht von der Bevölkerungsmehrheit am Rio Grande abhängen, die stark agrarisch geprägt war. Diese Einsprüche führten 1906 zu einer Volksabstimmung: Die Bewohner New Mexicos sprachen sich für vereinten Beitritt aus, Arizona votierte dagegen. Der Beitrittsplan war dadurch abermals zu Fall gebracht.

1909 bereitete der damalige Präsident Taft dem Hin und Her ein Ende: Er bereiste persönlich den Südwesten und kam zu dem Schluß, daß die Staaten getrennt beitreten sollten. Während sich New Mexico im Januar 1912 der Union anschloß, wäre der Beitritt Arizonas beinahe im letzten Moment gescheitert:

Die Staatsverfassung sah einige Artikel vor, die Präsident Taft kategorisch ablehnte, weshalb er mit seinem Veto bei der Zulassung drohte. Als Arizona auf die umstrittenen Paragraphen verzichtete, erfolgte im Februar 1912 der Beitritt. Daß schon das erste Staatsparlament die fraglichen Artikel wieder in die Verfassung einführte, mochte die jahrzehntelange Skepsis der Bundesregierung nachträglich rechtfertigen, an der endgültigen Mitgliedschaft Arizonas in den Vereinigten Staaten änderte diese politische "Wildwest-Aktion" jedoch nichts mehr.

DER MODERNE SÜDWESTEN

Verglichen mit den ereignisreichen Jahren zwischen 1840 und 1900 verlief die Geschichte der Staaten Arizona, Utah und New Mexico im 20. Jahrhundert eher gleichförmig. Die "wilden Jahre" waren vorbei, Konsolidierung und wirtschaftliche Entwicklung standen fortan im Mittelpunkt.

Zunächst erfolgte eine intensive Erschließung der Bodenschätze. Gold und Silber waren zwar vorhanden, doch nach dem Silber-Boom von Tombstone in den achtziger Jahren des 19. Jahrhunderts hielten sich die Funde in Grenzen. Wichtigstes Mineral war und ist Kupfer, das in Arizona und New Mexico im Tagebau gewonnen wird. Die Minen gehören zu den ergiebigsten der Welt. Im Laufe der Jahre fand man außerdem große Mengen von Kohle, Molybdän, Magnesium und Uran.

Der I. Weltkrieg brachte einen kräftigen Entwicklungsschub, da kriegswichtige Rohstoffe gefördert wurden und die US-Regierung sich entschloß, Teile der Rüstungsindustrie in den Südwesten zu verlagern. Die einsamen Landschaften boten sich geradezu an für die Einrichtung von Schießständen und Truppenübungsplätzen.

Am Ende des Krieges blieben viele ehemalige Soldaten in Arizona und New Mexico und trugen damit zu dem kräftigen Bevölkerungswachstum jener Jahre bei. Dieses verstärkte sich noch durch den Zustrom von Flüchtlingen aus Mexiko, die den Wirren der dortigen Revolution entkamen und vorwiegend in der prosperierenden Landwirtschaft Beschäftigung fanden.

Die Weltwirtschaftskrise traf den Südwesten besonders hart, da sie einherging mit einer jahrelangen Dürreperiode, die große Teile des Landes in eine Staubwüste verwandelte. Tausende von kleinen Farmern und Viehzüchtern mußten ihr Land zu Spottpreisen an Banken und Großgrundbesitzer verkaufen, die wie überall in Amerika vom Bankrott der kleinen Leute profitierten.

Wieder war es der Krieg, der die Wirtschaft in Gang setzte und zu bis dahin nicht gekannten Steigerungsraten führte. Bergbau und Rüstungsindustrie arbeiteten auf Hochtouren, eine besondere Rolle spielte dabei die Entwicklung der Atombombe (siehe unten). Die US-Air Force nutzte die Übungsplätze in der Wüste Arizonas und New Mexicos für Testflüge. Piloten wurden für ihren Einsatz in Europa und im Pazifik ausgebildet, neue Bomber und Kampfflugzeuge erprobt. Im Verlaufe des Krieges installierte die Regierung außerdem zahlreiche Lager für Kriegsgefangene aus Deutschland und Japan.

Auch nach dem Krieg verblieb eine große Zahl der Technologie-Betriebe mitsamt ihrer Belegschaft an ihren Standorten, so daß der Südwesten heute eine relativ moderne Industriestruktur besitzt. Sie profitieren vom Bau der Staustufen am Colorado River, die sie mit Wasser und der nötigen Energie versorgen.

Arizona und New Mexico zählen zu den Staaten des sogenannten "sun belt" der USA, die wegen ihres sonnigen Klimas immer mehr Pensionäre anziehen, die dort ihren Lebensabend verbringen. Besonders auffällig sind die riesigen Siedlungen um Phoenix sowie entlang des unteren Colorado River. Die dichte Konzentration von Nationalparks hat in den Jahrzehnten nach dem II. Weltkrieg außerdem einen Tourismus-Boom ausgelöst, der bis heute ungebrochen ist.

In wirtschaftlicher Hinsicht entwickelt sich der Südwesten immer mehr zu einer der Boom-Regionen Amerikas. Von 1985 bis 1995 sind mehr als 2 Millionen Menschen aus anderen Teilen der USA hierhergezogen; New Mexico und Colorado besitzen das höchste Bevölkerungswachstum aller US-Staaten. Die einst von Bergbau und Viehzucht geprägte Wirtschaftsstruktur modernisiert sich unaufhörlich: High-Tech-Betriebe siedeln sich vor allem in Colorado und Utah an, rund um Salt Lake City existiert bereits die nach dem kalifornischen Silicon Valley größte Konzentration von Computer- und Softwarefirmen. Der längliche und lange Zeitrückständige "Wilde Westen" mausert sich immer mehr zu einer urbanen Gesellschaft.

LOS ALAMOS: DIE ATOMBOMBE ENTSTEHT

Nachdem Otto Hahn 1938 die Spaltung des Atomkerns gelungen war, erkannten einige Naturwissenschaftler das Energiepotential, das der Spaltprozeß bei einer Kettenreaktion hervorrufen könnte. Mit Beginn des II. Weltkrieges machten sie Politiker und Militärs auch auf die waffentechnischen Möglichkeiten eines derartigen Vorgangs aufmerksam. Doch diese stellten sich sowohl in Deutschland als auch bei den Alliierten taub, hielten die Ideen für utopisch und konzentrierten sich auf konkretere Projekte.

Zu Beginn wußten die Wissenschaftler selbst nicht genau, ob eine Kettenreaktion überhaupt möglich wäre. Sie mußten daher erst nachweisen, daß bei der Spaltung des Atomkerns Neutronen freiwürden, die ihrerseits auf andere Kerne stoßen und diese spalten könnten. Als dies 1939 gelang, überzeugte eine Forschergruppe mit Unterstützung von Albert Einstein den

US-Präsidenten Roosevelt, weitergehende Studien zu finanzieren. Die bewilligte Summe von 6000 Dollar erschien zwar lächerlich, der erste Schritt zur Produktion einer mächtigen Bombe jedoch war getan.

In der Zwischenzeit entdeckten Wissenschaftler der University of Minnesota das Uran-Isotop 235, das weitaus leichter und instabiler ist als das gängige Uran 238 und sich deshalb für Spaltreaktionen besonders eignet. Als 1940 Forscher in Berkeley erstmals das künstliche Element Plutonium isolierten, das noch besser spaltbar ist als Uran 235, besaß die Wissenschaft die passenden Rohstoffe zur Herstellung einer Atombombe.

Danach ging die Entwicklung schrittweise, aber konsequent voran. Die Forscher überzeugten Präsident Roosevelt endgültig von der Machbarkeit der Bombe, so daß dieser Mitte 1942 das streng geheime "Manhattan Project" ins Leben rief: Wissenschaftler und Techniker setzten sich an mehreren Orten gleichzeitig ans Werk, um die neue Waffe zu konstruieren. In Oak Ridge (Tennessee) produzierten sie große Mengen Uran 235, in Hanford (Washington) entstanden Plutonium-Reaktoren, und in Los Alamos (New Mexico) konzentrierten sich die Forscher auf den wissenschaftlich-technischen Aspekt der Bombe.

Unter Leitung des Berkeley-Professors J. Robert Oppenheimer versammelten sich nördlich von Santa Fe führende Physiker, Chemiker und Mathematiker, um in der Abgeschiedenheit New Mexicos die Bombe zu basteln. Edward Teller, Enrico Fermi und Klaus Fuchs gehörten zu den bekanntesten. Nie zuvor in der Geschichte war eine solche Anzahl wissenschaftlicher Kapazitäten mit einem gemeinsamen Projekt befaßt.

Ihre Mission war "top secret", so daß sie Familie und Arbeitsplatz verließen, ohne ihren Aufenthaltsort und ihre Zielsetzungen zu nennen. Selbst Vizepräsident Truman hatte jahrelang keine Ahnung vom "Manhattan Project", so daß er bei seiner Amtsübernahme nach Roosevelts Tod erst vom Verteidigungsminister eingeweiht werden mußte.

Kosten spielten von nun an keine Rolle mehr, denn die Alliierten befürchteten, daß die Deutschen bereits einen großen Vorsprung bei der Entwicklung der neuen Super-Waffe besaßen. Das entpuppte sich zwar später als Irrtum, doch beschleunigte diese Fehleinschätzung die Anstrengungen der Amerikaner. Zweieinhalb Jahre lang arbeiteten rund 150.000 Menschen direkt oder mittelbar an dem Projekt, Hunderte von Erfindungen wurden gemacht, und die für damalige Zeiten unglaubliche Summe von 2 Milliarden Dollar ausgegeben.

In Los Alamos arbeiteten die Forscher rund um die Uhr an Experimenten, Messungen und Kalkulationen (Details zum Leben in der geheimen Stadt im Regional-Kapitel "Los Alamos"). Ihr größtes Problem bestand in der Feststellung eines sogenannten "kritischen Punktes": Der Spalt- und Zerfallsprozeß bestimmter Uran- und Plutoniummengen mußte so lange unter Kontrolle gehalten werden, bis die gesamte Energie in einem gewünschten Moment freigelassen wurde. Durch endlose Versuchsreihen konnten sie dieses Problem schließlich lösen, die Kettenreaktion der Neutronen unter Kontrolle bringen.

Am Ende blieben gavierende Differenzen und Unsicherheiten über die Folgen einer Atomexplosion auf die Umgebung. Für deren eingehende Kalkulation ließen sich die Forscher jedoch nicht mehr die nötige Zeit, die Explosion der ersten Bombe mußte zeigen, was passiert. An welchen Abgründen sie damit angekommen waren, verdeutlicht die ernsthaft geführte Debatte darüber, ob die Explosion der Bombe nicht eine Kettenreaktion in der Erdatmosphäre hervorrufen könnte: Würde sich nur der Himmel über New Mexico entzünden oder könnte sogar die gesamte Atmosphäre rund um den Globus in Flammen aufgehen? - Kalkulationen ergaben eine "geringe Wahrscheinlichkeit" für den Extremfall, und die Zündung wurde beschlossen.

ALAMOGORDO: DIE ATOMBOMBE EXPLODIERT

Noch 1944 suchten Oppenheimer und einige Techniker einen passenden Ort für die Explosion der ersten Atombombe. Um das Risiko eines eventuellen Fehlschlages auszuschließen, hatten sie beschlossen, die erste Bombe nicht über Feindesland zu zünden. Stattdessen sollte unter dem Decknamen "Trinity" zunächst ein Test stattfinden, bei dem man noch wichtige Erkenntnisse für den endgültigen Einsatz gewinnen konnte. Die Entscheidung fiel zugunsten des Luftwaffengeländes Alamogordo im südöstlichen New Mexico: Abgeschiedenheit, klimatische Bedingungen und die Nähe zu Los Alamos gaben den Ausschlag für diese Standortwahl.

Als sich der Zeitpunkt für den geplanten Test näherte, verstärkten sich unter den Wissenschaftlern noch einmal die Befürchtungen über die möglichen Folgen: Nie zuvor hatte eine derart hohe Temperatur auf der Erdoberfläche existiert; würde sie in der Lage sein, die Atmosphäre in Brand zu setzen? Wenig Ahnung hatten die Forscher auch von den Mengen und Folgen der freigesetzten Strahlung sowie deren Auswirkung auf den Menschen. Radioaktive Wolken und "fall-out" waren unbekannte Phänomene.

Sicher waren sich die Forscher lediglich über den begrenzten und gut kalkulierbaren Effekt der Druckwelle: Die "Trinity"-Bombe sollte knapp über der Erdoberfläche gezündet werden und damit den seitlichen Druck in Grenzen halten. Die meiste Energie würde vom Boden in den Himmel reflektiert.

Zum Schutz gegen unkalkulierbare Folgen erhielten die beteiligten Wissenschaftler und Techniker vor Ort Spezialkleidung, Gasmasken, dunkle Schweißerbrillen und Sonnencreme. Im Moment der Explosion sollten sie bäuchlings auf dem Boden liegen, die Hände über dem Kopf und die Füße in Richtung Explosionsherd. Trotzdem war man auf alles gefaßt, es existierten Evakuierungspläne, und vorbereitete Varianten von Presseerklärungen sprachen von gewaltigen Zerstörungen im gesamten Südwesten der USA.

Am 16. Juli 1945 war es dann soweit; die erste Atombombe befand sich in Alamogordo und konnte gezündet werden. Das Datum hatte man bewußt gewählt, denn zu dieser Zeit hielt sich US-Präsident Truman in Potsdam auf und konferierte dort mit Churchill und Stalin über die Neuaufteilung Europas. Die erfolgreiche Zündung der Bombe während dieser Konferenz würde den Amerikanern in den Verhandlungen ein kräftiges Druckmittel in die Hand geben.

Nach dem unvorhergesehenen Durchzug einer Schlechtwetterfront begann am frühen Morgen der Countdown, um 5:3o Uhr drückten die Techniker den entscheidenden Knopf. Die Plutonium-Bombe, 325 cm lang und mit 152 cm Durchmesser, explodierte. Der Lichtreflex war so stark, daß man ihn von einem anderen Planeten aus hätte erkennen können; die Temperatur im Explosionszentrum zehntausend Mal höher als auf der Oberfläche der Sonne; die freigesetzte Radioaktivität überstieg millionenfach die Strahlung des gesamten Radiumvorrats der Erde; die gesamte Kraft der Explosion entsprach 19.ooo Tonnen TNT.

Die Beobachter sahen ein Schauspiel, das ihnen den Atem verschlug: Der Feuerball stieg mit hoher Geschwindigkeit gen Himmel, färbte sich tiefgelb, dann rot. Die pilzförmige Wolke wechselte von orange zu rosa und erreichte eine Höhe von über zehn Kilometern. Die Wissenschaftler atmeten auf, als sich der leuchtende Kern nicht übermäßig ausbreitete, die Welt also einer totalen Katastrophe entkommen war.

Das Leben ging weiter: Während Enrico Fermi mit einigen Mitarbeitern schon zwei Stunden nach Ende des Countdowns den Explosionsherd aufsuchte, um Messungen vorzunehmen und sich eine gewaltige Strahlendosis abzuholen, driftete die radioaktive Wolke über New Mexico Richtung Nordosten und bedachte die darunterliegenden Gebiete mit strahlendem Niederschlag. Die Abendzeitung in Albuquerque berichtete von der Explosion eines Munitionslagers im Luftwaffenstützpunkt.

Die Wahrheit erfuhren nur Eingeweihte: In Potsdam erhielt Harry Truman die Nachricht von der erfolgreichen Explosion und warf sie in die Waagschale seiner Verhandlungen. Der Sieg der Amerikaner im Krieg gegen Japan war endgültig garantiert, die Sowjets mußten für die Nachkriegszeit die Überlegenheit der amerikanischen Waffentechnik anerkennen und beschleunigten ihre eigenen Anstrengungen zum Bau der Atombombe.

Die Wissenschaftler in Los Alamos machten sich über mittel- und langfristige Folgen des "Trinity"-Experiments keine Gedanken, sondern beeilten sich bei der Herstellung der beiden Bomben, die über Hiroshima und Nagasaki zum Einsatz kamen. Als danach Meldungen aus Japan in ihrem Elfenbeinturm in New Mexico eintrafen, die von verheerenden Effekten der freigewordenen Radioaktivität auf sämtliche Lebewesen der näheren und weiteren Umgebung sprachen, gaben sie sich entsetzt.

Kleinere Strahlungen waren einkalkuliert, das radioaktive Material hatten sie aber hauptsächlich als Vehikel für die Druckwelle benutzen wollen. Jetzt merkten sie, daß deren zerstörerische Kraft von den langfristigen Konsequenzen der Strahlung weit übertroffen wurde.

Der "Vater der Atombombe", J. Robert Oppenheimer, sprach vom Sündenfall der Wissenschaft und prognostizierte den Tag, an dem der Name "Los Alamos" von der Menschheit verflucht würde. Der einsame Ort im entlegenen New Mexico hatte ein Kapitel Weltgeschichte geschrieben, nach Ansicht selbst vieler der beteiligten Wissenschaftler allerdings nicht gerade das erfreulichste.

Literatur:

Zum Einstimmen

"USA Southwest", Geo-Special. Informative und unterhaltsam geschriebene Reportagen über Vergangenheit und Gegenwart des amerikanischen Südwestens. Dazu Artikel über Geologie, Ökologie und Indianer-Kulturen. Eindrucksvolle Fülle an ausgezeichneten Farbfotos. Gruner & Jahr, 13,5o DM

"Cuentos", Tales from the Hispanic Southwest, José Griego y Maestas und Rudolfo Anaya. Geschichten aus dem Leben der frühen spanischen Siedler und ihrer Nachkommen im heutigen Südwesten der USA. Zweisprachig in Englisch und Spanisch. Museum of New Mexico Press, ca. 1o US.

"The Great Taos Bank Robbery", Tony Hillerman. Geschichten und Essays über das Leben in new Mexico. Vielseitige Aspekte aus Vergangenheit und Gegenwart; unterhaltsam und informativ. University of New Mexico Press, ca. 1o US.

"Mexikanischer Morgen", D.H. Lawrence. Im Rahmen von Skizzen aus dem mexikanischen Alltag einige ausführliche Kapitel zu Tänzen und religiösen Zeremonien der Hopi- und Pueblo-Indianer. Gedanken zum kulturellen Unterschied zwischen Europäern und amerikanischen Ureinwohnern; respektvolle, aber unsentimentale Anmerkungen zur Indianer-Mentalität. Die in den zwanziger Jahren geschriebenen Texte sind auch heute noch aktuell und fesselnd. Diogenes Taschenbuch, 8,80 DM.

"Tales of Lonely Trails", Zane Grey. Reportagen über Puma- und Bärenjagd in Arizona und die Suche nach landschaftlichen Besonderheiten im Land der Canyons. Northland Press, ca. 16 US.

"National Parks of the Southwest", Nicky J. Leach. 52 National Parks und Monuments in Arizona, New Mexico, Süd-Utah und Süd-Colorado: kurz und übersichtlich beschrieben, mit guten Farbfotos. Southwest Parks Association, ca. 11 US.

Bildbände

"Faszination und Freiheit", Brian Robinson. Erstklassige, außergewöhnliche Farbfotos von Menschen, Landschaften und Städten im Südwesten. Ein lebendiger Überblick, ergänzt durch aussagekräftige Collagen. Knappe Texte im Reportage-Stil; Themen sind u.a. Indianer, Grand Canyon, Route 66, spanische Kolonialzeit und US-Pioniere. Reise-

und Verkehrsverlag, 39,95 DM.

"Route 66. Straße der Sehnsucht", Holger Hoetzel. Bildband von der legendären Straße zwischen Chicago und Los Angeles. Jeweils ein Kapitel ist Arizona und New Mexico gewidmet. Nostalgische und aussagekräftige Bilder von Landschaften, verfallenen Gebäuden und anderen Überbleibseln am Wegesrand. Außerdem Texte zur Geschichte der Route 66. Ullstein Verlag, 66 DM.

"Mit dem Wohnmobil durch den Südwesten der USA", Werner K. Lahmann. Handlicher Bildband über eine Wohnmobil-Reise von Houston nach Los Anglees. Fotos und erläuternde Texte zu Städten, Highways und Nationalparks in New Mexico und Arizona sowie Texas und Südkalifornien. Drei Brunnen Verlag, 39,80 DM.

"Grand Canyon Visual", John F. Hofman. Preiswerter Bildband mit ausgezeichneten Fotos vom Grand Canyon. Kurze Texte und Graphik zur Geologie und Geschichte. Scenic Visuals Book, ca. 1o US.

"Arizona Landmarks". Hervorragend gestalteter Bildband mit Farbfotos von den schönsten Landschaften in Arizona. Dazu kurze, erläuternde Texte und historische Fotos, die ein lebendiges Bild zeichnen. Arizona Highways Book, ca. 37 US.

"Country", Tony Hillerman. Ausgezeichneter Bildband über Menschen und Landschaften im Indianerland des Südwestens. Mit erläuternden Texten. Harper Collins Publishers, ca. 4o US.

"Exploring the Southwest's Grand Circle", Mark A. Schlentz. Gute Farbfotos und knappe Texte zu den landschaftlichen und kulturellen Sehenswürdigkeiten in der Grenzregion der vier Bundesstaaten Arizona, New Mexico, Colorado und Utah. Vom Grand Canyon bis zu den Anasazi-Ruinen in Mesa Verde. Konzentrierter Überblick über eines der attraktivsten Reisegebiete des Südwestens. Companion Press Book, ca. 14 US.

"Navajo", Helga Teiwes/ Wolfgang Lindig. Aufwendig gestalteter Bildband zur Kultur und Geschichte der Navajo. Fotos zu Landschaften, Menschen, Kunsthandwerk und Alltagsleben. Erläuternde Texte. U. Bär Verlag, 148 DM.

"Desertlands of America", J.A. Kraulis. Kunstvolle Farbfotos aus den Wüsten im Südwesten der USA. Ein Dokument über die Vielseitigkeit und Farbigkeit dieser Landschaften. Gallery Books, ca. 11 US.

Indianer-Kulturen

"Indianer", H.J. Stammel. Umfassendes Kompendium über die Indianer Nordamerikas. Geschichtliche und anthropologische Darstellungen. Mit übersichtlichem Lexikon von A-Z. Zahlreiche Abbildungen in schwarz-weiß und Farbe. Orbis Verlag, 19.8o DM.

"Indianerland!", Philippe Jacquin. Attraktiv gestaltetes Taschenbuch mit Reportagen über die Indianerkulturen Nordamerikas und die Eroberung des Westens durch den Weißen Mann. Fotos, Abbildungen und Landkarten. Übersichtliche Darstellungen, spannend erzählt. Gut geeignet für Jugendliche. Otto Maier Ravensburg, 19,80 DM.

"Indianer Lexikon", Ulrich van der Heyden. In lexikalischen Artikeln von A-Z alles über Kultur und Geschichte der nordamerikanischen Indianer: Traditionen, Persönlichkeiten, Orte, geschichtliche Ereignisse. Aufgelockert durch Fotos und Graphik. Dietz Verlag, 58 DM.

"Die Nordamerikanischen Indianer", Paula R. Fleming/ Judith Luskey. Realistische und eindrucksvolle Fotos aus dem 19. und frühen 2o. Jahrhundert. Die Tragik indianischer Schicksale kommt hier überzeugend zum Ausdruck. Ausführliche erläuternde Texte zur

Eroberung des amerikanischen Westens und zur Indianerpolitik der US-Regierung. Verlag C.H. Beck, 38 DM.

"Diné bahané", Paul G. Zolbrod. Übersetzung der Schöpfungsgeschichte der Navajo. Mündliche Überlieferungen, zusammengetragen zu einer umfassenden Anthologie der Navajo-Legenden. University of New Mexico Press, ca. 17 US.

"The Book of the Navajo", Raymond Friday Locke. Ausführliches über Vergangenheit und Gegenwart der Navajo: Geschichte, Legenden, Mythen. Mankind Publishing Company, ca. 9 US.

"Anasazi Ruins of the Southwest", Ferguson/Rohn. Farbfotos der prähistorischen Anasazi-Ruinen in der Four Corners Region. Ausführlich und vollständig mit erläuternden Texten. University of New Mexico Press, ca. 3o US.

"The Pima-Maricopa", Henry F. Dobyns. Wirtschaftliche Situation und Geschichte dieses Stammes. Viele historische Fotos. Chelsea House Publishers, ca. 19 US.

"Ancient Ruins of the South West", David Grant Noble. Ausführliche Erläuterungen zu den prähistorischen Ruinenstätten im Südwesten. Übersichtlich gegliedert, informative Texte und Schwarz-Weiß-Fotos. Northland Publishing, ca. 15 US.

"The only true people", Kathleene Parker. Kurzer, aber informativer Überblick über die prähistorischen und gegenwärtigen Indianerkulturen im Südwesten. Mit schwarz-weiß Fotos. Thunder Mesa Publishing, ca. 12 US.

"Life in the Pueblos", Ruth Underhill. Anschaulich erzählte Geschichte der Pueblos in New Mexico sowie des Alltagslebens in Familie und Dorf, damals und heute. Schwarz-weiß Fotos und Illustrationen. Ancient City Press, ca. 13 US.

"Mimbres Pottery", Tony Berlant u.a. Informatives und attraktiv gestaltetes Buch über die Keramik der prähistorischen Indianer im Südwesten. Knappe, verständliche Texte, viele Fotos und Graphik ergeben ein vollständiges Bild der Mimbres-Kultur. Hudson Hills Press, ca. 4o US.

"Pages of Hopi History", Harry C. James. Von der Suche nach einem dauerhaften Siedlungsgebiet bis in die Gegenwart, eine umfassende Geschichte der Hopi. Mit Kapiteln über die Pueblo-Rebellion, die mexikanische Herrschaft, den amerikanischen Bürgerkrieg und die Indianerpolitik der US-Regierung. University of Arizona Press, ca. 14 US.

Geschichte

"Europas Ankunft am Pazifik", Hermann Vogt. Geschichte und Kultur des Südwestens. Schwerpunkt liegt auf der spanischen Konquista und Kolonisation. Im aktuellen Teil ausgewählte Impressionen zu verschiedenen Aspekten; auch hier die hispanischen und mexikanischen Einflüsse im Vordergrund. Wissenschaftliche Buchgesellschaft, 44 DM.

"Wyatt Earp", Dan Gordon. Wildwest-Roman nach dem 1994 gedrehten gleichnamigen Film. Abenteuer und Liebesaffären des Sheriffs und Revolverhelden Wyatt Earp zwischen Dodge City und Tombstone/Arizona. Orientiert sich weniger an der historischen Wirklichkeit als an den Mythen des Wilden Westens. Goldmann Verlag, 12 DM.

"Wild Bill Hickok", Rainer Eisfeld. Analyse von Mythos und Wirklichkeit eines der berühmtesten Revolverhelden des amerikanischen Westens. Aus zeitgenössischen Quellen wird versucht, ein realistisches Bild der Gewalttätigkeiten im Wilden Westen herauszufiltern und es der später erfolgten Glorifizierung gegenüberzustellen. Enthüllt auch Details über das Leben ind den Boom-Towns des 19. Jahrhunderts. rororo, 14,9o DM.

"Route 66", Quinta Scott. Hervorragende Schwarz-Weiß-Fotos aus den guten und schlechten Tagen dieser bedeutendsten Transkontinentalstraße im Amerika der dreißiger Jahre. Ausführlicher Text über Geschichte und Bedeutung. University of Oklahoma Press, ca. 2o US.

"Ghost Towns in Arizona", Thelma Heatwole. Handbuch mit den wichtigsten Daten zur Geschichte der jeweiligen Stadt, nach Regionen geordnet. Kurze Texte, Karten, Schwarz-Weiß-Fotos. Golden West Publishers, ca. 7 US.

"Roadside History of Arizona", Marshall Trimble. Entlang der wichtigsten Routen durch Arizona wird die lokale Geschichte aufgerollt. Detailliert und mit zahlreichen historischen Fotos. Mountain Press, ca. 17 US.

Natur und Umwelt

"The great Southwest Nature Factbook", Susan J. Tweit. Handliche Übersicht über Landschaften, Tiere und Pflanzen im Südwesten. Alaska Northwest Books, ca. 14 US.

"Utah's National Parks", Ron Adkison. Ausführliche Informationen zu den großen Nationalparks in Utah. Geologie, Flora, Fauna. Außerdem Routenvorschläge, Campingplätze und Wanderungen. Mit detaillierten Karten. Wilderness Press, ca. 18 US.

"Cacti of the South West", Hubert Earle. Kompletter Führer über die Kakteen im Südwesten. Ausführliche Beschreibungen und Farbfotos. Rancho Arroyo Book, ca. 15 US.

"All about Saguaros", Carle Hodge. Alles über die Riesenkakteen der Sonora Wüste. Kurzer Text, ergänzt durch gute Farbfotos. Arizona Highway Book, ca. 9 US.

"Field Guide to North American Rocks and Minerals", The Audubon Society. Für geologisch Interessierte: Viel Information und schöne Farbfotos von Steinen und Kristallen.

"Dinosaurs of North America", Helen Roney Sattler. Allgemeine Einführung und Beschreibung der im Südwesten und anderen Teilen Amerikas beheimateter Saurier. Illustrationen und knappe, verständliche Texte. Hintergrundinformationen für den Besuch des Dinosaurierlandes im Nordosten von Utah. Lothrop, Lee and Shepard Books, ca. 2o US.

Wandern

"Hiking Arizona", Don R. Kiefer. 5o Wanderungen in Arizona, übersichtlich angeordnet nach Regionen. Knappe, informative Beschreibungen und Schwarz-Weiß-Fotos. Golden West Publishers, ca. 7 US.

"Desert Survival Handbook", Charles A. Lehman. Für ernsthafte Wüstenwanderer. Gute Tips zum Wandern und Überleben in der Wüste. Primer Publishers, ca. 5 US.

"The Hiker's Guide to the Southwest", Laurence Parent. Siebzig Wanderungen im gesamten Staat New Mexico. Präzise Beschreibungen, Karten und eine allgemeine Einführung. Einige schwarz-weiß Fotos. Gut gegliedert und übersichtlich. Falcon Press, ca. 12 US.

"Hiking the Southwest's Canyon Country", Sandra Hinchman. Wanderungen in den Nationalparks des südlichen Utah sowie in der Four Corners Region. Ausführliche Beschreibungen, gute Karten, Schwarz-Weiß-Fotos. The Mountaineers, ca. 13 US.

"The Hiker's Guide to Utah", Dave Hall. 75 Wanderungen in allen Teilen Utahs. Übersichtlich angeordnet, ausführlich beschrieben. Karten und Fotos. Falcon Press, ca. 12 US.

Küche

"Heritage Cookbook", Louise de Wald. Übersichtlich präsentierte Rezepte der Western-Küche. Erläuternde Zeichnungen und einige Farbfotos. Kurze Texte zur Geschichte dienen der Auflockerung. Arizona Highways Book, ca. 15 US.

"The Rancho de Chimayó Cookbook", Cheryl und Bill Jamison. Grundrezepte für die traditionelle, von mexikanischen Einflüssen geprägte Küche in New Mexico. Dazu spezielle Varianten der ländlichen Küche. Mit einer kulturhistorischen Einführung. The Harvard Common Press, ca. 11 US.

"Authentic Indian-Mexican Recepies", William Hardwick. Einfache Broschüre mit ungewöhnlichen Rezepten der indianischen Küche, die seit Jahrhunderten durch spanisch-mexikanische Einflüsse verändert wurde. Fort Stockton, Texas, ca. 3 US.

Belletristik

"The Milagro Beanfield War", John Nichols. Ein junger Farmer begehrt auf gegen Großgrundbesitzer und Politiker und schafft damit endlose Konflikte und Verwicklungen. Realistisches Porträt von Landschaft und Bewohnern des Südwestens und der mexikanisch-amerikanischen Gesellschaft: harte Arbeit, Gaunereien, Aberglauben und Resignation. Amüsant, ironisch und spannend erzählt. 1987 verfilmt von Robert Redford. Ballantine Books, ca. 6 US (Milagro, Bastei-Lübbe, 9,8o DM).

"Führerscheinprüfung in New Mexico", Michael Schulte. Sammlung amüsanter Kurzgeschichten aus Arizona, New Mexico und anderen Teilen der USA. Originelle Typen und Erlebnisse in der Atmosphäre des Südwestens und des städtischen und ländlichen Amerika. Humorvoll und schnörkellos erzählt. Maro Verlag, 15 DM.

"Bisbee, Arizona", Michael Schulte. Unglaubliche Geschichten aus einem leicht verrückten Städtchen im Süden Arizonas. Im Blickwinkel eines Europäers vermischt sich Typisches aus der amerikanischen Provinz mit Originellem aus der alternativen Szene zu einem heiter-ironischen Porträt. Maro Verlag, 18 DM.

"The Grapes of Wrath", John Steinbeck. Erschütternder Roman des Nobelpreisträgers über das Schicksal der entwurzelten Farmer aus dem Mittleren Westen, die in den dreißiger Jahren ihre letzte Habe zusammenkratzten und sich auf den Weg ins Traumland Kalifornien machten. Auf der legendären Route 66 durchquerten sie auch Arizona und New Mexico, für viele von ihnen vorzeitige Endstation der Reise.

"A thief of time", Tony Hillerman. Meisterhaft konstruierter und erzählter Kriminalroman aus dem Milieu der Navajo-Indianer. Eine Serie von Morden steht im Zusammenhang mit Grabräubern, die auf der Suche nach Keramik der prähistorischen Anasazi-Kultur sind. Ständig vermischen sich Geschichte und Gegenwart zu einem rätselhaften Verwirrspiel. Nebenbei erfährt man vieles über das Leben im Reservat und die kulturellen Konflikte, die sich dort täglich abspielen. Harper Paperbacks, ca. 6 US (Wer die Vergangenheit stiehlt, Rowohlt TB, 9,9o DM).

"Talking God", Tony Hillerman. Die Aufklärung eines Mordfalles in New Mexico führt zwei Navajo-Polizisten auf ungewohntes Terrain in die Bundeshauptstadt Washington. Neben der spannenden Kriminalstory ein Einblick in den Konflikt zwischen anthropologischer Forschung und dem indianischen Interesse an der Verfügung über das eigene kulturelle Erbe. Harper Paperbacks, ca. 6 US (Die sprechende Maske, Heyne Verlag, 8,8o DM).

"Coyote Waits", Tony Hillerman. Die Aufklärung eines Mordfalles im Navajo-Reservat wird zu einem spannenden Abenteuer durch die Kombination von Realismus, Logik und indianischer Mythologie. An der Nahtstelle zweier Kulturen muß sich ein Navajo-Polizist in beiden Welten zurechtfinden, um Motive und Täter aufzuspüren. Harper Paperbacks, ca. 6 US (Der Koyote wartet, Goldmann, 36 DM).

"The Dark Wind", Tony Hillerman. Rätselhafte Morde und seltsame Ereignisse rund um die Hopi-Mesas im Norden von Arizona erregen die Aufmerksamkeit der örtlichen Polizei. Bei der Aufklärung der Fälle treten immer wieder die Gegensätze und Gemeinsamkeiten zwischen Navajo und Hopi zutage, die das Leben in diesem Teil des Colorado Plateau bestimmen. Der interne Konflikt wird überlagert und relativiert durch die Auseinandersetzung mit den weißen Amerikanern. Harper Paperbacks, ca. 6 US (Der Wind des Bösen, Rowohlt TB, 8,9o DM).

"Death comes for the Archbishop", Willa Cather. Die Geschichte des ersten katholischen Bischofs von Santa Fe, der sich zwischen den widerstreitenden Interessen der Amerikaner, Mexikaner und Indianer behaupten muß. Ein aufschlußreiches Bild von Landschaften und Menschen am Rio Grande nach der Annexion New Mexicos durch die USA. Vintage Books, ca. 1o US. (Der Tod holt den Erbischof, Knaus Verl. 34 DM).

"Der Schatz der Sierra Madre", B. Traven. Klassiker über Psyche und Konflikte von Goldsuchern in der mexikanischen Sierra. Könnte ebenso in Arizona oder New Mexico spielen. Der Roman spart auch die sozialen Hintergründe nicht aus, die dazu führten, daß sich die Goldsucher immer aufs Neue an die entbehrungsreiche Arbeit machen mußten, ohne jemals zum ersehnten Reichtum zu kommen. Büchergilde Gutenberg, 24 DM.

"The Haunted Mesa", Louis L'Amour. Spannender Roman, dessen Handlung im Canyonland von Utah und Arizona angesiedelt. Indianische Legenden werden zur Realität: Einige Menschen finden sich in der längst verschwunden geglauten Welt der Anasazi wieder und müssen dort befremdliche Abenteuer überstehen. Eine ungewöhnliche Konfrontation mit der Mythologie der Indianer, die nebenbei viel von der eigenartigen Stimmung in der Felsen- und Wüstenlandschaft am Colorado River vermittelt. Bantam Books, ca. 6 US.

Zeitschriften

"South West Profile". Vierteljährlich erscheinende Zeitschrift zu Kunst, Kultur, Geschichte, Ökologie und Unterhaltung im Südwesten. Whitney Publishing Company, 3 US.

"Arizona Highways". Monatlich erscheinende Zeitschrift mit Artikeln zu Tourismus, Wandern, Natur und Umwelt. Erstklassige Farbfotos. 2 US.

"New Mexico". Monats-Zeitschrift zu Kunst, Kultur, Architektur und Lebensstil in New Mexico. Viele Farbfotos und Insider-Texte. 3 US.

COLORADO PLATEAU

Arizonas Super-Landschaft, das Herz des gesamten Südwestens: Hochebene mit atemberaubenden Canyons und sehenswerten Ruinenstätten der prähistorischen Anasazi- und Sinagua-Kulturen. Heimat der Navajo- und Hopi-Indianer. Hauptanziehungspunkt ist der GRAND CANYON, doch die Summe der unterschiedlichen Landschaften und Kulturen macht den Reiz des Plateaus aus.

LAS VEGAS --> KINGMAN

165 km/ ca. 2 Std. Der Colorado River und der aufgestaute LAKE MEAD bilden im Nordwesten von Arizona die Grenze zu Nevada. Der See ist ein beliebtes Wassersportrevier mit vielen Buchten und landschaftlichen Schönheiten. Ohne eigenes Boot kommt man aber nirgendwo hin. Daher eher attraktiv für lokalen und regionalen Tourismus.

HOOVER DAM: Hier kreuzt Hwy. 93 den Colorado River. Der Staudamm ist verantwortlich für die Entstehung von Lake Mead. Eine der gewaltigsten Betonkonstruktionen der Welt. 1935 fertiggestellt im Rahmen des New Deal von Präsident Roosevelt. Dient der Stromgewinnung für die Metropolen Los Angeles und Las Vegas sowie der Wasserversorgung von Arizona, Nevada und Kalifornien (siehe dazu auch Kapitel "Natur und Umwelt").

Kurz vor Kingman evtl. Abstecher zur ghost town CHLORIDE: Ergiebiger Silberabbau seit 1860. In der Blütezeit um die Jahrhundertwende arbeiteten hier rund 2.000 Menschen in 75 Schächten. 1944 waren die Minen erschöpft, die Stadt wurde verlassen. Heute nicht mehr ganz so geisterhaft, da einige Gebäude restauriert und zu Antiquitätenläden und Galerien ausgebaut sind. An Wochenenden viele Besucher.

★Kingman (13.000 Einw.)

Trostlose Provinzstadt in öder Bergwelt. Früher wichtige Durchgangsstation der Route 66, heute Übernachtungsstop für müde Autofahrer zwischen Los Angeles und dem Colorado Plateau.

Orientierung: Verkehrsader ist Andy Devine Ave., an der sich auch praktisch alle Motels befinden. Führt vom Exit 48 des Interstate durch den Ort und bei Exit 53 wieder auf die Autobahn.

 Chamber of Commerce, Andy Devine Ave./ Ecke Beale St., Nähe Exit 48.

 Post: N. 4th Street/ Ecke Oak St., im Zentrum.

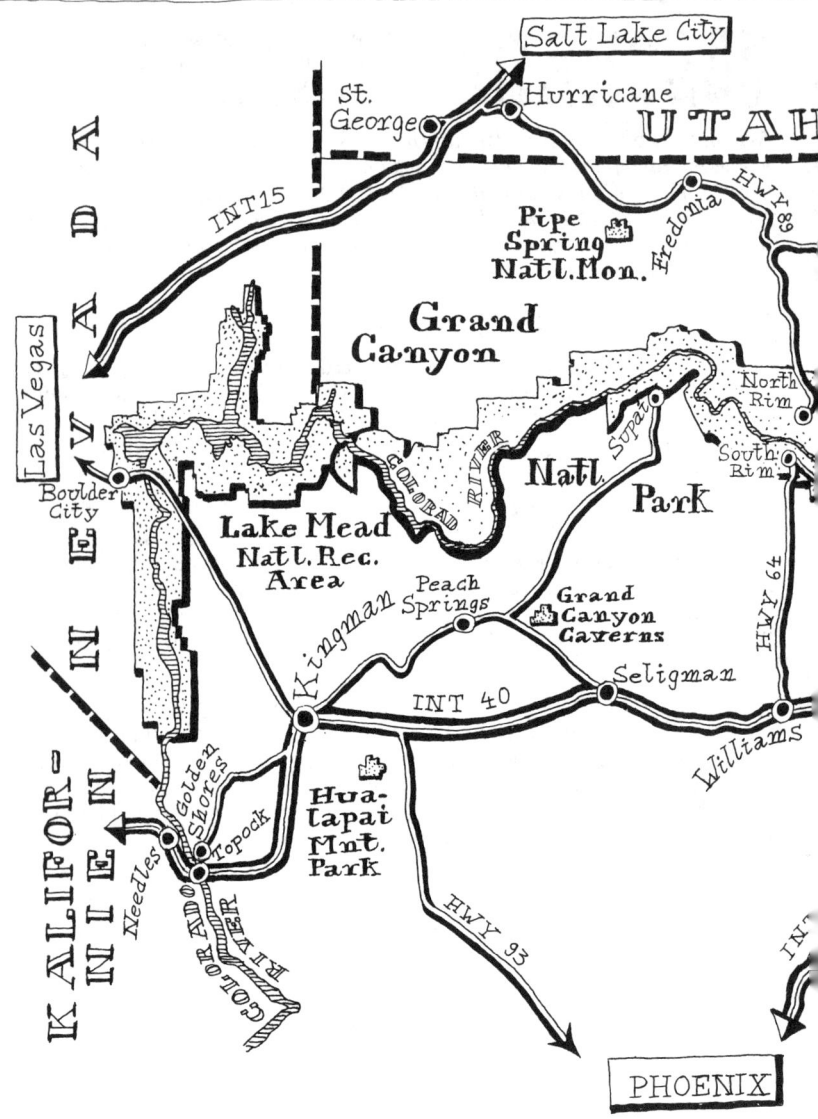

Colorado Plateau/Arizona 163

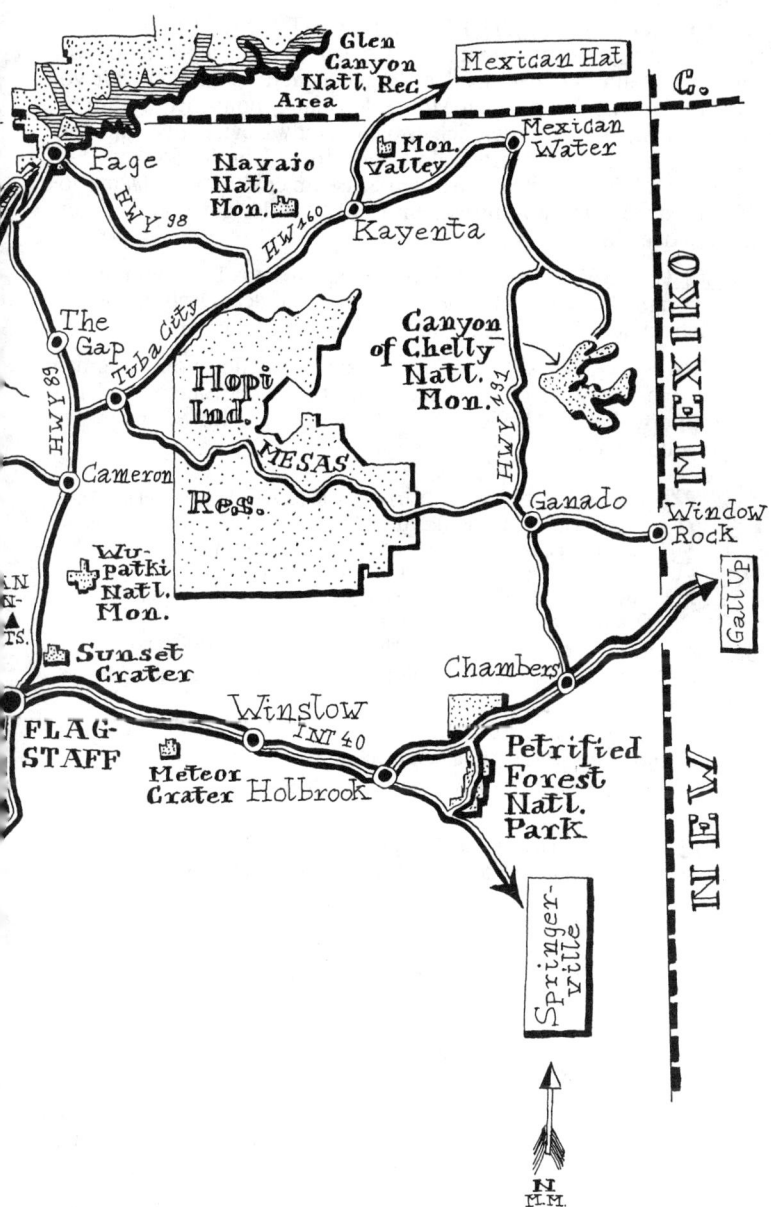

SEHENSWERTES

MOHAVE COUNTY HISTORICAL SOCIETY MUSEUM, 4oo W. Beale St. Kleines Heimatmuseum. In verschiedenen Schaukästen liebevoll zusammengestellte Szenen aus der Vergangenheit und Gegenwart von Kingman und Umgebung. Dazu Möbel, Kleidung, Fotos. Ein Raum gewidmet dem Andenken an den Schauspieler Andy Devine, der eine Zeitlang in Kingman lebte. Geöffnet Mo-Fr von 1o-17 Uhr, Sa/So von 13-17 Uhr. Eintritt 2 US. Einige Schritte vom Museum entfernt eine Dampflok mit Tender der Santa Fe Railroad, ein Relikt aus der guten alten Eisenbahnzeit in den USA.

BONELLI HOUSE, 43o E. Spring St. Wohnhaus aus Lavastein, erbaut 1915. Mit origineller viktorianischer Glaskuppel auf dem Dach. Ausgestattet mit Mobiliar aus der Zeit. Geöffnet Do-Mo von 13-17 Uhr.

HUALAPAI MOUNTAIN PARK: 22 km südöstlich von Kingman. Hochgelegenes Gebirgstal; kühle und grüne Oase in der Einöde um Kingman. Erodierte Felsen, Nadelbäume, Wanderwege. Im Sommer gute Alternative für Camper.

Alle Motels liegen an der Durchgangsstraße zwischen den beiden Autobahnabfahrten. Man hat die Auswahl zwischen über dreißig. Auf die genaue Lage kommt es nicht an, da in Kingman sowieso nicht allzu viel zu sehen ist. Preisunterschiede entsprechend der Zimmerqualität, wobei sich die Differenzen allerdings in Grenzen halten. Angemessene Qualität für den Preis bieten u.a.:

"**Kings Inn**", 293o E. Andy Devine Ave., Nähe Exit 53. Mit SW-Pool. DZ von Jan-April ab 48 US, im Sommer ca. 6o US, ab Herbst wieder Preisrückgang. Tel. 753-61o1.

"**Travelodge**", 3421 E. Andy Devine Ave., Nähe Exit 53. DZ je nach Größe 37-48 US, am Wochenende Aufschlag von ca. 2 US. Tel. 757-7878.

"**Motel 6**", 424 Beale St., Nähe Exit 48. Mit SW-Pool. DZ ca. 35 US, Tel. 753-9222.

"**Quality Inn**", 14oo E. Andy Devine Ave. Etwa auf halber Strecke zwischen beiden Exits. DZ je nach Ausstattung 48-53 US, von Mai bis Sept. 58-64 US. Tel. 753-4747.

"Hualapai Mountain Park", 22 km südöstlich von Kingman. Ruhiger Platz, schattig unter Nadelbäumen. Wasser, Toiletten, keine Duschen. Im Winter geschl. Stellplätze ca. 6-12 US.

Das übliche Angebot entlang der Durchgangsstraße: Fast Food, einfache chinesische Lokale, Pizza, Steaks. Wohltuende Ausnahme:

FOURTH STREET SOCIAL CLUB, Andy Devine Ave./ Ecke 4th St. Sympathisches Durcheinander von Dekoration und Mobiliar: Keiner der antiken Stühle gleicht dem andern, die Theke mit spanischen

Kacheln, von der Original-Wellblechdecke hängen Ventilatoren und Kronleuchter. Feine Küche mit rustikalem Arizona-Touch. Huhn ab 1o US, Steaks und Seafood ab 15 US inkl. Suppe und Salat. Mittags preiswerter.

Selbstversorger: BASHAS', 336O E. Andy Devine Ave., Nähe Exit 53, neben dem großen K-Mart. Gut sortierter Supermarkt. Obst, Gemüse, Fleisch- und Fischabteilung, Salatbar.

<u>Picknick</u>: Im Sommer kühle und schattige Picknickplätze im Hualapai Mountain Park, südöstlich von Kingman. Allerdings gut zwanzig Minuten Fahrt in die Berge.

Verbindungen

Auto: Über Hwy. 93 nach Las Vegas (165 km, ca. 2 Std.). Über Interstate 4o nach Los Angeles (52o km, ca. 6-7 Std.) und Flagstaff (23o km, ca. 2,5 Std.). Außerdem in Ost-West Richtung die historische Route 66 (Details siehe folgendes Kapitel).

Bus: Greyhound-Terminal direkt am Exit 53, Andy Devine Ave. Winziges Gebäude hinter McDonalds. Tel. 757-84oo.
-> Las Vegas: 4x tägl., 3,5 Std., ca. 3o US.
-> Flagstaff: 2x tägl., 2,5 Std., ca. 3o US.

Bahn: Amtrak-Bahnhof im Zentrum, Andy Devine Ave./ Ecke 4th St. Nur während der Ankunft der Züge besetzt. Tickets daher unbedingt vorher bei anderer Amtrak-Station oder einem Reisebüro besorgen.
-> Flagstaff: 1x tägl., 3 Std., ca. 42 US (weiter nach Albuquerque und Chicago)
-> Los Angeles: 1x tägl., 7 Std., ca. 65 US

Kingman --> Los Angeles

52o km/ ca. 6-7 Std. über Interstate 4o. Es lohnt sich aber, den ersten Teil der Strecke bis zur kalifornischen Grenze über die alte Route 66 zu fahren. Schöne Landschaften und jede Menge Nostalgie.

Bis zur Kalifornische Grenze (Route 66) kilometerweit geradeaus; dann wilde Kurverei durch die düstere Geröll- und Felslandschaft der Black Mountains. Hier kann man sich gut vorstellen, wie die klapprigen und voll beladenen Gefährte in der Hitze röhrten, fauchten und dutzendweise liegenblieben. Die Straße eng, kaum Ausweichmöglichkeiten, oft direkt am Abgrund entlang. Auf der Paßhöhe ein weiter Blick über die Bergketten nach Westen.

<u>OATMAN</u> war einst eine der wichtigen Zwischenstationen auf Arizonas Route 66. Später völlig heruntergekommen und fast verlassen. Heute ent-

lang der Hauptstraße restaurierte und neu errichtete Western-Fassaden, die von der 66-Nostalgie profitieren und Touristen anziehen.

Von Oatman aus windet sich das graue Band der Straße wie ein endloser Lindwurm gen Westen. Durch Wüstenlandschaft in den Vorbergen der Black Mountains. In ständigem Auf und Ab senkt sich die Straße langsam hinab in die Ebene zum Colorado River an der kalifornischen Grenze. Endpunkt ist der Ort GOLDEN SHORES.

KINGMAN --> FLAGSTAFF

Schnellste Strecke über I-4o (23o km/ ca. 2,5 Std.). Auch hier die Alternative auf der alten Route 66 über Peach Springs nach Seligman und dort weiter auf der Autobahn.

ROUTE 66

Westlich und östlich von Kingman die längsten noch existierenden Abschnitte der einstigen Transkontinentalstrecke zwischen Chicago und Los Angeles. Während die Route 66 anderswo unter dem Betonband von Interstate Highways begraben liegt oder in Fragmenten neben der neuen Autobahn entlangläuft, erstreckt sich im westlichen Arizona die Originalstrecke weit abseits des heutigen Durchgangsverkehrs.

Schönster Abschnitt westlich von Kingman, da dort die Straßenführung noch ziemlich original ist. Gut nachzuvollziehen das Wechselbad von langweiligen Geradeausstrecken und anstrengender Kurverei durch die Berge, die die Fahrer der alten Model Ts durchstehen mußten. Am Straßenrand Autowracks, verfallene Tankstellen und leerstehende Häuser mit verwitterten Reklameschildern. Aber auch bereits neues Leben: Motels und Tankstellen. Die Vermarktung der Route 66 hat begonnen und wird sich in den nächsten Jahren noch intensivieren.

Die Route 66 ist keine Straße wie jede andere, sie repräsentiert ein Stück amerikanischer Geschichte: Mit dem Boom des Automobilismus in den zwanziger Jahren entstand das Bedürfnis nach einer durchgehenden Straßenverbindung zwischen Ost- und Westküste. Schon bald knatterten die ersten Autos über die 3.5oo km von Chicago nach Los Angeles. Staub oder Schlamm machten den Trip, der damals noch rund einen Monat dauerte, zur Strapaze. Erst als der US-Highway 66 ab 1932 vollständig geteert war, erreichten die Autos ihre Ziele an der Westküste bequemer und in kürzerer Zeit.

Aufregend aber blieb die Fahrt noch immer. Die Route 66 war nämlich während der Weltwirtschaftskrise zu einer Art Fluchtweg geworden, einer "Straße der Illusionen". In den dreißiger Jahren herrschten in allen Teilen der USA Hunger und Elend, über 15 Millionen Menschen hatten ihre Arbeit verloren. Die Bauern in Oklahoma und anderen Staaten des Mittleren Westens büßten durch Krise und Dürreperioden ihren Grundbesitz ein und fanden sich über Nacht entwurzelt und ohne Existenzgrundlage. Wie schon immmer in der amerikanischen Geschichte schien es nur einen Ausweg zu geben: der Weg nach Westen, diesmal ins gelobte Land Kalifornien, wo angeblich die Landwirtschaft blühte und Arbeitskräfte gebraucht wurden.

Also packten sie zu Hunderttausenden ihre armselige Habe auf noch armseligere Klapperkisten und schlugen sich auf der Route 66 nach Westen durch. Ganze Großfamilien saßen in einem einzigen Ford "Model T", auf dem Dach Matratzen, Kochtöpfe und Reservereifen. Die Straße sah eine <u>Völkerwanderung</u>, wie sie selbst zu den Zeiten des Goldrausches und der Besiedlung des Westens nicht vorgekommen war.

Doch Hoffnung und Realität klafften weit auseinander; auch Kalifornien erwies sich während der Wirtschaftskrise nicht gerade als Paradies. Die "Okies" machten sich dort schnell als Hungerleider unbeliebt, die die Löhne auf den Plantagen drückten, weil sie nach ihrer Ankunft im gelobten Land auf jeden Cent zum Überleben angewiesen waren. Zeitweise ließ man sie nicht einmal über die Grenze, wenn sie nicht ein Minimum an Bargeld vorzeigen konnten.

Auf der Straße selbst spielten sich <u>menschliche Dramen</u> ab. Platte Reifen, überhitzte Kühler oder gebrochene Achsen zwangen immer wieder zu unfreiwilligen Zwischenstops, die Zeit kosteten und die verbliebenen Dollars aufbrauchten. Viele konnten das Benzin nicht mehr bezahlen und strandeten endgültig in einer der Städte am Wegesrand, ohne daß sie dort einen Job oder sonstige Mittel zum Überleben vorfanden. Nirgends ist diese Ausweglosigkeit besser beschrieben, als in John Steinbecks Roman "<u>Früchte des Zorns</u>". Und auch die Verfilmung mit Henry Fonda in der Hauptrolle zeichnet ein authentisches Bild jener Jahre des Aufbruchs gen Westen, in denen die Route 66 zur Schicksalsstraße Amerikas wurde.

Nach dem II. Weltkrieg fand der Highway schrittweise und ohne viel Aufsehen sein unrühmliches Ende. Der wachsende Verkehr auf Amerikas Straßen erforderte den Ausbau eines vierspurigen Autobahnnetzes, und Route 66 verschwand fast überall unter dem breiten Asphaltband von Interstate 4o, auf dem die Strecke von Chicago nach Los Angeles nun in rund achtundvierzig Stunden zurückgelegt werden kann. Nat King Cole setzte ihr noch ein musikalisches Denkmal mit seinem Song "<u>Get your kicks on Route 66</u>", dem die Rolling Stones in den sechziger Jahren zu einem weiteren Erfolg verhalfen. Doch da konnte die junge Generation schon kaum noch etwas mit dem Namen dieser Straße anfangen.

Seit Ende der achtziger Jahre ist Nostalgie Trumpf, und die Bedeutung von Route 66 kehrt ins Bewußtsein vieler Menschen zurück. Die übriggebliebenen Abschnitte sollen als "<u>Historic Highway</u>" erhalten werden, und die touristische Vermarktung mit T-shirts, Aufklebern und Baseballmützen ist bereits in vollem Gange.

Der östliche Abschnitt ist länger, aber weniger interessant. Meist geradeaus; die Straße hervorragend ausgebaut, zeitweise sogar vierspurig. Fast zu gut, um noch das richtige 66-Feeling zu bekommen.

Östlich von <u>PEACH SPRINGS</u> die Abzweigung nach <u>SUPAI</u>. Kleine Siedlung der Havasupai-Indianer, die hier in einem Nebental des Grand Canyon leben. Zunächst rund 1oo Km auf Hwy. 18 bis Hualapai Hilltop. Von dort weiter 13 km zu Fuß auf einem Pfad hinunter in den Canyon. Insgesamt ein beschwerlicher Trip für Individualisten, die das Canyonland weit abseits der Touristenpfade erleben möchten.

Von Supai aus Wanderungen innerhalb des Canyons zu mehreren Wasserfällen in der totalen Einsamkeit. Camping und Übernachtung in der einfachen Havasupai Lodge (Tel. 448-2111) möglich. Nicht ohne Reservierung anreisen.

GRAND CANYON CAVERNS: 1,5 km südlich der Route 66. Der Name ist vielversprechend, dahinter verbirgt sich allerdings eine eher durchschnittliche Kalkstein-Höhle. Touren dauern knapp 1 Std., kosten ca. 7 US. Geöffnet Mitte Juni bis Anfang Sept. von 8-16 Uhr, Rest des Jahres 1o-17 Uhr.

SELIGMAN: Östliches Ende dieser Teilstrecke von Route 66. Bereits kräftig auf den 66-Tourismus eingestellt mit auf alt getrimmten Saloons und Souvenirgeschäften.

★Williams (2.6oo Einw.)

Eigentlich nur einer der unbedeutenden Orte an der Autobahn zwischen Kingman und Flagstaff. Im Hochsommer allerdings Ausweichquartier, wenn die Hotels am Grand Canyon überfüllt sind. Entlang der Durchgangsstraße noch einige traditionelle Backsteinfassaden. Von hier aus auch eine Bahnlinie mit historischer Dampflok zum Grand Canyon (Details dazu im Kapitel "Grand Canyon").

Wer am Grand Canyon keine Reservierung mehr bekommt, kann es bei folgenden Motels in Williams versuchen (weitere entlang der Hauptstraße):

"Travelodge", 43o E. Williams Ave., DZ ab 34 US, in der Sommersaison ab 48 US. Tel. 635-4296.

"Comfort Inn", 911 W. Williams Ave., DZ ab 45 US, steigert sich zur Saison hin bis zu 95 US fürs einfachste DZ. Tel. 635-4o45 oder 8oo-221-2222.

★Flagstaff (46.ooo Einw.)

Größte Stadt in Nord-Arizona und Drehscheibe für Reisen auf dem Colorado Plateau. Im Zentrum zahlreiche Backsteinhäuser aus der Gründerzeit - mehr oder weniger ansehnlich. Ein Hauch von Uni-Flair durch die Studenten der Northern Arizona University. Die Außenbezirke reflektieren Flagstaffs Rolle als wichtigste Durchgangsstation zwischen Alburquerque und Los Angeles: Motels, Tankstellen, Autobahnen, Schienenstränge, Lagerhallen und Silos.

Trotz der eigentlich schönen Lage am Fuß der San Francisco Mountains kein Ort fürs Auge. Aber ideal als Übernachtungsstop und Ausgangspunkt für Ausflüge in die nähere und weitere Umgebung sowie als Standquartier für Wanderer und Skiläufer. Tagsüber kann man sich in der Natur herumtreiben oder prähistorische Ruinen besichtigen, abends sitzt man gemütlich in Studentenkneipen oder einem zünftigen Steak-House.

Colorado Plateau/Arizona 169

 Visitors Center, 1o1 W. Santa Fe Ave., in Downtown.
Geöffnet täglich von 8-21 Uhr, sonntags nur bis 17 Uhr.
Tel. 774-9541.

 Post: 1o4 N. Agassiz St.

Orientierung: Da Flagstaff inzwischen auch an der allgemeinen "Route 66 Nostalgie" partizipieren will, trägt die Durchgangsstraße Santa Fe Avenue an vielen Stellen bereits wieder den alten Namen. Die Nord-Süd-Straßen beginnen an dieser Achse ihre Hausnummernzählung bei 1 in jeder Richtung. Der Zusatz N. (North) oder S. (South) wichtig vor allem in Downtown: Adressen mit S. liegen südlich der Bahnlinie, Adressen mit N. nördlich.

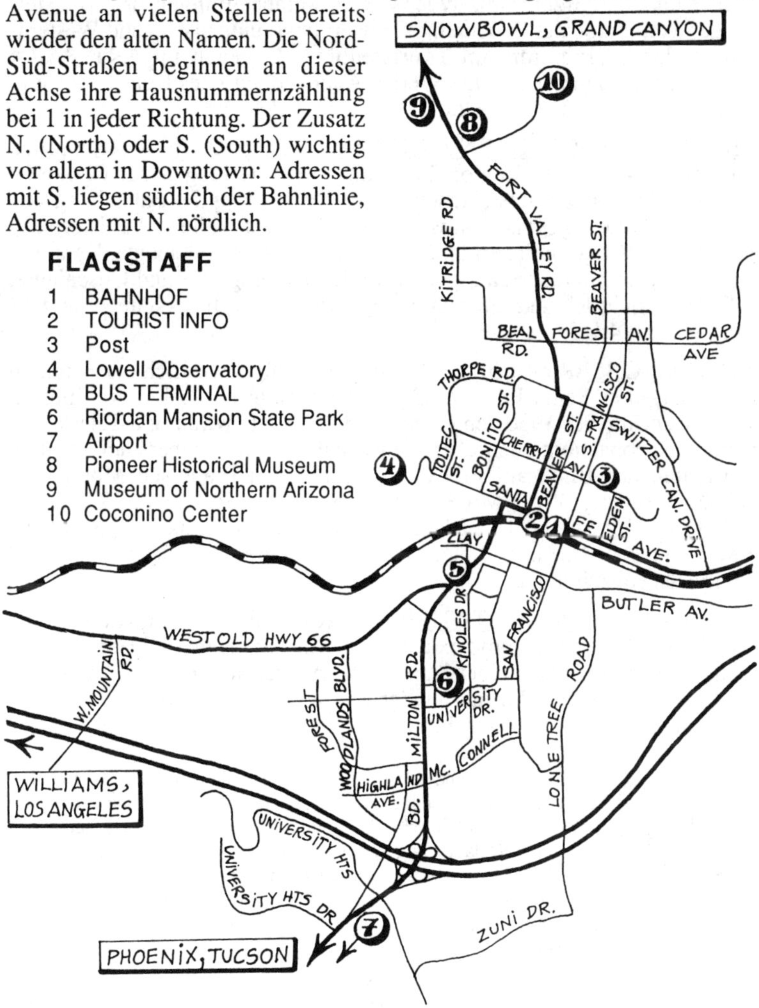

FLAGSTAFF

1. BAHNHOF
2. TOURIST INFO
3. Post
4. Lowell Observatory
5. BUS TERMINAL
6. Riordan Mansion State Park
7. Airport
8. Pioneer Historical Museum
9. Museum of Northern Arizona
10. Coconino Center

SEHENSWERTES

PIONEER HISTORICAL MUSEUM, (8) Hwy. 18o nördlich der Stadt. Zusammengewürfelte Exponate aus der Geschichte von Flagstaff: Sättel, Feuerwehruniformen, Möbel, Spielzeug, eine schöne Kollektion von alten Schreibmaschinen, Fotos von Bootstouren auf dem Colorado River. Geöffnet Mo-Sa von 9-17 Uhr, Eintritt frei, Spende erbeten.

COCONINO CENTER FOR THE ARTS, (1o) hinter dem Museum. Kunst und Kulturzentrum. Wechselnde Veranstaltungen und Ausstellungen von regionaler Bedeutung. Schwerpunkt: indianische und Western-Kunst. Jahresprogramm im Touristenbüro. Nebenan im ART BARN verkaufen lokale Künstler ihre Werke. Auch indianisches Kunsthandwerk. Geöffnet Di-Sa von 1o-17 Uhr.

MUSEUM OF NORTHERN ARIZONA, (9) knapp 2 km weiter nördlich auf Hwy. 18o. Gutes Regionalmuseum mit Abteilungen zur Geologie, Anthropologie und Kunst. Anschauliche Darstellung der Entstehung von Colorado Plateau, Grand Canyon und Monument Valley. Prähistorische und gegenwärtige Indianerkulturen (Siedlungsräume, Gebäude, Keramik, Schmuck). Sonderausstellungen zu Malerei, Fotografie und Geschichte. Alles übersichtlich und informativ angeordnet. Geöffnet täglich von 9-17 Uhr, Eintritt 4 US.

LOWELL OBSERVATORY, (4) auf einem Hügel westlich der Stadt, zu erreichen über Santa Fe Ave. Clyde Tombaugh entdeckte von diesem Observatorium aus 193o den Planeten Pluto. Heute wird mit 8 Teleskopen Himmelsbeobachtung betrieben. Etwas naheliegender, aber auch nicht zu verachten der Blick auf Flagstaff und die San Francisco Mountains. Visitor Center geöffnet Mo-Sa von 9:3o-17 Uhr, So von 12-17 Uhr; im Winter nur Mi-So von 12-17 Uhr. Dort auch Info über aktuelle Zeitpläne der Touren durchs Observatorium sowie für Vorträge und Himmelsbeobachtung.

RIORDAN MANSION STATE PARK, (6) südlich von Downtown über Milton Rd. Wohnhauskomplex aus düsterem Naturstein und Holz. Erbaut 19o4 von den Besitzern einer Sägemühle. Ausgestattet mit dem Luxus des Wilden Westens um die Jahrhundertwende. Geöffnet täglich 8-17 Uhr, im Winter erst ab 12:3o Uhr. Eintritt 2 US.

Flagstaff besitzt rund 7o Hotels und Motels, die meisten aufgereiht an drei Straßen, so daß sich die Suche extrem einfach gestaltet: Milton Rd. führt ins Zentrum ab Exit 195, Butler Ave. ab Exit 198 und Santa Fe Ave. ist die Verlängerung von Hwy. 89 (von Norden). Selbst in der sommerlichen Hauptsaison dürfte es kaum Probleme mit Zimmern geben. Neben den Motels auch einige gute Bed&Breakfast Häuser in der Nähe von Downtown.

"Little America", 2515 E. Butler Ave. Östlich von Downtown, direkt am Exit 198 des Interstate Hwy. Langgestreckter Motel-Komplex mit großem, schattigem Park und SW-Pool. Zimmer hell und komfortabel. Möglichst zum Park hinaus wohnen, da total ruhig und schönerer Blick. DZ von Nov.-April ab 7o US, sonst ab 86 US. Tel. 774-2741 oder 800-352-4386.

"**Quality Inn**", 2ooo S. Milton Rd. Südlich der Stadt, am Exit 195. Völlig modernisiertes Motel mit SW-Pool und komfortablen Zimmern. DZ im Winter ab 6o US, in der Sommersaison ab 85 US. Im Frühjahr und Herbst abgestufte Zwischentarife. Tel. 774-8771 oder 800-221-2222.

"**Pony Soldier**", 3o3o E. Santa Fe Ave. Östlich von Downtown Richtung Hwy. 89. An Durchgangsstraße, die weiter hinten liegenden Zimmer aber ruhig. Überdachter und geheizter SW-Pool, ein seltener Service für Flagstaffs kalte Wintermonate. Zimmer hell und modern möbliert, Platz genug für eine bequeme Sitzecke. Frühstück inkl. DZ im Winter ca. 51 US, steigert sich bis zur Hochsaison schrittweise auf 78 US. Tel. 526-2388 oder 800-356-4143.

"**The Inn at Four Ten**", 41o N. Leroux St. Ruhige Wohngegend Nähe Downtown. Wohnhaus aus dem Jahre 19o7. Zimmer und Suites komfortabel mit Antiquitäten ausgestattet. Einige mit Privatbad, andere mit absolut sauberem Gemeinschaftsbad. Ausgiebiges Frühstück. Tee und kleine Snacks tagsüber gratis. DZ von Mitte Mai bis Mitte Okt. je nach Ausstattung ab 58 US, in der restlichen Jahreszeit ab 48 US. Tel. 774-oo88.

"**Piney Woods Lodge**", 245o W. Hogan Dr. Nordwestlich von Downtown in ruhiger Wohnlage. Bed&Breakfast Haus, umgeben von Kiefernwald. Rustikales Holzgebäude. Kontinentales Frühstück inkl. DZ ca. 53 US. Tel. 774-8859.

"**Dierker House**", 423 W. Cherry Ave. Bed&Breakfast in einem typischen Natursteinhaus der Region um Flagstaff. Ruhige Wohnlage, trotzdem problemlos zu Fuß ins Zentrum. Zimmer unterschiedlich mit antiken Möbeln ausgestattet. DZ je nach Qualität ab 44 US. Tel. 774-3249.

"**Travelodge University**", 8o1 W. Hwy. 66/ Ecke Milton Rd. Über Exit 195, Nähe Greyhound-Terminal und Downtown. Modernes Motel mit Sauna und Whirlpool. Komfortabel möbliert mit Sitzecke. DZ ab 37 US, steigert sich zum Sommer hin auf 55-65 US.

"**Motel 6**", gleich zwei Hotels der Kette in unmittelbarer Nähe: 25oo E. Lucky Lane, östlich von Downtown, Exit 198. Einfache Motels mit SW-Pool. Zimmer mit ordentlichem Standard an Ausstattung und Sauberkeit. DZ für ca. 32 US, in dieser Kategorie eine gute Wahl. Tel. 779-6184.

"**Monte Vista Hotel**", 1oo N. San Francisco St. Das letzte der traditionellen Backstein-Stadthotels in Downtown. Hatte seine besten Tage in den dreißiger Jahren, als Flagstaff an der Route 66 lag und hier die Stars auf ihrem Weg nach Hollywood Station machten. Heute nicht mehr so nobel, aber Spuren des einstigen Glanzes sind noch vorhanden. Zimmer sehr unterschiedlich, einige modernisiert. DZ im Winter je nach Ausstattung ab ca. 2o US, im Sommer ab 5o US. Am Wochenende Aufschlag. Tel. 779-6971.

"**Du Beaux Motel**", 19 W. Phoenix Ave. Flaches Backsteingebäude, zentral in Downtown. Zimmer heruntergekommen, düster und extrem einfach ausgestattet. Außerdem Betten im Schlafsaal nach Herbergsart. DZ je nach Saison 22-25 US, Übernachtung im Schlafsaal 11 US pro Person inkl Frühstück. Tel. 774-6731.

"**Downtowner Motel**", 19 S. San Francisco St. In Qualität und Preis ähnlich wie Du Beaux. Auch Herbergsbetten. Tel. 774-8461.

"Weatherford Hotel", 23 N. Leroux St. Mitten in Downtown, Nähe Amtrak-Bahnhof. Das einstige Nobel-Hotel bietet heute Betten im Schlafsaal (ca. 1o US) oder Einzel- und Doppelzimmer (22-24 US). Gehört zur Kette der American Youth Hostels (AYH), daher mit Jugendherbergsausweis kein Preisaufschlag. Ganzjährig geöffnet. Tel. 779-1919.

In der näheren Umgebung von Flagstaff rund 2o Campgrounds und RV-Parks. In Zentrumsnähe liegt "Black Barts RV Park", Butler Ave. am Exit 198. Stellplätze für Zelte und Wohnmobile dichtgedrängt unter Bäumen. Vollständig ausgerüstet, ganzjährig geöffnet. Pro Nacht 8-2o US.

"KOA Kampground", knapp 1o km vom Zentrum auf Hwy. 89 Richtung Norden. Schön gelegen in einem Nadelwald am Fuß von Mount Elden. Beginn von Wanderwegen in der Nähe. Voll ausgestattet für Zelte und Wohnmobile, ganzjährig geöffnet. Stellplatz 18-25 US.

"Bonita Campground", im Sunset Crater National Monument. Weitere Details dort. Im Winter geschlossen.

BLACK BARTS, 276o E. Butler Ave. Originelle Western-Atmosphäre: Töpfe, Löffel, Sättel und Gerätschaften an den Wänden. Der Piano-Player klimpert vor sich hin, und die Kellner singen abwechselnd dazu. Locker, flott und unterhaltsam. Die Steaks sind Spitze, was man für ca. 2o US auch erwarten darf. Die Speisekarte bietet Alternativen für Fischfreunde und Vegetarier, und es gibt auch Gerichte ab 1o US.

CHARLY'S, 23 N. Leroux St. In ehemaligem Hotelgebäude in Downtown. Mehrere gemütliche Räume, dekoriert mit vielem, was die Zeit so hinterlassen hat: alte Reklameschilder, Fotos, moderne Malerei. Viel Betrieb. Preiswertes Frühstück; mittags und abends Sandwiches, Salate und andere Kleinigkeiten für 5-7 US. Zahlreiche Biere vom Faß; abends oft Live-Musik.

CAFE EXPRESS, 16 N. San Francisco St. Studentenkneipe mit preiswertem Essen. Salate, Sandwiches und einige mexikanische Gerichte für 5-8 US.

THE SWEET LIFE, 1 N. San Francisco St. Eisdiele mit großer Auswahl an Eissorten und anderen Süßigkeiten. Kaffee und Espresso.

CHEZ MARC, 5o3 Humphreys St. Vornehme Adresse in Zentrumsnähe. In ehemaligem Wohnhaus aus Natursteinen. Mehrere gemütliche Räume. Gehobene französische Küche zu entsprechenden Preisen: Hauptgang ca. 15-2o US.

KATHY'S, 7 N. San Francisco St. Kleines Lokal, ausgerichtet auf studentisches Publikum. Sandwiches und Imbisse um 5 US.

HASSIB'S, 211 S. San Francisco St. Winzig und äußerst einfach. Zwischen rohen Backsteinwänden simple Holztische. Indische und griechische Küche. Ordentliche Portionen für Preise um 4-7 US.

MAD ITALIAN, 1o1 S. San Francisco St. Kein italienisches Ambiente, sondern Kneipe und Billard-Salon. Rustikale Holztöne rund um die hufeisenförmige Theke. Junges Publikum. Preiswertes Essen nach US-Art: Sandwiches, Nudeln, Pizza um 5 US. Mehrere Biere vom Faß.

MAIN STREET, 4 S. San Francisco St. Kneipe und Grill, lockere Atmosphäre. Auf der Speisekarte von jedem etwas: Suppen, Salate, Sandwiches, Pasta, Steaks (4-1o US). Besonders gut das Barbecue; eine Auswahl aus beef, ribs und chicken, für zwei Personen ca. 18 US.

HORSEMEN LODGE, ca. 12 km östlich von Downtown am Hwy. 89 Richtung Page. Der weite Weg lohnt sich. Zünftiges Blockhaus mit Saloon-Charakter. Auf der Speisekarte hauptsächlich Fleisch vom Grill. Die Steaks sind hervorragend. Geöffnet ab 17 Uhr.

MAMMA LUISA, 3ooo E. Santa Fe Ave., im Einkaufszentrum Kachina Square. Von außen eher abweisend, im Innern aber gemütlich auf italienisch getrimmt mit karierten Tischdecken und entsprechender Dekoration. Gehobene italienische Küche, neben Nudelgerichten um 8 US auch Fleisch und Seafood für ca. 15 US. Mittags preiswerter.

AFTON HOUSE, 3o5o E. Santa Fe Ave. In einem Dreiecks-Häuschen, modern gestyltes Ambiente. Eines der besseren chinesischen Restaurants von Flagstaff. Tellergerichte 5-1o US, für 7-9 US jedoch erhält man mehrgängige Tagesmenüs mit einer Auswahl der Spezialitäten des Hauses.

EL CHILITO, 1551 S. Milton Rd. Gutes mexikanisches Essen für 5-1o US. Zu empfehlen für Einsteiger die combination plates mit einer Reihe verschiedener Spezialitäten. Liebevoll und appetitlich angerichtet. Die Portionen sind gewaltig, selbst von den Salaten wird man rundum satt.

MACY'S, 14 S. Beaver St. Café, Kneipe, Restaurant. Preiswert und gemütlich. Täglich frisch geröstet verschiedene Sorten Kaffee. Nudeln aus eigener Produktion.

KACHINA, 522 E. Santa Fe Ave. Das Ambiente eher unterkühlt, ziemlich unmexikanisch. Tacos, Enchiladas und andere Spezialitäten aus dem Land der Azteken allerdings gut und preiswert. Große Portionen für 5-8 US.

Selbstversorger: Q-FRESH, Supermarkt am nördlichen Ende von Humphreys St.

Picknick: Die Berge im Norden von Flagstaff sowie die National Monuments in der Umgebung bieten tausendundeine Möglichkeit für ein sommerliches Picknick.

UNTERHALTUNG

Flagstaff ist nicht gerade eine kulturelle Hochburg; trotzdem gibt es gelegentlich Veranstaltungen von regionaler Bedeutung, die auch für Besucher interessant sein können: Indianische Kulturtage oder Country & Western Konzerte. Ausführliches Wochenprogramm in der Zeitung FLAGSTAFF WEEKLY, gratis im Touristenbüro.

THE MUSEUM CLUB, 34o4 E. Santa Fe Ave. Seit Jahrzehnten eine Institution für Country &Western Musik. Eines der größten Blockhäuser in Arizona mit Saloon-Atmosphäre. Bekannte Musiker und Nachwuchstalente spielen hier von Di-Sa live. Gratis Taxi-Transport vom und zum Hotel. Tel. 774-2934.

FESTIVAL OF NATIVE AMERICAN ARTS: Jährlich für sechs Wochen (Ende Juni bis Anfang August). Ausstellungen von Malerei, Keramik, Schmuck. Dazu ein Kulturprogramm mit Filmen, Tänzen, Vorträgen.

TRAPPINGS OF THE AMERICAN WEST: Im Mai und Juni. Das Cowboy-Festival mit Ausstellungen von Malerei, Fotos, Sätteln, Stiefeln und Hüten. Musiker und Geschichtenerzähler ergänzen das Programm, das abgestellt ist auf das Leben der heutigen Cowboys mit Reminiszenen an die glorreiche Vergangenheit.

PINE COUNTY PRO RODEO, im Juni. Eines der bedeutendsten Rodeos für Profis im Westen der USA.

SPORT

Ski Alpin: ARIZONA SNOW BOWL, ca. 2o km nördlich von Flagstaff über Hwy. 18o. Erstklassiges Skigebiet am Agassiz Peak. 4 Sessellifte, Pisten aller Schwierigkeitsgrade durch Nadelwälder. Tageskarte ca. 29 US, Ausrüstung 15 US. Saison von Mitte Dez. bis Mitte April. Info zu Wetter- und Schneeverhältnissen über Tel. 779-4577. Keine Unterkunft im Skigebiet selbst. Einige Hotels in Flagstaff bieten Ski-Packages inkl. Transport zu den Pisten.

Ski Langlauf: FLAGSTAFF NORDIC CENTER, am Hwy. 18o, etwas nördlich der Abfahrt zur Snow Bowl. Gespurte Loipen für Anfänger und Fortgeschrittene. Tagespaß 9 US, am Wochenende 12 US, Ausrüstung ca. 15 US. Saison von Anfang Dez. bis Ostern.

Ausrüstung für alpin und Langlauf preiswerter als in den Skigebieten selbst bei AGASSIZ SPORTS CO., 2o4 E. Santa Fe Ave.: ca. 1o US/Tag

Wandern: Die Wandermöglichkeiten rund um Flagstaff sind nahezu unbegrenzt: Im Norden die San Francisco Mountains und das San Francisco Volcanic Field, im Süden der Oak Creek Canyon und die Landschaft am Mormon Lake (Details jeweils

dort). Für Tageswanderungen ist Flagstaff der beste Standort in der gesamten Region. Informationen, Karten und Tips bei der PEAKS RANGER STATION, 5o75 N. Hwy. 89, östlich der Stadt. Geöffnet Mo-Fr von 7.3o-16.3o Uhr.

Von der Stadt selbst aus direkt zu erreichen die Wanderwege am Mount Elden, dem Hausberg von Flagstaff:

"<u>Elden Lookout Trail</u>": Der Weg auf den Gipfel des Berges, knapp 1o km retour. Halbtages- bis Tagestrip. Höhenunterschied ca. 7oo m. Ausgangspunkt am Hwy. 89 östlich der Stadt, Nähe Peaks Ranger Station. Zunächst nur leichter Anstieg durch Nadelwälder. Später steiler, man findet sogar Kakteen. Anstrengend in den steilen Abschnitten. Kurz vor dem Gipfel ein Gebiet, in dem 1977 ein Feuer alles niederbrannte. Jetzt zu erkennen die langsame Rückkehr der verschiedenen Pflanzenarten. Vom Gipfel Blick auf Flagstaff und die San Francisco Peaks. Begehbar von April bis Oktober. Der Rückweg ist auch möglich über andere Trails, die von Westen und Norden den Gipfel erreichen, z.B. "<u>Sunset Trail</u>" oder "<u>Brookbank Trail</u>".

Verbindungen

Auto: Ost-West Achse ist Interstate 4o nach Kingman (23o km/ ca. 2,5 Std.) und Gallup, New Mexico (29o km/ ca. 3 Std.). Interstate 17 nach Phoenix (235 km/ ca. 2,5 Std.). Zum Grand Canyon entweder Hwy. 18o direkt (13o km/ ca. 2 Std.) oder Hwy. 89 mit Abstechern zu den National Monuments von Sunset Crater und Wupatki.

Bus: Greyhound-Terminal 1 km südlich vom Zentrum, 399 S. Malpais Lane/ Ecke Milton Rd., Tel. 774-4573.
-> Phoenix: 4x tägl., 3 Std., ca. 2o US
-> Kingman: 2x tägl., 3 Std., ca. 33 US
-> Albuquerque: 4x tägl., 7 Std., ca. 77 US
-> Los Angeles: 2x tägl., 12 Std., ca. 117 US
-> Las Vegas: 1x tägl., 7 Std., ca. 61 US

Nava-Hopi Tours (Tel. 774-5oo3) fahren ab Amtrak-Bahnhof:
-> Grand Canyon: 1x tägl. (im Sommer 2x), 2 Std., ca. 12,5o US
-> Phoenix: 3x tägl., 3 Std., ca. 22 US

Bahn: Amtrak-Bahnhof in Downtown, 1 E. Santa Fe Ave., Tel. 774-8679.
-> Kingman: 1x tägl., 3 Std., ca. 41 US
-> Los Angeles: 1x tägl., 1o Std., ca. 85 US
-> Albuquerque: 1x tägl., 6 Std., ca. 8o US

Flug: Pulliam Airport, 6 km südlich von Flagstaff. Täglich mehrere Flüge nach Phoenix, Las Vegas und Grand Canyon. Fluglinien sind America West (Tel. 774-857o) und Skywest (Tel. 774-483o).

TRANSPORT IN FLAGSTAFF

Keine brauchbaren Stadtbusverbindungen. **Taxi**: FLAGSTAFF TAXI, 24-Stunden Service, Tel. 774-1374.

Für Ausflüge in die Umgebung braucht man einen **Mietwagen**:

ADMIRAL, 6o2 W. Old Hwy. 66, Tel. 774-7394.

HERTZ, Pulliam Airport, Tel. 774-4452.

BUDGET, 1oo n. Humphreys St., Tel. 774-2763.

WALNUT CANYON NATIONAL MONUMENT

Klippenwohnungen der prähistorischen Sinagua-Indianer an den steilen Wänden eines engen Canyons. Waghalsig konstruiert unter schichtenförmig abgelagerten Felsvorsprüngen, ein Beispiel für Architektur an extremen Steillagen. Insgesamt mehr als dreihundert gemauerte Räume. Ein Pfad führt hinunter in den Canyon und zu einer Reihe von Behausungen. Eine Art Gang durch Raum und Zeit.

Die <u>Sinaguas</u> siedelten ab 112o am Walnut Canyon, wo sie eine einfache Form der Landwirtschaft betrieben. Durch den Bau von Wohnräumen unter den Felsvorsprüngen sparten sie Material und Arbeit, da die höhlenartigen Einbuchtungen nur noch von der Vorderseite her zugemauert werden mußten. Vom Canyonrand aus erreichten sie ihre Wohnungen in der 12o m tiefen Schlucht durch natürliche Felsspalten, die senkrecht in den Fels hineinerodiert waren.

Eine Besonderheit der Wohnungen ist das noch heute sichtbare Belüftungssystem: Die Türöffnungen wurden nicht in ihrer ganzen Breite bis zum Boden heruntergezogen, sondern es blieb eine Schwelle mit einem viereckigen Loch. Verhängte man die Tür, konnte Luft durch diese Öffnung einströmen, und der Rauch des im Innern brennenden Feuers entkam durch eine zweite Öffnung direkt unterhalb des Daches. Weitere Details zu den Sinagua im Kapitel "Indianer-Kulturen".

 Im <u>VISITOR CENTER</u> eine kleine Ausstellung zur Kultur der Sinagua. Ein anschauliches Modell zeigt, wie sich das Leben am Canyon und in den Wohnungen abgespielt haben mag.

Das National Monument ist zu erreichen ab Flagstaff über Interstate 4o Richtung Osten bis Exit 2o4. Geöffnet tägl. von 8-17 Uhr, Zufahrt pro PKW 4 US.

SAN FRANCISCO PEAKS

Höchste Gebirgskette in Arizona, direkt nördlich von Flagstaff; Humphrey's Peak ist mit 385o m die höchste Erhebung des Staates. Noch wenig erschlossen, daher am besten zu erleben auf einem der zahlreichen Wanderwege. Von den Bergen aus phantastische Ausblicke auf das Colorado Plateau. Zugänglich nur während weniger Sommermonate, im Winter meist tief verschneit.

> Die Peaks sind Überreste einer gewaltigen Vulkanexplosion vor mehreren Millionen Jahren. Der Gipfel eines riesigen Vulkankegels wurde damals weggesprengt, an den Kraterrändern blieben mehr oder weniger hohe Zacken übrig, die heutigen San Francisco Peaks. Der ehemalige Krater ist inzwischen ein grünes Gebirgstal, das sogenannte Inner Basin.

Vor **Wanderungen** in die Wildnis der San Francisco Peaks unbedingt Informationen über den Zustand der Trails und die Wettervorhersage einholen. am besten bei der PEAKS RANGER STATION in Flagstaff (Adresse siehe dort). Die Ranger haben auch das notwendige Kartenmaterial und geben weitere aktuelle Hinweise.

"Humphrey's Trail": Hinauf zum höchsten Gipfel Arizonas. 15 km hin und zurück, anstrengende Tagestour. Höhenunterschied ca. 117o m. Ausgangspunkt: Parkplatz am Skigebiet der Arizona Snow Bowl. Zunächst durch Nadelwälder, später jenseits der Baumgrenze. Dort steil und steinig. Vom Gipfel aus atemberaubendes 36o-Grad Panorama: Blick bis zum Grand Canyon, den Hopi-Mesas und zum Oak Creek Canyon.

Aufstieg möglich zwischen Mai und Oktober, aber auch im Sommer Schneefall nicht ausgeschlossen. Vor allem im Juli/August heftige Gewitter. Entsprechende Kleidung mitnehmen und vorher unbedingt Wetterbericht beachten.

"Weatherford Trail": Der zweite Weg zum Gipfel von Humphrey's Peak. Nicht so steil, dafür länger. Vereinigt sich nach ca. 13 km mit dem Humphrey's Peak Trail, von dort noch 1,5 km bis zum Gipfel. Beide Wege lassen sich kombinieren zu einer langen Tagestour. Dann hat man allerdings das Transportproblem zwischen Ausgangs- und Endpunkt.

Der Weatherford Trail war früher eine Touristenstraße, auf der die Ford Model Ts in die Höhe knatterten. Seit Einrichtung der Kachina Wilderness Area fast im gesamten Bereich der San Francisco Peaks nur noch Wanderweg.

"Abineau und Bear Jaw Trails": Einer der wenigen Rundwege im Gebiet der Peaks. Wanderung entlang des Nordhangs der San Francisco Peaks durch baumbestandene Canyons. Teilweise steil. Unterwegs Blick bis zum Grand Canyon. 9,5 km, ca. 4-5 Std. Höhenunterschied 61o m. Ausgangspunkt: Ab Flagstaff über Hwy. 89 rund 2o km nach Norden, dann links ab auf die Forest Rd. 418. Nach 11 km nochmal links auf Forest Rd. 9123J bis zum Parkplatz.

"Inner Basin Trail": Der Weg in den einstigen Vulkankrater; heute ein Tal, das durch die San Francisco Peaks gebildet wird. Alpine Landschaft, Wald, Überreste von Lavaflüssen. 6,5 km retour, auf dem Hinweg stetig bergauf. Selbst im Frühsommer können Teile des Weges noch verschneit sein. Ausgangspunkt: Von Flagstaff 19 km nach Norden auf Hwy. 89 bis Forest Rd. 552 (links ab). Noch etwa 2 km bis Lockett Meadow.

SUNSET CRATER NATIONAL MONUMENT

Vulkanlandschaft, bedeckt mit bizarren Lavafeldern und einer Schicht aus grau, schwarz und rot schimmernder Asche. Das jüngste vulkanisch aktive Gebiet im Norden Arizonas. Sunset Crater brach zum letzten Mal im Jahre 1o64 n. Chr. aus. Nur einige Nadelwälder und flaches Buschwerk konnten sich bis heute auf dem Vulkanboden ansiedeln. Noch immer ist die Verwüstung spürbar, die der Ausbruch vor knapp tausend Jahren angerichtet hat.

Zufahrt pro PKW 4 US, schließt auch den Besuch des Wupatki National Monument ein. Außer dem Campingplatz keinerlei Versorgungseinrichtungen in beiden Monuments. Sie lassen sich aber bequem entweder als Tagesausflug ab Flagstaff oder auf dem Weg zum Grand Canyon besuchen.

VISITOR CENTER kurz hinter der Abzweigung von Hwy. 89. Kleine Ausstellung zum Vulkanismus in der Region. Ein Seismograph zeigt die aktuellen Bewegungen der Erdkruste an. Daneben die seismographischen Kurven verschiedener starker Erdbeben der letzten Jahre.

Auf Sunset Crater selbst darf weder gewandert noch geklettert werden, um die Struktur der brüchigen Lava- und Ascheschichten nicht zu gefährden. Guter Überblick vom CINDER HILLS OVERLOOK, am unteren Hang des Kraters.

LAVAFELDER: Entlang der Straße Richtung Wupatki National Monument einige Lavaflüsse. Einer von ihnen zugänglich über den LAVA FLOW TRAIL. Rundweg mit vielfältigen Spuren vulkanischer Aktivität: Lavablasen, erkaltete Miniatur-Vulkane, eine Lavahöhle, in der fast das ganze Jahr über bizarre Eiszapfen hängen.

"Bonito Campground", in einer Senke gegenüber dem Visitor Center. Guter Standort zur ruhigen Erforschung beider National Monuments. Wasser, Toiletten, keine Duschen. In der kalten Jahreszeit geschlossen. Stellplatz ca. 8 US.

WUPATKI NATIONAL MONUMENT

Inmitten einer vulkanisch geprägten Landschaft aus roten Steinquadern und schwarzer Lavaasche eine Reihe von Ruinen der Sinagua-Kultur. Rote und schwarze Flächen gehen allmählich ineinander über, manchmal besteht auch eine abrupte Grenze, als ob die Asche erst gestern frisch auf das Land gefallen wäre. Die Sinagua erbauten ihre Gebäude aus dem roten Stein, so daß eine seltene Harmonie zwischen Landschaft und Architektur entstand. Insgesamt über 2600 archäologische Stätten, die schönsten davon zugänglich. (Zufahrt zum Monument 4 US pro PKW, schließt den Besuch von Sunset Crater mit ein.)

Tourist INFO VISITOR CENTER: An der Wupatki Ruin. Kleine Ausstellung zu Lebensweise, Landwirtschaft und Kunsthandwerk verschiedener präkolumbianischer Indianerstämme. Wer außerhalb der kurzen markierten Ruinentrails wandern möchte, bekommt hier eine Sondergenehmigung der Ranger.

WUPATKI RUINS, direkt hinter dem Visitor Center. Der größte Ruinenkomplex des National Monument, in roter und schwarzer Lavalandschaft. Ein Pueblo-Gebäude, dreistöckig mit über hundert Räumen. Bewohnt von 112o bis 122o n. Chr. Entsprechend dem Wachstum der Bevölkerung wurden mit der Zeit immer mehr Räume angebaut.

Unterhalb des Pueblo eine Art Amphitheater. Über dessen Nutzen hat die Archäologie keine gesicherten Erkenntnisse. Im Tal ein ovaler Ballspielplatz, der darauf hindeutet, daß die Sinagua Kontakte mit Kulturen in Mexiko hatten, wo das Spiel weit verbreitet war. Nach welchen Regeln es auf dem Colorado Plateau gespielt wurde und ob es rituelle Bedeutung hatte, ist unklar.

Neben dem Ballspielplatz ein Luftschacht, der mit einem unterirdischen System von Erdspalten verbunden ist. Je nach Tageszeit und Luftdruck wird Luft eingesogen oder ausgeblasen. Ein natürliches Phänomen, das die Sinagua gewaltig verwundert haben dürfte. In neuerer Zeit haben Forscher versucht, in die Spalten einzudringen, aber sie sind zu eng.

WUKOKI: Wie eine europäische Burg sitzt diese dreistöckige Ruine auf einem massiven Sandsteinsockel und ermöglicht einen weiten Rundblick über die Ebene. Besonders effektvoll das leuchtende Rot von natürlichem Sockel und Baumaterial.

CITADEL: Gebäudekomplex auf einer Anhöhe mit weitem Rundumblick. Schönes Panorama vor allem Richtung Westen auf Humphrey's Peak und das San Francisco Volcanic Field. Bei genauem Hinsehen erkennt man in der näheren Umgebung weitere kleine Ruinen. Die terrassenförmigen Abstufungen unterhalb des Gebäudes fingen Regenfälle auf, so daß darauf eine bescheidene Landwirtschaft betrieben werden konnte.

LOMAKI: Zunächst vorbei an den Ruinen von Bix Canyon: Die Gebäudereste gehen direkt über in die Wände des kleinen Canyons. Eine harmonische Einheit, da das Baumaterial aus dem Stein des Canyons besteht. Die Lomaki Ruin selbst ist ähnlich konstruiert, am Rande einer Erdspalte.

Der Vorteil dieser Standorte ergibt sich durch ihre Lage zu möglichen

Wasserquellen: Während der Regenzeit errichteten die Sinagua in den Canyons unterhalb ihrer Häuser kleine Dämme, und an die Spalten in den Canyonrändern hängten sie Krüge, um das dort herunterlaufende Wasser aufzufangen. Blieben die Regenfälle aus, mußten sie das Wasser vom 16 km entfernten Little Colorado River herbeischaffen.

SAN FRANCISCO VOLCANIC FIELD

Vulkanische Landschaft im Norden von Flagstaff. Die San Francisco Peaks, Sunset Crater und Wupatki National Monument sind ein Teil davon. Neben diesen herausragenden Fixpunkten existieren noch weitere erloschene Vulkane, Krater und Lavafelder, die sich zu beiden Seiten von Hwy. 89 aufreihen. Zugänglich in ihrer Mehrzhal nur per Wanderung.

LENOX CRATER und O'LEARY PEAK sind die unmittelbaren Nachbarn von Sunset Crater. Der Aufstieg beginnt jeweils in der Nähe des dortigen Visitor Centers. Beide Berge bieten einen guten Blick auf den für Wanderer gesperrten Sunset Crater.

STRAWBERRY CRATER: Krater mit angrenzendem großen Lavafeld. Erreichbar über Hwy. 89, einige Kilometer nördlich der Abzweigung zum Sunset Crater. Rechts ab auf Forest Rd. 546, später 779. Von dort aus Trail zum Krater.

SP CRATER: Ebenfalls Krater mit großem Lavafluß. Zu erreichen ab Hwy. 89, 2 km nördlich der Abzweigung nach Wupatki. Von dort aus außerdem zu erreichen ist der südliche Nachbar, COLTON CRATER. Beide sind zu Fuß zu besteigen.

Wandern: An den hier genannten Kratern des San Francisco Volcanic Field existieren in der Regel keine markierten Wanderwege, der vulkanische Boden ist vielerorts anfällig für Zerstörung. Deshalb vorher mit den Rangern am Visitor Center von Sunset Crater absprechen, welche Wege man gehen sollte, und ob überhaupt. Die Ranger geben auch präzise Hinweise zum Erreichen der Krater und Maßregeln fürs Verhalten unterwegs. Wildes Wandern hat schon am Sunset Crater so viel Zerstörung verursacht, daß er gesperrt werden mußte.

LITTLE COLORADO RIVER GORGE

Ein Nebenfluß des großen Colorado hat hier seine Schlucht in den Fels gegraben. Noch abrupter als beim Grand Canyon kommt der Übergang vom Plateau in den Abgrund. Die Wände fallen 245 m in die Tiefe, unten rauscht der Fluß. Die Gesteinsschichten sind so regelmäßig, daß sie an ein überdimensionales Sandwich erinnern. Das Erosionsprinzip ist das gleiche wie beim Grand Canyon, die Dimensionen jedoch sind hier greifbarer. (Zufahrt: Vom Hwy. 64 zwischen Flagstaff und Grand Canyon führen mehrere kurze Stichstraßen an den Rand der Schlucht).

In seinem Oberlauf bietet der Little Colorado River ein weiteres Spektakel, die GRAND FALLS. Ein Lavafluß hat dort den eigentlichen Canyon versperrt, so daß der Fluß über das Plateau fließen muß, um von dort aus wieder in sein ausgeschürftes Bett herunterzustürzen. Nur lohnend während der Schneeschmelze von März bis Mai. Außerdem etwas umständlich zu erreichen: Ab Flagstaff östlich über Interstate 4o bis Exit 211. Die letzten Kilometer nicht asphaltiert.

GRAND CANYON

Eines der imposantesten Naturwunder des amerikanischen Kontinents, größte Touristenattraktion der USA. Die Landschaft am Canyon ist eine grandiose Kombination unendlich vieler Formen und Farben, von Wetter, Jahreszeiten und Licht: Die Sonne taucht die Felsen in ständig wechselnde Rottöne, Wolken- oder Nebelbänken ziehen durch den Canyon und verändern die Szenerie in jeder Minute. Unwetter und Gewitter sind ein Erlebnis mit besonderer Dimension. Im Winter bilden die verschneiten Bäume einen fast unwirklichen Kontrast zum roten Gestein.

Die Erlebnismöglichkeiten sind unbegrenzt: der Blick vom Canyonrand, das Panorama am Fuß der senkrecht aufragenden Felswände, Wanderungen im Gewirr von Felsen und Abgründen, eine Bootstour über die Stromschnellen des Colorado River.

Orientierung: Wer nicht per Boot auf dem Colorado in den Canyon einfährt, hat prinzipiell zwei Zugangsmöglichkeiten: South Rim und North Rim. Der südliche Rand ist besser erschlossen, rund neunzig Prozent der jährlich 4 Millionen Besucher des Nationalparks kommen hierher. Der Nordrand ist weitaus ruhiger, von Mitte Oktober bis Mitte Mai allerdings verschneit und nicht zugänglich. Per Luftlinie liegen die beiden Canyonränder nur 16 km auseinander, auf der Straße jedoch muß man 35o km zurücklegen, um vom einen zum anderen zu gelangen.

Die Zufahrt pro PKW kostet 1o US, jeder Busfahrgast zahlt 4 US. Absoluter Rekord bei den Nationalparkgebühren im Westen der USA. Die Karte gilt für eine Woche, sowohl am North Rim als auch am South Rim.

Fotografieren: Die Dimensionen des Canyons lassen sich nur schwer aufs Bild bannen. Am ehesten noch kurz nach Sonnenaufgang oder vor Sonnenuntergang, wenn die Farben kräftiger sind und die Schatten stärkere Konturen herausarbeiten. In der Besucherzeitung "The Guide" (jeweils Ausgabe für North Rim und South Rim) sind die täglichen Zeiten für Sonnenaufgang und -untergang verzeichnet. Zu diesen Zeiten allerdings auch der größte Andrang bei den wichtigsten Aussichtspunkten.

Der <u>Grand Canyon i</u>st ein Symbol für die Größe und Weitläufigkeit amerikanischer Landschaften, ein Monument von nahezu unfaßbaren Dimensionen. Auf 446 km Länge hat der Colorado River eine bis zu 1,5 km tiefe und 29 km breite Schlucht in den Fels des Colorado Plateau geschürft, seit rund 10 Millionen Jahren ist dieser Prozeß im Gange (Ausführliches zur geologischen Entstehung im Kapitel "Natur und Umwelt"). Die Rolle der Menschen in dieser Landschaft reduziert sich im Vergleich dazu auf einen beinahe lächerlichen Zeitraum.

Den Indianern flößten die Dimensionen des Canyons Angst und Respekt ein; er ist ein wichtiges Element ihrer Mythologie und Gegenstand zahlreicher Legenden. Die ersten Europäer dagegen, die den Grand Canyon 1540 zu Gesicht bekamen, zeigten sich weniger beeindruckt: Es waren spanische Eroberer und Glücksritter, die mit landschaftlicher Schönheit wenig im Sinn hatten, sondern auf der Suche nach Gold und Silber das Colorado Plateau durchforschten. Als sie derlei Schätze nicht fanden, zogen sie enttäuscht wieder ab und berichteten ohne Enthusiasmus über ihre Entdeckung.

Damit war das Interesse an diesem Teil der Welt erst einmal erlahmt, zwei Jahrhunderte lang zeigte sich dort kein Weißer. Erst im 18. Jahrhundert tauchten einige Franziskanermönche auf, die den Versuch machten, Indianer zu bekehren, die in einem Nebenarm des Grand Canyon lebten. Bis zur Mitte des 19. Jahrunderts mögen auch vereinzelt Trapper an den Rand des Canyons gelangt sein, doch eine genauere Erkundung oder Beschreibung der Schlucht fand nicht statt.

Wie wenig über die tatsächlichen Verhältnisse am Fuß des Canyons bekannt war, zeigt der Ansatzpunkt der <u>ersten Forschungsexpedition im Jahre 1858</u>: Unter Führung des Armeeleutnants Joseph Ives fuhr eine Gruppe von Soldaten von der Mündung des Colorado River aus den Fluß hinauf. Sie benutzten dabei einen Schaufelraddampfer, der im Osten der USA gebaut, erprobt und zerlegt wurde und über San Francisco den Colorado erreichte. Dort setzten ihn die Männer erneut zusammen.

Zwei Monate dauerte ihre beschwerliche Fahrt durch Strömungen und Engpässe, bis die Stelle erreicht war, an der heute der Hoover Damm steht. Bis zum Grand Canyon fehlten noch 125 Kilometer. Dort lief das Schiff auf einige Felsbrocken, seine Reise fand ein abruptes Ende. Leutnant Ives mußte seine Expedition zu Fuß fortsetzen und erreichte den Südrand des Grand Canyon und einige Nebenflüsse des Colorado.

Sein Bericht an das Kriegsministerium war dann allerdings ebenso ernüchternd wie seinerzeit die Eindrücke der Spanier. Ives hielt die gesamte Region für völlig nutzlos und sagte voraus, daß sie wohl auf ewig die Menschen abweisen würde. Die Hoffnung jedenfalls, der Colorado River könnte als schiffbare Lebensader des amerikanischen Westens zu gebrauchen sein, hatte sich nicht erfüllt. Wie es tatsächlich im gesamten Verlauf des Canyons aussah, blieb weiterhin unbekannt. Der weiße Fleck auf der Landkarte füllte sich nur allmählich, noch 1970 war die Kartographierung des Canyons nicht vollständig abgeschlossen.

Einen großen Schritt vorwärts in der Erkundung des Grand Canyon machte <u>1869 der amerikanische Major John Wesley Powell</u>. Im Bürgerkrieg hatte er zwar einen Arm verloren, doch das hielt ihn nicht davon ab, eine aufregende Expedition auf dem Colorado River zu starten. Mit neun Begleitern setzte er seine Boote mehrere hundert Kilometer flußaufwärts im Staat Wyoming in den Green River, einen Zufluß des Colorado.

Zwischen Stromschnellen, Wasserfällen und Felsschluchten erlebten die Männer ein Abenteuer nach dem anderen. Vier gaben unterwegs auf und wollten sich auf dem Landweg wieder in die Zivilisation durchschlagen. Drei von ihnen bekam diese Entscheidung schlecht, sie wurden von Indianern getötet. Powell mit seiner restlichen Mannschaft jedoch erreichte nach drei Monaten sein Ziel, das untere Ende des Grand Canyon. Zum ersten Mal hatten Menschen die gewaltige Schlucht auf ihrer ganzen Länge durchquert.

Im Anschluß an Powells Abenteuer erfolgte die systematische Erforschung des Canyon-Gewirrs auf dem Colorado Plateau. Und es dauerte nicht lange, bis die ersten Versuche Gestalt annahmen, die reißenden Flüsse zu zähmen. 1935 wurde der Hoover Damm eingeweiht, der den Colorado unterhalb des Grand Canyon aufstaut und ihm einen Teil seiner Kraft nimmt. 1963 ging der Damm am Glen Canyon in Betrieb, und seither ist am Fuße des Grand Canyon nichts mehr so, wie es einmal war:

Während oberhalb des Dammes der Lake Powell entstand und eine phantastische Landschaft unter sich begrub, fließt unterhalb das Wasser nicht mehr nach den Launen der Natur, sondern gemäß den Erfordernissen des Strom- und Wasserverbrauchs in den Großstädten von Las Vegas bis Tucson. Die gewaltigen Erosionskräfte, die früher bei Hochwasser auftraten (vergl. dazu Kapitel "Natur und Umwelt"), gehören damit der Vergangenheit an.

Unterhalb des Dammes hat der Fluß auch nicht mehr die rote Farbe, die ihm seinen spanischen Namen gab: colorado. Die für diese Färbung verantwortlichen Schlammpartikel setzen sich zusammen mit dem Geröll, das der Fluß transportiert, hinter dem Staudamm ab. Die Ablagerungen werden im Laufe der Zeit immer höher, bis sie eines Tages den gesamten Lake Powell füllen, so daß der Damm schließlich nutzlos wird.

✦ South Rim

Straßen und Wanderwege führen kilometerweit am Canyonrand entlang. An einer Vielzahl von Aussichtspunkten atemberaubende Blicke in die Schlucht und auf die Windungen des Colorado River. Mehrere Zugangsmöglichkeiten per Trail in den Canyon hinein. In Grand Canyon Village Hotels, Campingplätze, Restaurants und Versorgungseinrichtungen.

 Visitors Center mit Buchladen und Souvenirshop zentral in Grand Canyon Village. Ausstellungen und Filme zu vielen Aspekten der Naturgeschichte des Canyons. Wanderkarten und Informationen durch die Ranger. Angeschlagen sind hier auch die Veranstaltungen des jeweiligen Tages. Die periodisch erscheinende Zeitung "The Guide" (gratis) berichtet über Aktuelles und Wissenswertes am South Rim.

 Post: Gegenüber vom Visitors Center in Grand Canyon Village.

 Telefon: Neben dem Eingang des Visitors Center ein 24-Stunden Notruftelefon (Notruf-Nummer: 911). Straßenzustand und Wetterbericht über Tel. 638-7888.

Die leicht zugänglichen Attraktionen und Aussichtspunkte befinden sich in Grand Canyon Village selbst, am West Rim Drive und am East Rim Drive.

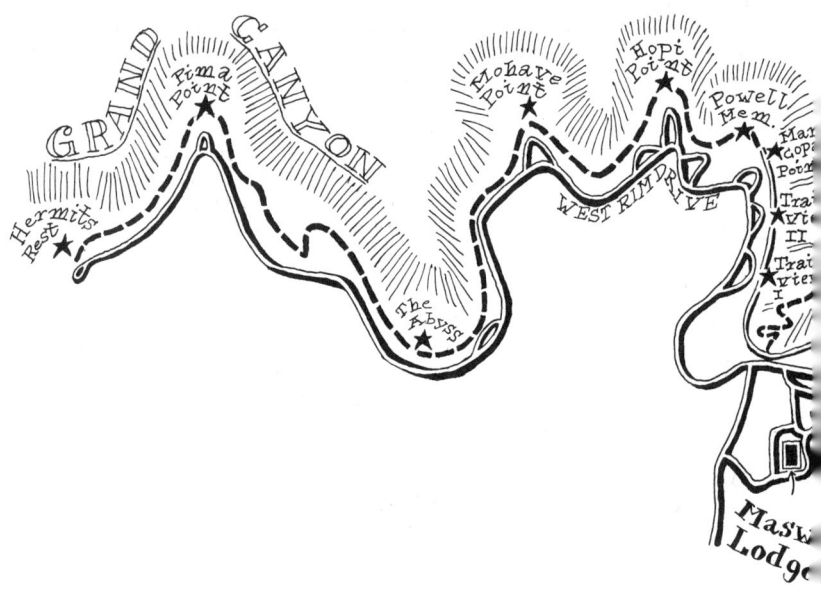

Colorado Plateau/Arizona 185

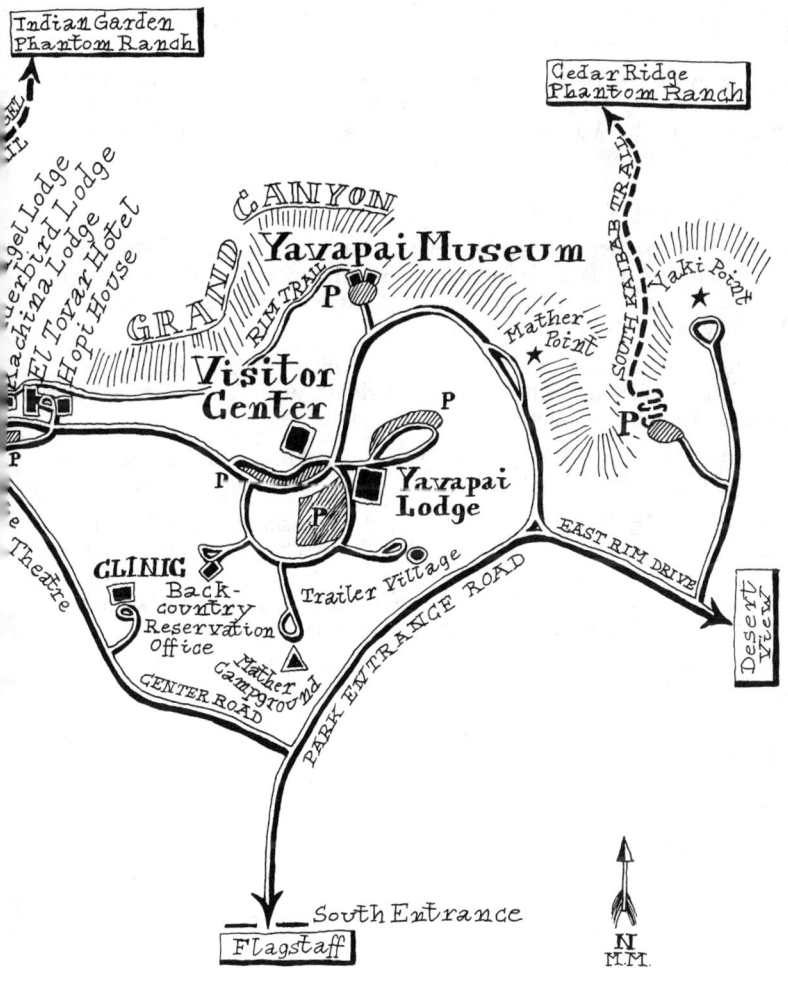

GRAND CANYON VILLAGE

YAVAPAI MUSEUM: Am Yavapai Point, Canyonrand. Panoramablick hinunter in den Canyon. Schautafeln erklären die einzelnen geologischen Formationen. Außerdem einige Exponate zur Entstehung des Canyons. Guter Anlaufpunkt für einen ersten Eindruck von den gewaltigen Ausmaßen der Schlucht.

HOPI HOUSE: Nachbildung eines typischen Wohnhauses der Hopi-Indianer. Verkauf von Kunsthandwerk.

SOUTH RIM TRAIL: Asphaltierter Wanderweg am Canyonrand. Schöne Ausblicke. Details siehe Wandern.

MATHER POINT, östlich vom Yavapai Museum. Einer der beliebtesten Aussichtspunkte, da direkt an der Zufahrt zum Ort gelegen. Bietet die charakteristische Mischung aus Felsmassen, Gesteinsschichten, Vorsprüngen, Plateaus und Abgründen.

WEST RIM DRIVE

Straße zu verschiedenen spektakulären Aussichtspunkten westlich von Grand Canyon Village. Während der Sommermonate verkehrt hier ein Shuttle-Bus, der an allen interessanten Stellen hält. Parallel dazu der Wanderweg West Rim Trail.

TRAILVIEW: Senkrecht geht's hinunter in einen Seitenarm des Canyons. Deutlich zu sehen die Serpentinen des Bright Angel Trail. Wer ihn nicht wandert, kann hier zumindest feststellen, was er verpaßt.

MARICOPA POINT: Felsplateau, weit in den Abrund hinausgeschoben. Hier fühlt man sich fast schon wie im Flugzeug über dem Canyon.

POWELL MEMORIAL: Ebenfalls auf vorgeschobenem Posten das Denkmal für den ersten systematischen Erforscher des Grand Canyon, John Wesley Powell. Zu sehen auch der Förderturm der Lost Orphan Mine. Eine Zeitlang wurde hier Kupfer gefördert, die Produktion war wegen der Steillagen auf Dauer aber nicht profitabel.

HOPI POINT: Zwischen ausgefressenen Felsschichten sind einige kurze Abschnitte des Colorado River zu erkennen.

MOHAVE POINT: Felsvorsprünge, Gesteinsschichten und unten der Colorado, der die ganze Pracht in zäher Kleinarbeit hergestellt hat. Ähnliche Perspektiven und Abründe tun sich auf beim Beobachtungspunkt THE ABYSS.

PIMA POINT: Hier läßt sich die geologische Struktur des Canyons studieren. Eine Schautafel verdeutlicht anhand der direkt gegenüberliegenden Gesteinsformationen die verschiedenen Entstehungszeiten und geologischen Besonderheiten der einzelnen Schichten.

HERMIT'S REST: Endpunkt der Straße und des West Rim Trail. Noch einmal tiefe Einblicke in die Struktur des Canyons.

EAST RIM DRIVE

Gleichzeitig Hwy. 64 nach Flagstaff. Zwischen Yaki Point und Desert View auf einer Strecke von 4o km eine Anzahl von Aussichtspunkten. Ähnlich wie beim West Rim Drive, allerdings weiter auseinander. Am besten kombinieren mit entweder der Hin- oder Rückfahrt.

YAKI POINT: Ausgangspunkt des South Kaibab Trail zum Colorado River. Besonders deutlich zu erkennen die langen und tief eingeschnittenen Seitencanyons am Nordrand. Da das Plateau von Nord nach Süd hin abfällt, fließt Regenwasser am Nordrand Richtung Canyon und gräbt die Seitentäler. Der Südrand hat abruptere Übergänge vom Plateau zur Schlucht, da das Wasser hier vom Canyon wegfließt, eine Erosion durch Nebenflüsse also nicht wirken kann.

GRANDVIEW POINT: Der Name deutet es schon an; einer der grandiosesten Beobachtungspunkte am South Rim. Eine Biegung im Canyon ermöglicht den Blick weit hinaus in zwei Richtungen. Ausgangspunkt des Grandview Trail. Direkt unterhalb im Canyon ein Plateau, die Horseshoe Mesa.

MORAN POINT: Hier sahen vermutlich die ersten Europäer den Canyon. Eine Vorhut von Coronados Expedition erreichte 154o den South Rim und versuchte vergeblich, zum Colorado River hinunterzuklettern. Nach etwa einem Drittel der Strecke gaben die Männer auf und verfolgten anderswo ihre Suche nach Gold und Reichtum.

TUSAYAN RUINS: Kurzer Rundweg zu den Ruinen eines Anasazi-Dorfes, das hier gegen Ende des 12. Jahrhunderts errichtet wurde. Eines von vielen, die in der Umgebung des South Rim vorhanden waren. Zu sehen die Grundmauern von Wohngebäuden und der Kiva. Im kleinen Museum (geöffnet täglich von 9-17 Uhr) Informationen zur Anasazi-Kultur.

LIPAN POINT: Bester Blick vom South Rim auf den Colorado River, der hier eine dekorative Schleife einlegt. Eine Schautafel erklärt die verschiedenen Gesteinsschichten und Ablagerungen, die deutlich am gegenüberliegenden North Rim zu erkennen sind.

NAVAJO POINT: Blick auf den Colorado. Im Hintergrund die kahle Ebene des Colorado Plateau, das im Osten niedriger liegt als die Aussichtspunkte am Canyonrand.

DESERT VIEW: Mit 2.29o m höchstgelegener Aussichtspunkt am South Rim. Endpunkt des East Rim Drive. Der Blick geht weit über den Canyon hinaus aufs Colorado Plateau und das Land der Hopi und Navajo. Der Aussichtsturm wurde nach indianischen Vorbildern konstruiert. In derartigen Steingebäuden bewahrten prähistorische Indianer ihre Vorräte auf. Im Innern Wandmalereien der Hopi und Reproduktionen von Petroglyphen (Eintritt o,25 US). Nebenan Tourist Info und Lebensmittelladen.

Während der Hochsaison von Juni bis September kann es zu Engpässen bei Hotelzimmern kommen. Im Nationalpark selbst gibt es 7 Unterkünfte, die zwar insgesamt über fast tausend Zimmer verfügen, im Sommer aber schnell ausgebucht sind. Zentrale Reservierung über Grand Canyon National Park Lodges, Tel. 638-24o1.

Alternativen sind die Hotels am Hwy. 18o bei Tusayan oder Valle. Im Notfall in Williams übernachten und die eine Stunde Anfahrt in Kauf nehmen (Hotels in Williams vergl. Seite 168).

UNTERKÜNFTE IM NATIONALPARK

"**El Tovar Hotel**", direkt am Rand des Canyons. Traditionshotel seit 19o5. Rustikale Holzkonstruktion mit Veranden und Balkonen, Kamin in der Lobby. Trotz Modernisierung wurde das Flair bewahrt. Viele Zimmer mit Blick in den Canyon. Luxus im Blockhüttenstil. DZ ab 1o8 US.

"**Thunderbird Lodge**", am Canyonrand. Moderne Flachbauten. Viele Zimmer mit Blick zum Canyon. Geräumig und komfortabel möbliert. Die moderne, aber weniger stilechte Alternative zum El Tovar Hotel. DZ ca. 94 US, mit Canyonblick 1o4 US.

"**Kachina Lodge**", am Canyonrand. Neben der Thunderbird Lodge, im gleichen Stil. DZ ca. 94 US, mit Canyonblick 1o4 US

"**Maswik Lodge**", abseits und ruhig in einem Waldstück. Rustikale Häuschen ab 53 US. Zahlreiche zweistöckige Motelgebäude, ebenfalls im Wald verteilt. Zimmerqualität von einfach bis komfortabel. DZ je nach Ausstattung 7o-1oo US.

"**Yavapai Lodges**", Nähe Visitors Center. Mehrere Motelgebäude im Wald. Ruhig, aber etwas vom Canyonrand entfernt. Kleine Vorgärten vor den Zimmern, so daß die Autos nicht unmittelbar vor der Tür parken. DZ je nach Qualität 77-87 US.

"**Bright Angel Lodge**", am Canyonrand. Haupthaus ein rustikales Stein- und Holzgebäude. In der Nachbarschaft zahlreiche kleine Hütten. Die meisten davon verstreut zwischen Bäumen, ohne Blick auf den Canyon. Einfach möbliert. DZ ca. 53 US, die Häuschen 6o US.

"**Phantom Ranch**", einzige Unterkunft am Fuße des Canyons. Einfache Blockhütten und Schlafsäle für Maultier-Touren und Wanderer. Kleine Snack-Bar. Oft Monate vorher ausgebucht, daher nicht ohne Reservierung ankommen. Auch Mahlzeiten müssen vorbestellt werden. Für kurzfristige Buchungen besteht eine Warteliste am Transportation Desk in der Bright Angel Lodge. Dort auch spätestens um 16 Uhr des Vortages die Reservierung für Phantom Ranch bestätigen. Übernachtung pro Person ca. 2o US

TUSAYAN (am Hwy. 18o, ca. 15 km vor Grand Canyon Village)

"**Grand Canyon Squire Inn**", etwas abseits der Straße. Riesiger Hotelkomplex mit geräumigen und komfortablen Zimmern. Restaurant vorhanden. DZ ab 8o US, von April-Okt. ab 95 US. Tel. 638-2681 oder 800-622-6966.

"**Quality Inn**", modernes Hotel, etwas versteckt hinter dem Imax-Theatre. Komfortabel. DZ ab 72 US, von April-Okt. ab 11o US. Tel. 8oo-221-2222.

"**Red Feather Lodge**", direkt am Highway. Zweistöckiges Motel mit Restaurant. Modern und komfortabel eingerichtet. DZ ca. 67 US, steigert sich zum Sommer hin stetig bis auf 1o5 US. Tel. 638-2414.

"**Moqui Lodge**", etwas nördlich vom Touristenkomplex in Tusayan. Kurz vor der Zufahrt zum Nationalpark. Gebäude im Motelstil in einem kleinen Waldstück. Ruhig. Zimmer einfach, aber ordentlich. Im Winter geschlossen. Reservierung über die National Park Lodges, Tel. 638-24o1. DZ während der Hochsaison ca. 8o US, ansonsten je nach Auslastung weniger.

"**Seven Mile Lodge**", direkt am Highway. Kleines Motel mit funktional eingerichteten Zimmern. Keine Reservierung möglich. DZ zur Saison ca. 75 US, im Winter und bei geringer Auslastung lassen sich kräftige Rabatte aushandeln. Tel. 638-2291.

VALLE (Kreuzung von Hwy. 64 und 18o, 5o km südlich vom Canyon)

"**Grand Canyon Inn**", direkt an der Kreuzung. Mehrere zweistöckige Backsteingebäude. Restaurant. Moderne Zimmer funktional eingerichtet. DZ je nach Andrang ca. 6o US. Tel. 635-92o3

"**Grand Canyon Motel**", schräg gegenüber. Im Motelstil, Zimmer klein und einfach ausgestattet. Während der Wintermonate geschlossen. DZ je nach Auslastung ca. 55 US.

"Trailer Village", in ruhiger Waldlage, Nähe Grand Canyon Village. Stellplätze für Wohnmobile, relativ dicht beisammen. Ca. 17 US, unbedingt reservieren über Tel. 638-24o1.

"Mather Campground", Nähe Trailer Village in ähnlicher Umgebung. Für Zelte und Wohnmobile. Von Dez.-Feb. keine Reservierung möglich, ansonsten unbedingt ratsam: Tel. 8oo-365-2267. Stellplatz ca. 1o US.

"Desert View Campground", 4o km östlich von Grand Canyon Village. Geöffnet Mitte Mai bis Mitte Okt. Keine Reservierung möglich, früh am Tage ankommen. Stellplatz ca. 1o US.

Weitere Campingplätze außerhalb des Nationalparks entlang Hwy 18o und 64 Richtung Süden. Aber auch dort im Sommer Engpässe. Verleih und Verkauf von Camping-Ausrüstung (evtl. für Wanderungen) in Babbit's General Store in Grand Canyon Village.

Alle Restaurants in Grand Canyon Village, zugehörig zu den Hotels und Lodges.

EL TOVAR DINING ROOM, geöffnet 6.3o-22 Uhr. Großer Speisesaal im Stil einer Blockhütte. Dunkle Holzbohlen an Decke und Wänden. Kamine und naive Bilder, die verschiedene Indianerstämme darstellen. Begrenzte Speisekarte. vorwiegend Fisch- und Fleischgerichte. Gute Qualität, teuer: Hauptspeisen ca. 15-3o US.

ARIZONA STEAKHOUSE, geöffnet 17-22 Uhr. In der Bright Angel Lodge. Ambiente eher wie in einer simplen Cafeteria. Das stört aber niemanden, da von allen Tischen ein Blick über den Rand des Canyons möglich ist. Auf dem Teller Steaks, Ribs oder Chicken für 12-2o US inkl. Salat.

BRIGHT ANGEL RESTAURANT, geöffnet 6.3o-22 Uhr. Heller Speisesaal mit rustikaler Holzmöblierung. Sandwiches und Salate um 5 US, Fisch und Fleisch 5-1o US.

MASWIK CAFETERIA, geöffnet 6-22 Uhr. Großer Speisesaal mit Holzverkleidung. Selbstbedienung am kalten und warmen Buffet. Kleine Bar nebenan mit Pool-Tischen und großem Fernsehschirm für Sportübertragungen. Warmes Essen ca. 5-8 US.

YAVAPAI CAFETERIA, geöffnet 6-21 Uhr. Ähnliches Angebot wie bei Maswik. Während einiger Wintermonate nicht in Betrieb.

Selbstversorger: BABBIT'S GENERAL STORE, in Grand Canyon Village, Nähe Visitors Center. Gut bestückter Supermarkt, u.a. frisches Fleisch, Obst, Gemüse, Milchprodukte.

Picknick: Schöne Picknickplätze vor allem entlang des East Rim Drive, teilweise mit Aussicht auf den Canyon.

UNTERHALTUNG

VISITORS CENTER: Täglich Vorträge und geführte Wanderungen. Geologie, Flora und Fauna sind die Themen. Gratis. Programm abgedruckt in der Zeitung "The Guide". Sonderprogramme angeschlagen in der Haupthalle des Visitors Center. Tägl. 9-21 Uhr, im Winter eingeschränkte Zeiten. Eintritt ca. 4 US.

OVER THE EDGE THEATRE, neben Maswik Lodge im Historic Community Building. Multimedia-Show über Geologie und Geschichte des Canyons. Landschaftsbilder zur Einstimmung. Halbstündliche Vorführungen.

IMAX THEATRE, in Tusayan am Hwy. 18o. 3o-minütiger Film auf Großleinwand: "Grand Canyon - The Hidden Secrets". Ein Film über Wege/ Abenteuer im Canyon, die nicht so leicht zugänglich sind. Für Regen- und Nebeltage oder als Ergänzung des Canyon-Erlebnisses. Stündliche Vorführungen, von März bis Okt. 8.3o-20.3o Uhr, Rest des Jahres 1o.3o-18.3o Uhr.

WANDERN

Wanderungen im Bereich des Grand Canyon National Park sind Höhepunkte einer Südwesten-Reise. Touren in den Canyon hinein gehören sogar zu den großen Wander-Erlebnissen dieser Welt. Auch wer sich sonst zu viel Bewegung nicht aufraffen kann, sollte wenigstens einen der Trails entlang des Canyonrandes probieren.

TAGESTOUREN

Verschieden lange Trails entlang des oberen Canyonrandes oder ein Stück in den Canyon hinein. Keine Genehmigung erforderlich. Zwar gibt es keine Rundwege, die Szenerie zeigt sich jedoch auf Hin- und Rückweg sehr verschieden. Die Tour zum Canyonboden und zurück ist an einem Tag nicht möglich. Unter keinen Umständen versuchen, auch wenn es irgendein Guinness-Weltrekordler geschafft haben mag.

Trails in den Canyon hinein sind spektakulär, aber auch steil und schwierig. Probleme haben vor allem Tageswanderer, die ihre Fähigkeiten und Kräfte überschätzen. Gute Kondition und viel Trinkwasser erforderlich. Bei jeder Wanderung, die länger als 3o Min. dauert, braucht man Flüssigkeit. Im Winter können die Pfade streckenweise vereist sein.

Vorher mit den Rangern über Länge und Zustand der Trails sprechen und deren Ratschläge unbedingt befolgen. Nicht alleine oder ohne Karte wandern. Feste Wanderschuhe sind wichtig. Und immer berücksichtigen: Je weiter man nach unten kommt, desto heißer wird es. Im Sommer brütende Hitze im Canyon. Der Rückweg nach oben ist extrem anstrengend und braucht Zeit. Eine Taschenlampe bietet Sicherheit, falls man den Aufstieg vor Einbruch der Dunkelheit nicht abgeschlossen hat. Vorsicht auf den Pfaden: Die Ränder sind oft locker, die Abgründe tief.

"<u>**South Rim Trail**</u>": Entlang des Canyonrandes vom Yavapai Museum westlich bis Maricopa Point. 5,1 km einfache Strecke. Asphaltiert und leicht begehbar.

"<u>**West Rim Trail**</u>": Verlängerung des South Rim Trail Richtung Westen bis Hermit's Rest. Entlang des Canyonrandes. Nicht markierter Pfad. Insgesamt 12,5 km one way. Im Sommer Rückkehr mit dem Shuttle-Bus möglich. Auch kürzere Teilstücke bis zu den jeweiligen Haltepunkten des Shuttle-Bus. Beliebige Ausdehnung von wenigen Stunden bis Tagestour.

"<u>**Bright Angel Trail**</u>": Hinunter in den Canyon. Beginn westlich der Bright Angel Lodge. Überall fantastische Ausblicke in die Schlucht. Egal, wie weit man geht, der Pfad ist steil und anstrengend.

Je nach Kräften bieten sich folgende Zielpunkte an (Distanzen und Zeiten für Hin- und Rückweg): zum 1,5-Mile Resthouse (4,8 km, 345 m Höhenunterschied, ca. 3-4 Std.); 3-Mile Resthouse (9,6 km, 644 m Höhenunterschied, ca. 5-6 Std.); Indian Garden (15 km, 945 m Höhenunterschied, ca. 7-9 Std.); Plateau Point (2o km, 98o m Höhenunterschied, ca. 1o-12 Std.). Zu manchen Jahreszeiten gibt es an einzelnen Stationen Wasser; vorher Ranger fragen.

"<u>**South Kaibab Trail**</u>": Hinunter in den Canyon bis Cedar Ridge (4,8 km, 445 m Höhenunterschied, ca. 3-4 Std.). Bietet für die relativ kurze Strecke die schönsten Ausblicke. Beginn Nähe Yaki Point am East Rim Drive. Steil und anstrengend.

MEHRTAGES-TRIPS

Sicherheitsvorkehrungen mindestens wie bei Tagestouren. Zusätzliche Anforderungen: Um die Anzahl der Wanderer zu begrenzen, geben die Ranger "permits" aus; nur Gäste der Phantom Ranch mit Reservierung brauchen diese Genehmigung nicht. Die Nachfrage ist groß, daher so früh wie möglich anmelden beim Backcountry Reservations Office, P.O.Box 129, Grand Canyon, AZ 86o23. Um die Genehmigung zu bekommen, muß man einen genauen Wanderplan vorlegen. Das Permit spätestens um 9 Uhr am ersten Tag der Wanderung bestätigen, sonst verfällt es. Wer ohne Reservierung ankommt, kann sich auf eine Warteliste setzen lassen, das Büro ist in der Nähe vom Mather Campground.

<u>Camping</u> entlang der Trails nur auf den offiziellen Camp-grounds. Da die Trails oft steil und eng sind, ist mit Rucksack ein guter Gleichgewichtssinn erforderlich. Das Gepäck läßt sich allerdings auch per Maultier transportieren (bergab 4o US, bergauf 3o US).

Eine Checkliste für die erforderliche Ausrüstung gibt's im Büro der Ranger, dazu weitere Vehaltensmaßregeln. Letztere unbedingt beachten, zur eigenen Sicherheit und zur Erhaltung der Natur im vielbesuchten Nationalpark. Auf jeden Fall besorgen: "Backcountry Trip Planner" mit Tips, Vorschriften und Karte. Gratis im Visitors Center.

Auch erfahrene Wanderer sollten sich beim ersten Mal an die markierten Trails halten. Canyon-Wandern ist eine besondere Spezialität, die gelernt sein will. Wer Erfahrung gesammelt hat, bekommt bei den Rangern Hinweise für weitere Touren im Canyon. Bei Übernachtung ist auch dort immer ein Permit nötig.

"<u>**Bright Angel Trail**</u>": siehe Tagestouren. Verlängerung über Plateau Point hinaus zur Talsohle bei Phantom Ranch. 15,4 km one way. Bietet sich an für Zwei- oder Mehrtagestour. Campmöglichkeit bei Indian Garden und in der Nähe der Phantom Ranch auf dem Bright Angel Campground.

"<u>**South Kaibab Trail**</u>": Beschreibung bis Cedar Ridge siehe Tagestouren. Weiter bis zum Talboden am Colorado River und Bright Angel Campground. Insgesamt 1o,3 km one way. Läßt sich zu einer Zwei- oder Mehrtagestour verbinden mit dem Bright Angel Trail. Dies die abwechslungsreichste Möglichkeit, vom Canyonrand zum Fluß und wieder zurück zu kommen. Außerdem Anschluß an den North Kaibab Trail zum North Rim. Nur im Sommer machbar; vorher das Transportproblem zwischen beiden Canyonrändern lösen.

"<u>**Grandview Trail**</u>": Hinunter in den Canyon bis zu einem Plateau (Horseshoe Mesa). Steil und nicht ständig in Ordnung gehalten. Für erfahrene Wanderer nach Rücksprache mit den Rangern. 9,6 km retour, Höhenunterschied 792 m, ca. 6-8 Std. Beginn: Grandview Point am East Rim Drive.

TOUREN

Maultier-Touren

Die steilen Pfade im Canyon sind per Maultier leichter zu bewältigen als zu Fuß. Trotzdem ist eine gute Kondition erforderlich, vor allem für längere Ritte. Ausrüstung je nach Jahreszeit, die Veranstalter haben ein Merkblatt.

Für alle Touren gelten bestimmte Voraussetzungen: Maximalgewicht und Minimalgröße des Reiters, fließende Englischkenntnisse, keine Höhenangst. Trips sind im Sommer langfristig ausgebucht. Es existiert eine Warteliste, in die man sich bei Ankunft gleich eintragen kann (Transportation Desk in der Bright Angel Lodge). Reservierungen über Tel. 638-2401 oder Grand Canyon National Park Lodges, P.O.Box 699, Grand Canyon, AZ 86023. Bei Buchung von 2 Personen ca. 10% Rabatt.

2-Stunden-Tour: Entlang des Canconrandes zu verschiedenen Aussichtspunkten. Nur von Frühjahr bis Herbst.

Plateau Point: Grandiose Ausblicke in den Canyon und zum Colorado River. Tagestour, ca. 6 Std. im Sattel. Kurze Halts alle 30-45 Min. Absteigen aber nicht möglich. 2 Pausen. Pro Person 85 US inkl. Lunch.

Phantom Ranch: Zwei-Tagestrip zum Fuß des Canyons. Tägl. rund 5 Stunden im Sattel. Hinunter auf dem Bright Angel Trail, zurück über South Kaibab Trail. Übernachtung in der Phantom Ranch. 260 US inkl. Übernachtung und Mahlzeiten.

Flüge

Ab Grand Canyon Airport. Mehrere Anbieter für Flugzeug oder Hubschrauber. Einen guten Ruf und langjährige Erfahrung haben:

Grand Canyon Airlines: 45-minütiger Flug mit Propellermaschine. 50 US pro Person. Reservierung und Info: Tel. 638-2407 oder 800-528-2413.

Grand Canyon Helicopters: Hubschrauberflüge zu verschiedenen Zielen. Unterschiedliche Dauer und Preise. Reservierung: Tel. 638-2419 oder 800-528-2418.

Schlauchboot-Fahrten

Eines der großen Abenteuer im Grand Canyon. Die 450 km lange Strecke, die der Colorado River auf seinem Lauf durch den Canyon zurücklegt, gehört auch nach dem Dammbau am Glen Canyon zu den reizvollsten Wildwasserrevieren der Welt. Neben den landschaftlichen Höhepunkten liegt dies vor allem am Gefälle von rund 660 Metern, das der Fluß in diesem Bereich überwindet. Über 150 Stromschnellen stellen höchste Anforderungen an Kanuten und Schlauchbootfahrer; in manchen "rapids" geht es bis zu vier Meter bergab.

Das Flußbett ist unregelmäßig, kann sich innerhalb weniger Meter total verändern und ist je nach Wasserstand verschieden. Manchmal erreicht die Tiefe des Colorado River gerade einmal 3o cm, an anderen Stellen bis zu 2o Meter. Die im Wasser verstreuten Felsbrocken verursachen Strömungen und Wirbel, die oft unkalkulierbar sind, hohe Geschwindigkeiten mit oder gegen den Strom entwickeln und sich manchmal bis zu einem Meter auftürmen. Ähnlich gefährlich sind Strudel, die eine Tiefe von zwei Metern erreichen können.

Saison von März bis November. Dutzende von verschiedenen Touren möglich (von 3 Tagen bis 3 Wochen). Trips beginnen nicht am South Rim, sondern in der Regel bei LEE'S FERRY am Marble Canyon. Info am South Rim über Tel. 638-7888. Da die Touren oft langfristig ausgebucht sind, möglichst schon von zu Hause oder spätestens bei Ankunft im Südwesten mit einer der Companies Kontakt aufnehmen. Sie haben ihren Sitz auch in größeren Städten, die nicht am Grand Canyon liegen:

CANYONEERS, P.O. Box 2997, Flagstaff, AZ 86oo3, Tel. (6o2)526-0924 oder 8oo-525-o924.

ADVENTURES WEST, P.O. Box 9429, Phoenix, AZ 85o68, Tel. (6o2)493-1558 oder 8oo-828-9378.

WESTERN RIVER EXPEDITIONS, 7258 Racquet Club Dr., Salt Lake City, UT 84121, Tel. (8o1)942-6669 oder 8oo-453-745o.

ARA WILDERNESS RIVER ADVENTURES, P.O. Box 717, Page, AZ 86o4o, Tel. (6o2)645-3296 oder 8oo-992-8o22.

Radfahren: Auf den Wanderwegen im Nationalpark sind Mountain-Bikes nicht erlaubt. Radtouren über West Rim Drive oder East Rim Drive im Prinzip möglich, wegen des starken Autoverkehrs jedoch wenig erfreulich. Daher auch kein Fahrradverleih im Park. Während der Sommermonate ist der West Rim Drive für PKW gesperrt, dann dürfte diese recht kurze Strecke auch per Fahrrad ein Vegnügen sein.

Verbindungen SOUTH RIM

Auto: Ab Interstate 4o entweder über Hwy. 64 (ab Williams 95 km/ ca. 1,5 Std.) oder Hwy. 18o (ab Flagstaff 13o km/ ca. 2 Std.). Länger, aber interessanter die Strecke über Hwy. 89, da auf dem Weg mehrere National Monuments liegen und der letzte Abschnitt bereits am Canyonrand entlangführt.

Bus: Mit Nava-Hopi Tours täglich 1x (im Sommer 2x) nach Flagstaff (2 Std., ca. 12,5o US) über Williams. In Flagstaff Anschluß nach Phoenix und an die Greyhound-Busse in die größeren Städte von Arizona und des Südwestens.

Trans Canyon Van Service: Im Sommer Verbindung vom South zum North Rim. 1x tägl., 5o US one way. Reservierung über Tel. 638-282o.

Bahn: Dampflok ab Williams direkt bis Grand Canyon Village. Im Sommer 1x tägl., sonst je nach Bedarf, vorwiegend an Wochenenden. Der Zug erreicht den Canyon gegen Mittag, Rückfahrt ca. 16 Uhr. Als Tagestrip zu kurz. Eher ein Nostalgie-Zug als ein sinnvolles Transportmittel zum Canyon, schon wegen des Preises von ca. 47 US und der Fahrzeit von 2,5 Std. pro Strecke.

Flüge: Airport südlich von Tusayan am Hwy. 18o. Von dort stündlicher Shuttle-Bus nach Grand Canyon Village. Täglich mehrere Flüge mit SCENIC AIRLINES (Tel. 8oo-634-68o1) oder AIR NEVADA (Tel. 8oo-634-6377) nach Las Vegas. Flugpläne wechseln je nach Jahreszeit und Bedarf. Flughafen-Info über Tel. 638-2446 oder 638-2463.

TRANSPORT AM SOUTH RIM

Der Grand Canyon ist eines der wenigen Naturwunder im amerikanischen Westen, das sich nicht nur leicht und vielfältig mit öffentlichen Verkehrsmitteln erreichen läßt, hier kann man auch vor Ort sämtliche Attraktionen problemlos ohne Auto erreichen.

* Shuttle-Bus: Im Sommer zwei Routen; eine als Rundfahrt zu den wichtigsten Stationen in Grand Canyon Village, die andere entlang West Rim Drive. Gratis. Fahrpläne in der Besucherzeitung "The Guide".

* Shuttle-Bus ab Grand Canyon Village stündlich nach Tusayan und zum Airport. Ganzjährig. 5 US, Rückfahrkarte ca. 7,5o US.

* Hiker's Shuttle vom Backcountry Reservation Office und Bright Angel Lodge zum Ausgangspunkt des South Kaibab Trail am Yaki Point. Genaue Zeitpläne im Visitors Center, in der Regel 2x vormittags. Ca. 3 US, im Sommer gratis alle 4o Min.

* **Touren**: Bus-Touren durch den Nationalpark ab Bright Angel Lodge. Details dort oder über Tel. 638-24o1. Führen entlang der Rim Drives nach Desert View oder Hermit's Rest. Außerdem zum Monument Valley.

* **Taxi**: Zum Airport, zu den Wanderwegen oder entlang der Rim Drives. 24-Stunden Service, Tel. 638-2822 oder 638-2631. Preisbeispiel: zum Flughafen ca. 5 US.

* **Auto**: Parkplätze sind im Sommer äußerst rar. Am besten einen der Park&Ride Plätze benutzen und den Shuttle-Bus nehmen. Tankstelle und kleine Werkstatt für Notfälle vorhanden. Benzinpreise weitaus höher als außerhalb des

Nationalparks.

Wer mit Flugzeug oder Bus ankommt, kann einen Wagen mieten bei BUDGET (Airport, Tel. 638-9360) oder DOLLAR (Tel. 638-2625, nur von April-Okt.).

✶ North Rim

Der nördliche Rand des Grand Canyon liegt höher als der South Rim und hat folglich ein kühleres Klima und eine dichtere Vegetation. Ausblicke in den Canyon nicht ganz so spektakulär wie vom South Rim, das Hinterland jedoch schöner: dichte Wälder und Wildnis, grüne Wiesen und bunte Blumen. Nur von etwa Mitte Mai bis Oktober zugänglich, im Winter verschneit. Auch in der Hochsaison weitaus weniger Besucher als am South Rim.

 Informationsschalter der Ranger in der Lobby der Grand Canyon Lodge. Tägl. geöffnet von 8-17 Uhr. Gute Informationsquelle ist auch die Zeitung "The Guide", die speziell für den North Rim herausgegeben wird, und die man beim Bezahlen der Zufahrtsgebühr am Parkeingang erhält.

 Post: In der Grand Canyon Lodge.

 Telefon: Notruf 911. Straßenzustand und Wetterbericht über 638-7888; Informationen werden morgens um 7 Uhr aktualisiert.

Tankstelle: An der Zufahrtsstraße zum North Rim Campground.

SEHENSWERTES

BRIGHT ANGEL POINT: Direkt bei der Grand Canyon Lodge. Eine Art natürlicher Aussichtsturm auf einem weit in einen Seitencanyon hinausragenden Vorsprung. Von der Spitze Blick auf verschiedene Nebencanyons und die Hauptschlucht des Colorado River.

POINT IMPERIAL: Mit 2683 m der höchste Punkt an beiden Canyonrändern. Weiter Blick über den östlichen Teil des Grand Canyon und die gebenüberliegende Ebene der Painted Desert, die sich vom South Rim nach Osten erstreckt. 18 km von Grand Canyon Lodge entfernt.

CAPE ROYAL: Auf dem Walhalla Plateau, das sich weit in den Canyon hinausschiebt; das Kap bildet die äußerste Spitze dieses Plateaus. In beiden Richtungen sieht man den South Rim und ein langes Teilstück des Grand Canyon. Im Hintergrund die San Francisco Mountains bei Flagstaff. Ein Kuriosum ist ANGEL'S WINDOW, zu erreichen über einen Nebenpfad am Kap: Eine natürliche Steinbrücke verbindet einen vorgeschobenen Felsen mit dem Plateau und bildet dadurch eine Art Fenster im Felsen.

An der Strecke zum Cape Royal (37 km von der Grand Canyon Lodge) weitere Aussichtspunkte, am schönsten WALHALLA OVERLOOK, von wo aus man den South Rim und dort den Aussichtsturm von Desert View erkennen kann.

TOROWEAP: Wem der (im Vergleich zum South Rim) eingeschränkte Tourismusbetrieb am Hwy. 67 noch immer zuviel ist, der kann sich bei Toroweap einem einsamen Canyonblick hingeben. Erreichbar ab Hwy. 389 zwischen Fredonia und Pipe Springs NM; Schotterstraße, bei trockenem Wetter von Fahrzeugen mit hoher Bodenfreiheit befahrbar. Vor der Fahrt Informationen über den Straßenzustand besorgen (bei den Rangern am North oder South Rim). Dort bekommt man auch das "permit" für eine evtl. Übernachtung.

Während der Hochsaison von Juni bis September kann es wie am South Rim auch zu Engpässen bei Hotelzimmern kommen. Im Nationalpark selbst gibt es nur eine Lodge. In der weiteren Umgebung lediglich zwei Unterkünfte. Reservierung ist daher ratsam.

"Grand Canyon Lodge", direkt am Canyonrand bei Bright Angel Point. Großer Koplex unter Bäumen mit Motelgebäuden und Blockhütten im Westernstil. Die jeweiligen Einheiten einfach und rustikal ausgestattet, keinen Luxus erwarten. DZ im Motel ab 58 US, Hütten je nach Ausstattung und Größe ab 52 US. Tel. (801) 586-7686. Die Lodge wird von Utah aus verwaltet, daher Vorwahl 801 bei Reservierungen.

"Kaibab Lodge", Hwy. 67, knapp 30 km vom North Rim entfernt. Ruhig gelegen auf einer Wiese am Waldrand. Rustikale Blockhütten, darin Doppel- oder Mehrbettzimmer. Unterkunft und Restaurant geöffnet von Mitte Mai bis Ende Oktober für die Sommersaison. Zur Skisaison (von Mitte Dezember bis Ende März) nur mit Schneemobilen ab Jacob Lake zu erreichen. DZ je nach Größe und Ausstattung ab 58 US. Tel. 638-2389.

"Jacob Lake Inn", in Jacob Lake an der Kreuzung von Hwy. 67 und 89A. Rund 70 km vom North Rim entfernt. Ganzjährig geöffnet. Ruhig gelegen am Wald. Motelgebäude mit komfortablen Zimmern oder Blockhütten. DZ ab 69 US, Blockhütten je nach Personenzahl ab 53 US. Tel. 643-7232.

"North Rim Campground", Ruhig gelegen im Wald, Nähe Canyonrand. Stellplätze relativ großzügig angeordnet. Toiletten und Wasser vorhanden; Duschen in der Nähe. Höchstaufenthalt 7 Tage. Stellplatz 10 US, Reservierung: Tel. 800-365-CAMP.

"De Motte Park Campground", 8 km nördlich des Parkeingangs am Hwy. 67. Einfacher Platz, keine Reservierung möglich. Stellplatz 7 US.

"Jacob Lake Campground", in Jacob Lake, an der Kreuzung der Highways 67 und 89A. Toiletten und Wasser vorhanden. Keine Reservierung.

Stellplatz 1o US.

 LODGE DINING ROOM, in der Grand Canyon Lodge. Rustikaler Speisesaal mit Naturstein und dicken Holzbalken. Durch riesige Panoramafenster Super-Blick auf den Canyon. Frühstück, Mittag- und Abendessen. Dinner nur mit Tischbestellung. Trotz des großen Andrangs ruhige, gediegene Atmosphäre und qualitativ gutes Essen. Empfehlenswert die Forellengerichte. Dinner-Menü 1o-15 US, mittags preiswerter.

SNACK SHOP, ebenfalls in der Lodge. Fast Food, Getränke und andere Kleinigkeiten.

Rustikal-gemütliche Restaurants ebenfalls in den Hotels am Hwy. 67 außerhalb der Parkgrenzen: Kaibab Lodge und Jacob Lake Lodge.

Selbstversorger: GENERAL STORE, gegenüber vom North Rim Campground. Lebensmittel und Snacks. Eingeschränktes Sortiment, kaum Frischwaren. Größere Vorräte besser aus der nächsten Stadt mitbringen.

Picknick: Mehrere Picknickplätze mit Bänken und Tischen unter Bäumen an der Straße zum Cape Royal (bei Vista Encantadora und Painted Desert Overlook) sowie am Point Imperial. Jeweils nur wenige Schritte bis zum Canyonrand.

UNTERHALTUNG

Ranger bieten jeden Tag verschiedene Programme an: Vorträge, geführte Wanderungen, Geschichten und Spiele für Kinder. Ort und Zeit sind der Zeitung "The Guide" zu entnehmen, die jeder beim Bezahlen der Zufahrtsgebühr erhält.

WANDERN

Unbedingt die allgemeinen Hinweise zum Wandern (Tages- und Mehrtagestouren) am Grand Canyon beachten: siehe South Rim. Auch vom North Rim sind leichte Wanderungen entlang der Canyonkante möglich, außerdem Touren durch Wald und Wildnis des Nationalparks sowie ein Trail zum Colorado River hinunter. Die Wege hier sind weniger überfüllt als am South Rim. Permit für Übernachtungen im Canyon im Backcountry Office, Abzweigung von Hwy. 67, etwas nördlich des Campgrounds. Adresse für frühzeitige Reservierungen siehe South Rim.

"**North Kaibab Trail**": Der einzige Trail vom North Rim bis zum Colorado River. Hin und zurück 45 km, Höhenunterschied 183o m. Bergab in einem Tag machbar; für den Rückweg besser zwei Tage einkalkulieren, Übernachtung am Cottonwood Campground. Der Pfad beginnt am Parkplatz, ca. 3 km nördlich der Grand Canyon Lodge. Zunächst durch kleinere Waldstücke, durch einen Tunnel und über eine Brücke. Streckenweise in den Fels hineingehauen; links geht's senkrecht runter, rechts senkrecht rauf. Vorbei an den Wasserfällen von Roaring Springs, dann am Bright Angel Creek entlang zur Phantom Ranch am Colorado River (siehe Wanderungen South Rim).

Der Trail eignet sich in seinem ersten Teil hervorragend für einen Tagestrip bis Roaring Springs: Erlebnis des Steilabstiegs in den Canyon. 15 km retour, ca. 6-8 Std., Höhendifferenz 93o m. Bei den Wasserfällen schattiger Picknickplatz an einem Bach.

"**Ken Patrick Trail**": Wiesen und Wälder des Grand Canyon National Park stehen auf diesem Weg im Mittelpunkt. Üppige, vom Menschen fast unberührte Wildnis. Viel Schatten und nur mäßige Höhendifferenzen. Vom Parkplatz des North Kaibab Trail bis zum Aussichtspunkt bei Point Imperial. 16 km one way, ca. 4-5 Std. Entweder Rücktransport per Auto organisieren oder eine lange Tagestour hin und zurück. Interessant genug ist auch eine Teilstrecke vom und zum Point Imperial. Auf einigen Kilometern bekommt man bereits einen guten Eindruck von der Landschaft.

"**Uncle Jim Trail**": Wälder und Ausblick auf den Roaring Springs Canyon, eine Nebenschlucht des Grand Canyon. Ab Parkplatz North Kaibab Trail zunächst ein Stück auf dem Ken Patrick Trail, dann Rundweg zum Uncle Jim Point. Von dort Blick in den Canyon und auf die Serpentinen des North Kaibab Trail. 8 km, ca. 2-3 Std.

"**Transept Trail**": Einfacher Weg durch den Wald entlang des Canyonrandes zwischen Lodge und Campground. Hin und zurück 4,8 km, 1,5 Std.

"**Widforss Trail**": Entlang des Canyonrandes: Wälder und Wildnis, kombiniert mit einigen Ausblicken auf den Canyon. Hin und zurück 16 km, ca. 4-5 Std. Auch hier sind Teilstücke schon lohnenswert. Ausgangspunkt: Parkplatz "Meadow", Abzweigung vom Hwy. 67 nördlich des North Kaibab Trailhead.

SKI

NORTH RIM NORDIC CENTER, am Hwy. 67 in der Kaibab Lodge, Langlaufgebiet in abolutter Einsamkeit am Rande des Grand Canyon National Park. Relative Schneesicherheit auf 2.7oo m. Erreichbar nur per Hubschrauber ab South Rim oder mit Schneemobilen ab Jacob Lake. Übernachtung in der Lodge (Preise siehe Hotels) oder in Gemeinschaftsunterkünften. Gespurte Loipen und Cross-Country Ausflüge, bei Bedarf und genügend Kondition bis zum Rand des Grand Canyon. Saison von Mitte Dezember bis Ende März.

Das exquisite Vergnügen ist nicht billig, da zu den Übernachtungskosten noch der Transport hinzukommt. Im Angebot allerdings günstige Pauschaltarife. Information und Reservierung über Tel. 526-o924 oder 8oo-525-o924.

TOUREN

Maultier-Touren: Allgemeine Hinweise zu dieser Art Canyon-Erlebnis siehe South Rim. Ab Grand Canyon Lodge (North Rim) täglich Ausritte von 1 Std. (1o US), halbtags (3o US) und ganztags (7o US). Die Tages- und einige Halbtagestouren gehen in den Canyon hinein, aber nicht bis hinunter zum Colorado River. Reservierung in der Lodge am Grand Canyon Trail Desk von 7-2o Uhr.

Bus: Touren zum Cape Royal und Point Imperial täglich ab Grand Canyon Lodge. Zeiten und Fahrkarten dort.

Schlauchboot-Fahrten: siehe South Rim.

Verbindung NORTH RIM

Auto: Hwy. 67 ist die einzige Zufahrtsstraße. Daran schließt sich Hwy. 89A an, über den man sowohl den South Rim und das Arizona südlich des Grand Canyon als auch die Nationalparks im Süden von Utah erreicht. Bis zum South Rim 35o km, ca. 4-5 Std.

Bus: Mit Trans Canyon Van Service im Sommer Verbindung vom North zum South Rim. 1x tägl., 5o US one way. Reservierung über Tel. 638-282o. Von dort Anschluß per Bus oder Bahn nach Flagstaff und in andere Städte Arizonas. Details siehe South Rim.

TRANSPORT AM NORTH RIM

Per **Auto** auf den wenigen ausgewiesenen Strecken oder zu Fuß über die Wanderwege. Bus-Touren ab Lodge zum Cape Royal und Point Imperial.

Radfahren: Erlaubt auf Straßen und Forest Roads innerhalb des Nationalparks am North Rim. Nicht gestattet auf den Wanderwegen. Ähnlich wie am South Rim ist man nicht unbedingt auf ein Auto angewiesen.

★Arizona Strip

Einsamer Landstrich mit bewaldeten Bergen und kargen Hochebenen. Im Süden begrenzt vom Grand Canyon, im Norden von den Vermilion Cliffs. Dünn besiedelt, vor allem der westliche Teil ist noch völlig unerschlossen.

Hauptattraktion ist der NORTH RIM des Grand Canyon. Ausführliche Beschreibung siehe dort.

Vom restlichen Arizona ist der Strip abgetrennt durch die Schluchten des Colorado River, daher geographisch und historisch enger mit Utah verbunden. In den siebziger Jahren des 19. Jahrhunderts von Mormonen besiedelt, um die Jahrhundertwende Rückzugsgebiet für traditionalistisch gesinnte Mormonen, die sich dem von Kirche und Staat ausgesprochenen Verbot der Polygamie nicht beugen wollten. Viehzucht und Forstwirtschaft sind seit über hundert Jahren die Haupterwerbsquellen der wenigen Bewohner.

JACOB LAKE: Kaum mehr als eine Straßengabelung mit Tankstelle, Campingplatz und Motel. Eignet sich als Ausweichquartier, wenn die Unterkünfte am North Rim ausgebucht sind. Details zu Motel und Camping siehe Grand Canyon, North Rim.

FREDONIA (1.2oo Einw.): Größter Ort im Arizona Strip; aber außer ein paar einfachen Motels und einigen Tankstellen nichts vorhanden, was einen Besucher hier halten könnte.

PIPE SPRING NATIONAL MONUMENT: Ehemalige Ranch mormonischer Pioniere, die in der Umgebung dieser ergiebigen Quelle von 187o-95 ihre Rinder grasen ließen. Überweidung führte zur Aufgabe der Ranch. Heute restauriert und ein anschauliches Beispiel für das Landleben im Wilden Westen, weitaus lebendiger als die meisten historischen Museen.

Auf einem weitläufigen Gelände rund um die Quelle alle Elemente der damaligen Ranch: Ställe, Werkstätten, Kutschen, Planwagen, sogar Hühner und Kühe. Im Zentrum das festungsartig ausgebaute Haupthaus (Winsor Castle) mit Möblierung aus dem 19. Jahrhundert. Das Haus steht direkt auf der Quelle, so daß die Versorgung für die mormonischen Siedler permanent gesichert war, während sich die Navajo Indianer der besten Wasserquelle im Arizona Strip beraubt sahen. Zu erreichen ab Fredonia über Hwy. 389. Geöffnet tägl. von 8-16 Uhr; Eintritt 2 US pro Person.

VERMILION CLIFFS: Von Utah kommend erstreckt sich diese rote, erodierte Sandsteinwand entlang des nördlichen Arizona Strip. Am besten zu sehen im westlichen Abschnitt von Hwy. 89A zwischen Jacob Lake und Marble Canyon. In der untergehenden Sonne leuchten die Klippen besonders intensiv.

LEES FERRY: Eine der wenigen Stellen, wo der Colorado River nicht zumindest an einem Ufer durch unzugängliche Felswände begrenzt ist.

Daher bereits im 19. Jahrhundert für Fährbetrieb genutzt. Die erste Fähre wurde ab 1872 von einem gewissen John D. Lee betrieben, der einiges auf dem Kerbholz hatte und sich deshalb in diese Einöde zurückzog. Trotz tödlicher Unfälle in den gefährlichen Stromschnellen hielten Fährleute den Betrieb aufrecht, bis 1929 die Navajo Bridge über den Marble Canyon eingeweiht wurde.

Heute ist der Fluß wegen des stromauf liegenden Glen Canyon Dammes ruhiger. Genutzt wird die Stelle mit den breiten Bootsrampen vorwiegend von Schlauchboot- und Kajakfahrern zum Einsetzen ihrer Boote für den mehrtägigen Trip durch den Grand Canyon. Veranstalter von Kanu- und Rafting-Touren haben hier jedoch keine Büros; Adressen siehe Grand Canyon, South Rim.

Bei Lees Ferry mündet auch der <u>PARIA RIVER</u> in den Colorado, durch dessen unteren Canyon ein attraktiver, aber schwieriger Wanderweg führt (siehe Südwest-Utah, Seite 588).

 "Lees Ferry Campground", oberhalb des Flusses in der Steinwüste. Unwirtliche Umgebung, im Sommer glühend heiß. Überdachte Picknicktische, Toiletten, Wasser; keine Duschen. Stellplatz 7 US.

MARBLE CANYON: Einige Kilometer stromabwärts von Lees Ferry am Hwy. 89A. Die Navajo Bridge spannt sich über den relativ engen Canyon und verbindet den Arizona Strip mit dem restlichen Bundesstaat. Die Canyonwände sind aus härterem Gestein als anderswo am Colorado River und daher nicht so stark eingekerbt und abgebröckelt. Warum dies allerdings jemanden an Marmor erinnert, bleibt dahingestellt.

Verbindungen

Außer dem **Shuttle-Bus** zwischen South und North Rim des Grand Canyon keine öffentlichen Verkehrsmittel. Nur wenige Straßen durchqueren den Arizona Strip: Hwy. 89A ist die einzige Zufahrt vom restlichen Arizona (ab Page nach Fredonia 165 km, ca. 2 Std.) und führt Richtung Norden zu den Nationalparks Zion und Bryce Canyon in Utah. Hwy. 389 hat ab Fredonia Anschluß an Interstate 15 im südwestlichen Winkel von Utah. Hwy. 67 ab Jacob Lake zum North Rim des Grand Canyon.

★ Lake Powell

Ein riesiger blauer Fleck in der kargen Canyonlandschaft des Colorado Plateau. Der See und seine Ufer sind Bestandteil der <u>GLEN CANYON NATIONAL RECREATION AREA</u>, einem Wassersportparadies für amerikanische Touristen und Bootsbesitzer. Unzählige Buchten füllen das

Colorado Plateau/Arizona 203

einstige Flußbett des Colorado und die Canyons vieler Nebenflüsse. Die über 3.000 km Uferlinie sind länger als die gesamte Westküste der USA. Bizarre Felslandschaften, natürliche Sandsteinbögen und viele stille Winkel für Wassersportler. Fast alles nur per Boot zugänglich; man bräuchte Jahre, um sämtliche Buchten zu erkunden.

GLEN CANYON DAM: Verantwortlich für die Bildung von Lake Powell. Ein gewaltiges Staudammprojekt am Colorado River, dessen Verwirklichung beinahe ein Jahrzehnt in Anspruch genommen und unter den Fluten des Sees eine faszinierende Canyonlandschaft begraben hat.

1956 vergab die US-Regierung den Auftrag für die Arbeiten an der Glen Canyon Bridge, deren Fertigstellung zwei Jahre später eine Voraussetzung für die schwierige Konstruktion der Staumauer selbst war. Sie löste Transportprobleme und ermöglichte Arbeiten von beiden Seiten des Canyons aus.

1958 erfolgte die Einbetonierung der massiven Fundamente für den Damm, dessen Konstruktion erst 1964 beendet wurde. Bis dahin hatte man gebraucht, um eine Staumauer zu errichten, die 216 m hoch und in ihrem unteren Teil 1o7 m dick ist. Bis zum Rand füllte sich Lake Powell zum ersten Mal im Jahre 198o, als sich hinter dem Glen Canyon Dam 33,3 Milliarden Kubikmeter Wasser stauten. Zur Problematik des Dammbaus am Colorado River vergl. Kapitel "Natur und Umwelt".

Tourist INFO Carl Haydn Visitor Center: Von hier aus der beste Blick auf die Staumauer. Fotos und Schaukästen zur Geologie des Glen Canyon und zur Geschichte des Dammbaus. Außerdem eine Dia-Show und ein anschauliches Modell der Canyonlandschaft rund um Lake Powell. Vom Visitor Center aus stündlich Führungen zur Staumauer selbst; gratis. Ergänzende Beschreibungen zu den im Nachbarstaat gelegenen Teilen von Lake Powell siehe Kapitel "Südost-Utah".

WAHWEAP MARINA: Arizonas Zugang zum Lake Powell, nördlich des Glen Canyon Dam. Betriebsamer Umschlagplatz für den Bootstourismus auf dem See. Am Ufer und im Wasser jede Art von schwimmendem Untersatz; im Hafen liegen die Motor-, Segel- und vor allem Hausboote dichtgepackt.

"Wahweap Lodge", einzige Unterkunft direkt am Hafen und bei den Bootsrampen. Großer Motelkomplex, dessen Gebäude sich am Ufer entlangziehen. SW-Pool. Moderne und komfortable Zimmer, viele mit Seeblick. DZ in der Sommersaison ab 1oo US, von November bis März ab 65 US. Tel. 800-528-6154.

Bootsvermietung: In der Lobby der Wahweap Lodge. Motorboote oder geräumige Hausboote verschiedener Kategorien. Preisbeispiele für die Hochsaison: Hausboote für 6 Personen und 3 Tage ab 74o US; kleinere Motorboote für 6 Personen pro Tag ab 7o US. Rabatt bei längerer Anmietung. In der Nebensaison jeweils bis zu 4o% preiswerter.

RAINBOW BRIDGE NATIONAL MONUMENT: Fotogener Sandsteinbogen in einer Bucht von Lake Powell (Beschreibung siehe Südost-Utah). Bootstouren ab Wahweap Marina; Tickets in der Lodge: ganztägig 65 US, halbtags 52 US.

★Page (6.600 Einw.)

Moderne Retortenstadt, ab 1957 in die Wüste gesetzt für das Personal bei Dammbau und Betrieb des Elektrizitätswerkes. Außer ein paar Motels und Tankstellen hat der Ort jedoch nicht viel zu bieten. Im Einkaufszentrum am Stadtrand beste Gelegenheit weit und breit, die Lebensmittelvorräte aufzustocken.

POWELL MEMORIAL MUSEUM, 6 N. Lake Powell Blvd. Erinnert in einem Raum an die Expeditionen von John Wesley Powell und anderen Pionieren auf dem Colorado River (Details dazu siehe Grand Canyon). Vor dem Museum (gleichzeitig Touristeninformation) die Nachbildung eines von Powells Booten. Geöffnet im Sommer von 8-18 Uhr, außerhalb der Hauptsaison eingeschränkte Zeiten, im Winter geschlossen. Spende von 1 US erbeten.

PAGE --> TUBA CITY

12o km, 1,5 Std. Highway 89 klettert zunächst über eine Bergkette; von oben weiter Blick auf die Ebene, durch die sich die Schluchten des Colorado River winden. Später durch öde Landschaften der Navavo Indian Reservation; nur vereinzelte Häuser der Indianer in der trockenen Hochebene. Südlich von THE GAP beginnt die PAINTED DESERT: Sand und Fels in dieser Wüstenlandschaft schillern in vielen Farben. Vorherrschend sind Rot-, Braun-, Ocker-, Gelb- und Grautöne.

★ Tuba City (7.4oo Einw.)

Navajo-Siedlung am Rande der Painted Desert. Fast Food und Tankstellen bestimmen inzwischen auch hier die Szenerie. Höchstens interessant als Ausgangspunkt und Übernachtungsstop für den Besuch der Hopi Mesas (siehe Seite 214).

 Im Ort eine gepflegte Unterkunft: "Tuba Motel", Ortszentrum. Ruhig gelegen rund um einen Garten. Moderne Zimmer, dekoriert mit indianischen Motiven. DZ je nach Saison ca. 6o-75 US. Tel. 283-4545.

Neben dem Motel der TUBA TRADING POST, der schon ab 188o den Navajo und Hopi zum Tausch ihrer Kunsthandwerksprodukte gegen Waren des täglichen Bedarfs diente. Heute restauriert; im Angebot Lebensmittel, Schmuck und Teppiche. Davor ein Original-Hogan der Navajo.

Colorado Plateau/Arizona 205

PAGE --> KAYENTA

16o km, ca. 2 Std. Fahrt durch die Sandsteinlandschaft des Colorado Plateau. Wichtiger Streckenabschnitt zwischen dem North Rim des Grand Canyon und Monument Valley. Außerdem eine der wenigen Verbindungsstraßen, die vom Südwesten in den Südosten Utahs führen. 3o km westlich von Kayenta Abzweigung zum NAVAJO NATIONAL MONUMENT, noch 15 km auf Hwy. 564 bis zum Visitor Center (Einzelheiten siehe unten).

✶ Kayenta (4.5oo Einw.)

Unbedeutende Siedlung in der Hochebene. Allerdings günstig gelegen, sowohl zum Navajo National Monument als auch zum Monument Valley. Interessant also zum Auftanken, Auffüllen des Proviants im supermodernen TEEHINDEEH Shopping Center oder für die Übernachtung in einem der beiden Motels:

"Holiday Inn", direkt an der Kreuzung der Hwys. 16o und 163. Trotzdem ruhig. Moderner Gebäudekomplex, SW-Pool in einer schönen Anlage. Zimmer hell, geräumig und komfortabel. DZ in der sommerlichen Hochsaison ab 115 US, zum Winter hin absinkend bis 65 US. Tel. 697-3221.

"Wetherill Inn", im Zentrum von Kayenta am Hwy. 163 Richtung Monument Valley. Typischer Motelstil, zweistöckig, die Parkplätze direkt vor den Gebäuden. Zimmer einfach und gepflegt, ohne besondere Extras. DZ von Mitte April bis Mitte Oktober ca. 83 US, restliche Jahreszeit 53 US. Tel.697-3231.

Ausgenommen Fast Food ist das Angebot in Kayenta minimal. Am besten sitzt und ißt man noch im Restaurant des HOLIDAY INN: Heller Raum, dekoriert mit indianischen Motiven, vielseitige Speisekarte mit Gerichten von 7-15 US.

✶ Navajo National Monument

Die größten Felsen-Pueblos in Arizona; gehören zu den am besten erhaltenen Anasazi-Ruinen im gesamten Südwesten, vergleichbar mit den Klippenwohnungen von Mesa Verde in Süd-Colorado. Drei große Pueblos, kilometerweit im Canyonlabyrinth von TSEGI verstreut. Nur schwierig zu erreichen.

Neben Chaco Canyon in New Mexico und Mesa Verde in Colorado war die Gegend um Kayenta eines der drei wichtigsten Siedlungszentren der Anasazi auf dem Colorado Plateau. Sie lebten hier jahrhundertelang als Nomaden, später wurden sie seßhaft und bauten Grubenwohnungen und einfache gemauerte Häuser (Einzelheiten dazu im einführenden Kapitel "Indianer-Kulturen").

Intensive landwirtschaftliche Nutzung und Abholzung der Wälder führten jedoch im Laufe der Zeit zu Bodenerosion, Vertiefung der Flußbetten und damit zur Absenkung des

Grundwasserspiegels. Die Anasazi änderten daraufhin häufig ihre Wohnorte, am Ende blieben nur noch die weiter oben gelegenen Schluchten im Gewirr der Tsegi-Canyons. Dorthin zogen sich viele Familien um die Mitte des 13. Jahrhunderts zurück und bauten in fieberhafter Eile die großen Pueblos und Klippenhäuser. In einer gewaltigen Anstrengung schufen die Anasazi beispielsweise ab 1269 n.Chr. in nur 17 Jahren das Betatakin-Pueblo.

Doch die Mühe erwies sich als vergebens, da in Folge von Abholzung und übermäßiger Bodennutzung auch hier die Flüsse das bebaubare Land fortschwemmten. Um 13oo, also nur gut eine Generation nach Baubeginn, mußten die Anasazi ihre mühselig und kunstvoll errichteten Behausungen verlassen. Zu den von ihnen selbst produzierten Problemen kam noch eine langjährige Dürreperiode hinzu, die auch anderswo die Anasazi von ihren angestammten Siedlungsflächen vertrieb.

 Visitor Center mit kleinem Museum: Das Modell einiger Pueblo-Räume in Original-Größe gibt einen guten Eindruck von der Lebensweise der Anasazi. In der Keramik-Sammlung erstklassige und hervorragend erhaltene Exemplare von Gefäßen und Töpfen. Ein Film informiert über indianische Kulturen der Vergangenheit und Gegenwart. Geöffnet täglich von 8-18 Uhr, außerhalb der Sommersaison nur bis 16.3o Uhr.

SEHENSWERTES

TSEGI OVERLOOK: 3oo m vor dem Visitor Center, Blick in das verzweigte Canyonsystem, in dem die Ansazazi vor einem Jahrtausend ihre Siedlungen errichteten. Schluchten aus rotem Sandstein, an vielen Stellen mit Wald bedeckt.

HOGAN und SWEATHOUSE: Direkt hinter dem Visitor Center, zwei selten zu sehende Gebäude aus dem traditionellen Leben der Navajo. Der Lehm-Hogan war die ursprüngliche Behausung der Navajo auf dem Colorado Plateau. Heute sind eher Hogans aus dicken Holzbalken in Gebrauch. Auch viele modern eingestellte Indianer, die ihr tägliches Leben in modernen Häusern oder Mobil Homes verbringen, haben in der Nähe einen Hogan. Nur dort können bestimmte Zeremonien oder Heilungsprozeduren mit Aussicht auf Erfolg durchgeführt werden.

Im ebenfalls aus Lehm erbauten Sweathouse entspannten und reinigten sich die Navajo in einer sauna-ähnlichen Prozedur. Bestimmte spirituelle Gesänge begleiteten die Aktion. Nach dem Schwitzen spülten die Indianer ihre Körper mit Wasser ab. Wenn dies nicht vorhanden war, benutzten sie Sand zum Abtrocknen der Haut.

BETATAKIN RUIN: Hinter dem Visitor Center beginnt ein knapp 1 km langer asphaltierter Weg zu einem Aussichtspunkt. Von dort ein überwältigender Ausblick auf das Pueblo, das unter einem riesigen natürlichen Felsdach erbaut wurde. Ein fest installiertes Fernrohr bringt die Details näher; eigenes Fernglas ist jedoch besser, um die Ruinen in Ruhe zu beobachten.

Zur Ruine selbst nur per organisierter Tour: Ranger veranstalten Gratis-Führungen während des Sommerhalbjahres. 1-2x täglich, in der Regel morgens und mittags. Insgesamt 8 km, teilweise sehr steiler Ab- und Anstieg, Dauer ca. 5 Std., im Sommer extrem heiß. Maximale Gruppengröße 24 Personen, keine Reservierung möglich, daher rechtzeitig eintreffen und anmelden.

KEET SEEL RUIN: Ebenfalls großes Pueblo unter einem schrägen Felsüberhang. Hier lebten die Anasazi länger als in Betatakin, sie begannen schon um 95o n. Chr. mit ersten einfachen Bauten, die Mitte des 13. Jahrhunderts dann zum Pueblokomplex erweitert wurden. Über 15o Räume und zahlreiche Kivas in gutem Erhaltungszustand.

Die Ruinen sind 13 km vom Visitor Center entfernt, erreichbar über einen schwierigen Wanderweg mit steilen Abschnitten, auf dem es im Sommer extrem heiß wird. Anstrengende Tagestour, besser noch mit einer Übernachtung in der Wildnis. Für erfahrene Wanderer, unterwegs kein Wasser oder sonstige Einrichtungen. Zugänglich von Ende Mai bis Anfang September mit speziellem "permit" der Ranger. Einzige Alternative ist eine Tour zu Pferde, ca. 5o US pro Tag, Vermittlung im Visitor Center.

INSCRIPTION HOUSE: Dritte und kleinste Ruine von Navajo National Monument. Vom Zerfall bedroht und daher seit 1968 für Besucher gesperrt.

Kleiner, schön gelegener Campground beim Visitor Center. Stellplätze angenehm verteilt zwischen vielen Bäumen und Büschen. Geöffnet während des Sommerhalbjahres. Wasser und Toiletten, keine Duschen. Stellplätze gratis (maximal 7 Tage).

Nur ein Motel in relativer Nähe des National Monument, ansonsten ausweichen nach Kayenta.

"<u>Anasazi Inn</u>", am Hwy. 16o bei Tsegi, ca. 3o km vom Visitor Center Richtung Kayenta. Einfaches Motel mitten in der Landschaft, Restaurant mit Minimalangebot. Zimmer klein, aber modern möbliert, ordentliche sanitäre Anlagen. Die hinteren Gebäude sind neuer und ruhiger. DZ im Sommer ca. 63 US, zum Winter hin kräftig sinkende Preise. Tel. 697-3793.

Monument Valley

Die Wildwest-Landschaft par excellence, bekannt aus zahlreichen Hollywood-Filmen und Reklame-Spots. Völlig unvermittelt ragen die kolossalen Fels-Monumente aus der Ebene. Eine Phantasie-Welt aus schieren Felswänden, ebenmäßig geformten Tafelbergen, spitzen Felsnadeln, runden Buckeln und roten Sanddünen.

Keine andere Landschaft hat das Bild des amerikanischen Westens so entscheidend geprägt wie Monument Valley, seit Regisseur John Ford das Tal 1938 für den Film entdeckte. Sein Klassiker "Stage Coach" spielt vor der Kulisse der markanten Felsen, viele andere Western folgten.

Visitor Center an der Zufahrt. Schaukästen zur Flora und Fauna sowie zu den Bewohnern des Valley. Außerdem zwei in Stein konservierte Saurierfußspuren, einige Millionen Jahre alt.

SCENIC DRIVE: Monument Valley ist erschlossen durch eine 27 km lange, teilweise rauhe Schotterstraße, die sich zwischen den Felsgiganten entlangwindet. Zwar kann man einige der Monumente auch vom Highway aus erkennen, die Rundtour bringt aber weitaus schönere Überblicke und die Felsen aus unmittelbarer Nähe. Die überwältigendsten Ausblicke auf das Tal hat man vom ARTIST POINT und vom JOHN FORD'S POINT.

Geöffnet 8-17 Uhr, im Sommer 7-19 Uhr. Zufahrt pro Person 2,5o US. Die Straße ist bei trockenem Wetter auch für normale PKW befahrbar, sonst bleibt nur die Jeep-Tour. Wohnmobile müssen am Visitor Center abgestellt werden. Abstecher von der Rundstraße nur an den ausgeschilderten Viewpoints; Wandern auf eigene Faust ist nicht erlaubt.

TOUREN

Jeep: Für Leute mit Wohnmobil oder bei nasser Piste die beste Möglichkeit, das Tal aus der Nähe zu sehen. Zahlreiche Anbieter direkt am Visitor Center, Kostenpunkt ca. 15 US pro zweistündiger Tour.

Reiten: Wer gewissen Vorbildern aus Film oder Werbung nacheifern möchte, kann Monument Valley auch zu Pferd erkunden. Vermittlung im Visitor Center.

"Mitten View Campground", direkt neben dem Visitor Center, vor imponierender Felskulisse. Steiniger Boden, nur kleine Bäume. Überdachte Picknicktische, sanitäre Anlagen inkl. Duschen. Nur während der Sommersaison geöffnet, keine Reservierung möglich. Stellplatz 1o US.

Nur ein Motel in unmittelbarer Nähe des Valley, ansonsten ausweichen nach Kayenta/Arizona oder Mexican Hat/Utah (Hotel-Tips siehe jeweils dort).
"Goulding's Lodge", bereits in Utah, daher Telefonvor-wahl beachten: (8o1)727-3231. Nur wenige Kilometer vom Visitor Center entfernt. Modernes Motel in schöner Lage unterhalb von Felsen. Weiter Blick über die Landschaft. Kleines Hallenbad. Zimmer mit Balkon und Southwestern-Dekor. DZ von Mitte April bis Mitte Oktober ca. 96 US, sonst 65 US.

KAYENTA --> CANYON DE CHELLY

135 km, ca. 1,5 Std. Einsame Hochebene am Fuß der BLACK MESA, auf der in großem Stil Kohle abgebaut wird: Gleichzeitig Einnahmequelle

und spirituelles Problem der Indianer (Details zu dieser Problematik im Einführungskapitel zu den Indianerkulturen, Abschnitt "Hopi").

✱ Canyon de Chelly National Monument

Canyonlandschaft, die nicht nur durch ihre Größe, sondern auch durch die schieren Felswände und die schwungvollen Windungen und Erosionsformen besticht. Die beiden großen Schluchten (Canyon de Chelly und Canyon del Muerto) laufen von einem gemeinsamen Ausgangspunkt strahlenförmig auseinander und verzweigen sich in zahlreiche Nebencanyons. Festungsartig und oft senkrecht steigen die Canyonwände empor. Außerdem zahlreiche Klippenhäuser und Pueblo-Ruinen der Anasazi Indianer, oft auf schwindelerregenden Felsvorsprüngen oder direkt am Fuß der senkrechten Canyonwände.

Canyon de Chelly ist eine Ausnahme unter den National Monuments und Parks der USA. Es liegt auf dem Gebiet der Navajo Indian Reservation und wird von den US-Behörden lediglich verwaltet. Die Indianer leben weiterhin in den Canyons und betreiben dort Landwirtschaft und Viehzucht. Der Tourismus ist aus diesem Grunde gewissen Beschränkungen unterworfen.

Schon vor 2.000 Jahren waren die Canyons Siedlungsgebiet von Indianern, die in Höhlen und unter Felsvorsprüngen Schutz vor den extremen klimatischen Bedingungen suchten. Um 500 n.Chr. begannen die Anasazi hier mit ersten Formen von Landwirtschaft und bauten in den Schluchten Mais und Bohnen an. Während sie zunächst, wie anderswo im Südwesten auch, in Grubenhäusern lebten, errichteten sie später die typischen Pueblos, oft waghalsig in die Felswände eingepaßt.

Über tausend Menschen lebten zur Blütezeit der Anasazi-Kultur zwischen 1100 und 1300 n. Chr. im Canyon de Chelly und Canyon del Muerto. Verschiedene Gründe (u.a. Dürreperioden, Versalzung der Böden) veranlaßten die Anasazi im 13. und 14. Jahrhundert, die Canyons und ihre sonstigen Siedlungsgebiete auf dem Colorado Plateau zu verlassen (Details dazu im Kapitel "Indianer-Kulturen").

Um 1700 bemächtigten sich die Navajo der Canyons, lebten dort ihr halbnomadisches Dasein und zogen gelegentlich zu Raubzügen gegen spanische Siedlungen und indianische Pueblos aus. Eine Strafaktion der Spanier führte 1805 zu einem Massaker an den Indianern, die sich zwar in die schwer zugänglichen Felswände der Canyons zurückgezogen hatten, dort aber dem Gewehrfeuer der Spanier ausgesetzt waren, die die Indianer vom oberen Canyonrand aus unter Beschuß nahmen.

Nach Übernahme der Region durch die USA kam es zu Auseinandersetzungen mit weißen Siedlern, die sich ebenfalls in den geschützten Tälern niederlassen wollten. Diesen Konflikt regelte die US-Army auf ihre Weise: Durch eine Politik der verbrannten Erde beraubten die Soldaten unter Führung von Kit Carson die Navajo ihrer Lebensgrundlagen und zwangen sie 1864 in die Verbannung nach New Mexico (weitere Details dazu im Kapitel "Geschichte"). Erst vier Jahre später durften sie in ihre zerstörte Heimat zurückkehren, wo sie seither unter dem relativen Schutz der Navajo Indian Reservation leben.

 Visitor Center an der Straße von Chinle zum National Monument. Kleine Ausstellung zur Besiedlung des Canyons durch prähistorische Indianer und Navajo. Archäologische Fund-

stücke, Felszeichnungen, Fotos und ein Viedeofilm über die spirituelle Bedeutung von Canyon de Chelly für die Indianer. Vor dem Gebäude ein Navajo-Hogan.

Die beiden Canyons sind über zwei Straßen erschlossen, die jeweils am oberen Rand zu verschiedenen Aussichtspunkten führen (keine Zufahrtsgebühr). In die Canyons hinein nur per organisierter Jeep-Tour oder Wanderung mit Führer. Einzige Ausnahme ist der Trail zur White House Ruin am South Rim Drive. Diese Regelung dient dem Schutz der Privatsphäre der Navajo, die in den Canyons leben und dort Landwirtschaft betreiben.

An den Viewpoints erhält man einen ausgezeichneten Überblick über die Größe und Schönheit der Canyons sowie die geradezu ästhetisch abgerundeten Erosionsformen. Ein Fernglas ist hilfreich, um die oft in der gegenüberliegenden Canyonwand gelegenen Anasazi-Ruinen etwas näher zu bringen.

CANYON DE CHELLY (South Rim Drive)

TUNNEL: Von einem engen Seitencanyon aus Blick in die Hauptschlucht, die an dieser Stelle noch nicht besonders tief ist. Der Canyonboden dicht mit Bäumen bestanden.

TSEGHI: Ausblick auf mehrere Ausbuchtungen der Sandsteinwände. Direkt unterhalb eine der typischen Farmen der Navajo: Subsistenzwirtschaft, ständig bedroht von Dürre oder übermäßigen Regenfällen, die im Canyon zu Überflutungen führen.

JUNCTION: An dieser Stelle teilt sich der Canyon in die beiden Arme von de Chelly und del Muerto, die in verschiedene Richtungen auseinanderlaufen.

WHITE HOUSE RUIN: Pueblo am Canyonboden, direkt unterhalb einer glatten Sandsteinwand. Darüber eine Felsspalte, in der mehrere Gebäude stehen, u.a. das Haus mit den besonders hellen Steinen, das der Ruine den Namen gab. Eine dekorative Felsenburg, die auch zu Fuß zu erreichen ist (siehe Wanderungen).

SLIDING HOUSE: Bei diesem Pueblo gingen die Anasazi bis an die Grenzen ihrer Baukunst und sogar darüber hinaus: Die Gebäude stehen auf einer abgeschrägten Felsterrasse, von der die Mauern immer wieder abrutschten und ins Tal fielen.

FACE ROCK: Fast 3oo m tief stürzen die Felsen hier ins Tal. Etwa auf halber Höhe in einer Felsspalte schwindelerregende Gebäudekonstruktionen der Anasazi. Weitere kleine Klippenhäuser und Pueblos in den Felswänden versteckt.

SPIDER ROCK: Vom Parkplatz aus zu erkennen weitere Felsenwohnungen in den steilsten Canyonwänden, einige sogar in atemberaubender Höhe direkt unter dem Canyonrand. Keine großen Pueblos, aber ihre Lage ist beinahe unfaßbar. Um sich und ihre Vorräte vor den gelegentlich auftretenden Fluten im Canyon zu schützen, mußten sich die Anasazi gewaltigen Klettertouren unterziehen. 2oo m weiter der Blick auf Spider Rock, zwei alleinstehende Sandsteinfinger, die aus der Canyonmitte wie Monumente emporragen.

CANYON DEL MUERTO (North Rim Drive)

LEDGE RUIN: Schwungvolle Rundungen in den Canyonwänden lassen die Kräfte erahnen, die zu dieser Form der Erosion geführt haben. Auf einer Felsterrasse, rund 3o m oberhalb des Canyonbodens, einige verstreute Pueblo-Ruinen.

ANTELOPE HOUSE: 4oo m Fußweg zu zwei Aussichtspunkten. Die Ruinen von Antelope House gehören zu den größten im National Monument, von den Anasazi zwischen 1o5o und 125o errichtet. Spektakuläre Lage in einer Krümmung des Canyons, direkt am Fuß einer glatten Felswand. Zu erkennen sind Grundmauern und einige höhere Wände von runden Kivas und rechteckigen Wohn- und Lagerräumen. Das Pueblo war ursprünglich vierstöckig und besaß knapp hundert Räume.

Von der zweiten Plattform aus Blick auf das NAVAJO FORTRESS: Eine Felswand, die mittels gut ausgetüftelter Holzleitern erklommen werden konnte. Bei Gefahr zogen die Navajo die Leitern ein, so daß niemand in der Lage war, ihnen zu folgen.

MUMMY CAVE: Die Navajo nennen dieses Pueblo "Haus unter dem Felsen". Aus gutem Grund: Die Gebäude stehen unter einem kolossalen Felsüberhang. In der Architektur lassen sich Einflüsse der Anasazi von Mesa Verde erkennen (siehe Südwest-Colorado), u.a. durch die Größe der Räume und die turmartigen Konstruktionen, die auch dort viele Pueblos bestimmen. Zwei Abteilungen sind tief in die Höhle hineingebaut, dazwischen auf einer Anhöhe eine Gebäudegruppe mit Turm. 188o entdeckten Forscher hier zwei gut erhaltene Mumien, daher der Name 'Mummy Cave'.

MASSACRE CAVE: Hierhin haben sich 18o5 die Navajo vor einer spanischen Strafexpedition geflüchtet. Die Spanier erreichten jedoch den oberen Canyonrand und feuerten auf die schutzlosen Indianer in der Felswand (Details siehe oben). Der Aussichtspunkt liegt in etwa an der Stelle, von der aus die Spanier ihre Gewehre abschossen.

NAVAJO COMMUNITY COLLEGE: Beim Ort Tsaile, östlich vom Caynon del Muerto. Ungewöhnlicher College Campus, dessen Aufteilung und Architektur Lebensformen und Symbolik der Navajo berücksichtigt. Grundlage ist der Kreis, der die Gesamtanlage und viele Gebäude bestimmt. Das Hauptgebäude, ein großer Glaspalast, ist in der Form eines

Hogans gestaltet.

WANDERN

Wanderungen auf eigene Faust sind im National Monument nicht erlaubt. Ausnahme ist der Trail vom Parkplatz zur White House Ruin. Im Visitor Center kann man sich jedoch einen einheimischen Führer vermitteln lassen, mit dem bestimmte Wege gestattet sind (1o US pro Stunde und Gruppe, max. 15 Personen). Im Sommer veranstalten Ranger vormittags eine Gruppenwanderung: gratis, maximal 25 Personen, daher rechtzeitig einschreiben.

"White House Ruin Trail": Einziger frei zugänglicher Wanderweg in den Canyon hinein. Ziel ist eines der fotogensten Anasazi-Pueblos im National Monument. Ausgangspunkt: ein Felstunnel in der Nähe des Overlook. Von dort Serpentinen bis zum Boden des Canyons und dann der Pfad zur gegenüberliegenden Wand der Schlucht, wo die Pueblo-Ruine liegt. Die Privatspähre der Anwohner respektieren und den Trail nicht verlassen. Hin und zurück 4,5 km, ca. 1,5 Std.

TOUREN

Jeep: Von der Thunderbird Lodge aus im Sommerhalbjahr Halbtages- (ca. 32 US) und Tagestouren (ca. 52 US) per Jeep zu Anasazi-Ruinen, Petroglyphen und Navajo-Farmen in den Canyons. Im Winter nur Halbtagestrips; sie reichen aber aus, um einen guten Eindruck zu bekommen. Vorteile dieser Touren: Man sieht die wichtigsten Ruinen aus der Nähe und bekommt zahlreiche Felszeichnungen erklärt. Die einheimischen Führer geben außerdem ein informatives Bild von der (Leidens-) Geschichte der Navajo und ihrer gegenwärtige Situation. Eine Darstellung, die in den offiziellen Broschüren noch immer zu kurz kommt. Im Sommer oft ausgebucht; Reservierung über Tel. 674-5842.

Reiten: JUSTIN'S HORSE RENTAL (Nähe Visitor Center, Tel. 674-5678) organisiert Touren per Pferd in die Canyons. 8 US pro Stunde und Pferd, dazu noch einmal 8 US für den einheimischen Führer.

"Thunderbird Lodge", einzige Unterkunft im National Monument selbst. Nähe Visitor Center in einer gepflegten Gartenanlage. Flache Motelgebäude auf dem Grundstück verteilt, vorwiegend in spanischer Adobe-Architektur. Zimmer im Landhaus-Stil möbliert, in drei unterschiedlichen Komfort-Kategorien: In der Sommersaison DZ für ca. 72, 83 oder 88 US. Im Winter preiswerter. Tel. 674-5841.

"Canyon de Chelly Motel", mitten im Ort Chinle. Rund 5 km vom Visitor Center. Zweistöckige Gebäude in Hufeisenform um das Restaurant, SW-Pool. Zimmer modern und gepflegt. DZ von April bis Oktober ca. 95 US, restliche Zeit 65 US. Tel. 674-5875

"Holiday Inn", kurz vor dem Visitor Center und Eingang zum National Monument.

Hotelkomplex mit verschiedenen Gebäuden. Moderne Architektur in Anlehnung an die Pueblo-Bauweise. Großer SW-Pool in ruhiger Anlage. Zimmer komfortabel und geräumig. DZ im Sommerhalbjahr ca. 95 US, zum Winter hin bis auf 55 US herunter. Tel. 674-5ooo.

 "Cottonwood Campground", Nähe Visitor Center. Ganzjährig geöffnet. Weitläufiges Gelände mit vielen Bäumen und Büschen. Von April bis Oktober Toiletten und Wasser, keine Duschen. In den Wintermonaten kein Wasser. Keine Reservierung möglich. Stellplätze sind ganzjährig gratis (max. 5 Tage).

Cafeteria in der Thunderbird Lodge, passable Restaurants auch in den beiden anderen Hotels. Im benachbarten Ort CHINLE ansonsten hauptsächlich Fast Food.

Selbstversorger: IMPERIAL MART, an der Straße von Chinle zum National Monument. Einfacher Supermarkt, frische Produkte sind in der Regel rar. Besseres Angebot im etwas weiter entfernt gelegenen Supermarkt BASHAS', nördlich von Chinle an der Umgehungsstraße Hwy. 191.

Picknick: Keine Einrichtungen entlang der beiden Rim Drives. Picknicktische und Grillroste aber am Eingang zum Cottonwood Campground. Ruhig und schattig.

Verbindungen

Hwy. 191 führt zwei Kilometer von Chinle entfernt Richtung Süden nach Ganado (6o km, ca. 45 Min.), von dort weiter zu den Hopi Mesas, nach Window Rock oder zum Petrified Forest National Park. Richtung Norden ebenfalls Hwy. 191, später Hwy. 59 nach Kayenta (16o km, ca. 2 Std.) und von dort zum Navajo National Monument oder ins Monument Valley.

CANYON DE CHELLY --> GANADO

6o km, ca. 45 Min. Fahrt auf meist schnurgerader Straße über die Hochebene. 1 km vor Ganado die Abzweigung zum Hubbell Trading Post. In Ganado dann entweder Hwy. 264 nach WINDOW ROCK oder zu den HOPI MESAS (Details siehe unten); oder Hwy. 191 nach Süden zur Autobahn und weiter zum PETRIFIED FOREST NATIONAL PARK (vergl. Seite 216).

HUBBELL TRADING POST: Handelsstation, 1876 von John Lorenzo Hubbell eingerichtet, das Haus stammt aus dem Jahre 1889. Flaches Steingebäude, im Innern rustikale Holzausstattung. Verkauft wird noch heute, wobei weniger die Navajo als die Touristen zur Zielgruppe gehören: Lebensmittel, Bücher, antike Flinten, indianische Produkte wie Teppiche, Schmuck und Kachina-Figuren.

Im angrenzenden <u>VISITOR CENTER</u> eine kleine Dokumentation zur Geschichte des Trading Post sowie zum Leben von J.L. Hubbell. Geöffnet tägl. von 8-17 Uhr, im Sommer bis 18 Uhr, Eintritt frei.

Hubbell Trading Post ist die sehenswerteste einer Reihe von Handelsstationen auf dem Gebiet der Navajo Indian Reservation, die ihren Ursprung im 19. Jahrhundert haben: Als 1868 die Indianer aus einer für sie unerträglichen Verbannung in New Mexico in ihre Heimat auf dem Colorado Plateau zurückkehren durften, fanden sie ihr Land vollständig verwüstet vor. Die US-Armee hatte die Felder verbrannt, die Viehherden abgeschlachtet und damit den Navajo ihre Lebensgrundlage geraubt (Details dazu im Kapitel "Geschichte").

Den Ausweg aus dieser fatalen Situation sahen die Indianer in einer Hinwendung zu ihrem <u>traditionellen Kunsthandwerk</u>: Sie webten Decken und Umhänge und versuchten, sie an die weißen Siedler in der Umgebung zu verkaufen. Wegen der Entfernungen und der Isoliertheit der Siedlungen war dies individuell jedoch kaum möglich. Schon kurz darauf entstand deshalb ein erster <u>Handelsposten</u>, wo die Indianer ihre Produkte gegen Zucker, Mehl oder Tabak eintauschen konnten. Ihre Webarbeiten erlangten Berühmtheit bei den Mormonen in Utah, den Soldaten in den Forts des Südwestens und sogar bei den Pueblo Indianern in New Mexico.

Da der Tausch gut funktionierte, entstanden vielerorts weitere "trading posts". 1876 errichtete <u>John Lorenzo Hubbell</u> seine Station bei Ganado und entwickelte im Laufe der Jahre ein freundschaftliches Verhältnis zu den Indianern. Er gab ihnen Ratschläge zur Erweiterung ihrer Produktpalette, so daß die Navajo neben Decken und Umhängen bald auch farbenfrohe Teppiche und Silberschmuck herstellten.

Doch nicht immer waren die "trading posts" Handelsplätze für den wechselseitigen Nutzen. Viele mißbrauchten ihre Monopolstellung für die Ausbeutung der isoliert lebenden Indianer durch überhöhte Preise sowie Wucherzinsen für Kredite, mit denen sie die Navajo völlig von sich abhängig machten.

✦ Window Rock (3.3oo Einw.)

Hauptstadt und Verwaltungszentrum der Navajo Nation. Guter Anlaufpunkt für alle, die sich intensiver mit der Navajo-Kultur befassen wollen. Liegt am Fuß von attraktiven Sandsteinfelsen. Auch die kuriose Formation, der der Ort seinen Namen verdankt, besteht aus erodiertem Sandstein: Ein großer Durchbruch durch den Felsen legt den Vergleich mit einem Fenster nahe.

Window Rock ist erreichbar ab Gallup, New Mexico, über Hwy. 264, von Norden über Hwy. 134 und aus Arizona ab Ganado über Hwy. 264.

"<u>Navajo Nation Inn</u>", 48 W. Hwy. 264, an der Durchgangsstraße. Flachbau im modernen Motel-Stil. Zimmer hell und geräumig, mit Navajo- und Southwestern-Dekor. DZ ab 6o US. Tel. 871-41o8. Nebenan ein Restaurant, das sowohl gängige amerikanische Küche als auch Spezialitäten der Navajo serviert.

HOPI MESAS

Siedlungsgebiet der Hopi Indianer, vollständig umgeben von der Navajo

Indian Reservation. Wie lange Finger erstrecken sich die Mesas hinein in die Hochebene des Colorado Plateau. An deren Fuß kleine Felder, auf denen die gut 7ooo verbliebenen Hopi mit viel Mühe versuchen, einige Maispflanzen anzubauen.

Die meisten Dörfer im Hopi Country sind weder Touristenattraktionen noch sonstige Sehenswürdigkeiten, sondern Orte, in denen die Indianer ihr karges Alltagsleben gestalten. Der Besuch lohnt dort nur, wenn Tänze oder Zeremonien stattfinden, die für die Öffentlichkeit zugänglich sind. Ansonsten bekommt man auch vom Hwy. 264 aus einen Eindruck von Lage und Aussehen der Dörfer und braucht die Leute nicht durch unnötige Kurverei über die staubigen Dorfstraßen zu stören.

Im Reservat gelten besondere Vorschriften, an die man sich unbedingt halten sollte, ausgehängt beispielsweise im Kulturzentrum. Fotografieren ist auf jeden Fall verboten. Ausführliches zur Geschichte und Gegenwart der Hopi-Kultur im Kapitel "Indianer-Kulturen".

<u>Tänze und Zeremonien</u>: Es gibt keinen exakten Kalender; viele Zeremonien werden kurzfristig angesetzt. Beste Chancen an den Wochenden im Frühjahr und Frühsommer. Einige Dörfer haben ihre Tänze inzwischen jedoch für die Öffentlichkeit völlig geschlossen, da heimlich gefilmt und fotografiert wurde. Informationen über bevorstehende Feste entweder im Kulturzentrum oder über Tel. 734-2441.

ANTELOPE MESA: Östliche Grenze des Hopi Country. Der kleine Ort <u>KEAMS CANYON</u> ist Verwaltungszentrum mit Krankenhaus, Post und Schule. Der Canyon, der im Ort beginnt, ist eine kleine Oase in der trockenen Felslandschaft: Bäume und Büsche sorgen für ein paar grüne und schattige Picknickplätze zwischen dekorativ verstreuten Felsbrocken. Eine Rarität im ansonsten fast baumlosen Land der Hopi und Navajo.

FIRST MESA: Unterhalb entlang der Hauptstraße das moderne Dorf <u>POLACCA</u>, die Gebäude weit in der Landschaft verstreut. In vielen Häusern Verkauf von Kunsthandwerk und Kachina-Figuren.

Im Ort die Abzweigung zur Mesa. Kurvenreiche, asphaltierte Straße auf den Berg. Von oben weiter Ausblick über die anderen Mesas und das Land der Navajo. Die drei Orte <u>HANO</u>, <u>SICHOMOVI</u> und <u>WALPI</u> liegen dichtgedrängt auf einer Spitze der Hochebene.

Hano ist von Tewa-Indianern bewohnt, die eine andere Kultur und Sprache haben. Sie sind im 17. Jahrhundert vor den Spaniern auf die Mesas der Hopi geflüchtet, die sie akzeptierten unter der Bedingung, daß sie den Aufgang zum Plateau verteidigen. In gewissem Sinne geschieht das noch heute, denn am Ortsrand liegt gleich das Information Center, bei dem alle Autos abgestellt werden müssen. Nach Walpi nur weiter mit einem einheimischen Führer. Das Dorf ist sehr traditionell orientiert, dort leben nur noch wenige Menschen, ohne Elektrizität und Wasseranschluß.

Führung 3 US pro Person.

SECOND MESA: Für Besucher interessant das <u>HOPI CULTURAL CENTER</u> am Fuß der Mesa. Moderner Gebäudekomplex mit Museum, Kunsthandwerksläden, Motel und Restaurant. Der richtige Anlaufpunkt für alle, die sich intensiver mit der Kultur der Hopi auseinandersetzen möchten. Allerdings nicht unbedingt Begeisterung über die Wißbegier des Fremden erwarten; viele Dinge sind den Hopi heilig, so daß sie nicht oder nur sehr ungern darüber sprechen.

Im <u>Museum</u> Schaukästen mit archäologischen Fundstücken, Kunsthandwerk, Kachina-Figuren sowie Informationen zur Kultur und Geschichte des Volkes. Geöffnet Mo-Fr von 8-17 Uhr, Sa von 9-16 Uhr; Eintritt 3 US.

<u>Motel</u> im Cultural Center. Moderne Zimmer, dekoriert mit indianischen Motiven. DZ je nach Saison 55-6o US. Im Sommer oft ausgebucht, daher frühzeitig reservieren. Tel. 734-24o1. Ausweichmöglichkeit für Übernachtung in Tuba City, Details siehe dort.

 Ebenfalls im Cultural Center. Bietet Frühstück, Mittag- und Abendessen. Neben Salaten und Hamburgern auch eine Reihe traditioneller Gerichte der Hopi-Küche. Fast alles unter 5 US.

Die drei Dörfer von Second Mesa sind sehr traditionell orientiert: <u>SHUNGOPAVI</u>, <u>SHIPAULOVI</u> und <u>MISHONGNOKI</u>. Ihre exponierte, fast festungsartige Lage an den Spitzen der Mesa ist vom Hihgway aus deutlich zu erkennen.

THIRD MESA: Neben einem der ältesten Dörfer (<u>OLD ORAIBI</u>), dessen Häuser noch zum großen Teil aus roh behauenen Natursteinen bestehen, die eher modernen Siedlungen <u>HOTEVILLA</u> und <u>BACAVI</u>. Am Ortsrand von Old Oraibi ein Laden mit schönem Schmuck und Kunsthandwerk ("Old Oraibi Crafts").

Auf der Spitze der Mesa eine Kirchenruine, Relikt eines vergeblichen Missionierungsversuches im frühen 2o. Jahrhundert. Unterhalb der Mesa die Siedlung <u>KYKOTSMOVI</u>, hervorgegangen aus einem internen Streit der Hopi von Old Oraibi. Vergleichsweise moderner Ort, Sitz der Stammesverwaltung im Neubau des "Hopi Tribal Office".

★ Petrified Forest National Park

Abwechslungsreiche und faszinierenden Wüstenlandschaft, in der ganze Epochen der Erdgeschichte freigelegt und ablesbar sind: farbige Erd- und Gesteinsschichten in der Painted Desert; ungewöhnlich große Mengen von versteinertem Holz; Fossilien aus einer Zeit, als die Wüste Arizonas noch Dschungel war. Außerdem Ruinen prähistorischer Pueblos und Felszeichnungen der damaligen Bewohner.

Vor 225 Millionen Jahren bedeckte eine feuchte Tiefebene das heutige Arizona. Reptilien, Amphibien und Saurier lebten in einem Dschungel, dessen gewaltige Bäume (*araucarioxylon*) den Araukarien ähnelten, die bis heute nur in Teilen Südamerikas überlebt haben. Wenn die Baumriesen umstürzten, wurden sie von großen Flüssen an die tiefsten Stellen der Ebene gespült. Im Laufe der Zeit lagerten sich darauf Lehm-, Schlamm-, Asche- und Gesteinsschichten ab, die die Verwesung des Holzes stoppten. Später sickerte Grundwasser in die Baumstämme, die darin enthaltenen Mineralien kristallisierten zu Quartz, und das Holz wurde petrifiziert.

Als dann die Aufwärtsbewegung des gesamten Colorado Plateau begann, zerbrachen viele der Baumriesen durch den enormen Druck im Erdinnern. Wind und Regen trugen die oberen Gesteinsschichten ab und brachten die gegenwärtige weiche Lehmschicht zum Vorschein. Diese ist von Eisen und anderen Metallen durchsetzt, die beim Kontakt mit Sauerstoff oxidieren und die bunte Färbung der Painted Desert hervorrufen. Der Lehm ist so weich und porös, daß ihn kräftige Regenfälle in erdgeschichtlich sehr kurzer Zeit wegspülen. Hügel von bis zu acht Meter Höhe können auf diese Weise in tausend Jahren verschwinden. Die Flüsse tragen die Painted Desert unaufhaltsam in den Golf von Kalifornien.

Die gegenwärtig erodierende Lehmschicht hat seinerzeit nicht nur die Baumriesen begraben, die jetzt immer wieder zum Vorschein kommen, sondern auch Tiere und Pflanzen. Diese tauchen als Fossilien auf und bieten Forschern ständig neue Erkenntnisse über die Umweltbedingungen im Südwesten der USA vor Millionen von Jahren. Eine noch ca. 9o m dicke Schicht ist im Nationalpark vorhanden, und die Erosion wird neben viel versteinertem Holz noch manches Saurierskelett freilegen.

 Painted Desert Visitor Center, am Nordeingang des Nationalparks. Eine übersichtliche Karte mit kurzen Erläuterungen erhält man beim Bezahlen der Zufahrtsgebühr von 5 US pro PKW. Auch im Rainbow Forest Museum am Südeingang stehen Ranger für Informationen zur Verfügung.

Die überall angebrachten Schilder, die eine Mitnahme von versteinertem Holz verbieten, sind ernstzunehmen. Alle Steine, Mineralien und Pflanzen stehen unter Naturschutz. Wer ein Souvenir haben möchte, kann es in den Läden vor dem Nationalpark oder in Holbrook kaufen. Das versteinerte Holz der Händler stammt von privaten Grundstücken rund um den Park.

Weder Motel noch Campingplatz im Nationalpark oder in der unmittelbaren Nähe. Beste Übernachtungsmöglichkeiten in Holbrook (Details siehe dort). Beim Visitor Center am Nordeingang Cafeteria mit Selbstbedienung, neben dem Museum am Südeingang kleine Snackbar. Picknickplätze neben dem Museum und am Rande der Painted Desert bei Chinde Point.

Verbindungen

 Wer über Interstate 4o von New Mexico aus kommt und Richtung Westen oder Süden weiterfahren will, beginnt die Fahrt durch den Nationalpark am besten im Norden (Exit 311). Wer von Westen kommt und später nach New

Mexico oder zum Canyon de Chelly möchte, verläßt die Autobahn in Holbrook (Exit 286) und fährt über Hwy. 180 zum Südeingang des Parks.

SEHENSWERTES

Petrified Forest National Park ist durch einen 45 km langen Scenic Drive gut erschlossen. Er führt zu Aussichtspunkten und kurzen Rundwegen. Markierte Wanderwege existieren nicht, in einigen Abschnitten ist das Wandern durch freies Gelände jedoch erlaubt. Die schönsten Stops am Scenic Drive von Nord nach Süd:

TIPONI POINT: Blick auf die bunten und ausgewaschenen Hügel der Painted Desert.

TAWA POINT: Blick über den gesamten Nordteil des Nationalparks und die Painted Desert.

PAINTED DESERT INN: Gebäude im typischen Pueblo-Stil, vor allem im Innern ein dekoratives Schmuckstück. Funktionierte zu Zeiten der legendären Route 66 als Gasthaus, heute kleines Museum mit Fotos aus der Vergangenheit und einigen archäologischen Fundstücken. Hinter dem Inn KACHINA POINT, Zugang für Wanderer zur Painted Desert Wilderness.

PINTADO POINT: Blick nach Norden und Westen über die Painted Desert zu den Hopi Mesas und den San Francisco Mountains bei Flagstaff. Auch die nächsten drei Aussichtspunkte (NIZHONI, WHIPPLE und LACEY) bieten ähnliche Ausblicke.

PUERCO INDIAN RUIN: Grundmauern eines Indianer-Pueblos aus dem 12. Jahrhundert. Die Bewohner waren möglicherweise Vorfahren der Hopi oder Zuni. Auf den Felsen unterhalb vereinzelte Petroglyphen: menschliche Wesen, Tiere, Symbole.

NEWSPAPER ROCK: Auf einigen dunklen Steinen unterhalb der Klippen Felszeichnungen prähistorischer Indianer. Ihre Bedeutung ist bis heute nicht entziffert. Die Symbole sind äußerst dicht gedrängt; ein Fernglas ist hilfreich, um die Details der vielfältigen Zeichen und Figuren zu erkennen.

BLUE MESA: Ein kurzer Rundweg führt mitten hinein in die Badlands, die von Regen und Erosion freigelegten Erdschichten. Faszinierende Farbkombinationen, besonders intensiv am frühen Morgen und späten Abend. Dazwischen immer wieder Stücke von versteinertem Holz. Die Painted Desert sozusagen zum Anfassen und im Detail. Eine der attraktivsten Stellen im gesamten Nationalpark.

AGATE BRIDGE: Unter einem massiven versteinerten Baumstamm ist die Erde wegerodiert, so daß er eine Brücke über einen kleinen Abgrund bildet. Um ihn vor dem Zusammenbrechen zu bewahren, hat man ihm eine Betonverstärkung verpaßt.

JASPER FOREST: Große Mengen von versteinertem Holz sind aus einem Abhang herausgewaschen und liegen verstreut im Tal.

CRYSTAL FOREST: Rundweg durch eine dichte Konzentration von versteinertem Holz, das in vielen Farben in der Sonne glänzt. Vom dicksten Stamm bis zum kleinsten Splitter liegt es hier in der Wüstenlandschaft.

LONG LOGS: Kurzer Trail durch ein Trümmerfeld gewaltiger Baumstämme; teilweise noch meterlang erhalten, andere sind in viele Einzelteile zerbrochen.

AGATE HOUSE: Prähistorische Indianer hatten an dieser Stelle ein kleines Pueblo aus versteinertem Holz errichtet, eine originelle Behausung. Ein Teil davon wurde rekonstruiert.

RAINBOW FOREST MUSEUM: Schaukästen mit Fossilien und Saurierskeletten verweisen auf die längst vergangene Zeit, als dieser Teil Arizonas noch zu einem feuchten Dschungelgebiet gehörte. Außerdem weitere Informationen zur Geologie und Naturgeschichte.

GIANT LOGS: Hinter dem Museum noch einmal eine imponierende Ansammlung von versteinerten Baumgiganten.

WANDERN

Keine markierten Trails im Nationalpark. Wandern durch freies Gelände ist jedoch erlaubt in der Painted Desert Wilderness im Nordteil des Parks. Zugang über Kachina Point hinter dem Painted Desert Inn. Ein zweites Wandergebiet ist ausgewiesen im Südteil, in der Rainbow Forest Wilderness. Ausgangspunkt hierfür ist der Parkplatz "The Flattops" am Scenic Drive.

Längere Wanderungen am besten mit den Rangern absprechen, für Übernachtung ist sowieso eine schriftliche Erlaubnis erforderlich (gratis im Visitor Center). Hinweise für das Wandern in der Wüste beachten (siehe Kapitel "Natur und Umwelt"), im Sommer extreme Hitze, Schatten sucht man vergebens.

✦ Holbrook (5.7oo Einw.)

Idealer Übernachtungsstandort vor oder nach dem Besuch des nahegelegenen Petrified Forest National Park. Erinnert kaum an eine Stadt, sondern mehr an ein Durchgangslager: eine Ansammlung von Motels, Tankstellen, Drive-ins und Burger-Stations. Nur in der Ortsmitte noch eine Straßenkreuzung mit Geschäftshäusern im alten Stil.

Das OLD WEST MUSEUM, Arizona St./ Ecke Navajo Blvd., vergegenwärtigt vergangene Zeiten mit einer vielfältigen Sammlung von Möbeln, Kleidung, Gerätschaften und Fotos. Auch das einstige Sheriff's Office inkl. Gefängnis wurde erhalten. Geöffnet Mo-Sa von 8-2o Uhr, außerhalb der Sommersaison eingeschränkte Öffnungszeiten. Gratis. Im Sommer

Mo-Fr abends indianische Tänze vor dem Museum; ebenfalls gratis.

 Chamber of Commerce, im Museumsgebäude, Arizona St./ Ecke Navajo Blvd. Wer von New Mexico aus nach Arizona kommt, kann sich hier zum ersten Mal mit Broschüren über viele Regionen Arizonas eindecken.

 Post: 216 E. Hopi Dr.

Da ganz Holbrook mehr oder weniger vom Hotel-Businness lebt, ist es eine Kleinigkeit, hier eine Unterkunft zu finden. Von Westen her (Exit 385) auf Hopi Dr., von Osten (Exit 389) auf Navajo Blvd. Alle namhaften Motelketten sind vertreten, wobei die Motels am Navajo Blvd. östlich von Holbrook günstiger zum Petrified Forest liegen.

"<u>Arizonian Inn</u>", 2508 E. Navajo Blvd. Neuer Motelkomplex mit SW-Pool im Sommer. Geräumige Zimmer mit gemütlicher Sitzecke. DZ je nach Saison ab 50-62 US. Tel. 524-2611 oder 800-528-1234.

"<u>Adobe Inn</u>", 615 W. Hopi Dr. Zweistöckiges Motel am Westrand von Holbrook. SW-Pool. Zimmer groß und gediegen möbliert. DZ in der Sommersaison ab 55 US, in der restlichen Jahreszeit abgestuft bis auf 46 US. Tel. 524-3948 oder 800-528-1234.

"<u>Comfort Inn</u>", 2602 Navajo Blvd. Zweistöckiges Motel aus heimischem Sandstein. An der Hauptstraße, die hinteren Zimmer trotzdem ruhig. Kleiner SW-Pool, Badebereich durch eine Mauer abgetrennt. Zimmer modern mit Sofa und kleiner Sitzecke. DZ im Sommerhalbjahr ab 53 US, sonst ab 48 US. Tel. 524-6131 oder 800-228-5150.

"<u>Motel 6</u>", 2514 Navajo Blvd. Einfaches, aber gepflegtes Motel mit SW-Pool. DZ von Oktober bis März ab 36 US, während der Sommermonate einige Dollar teurer.

 "KOA Kampground", 102 Hermosa Dr. Östlich von Holbrook, zu erreichen über Exit 289. Günstig gelegen zum Petrified Forest. Ganzjährig geöffnet. Einige Bäume geben Schatten. Gute sanitäre Anlagen inkl. Duschen. Waschmaschinen vorhanden. Im Sommer großer SW-Pool. Stellplatz 18-22 US, im Winter Discounts.

Entlang der beiden Durchgangsstraßen Navajo Blvd. und Hopi Dr. die versammelten Fast Food Marken. Wer darauf verzichten will, hat keine große Auswahl. Alternativen bieten BUTTERFIELD STAGE CO. (Steaks, Barbecue), 609 W. Hopi Dr.; SUNDOWN (chinesisch), 915 W. Hopi Dr.; EL RANCHO (mexikanisch), 867 Navajo Blvd.

Selbstversorger: BASHAS', Supermarkt im Shopping Center, am Navajo Blvd., Nähe Exit 286. Große Auswahl an Konserven, Milchprodukten und Frischwaren. Am besten hier mit Proviant eindecken, wenn die Weiterfahrt gen Norden über die Reservate der Navajo und Hopi geht, da dort das Angebot minimal und die Preise hoch sind.

Picknick: Einige Picknickbänke unter Bäumen vor dem Museum im Ortszentrum.

Verbindungen

Auto: Interstate 40 ist die Lebensader von Holbrook. Richtung Westen nach Flagstaff (145 km, ca. 1,5 Std.), Richtung Osten zum Petrified Forest National Park (40 km, ca. 30 Min.) und weiter nach New Mexico. Hwy. 77 ist die wenig befahrene Nord-Süd Verbindung zu den Hopi Mesas (bis Keams Canyon 140 km, ca. 1,5 Std.) und zur White Mountain Apache Reservation (bis Show Low 80 km, ca. 1 Std.).

Bus: Bus-Terminal im Laden von "Tepee Curio" am Navajo Blvd., etwas östlich der Kreuzung mit Hermosa Dr., vom Zentrum aus Richtung Exit 289. Jeweils 3x pro Tag nach Albuquerque (ca. 46 US), Flagstaff (ca. 22 US) und Phoenix (ca. 46 US). Wer hier allerdings per Bus ankommen sollte, ist ziemlich verloren: weitab vom Zentrum, kein öffentliches Verkehrsmittel, kein Taxi.

HOLBROOK --> FLAGSTAFF

145 km, ca. 1,5 Std. Eintönige Fahrt auf der Autobahn Interstate 40 über die Hochebene des Colorado Plateau. Abstecher evtl. zum Meteor Crater und auf jeden Fall kurz vor Flagstaff zum Walnut Canyon National Monument (Details dazu Seite 176).

METEOR CRATER: Als wenn es in Arizona nicht schon genug Naturwunder, geologische Besonderheiten und vulkanische Krater gäbe, ist hier vor rund 50.000 Jahren obendrein ein Meteor eingeschlagen. Der Krater, den er in der Erdoberfläche hinterlassen hat, besitzt einen Durchmesser von 1250 m und eine Tiefe von 175 m.

Wanderweg rund um den Krater. Im Besucherzentrum Informationen über Meteoriten und das Apollo-Raumprogramm der NASA, die hier ihre Astronauten zum Mond-Training in den Krater klettern ließ. Zufahrt über Interstate 40, Exit 233. Geöffnet täglich von 8-17 Uhr, im Sommer abends länger. Eintritt 7 US.

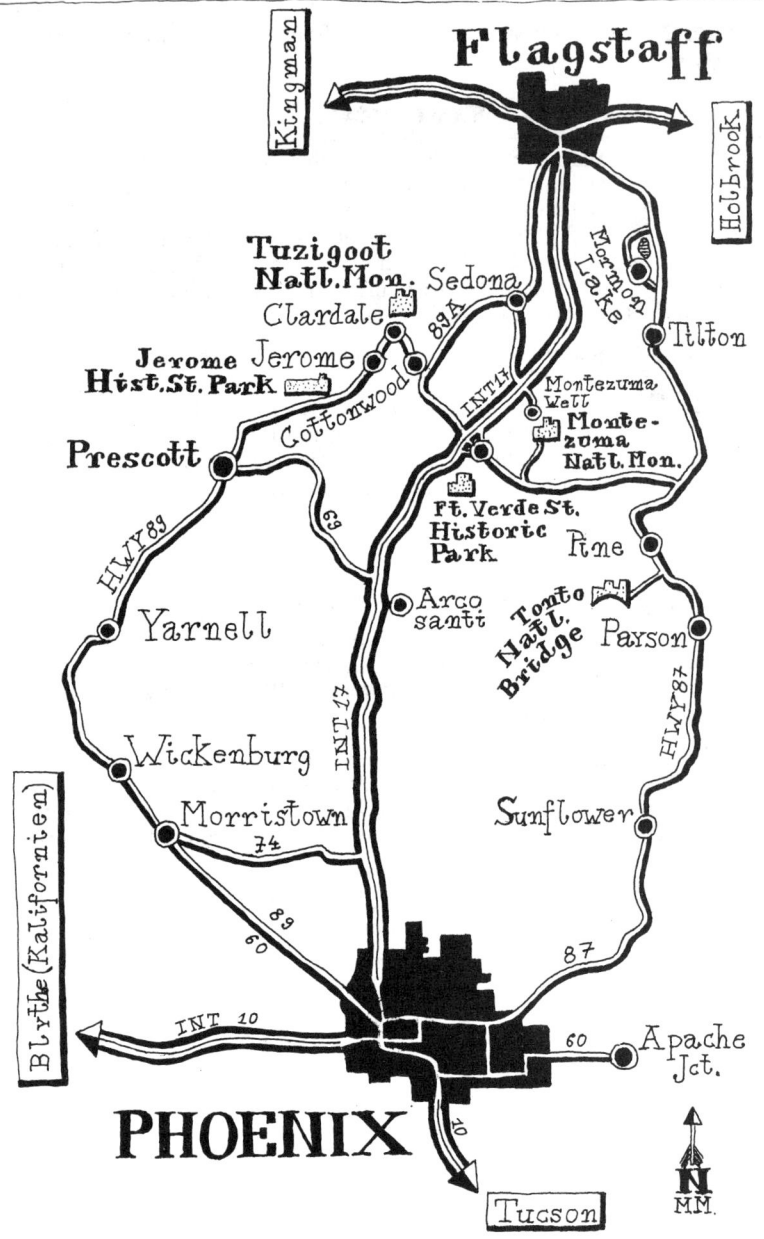

ZENTRAL - ARIZONA

Abwechslungsreiches, zumeist einsames Bergland unterhalb des Colorado Plateau. Im Sommer wegen der angenehmen Temperaturen Anziehungspunkt für Urlauber und Ausflügler aus dem heißen Phoenix. Bei Sedona eine der schönsten Landschaften Arizonas, das Red Rock Country mit einer Vielzahl an spektakulären Felsformationen. Außerdem bedeutende Ruinen der Sinagua-Kultur und die außergewöhnliche Bergbaustadt Jerome. Ansonsten Provinz, Wälder, Verlassenheit.

✭ Sedona (8.000 Einw.)

Malerisches Bergstädtchen zwischen Wäldern und den monumentalen Felsen des Red Rock Country, einer Wunderwelt aus rotem Stein: spitze Felsnadeln, runde Buckel, senkrechte Canyonwände und eine große Anzahl eigentümlicher Formationen, die die Phantasie anregen. Fast von jeder Straße aus ein Blick auf eine dieser Kulissen.

Die Stadt selbst hundert Prozent auf Tourismus eingestellt. Viel Schickeria und New Age Anhänger bevölkern die Kunstgalerien, Einkaufszentren und Nobelrestaurants. Doch die grandiose Umgebung bietet auch Einsamkeit für Naturfreunde und eine Reihe hinreißender Wanderwege.

 Chamber of Commerce, direkt im Zentrum, Hwy. 89A/ Ecke Forest Rd.

 Post; Hwy. 89A Richtung Cottonwood, kurz hinter der Abzweigung von Hwy. 179.

SEHENSWERTES

TLAQUEPAQUE, (5) im Stadtkern. Rekonstruktion eines mexikanischen Dorfes nach dem Vorbild der Stadt Tlaquepaque bei Guadalajara. In der Architektur dezent mexikanisch, ohne die anderswo üblichen Überspitzungen und Disney-Effekte. 1973 zunächst als Zentrum für Künstler geplant, die in den oberen Stockwerken wohnen und unten ihre Galerien haben sollten. Da dies nicht zu finanzieren war, zogen Geschäfte in die verwinkelten Gassen und gekachelten Gebäude.

SCHNEBLY HILL SCENIC DRIVE, (6) ab Zentrum Sedona, gegenüber von Tlaquepaque. Panoramastraße, die das Red Rock Country vorwiegend aus der Vogelperspektive zeigt. Grandiose Überblicke über das Fels- Ensemble. Straße nicht asphaltiert, führt hinauf bis zur Anschlußstelle von Interstate 17.

CHAPEL OF THE HOLY CROSS, (7) Hwy. 179 Richtung Camp Verde. Modernes Kirchengebäude, in den roten Sandstein hineinbetoniert. Ob's passend ist, weiß nur der liebe Gott. Die Aussicht allerdings himmlisch: auf einen Blick die markantesten Felsen rund um Sedona.

RED ROCK LOOP, Hwy. 89A Richtung Cottonwood. Panoramastraße durchs rote Felsenland. Canyonwände und Felsmonumente. Am Wege der RED ROCK STATE PARK (1o) mit leuchtend-roten Felsdenkmälern (Zufahrt 3 US pro PKW). Picknickplätze, Wanderwege und ständig wechselnde Kulissen. Eine weitere Abzweigung führt nach RED ROCK CROSSING: (9) Von dort bester Blick auf Cathedral Rock, einen der markantesten Felsblöcke, der sich hier aus einem Hügel heraus emporreckt.

BOYNTON CANYON, (11) Hwy. 89A Richtung Cottonwood, am Ortsrand von Sedona rechts ab auf Dry Creek Rd. Ausgewaschene Gesteinsmassive und gewaltige Canyonwände aus rotem Fels. Deutlich sichtbar die Schichtenstruktur des Gesteins.

SYCAMORE CANYON, etwas abseits westlich von Sedona. Wildnis mit roten Felsen, Wäldern und jeder Menge Einsamkeit. Die Alternative für Wanderer, die dem Trubel in und um Sedona entfliehen wollen. Nur über unbefestigte Straßen zu erreichen, die sich schnell in der Landschaft verlieren. Hwy. 89A Richtung Cottonwood, dann rechts ab zur Sycamore Wilderness. Details über Wanderungen und Reglementierungen in der Sedona Ranger Station.

OAK CREEK CANYON, nördlich von Sedona entlang Hwy. 89A Richtung Flagstaff. Einmaliges Konglomerat aus Felsen, Wasser und Wäldern. Die Straße windet sich im Tal entlang, unterhalb von Felsmonumenten und senkrechten Canyonwänden. Besonders spektakuläre Formationen u.a. im SLIDE ROCK STATE PARK (1) (Zufahrt pro PKW 3 US). Picknickgelände und im Sommer ein Badeparadies mit Hochbetrieb. Natürliche Pools und eine Art Rutschbahn, die der Bach aus dem Felsen herausgewaschen hat.

Am Wochenende und während der Ferienzeit möglichst nicht ohne Reservierung anreisen. Wer außerhalb der Saison kommt, kann mit stark reduzierten Übernachtungspreisen rechnen.

"Poco Diablo Resort", 1736 Hwy. 179. Etwa 2 km südlich des Zentrums. Luxuriöse Clubanlage mit mehreren Gebäuden um einen Golfplatz. SW-Pool, Whirlpool, Tennis. Ruhig, mit großem Garten vor der Kulisse der roten Felsen. Stilvolle Einrichtung. DZ je nach Größe und Saison 1oo-165 US. Tel. 282-7333.

"Saddle Rock Ranch", 255 Rock Ridge Dr. Bed &Breakfast oberhalb der Stadt, mit Ausblick auf die Red Rocks. Historisches Gebäude aus Naturstein, Adobe und Holz. Alle Zimmer mit Privatbad und Kamin. SW-Pool und Whirlpool. Nachmittags kleiner Snack inkl. Luxuriöse Zimmer im viktorianischen und Country-Stil. DZ je nach Ausstattung 112-13o US. Tel. 282-764o.

"Stoneflower", Chavez Ranch Rd., am Upper Red Rock Loop Richtung State Park.

SEDONA

1 Slide Rock State Park
2 TOURIST INFO
3 POST
4 Ranger Station
5 Tlaquepaque
6 Schnebly Hill Scenic Drive
7 Chapel of the Holy Cross
8 AIRPORT
9 Red Rock Crossing
10 Red Rock State Park
11 Boynton Canyon

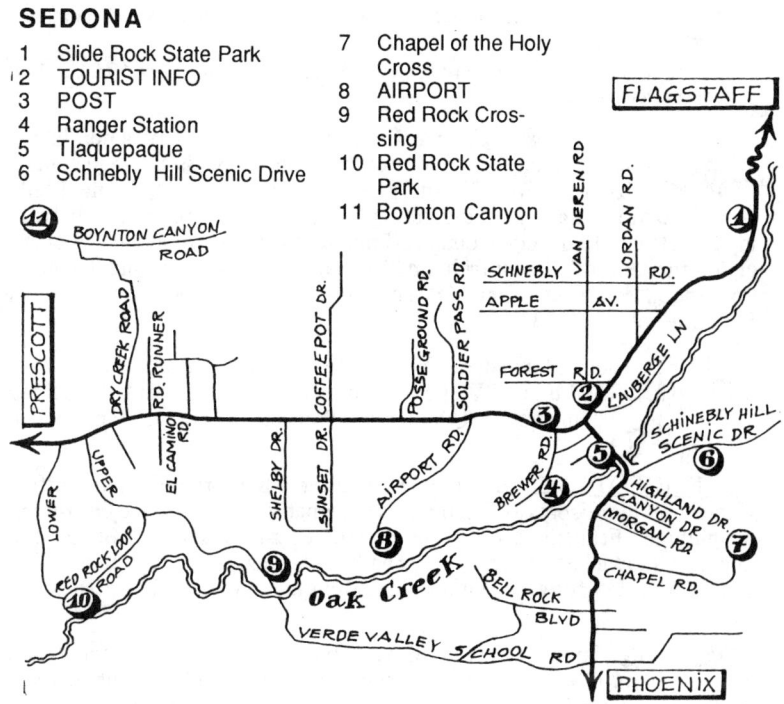

Bed&Breakfast außerhalb der Stadt in ruhiger Wohngegend. Terrasse und Whirlpool mit Blick auf den Cathedral Rock. Frühstück hervorragend, auch nach individuellen Wünschen. DZ ca. 75 US. Tel. 282-2977.

"<u>Kings Ransom Inn</u>", Hwy. 179, etwa 1 km südlich des Zentrums. Flaches Motelgebäude, alle Zimmer mit Balkon oder Terrasse. SW-Pool und Whirlpool in schönem Garten. Zimmer geräumig und komfortabel mit Sitzecke. DZ ab 6o US im Winter, ab 9o US in der Hochsaison. Am Wochenende Extra-Zuschlag von 15 US. Tel. 282-7151 oder 8oo-221-2222.

"<u>Bell Rock Inn</u>", 6246 Hwy. 179. Südlich des Ortes. Vor der Kulisse der Red Rocks. Flache Gebäude im Pueblo-Stil, der Landschaft angepaßt. SW-Pool, Whirlpool, Tennis. Zimmer rustikal-holzgetäfelt oder stilvoll-modern. DZ je nach Ausstattung und Saison ab 57 US aufwärts. Tel. 282-4161.

"<u>Matterhorn Motor Lodge</u>", 23o Apple Ave. Im Zentrum von Sedona. Modernes Hotelgebäude mit SW-Pool und Whirlpool. Viele Zimmer mit Balkon und Blick auf die Red Rocks. DZ je nach Größe und Jahreszeit 5o-75 US. Tel. 282-7176.

"<u>La Vista Motel</u>", 5oo N. Hwy. 89A. Nördlich des Zentrums. Einfaches Motel an der Hauptstraße. DZ von März-Nov. ab 53 US, im Winter je nach Nachfrage preiswerter. Tel. 282-73o1.

"<u>The Railroad Inn</u>", 2545 W. Hwy. 89A. Westlich des Zentrums an Durchgangsstraße. Mehrstöckiges Hotelgebäude mit SW-Pool. Zimmer modern und funktional möbliert. DZ ab ca. 5o US.

Zahlreiche weitere Motels der Preisklasse von 45-1oo US entlang Hwy. 89A und 179, den beiden Durchgangsstraßen.

 Die schönsten Campgrounds im Oak Creek Canyon nördlich von Sedona. Von Süd nach Nord am Hwy. 89A: "Manzanita", "Banjo Bill", "Bootlegger", "Cave Springs", "Pine Flat". Ähneln sich in Lage und Ausstattung. Unter Bäumen mitten in der Felslandschaft von Red Rock Country. Keine Reservierung möglich. Wochenenden meiden, möglichst früh am Tage eintreffen. Wasser und Toiletten vorhanden, keine Duschen. Je nach Wetterlage geöffnet von April bis Sept. Stellplatz ca. 8 US.

Jede Menge teure Nobelrestaurants, die häufig auf der Health Food Welle schwimmen. Fast alle entlang der beiden Hauptstraßen. Qualität und Preis halten sich im Rahmen u.a. bei:

COFFEE POT, 2o5o W. Hwy. 89A. Hier gibt's ordentlichen Kaffee, Capuccino und Espresso. Täglich frisch gemahlen. Der richtige Ort für ein ausgiebiges Frühstück. Über 1oo Omelettes zur Auswahl. Mittags und abends Sandwiches und mexikanische Küche. Außerdem vegetarische Gerichte. 5-1o US für eine Hauptspeise. Bei gutem Wetter sitzt man schön im Patio.

FOURNOS, 3ooo W. Hwy. 89A. Kleines Lokal am Westrand von Sedona. Familiäre Atmosphäre. Authentische griechische Küche, hervorragend vor allem die Lammzubereitungen. Ab 1o US aufwärts.

JUDI'S, Hwy. 89A/ Ecke Soldier Pass Rd. Mittags preiswerte Salate und Imbisse für 3-6 US. Abends spezialisiert auf Fische aus Fluß und Meer; auch das eine oder andere Fleischgericht im Angebot. 1o-15 US für ein Abendessen inkl. Suppe oder Salat.

LA MEDITERRANE, 771 Hwy. 179. Großes Frühstücksangebot mit Eiern, Omelettes, Pfannkuchen. Auf Wunsch Espresso oder türkischer Mokka. Abends neben Fisch und Fleisch eine breite Palette von vegetarischem Essen für 1o-15 US. Mittags weitaus preiswerter.

PIETRO'S, 2445 W. Hwy. 89A. Klassische und teure italienische Küche. Pasta 13-16 US, Abendessen inkl. Suppe oder Salat ab 14 US aufwärts.

RANCH KITCHEN, Kreuzung Hwy. 89A und 179, im Zentrum. Vom Frühstück bis zum Abendessen herzhafte amerikanische Küche mit einem Schuß Tex/Mex. Sandwiches und kräftige Suppen ab 5 US, abends auch Steaks und Barbecue für 8-12 US.

CASA MIRANDA, 292o W. Hwy. 89A. Gute und preiswerte mexikanische Küche. Tacos, Chiles, Enchiladas für 6-8 US, verschiedene eigene

Kreationen für 8-1o US.

Selbstversorger: <u>SAFEWAY</u>, 23oo W. Hwy. 89A. Supermarkt an der Straße Richtung Cottonwood. Breites Angebot: Abteilungen für Fleisch, Fisch, Wurst und Käse. Salatbar mit frischen und angemachten Salaten.

<u>Picknick</u>: Kaum irgendwo in Arizona läßt sich im Sommer schöner Picknick machen als in der Umgebung von Sedona. Wälder, Felsen und Sonnenschein bieten die ideale Kulisse. Z.B. im Oak Creek Canyon, an der Schnebly Hill Rd. oder im Red Rock State Park.

UNTERHALTUNG

<u>SEDONA ARTS CENTER</u>, Hwy. 89A, am Nordrand des Ortes. Mittelpunkt für Kunst und Kultur in Sedona. Ausstellungen, Konzerte, Theater. Im Laufe des Jahres auch eine Reihe von Musik- und Kulturfestivals von regionaler Bedeutung. Häufig stark kommerziell ausgerichtet. Die aktuellen Veranstaltungen erfährt man an der Kasse oder im Touristenbüro. Außerdem in der Zeitung "The Sedona Scene"; erscheint wöchentlich, gratis bei der Chamber of Commerce und in vielen Hotels.

SHOPPING

Sedona besitzt eine Ansammlung von <u>KUNSTGALERIEN</u>, Souvenirshops und Läden für indianisches Kunsthandwerk. Die Qualität ist sehr unterschiedlich; aber es macht Spaß herumzuschauen. Und vielleicht findet sich das eine oder andere für den eigenen Geschmack. Preise allerdings nicht gerade niedrig.

Ein repräsentativer Querschnitt durch Sedonas Angebot in <u>TLAQUEPAQUE</u>, dem nach mexikanischem Vorbild konstruierten Mini-Dorf im Zentrum.

WANDERN

Karten, Trailbeschreibungen und Tips für Wanderungen in den nachfolgend beschriebenen Gebieten in der <u>SEDONA RANGER STATION</u>, Ortszentrum Sedona, Brewer Rd.

<u>Red Rock State Park</u>: Dichtes Netz von kurzen und langen Trails, die man nach Belieben zu Rundwegen kombinieren kann. Ausblicke auf die Felsen sind überall garantiert. Am Eingang gibt's eine Karte, auf der alle Wege verzeichnet sind.

<u>Red Rocks Wilderness</u>: Nördlich von Sedona. Zahlreiche Wanderwege durch diese Wildnis aus Canyons, Klippen und Felsen. Einer der attraktivsten ist "<u>Wilson Mountain Trail</u>", hinauf zu einer Art Mesa auf dem Mount Wilson. Ca. 18 km retour, Tageswanderung. Zeitweise sehr steil. Trotz Wald und Schatten im Sommer heiß, da auf der Südseite des Berges. Schöne Ausblicke auf Sedona und Oak Creek Canyon. Ausgangspunkt: Parkplatz am Hwy. 89A, an der Midgley Bridge.

<u>Munds Mountain Wilderness</u>: Südöstlich von Sedona. Vielzahl von Trails

im Hochland und durch Canyons. Je nach Lage unterschiedliche Perspektiven auf das Red Rock Country.

<u>Sycamore Wilderness</u>: Westlich von Sedona, die einsamste Wandergegend der Region. Landschaftlich ähnlich schön wie Oak Creek Canyon.

REITEN

Zünftige Art, sich der wilden Felslandschaft von Red Rock Country zu nähern. Pferdeverleih: KACHINA STABLES, Lower Red Rock Loop Rd., Nähe State Park. Tel. 282-7252. 1 Std. ca. 2o US, Tagesritt inkl. Lunch ca. 9o US.

Verbindungen

<u>Auto</u>: Hwy. 89A ist die wichtigste Straße, führt durch phantastische Landschaften nach Flagstaff (45 km/ ca. 1 Std.) und Prescott (95 km/ ca. 2 Std.). Hwy. 179 nach Süden zum Montezuma National Monument, zur Autobahn Interstate 17 und weiter nach Phoenix (19o km/ ca. 2,5 Std.).

<u>Bus</u>: SEDONA-PHOENIX SHUTTLE: 3x tägl. über Camp Verde nach Phoenix (2,5 Std./ ca. 3o US). Kleinbusse, daher Resevierung nötig über Tel. 282-2o66 oder 800-448-7988.

<u>Flüge</u>: Kleiner Airport im Westen der Stadt. AIR SEDONA (Tel. 282-7935 oder 8oo-535-4448) fliegt täglich nach Phoenix.

SEDONA --> CAMP VERDE

45 km/ ca. 45 Min. Das Red Rock Country verabschiedet sich noch einmal mit zwei kolossalen Sandstein-Monolithen direkt an der Straße. Danach wird die Landschaft normaler, das Auge kann sich etwas ausruhen und auf die nächsten Highlights am Montezuma National Monument vorbereiten.

✦ Montezuma Castle National Monument

Mehrere Siedlungen der prähistorischen Sinagua-Indianer, in einer trockenen und felsigen Landschaft. Hauptabteilung mit Visitors Center ist <u>MONTEZUMA CASTLE</u>: Fünfstöckiges Cliff House, waghalsig unter Felsvorsprünge in eine senkrechte Canyonwand hineingebaut. Erscheint wie eine uneinnehmbare Festung, diente jedoch als gewöhnliches Wohn- und Lagerhaus für rund 35 Personen. War nur mit Leitern zu erreichen.

Die Klippenwohnung thront so dominierend über dem Tal, daß die ersten Europäer sofort an den Aztekenherrscher Moctezuma dachten, für den dies eine Rückzugsfestung gewesen sein mußte. Dieser hatte zwar absolut nichts damit zu tun, der Name aber blieb haften. Dabei hatten die Sinagua nur eine Bauweise gewählt, die sie auch an anderen Orten bevorzugt anwandten: Das Ausnutzen von Felsüberhängen und Höhlen, um Material und Arbeit einzusparen.

Montezuma Castle bestand zunächst nur aus einem Raum, für dessen Bau das Material über Leitern in die Canyonwand geschafft wurde. Mit dem Wachstum der Bevölkerung erfolgte eine beständige Erweiterung und Aufstockung. Sie war an dieser Stelle möglich, da die Aushöhlung im Fels eine entsprechende Größe besaß.

Daß die Sinagua um 1450 ihre Siedlungsräume spurlos verließen (vergl. Seite 109), ist im Falle von Montezuma Castle noch weitaus rätselhafter als anderswo. Hier nämlich hatten sie in jahrhundertelanger Bautätigkeit eine permanente Siedlung geschaffen, die sogar an einer sicheren Wasserquelle, dem Beaver Creek, lag.

Etwa hundert Meter neben dem eigentlichen Castle die Fundamente eines ähnlichen Pueblos, das vom Boden aus in den Canyon gebaut wurde. Insgesamt lebten ca. zweihundert Menschen in der gesamten Siedlung am Beaver Creek.

MONTEZUMA WELL: Unter den Felsvorsprüngen im Innern eines canyonartigen Lochs bauten die Sinagua Behausungen, von denen nur noch Mauerreste zu sehen sind. Von der Architektur her nicht so spektakulär wie das Castle, der Besuch lohnt sich trotzdem wegen der ungewöhnlichen Lage der Siedlung:

Mitten in der trockenen Landschaft ein rundes Loch von 112 m Durchmesser mit steilen Felswänden. Entstanden durch den Einbruch eines unterirdischen Wasserreservoirs. Am Boden ein Teich von gut 15 m Tiefe. Er wird gespeist von Quellen, so daß er das ganze Jahr über 25 Grad warm ist. Überschüssiges Wasser fließt durch eine seitliche Höhle ab und tritt in der Nähe des Montezuma Well wieder an die Oberfläche. Von dort leiteten es die Sinagua über Kanäle auf ihre Felder, so daß sie das ganze Jahr lang ausreichend Wasser hatten. Eine Seltenheit in ihrem trockenen Siedlungsgebiet.

An der Zufahrt zum Montezuma Well liegt PIT HOUSE RUIN: Erhalten ist der Fußboden eines prähistorischen Hauses mit Löchern für die Feuerstelle und die Balken, die das Dach trugen.

Verbindungen: Montezuma Castle zu erreichen ab Interstate 17, Exit 289. Geöffnet täglich 8-17 Uhr, im Sommer abends länger. Eintritt 2 US pro Person. Montezuma Well liegt etwas weiter nördlich, über Interstate 17, Exit 293.

*Camp Verde (6.300 Einw.)

Kleiner Ort in der Nähe von Montezuma Castle. Der kurze Abstecher lohnt sich wegen des FORT VERDE STATE PARK, am Ortsrand. Eines der vielen Forts, welche die US-Army während der Feldzüge gegen die Apachen errichtete. Erbaut 1871-73 auf Drängen weißer Siedler, die hier am Rio Verde Landwirtschaft betrieben und dadurch die Jagdgründe der

Tonto-Apachen und Yavapai-Indianer einengten, so daß diese mit Überfällen antworteten.

Von ursprünglich 22 Adobe- und Holzgebäuden sind noch 4 im Originalzustand erhalten: das Verwaltungsgebäude, zwei Offizierswohnhäuser und das Haus des Arztes. Geben einen guten Eindruck von der Bauweise dieser Forts, die nur wenig mit dem von Hollywood geprägten Bild einer umzäunten Festung zu tun hatten. Ein Museum und die Inneneinrichtung der Gebäude ergeben ein informatives Bild vom Leben im Fort. Geöffnet täglich von 8-16.30 Uhr, Eintritt 2 US pro Person.

CAMP VERDE --> PAYSON

11o km/ ca. 2-3 Std. Landschaftlich ein Leckerbissen: Hier erlebt man besonders drastisch den MOGOLLON RIM, jenen abrupten Übergang vom hochgelegenen Colorado Plateau zum tiefer liegenden Bergland von Zentral-Arizona. Die Straße sucht sich ihren Weg zwischen den fast überall senkrecht abfallenden Felswänden.

Kurzer Abstechr lohnt zur TONTO NATURAL BRIDGE: Ablagerungen von Mineralquellen haben dort eine natürliche Brücke geschaffen, die eine 45 m breite Schlucht überspannt. Zufahrt zum State Park ca. 3 US pro PKW.

Die Wälder um PAYSON (8.5oo Einw.) sind im Sommer beliebtes Ausflugsziel für den Lokaltourismus aus dem heißen Phoenix. Der Ort selbst voll eingerichtet auf Angler, Jäger und Wanderer. Von Payson aus entweder Einstieg in die Tour durch Südost-Arizona (siehe Seite 263) oder Richtung Phoenix über Roosevelt Lake und Apache Trail (Seite 268).

CAMP VERDE --> PRESCOTT

9o km/ ca. 1,5 Std. reine Fahrzeit. Wegen der lohnenden Stops unterwegs (u.a. Tuzigoot National Monument und die Minenstadt Jerome) möglichst einen halben bis ganzen Tag für die eigentlich kurze Strecke einplanen. Erster größerer Ort ist COTTONWOOD (6ooo Einw.): langgestreckt an der Hauptstraße mit den üblichen Tankstellen, Autohäusern und Motels. Ein kleiner Abschnitt von Main Street noch mit den typischen Western-Fassaden aus der Pionierzeit. Am Ortsrand die Abzweigung zum Tuzigoot NM.

★Tuzigoot National Monument

Festungsartig auf der abgeflachten Spitze eines Berges die Grundmauern eines prähistorischen Sinagua-Pueblos. Oberhalb des Rio Verde mit Rundumblick über das Tal und auf die gegenüberliegenden Gebirge.

In der Ferne auch die Minenstadt Jerome, weit oben an den Berg geklebt. Die auffallenden orangefarbenen Felder unterhalb von Tuzigoot sind Überreste der Kupferproduktion. Residuen der Verhüttung wurden damals einfach aus der Schmelzanlage ins Tal gepumpt, wo sie eine schwer abbaubare Verseuchung des Bodens hervorgerufen haben. Die Felder werden heute feucht gehalten, damit der Wind den giftigen Staub nicht durch die Luft wirbelt.

Tourist INFO Im VISITORS CENTER ein kleines, aber exquisites Museum mit Fundstücken aus der Ruine: Werkzeuge, Keramik, Pfeilspitzen, Türkisschmuck. Selten sieht man so viele Originale aus der präkolumbianischen Zeit des Südwestens zusammen. Das National Monument geöffnet täglich von 8-17 Uhr, im Sommer bis 19 Uhr. Eintritt 2 US pro Person.

> Tuzigoot wurde von den Sinagua ab 1ooo n. Chr. besiedelt und etwa vierhundert Jahre später aus ungeklärten Gründen verlassen. Die hiesigen Sinagua hatten es leichter als die meisten ihrer Stammesgenossen weiter nördlich, da der Verde River genug Wasser führte, um die Felder zu bewässern und Fischfang zu betreiben. Das Pueblo wuchs im Laufe der vier Jahrhunderte nur langsam. Erweiterungen erfolgten mit dem Wachstum der Bevölkerung, die Räume wurden eher planlos aneinandergefügt. Am Ende allerdings besaß das zweistöckige Gebäude über hundert Räume und bot Platz für etwa 2oo Menschen. Als Baumaterial diente poröser Kalkstein, der ständig repariert werden mußte. Die seitlichen Mauern besaßen keine Durchlässe, man stieg mit Leitern aufs Dach und von dort ins Innere.

"Dead Horse Ranch State Park": Der ideale Campingplatz für die Erkundung der Ruinen und der Bergbaustadt Jerome. Von Tuzigoot aus ausgeschildert. Schöner Platz am Verde River mit gepflegten sanitären Einrichtungen inkl. Duschen. Stellplatz einschließlich Zufahrt zum State Park ca. 6 US.

✦ Clarkdale (2.2oo Einw.)

Der Ort lebte früher vom Kupferbergbau, heute nur noch wenige Einwohner. Sehenswert entlang Main Street eine einheitliche Front von Backsteinfassaden aus der Blütezeit des Bergbaus - ohne moderne Reklameschilder und Souvenir-Schnickschnack. Vom Bahnhof (train depot) aus nostalgische Eisenbahnfahrt mit Diesellok, einigen Pullmann-Wagen sowie offenen Waggons entlang des Verde Valley. Nicht übermäßig spannend und eher ein Senioren-Spaß für die Bewohner von Phoenix und Umgebung. Von Mi-So 1x tägl., Dauer 4 Std., ca. 33 US.

✦ Jerome (4oo Einw.)

Von der Lage her die attraktivste Bergbaustadt in Arizona. Hoch oben am Berg, eingezwängt zwischen Tagebauminen und Abraumhalden der Kupferproduktion. Schon wegen der Aussicht lohnt die Fahrt hinauf: Bei klarem Wetter ein Super-Blick auf das Verde Valley, dahinter das Red Rock Country um Sedona und der Mogollon Rim.

Im Ort selbst noch viele Original-Häuser mit typischen Holz- oder Backsteinfassaden. Darin angesiedelt Boutiquen, Galerien und urige Kneipen. Touristisch zwar, aber das leicht heruntergekommene Flair im Gesamtbild der Stadt ist erhalten geblieben. Völlig zerfallene Gemäuer wechseln mit verblichenen Fassaden und renovierten Schaufensterfronten.

Die wenigen Unterkünfte im Ort sind nicht besonders gut und relativ teuer. Am besten weiterfahren bis Prescott, wo sich gute und preiswerte Hotels finden und kein Touristen-Nepp existiert. Camper finden dort ebenfalls ordentliche Plätze oder bleiben am Tuzigoot NM.

JEROME HISTORIC STATE PARK: Einmal kein verstaubtes Regionalmuseum, sondern ein flott inszenierter Einblick in die Geschichte der Stadt und des Bergbaus: Schon vor dem Gebäude Teile der wüsten Maschinerie, die für die Verhüttung des Kupfers benötigt wurde. Einige Tafeln weisen auf die wichtigsten Gebäude der Stadt hin, die von der Terrasse aus zu sehen sind.

Das Gebäude selbst, der Douglas Mansion, war Wohnhaus des Besitzers der Little Daisy Mine. In exponierter Lage auf einem Hügel vor der Stadt. Im Innern weitere Maschinen und viele lebendige Hinweise auf das Leben in Jerome zur Blütezeit der Kupferproduktion. Vor allem die vielen Fotos geben einen guten Einblick.

Aufschlußreich eine Karte, die die abgesteckten Claims der Miners zeigt: Big Jim, Blue Jay oder Frisco besaßen ihre winzigen Claims, die Copper Companies verfügten über die großen Happen. Anschaulich auch das Modell von Jerome und der Berge, das nicht nur den Ort und die Tagebauminen zeigt, sondern auch einen Einblick gewährt in die unterirdischen Kupferablagerungen und Minenschächte.

Eine kleine Mineraliensammlung und ein Videofilm mit flottem und wenig musealem Kommentar runden das bunte Bild ab. Geöffnet täglich von 8-17 Uhr, Eintritt 2 US pro Person.

MINE MUSEUM, im Ortszentrum. Kleine Ergänzung zum State Park: Maschinen und Fotos. Eintritt o,5o US.

GOLD KING MINE, oberhalb von Jerome. Nach einer kurzen Fahrt über die Abraumhalden und vorbei am gewaltigen Loch der Tagebaumine taucht eine Mischung aus Ghost Town und Freilichtmuseum auf: Bretterbuden kurz vor dem Verfall, Hühner spazieren darin herum. Viele wild zusammengewürfelte Maschinenteile, alte Lastwagen und eine fauchende Sägemühle. Neben einer voll ausgerüsteten Schmiede der Eingang zu einem Stollen, abgestützt durch Holzbalken. Geöffnet täglich von 9-17 Uhr, im Sommer je nach Bedarf länger. Eintritt 2 US.

JEROME --> PRESCOTT

6o km/ ca. 1 Std. Von der kurvigen und engen Straße aus zunächst noch einige flüchtige, aber weitreichende Blicke zurück auf Verde Valley und Mogollon Rim. Dann schraubt sich die Straße endgültig in die Bergwelt des Prescott National Forest. Hinter der Paßhöhe öffnet sich das weite Prescott Valley.

An der Kreuzung von Hwy. 89A und 89 die GRANITE DELLS: Eine Gruppe von Granitfelsen, die von der Erosion zu wundersamen rundlichen Gestalten geformt wurden. Ca. 2 km Richtung Norden auf Hwy. 89 das PHIPPEN MUSEUM OF WESTERN ART. Kleines Museum auf der grünen Wiese (d.h. zwischen grauen Felsen). Wechselnde Ausstellungen zur Western-Malerei: Cowboys, Rodeos, Planwagen und was Cowboy-Künstler sonst noch auf die Leinwand gepinselt haben. Geöffnet Mi-Mo von 13-16 Uhr, im Sommer ab 1o Uhr. Eintritt 2 US.

★Prescott (27.ooo Einw.)

Amerikanische Kleinstadt wie aus dem Bilderbuch: Im Zentrum charakteristische Geschäftshäuser mit schönen Backsteinfassaden. An jeder Ecke gemütliche Kneipen, Saloons und Restaurants. In den Wohnbezirken gepflegte Holzhäuser, viele im viktorianischen Stil. Ruhige Provinz-Atmosphäre mit leichtem Cowboy-Touch; small town America at it's best. Der richtige Ort, um zwischen den landschaftlichen Highlights einmal durchzuatmen und auszuruhen.

 Chamber of Commerce, 117 W. Goodwin St., direkt an der Courthouse Plaza.

 Post: Goodwin/ Ecke Cortez St., an der Courthouse Plaza neben dem Touristenbüro.

SEHENSWERTES

COURTHOUSE PLAZA: Zentrum aller Aktivitäten in Downtown. Das massige Gerichtsgebäude umgeben von einem schönen Park. Von hier aus viele Hotels und Restaurants sowie zwei der Museen zu Fuß zu erreichen.

Wie anderswo die Kirchen bestimmen im Westen der USA häufig die Gerichtsgebäude mit ihrer protzigen Architektur das Stadtbild im Zentrum. Eine derartige Demonstration der Staatsmacht wird ihre Gründe gehabt haben. Prescott ist ein besonders ausgeprägtes Beispiel dafür.

THE BEAD MUSEUM, 14o Montezuma St. Perlen und Schmuckstücke aus aller Welt in einer privaten Sammlung. Halsketten, Broschen und Ohrringe aus Europa, dem Nahen Osten und Südamerika. Außerdem indianisches Kunsthandwerk. Geöffnet Mo-Sa von 9.3o-16.3o Uhr, Eintritt frei.

SHARLOT HALL MUSEUM, Gurley St./ Ecke McCormick St., ein Block von der Plaza. Liebevoll zusammengestellter Museumskomplex in kleiner Parkanlage. Eine Anzahl von Original-Häusern aus dem 19. Jahrhundert, die an dieser Stelle standen oder hierher verpflanzt wurden. Dazu einige Rekonstruktionen. Von der Blockhütte übers Ranch House bis zur komfortablen Villa.

Alle Gebäude sind zugänglich und stilgerecht ausgestattet mit Möbeln und Gerätschaften. Auch das winzige Schulhaus mit den noch winzigeren Bänken. Insgesamt ein guter Eindruck von den Lebensbedingungen derjenigen, die im Wilden Westen nicht als Goldsucher oder Revolverhelden auftraten, sondern ein bescheidenes Alltagsleben bestritten. Nicht spektakulär, aber authentisch und detailgetreu. Geöffnet Di-Sa von 1o-16 Uhr, So von 13-16 Uhr. Gratis.

MOUNT VERNON STREET: Einige Blocks östlich der Plaza über Gurley St. Die schönste Wohnstraße von Prescott. Typisch die Holzkonstruktionen mit Veranda und Vorgarten. Viele mit leichten viktorianischen Stilelementen. Gepflegt, aber nicht übertrieben herausgeputzt.

SMOKI MUSEUM, 1oo N. Arizona St. In einem Haus, das völlig aus Natursteinen erbaut ist. Eine Vielzahl von Exponaten zu Indianer-Kulturen des Südwestens: Keramik, Werkzeuge, Flechtarbeiten und spirituelle Figuren. Geöffnet Mo-Sa von 1o-16 Uhr, So 13-16 Uhr; von Sept. bis Mai nur Sa-Mo. Eintritt 1 US.

PHIPPEN MUSEUM OF WESTERN ART, am Hwy. 89 nördlich von Prescott. Details siehe Streckenbeschreibung Jerome -> Prescott.

Die Hotels in Prescott bieten viel Qualität für relativ wenig Geld und eine Abwechslung vom Motel-Einerlei: In Downtown Stadthotels verschiedener Kategorien, so daß man hier ausnahmsweise mal aufs Auto verzichten kann.

"Sheraton Resort", 15oo Hwy. 69. Die Luxus-Alternative vor den Toren der Stadt. Unübersehbar und nicht unbedingt ansehnlich der große Hotelklotz auf einem Hügel. Der übliche Komfort der Teuer-Klasse: SW-Pool, geräumige Zimmer, moderne amerikanische Ausstattung. DZ ab 15o US, im Winter ab 13o US. Tel. 776-1666 oder 8oo-325-3535.

"Victorian Inn of Prescott", 246 S. Cortez St. Bed&Breakfast nur wenige Schritte von der Plaza. Schönes viktorianisches Haus mit Türmchen, Erkern, Veranda und Garten. Erbaut 1893. DZ ab 95 US. Tel. 778-2642.

"Hassayampa Inn", 122 E. Gurley St. Ein Überbleibsel aus der guten alten Zeit: Grand Hotel mit klassischer Backsteinfassade und stilvoller Lobby. Gemütliche Sitzgruppen vorm Kamin. Ein antiker Lift führt in die oberen Stockwerke. Sanitäre Anlagen modernisiert, ansonsten ist der Stil auch in den Zimmern erhalten geblieben. Kein Raum gleicht dem anderen, teilweise noch original möbliert. Gutes Frühstück und nachmittags Cocktail inkl. DZ im Winter ab 8o US, im Sommer ab 85 US. Tel. 778-9434 oder 8oo-322-1927.

"Prescott Country Inn", 5o3 S. Montezuma St. Bed&Breakfast Nähe Downtown. Früher ein Motel, man sieht noch die hufeisenförmige Anordnung der Zimmer. 13 Räume, alle liebevoll und völlig unterschiedlich gestaltet. Gutes Frühstück. DZ je nach

Qualität und Ausstattung 53-135 US. Tel. 445-7991.

"**Hotel Vendome**", 23o. S. Cortez St. Eines von Prescotts traditionellen Downtown-Hotels. Klein, mit persönlichem Touch. Rechteckiger Backsteinkasten mit Veranda. Viel Flair im Innern. Gemütliche Lobby mit Sitzecken und kleiner Bar. Familiäre Atmosphäre. Zimmer völlig renoviert mit modernen Bädern; die Möbel reflektieren den Stil der Vergangenheit. DZ ab 5o US im Winter, ab 7o US im Sommer. Am Wochenende 1o US extra. Tel. 776-o9oo.

"**Prescottonian Motel**", 1317 E. Gurley St. Am östlichen Stadtrand. Gehobener Motelstil mit großen Zimmern. SW-Pool. Modern und komfortabel möbliert, kleine Sitzecke. DZ ab 5o US. Tel. 445-3o96.

"**Hotel St. Michael**", 2o5 W. Gurley St. Downtown an der Plaza. Das Gebäude eine Schönheit aus dem Jahre 19oo: Klassische amerikanische Backsteinarchitektur. Zwar nicht mehr die Luxusklasse von einst, aber modernisiert, ohne den urprünglichen Stil zu verletzen. Zimmer von unterschiedlicher Größe und Qualität, aber alle ausgestattet mit einem Hauch von Vergangenheit. DZ ab 34 US, am Wochenende ab 38 US. Tel. 776-1999 oder 8oo-678-3757.

"**The Head Hotel**", 129 N. Cortez St. In Downtown, wenige Schritte von der Plaza entfernt. Einfaches Stadthotel, von außen in Anlehnung an den Pueblo-Stil. Zimmer von unterschiedlicher Qualität und Ausstattung: Manche modernisiert, manche eher schäbig. Daher die breite Preispalette von 28-5o US pro DZ. Tel. 778-1776.

"**Apache Motel**", 113o E. Gurley St. Rund zehn Blocks von der Plaza entfernt an Durchgangsstraße. Einfaches Motel in Anlehnung an den Pueblo-Stil. Zimmer klein und spärlich ausgestattet. DZ ab 22 US. Tel. 445-1422.

Weitere einfache und Mittelklasse-Motels entlang E. Gurley St., der Durchgangsstraße nach Osten und Norden. Liste von weiteren Bed&Breakfast Häusern in der Preisklasse um 1oo US im Touristenbüro.

"Watson Lake Park", 6 km nördlich von Prescott am Hwy. 89. Schön gelegen bei den Felsen von Granite Dells und einem kleinen See. Ordentliche sanitäre Anlagen inkl. Duschen. Stellplatz ab 8 US.

GURLEY STREET GRILL, 23o W. Gurley St. Rohe Backsteinwände, Holztäfelung und alte Fotos aus dem Wilden Westen schaffen ein rustikales und angenehmes Ambiente. Vielseitige Auswahl an Essen: Pizza, Hamburger, Fisch, Steaks. Am besten allerdings die hausgemachten Nudeln mit ausgezeichneten Soßen für 8-1o US. Ein selbstgebrautes Pils und zehn weitere Spezialbiere vom Faß.

MURPHY'S, 2o1 N. Cortez St. Ein Schmuckstück von außen und innen: Restauriertes Gebäude aus der Gründerzeit, innen sorgen viel Holz und Messing für vornehme Gemütlichkeit. Kleine Auswahl von Fisch- und Fleischgerichten für 12-2o US auf der Speisekarte. Von 16-18 Uhr gibt es Ähnliches um ein Drittel billiger.

MAYA, 512 S. Montezuma St. Einige Blocks von Downtown entfernt, aber der Weg lohnt sich. Winzig, familiär, exzellent. Absolut authentische mexikanische Küche ohne jeden Tex/Mex Kompromiß. Immer noch eine Seltenheit in Arizona. Vor allem die Fisch- und Seafoodgerichte brauchen keinen Vergleich zu scheuen. Dabei extrem peiswert, 5-7 US fürs Abendessen. Keine Alkohollizenz; aber wer Bier oder Wein möchte, bringt die Getränke einfach mit. Reduziert die üblichen Restaurantkosten noch zusätzlich.

SNEAKERS, 128 N. Cortez St. Kneipe und Sport-Bar mit zahlreichen Fernsehschirmen für die diversen Sportübertragungen. Viel Betrieb vor allem am frühen Abend bei Bier, Sandwiches und kleinen Gerichten. Mittags bis 5 US, abends etwas teurer.

TJ'S B-B-Q, 234 S. Cortez St. Früher Wohnhaus, jetzt Kneipe und Restaurant. Die verschiedenen Räume schlicht möbliert. Spezialitäten vom Grill: Chicken, Ribs oder Steaks für 8-13 US.

CAFE ST. MICHAEL, 2o5 W. Gurley St. Café der alten Schule mit Parkettfußböden und Holztäfelung an Decke und Wänden. Angenehmes, leicht alternativ angehauchtes Kaffeehaus-Flair. Blick auf das Treiben an der Plaza. Kaffee, Espresso, Croissants und Cookies. Auch Frühstück. Preiswert. Zum sitzen, klönen, lesen.

GREEN AND THINGS, 1o6 W. Gurley St. Angenehme Cafeteria mit Suppen, Salaten, Sandwiches und vegetarischem Essen. Fast alles unter 5 US. Geöffnet für Frühstück und Lunch.

PENELOPE PARKENFARKERS, 22o W. Goodwin St. Kneipe und Restaurant. Rustikal-gemütlich mit Holztäfelung und Messingverzierungen. Auswahl an Salaten und Sandwiches für 5-7 US, Spezialitäten vom Grill ab 1o US. Mittags preiswerter.

DINING CAR CAFE, 1oo E. Sheldon St. Im früheren Bahnhof der Santa Fe Railroad. Restauriert und im alten Glanz wiederhergestellt. Das Lokal gemütlich, die Küche einfach mit Sandwiches und kleinen Imbissen. Nur Frühstück und Lunch.

THE PEACOCK ROOM, 122 E. Gurley St. Noble Atmosphäre im vornehmen Kaffeehaus-Stil. Gehobene Küche mit italienischen Einflüssen. Pasta um 1o US, Fleisch und Fisch 12-2o US.

WHISKEY ROW, Montezuma St. Eine Reihe von Kneipen und Saloons gegenüber vom Courthouse. Schon seit 187o die Kneipenzeile von Prescott. Mehrmals abgebrannt und zerstört, doch immer wieder auferstanden und bis heute nicht totzukriegen. Besonders urig:

MATT'S SALOON, 116 Montezuma St. Holzfußboden und rohe Holztische, in die Generationen von Gästen ihre Spuren eingeritzt haben. Die Theke ist geradezu filmreif. Am Tresen Typen mit Cowboyhüten; zur rechten Zeit gibt's Country&Western live oder aus der Musikbox.

PALACE, 12o Montezuma St. Die protzigen Säulen und Ormanente der Fassade täuschen. Innen ebenfalls ein rustikaler Saloon mit langer Theke, Spiegelbar dahinter, Billardtische und viel Platz für durstige Cowboys.

Selbstversorger: ALBERTSON'S, 174 E. Sheldon Ave. Guter Supermarkt direkt in Downtown.

Picknick: Unter den Bäumen an der Courthouse Plaza in Downtown oder im Granite Creek Park etwas weiter nördlich.

UNTERHALTUNG

RODEO: Rund um den Nationalfeiertag am 4. Juli eines der ältesten Rodeos der USA, alljährlich seit 1888. Mit Profis aus dem gesamten Land. Paraden, Feuerwerk. Zu dieser Zeit nicht ohne Reservierung kommen, da der Ort aus allen Nähten platzt.

PRESCOTT FINE ARTS ASSOCIATION, 2o8 N. Marina St. Zentrum für Kunst und Kultur in einer ehemaligen Kirche. Ausstellungen, Konzerte und Theater. Eigentümliche Atmosphäre, wenn im ehrwürdigen Kirchenschiff ein Melodrama oder eine Komödie gespielt wird. Programm für die Saison im Touristenbüro.

SHOPPING

CATTLEMAN'S SHOP, 124 S. Montezuma St. Ausgezeichneter Laden für Cowboyhüte und -kleidung. Kein Touristenshop, sondern hier kaufen die Einheimischen ihr Outfit. Auswahl und Qualität der Stetson-Hüte ist erstklassig.

Verbindungen

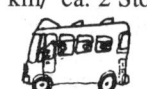

Auto: Hwy. 89 zur Interstate 4o bei Ash Fork (8o km/ ca. 1 Std.) und Richtung Süden nach Wickenburg (1oo km/ ca. 1,5 Std.). Hwy. 89A nach Sedona (95 km/ ca. 2 Std.). Hwy. 69 zur Interstate 17 und weiter nach Phoenix (165 km/ ca. 2 Std.).

Bus: Greyhound-Terminal, 82o E. Sheldon St., Tel. 445-547o. 1x täglich nach Camp Verde (1o US), dort Anschluß an den Bus nach Phoenix (insgesamt 3,5 Std., ca. 28 US). Umständliche Verbindung. Besser mit "Eagle", 419 N. Mount Vernon St., Tel. 776-4444. Nach Phoenix Airport 5x tägl., 2 Std., ca. 29 US. Reservierung erforderlich.

Flüge: MESA AIRLINES (Tel. 445-77o1 oder 8oo-637-2247) fliegt täglich 4x nach Phoenix.

PRESCOTT --> PHOENIX

Zwei Möglichkeiten: Entweder Hwy. 89 über Wickenburg mit Besuch des dortigen Western Museums, oder Hwy. 69 zur Interstate 17 mit Zwischenstop in der architektonischen Experimentalsiedlung Arcosanti. In beiden Fällen läßt sich der Besuch des Pioneer Arizona Museums anbinden, das nördlich von Phoenix (Exit 225) an der I-17 liegt (Details dazu Seite 245).

VARIANTE 1

Kurvenreiche Strecke auf Hwy. 89 durch eine einsame Gebirgswelt. Berge, Bäume, Büsche; nur gelegentlich ein winziger Ort mit ein paar verlorenen Häusern. Kurz hinter YARNELL öffnet sich das Land Richtung Süden: weiter Blick auf die Ebene der Sonora Wüste und die darin aufgefalteten Bergketten. Danach schraubt sich die Straße in halsbrecherischen Windungen in die Wüste hinunter und weiter nach

WICKENBURG (4.5oo Einw.): Schmuckes Städtchen in der Wüste mit einigen Western-Fassaden. Schon eine Art ausgelagerter Vorort von Phoenix.

Sehenswert das DESERT CABALLEROS WESTERN MUSEUM, im Zentrum. Anschauliche Schaukästen zur Besiedlung und Erschließung des Landes. In Originalgröße Rekonstruktion von Geschäften und Straßenszenen. Gelungen vor allem der altmodische Kramladen. Schön ausgestellte Mineraliensammlung mit wundervollen Einzelstücken, versteinertes Holz und kleinere Fossilien. Indianisches Kunsthandwerk, Abteilung zur Western-Kunst mit Skulpturen und Malerei, Sonderausstellungen. Alles großzügig und modern präsentiert; ein Regional-Museum der besseren Art. Geöffnet Mo-Sa von 1o-16 Uhr, So 13-16 Uhr; Eintritt 3,5o US.

VARIANTE 2

Schnellere Strecke über Hwy. 69 und Interstate 17. An der Autobahnauffahrt der Abstecher nach ARCOSANTI: Diese unvollendete Zukunftsstadt soll Architektur und Ökologie in Einklang bringen. Ungewöhnlich gestaltete Gebäude dienen der Einsparung von Energie und anderen Zielsetzungen des Gründers Paolo Soleri. Im Besucherzentrum Informationen zum Projekt und zur alternativen Architektur. Führungen durch einige Gebäude möglich. Geöffnet täglich 9-17 Uhr.

Arcosanti ist der Versuch des aus Italien stammenden Architekten Paolo Soleri, seine futuristischen Visionen in die Wirklichkeit umzusetzen. Lange bevor die Ökologie-Bewegung sich weltweit Gehör verschaffen konnte, hatte Soleri die Pläne für eine Art "Öko-Stadt" in der Schublade und propagierte sein Konzept der "Arcology", einer ausgewogenen Verknüpfung von Architektur und Ökologie, die mit der noch verbliebenen Natur sorgsam umzugehen beabsichtigt.

Schon in den vierziger Jahren besuchte Soleri Arizona und studierte Architektur bei Amerikas legendärem Architekten Frank Lloyd Wright in Phoenix. Zehn Jahre später gründete er eine Stiftung, die sich der Konstruktion von energie- und raumsparenden Städten widmen sollte. Im Gegensatz zu den wild in die Breite wuchernden Großstädten im amerikanischen Südwesten, die Unmengen von landwirtschaftlich nutzbarem Boden vernichten, proklamiert Soleri eine Stadt, die auf Straßen, Autobahnen und Parkplätze verzichten kann. Wohnungen, Werkstätten, Büros, Freizeiteinrichtungen und Versorgungsstützpunkte sollen so integriert werden, daß lange Wege überflüssig sind. Als Konsequenzen daraus ergeben sich eine dichtere Bevölkerungskonzentration und entsprechender Raumgewinn. Eigentümlich geformte Häuser sollen vor allem die Sonnenenergie optimal ausnutzen.

1970 begann Soleri die Konstruktion der futuristischen Wüstenstadt Arcosanti. Hunderte meist jugendlicher Helfer kamen aus allen Teilen der USA, um das Projekt mit ihrer Tatkraft zu unterstützen. Der Enthusiasmus war gewaltig, die Presse berichtete in großer Aufmachung, und unzählige Besucher strömten herbei.

Doch die erste Welle der Begeisterung ebbte bald ab. Die Realisierung des Gesamtkonzepts, das in seinem Endstadium einmal 5000 Menschen beherbergen soll, ist bereits in der Anfangsphase steckengeblieben. Nur ein kleiner Bruchteil der Siedlung konnte bislang erstellt werden, es fehlt an den notwendigen Geldern. Auch der engagierte Einsatz der bisherigen Bewohner und vieler freiwilliger Helfer hat daran nichts geändert. Der Verkauf der charakteristischen "windbells" aus Ton und Bronze trägt lediglich bei zur Deckung der bereits bestehenden Betriebskosten.

PHOENIX

Großstadt nach typisch amerikanischem Strickmuster: Autobahnen durchs Zentrum, breite Durchgangsstraßen, gesäumt von Tankstellen und Fast Food Lokalen, moderne Wolkenkratzer in Downtown, endlose und gleichförmige Wohnbezirke. Unbedingt sehenswert das Heard Museum mit seiner phantastischen Sammlung zu den Indianer-Kulturen des Südwestens. In Stadt und Umgebung weitere Museen und Parks, die einen Abstecher lohnen.

Über allem die Sonne Arizonas, die Phoenix und seine Satellitenstädte zum Anziehungspunkt für Rentner und Überwinterer aus den gesamten USA gemacht hat. Wegen der hervorragenden Verkehrsverbindungen guter Ausgangspunkt für Touren durch Arizona und den Südwesten.

Bevölkerung: Die Stadt Phoenix selbst hat rund 1 Million Einwohner; in der Metropolitan Area mit den Satellitenstädten des Valley of the Sun leben insgesamt 2 Millionen Menschen.

Dort, wo sich heute die endlosen Vorstädte von Phoenix ausbreiten, siedelten schon vor über 2000 Jahren Indianer der Hohokam-Kultur. Sie nutzten den Salt River, um mittels eines ausgeklügelten Bewässerungssystems Mais, Bohnen und Baumwolle anzubauen (Einzelheiten zu dieser bedeutenden präkolumbianischen Kultur siehe Seite 105). Nach dem unerklärlichen Verschwinden der Hohokam trafen die Spanier bei ihren ersten Expeditionen nur deren Nachfolger an, Indianer vom Stamm der Pima und Papago.

Doch da die Konquistadoren in der Gegend keine Bodenschätze fanden, ließen sie das Gebiet am Salt River links liegen und beschäftigten sich mit anderen Regionen ihres Weltreiches. Auch nach Übernahme des Südwestens durch die Amerikaner interessierte sich zunächst niemand besonders für diesen Teil Arizonas. Erst 1865 gründete die US-Armee hier Camp McDowell, um vereinzelte Siedler und Goldsucher vor Überfällen der Apachen zu schützen.

Zwei Jahre später machten sich einige Siedler daran, die alten Kanäle der Hohokam auszugraben und sie für die Bewässerung des von ihnen beanspruchten Landes einzusetzen. Ihr Erfolg zog weitere Einwanderer aus dem amerikanischen Osten an, so daß 187o mit der Planung einer Stadt begonnen wurde. Auf den Ruinen der Hohokam-Kultur vermutete man eine glanzvolle Zukunft für die neue Siedlung, ein Auferstehen wie 'Phoenix aus der Asche'. Damit hatte die Stadt auch schon ihren Namen.

Bereits zwanzig Jahre später schien sich die Hoffnung zu realisieren: Phoenix hatte sich zum wirtschaftlichen Zentrum Arizonas entwickelt, wurde Sitz der Territorialverwaltung und 1912 mit der endgültigen Aufnahme des Staates in die Union auch Hauptstadt von Arizona. Nach der Fertigstellung des Roosevelt Dammes war auch genügend Wasser vorhanden, um vorerst das weitere Wachstum der Stadt sicherzustellen.

Arizonas Rolle als Übungsgelände für die Air Force brachte Phoenix während des II. Weltkrieges die Ansiedlung von kriegswichtiger Industrie und einen kräftigen Bevölkerungszustrom. Nach dem Krieg hatten viele der Zuwanderer die Vorteile eines Lebens im Südwesten kennengelernt und entschieden sich zu bleiben.

Die Erfindung der Klimaanlage hatte zwischenzeitlich auch die sommerliche Hitze erträglich gemacht, so daß sich Phoenix zum Alterswohnsitz von Hunderttausenden mauserte, die dem kalten Norden den Rücken zukehren und unter der Sonne Arizonas ihren Lebensabend verbringen. Heute gelten Phoenix und die umliegenden Satellitenstädte im Sun Valley als "retirement capital" der USA. Daß die Metropole, die derzeit auf beinahe 2 Millionen Einwohner angewachsen ist, Unmengen von Energie und Wasser verbraucht, die über Hunderte von Kilometern vom Colorado River aus herbeitransportiert werden müssen, ist heute eines der heiß umstrittenen Themen in der Ökologie-Debatte des Südwestens (siehe dazu auch Seite 93).

 4oo E. VanBuren St./ Ecke 5th St., im 6. Stock. Außerdem kleines Büro am Flughafen sowie in Downtown im Hotel Hyatt Regency, Adams St./ Ecke 2nd St. Informationen über den gesamten Staat im Arizona Office of Tourism, 11oo W. Washington St.

 Post: 511 N. Central Ave.

Konsulate: Deutschland: 425o E. Camelback Rd., Tel. 952-91oo. Schweiz: 3o2o N. Scottsdale Rd., in Scottsdale, Tel. 947-oo2o.

Orientierung: Die Ost-West Straßen tragen Namen, die Nord-Süd Straßen Nummern. Dabei beachten: Central Avenue ist die zentrale Achse. Von dort nach Osten ansteigende Ziffern mit dem Zusatz "Street"; nach Westen ebenfalls ansteigende Ziffern mit dem Zusatz "Avenue". Jede Nummer existiert also zweimal, als Street und Avenue. Vor allem bei Adressen in Downtown auf die genaue Bezeichnung achten.

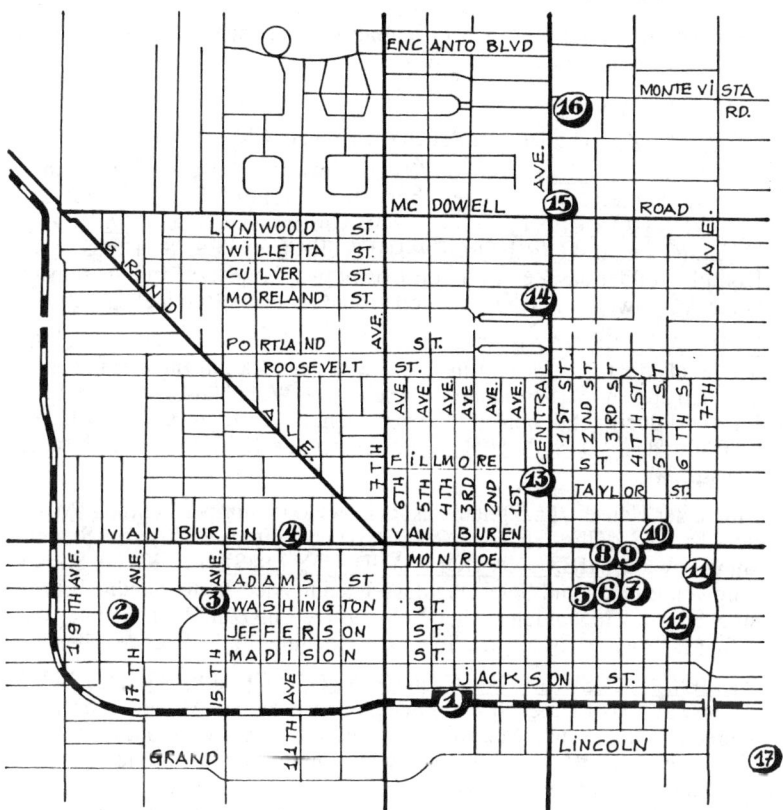

PHOENIX

1 Bahnhof
2 State Capitol
3 Arizona Mining and Mineral Museum
4 Phoenix Museum of History
5 Museum of Science and Technology
6 Symphony Hall
7 Convention Center
8 Herberger Theater
9 St. Mary´s
10 TOURIST INFO
11 Heritage Square
12 Greyhound-Terminal
13 POST
14 Arizona Street Railway Museum
15 Phoenix Art Museum
16 Heard Museum
17 Sky Harbor AIRPORT

Die SIGHTS von Phoenix liegen relativ weit verstreut. Selbst innerhalb Downtowns sind die Wege lang und am schnellsten per PKW zurückzulegen. Lediglich die Museen entlang der Central Ave. (inkl. Heard Museum) sowie im Westen von Downtown sind problemlos mit öffentlichem Bus zu erreichen. Eine Konzentration von Sehenswürdigkeiten auch am Ostrand der Stadt.

DOWNTOWN

CIVIC PLAZA, an allen vier Seiten der Kreuzung Monroe St./ 3rd St. Die Kirche ST. MARY'S (9) im etwas künstlich wirkenden mexikanischen Stil; gegenüber die flachen Betonklötze des CONVENTION CENTER. (7) Jenseits von 3rd Street die SYMPHONY HALL (6) und das HERBERGER THEATER CENTER (8). Der gesamte Komplex bildet das Zentrum von Downtown, ist jedoch architektonisch keine Augenweide. Auch wenig verlockend für einen Bummel zu Fuß.

HERITAGE SQUARE, (11) 6th St./ Ecke Monroe St. Weitaus einladender als die Civic Plaza. Ein ganzer Straßenblock mit Backsteinhäusern aus dem späten 19. Jahrhundert. Die einzigen Wohnhäuser, die vom alten Phoenix übriggeblieben sind. Dazwischen gepflegte Gartenanlagen. Auffällig das ROSSON HOUSE aus dem Jahre 1895 im viktorianischen Baustil.

Einige der Häuser zugänglich, das Rosson House nur per Führung (Mi-Sa von 1o-15.3o Uhr, So von 12-15.3o Uhr; Eintritt 3 US). Im Stevens Bungalow das ARIZONA DOLL AND TOY MUSEUM: Kleine Sammlung von Puppen und Spielzeug der letzten hundert Jahre. Schöne Einzelstücke vom Zinnsoldaten über Lokomotiven bis zur Puppenstube. Geöffnet Di-Sa von 1o-16 Uhr, So von 12-16 Uhr. Gratis, Spende erbeten.

ARIZONA MUSEUM OF SCIENCE AND TECHNOLOGY, (5) 147 E. Adams St. Das kleine Museum der großen Insekten: Modelle von Heuschrecken, Käfern und Moskitos in bis zu 6oo-facher Vergrößerung. Dazu einige lebende Wüstenbewohner wie Schlangen, Skorpione und Gila Monster. Verschiedene Apparaturen zur Verdeutlichung einiger physikalischer Phänomene. Zielgruppe sind Kinder. Geöffnet Mo-Sa von 9-17 Uhr, So von 12-17 Uhr. Erwachsene 4,5o US, Kinder bis 12 Jahren 3,5o US.

ARIZONA STREET RAILWAY MUSEUM, (14) 1242 N. Central Ave. Museumsprojekt, das in den Anfängen steckt. Derzeit zu sehen ein Waggon der einstigen Straßenbahn von Phoenix, in bedauerlichem Zustand. Ähnlich das danebenliegende Ellis-Shackleford House, eine verlassene Villa von 1917, die der Restaurierung harrt.

PHOENIX ART MUSEUM, (15) N. Central Ave./ Ecke McDowell Rd. Im Obergeschoß die permanente Ausstellung mit amerikanischer und europäischer Malerei des 15.-2o. Jahrhunderts. Außer einigen vereinzelten Werken von Chagall, Utrillo, Picasso oder Beckmann keine erstrangigen Künstler vertreten. Im Erdgeschoß wechselnde Ausstellungen von regionaler Bedeutung. Geöffnet Di-Sa von 1o-17 Uhr, So von 12-17 Uhr. Eintritt 4 US.

HEARD MUSEUM, (16) 22 E. Monte Vista Rd. Hochklassiges Museum zur Indianer-Kultur, mit Abstand das beste in Arizona. In der permanenten Sammlung Schwergewicht auf den Indianerstämmen des Südwestens, ein nahezu vollständiger Überblick. Der Gang durchs Museum gleicht einer Reise durch die Zeit: Von den präkolumbianischen Hohokam über die Töpferei der Mogollon und die Körbe der Apachen bis hin zum modernen Schmuck der Navajo und Hopi. Nur erlesene Stücke. Großzügig und modern ausgestellt mit Zeittafeln, Fotos und Erläuterungen; unterstützt durch Videofilme und Multimedia-Shows. Besonders faszinierend die Sammlung von Kachina-Figuren der Hopi.

Lobenswert auch die Abteilung "Old ways, new ways" im Untergeschoß. Dort können Kinder sich aktiv beteiligen: Bau eines Tipis, Trommeln, Erstellung eigener indianischer Figuren und Muster, Puzzles, computergesteuerte Lernschritte. Alles darf angefaßt und bearbeitet werden. Teile des weitläufigen Museumsgebäudes stehen für hochkarätige Sonderausstellungen zur Verfügung. Themen u.a.: Indianerkulturen Amerikas, Anthropologie, Kulturen anderer Kontinente.

Geöffnet Mo-Sa von 1o-17 Uhr, Mi bis 21 Uhr; So 12-17 Uhr. Eintritt 5 US, Mittwoch abends gratis.

PHOENIX MUSEUM OF HISTORY, (4) Van Buren St./ Ecke 1oth Ave. In zwei Räumen ein Konglomerat aus Erinnerungsstücken zur Geschichte Arizonas. Bilder, Landkarten, Geschirr, Gewehre, Schreibmaschinen, Grammophone. Dazu indianisches Kunsthandwerk. Ein Modell des Schlachtschiffes "Arizona", 1941 von den Japanern in Pearl Harbor versenkt. Vor dem Gebäude zwei Dampfloks der ersten Generation. Geöffnet Mi-So von 11-16 Uhr, gratis.

ARIZONA MINING AND MINERAL MUSEUM, (3) Washington St./ Ecke 15th Ave. In ehemaliger Lagerhalle eine beträchtliche Sammlung von Mineralien aus Arizona und anderen Teilen Amerikas. Vor dem Gebäude bereits einige große Brocken versteinertes Holz. In zahlreichen Vitrinen Tausende von unbearbeiteten Steinen und Kristallen sowie von geschliffenen Exemplaren. Große Farbenpracht und Formenvielfalt. Aufschlußreich die Ausstellung von goldhaltigem Gestein. Sie demonstriert, wie sich das Gold in feinsten Spuren im Gestein zeigt und worauf die Digger achten mußten, wenn sie auf Goldsuche waren. Geöffnet Mo-Fr von 8-17 Uhr, Sa von 13-17 Uhr. Eintritt frei.

ARIZONA STATE CAPITOL, (2) 17oo W. Washington St. 1899 im klassizistischen Stil für die Territorialregierung erbaut, 1912-74 Regierungssitz des Bundesstaates. Heute Museum. Über der Fassade aus Granit und Tuffstein eine flache Bronzekuppel mit geflügelter Siegesgöttin, die sich im Wind dreht. Innen das Staatssiegel als Mosaik im Boden. Büroräume mit Erinnerungsstücken aus der Staatsgeschichte. Im Amtszimmer des Gouverneurs thront der erste Regierungs-Chef als Wachsfigur hinterm Schreibtisch. Die Sitzungssäle erinnern eher an Klassenräume; die Politiker saßen an Schulbänken. Geöffnet Mo-Fr von 8-17 Uhr, Eintritt frei.

OST-PHOENIX (Nr. siehe Karte Seite 257)

PUEBLO GRANDE, (2) 4619 E. Washington St., Nähe Flughafen. Rund um eine erhöhte Plattform die Überreste eines Dorfes der präkolumbianischen Hohokam-Indianer. Die Plattform aus Erde, Abfall und Asche war das Zentrum der Siedlung. Auf ihr befanden sich Gebäude, die zur Lagerung von Vorräten und zu kultischen Zwecken dienten. Rundherum ein Gewirr von Patios und Häusern sowie ein Ballspielplatz. Der gesamte Komplex war von einer Mauer umgeben.

Derartige Plattformen und Siedlungen existierten in regelmäßigen Abständen entlang der Bewässerungskanäle der Hohokam. Warum sie solche pyramidenartigen Sockel errichteten, ist nicht bekannt. Evtl. konnten sie von dort aus die Kanäle besser kontrollieren. Pueblo Grande wurde um 1ooo n.Chr. errichtet und bot Platz für rund 15oo Menschen.

Am Eingang ein kleines, aber informatives Museum zur Hohokam-Kultur. Eine Abteilung für Kinder, wo ihnen die Indianer-Kulturen mit zahlreichen Spielen, Puzzles und Schautafeln nähergebracht werden. Geöffnet Mo-Sa von 9-17 Uhr, So von 13-17 Uhr. Eintritt o,5o US.

PAPAGO PARK, (4) am östlichen Rand von Phoenix, ab Downtown zu erreichen über Van Buren St. Weitläufiges Wüstengelände mit erodierten Felsformationen und Kakteenwäldern. Mittendrin der ZOO. Interessant vorwiegend wegen der einheimischen Tiere wie Dickhornschafe und Koyoten. Geöffnet täglich von 9-17 Uhr. Eintritt 6 US, für Kinder bis 12 Jahre 3 US. Zu erreichen über die erste Abfahrt von der Zufahrtsstraße zum Park (Galvin Parkway).

DESERT BOTANICAL GARDENS, (5) zweite Abfahrt von Galvin Parkway. Faszinierende Sammlung von Kakteen, Agaven und anderen Wüstenpflanzen. Passend eingebettet in die Wüstenlandschaft des Papago Park. Unglaublich die Formenvielfalt von Hunderten großer und kleiner Kakteenarten. Ein Lehrpfad vermittelt Kenntnisse über die Lebensweise der Indianer in der Sonora Wüste, die Siedlungsversuche der Spanier sowie die gegenwärtige Nutzung. Geöffnet täglich von 9 Uhr bis Sonnenuntergang. Eintritt 5 US.

SALT RIVER PROJECT, (3) E. Van Buren, ca. 5oo m östlich der Zufahrt zum Papago Park. Verwaltungsgebäude der Water Company. Im Erdgeschoß kleine Ausstellung zur Geschichte und Technik der Bewässerung am Salt River und zum Bau des Roosevelt Dammes. Fotos, Schautafeln, Videofilme. Geöffnet während der Geschäftszeiten.

HALL OF FLAME, (3) 6101 E. Van Buren St., gegenüber vom Salt River Project. Erlesene Sammlung von über hundert Feuerwehrautos und -spritzen aus den letzten 15o Jahren. Von der primitiven Handspritze über dampfgetriebene Pumpen bis zum modernen Leiterwagen. Sogar ein Spritzenfahrzeug auf Kufen und eine eigens für Paraden erstellte Kutsche aus dem Jahre 1870. Alles in bestem Zustand; Messing und Chrom auf Hochglanz poliert. Sehenswert nicht nur für Mitglieder der Freiwilligen Feuerwehr. Geöffnet Mo-Sa von 9-17 Uhr; Eintritt 4 US.

RICHTUNG NORDEN

SQUAW PEAK PARK: Bergiges Wüstengelände im Norden der Stadt. Schroffe Felsspitzen und steile Hänge, auf denen nur niedrige Büsche und Kakteen wachsen. Ein Vorgeschmack auf die Wüste, mitten in der Metropole. Eine Straße führt in den Park zu Picknickplätzen und Ausgangspunkten von Wanderwegen. Schöne Spaziergänge und Wanderungen zwischen den Kakteen. Am Wochenende viel Betrieb, werktags jedoch eine Oase der Ruhe. Zu erreichen über Squaw Peak Parkway, Abfahrt Glendale Ave; dann rechts in Lincoln Drive. Von dort ausgeschildert.

Squaw Peak, die mit 795 m höchste Erhebung, läßt sich in ca. 3-4 Std. besteigen. Von oben totales Rundum-Panorama über Phoenix und das Valley of the Sun. Ausreichend Wasser mitnehmen und vor allem während der heißeren Monate möglichst frühmorgens losgehen. An der kleinen Ranger Station eine Karte mit weiteren Wanderwegen.

PIONEER ARIZONA LIVING HISTORY MUSEUM, Interstate 17 Richtung Norden bis Exit 225. Informatives Freilichtmuseum auf großem Gelände. Über 25 Original- oder rekonstruierte Gebäude aus der Pionierzeit: u.a. viktorianisches Wohnhaus, Goldgräberhütte, Schmiede, Kirche, Schule, Sheriff's Office, Bank und Opera House. Alle zugänglich und ausgestattet mit der jeweils passenden Inneneinrichtung. Ernsthafte und schlichte Präsentation ohne Hollywood- oder Disney-Effekte. Halbtagesausflug ab Phoenix oder Zwischenstop auf der Fahrt nach Nord-Arizona. Geöffnet Mi-So von 9-17 Uhr, Eintritt ca. 6 US. Geschlossen von Juni bis September.

RICHTUNG SÜDEN

SOUTH MOUNTAIN PARK, über Central Ave. Wüsten- und Gebirgslandschaft am südlichen Stadtrand. Eine geteerte Straße führt hinauf in die Berge, zahlreiche Aussichtspunkte. Der Park läßt sich auch erwandern oder per Pferd erkunden. Karte mit Wanderwegen am Eingang, dort auch mehrere Pferdeställe.

MYSTERY CASTLE, am Rande von South Mountain Park. Eine amerikanische Kuriosität: Schloßartiges Wohnhaus, das sich ein Einzelgänger namens Boyce Luther Gulley in 15-jähriger Arbeit mit eigenen Händen gebaut hat. 18 Zimmer mit den wunderlichsten Konstruktionsmerkmalen und eigentümlicher Einrichtung: absurde Treppen, 13 Kamine, eine witzige Kellerbar, indianische Symbole, Kopien von Felszeichnungen, ausgefallene Möbel, ein Bett auf Schienen, Puppen. Der Phantasie waren keine

Grenzen gesetzt. Geöffnet Di-So von 11-16 Uhr, Eintritt 3 US. Zu erreichen ab Eingang South Mountain Park über die Parallelstraße zum Park oder ab Downtown über 7th St. bis Baseline Rd., von dort ausgeschildert.

SATELLITENSTÄDTE

Lediglich die östlichen Vorstädte SCOTTSDALE, TEMPE und MESA bieten Sehenswertes, allerdings weit verstreut und nur mit viel Zeitaufwand zu erreichen. Details siehe "Umgebung von Phoenix", ab Seite 255.

Hochsaison von Jan. bis April; im Sommer dagegen überall kräftige Preisnachlässe. Die Unterkünfte liegen weit verstreut über das ganze Stadtgebiet, so daß sich Hotelsuche unter Umständen schwierig gestalten kann. Daher folgende Tips:

In der Ankunftshalle des Flughafens existiert eine Tafel mit rund hundert Hotels (Mittelklasse bis Luxus). Vom Gratis-Telefon kann man das gewünschte Hotel anrufen und reservieren. Viele bieten dann gleich einen kostenlosen Abhol-Service. Wer nicht reserviert, hat die besten Chancen auf der E. Van Buren St., zwischen Flughafen und Downtown. Dort vor allem Motels der Billig- und Mittelklasse.

"Camelback Inn", 54o2 E. Lincoln Dr., in Scottsdale. Luxusversion der für das Valley of the Sun typischen Resorts: Auf riesigem Terrain eine kleine Stadt für sich; mit Gebäuden im Pueblo-Stil, Sportanlagen, Golfplatz, mehreren SW-Pools und Restaurants. In ruhiger Hanglage am Berg. Jeglicher Komfort ist selbstverständlich. Jedes Zimmer ein kleines Apartment mit Terrasse und Kitchenette. DZ im Sommer ab 11o US, von Jan.-Mai ab 27o US. Tel. 948-17oo.

"Hyatt Regency", 122 N. 2nd St. Luxushotel im Herzen von Downtown, an der Civic Plaza. 7oo Zimmer mit allem Komfort, die meisten mit weitem Blick über Phoenix und das Valley of the Sun. DZ je nach Saison und Auslastung 12o-2oo US. Tel. 252-1234 oder 800-233-1234.

"Hotel San Carlos", 2o2 Central Ave. Zentral in Downtown Nähe Civic Plaza. Traditionshotel aus den zwanziger Jahren mit schöner Renaissance-Fassade. Vollkommen restauriert und modernisiert. Hier verbinden sich der Charme der Vergangenheit mit dem Komfort der Gegenwart. Geheizter SW-Pool auf der Dachterrasse. Zimmer luxuriös und stilvoll eingerichtet. Frühstück inkl. Beste Wahl in dieser Preisklasse. DZ ab 95 US. Tel. 253-4121 oder 8oo-678-8946.

"Executive Park Hotel", 11oo N. Central Ave. Zentral an der wichtigsten Verkehrsader von Downtown, 1o Min. vom Flughafen. Neuer Beton-Kasten mittlerer Größe. Fitneß-Center, SW-Pool, Whirlpool. Zimmer hell und modern ausgestattet. DZ ca. 95 US, im Sommer 65 US. Tel. 252-21oo.

"Hotel Radisson Midtown", 4o1 W. Clarendon Ave. Am nördlichen Rand von Downtown, wenige Schritte von der Central Ave. entfernt. Ruhige Lage. Gebäude rund um einen großen Patio mit SW-Pool und Whirlpool. Geräumige Zimmer, mordern eingerichtet mit Kühlschrank. Einfaches Frühstück inkl. Gratis-Transport zum Flughafen. Von Lage, Ambiente und Preis gute Wahl in der gehobenen Mittelklasse. DZ je nach Jahreszeit 55-9o US. Tel. 234-2464 oder 800-333-3333.

"Lexington Hotel", 1oo W. Clarendon Ave. Im Norden von Downtown. Stadthotel mit etwas anonymer Atmosphäre. Im Innenhof Whirlpool und großer SW-Pool. Hotel-

Zentral-Arizona 247

gäste können gratis das angegliederte Fitneß-Studio benutzen. Einfaches Frühstücksbuffet im Preis inbegriffen. Zimmer ruhig und komfortabel. DZ je nach Saison 5o-75 US. Tel. 279-9811 oder 8oo-272-2439.

"**Ramada Downtown**", 4o1 N. 1st St. Günstig gelegen Nähe Civic Plaza. Modernisiertes Gebäude mit SW-Pool, funktional und modern eingerichtet. DZ in vielen Preislagen, je nach Ausstattung und Saison 45-2oo US. Gute Wahl vor allem in der Preisklasse bis 9o US. Tel. 258-3411.

"**Days Inn**", 3333 E. Van Buren St. Nähe Flughafen. Gehobener Motel-Stil. Eingang durch eine vornehme Lobby mit gemütlichen Sitzgruppen. Zimmer um einen Innenhof mit Garten, Palmen und Pool. Geräumige und moderne Zimmer, ruhig. Gratis Airport-Shuttle. DZ je nach Lage und Saison 45-75 US. Tel. 244-8244 oder 8oo-528-8191.

"**Airport Travelodge**", 29oo E. Van Buren St. Motel der Mittelklasse in Flughafennähe, an trister Ausfallstraße. Gratis-Abholservice vom Airport. SW-Pool. Zimmer geräumig, hell und modern möbliert, mit Kaffeemaschine. Einige haben auch Kühlschrank und Mikrowelle. Morgenzeitung und einfaches Frühstück inkl. DZ ca. 52 US, im Sommer 5 US reduziert. Tel. 275-7651 oder 8oo-231-o876.

"**Desert Sun Hotel**", 1325 Grand Ave. Weitläufiger Motel-Komplex an der Ausfallstraße von Downtown Richtung Westen. SW-Pool. Zimmer in den hinteren Gebäuden ruhig. Klein und einfach eingerichtet, aber ordentlich und sauber. Angegliedert ein einfaches Restaurant, 24 Std. geöffnet. DZ ca. 37 US. Tel. 258-8971 oder 8oo-227-o3o1.

"**Motel 6**", 2323 E. Van Buren St. An Ausfallstraße östlich von Downtown. Großes Motel mit SW-Pool. Zimmer einfach eingerichtet, aber äußerst sauber und gepflegt. Für ca. 36 US gute Wahl, im Sommer sogar noch 5 US billiger. Tel. 267-7511.

"**Budget Inn**", W. Van Buren St./ Ecke 5th Ave. Einfaches Motel Nähe Downtown. Auf zwei Stockwerken einige Dutzend Zimmer, direkt davor der Parkplatz. Einfach eingerichtet, Badezimmer erneuert. DZ ca. 28 US, im Sommer 23 US.

"**Las Palmas**", 765 N.W. Grand Ave. Motel Nähe Downtown in trostloser Umgebung. Kleiner SW-Pool direkt an der Straße. Zimmer relativ laut und heruntergekommen, aber preiswert. DZ ca. 24 US. Tel. 256-9161.

"**American Lodge**", 965 E. Van Buren St. Zwischen Downtown und Flughafen. Größeres Motel mit SW-Pool. Zimmer klein und einfach möbliert. DZ ca. 23 US. Tel. 252-6823.

"**Budget Lodge**", 4o2 W. Van Buren St. Einfaches Motel, 3 Blocks vom Zentrum entfernt. Zimmer spärlich möbliert, sanitäre Anlagen heruntergekommen. Für 22 US pro DZ läßt sich kaum mehr verlangen. Tel. 254-7247.

Juhe "YMCA", 35o N. 1st Ave. Backsteingebäude zentral in Downtown. Getrennte Stockwerke für Männer und Frauen. Einfache Einzelzimmer mit Bett, Tisch und Kommode. Gemeinschaftsbäder. Pro Nacht ca. 18 US, Wochenrate 7o US. Für Benutzung von Fitneß-Center und Sauna pro Tag 1 US extra. Tel. 253-6181.

"Metcalf House", 1o26 N. 9th St. Etwas abseits von Downtown in ruhiger Wohngegend. Kleines Haus mit wenigen Betten, gehört zu American Youth Hostels (AYH). Familiäre Atmosphäre, Küchenbenutzung, Waschmaschine. Pro Person ca. 1o US (ohne JH-Ausweis 12 US).

 Im engeren Stadtgebiet keine Campmöglichkeit, daher ausweichen auf die Umgebung oder preiswertes Motel in der Stadt.

"Green Acres RV Park", 26o5 W. Van Buren St. An Ausfallstraße Richtung Westen. Vollständig ausgestattet, allerdings nur Wohnmobile, keine Zelte. Stellplatz ca. 14 US. Tel. 272-7863.

"North Phoenix Campground", 255o W. Louise Dr., 25 km nördlich von Downtown über Interstate 17, Exit 215. Vollständig ausgerüstet für Zelte und Wohnmobile. Stellplatz 18-2o US. Tel. 869-8189.

 Essengehen bedeutet in Phoenix in der Regel Essen"fahren". Restaurants verteilt im gesamten Stadtgebiet. Da abends die meisten Busse nicht mehr fahren, ist man aufs Auto angewiesen. Ein gewisse Konzentration von Lokalen existiert im Bereich der Civic Plaza von Downtown sowie entlang der Camelback Rd. im Norden. Auch auch hier fährt man meist mit dem Auto vor.

Fast Food Lokale gibt's natürlich an jeder Ecke, schwieriger findet sich gepflegtes Essen in angenehmer Umgebung. Im folgenden einige Adressen, die nicht allzu weite Wege erfordern und von den Hotels in Downtown halbwegs leicht zu erreichen sind.

HEART IN HAND, Adams St./ Ecke 6th St. Gemütliche Teestube in einem der historischen Häuser am Heritage Square. Kleine Räume, Gemälde an den Wänden. Bei schönem Wetter Terrasse im Grünen. Kaffee, Tee und Kuchen. Geöffnet Di-Sa von 1o-18 Uhr, So von 12-17 Uhr.

CHEYENNE CATTLE COMPANY, Arizona Center, Van Buren St./ Ecke 5th St., 1. Stock. Kneipe und Tanzbar mit Country&Western Musik.

AMERICA'S ORIGINAL SPORTS BAR, Arizona Center, Erdgeschoß. Essen und Trinken sind hier nur unwichtige Ergänzung zum Sport, der auf 36 Fernsehapparaten und 5 Großbildschirmen abläuft. Alle wichtigen Spiele der US-Profiligen, dazu Pferderennen u.a. Einrichtung recht gemütlich mit Sitzecken und zahllosen Sportfotos an den Wänden.

GARDENSIDE, im Arizona Center, 1. Stock. Zehn Restaurants teilen sich diesen sogenannten Food Court. Für jeden Geschmack ist etwas dabei, die Preise sind niedrig: chinesisch, mexikanisch, griechisch, Pizza, Kaffee und Kuchen. Keine kulinarischen Höhenflüge, aber praktisch.

COMPASS, 122 N. 2nd St. Drehrestaurant über dem Hyatt Hotel mit dem besten Blick auf Phoenix, das Valley of the Sun und die umliegenden Bergketten. Internationale Küche zu gehobenen Preisen; der Blick ist mit einigen Zusatz-Dollars veranschlagt.

SEAMUS MC CAFFREY'S, Monroe St./ Ecke Central Ave. Gemütlicher irischer Pub mit langer Theke und kleinen Tischen drumherum. Kleine Speisekarte mit Salaten und Sandwiches für 3-6 US. Natürlich auch Fish'n Chips und Irish Stew (ca. 6 US).

GOLDIES 1895 HOUSE, 362 N. 2nd Ave. Die lobenswerte Ausnahme im Restaurant-Einerlei von Downtown Phoenix. In viktorianischer Backsteinvilla ist das Erdgeschoß in ein gemütliches Lokal verwandelt. Mehrere kleine Räume, dekoriert im Stil der Jahrhundertwende. Im Vorgarten Tische um einen Springbrunnen. Mittags Salate, Sandwiches und kleine Gerichte von 5-1o US, zum Dinner Fisch oder Fleisch ab 15 US.

LA PIÑATA, 333o N. 19th Ave./ Ecke Osborn Rd. Einfaches Lokal mit mexikanischer Küche, die allerdings relativ authentisch ist. Spezialitäten aus dem Norden Mexikos. Dazu eine Auswahl mexikanischer Biere. Preiswert und große Portionen, für 5-1o US wird man rundum satt.

THE SPAGHETTI COMPANY, 1418 Central Ave. Riesiges Lokal, trotzdem gemütlich durch zahlreiche Unterteilungen. Rustikale Einrichtung mit Parkettboden, Jugendstillampen, alten Fässern und jeder Menge Krimskrams an Wänden und Decken. Einfache Nudelgerichte zum Sattwerden inkl. Salat und Nachtisch für 6-9 US.

HOUSTON'S, Camelback Rd./ Ecke 24th St. Großer Speisesaal mit holzverkleideten Abteilungen. Atmosphäre etwas hektisch und laut; viel Betrieb und oft Wartezeiten. Salate, Pizza, Fisch und Fleisch für 7-15 US. Gewaltige Portionen. Empfehlenswert vor allem die Ribs.

FELSEN HAUS, 1oo8 E. Camelback Rd. Wer in Arizona auf sein deutsches Essen nicht verzichten will, findet hier Knackwurst, Rippchen und Wiener Schnitzel. Hauptgerichte 1o-15 US. Gratis dazu die Plastik-Einrichtung im Stil der fünfziger Jahre, eine Ritterrüstung am Eingang sowie deutsche Gemütlichkeit mit Wimpeln, Bildern und entsprechender Musik. Das Deutschland-Bild der Cowboys.

THE FISH MARKET, 172o E. Camelback Rd. Die erste Adresse für Fischfreunde. Fische, Muscheln und sonstiges Meeresgetier in allen Variationen und Zubereitungen. Angebote je nach Eingang frischer Ware. Im Erdgeschoß eher rustikale Atmosphäre mit Austern-Bar, Theke und Holztischen. Ein Stockwerk höher geht es im "Top of the Market" vornehmer zu. Preislich alles vorhanden, von der Fischsuppe für 3 US bis zum vollständigen Dinner für 2o US und mehr.

COYOTE SPRINGS, E. Camelback Rd./ Ecke 2oth St. Pub mit eigener Brauerei. Hinter der gewaltigen Holztheke schaut man auf die Braukessel. Im Angebot einige Ales und ein kräftiges Stout. Dazu deftige Gerichte von 5-8 US. Gelegentlich Live-Musik.

TOMASO'S, 3225 E. Camelback Rd. Hervorragende italienische Küche in gepflegter Atmosphäre. Kleine Speisekarte mit ausgesuchten Spezialitäten. Nudelgerichte um 12 US, Fleisch und Fisch 15-2o US. Mittags preiswerter.

Selbstversorger: SAFEWAY: Die Supermarktkette hat Filialen im gesamten Stadtgebiet, allerdings weit voneinander entfernt. Halbswegs zentrumsnah sind die Märkte 52o W. Osborn Rd. (nicht weit von Central Ave.) sowie 3132 E. Camelback Rd. Moderne und große Geschäfte mit ausgezeichnetem Lebensmittel-Angebot.

THE FISH MARKET, 172o E. Camelback Rd. Die bessere Alternative zu den Take-Away Services von McDonald's und Co. Frischer Fisch, Salate und Fertiggerichte zum Mitnehmen.

Picknick: Während der kühleren Monate empfehlenswert das Gelände neben dem Zoo im Papago Park. Im Sommer ist es in der wüstenhaften Umgebung extrem heiß. Picknicktische mit Sonnendächern im Squaw Peak Park, schöner Blick auf die Felsen und Kakteen.

SHOPPING

Phoenix besitzt keine Einkaufsstraßen nach europäischem Muster, wo es sich gemächlich bummeln ließe. Shopping findet statt in den Einkaufszentren und Malls, die oft mehrere Straßenblocks einnehmen. Die Atmosphäre künstlich, mit vereinzelten Palmen oder Springbrunnen. Musik-Berieselung selbst im Freien. Immerhin keine Abgase oder Autolärm.

ARIZONA CENTER, E. Van Buren St./ Ecke 5th St. Größtes Shopping Center von Downtown, umgeben von einer kleinen Parkanlage mit Rasenflächen und Palmen. Auf zwei Ebenen Dutzende von Läden und Restaurants.

EL MERCADO, Monroe St./ Ecke 7th St. Shopping Mall über zwei Straßenblocks, gegenüber vom Heritage Square. Kleine Gebäude, Straßen und Fußgängerzonen im Stil eines mexikanischen Dorfes. Vorwiegend kleine Restaurants und Läden mit Kleidung, Geschenkartikeln und Souvenirs.

BILTMORE FASHION PARK, Camelback Rd./ Ecke 24 th St. Vornehme Restaurants und Bekleidungsgeschäfte im Norden von Phoenix.

PARK CENTRAL MALL, Central Ave./ Ecke Osborn Rd. Am nördlichen Rand von Downtown. Läden, Boutiquen und mehrere Restaurants.

BÜCHER

WALDENBOOKS, Arizona Center, Van Buren St./ Ecke 5th St., 1. Stock. Gut sortierter Buchladen mit aktuellen Bestsellern und Bildbänden.

ARIZONA HIGHWAYS STORE, Arizona Center, 1. Stock. Bücher, Zeitschriften, Landkarten und Souvenirs aus Arizona. Alles Wissenswerte über den Bundesstaat vom Roman über den Bildband bis zum Kochbuch.

KUNSTHANDWERK

SOUTHWEST DESIGNS, Arizona Center, 1. Stock. Indianisches Kunsthandwerk, extravagante Designs, Silberschmuck, Kachina-Figuren.

SOUTHWEST IMPRESSIONS, im El Mercado. Indianisches Kunsthandwerk und Gemälde. Wenige ausgewählte Stücke.

GILBERT ORTEGA'S, Monroe St./ Ecke 2nd St. Große Auswahl an indianischemn Kunsthandwerk, allerdings auch viel Souvenirkitsch. Riesiger Laden mit mehreren Abteilungen, Navajo-Teppiche, Kachina-Figuren und Schmuck.

ABIGI'S, im El Mercado. Afroamerikanische Kunst + Kunsthandwerk: Masken, Skulpturen, und vieles andere.

KLEIDUNG

LEATHER MILL, Arizona Center, Erdgeschoß. Lederbekleidung nach Western-Art: Jacken, Stiefel, Hüte.

QUE PASA, Arizona Center, Erdgeschoß. Kleidung, Accessoires und Möbel aus dem Südwesten.

FRONTIER BOOT CORRAL, im El Mercado. Große Auswahl an Western-Stiefeln in allen möglichen Formen, Größen und Ausführungen. Außerdem Mokassins und Cowboy-Hüte.

UNTERHALTUNG

Veranstaltungskalender:
"NEW TIMES" bringt wöchentlich Veranstaltungen im Bereich Kino, Theater, Festivals, Musik und Sport. Ergänzend auch Kommentare, Film- und Theaterkritiken. Gratis an Zeitungskiosks. Leider extrem unübersichtlich und vollgestopft mit Werbung.

Festivals: Praktisch jede Woche findet in Phoenix und Umgebung ein größeres Festival statt, die meisten über mehrere Tage: Rodeos, indianische Feste und Märkte, Messen, Sportereignisse und Musik-Festivals. In der Regel allerdings nur von regionaler Bedeutung und sehr kommerziell aufgezogen. Ein ausführlicher Kalender ist gratis im Touristenbüro erhältlich.

Theater: ARIZONA THEATER COMPANY, im Herberger Theater Center, 222 E. Monroe St. Moderne und klassische Theaterstücke. Saison von Nov. bis Juni. Kartenbestellung über Tel. 252-8497.

Oper/Konzert: ARIZONA OPERA COMPANY und PHOENIX SYMPHONY in der Symphony Hall, 225 E. Adams St., Downtown. Programminfo und Tickets über Tel. 262-7272.

SPORT

Tennis: Attraktiv vorwiegend während der Wintermonate, wenn sich die Hitze in Grenzen hält. Wird vor allem in den sogenannten Resorts angeboten. Die wenigsten Stadthotels haben eigene Plätze, vermitteln aber an Country Clubs und Resorts.

Golf: Ist in Phoenix so verbreitet wie anderswo Fußball. Dutzende von Golfplätzen im gesamten Valley of the Sun. Viele sind öffentlich, Vermittlung durch Hotels oder das Touristenbüro. Bessere

Hotels verschaffen Zutritt auch zu privaten Anlagen.

Baden: Wer keinen Pool am Hotel hat oder lebhaften Badebetrieb möchte, findet zahlreiche öffentliche Schwimmbäder. Die gelben Seiten des Telefonbuchs geben Auskunft über das nächstgelegene. Große Attraktionen bieten BIG SURF, 15oo N. Hayden Rd. in Tempe und OASIS FAMILY WATER PARK in Glendale, Pinnacle Peak Rd. Riesige Rutschbahnen und künstliche Wellen ergänzen den Badespaß. Außerdem KIWANIS PARK in Tempe, 6111 All-American Way: Hallenbad mit künstlichen Wellen und Fitneß-Center.

ZUSCHAUERSPORT

PHOENIX SUNS: Profi-Basketballteam. Spielt in der America West Arena in Downtown. Saison von Nov. bis April/Mai. Info über Termine und Tickets, Tel. 379-79oo.

PHOENIX CARDINALS: Professionelles Footballteam. Spielt im Stadion der Arizona State University in Tempe. Info und Tickets, Tel. 379-o1o1.

GREYHOUND PARK, 4oth St./ Ecke Washinton St., Nähe Flughafen. Windhundrennen jeden Abend außer Montag. Info über Tel. 273-7181.

TURF PARADISE, W. Bell Rd./ 19th Ave. Pferderennen von Oktober bis Mai. Genaue Termine und Rennzeiten: Tel. 942-11o1.

Verbindungen

Auto: In Downtown kreuzen sich die Autobahnen, so daß man Phoenix schnell in alle Richtungen verlassen kann. Richtung Norden: Interstate 17 nach Flagstaff (235 km, ca. 2,5 Std.). Richtung Süden Interstate 1o nach Tucson (18o km, ca. 2 Std.). Richtung Westen Interstate 1o nach Blythe in Kalifornien (25o km, ca. 3 Std.) und weiter nach Los Angeles. Richtung Osten Hwy. 36o oder 6o nach Apache Junction (5o km, ca. 45 Min.) und weiter auf dem Apache Trail zum Roosevelt Lake.

Autovermietung:

ALAMO, 2246 E. Washington St., Tel. 244-o897

HERTZ, 5oo S. 24th St., Tel. 267-8822

THRIFTY, 4144 E. Washington St., Tel. 244-o311

ADVANTAGE, 2o4 S. 24th St., Tel. 481-9136

Weitere Firmen im Stadtgebiet (siehe gelbe Seiten Telefonbuch) und am Flughafen. Die meisten holen bei Buchung vom Hotel ab.

Wohnmobile:

ABC MOTOR HOME RENTALS, 4814 E. Pima Rd., Tel. 795-oo11

CRUISE AMERICA, 273o W. Ruthrauff Rd., Tel. 293-7o76

Zentral-Arizona 253

 **Bus**: Greyhound-Terminal zentral in Downtown, Washington St./ Ecke 5th St., Tel. 246-4341.

-> Alburquerque: 3x tägl., 1o Std., ca. 4o US
-> El Paso: 1ox tägl., 7,5 Std., ca. 4o US
-> Flagstaff: 4x tägl., 3 Std., ca. 2o US
-> Globe: 3x tägl., 2,5 Std., ca. 15 US
-> Las Vegas: 5x tägl., 7,5 Std., ca. 36 US
-> Los Angeles: 1ox tägl., 7,5 Std., ca. 32 US
-> Yuma: 3x tägl., 4 Std., ca. 26 US
-> San Diego: 3x tägl. 7,5 Std., ca. 32 US
-> Tucson: 12x tägl., 2 Std., ca. 12 US
-> Lake Havasu City: 1x tägl., 3 Std., ca. 26 US.

Nava-Hopi Tours fahren 3x tägl. nach Flagstaff (3 Std., ca. 22 US). Der frühmorgens abgehende Bus hat in Flagstaff Anschluß zum Grand Canyon (insgesamt 5 Std., 32 US). Info über genauen Fahrplan, Tel. 800-892-8687.

Mit <u>ARIZONA SHUTTLE SERVICE</u> 17x tägl. direkt ab Sky Harbor Airport nach Tucson, ca. 19 US.

 **Bahn**: Die Züge von Amtrak halten an der Union Station, 4o1 S. 4th Ave. Zwar nicht weit von Downtown, aber in einem trostlosen Industriebezirk.

-> Yuma: 3x wöchentl., 3 Std., ca. 4o US
-> Los Angeles: 3x wöchentl., 7,5 Std., ca. 8o US
-> Tucson: 3x wöchentl., 2 Std., ca. 25 US
-> San Antonio: 3x wöchentl., 22 Std., 13o US
-> El Paso: 3x wöchentl., 8,5 Std., ca. 9o US

Die Züge Richtung Osten fahren weiter nach New Orleans (ca. 2oo US), Umsteigemöglichkeit in San Antonio nach Chicago (ca. 2oo US).

Flüge: Der Sky Harbor Airport ist die wichtigste Drehscheibe für den Flugverkehr im Südwesten der USA. Günstig gelegen am südöstlichen Stadtrand. Die meisten Flüge in alle Teile des Südwestens und der USA bietet America West, eine Fluglinie, die in Phoenix ihren Sitz und am Sky Harbor Airport ihre Flotte stationiert hat. Die im folgenden aufgelisteten Verbindungen jeweils nonstop und mehrmals pro Tag.

* <u>Innerhalb Arizonas</u>: America West und Sky West fliegen nach Flagstaff, Kingman, Lake Havasu, Page, Prescott, Tucson, Yuma. Arizona Pacific fliegt nach Prescott und weiter zum Grand Canyon.

* <u>Im Südwesten</u>: Southwest, America West und Delta fliegen nach

Albuquerque, Durango, El Paso, Gallup, Las Vegas, Salt Lake City.
* <u>Nach Kalifornien</u>: America West, Southwest und Skywest fliegen nach Los Angeles, Burbank, Oakland, Palm Springs, San Diego, San Francisco, San Jose.
* <u>Nach Mexiko</u>: America West und Aeroméxico fliegen nach Mexico City.
* <u>Langstrecken</u>: America West, Delta, American, United, Continental und Southwest fliegen nach Atlanta, Chicago, Dallas, Denver, Houston, Kansas City, New York. American, Delta, United und Continental bieten Anschlüsse an ihre Transatlantikflüge.

<u>Fluglinien</u>:

AEROMEXICO, Tel. 800-237-6639	DELTA, Tel. 258-5930
AMERICA WEST, Tel. 894-0737	SKYWEST, Tel. 800-453-9417
AMERICAN, Tel. 258-6300	SOUTHWEST, Tel. 273-1221
ARIZONA PACIFIC, Tel. 242-3629	UNITED, Tel. 800-241-6522
CONTINENTAL, Tel. 258-8911	

Transport in PHOENIX

<u>Auto</u>: Trotz bestehender öffentlicher Verkehrsmittel die beste Alternative im weitläufigen Phoenix. Vor allem Sights, Hotels und Restaurants abseits von Central Ave. sind ohne eigenen PKW nur umständlich oder gar nicht zu erreichen.

<u>Taxi</u>: Zuverlässige Firmen mit 24-Stunden Service sind AAA-CAB (Tel. 253-8294) und ACE-TAXI (Tel. 254-1999). Innerhalb Downtowns wenige Dollar, ab Downtown zum Flughafen ca. 1o-12 US.

<u>Super Shuttle</u>: Kleinbusse vom und zum Flughafen. Holen nach vorheriger Reservierung von jedem Hotel ab. 1o US für die erste Person, bei Gruppen wird's entsprechend billiger. Tel. 244-9ooo.

<u>Bus</u>:

Phoenix Transit: Die innerstädtische Buslinie. Wegen der großen Entfernungen ist Busfahren mühsam und zeitraubend, aber es geht. Fahrplan mit übersichtlichen Routenzeichnungen gratis im Touristenbüro. Die meisten Linien vekehren im 3o-Minuten Takt, zur Rush Hour häufiger. Service zwischen frühmorgens und 19 Uhr, einige Linien auch bis 22 Uhr. Von Mo-Fr, am Samstag nur wenige Linien, sonntags ruht der Verkehr völlig. Fahrpreis 1 US. Umsteigen ist möglich: gleich beim Bezahlen ein Transfer-Ticket verlangen.

Linie O: Entlang Central Ave. zu den wichtigsten Sights von Downtown.
Linie 1: Ab Downtown entlang Jefferson St. nach Tempe zur University of Arizona.
Linie 2: Ab Downtown entlang Jefferson St. zum Flughafen.
Linie 2: Ab Downtown über Van Buren St. zum Papago Park im Osten der Stadt.
<u>DASH</u>: Kleinbus innerhalb von Downtown, Fahrpreis 0,25 US. Rundkurs zwischen Civic Plaza und State Capitol über Washington St. und Jefferson St.

UMGEBUNG VON PHOENIX

Längst ist Phoenix mit den umliegenden Städten zu einer Metropolitan Area von fast 2 Millionen Einwohnern zusammengewachsen. Endlose Durchgangsstraßen mit Tankstellen und Einkaufszentren führen zu den Wohngebieten, wo meist Rentner ihren sonnenverwöhnten Lebensabend verbringen. Für Besucher fast überall ein langweiliges Konglomerat aus Geschäftsstraßen und Einfamilienhäusern, gelegentlich unterbrochen von einem Golfplatz.

Lediglich die östlichen Satellitenstädte Scottsdale, Tempe und Mesa bieten die eine oder andere Attraktion, die den langwierigen Abstecher über Dutzende von Kreuzungen und Ampeln rechtfertigt. Ein PKW ist unentbehrlich in diesem typisch amerikanischen Suburbia.

★ Tempe (150.000 Einw.)

Unterscheidet sich von den anderen gleichförmigen Vorstädten von Phoenix durch den Sitz der staatlichen Universität. Während der Semester daher etwas lebendiger als die Nachbarstädte des Sun Valley.

<u>ARIZONA STATE UNIVERSITY</u>, (6) University Dr./ Ecke Mill Ave. Typisch amerikanische Campus-Atmosphäre auf dem autofreien Unigelände: Institutsgebäude und Rasenflächen; verbunden durch Palmenalleen, über die Radler und Rollschuhläufer sausen und Studenten - durchaus schon mal mit Cowboyhut - ihre Vorlesungen aufsuchen. Architektonisch ein Konglomerat aus verschiedenen Stilrichtungen, von altenglisch bis hypermodern.

Besuch am besten verbinden mit der Fahrt zu den Sehenswürdigkeiten im östlichen Phoenix. Vom Papago Park einfach weiter über Van Buren St., die in Tempe dann Mill Ave. heißt. Noch ca. 2 km bis zur Kreuzung mit University Dr.

In den Institutsgebäuden sind einige kleinere <u>Museen</u> untergebracht: <u>NELSON FINE ARTS CENTER</u>, in einem fensterlosen Betonkasten, der entfernt an die Pueblo-Architektur erinnert. In der unterirdischen Galerie vielfältige Kunstausstellungen. Geöffnet Mo-Fr von 8.30-16.30 Uhr, Sa von 10-16 Uhr, So von 13-17 Uhr. Eintritt frei.

UNIVERSITY ART MUSEUM (Matthews Center): Ausstellung europäischer, amerikanischer und mexikanischer Künstler sowie eine kleine Afrika-Abteilung. Mit je einem Werk sind Berühmtheiten wie Joan Miró, Diego Rivera und Rufino Tamayo vertreten. Außerdem phantasievolle Keramik-Kreationen und eine schöne Sammlung mexikanischer Masken. Sonderausstellungen. Geöffnet Mo-Fr von 8.3o-16.3o Uhr, Eintritt frei.

NORTHLIGHT GALLERY: In zwei Räumen wechselnde Fotoausstellungen mit studentischen Arbeiten, manchmal auch von bekannten Fotografen. Geöffnet Mo-Do von 1o.3o-16.3o Uhr, So von 12.3o-16.4o Uhr. Eintritt frei.

ANTHROPOLOGY MUSEUM: Exponate zur Kultur der präkolumbianischen Hohokam-Indianer aus der Uni-eigenen Grabung in La Ciudad. Dazu wechselnde Ausstellungen zu allgemeinen anthropologischen Fragestellungen. Geöffnet Mo-Fr von 8-17 Uhr, gratis.

GEOLOGY MUSEUM: im Bateman Physical Science Center, Eingang F. Neben der goldenen Kugel des Foucaultschen Pendels, das vom 6. Stock herunterhängt, ein kleiner Saal mit geologischen Schaustücken vom Meteorit bis zur mannshohen Amethyst-Druse. Geöffnet Mo-Fr von 9-12 Uhr, gratis. In Raum C-139 des Science Center das METEORITE DISPLAY mit einer Sammlung von Meteoriten (über 12oo Stück), die zu den besten der Welt gehören soll.

★Mesa (29o.ooo Einw.)

Die östlichste Vorstadt von Phoenix mit den üblichen Durchgangsstraßen und Wohngebieten. Einige palmenbestandene und gepflegte Straßenzüge in Dowtown. Zu erreichen ab Phoenix am schnellsten über Hwy. 36o (Superstition Freeway) bis Abfahrt Country Club Drive; von dort beschildert nach Downtown. Die Sehenswürdigkeiten weit voneinander entfernt und nur nach längeren Autofahrten zu erreichen.

OST-PHOENIX, TEMPE, MESA, SCOTTSDALE

1 Sky Harbor Airport
2 Pueblo Grande
3 Hall of Flame, Salt River Project
4 Papago Park, Zoo
5 Desert Botanical Museum
6 Arizona State University
7 South West Museum
8 Sirrine House
9 Arizona Temple
10 Park of the Canals
11 Crismon Museum
12 Confederate Air Force Museum
13 Champlin Fighter Museum
14 Hoo-Hoogam Ki Museum
15 Downtown Scottsdale
16 The Borgata
17 Cosanti Foundation
18 Buffalo Museum
19 Fleischer Museum
20 Taliesin West
21 Rawhide
22 McDowell Mountain Park

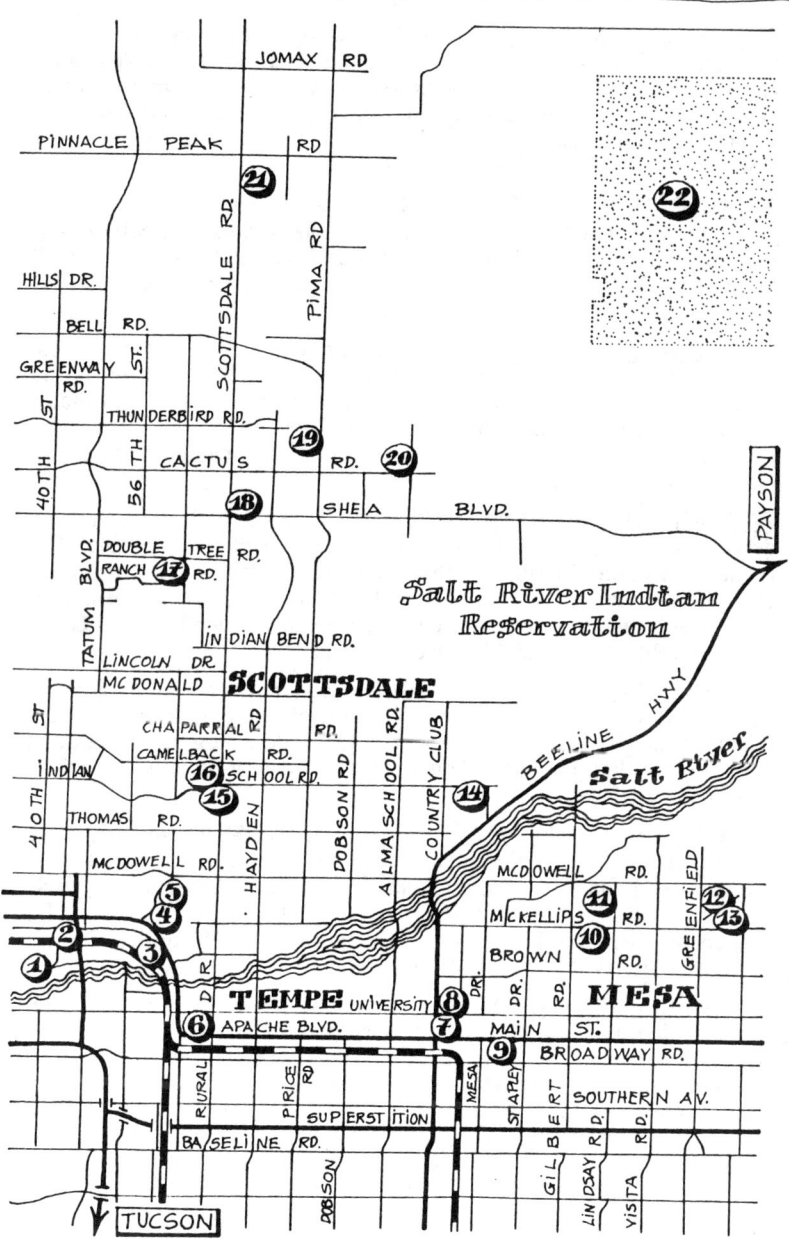

Zentral-Arizona

SOUTHWEST MUSEUM, (7) 53 N. McDonald St./ Ecke W. 1st St., Downtown. Eine Vielzahl an Exponaten aus der Geschichte Arizonas: Keramik der Hohokam, Rekonstruktion von prähistorischen Wohnanlagen, eine Postkutsche, ein Gefängnis aus der Pionierzeit sowie Erinnerungsstücke an die ersten Goldgräber. Geöffnet Di-Sa von 1o-17 Uhr, So von 13-17 Uhr. Eintritt ca. 3 US.

SIRRINE HOUSE, (8) 16o N. Center Ave., ein Block vom SW-Museum. Malerisches Backsteinhaus im viktorianischen Stil. Etwas verloren in der sonstigen Einsheitarchitektur. Erbaut 1895, heute liebevoll restauriert mit Möbeln aus der Zeit der Jahrhundertwende. Geöffnet nur Sa von 1o-17 Uhr und So von 13-17 Uhr.

ARIZONA TEMPLE, (9) 525 E. Main St., einige Blocks östlich vom SW-Museum. Inmitten einer Parkanlage der 1927 fertiggestellte Mormonen-Tempel. Für Andersgläubige kein Zutritt zum Gotteshaus. Information über die Mormonen im davorliegenden Visitors Center, das mit einer großen Christus-Statue und religiösen Gemälden bestückt ist. Geöffnet täglich von 9-21 Uhr.

PARK OF THE CANALS, (1o) 17oo N. Horne Rd. Picknickgelände an den Überresten einiger Bewässerungs-Kanäle der Hohokam-Indianer. Die archäologischen Spuren beschränken sich allerdings auf mehrere Erdwälle. Daneben kleiner botanischer Garten mit Wüstenpflanzen. Ständig geöffnet, Eintritt frei. Zu ereichen ab Downtown Richtung Osten bis Horne Rd., dann rund 4 km nach Norden.

CRISMON MUSEUM, (11) 2345 Horne Rd., nördlich vom Park of the Canals. Museum mit landwirtschaftlichen Geräten, Sätteln und Möbeln aus der Geschichte Arizonas. Vor dem Gebäude eine große Sammlung von Wagenrädern und alten Traktoren. Geöffnet Di-Sa von 9.15 Uhgr, Eintritt ca. 3 US.

CONFEDERATE AIR FORCE MUSEUM, (12) McKellips Rd./ Ecke Greenfield Rd. Einige Kampfflugzeuge aus dem I. und II. Weltkrieg. Geöffnet von Okt. bis April täglich von 1o-16 Uhr. Sonst Mo,Mi,Fr,Sa von 1o-15 Uhr. Eintritt 4 US. Zu erreichen ab Downtown über Main St. östlich bis Greenfield Rd., dann nach Norden bis McKellips Rd. Ab Crimson Museum direkt über McKellips Rd.

CHAMPLIN FIGHTER MUSEUM, (13) McKellips Rd./ Ecke Falcon Dr., auf dem Gelände des Falcon Airfield, ein Block vom Air Force Museum. Das größere der beiden Flugzeugmuseen. In mehreren Hallen deutsche, englische, amerikanische und französische Kampfflugzeuge aus beiden Weltkriegen. Dazu einige Exemplare aus der Zeit des Kalten Krieges. Außerdem ein Raum mit Dutzenden von Gewehren und MGs aller kriegführenden Nationen sowie eine Galerie der Piloten und Luftkriegshelden. Geöffnet täglich von 1o-17 Uhr, Eintritt 6 US.

✱Scottsdale (13o.ooo Einw.)

Nobelvillen und Einkaufszentren bestimmen das Bild. Hier versammelt sich die High Society des gesamten Valley of the Sun zum exklusiven Shopping und Dining. Die Sehenswürdigkeiten im althergebrachten Sinn sind nicht überragend und zudem noch kreuz und quer über die Stadt verteilt (bis zu 2o km vom Zentrum entfernt).

<u>Orientierung</u>: Wer alle Sights an einem Tag besuchen will, beginnt am besten in Downtown, dann nördlich auf der Scottsdale Rd., die als zentrale Vekehrs- und Orientierungsachse dient. Direkt daran liegen The Borgata, Buffalo Museum und Rawhide; westlich davon Cosanti, östlich das Fleischer Museum, Taliesin West und das Hoo-hoogam Ki Museum.

<u>DOWNTOWN</u>: (15) Die Straßenzüge um Scottsdale Rd., Main St. und Brown Ave. Das ganze ist ein einziges Einkaufszentrum, getrimmt auf Wildweststadt. Allerdings eher steril und ohne Flair. Das einzige wirklich alte Gebäude ist das <u>LITTLE RED SCHOOLHOUSE</u> an der Civic Plaza. Backsteingebäude aus dem Jahre 19o9, früher Sitz der Scottsdale Grammar School, heute Historical Museum. Kleine Ausstellung zur Geschichte von Scottsdale sowie die Rekonstruktion des früheren Klassenzimmers. Geöffnet Mi-So von 9-17 Uhr, gratis.

In welcher Richtung man dieses Shopping-Downtown auch verläßt, man trifft überall auf weitere Shopping Malls, von denen jeder sich durch einen besonderen Stil vom andern abgrenzen muß. Den Vogel schießt dabei <u>THE BORGATA</u> (16) ab (N. Scottsdale Rd./ Ecke Rose Lane): Ein ganzes italienisches Dorf, den Konturen von San Gimignano nachempfunden. Amerika macht's möglich: Wenn Europa schon so weit weg ist, baut man es einfach selber vor die eigene Haustür. In den schattigen Gäßchen exquisite Shops, Boutiquen und Restaurants.

<u>COSANTI FOUNDATION</u>, (17) 6433 Doubletree Ranch Rd. Mini-Ausgabe der Zukunftsstadt Arcosanti (vergl. Seite 238). Wenige verschachtelte Betonbauten des Architekten Paolo Soleri. Büros, Werkstätten und Information über das Lebenswerk des Italieners. Besuch lohnt nur bei besonderem Interesse an dieser Art Architektur und wenn man keine Gelegenheit hat, Arcosanti selbst zu sehen. Geöffnet täglich von 9-17 Uhr, Eintritt frei, Spende erwünscht.

<u>BUFFALO MUSEUM</u>, (18) 1o261 N. Scottsdale Rd. Alles über den nordamerikanischen Bison: Einige ausgestopfte Exemplare, Fotos, Gemälde. Ein Raum gewidmet Buffalo Bill mit historischen Fotos und Original-Plakaten seiner Show. Auch einer der Büffel aus dem Film "Der mit dem Wolf tanzt", natürlich aus Kunststoff nach Hollywood-Art. Dazu viel Kleinkram, der mit dem Bison verbunden ist: Briefmarken, Zinnteller, Figuren. Geöffnet Mo-Fr von 1o-16 Uhr, Eintritt ca. 3 US.

<u>RAWHIDE</u>, (21) 23o23 N. Scottsdale Rd., 2o km nördlich von

Scottsdale Zentrum. Komplette Western-Stadt aus der Retorte nach Disney-Art: Saloons, Banken, Postkutschen, Planwagen, Spielhöllen. Jede Menge Show, Fun & Business. Eintritt frei, danach jedoch ausreichend Gelegenheit zum Geldausgeben: Schießen, Goldwaschen, Eselreiten oder im Steak-House. Geöffnet von Juni bis Sept. täglich von 17-22 Uhr, sonst werktags 17-22 Uhr und Sa/So von 11-22 Uhr.

FLEISCHER MUSEUM, (19) 172o7 N. Perimeter Dr., 2o km von Scottsdale Zentrum. Futuristisches Museumsgebäude, derzeit noch mitten in der Wüste. Doch die Stadtentwicklung wird das Museum sicher bald einholen. Rundherum ist ein Geschäftszentrum geplant. Umfangreiche Sammlung von Gemälden amerikanischer Impressionisten in großzügig gestalteten Sälen. Gelegentlich hochkarätige Sonderausstellungen. Geöffnet täglich von 1o-16 Uhr, Eintritt frei. Zu erreichen über N. Scottsdale Rd. bis zur Kreuzung mit F.L.Wright Blvd. Von dort ausgeschildert.

TALIESIN WEST, (2o) zu erreichen über N. Scottsdale Rd. bis zur Kreuzung mit Cactus Rd., dann weiter bis 1o8th St.; von dort ausgeschildert. Eine der beiden Architekturschulen von Frank Lloyd Wright, der Ende der zwanziger Jahre zum ersten Mal nach Arizona kam und hier ab 1938 eine Art Wüstencamp aus Natursteinen errichtete. Heute u.a. Aufbewahrungsort des gesamten Nachlasses des berühmten Architekten, über 2o.ooo Skizzen und Pläne.

Die Gebäude schmiegen sich eng an den Hang oder sind in ihn hineingebaut. Die Zickzack-Linien der Dachkonstruktionen nehmen die Silhouette der Berge im Hintergrund wieder auf. Zeltbahnen (heute Fiberglas) filterten das Sonnenlicht, so daß schattenlose Arbeits- und Wohnräume entstanden. Niedrige Durchgänge verstärken die schwache Wüstenbrise. Ein flacher Teich diente als Wasserreservoir. Jedes Detail funktional und so weit wie möglich im Einklang mit der Natur.

Die Architekturschule operiert noch heute nach Wrights Konzept: Die ca. 3o angehenden Architekten nehmen an allen für die Gemeinschaft notwendigen Aktivitäten teil, bauen sich ihre Wohnräume selbst und sollen so die Grundbedürfnisse menschlichen Lebens und Wohnens erfahren, bevor es an den Zeichentisch geht.

Zugänglich nur per gut einstündiger Führung: Von Okt. bis Mai täglich von 1o-16 Uhr, von Juni bis Sept. täglich von 8-11 Uhr. Kosten pro Person 1o US, im Sommer 8 US.

> FRANK LLOYD WRIGHT gehört zweifelsohne zu den wichtigsten und einflußreichsten Architekten des 2o. Jahrhunderts. Er wurde 1869 sozusagen als Architekt geboren, denn nach eigenen Angaben hatte seine Mutter diesen Beruf bereits während der Schwangerschaft für ihn ausgesucht. Zumindest förderte sie das diesbezügliche Denken ihres Sohnes, als sie ihm geometrisch gestaltetes Spielzeug kaufte, das Frank für phantasievolle Konstruktionsversuche benutzte.

Nur wenige Monate vor Abschluß seines Studiums als Zeichner verläßt Wright die Technische Hochschule von Madison in Wisconsin und findet eine Anstellung in Chicagos berühmten Architekturbüro von Adler & Sullivan. Die Jahre der Zusammenarbeit mit Louis Sullivan prägen Wrights Stilgefühl, ihn sieht er auch in späteren Jahren als seinen einzigen Lehrmeister an. Trotzdem kommt es 1893 zum Konflikt, da Wright neben seiner Tätigkeit im Büro noch Aufträge auf private Rechnung ausführt. Er trennt sich von Sullivan und eröffnet ein eigenes Atelier.

Wrights Interesse gilt dem Bau von Einfamilienhäusern in den Vororten von Chicago. Das kollektive und weitgehend standardisierte Leben in den Hochhäusern der Großstadt stößt ihn ab, er setzt dem modernen Urbanismus ein Konzept des individuellen und naturnahen Wohnens entgegen. Seine Häuser aus jener Zeit sind durchweg niedrig und verfügen über Wohnzonen, die ineinander übergehen und das häusliche Leben integrativ vereinen sollen. Immer betont Wright auch den Bezug zur Landschaft und die Verbindung zum Leben im Freien.

Zu Beginn des 2o. Jahrhunderts kommt Wright in Kontakt mit japanischer Architektur und den indianischen Bauwerken Mittelamerikas. Beide Elemente fließen in der Folgezeit in seine Konzeptionen mit ein. Berühmtheit erlangt vor allem das Imperial Hotel in Tokio, das Wright von 1915-21 baut, und bei dem er traditionelle japanische Elemente in die Konstruktion einer Art Märchenschloß integriert. Daß er nicht nur die künstlerischen, sondern erst recht die technischen Aspekte des Bauens meisterhaft beherrscht, erweist sich bei dem verheerenden Erdbeben von 1923: Das Imperial Hotel ist eines der wenigen Bauwerke, das den schweren Erschütterungen standhält.

Schon 1911 baut Wright in Wisconsin die erste Version seines Schicksalshauses Taliesin, gedacht als Rückzugsort für sich und seine Familie. Doch nur wenige Jahre später werden dort seine Frau, beide Kinder und vier Mitarbeiter ermordet; kurz darauf brennt das Haus ab. Nach dem Wiederaufbau zu Beginn der zwanziger Jahre wütet erneut ein Feuer und vernichtet sämtliche Zeichnungen und Pläne des Architekten. Wright baut das Haus 1925 unverdrossen neu auf und errichtet eine Schule für Architekturstudenten. Als eine Art Zweigstelle und Winterquartier entsteht später Taliesin West in der Umgebung von Phoenix.

In der zweiten Hälfte seines Lebens widmet sich Wright vielfältigen Projekten: Neben der Weiterentwicklung seiner Wohnhäuser entstehen auch Bürogebäude und öffentliche Bauten. Als klassisches Beispiel für die naturverbundene Bauweise gilt das 1936 errichtete "Haus über dem Wasserfall" in Bear Run, Pennsylvania. Im gleichen Jahr entsteht in Racine, Wisconsin, das Verwaltungsgebäude der Firma S.C. Johnson mit aufsehenerregenden Konstruktionselementen im Bereich der Großraumbüros. Beachtung finden vor allem die pilzförmigen Säulen zur Stützung der Decken, die nach unten hin immer schlanker zulaufen und von der Baubehörde zunächst nicht genehmigt werden.

In seiner letzten Phase rückt Wright immer mehr von rechtwinkligen Konstruktionsmustern ab und experimentiert mit dreieckigen und runden Grundflächen. Berühmtestes Beispiel dafür ist das New Yorker Guggenheim-Museum mit seiner spiralförmigen Linienführung, bei der sich die Aufgänge in Ausstellungsräume verwandeln. Der Entwurf stammt bereits aus den Jahren 1943-46, fertiggestellt wird das Gebäude jedoch erst kurz vor Wrights Tod 1959.

HOO-HOOGAM KI MUSEUM, (14) 1o.ooo E. Osborn Rd. Auf dem Gelände der Salt River Indian Reservation. Museumsgebäude in traditioneller Adobe-Bauweise, allerdings mit modernem Dach. Kunsthandwerk der Pima- und Maricopa-Indianer, vorwiegend Körbe und

Keramik. Außerdem einige Exponate zur Geschichte der Stämme, u.a. historische und aktuelle Fotos. Geöffnet Mo-Fr von 1o-16.3o Uhr, Sa von 1o-14 Uhr. Eintritt 1 US. Zu erreichen ab Scottsdale Zentrum ca. 5 km östlich über Indian School Rd. bis Longmore Rd. Dort rechts ab bis Osborn Rd. Das unscheinbare Museum bei den Gebäuden der Salt River Indian Community Administration.

SÜDOST - ARIZONA

Kahle Bergketten und endlose Hochebenen; eine der einsamsten Regionen Arizonas. Hier und da eine Bergbaustadt oder ein verlorenes Wildwest-Nest mit filmreifen Western-Kulissen. Zahlreiche Kupferminen haben mit riesigen Tagebaugruben und Abraumhalden ihre bleibenden Spuren hinterlassen. Bemerkenswerte Ruinen prähistorischer Indianer-Kulturen. Landschaftlicher Leckerbissen ist das Felsen-Szenarium von Chiricahua National Monument.

Der Südosten war das Land der Apachen: Während sie vor 150 Jahren noch die gesamte Bergwelt bis hinein nach Mexiko beherrschten, müssen sie sich heute auf zwei Reservate beschränken. Den Rest haben sich die Weißen angeeignet und dort vorwiegend Viehzucht und Bergbau betrieben.

PHOENIX --> FLORENCE

100 km/ ca. 1,5 Std. Aus dem Verkehrsgewühl von Phoenix heraus am schnellsten auf Interstate 10 bis Exit 175. Von dort über Nebenstraßen nach Florence. Unterwegs lohnen sich Zwischenstops am Indian Crafts Center der Gila River Reservation sowie beim Casa Grande National Monument.

<u>GILA RIVER INDIAN ARTS & CRAFTS CENTER</u>, direkt am Exit 175. Kleines Museum mit Exponaten zu Geschichte und Kultur der Pima- und Maricopa-Indianer. Verkauf von Kunsthandwerk und Souvenirs. Nebenan der <u>HERITAGE PARK</u>, wo anschaulich die Lebensbedingungen der Indianer dokumentiert sind: Siedlungsweise der prähistorischen Hohokam; Behausungen der Pima, Maricopa und Apachen; Rekonstruktion von Bewässerungskanälen. Schautafeln geben Informationen zu Geschichte und Gegenwart. Der gesamte Komplex geöffnet täglich von 9-18 Uhr, Eintritt frei.

Wie die Indianer in der Gila River Reservation heute leben, läßt sich studieren im Ort <u>SACATON</u>, auf dem Wege zum Casa Grande National Monument. Winzige Häuser und ärmliche Mobil-Homes mitten in der trockenen Einöde. Kein Baum gibt Schatten, auf den Weiden vereinzelt Schafe. Aufgepaßt: Die Straßenschilder in dieser Gegend mit der Aufschrift "Casa Grande" weisen den Weg zum gleichnamigen Ort, der mit den Ruinen nichts zu tun hat und über 30 km weiter westlich liegt.

<u>CASA GRANDE NATIONAL MONUMENT</u>, beim Ort Coolidge am Hwy. 87. In der Ebene zwischen Kakteen und Wüstenbüschen die Überreste einer präkolumbianischen Siedlung; die größte Ruinenstätte der Hohokam-Kultur. Grundmauern von Wohngebäuden sowie ein mehr-

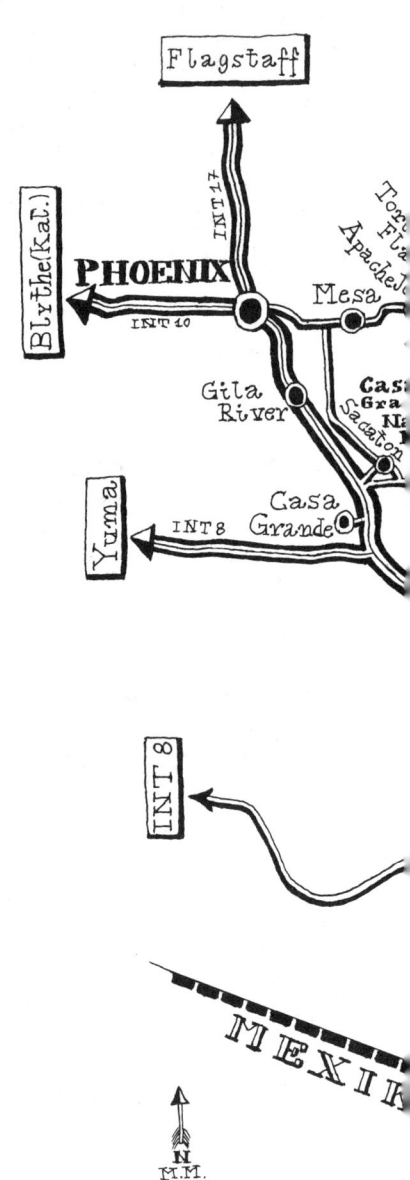

Südost-Arizona 265

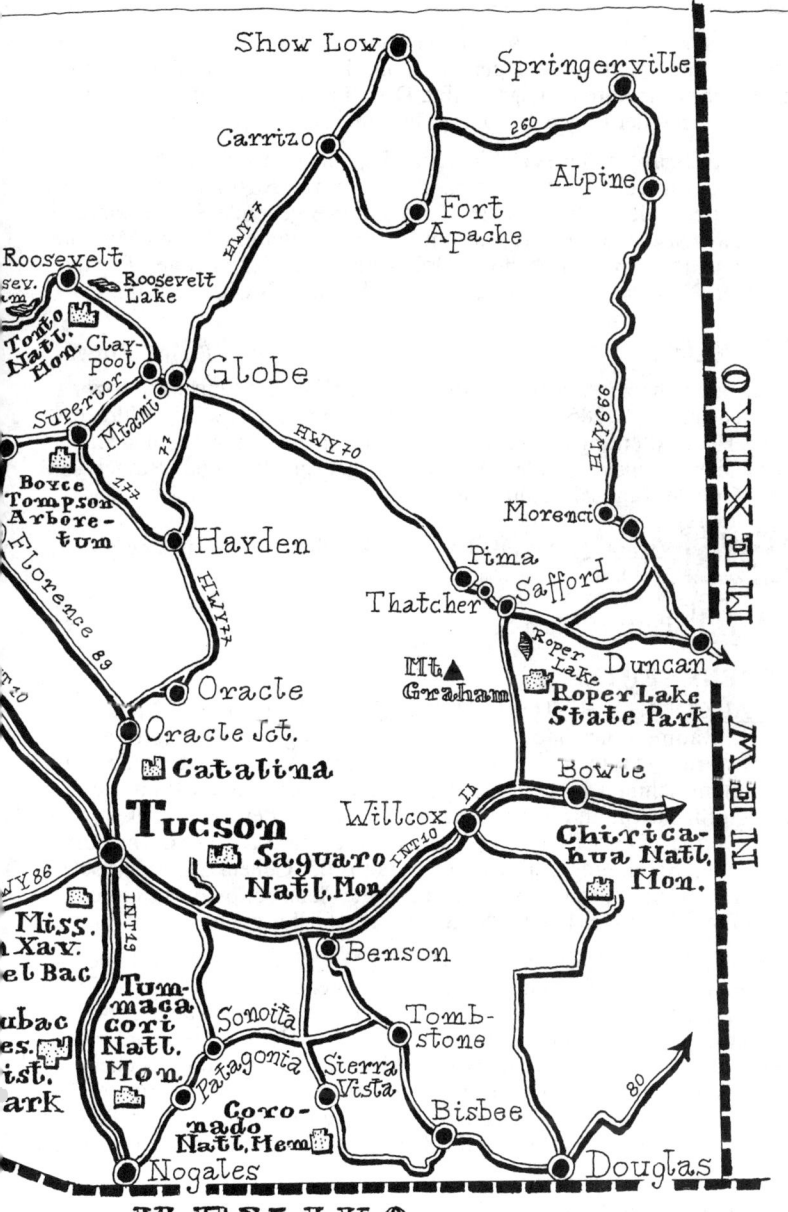

stöckiges, gut 1o m hohes Adobe-Gebäude, die Casa Grande. Erbaut um 13oo, damals hielt ein Holzgerüst die Decke. Die Wirkung wird leider etwas reduziert durch das gewaltige Dach über der Ruine. Ist aber notwendig, damit der Regen die Lehmwände nicht endgültig wegwäscht.

Der Zweck das Gebäudes ist nicht klar. Evtl. betrieben die Hohokam von hier aus Himmelsbeobachtungen, um Daten für Aussaat und Ernte zu fixieren; eine der Öffnungen zeigt auf die untergehende Sonne während ihres Höchststandes am 21. Juni. Im Visitors Center ein kleines Museum mit Schautafeln zum Leben der Hohokam sowie der heutigen Papago-Indianer. National Monument geöffnet tägl. von 7-18 Uhr, Eintritt 2 US.

★ Florence (7.5oo Einw.)

Trotz der Nähe zu Phoenix bereits tiefste Provinz; ein typisches Arizona-Wüstenstädtchen. 1866 gegründet und noch immer ein wenig Wildwest-Flair. Heute allerdings kreuzen die Pick-ups über Main Street, und an den Gebäuden leuchtet die Cola-Reklame. Ausgangspunkt für den Besuch von Casa Grande National Monument.

 Visitors Center, Bailey St./Ecke 8th St., Parallelstraße zur Main St.

 Post: 75 Main St.

SEHENSWERTES

PINAL COUNTY HISTORICAL SOCIETY MUSEUM, 715 Main St. In zwei Räumen archäologische Ausgrabungsstücke, indianische Korbwaren, Mobiliar und Kleidung der Jahrhundertwende, alte Schreibmaschinen und Geräte. Beim Farmzubehör interessant die 16o Sorten Stacheldraht, die zur Einzäunung der Weiden gebraucht wurden und werden. Gesonderte Abteilung zum Yuma State Prison mit einer makabren Sammlung von Schlingen, Fotos der Gehenkten, elektrischen Stühlen (Originalton Besucherbroschüre: "correctional equipment"). Geöffnet Mi-Sa von 11-16 Uhr, So von 12-16 Uhr; gratis.

MC FARLAND HISTORICAL STATE PARK, am nördlichen Ende von Main St. Das erste Gerichtsgebäude von Florence aus dem Jahre 1878. In perfektem Zustand noch der Gerichtssaal mit den Plätzen für die Geschworenen und dem erhöhten Richtertisch. Hervorragend präsentiert auch das Zimmer des Richters mit Schreibtisch und Gesetzbüchern. In weiteren Räumen Exponate zur Stadt- und Regionalgeschichte. Die absurdesten Gegenstände wurden zusammengetragen, u.a. der Türgriff vom Klohäuschen des Revolverhelden Wyatt Earpp. Geöffnet Do-Mo von 8-17 Uhr, Eintritt 2 US.

Das Nebengebäude beherbergt eine Sammlung zum Leben und Wirken von Ernest McFarland (1894-1984) der eine erstaunliche Karriere in der amerikanischen Legislative,

Exekutive und Judikative absolvierte: Er stieg auf vom Staatsanwalt in Florence zum US-Senator für Arizona, war von 1955-59 Gouverneur des Staates und von 1965-71 Richter am Obersten Bundesgericht in Washington.

Im Ortszentrum weitere historische Gebäude, am schönsten das BRUNNENKANT BUILDING, in dem das Visitors Center untergebracht ist. Außerdem das COURT HOUSE aus dem Jahre 1891 im viktorianischen Stil.

"Blue Mist Motel", 731 E. Butte Ave. An der Kreuzung der Hwys. 89 und 287. Einziges Hotel im Ort. Kleiner SW-Pool direkt an der Straße. Enge Zimmer mit AC und Sitzecke. Sanitäre Anlagen modernisiert und sauber. DZ ca. 44 US, im Sommer preiswerter.

"Shady Rest", 85o S. Main St. Trailer Park mit vielen Dauergästen, aber auch kurzfristige Übernachtung möglich. Nur Wohnmobile. Im Ortszentrum, die hinteren Plätze jedoch ruhig. Keine Duschen. Stellplatz ca. 1o US.

Kulinarisch ist in Florence nichts los. Am ehesten noch bei GIBBY'S, Main St./ Ecke 8th St. Einfaches Ambiente. Zur Auswahl Salate oder gefüllte Tortillas und einige mexikanische Gerichte um 5 US. Steaks für 8-1o US. Daneben urige Cantina.

Selbstversorger: GENTRY'S FLORENCE MARKET, Main St./ Ecke 6th St. Passabler Lebensmittelladen.

Picknick: Gegenüber vom Historical Society Museum schattige Rasenfläche mit Picknickbänken unter Palmen.

Verbindungen: Keine öffentlichen Verkehrsmittel von und nach Florence. Per PKW über Hwy. 89 nach Tucson (11o km/ ca. 2 Std.), Hwy. 87 nach Phoenix (1oo km/ ca. 1,5 Std.) und Hwy. 89/6o nach Globe (9o km/ ca. 1,5 Std.).

FLORENCE --> GLOBE

Auf der direkten Straße (Hwy. 89 und 6o) 9o km/ ca. 1,5 Std. An der Strecke das sehenswerte Boyce Thompson Arboretum. Insgesamt viel abwechslungsreicher jedoch die nördliche Route über Apache Junction und den Apache Trail mit zahlreichen landschaftlichen Höhepunkten und der Ruinenstätte Tonto National Monument.

BOYCE THOMPSON ARBORETUM, Hwy. 6o zwischen Florence Junction und Superior. Botanischer Garten mit eindrucksvoller Sammlung von Pflanzen aus der Sonora Wüste und anderen Wüsten der Welt. Der Hauptpfad (ca. 2,5 km) führt rund um ein bizarres Felsmassiv, weite Teile gesäumt von schattenspendenden Palmen und riesigen Eukalyptus. Im weiteren Verlauf windet sich der Pfad hinauf in das Felsgewirr. Unterwegs auch eine vielfältige Vogelwelt, die an einem künstlich angelegten Teich ihr Standquartier hat. Insgesamt ein botanisches und landschaftliches Schmuckstück. Geöffnet täglich von 8-17 Uhr, Eintritt 3 US.

★ Apache Trail

Grandiose Bergstrecke zwischen Apache Junction und dem Roosevelt Dam am Fuß der Superstition Mountains. Durch eine Felswüste mit erodierten Sandsteinformationen, bizarren Felsnadeln und typischer Wüstenvegetation. Vorbei an Stauseen, die sich malerisch in die Landschaft einfügen. Teilweise atemberaubende Streckenführung auf Straßen entlang steiler Canyonwände. Nur teilweise asphaltiert. Unterwegs eine Reihe von lohnenden Zwischenstops und Wandermöglichkeiten.

Der Name rührt noch aus dem 19. Jahrhundert, als die Apachen diesen Weg nahmen, wenn sie nach Überfällen auf Siedlungen am Gila oder Salt River schnell in den unzugänglichen Bergen verschwinden wollten. Dort kannten sie sich besser aus als ihre Verfolger, so daß sie diese in der Regel leicht abschütteln konnten.

GOLDFIELD GHOST TOWN: 1892-97 arbeiteten hier rund dreitausend Goldgräber in verschiedenen Minen. Heute ein halbes Dutzend Holzgebäude, nicht allzu geisterhaft, da mit Museum und Restaurants für den Tourismus aufgepäppelt. Gespenstisch allerdings die Reihe von verrosteten Lastwagen aus der Frühzeit des Automobilbaus. Geöffnet täglich 1o-18 Uhr, gratis. Für 3,5o US kann man an einer nicht übermäßig aufregenden Tour durch einen Schacht teilnehmen.

LOST DUTCHMAN STATE PARK: Leicht welliges Wüstengelände unterhalb der Superstition Mountains mit Kakteen und anderen Wüstenpflanzen. Zufahrt pro PKW 3 US.

Der Name des Parks erinnert an einen Holländer, der in dieser Gegend angeblich Gold gefunden hatte, was nach heutigen geologischen Erkenntnissen ziemlich unwahrscheinlich ist. Er hat die Lage der Mine auch nie preisgegeben. Da er trotzdem immer wieder mit Gold auftauchte, verdingte er sich offenbar als eine besondere Art von "Goldwäscher": Von Dieben kaufte er das Metall billig auf, um es auf seine Weise und mit der Geschichte von der vermeintlichen Mine offiziell in den Verkehr zu bringen.

Im State Park schön gelegener Platz zwischen Wüstenvegetation. Kein Schatten, aber eindrucksvoller Blick auf die Berge. Wasser, Toiletten, keine Duschen. Stellplatz ca. 7 US, Eintritt zum State Park inkl.

WANDERN

Der State Park ist Ausgangspunkt eines Netzes von Wanderwegen. Mit Abstand am schönsten der "Siphon Draw Trail": Hinauf durch steiniges Gelände bis auf den Gipfel des Flatiron Berges. Unterwegs und von oben phantastische Ausblicke.

Ausgangspunkt am Campingplatz, 5 km hin und zurück, ca. 5 Std. Zunächst durch einen Canyon, dann vorbei an der verlassenen Palmer Gold Mine. Im letzten Teil sehr steil.

Leichtere Rundwege von 2-5 km am Fuß des Gebirges, z.B. der "Treasure Loop Trail": 4 km durch hügeliges Vorgebirge und rund um eine Felsnase.

NEEDLE VISTA POINT: Kurz hinter dem State Park. Bester Blick auf WEAVER'S NEEDLE, eine der markantesten Felsnadeln der Superstition Mountains.

CANYON LAKE: Taucht ganz unverhofft hinter einer Straßenbiegung auf. Stausee zwischen steil aufragenden Felswänden. Existiert seit 1925 als Reservoir für die Wasserversorgung von Phoenix und zur Stromgewinnung am Mormon Flat Dam. Die Straße schlängelt sich eine Weile am Seeufer entlang. Mehrere Zufahrten zu Picknickplätzen und Bootsrampen direkt am See.

TORTILLA FLAT: Drei wüste Bretterbuden im Wildwest-Stil machen den ganzen Ort aus. Führt der Tortilla Creek Hochwasser, dann ist die Fahrt über den Apache Trail hier beendet, denn der Bach ergießt sich direkt über die Straße.

FISH CREEK HILL: Etwa nach der Hälfte der Strecke endet der Asphalt. Straße bei normalen Witterungsbedingungen für PKW und kleine Wohnmobile kein Problem. Kurz darauf der spektakulärste Streckenabschnitt des Apache Trail, der kurvenreiche Abstieg entlang der Flanke von Fish Creek Hill. Straße in den Fels gehauen, direkt über dem Abgrund. Weite Blicke hinunter in den Canyon. Im Tal der langgestreckte APACHE LAKE, wiederum in eine schroffe Felslandschaft eingebettet. Fotomotive an jeder Straßenbiegung.

"Burnt Corral Campground", direkt am Ufer des Apache Lake. Schönster Platz am See und weniger voll als die Campgrounds vorher. Kleine Bäume spenden ein wenig Schatten. Toiletten, Wasser, keine Duschen. Stellplatz ca. 8 US.

ROOSEVELT DAM: Ende des Apache Trail. Eingepaßt in einen engen Felsdurchbruch, mit 113 m der höchste gemauerte Staudamm der Welt. Erbaut 1905-11. Wird derzeit durch Betonkonstruktionen verstärkt, um Erdbeben und größeren Wassermassen standzuhalten. Dahinter der **ROOSEVELT LAKE**: Wassersportzentrum und Erholungsgebiet für die hitzegeplagten Großstädter aus Phoenix.

Der Roosevelt Dam war eines der ersten großen Bewässerungsprojekte Arizonas. Die Notwendigkeit zur Errichtung eines Staudammes zeichnete sich bereits gegen Ende des 19. Jahrhunderts ab, denn es gab keine Möglichkeit, um während starker Regenfälle überschüssiges Wasser aufzufangen, das Felder und Kanäle in der Umgebung von

Phoenix überschwemmte. Im Sommer dagegen trocknete der Salt River oft aus, was immer wieder Streitigkeiten zwischen den Siedlern provozierte, die mit ihren Kanälen um die Reste von Wasser aus dem dünnen Rinnsal konkurrierten und deshalb ihre Ernten oft genug verdorren sahen.

Zu Beginn des 2o. Jahrhunderts übernahm die Bundesregierung in Washington die Vorfinanzierung für den Bau eines Staudammes am oberen Salt River. Die Betreiber und Nutznießer des Dammes mußten sich verpflichten, die Erlöse aus dem Verkauf von Strom und Wasser zur Rückzahlung des Kredits zu verwenden. So konnte 19o5 mit der ersten Bauphase begonnen werden. Überflutungen des Salt River warfen das Projekt jedoch entscheidend zurück, als die Fundamente mehrmals von Wassermassen weggeschwemmt wurden. Erst 1911 feierte man die Einweihung des Bauwerks.

Technisch zeichnet sich der Roosevelt Dam durch zwei gemauerte Außenwände aus. Die Steine dafür wurden damals in Handarbeit aus den umliegenden Felsen herausgeschnitten. Der Hohlraum zwischen diesen Außenmauern wurde ausgefüllt mit großen Gesteinsbrocken und Mörtel. Seine Kraft erhält der Damm durch den Druck des dahinter aufgestauten Wassers: Je voller der See, desto größer der Druck mit dem die Steine zusammengepreßt werden.

✷Tonto National Monument

Oberhalb des Roosevelt Lake die Ruinen einer Felsenwohnung der prähistorischen Salado-Indianer. Waghalsig in die Steilwand gebaute Anlage. Die Mauerreste zeigen die Struktur der einstigen Gebäude. In etwa 2o Räumen fanden 4o-6o Menschen Platz. Beeindruckend vor allem die höhlenartige Umgebung und der kilometerweite Blick über den See und das Gebirge.

Geöffnet täglich von 8-16 Uhr, Eintritt 4 US pro PKW. Der Aufstieg zur Ruine ab Visitors Center über einen steilen Pfad (hundert Meter Höhenunterschied, ca. 15 Min.). Eine zweite ähnliche Ruinenanlage liegt noch weiter oberhalb und ist nur per Führung zugänglich. Vorherige Anmeldung dafür erforderlich, Tel. 467-2241. Details zur Salado-Kultur siehe Seite 1o6.

✷Globe (6.ooo Einw.)

Bergbaustädtchen umgeben von durchwühlten Bergen und aufgeschütteten Abraumhalden. Ortszentrum mit den charaktersitischen vereckigen Gebäuden und den unvermeidlichen überdachten Bürgersteigen. Ein Hauch von der rauhen Atmosphäre des Minen-Booms, allerdings stark überlagert von den nivellierenden Einflüssen der Gegenwart. Bietet sich an als Übernachtungsstop nach der Tour über den Apache Trail.

Um 186o gab es in der Gegend einige Silberfunde, doch die wenigen Minen waren schnell erschöpft und brachten nicht den erhofften Reichtum. Doch im Gefolge der Abenteurer kam die Kupferindustrie und baute das Metall im großen Stil ab. Führend war die Old Dominion Mine, die für 134 Millionen Dollar Metall enthielt. 1931 war sie erschöpft, seither wird zwar weiter produziert, jedoch auf stark eingeschränkter Stufenleiter.

 Hw. 6o am nördlichen Ortsrand.
Post: Sycamore St./ Ecke Hill St.

SEHENSWERTES

GILA COUNTY HISTORICAL MUSEUM, Hwy. 6o nördlich des Ortszentrums. Kleines Regionalmuseum mit Exponaten zur Siedlungs- und Bergbaugeschichte. Archäologisch aufschlußreich die Fundstücke aus der Salado-Ruine Besh-ba-gowah. Geöffnet Mo-Fr von 1o-16 Uhr, gratis.

GLOBE VALLEY CENTER FOR THE ARTS, 1o1 N. Broad St. Im ehemaligen Gerichtsgebäude aus dem Jahre 19o6. Im Innern restauriert, heute Ausstellungen lokaler Künstler. Der frühere Gerichtssaal verwandelt in ein kleines Theater. Aufführungen im Frühjahr und Herbst. Geöffnet Mo-Sa von 1o-16 Uhr, gratis.

BESH-BA-GOWAH, Jess Hayes Rd., 2 km südlich von Globe. Ab Ortsmitte den schwarzen Schildern folgen. Ruinenstätte der Salado-Indianer, bewohnt von ca. 12oo-14oo n. Chr. Das Pueblo besaß rund 3oo Räume und hatte vermutlich 15oo Bewohner. Zu sehen sind Grundmauern aus groben Steinen sowie einige rekonstruierte Gebäude, die einen Eindruck vom früheren Zustand des Pueblo geben. Geöffnet täglich von 9-17 Uhr, Eintritt 1 US.

 "Copper Hills Inn", Hwy. 6o Richtung Miami. Motel gehobenen Standards. Neben dem Parkplatz kleiner SW-Pool, durch Bäume und Büsche abgeschirmt. Zimmer relativ ruhig, da von der Hauptstraße zurückversetzt. Geräumig und komfortabel ausgestattet. Helle, freundliche Möblierung mit Sitzecke. DZ ca. 62 US. Tel. 425-7151.

"Cloud Nine Motel", 1699 E. Ash St. Neues Motel in ruhiger Lage. Südlicher Ortsrand, oberhalb des Hwy. Richtung San Carlos. Großzügiger Gebäudekomplex mit SW-Pool und Whirlpool. Zimmer geräumig und komfortabel möbliert. DZ je nach Ausstattung 58-75 US.

"El Rey Motel", 12o1 E. Ash St. Kleines Motel am südlichen Ortsrand. Gebäude im Pueblo-Stil. Zimmer eng, aber gepflegt. DZ ca. 37 US. Tel. 425-4427.

"Belle Aire Motel", 16oo N. Broad St. Am nördlichen Ortsrand. Mehrere kleine Gebäude, in Hufeisenform angeordnet. Ruhig, da oberhalb der Straße. Zimmer klein und einfach eingerichtet. DZ ca. 34 US. Tel. 425-44o6.

"Willow Motel", 792 N. Willow St. Nähe Zentrum an der Umgehungsstraße. Kleines Motel, Zimmer und Bäder heruntergekommen. Die billige Lösung in Globe. DZ ca. 26 US. Tel. 425-9491.

Rund um Globe einige RV-Parks an den Zufahrtsstraßen. Nur für Wohnmobile und in wenig attraktiver Lage am Straßenrand. Camper sind besser aufgehoben auf den ruhigen und landschaftlich schönen Plätzen entlang des Apache Trail.

Die Restaurant-Szene in Globe ist einfach, kaum mehr als ein Angebot für verarmte Bergleute. Im Zentrum einige heruntergekommene Kneipen mit entsprechendem Publikum, an den Ausfallstraßen die üblichen Schnellimbisse. Passable Ausnahmen:

<u>LA CASITA CAFE</u>, 47o N. Broad St. Mexikanisches Restaurant im Zentrum. Ambiente und Essen äußerst einfach. Hauptgerichte ab 5 US.

<u>COPPER HILLS</u>, Hwy. 6o Richtung Miami. Gepflegtes Lokal, ruhige Atmosphäre. Steaks und Nudelgerichte. Zu empfehlen vor allem das ausgiebige Angebot auf dem chinesischen Teil der Speisekarte. Gute Qualität, große Portionen, moderate Preise. Hauptgerichte 5-1o US.

<u>CRESTLINE STEAK HOUSE</u>, 19o1 Ash St., am Hwy. Richtung San Carlos. Etwas versteckt oberhalb der Straße. Die richtige Adresse für Fleisch-Fans. Steaks in verschiedenen Varianten ab 8 US.

Selbstversorger: <u>SAFEWAY</u>, Hwy. 6o Richtung Miami. Großer Supermarkt mit eigener Bäckerei.

<u>Picknick:</u> Die Abraumhalden um Globe/Miami bieten nicht gerade das schönste Panorama für eine Mahlzeit im Freien. Besser den nahegelegenen Platz am Tonto National Monument benutzen, mit Blick auf den Roosevelt Lake.

Verbindungen

<u>Auto</u>: Nach Apache Junction über Hwy. 6o (9o km/ ca. 1,5 Std), zum Roosevelt Dam über Hwy. 88 (55 km/ ca. 1 Std.), nach Tucson über Hwy. 77 (17o km/ ca. 2,5 Std.), nach Safford über Hwy. 7o (125 km, ca. 2 Std.).

<u>Bus</u>: Greyhound-Terminal am Hwy. 6o, 3 km nördlich des Ortes, versteckt hinter dem Burger King.
-> Phoenix: 3x tägl., 2 Std., ca. 15 US
-> Apache Junction: 3x tägl., 1 Std., ca. 12,5o US
-> Safford: 3x tägl., 2 Std., ca. 16 US

✱ Miami   (2.ooo Einw.)

Direkter Nachbarort von Globe. Der Kontrast zum Namensvetter in Florida könnte kaum größer sein: Heruntergekommene Minenstadt, im Zentrum verlassene Häuser und schäbige Lokale. Umgeben von kilometerlangen Abraumhalden aus der Kupferproduktion, die hier inzwischen nur noch auf Sparflamme betrieben wird.

Mit den Halden hat die Kupferindustrie jahrzehntelang eine völlig neue Landschaft geschaffen, die gelegentlich an riesige Sanddünen erinnert und mittlerweile schon einer eigenen Erosion unterworfen ist. Die giftigen Überreste sind ein ökologisches Problem ersten Ranges. Versuche, die Schlackenberge zu bepflanzen, sind bisher fehlgeschlagen. Eine Lösung ergibt sich evtl. durch neue Technologien, die aus der Schlacke das darin noch enthaltene Kupfer profitabel herausfiltern, so daß man die riesigen Berge noch einmal verwertet und die verbleibenden Reste wieder in die alten Stollen zurücktransportiert.

✦White Mountain Apache Indian Reservation

Nordöstlich von Globe, zu erreichen über Hwy. 6o/77. Vielseitige Landschaft mit Bergen, Flüssen und Seen. Regionales Freizeitzentrum, besonders beliebt bei Anglern und Jägern. Für Picknick, Camping, Angeln und Jagen sind spezielle Permits erforderlich, in der Regel 5 US pro Tag. Erhältlich bei verschiedenen offiziellen Stellen im Reservat. Die Apachen halten damit die extensive Nutzung ihres Landes in Grenzen und ziehen einen späten Vorteil aus dem ihnen zuerkannten Land, das zur damaligen Zeit für die Weißen keinen Wert besaß.

WHITERIVER ist das Verwaltungszentrum, in FORT APACHE sind noch Gebäude der US-Army übrig. Von dort aus wurde das Reservat kontrolliert und die Unterwerfung der Indianer organisiert. In der nordöstlichen Ecke des Reservats die SUNRISE SKI AREA: Anziehungspunkt für Wintersportler. Mehrere Lifte und Abfahrten aller Schwierigkeitsgrade. Saison von Nov. bis März.

Wegen der Freizeitmöglichkeiten im Reservat sind außerhalb einige Zentren entstanden, die vom Tourismusangebot der Apachen auf ihre Wesie profitieren. Teilweise bieten sie ebenfalls Angel- und Jagdmöglichkeiten; vorzugsweise aber leben sie von Motels und Campgrounds für Leute, die im Apachenland keine Unterkunft mehr finden. Schön gelegen sind vor allem SHOW LOW, PINETOP-LAKESIDE, und GREER, alle entlang Hwy. 26o, der das Reservat im Norden berührt.

✦Highway 666

Verbindet die beiden Interstates 4o und 1o entlang der Ostgrenze von Arizona. Eine lange und beschwerliche Route über Berg und Tal. Besonders kurvenreich der zentrale und schönste Abschnitt zwischen Springerville und Clifton. Dazwischen kaum ein nennenswerter Ort. Für die knapp 2oo km selbst bei günstigen Witterungsbedingungen 4-5 Std. reine Fahrzeit einkalkulieren.

SPRINGERVILLE (1.8oo Einw.): Nicht mehr als ein Verkehrsknotenpunkt im Osten Arizonas. Hier kreuzen sich der Coronado Trail und die Straßen zur White Mountain Apache Reservation.

CORONADO TRAIL: Der landschaftlich abwechslungsreichste Abschnitt von Hwy. 666 zwischen Springerville und Morenci. Hier war

1540 Francisco Vázquez de Coronado auf der Suche nach den goldenen Städten von Cíbola, die er später auch fand: schlichte Lehm-Pueblos in New Mexico (Details siehe Kapitel "Geschichte").

Die Straße windet sich wie ein Korkenzieher durch eine einsame Bergwildnis mit dichten Wäldern. Im Winter wegen Schneefalls häufig gesperrt. Vielsagendes Schild am Hwy.: "Route 666 not maintained nights, weekends oder during storms". Durchschnittlich sollen täglich etwa 250 Autos hier durchkommen, an manchen Tagen begegnet man jedoch höchstens einem Dutzend.

ALPINE: Einzig nennenswerte Siedlung im Verlauf des Coronado Trail. Der Name sagt einiges über die Umgebung, im Winter Anziehungspunkt für Cross Country Skiläufer, im Sommer für Bergwanderer. Einige Motels in dem winzigen Ort dienen als Übernachtungsbasis für Ausflüge.

MORENCI (1.800 Einw.): Hier wird noch heute in eingeschränktem Maße Kupfer gewonnen, und zwar aus einer der größten Tagebauminen der Welt. Das Loch, das die Bagger inzwischen gegraben haben, hat 3,2 km Durchmesser und ist 550 m tief. Die "Morenci Open Pit Mine" kann per Führung besichtigt werden. Dauer ca. 3,5 Std., gratis. Vorherige Anmeldung nötig, Tel. 865-4521.

CLIFTON (3.000 Einw.): Ab 1872 wurde hier Kupfer abgebaut. Um die Jahrhundertwende war die Stadt eines der wichtigsten Bergbauzentren von Arizona. Noch heute prägt der Bergbau das Stadtbild, das zahlreiche Gebäude aus der Gründerzeit aufweist. Der alte Bezirk erstreckt sich entlang Chase Creek St. Dort auch das Greenlee Historical Museum mit Exponaten zur Geschichte des Begbaus in der Region. Nach Einstellung der Kupferproduktion hat Clifton in den achtziger Jahren fast 50 Prozent seiner Einwohner verloren.

> In den ersten Jahren wurde das Kupfer noch zur Verhüttung nach Wales verschifft. Ab 1881 errichtete die Kupfer-Firma Phelps-Dodge vor Ort eine Schmelzanlage. 1878 baute man die erste Eisenbahn Arizonas in dieser Gegend. Zunächst zogen Esel die leeren Loren bergauf, die dann beladen allein herunterrollten. Später setzte man Lokomotiven ein.
>
> Zu Anfang wurde das kupferhaltige Gestein im Untertagebau aus der Erde geholt. Als in den dreißiger Jahren riesige Bagger zur Verfügung standen, begann der Übergang zum Tagebau. Im Laufe der Zeit wurden die alten Minenstädte Metcalf und Morenci von der Grube einfach verschluckt, Morenci in der Nähe neu aufgebaut. Ein halbes Jahrhundert dauerte der Boom, seither befindet sich Clifton im ständigen Abstieg.

SAFFORD (7.400 Einw.) Hier kreuzt Hwy. 666 den Old West Highway zwischen Globe und Duncan. Details ab Seite 275.

MOUNT GRAHAM (3.265 m): Gewaltiges Bergmassiv bei Safford, im Winter oft mit einer Schneehaube. Fächerförmiges Schwemmland an den Hängen. Weiter oben bis zu 800 Jahre alte Douglas-Tannen. Sie haben die häufigen Wald- und Buschbrände überstanden, da diese die steilen Felsabhänge nicht hinauflodern konnten. Eine geteerte Straße führt von Hwy. 666 (12 km südlich von Safford) über 35 km in das Bergmassiv hinauf. Kurvig und steil. Von deren Ende Wanderwege zu verschiedenen Gipfeln mit spektakulärer Aussicht über den Südosten Arizonas.

ROPER LAKE, unmittelbar südlich von Safford in einem State Park. Winziger See vor der Kulisse von Mount Graham. Zufahrt 3 US pro PKW. Im Süden von Roper Lake endet Hwy. 666 in der Nähe von Willcox am Interstate Hwy. 1o.

Drei schön gelegene Plätze auf dem Gelände des State Park. Nähe See und mit Blick auf Mt. Graham. Toiletten, Wasser, Duschen. Dazu eine natürliche warme Quelle mit winzigem Pool. Ruhig, keine Schatten. Stellplatz 7-1o US, Zufahrt zum Park inkl.

✦ Old West Highway

Hwy. 7o von Globe bis Duncan und weiter nach Lordsburg in New Mexico. Durchquert den Südosten Arizonas, meist schnurgerade über eine Hochebene. Zu beiden Seiten kahle Gebirgsketten. Nur selten ein winziger Ort mit Tankstelle, US Post Office und in rapidem Verfall befindlichen Häusern. Der Name soll erinnern an die glorreichen Tage des alten Westens, die hier gar nicht so glorreich waren. Es gab immer nur Legenden von Goldminen, größere Funde wurden jedoch nicht registriert.

Die Straße führt zunächst über die SAN CARLOS APACHE INDIAN RESERVATION: Ein weites, unfruchtbares Bergland, das sich vom Highway aus nach Nordosten erstreckt. Heute leben rund 1o.ooo Apachen verschiedener Stämme in diesem Gebiet. Die Stammesverwaltung hat ihren Sitz im Ort **SAN CARLOS**, wenige Kilometer nördlich von Hwy. 7o. Eine traurige Siedlung ohne jegliche Attraktion.

Das Apachen-Reservat San Carlos wurde in den siebziger Jahren des 19. Jahrhunderts eingerichtet, um die Bewegungsfreiheit der Indianer einzuschränken und damit ihre Überfälle auf Siedler und Postkutschen zu beenden. Gewöhnt an ein Dasein als Nomaden, war ihnen die seßhafte Lebensweise allerdings vollkommen fremd. Wüstenklima, Sandstürme und Klapperschlangen trugen auch nicht dazu bei, sich auf dem beschränkten Stück Land besonders heimisch zu fühlen. Dieses war ihnen zwar vertraglich zugesichert, weiße Goldsucher oder Farmer hielten sich jedoch nicht an derlei Vereinbarungen: Wo immer sie ein profitables Fleckchen entdeckten, vertrieben sie die Indianer.

Kenntnisse in Landwirtschaft besaßen die Apachen nicht, und da das ihnen zuerkannte Land sich obendrein nicht besonders für den Feldbau eignete, blieben sie von den Lebensmittelrationen der Indianerbehörde abhängig. Um diese Rationen wurden sie sogar noch in vielfacher Weise von der Reservatsverwaltung oder kriminellen Zulieferern betrogen.

Ein zusätzliches Problem bestand darin, daß verschiedene Apachen-Stämme, die ursprünglich verfeindet waren, gemeinsam im Reservat leben mußten. Dies verursachte beständige interne Kontroversen, die die schlechte Behandlung seitens der Weißen ergänzten und den Apachen das Leben zur Hölle machten. Kein Wunder, daß sich viele Krieger mitsamt ihren Familien unter Führung des legendären <u>Geronimo</u> immer wieder absetzten und ihr gewohntes Leben in den Bergen Süd-Arizonas oder Mexikos bevorzugten (vergl. dazu Kapitel "Geschichte").

SAN CARLOS LAKE: In den dreißiger Jahren nach dem Bau des Coolidge Dam entstanden. Erstreckt sich über rund 36 km Länge zwischen kahlen Bergkuppen. Am Ufer einfache Campingplätze ohne Versorgungseinrichtungen und einige Bootsrampen. Fast das ganze Jahr über einsam und verlassen. Eine Straße führt zum Staudamm und um den See, etwas abwechslungsreicher als der schnurgerade Hwy. 7o.

Nach fast 1oo km Fahrt durch die Hochebene eine erste kleine Ablenkung in **PIMA** (1.7oo Einw.) - wenn man Glück hat und das örtliche Museum geöffnet ist (Mi-Fr von 14-16 Uhr, Sa von 13-16 Uhr, Center St./ Ecke Main St.). Wer zu anderen Zeiten vorbeikommt, hat nicht viel versäumt: Winzige Ausstellung über Indianer und die frühen weißen Siedler. Dokumente, Fotos, Vitrinen mit Kleinkram. Eintritt frei.

THATCHER (3.8oo Einw.): Sitz des Eastern Arizona College, dessen modernes Backsteingebäude stark kontrastiert zum eher schäbigen Eindruck des Ortes. Auf dem Uni-Gelände (College Ave./ Ecke Main St.) ein kleines anthropologisches Museum. Figuren, Keramik, Schmuck und Tonscherben verschiedener Indianer-Kulturen. Geöffnet Mo-Fr von 9-12 Uhr und von 13-16 Uhr. Während der Semesterferien im Sommer geschlossen. Eintritt frei.

SAFFORD (7.4oo Einw.): Größter Ort am Old West Highway, Geschäftszentrum für das umliegende landwirtschaftliche Gebiet am Gila River (Baumwollanbau). Tankstellen, Läden, Hamburger-Stops und einige Motels an der Durchgangsstraße. Hinter der Stadt erhebt sich das Bergmassiv von <u>MOUNT GRAHAM</u> (Details dazu und Fortsetzung der Strecke Richtung Süden nach Willcox siehe "Hihgway 666", Seite 273).

DUNCAN (66o Einw.): Kurz vor der Grenze zu New Mexico. Hatte seine besten Tage, als es noch PURDY hieß und ein wichtiger Verladepunkt der Eisenbahn war. Hier wurden Rinder und Schafe von den Weiden im südlichen Arizona und New Mexico auf den Weg zu den Schlachthäusern in Kalifornien gebracht. Heute lediglich unbedeutende Durchgangsstation am Old West Highway.

★ Willcox (3.1oo Einw.)

Staubiges Provinznest, das unter der glühenden Sonne Südarizonas vor sich hindöst. Bewegung ergibt sich nur wegen der Lage direkt an der Autobahn. Guter Ausgangspunkt für den Besuch des Chiricahua National

Monument.

 Chamber of Commerce, 15oo N. Circle 1 Rd., jenseits der Autobahn am Exit 34o. Neben Infomaterial ein kleines Museum mit Schautafeln über den Kampf des Apachenhäuptlings Cochise gegen die US-Army, der hier in der Umgebung stattfand. Außerdem kleine Mineraliensammlung und Exponate zur Gründung von Willcox und den Bau der Eisenbahn. Geöffnet Mo-Sa von 9-17 Uhr, So von 13-17 Uhr.

Post: 2oo S. Curtis Ave.

Als <u>DOWNTOWN</u> Willcox gelten die beiden Straßenzüge parallel und senkrecht zur Eisenbahnlinie (Railroad Ave. und Maley St.). Eine stilechte Reihe von Backsteinbauten aus der Gründerzeit, schön restauriert und nicht durch Modernes unterbrochen. Der Bahnhof dagegen verfallen, Personenverkehr findet hier schon lange nicht mehr statt.

<u>REX ALLEN COWBOY MUSEUM</u>, Railroad Ave. In einem ehemaligen Saloon Erinnerungsstücke an den Schnulzensänger und späteren Cowboy-Darsteller in einer Reihe von Hollywood-Western und Fernsehserien. Hauptsächlich Fotos und Kinoplakate. Ein Dampfradio aus den dreißiger Jahren dudelt Originalton Rex Allen. Geöffnet täglich 1o-16 Uhr, gratis. Gegenüber am Bahndamm ein Denkmal für den 192o in Willcox geborenen Lokalhelden.

"<u>Plaza Inn</u>", 11oo W. Rex Allen Dr. Nähe Autobahnausfahrt. Gehobener Motelstil. Gebäude gruppiert um einen Innenhof mit SW-Pool und Whirlpool. Die vorderen Zimmer relativ laut. Groß und komfortabel ausgestattet mit Sitzecke und Kühlschrank. Kräftiges amerikanisches Frühstück inkl. DZ ab 6o US. Tel. 384-3556 oder 8oo-262-2645.

"<u>Comfort Inn</u>", direkt an der Autobahnausfahrt, Exit 34o. Modernes Motel, zweistöckig, in verkehrsgünstiger Lage. Kleiner SW-Pool am Parkplatz. Einige Zimmer laut. Geräumig und komfortabel möbliert. DZ je nach Ausstattung 5o-6o US. Tel. 384-4222 oder 8oo-221-2222.

"<u>Desert Inn</u>", 7o4 Haskell Ave. Am westlichen Ortsrand. Solide Backsteingebäude. Zimmer geräumig und funktional eingerichtet. DZ ca. 34-38 US, gute Wahl in dieser Preisklasse. Tel. 384-3577.

"<u>Motel 6</u>", 921 N. Bisbee Ave., Nähe Autobahnausfahrt Exit 34o. Zweistöckiges Motel inmitten eines riesigen Parkplatzes. SW-Pool. Einige Zimmer laut, da zur Interstate hin gelegen. Ansonsten einfach, aber sehr gepflegt. Moderne sanitäre Anlagen. Für 33 US pro DZ ist man gut bedient.

"<u>Desert Breeze Motel</u>", 556 Haskell Ave. Motel Nähe Zentrum. Zimmer klein und in wenig überzeugendem Zustand. Bei 19 US fürs DZ immerhin ein Dach überm Kopf. Billigste Unterkunft in Willcox. Tel. 384-4636.

Im Ort selbst mehrere RV-Parks, aber alle ziemlich staubig und abweisend. Gepflegter und besser ausgestattet mit Duschen und SW-Pool ist "KOA Kampground", jenseits der Autobahn am Exit 34o. Allerdings relativ laut, da Interstate 1o direkt vorbeiführt. Stellplätze 1o-15 US, Tel. 384-3212.

Die Restaurant-Szene von Willcox ist fest im Griff der Fast Food Lokale. Passable Ausnahmen:

CACTUS KITCHEN, 7o6 Haskell Ave. Einfaches Ambiente. Kleine Salatbar, mexikanische Gerichte ab 5 US, Fleisch ab 8 US.

SONORA EXPRESS, 13o E. Mailey St. Im Zentrum. Ein alter Eisenbahnwaggon, etwas unpassend ausgestattet mit mexikanischen Utensilien und Decken. Immerhin mal was anderes als die ewig gleichen und sterilen Fast Food Häuschen. Einfache mexikanische Gerichte ab 6 US.

THE SOLARIUM, im Innenhof des Best Western Hotels, Nähe Autobahnausfahrt. Am Pool, in gepflegter und ruhiger Umgebung. Bequeme Sitzmöbel. Gute Steaks und Ribs für 8-15 US; zum Dinner Suppe und Selbstbedienung an der Salatbar inkl. Außerdem preiswerte Tex/Mex-Gerichte ab 6 US.

PLAZA, an der Autobahnausfahrt, hinter der Chevron-Tankstelle. Raststätte für Fernfahrer und andere mit großem Hunger. Tex/Mex-Küche und ordentliche Fleischportionen. Hauptgerichte 5-1o US.

Selbstversorger: SAFEWAY, großer Supermarkt direkt an der Autobahnabfahrt Exit 34o.

Picknick: Wenig attraktiv in Willcox selbst. Den gepackten Korb am besten aufheben bis zum Chiricahua National Monument.

Verbindungen

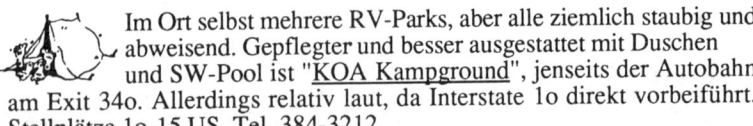

Auto: Ost-West Verbindung über Interstate 1o nach Tucson (13o km/ ca. 1.5 Std.) und Lordsburg, New Mexico (12o km/ ca. 1,5 Std.). In Nord-Süd Richtung über Hwy. 666 nach Douglas an der mexikanischen Grenze (12o km/ ca. 1,5 Std.) und Safford am Old West Highway (8o km/ ca. 1 Std.).

★ Fort Bowie National Monument

Ruinen des einstigen Forts der US-Army, gegründet 1862. Stützpunkt im jahrzehntelangen Kampf gegen die Apachen unter ihren Häuptlingen Cochise und Geronimo (vergl. dazu Kapitel "Geschichte"). Nach der endgültigen Unterwerfung der Indianer überflüssig und 1894 aufgegeben. Heute völlig abseits, nur auf ungeteerter Straße zu erreichen. Am besten auf dem Weg von Willcox zum Chiricahua NM, Abzweigung von Hwy. 186, dann noch 1o km. Abstecher lohnt aber kaum, da vom Fort nur noch minimale Grundmauern zu sehen sind. Schautafeln erklären den früheren Zustand. Geöffnet täglich von 8-17 Uhr.

★Chiricahua National Monument

Märchenlandschaft aus erodierten Felsen. Senkrechte Steilwände, spitze Felsnadeln, waghalsige Überhänge, gewaltige Brocken. Vieles erscheint wie von einem Riesen aufgeschichtet. Mancher Fels droht jeden Moment abzustürzen, so wackelig liegt er auf seinem Fundament. Mit etwas Phantasie erkennt man in den Umrissen die vielfältigsten Figuren und Gesichter.

Schon bei der Zufahrt ein frappierender Übergang: Von der trockenen Ebene, in der ein paar Kühe grasen, plötzlich hinein in ein enges Tal mit Felsen und Wald. Über den 11 km langen Scenic Drive durch die wundersame Gesteinslandschaft erreicht man MASSAI POINT. Dort schöner Überblick über die Felsformationen und Ausgangspunkt mehrerer Wanderwege.

Wandern ist sowieso die beste Art, sich den Tausenden von Felsbrocken zu nähern und deren absurde Konstellationen zu studieren und zu genießen. Minimum sollte der knapp 1 km lange MASSAI POINT NATURE TRAIL sein, der schöne Ausblicke und viele Details an einzelnen Felsbrocken erleben läßt. Weitere Wanderwege siehe unten.

<u>Tip</u>: Möglichst früh morgens am Massai Point eintreffen, weil man dann den besten Eindruck von den Felsen bekommt: Die Sonne beleuchtet zu dieser Zeit das durch Flechten hervorgerufene Grün der Steine.

Die Entstehung der Felsformationen von Chiricahua verdankt sich einem vielschichtigen geologischen Prozeß. Vulkaneruptionen schufen zunächst über Jahrtausende hinweg immer neue Schichten von Lava und Asche. Die Asche setzte sich, Hitze und Druck der oberen Schichten verwandelte sie in Fels. Doch manche Schichten kühlten zu schnell ab, um richtig zu verschmelzen, so daß sie weich und pulverig blieben.

Eine spätere Aufwärtsbewegung der Erde übte Druck auf die ungleiche und teilweise poröse Masse aus; es entstanden vertikale Risse, die den Fels in Säulen zerbrachen. Diese Risse erweiterten sich durch noch mehr Druck, die Erosion durch Wind und Wetter tat ein Übriges. Auch die Flechten, die sich auf dem Gestein niederließen trugen zur Erosion bei; sie sondern eine schwache Säure ab, die den Fels zerfrißt. Die inzwischen angesiedelten größeren Pflanzen und Bäume halten zwar einerseits das Gestein zusammen, langfristig dringen ihre Wurzeln aber in die soliden Felsteile ein und zerbrechen sie.

Da die porösen Teile des Gesteins schneller erodieren als die fest verschmolzenen, ergeben sich mit der Zeit die absurdesten Formen, bis hin zu Felsen, die nur nur auf einer dünnen Spitze stehen.

 Visitors Center am Scenic Drive mit Schautafeln zur Entstehung der Felsen. Kleine Video-Show als gute Einstim-

mung. Zufahrt zum National Monument 4 US pro PKW.

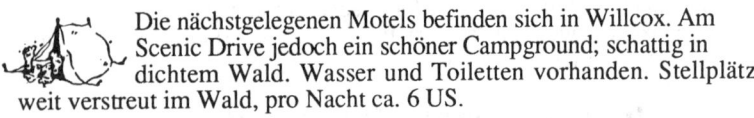
Die nächstgelegenen Motels befinden sich in Willcox. Am Scenic Drive jedoch ein schöner Campground; schattig in dichtem Wald. Wasser und Toiletten vorhanden. Stellplätze weit verstreut im Wald, pro Nacht ca. 6 US.

WANDERN

Nur Tageswanderungen erlaubt, Übernachtung auf dem Campingplatz. Im Winter sind die Trails manchmal kurzfristig verschneit. Vor allem an warmen Sommertagen Vorsicht vor Klapperschlangen. Hiker's Shuttle: Jeden Morgen um 8.3o Uhr Bus ab Visitors Center zu den Ausgangspunkten der Trails am Massai Point und Echo Canyon. Von dort Wanderwege zurück zum Visitors Center.

"Heart of Rocks Trail": Der schönste Trail von allen, da er zu den spektakulärsten Felskonzentrationen führt. Durch schattige Nadelwälder. Ausgangspunkt Parkplatz am Massai Point. 11 km hin und zurück, ca. 3 Std. Besser mehr Zeit einplanen, um die vielen Felsdetails in Ruhe bestaunen zu können. Läßt sich ausdehnen zu einer Rundwanderung (insgesamt 14 km), wenn man vom Heart of Rocks durch den Deming Canyon und Hailstone Trail zum Ausgangspunkt zurückkehrt.

"Echo Canyon Loop Trail": Leichter Rundweg durch dichten Wald am Echo Park und zu außergewöhnlichen Felsformationen. Ausgangspunkt Parkplatz am Echo Canyon, kurz vor Ende des Scenic Drive. 5 km, ca. 2 Std.

"Sugarloaf Mountain Trail": Anstieg auf einen der höchsten Punkte im National Monument. Von oben nicht nur die Felsen von Chiricahua aus der Vogelperspektive, sondern auch weite Teile von Südost-Arizona und New Mexico. Ausgangspunkt ist der Parkplatz Sugarloaf Mountain.

Verbindungen: Kein öffentlicher Transport. Per Auto ab Interstate 1o am schnellsten über Willcox (55 km/ ca. 1Std.).

✶ Douglas (13.ooo Einw.)

Grenzstadt zu Mexiko, seit der Jahrhundertwende Zentrum der Kupferproduktion. Entsprechend die Atmosphäre. Entlang G Ave. noch einige Häuserzeilen mit Backsteinfassaden aus der Pionierzeit.

Dazwischen das GADSDEN HOTEL, 1o46 G Ave. Luxushotel mit dem Flair der Vergangenheit und inzwischen eine Sehenswürdigkeit für sich. 19o7 während des Kupferbooms errichtet. Bei der Eröffnung des Hotels war Arizona noch nicht einmal offizieller Staat der USA. Massive braune Marmorsäulen in der Lobby, eine breite Marmortreppe führt in den 1. Stock. Tiffany-Glasfenster. Die tiefen Ledersessel stammen aus besseren Zeiten und sind schon abgewetzt. Zahlreiche Hollywood-Filme haben

Szenen, die in der Lobby des Hotels spielen, u.a. "The life and times of Judge Roy Bean".

Insgesamt der Übernachtungstip im südöstlichen Zipfel von Arizona. Die Zimmer von sehr unterschiedlicher Qualität, teilweise modernisiert. DZ je nach Qualität 35-95 US. Tel. 364-4481.

Das angegliederte Restaurant <u>EL CONQUISTADOR</u> ist rustikal-gemütlich und bietet Western-Küche mit Steaks und Ribs. Daneben die Saddle & Spur Lounge, ein echter Saloon mit riesiger Holztheke, dahinter über zweihundert Brandzeichen von Rinderfarmen in Arizona.

★ Bisbee (6.3oo Einw.)

Ehemalige Bergbaustadt in engem Tal und auf mehreren Hügeln. In Old Town noch zahlreiche alte Fassaden und das Gebäude der Minengesellschaft. Wohnbezirke mit viktorianischen Häusern. Die Straßen nicht im üblichen US-Schachbrettsystem, daher ungewöhnliches Stadtbild mit viel Charme. Ein Bummel durch den Ort macht Spaß: klare Bergluft, schöne Fassaden, lockere Atmosphäre. Lebendig, aber nicht übermäßig touristisch.

Die Geschichte von Bisbee liest sich zunächst ähnlich wie die der meisten anderen Bergbaustädte im Südwesten, hat aber ein ungewöhnliches Ende: 1877 entdeckte ein gewisser George Warren Spuren von Edelmetall in der Gegend und steckte seine Claims ab. Bei einer Wette verlor er jedoch seine Anrechte. Wenig später stellte sich heraus, daß ihm damit eines der reichsten Erzlager Amerikas aus den Händen geglitten war.

Die Nachricht von gewaltigen Kupferablagerungen brachte 1881 den Konzern Phelps-Dodge auf den Plan, der hier wie anderswo in Arizona den Abbau des Metalls in großem Stil vorantrieb. In seinem Gefolge kamen Bergleute, Händler und Saloonbesitzer, und Bisbee verwandelte sich in eine typische Boom-Town des Wilden Westens. Um die Jahrhundertwende hatte der Ort 25.000 Einwohner und war zeitweise die reichste Stadt zwischen New Orleans und Los Angeles.

Zu Beginn der siebziger Jahre waren die Minen erschöpft, die Kupfer-Company und die Mehrzahl der Arbeiter zogen ab, und Bisbee schien einer trostlosen Zukunft entgegenzusehen. Doch dann geschah das Unerwartete: Einige alternde Hippies erkannten die unbestreitbaren Vorteile dieser schön gelegenen Siedlung, kauften die zu Spottpreisen angebotenen Häuser auf und gründeten eine Art Außenposten von San Francisco. Andere Nonkomformisten und viele Künstler zogen hinterher und gaben der einstigen Minenstadt das alternative Gepräge, das auch heute noch vorherrscht.

 <u>Chamber of Commerce</u>, Naco Rd./ Ecke OK Street, an der Zufahrt zum Historic District.

 <u>Post</u>: Main St., in einem historischen Gebäude aus dem Jahre 19o7.

<u>LAVENDER PIT</u>: Die einstige Lebensader von Bisbee bekommt man bereits bei der Anfahrt deutlich vor Augen geführt. Hwy. 8o von Süden her verläuft innerhalb des riesigen Loches, das der Tagebau in die Erde ge-

fressen hat. Schon vorher sieht man die Abraumhalden. Von einem Aussichtspunkt am Hwy. 80 Blick in den gesamten Kessel und auf die terrassenförmigen Abstufungen, auf denen die riesigen LKWs das Gestein aus der Mine heraufholten.

COPPER QUEEN MINE: Wem der Tagebau nicht reicht, der kann auch eine Tour durch die unterirdischen Stollen machen, die von 1880 bis 1943 ausgebeutet wurden. Die Mine allein hat über 200 Kilometer Stollen, in der ganzen Region gibt es über 3000 km! Während der Tour Informationen über Geschichte und Abbaumethoden. 4x tägl., Dauer ca. 1,5 Std., Eintritt 8 US. Geöffnet täglich. Anmeldung im Queen Mine Tour Building, am südlichen Rand von Old Town.

MINING AND HISTORICAL MUSEUM, 5 Queen Plaza, im Zentrum. Ehemaliges Verwaltungsgebäude der Kupfer-Gesellschaft. Lebendige Ausstellung zur Geschichte der Stadt und der Minen. Holzgetäfeltes Büro des General Managers der Minengesellschaft, im 2. Stock Mineralien. Aufschlußreiche Fotodokumentation eines Streiks von 1917, als 1200 streikende Bergleute deportiert und in der Wüste von New Mexico ausgesetzt wurden.

Bisbee ist eine Erholung für Motel-geplagte Reisende, die den immer gleichen Stil satt haben. In der Stadt bietet sich die Übernachtung in einem der zahlreichen Häuser aus der Zeit des Kupfer-Booms an. Entweder traditioneller Hotel-Stil oder familiäres Bed&Breakfast.

"The Clawson House", 116 Clawson Ave. Auf einem Hügel oberhalb des historischen Zentrums mit Rundblick über die Stadt. Einst Wohnsitz des Managers der Queen Mine. Renoviert und ausgestattet mit Antiquitäten. Gutes Frühstück mit Hausmannskost. DZ je nach Größe und Ausstattung 60-80 US. Tel. 432-5237.

"Grand Hotel", 61 Main St. Mitten im historischen Zentrum. Der Name sagt schon alles, ein typisches Grand Hotel aus den besseren Zeiten des Bergbaus. Vollständig restauriert und modernisiert. Eingerichtet etwas plüschig im viktorianischen Stil; jedes Zimmer mit einem besonderen Touch. Ausgiebiges Frühstück inkl. DZ je nach Qualität 55-75 US. Tel. 432-5900 oder 800-421-1909.

"OK Street Jailhouse Inn", 9 OK Street. Nur ein Apartment bietet dieser originelle Inn; aber wer wollte nicht mal im ehemaligen Gefängnis (erbaut 1904) übernachten? Modernisiert und komfortabel ausgestattet, bequeme Übernachtung inkl. Küche für 4 Personen. Das ganze Kittchen pro Nacht für 100 US. Reservierung ratsam, Tel. 432-7435.

"The Bisbee Inn", 45 OK Street. Etwas oberhalb des historischen Zentrums. Mit 18 Zimmern eines der größeren Bed&Breakfast Häuser. Einfache Ausstattung, Gemeinschaftsbäder. Ausgiebiges Frühstück. DZ je nach Größe und Qualität 42-56 US. Tel. 432-5131.

Eine Anzahl weiterer Bed&Breakfast Inns verteilt im gesamten Stadtgebiet, Preise ca. 40-100 US. Im Büro der Chamber of Commerce liegen Broschüren mit ausführlichen Beschreibungen der einzelnen Häuser sowie Preisinformationen.

Südost-Arizona 283

"Shady Dell RV-Park", 1 Douglas Rd. Nähe Zentrum, direkt an der Tagebau-Mine. Für Wohnmobile und Zelte. Einige Bäume geben Schatten. Stellplatz ca. 11 US. Klein, deshalb möglichst reservieren, Tel. 432-73o5.

Im Historic District zahleiche kleine Kneipen, Cafés, Restaurants und Straßencafés. Bei einem kurzen Bummel entlang Main St. und der angrenzenden Straßen findet sich problemlos etwas Passendes für jeden Geschmack und Geldbeutel.

Selbstversorger: SAFEWAY, 1o1 Naco Hwy., Abzweigung vom Hwy. 92 Richtung Coronado National Memorial. Moderner Supermarkt.

Verbindungen: Hwy. 8o zu den benachbarten Städten Tombstone (4o km/ ca. 45 Min.) und Douglas (4o km/ ca. 45 Min.) Hwy. 92 zum Coronado National Memorial (35 km/ ca. 3o Min.) und weiter nach Sierra Vista.

✦ Coronado National Memorial

Hügelige Landschaft am Rande einer Gebirgskette. Bewachsen mit niedrigem Gestrüpp und vereinzelten Bäumen. Bietet nicht mehr als der sonstige Südosten Arizonas. Über dieses Gelände betrat Francisco Vázquez de Coronado 154o als erster Europäer den Boden der heutigen USA und zog von hier aus Richtung Norden (Details dazu im Kapitel "Geschichte").

Besuch eigentlich nur sinnvoll, wenn man die Wanderung zum CORONADO PEAK (2.o87 m) einplant, denn von dort ein Super-Panorama auf die Ebene, die Bergketten gegenüber und bis weit hinein nach Mexiko. Die klare Höhenluft läßt weit blicken. Zu erreichen über "Joe's Canyon Trail", ab Visitors Center zum Montezuma Pass, dort Anschluß an den "Coronado Peak Trail". Hin und zurück insgesamt 12 km, ca. 4-5 Std. Mittlere Schwierigkeit, auf dem Hinweg nur bergauf. Wer einfacher zum Gipfel kommen will, fährt mit dem Auto zum Montezuma Pass, von dort noch Anstieg über o,7 km.

Im VISITORS CENTER eine kleine Dokumentation der Expedition Coronados. Keinerlei Versorgungseinrichtungen, keine Unterkunft und auch kein Camping im NM oder in der Nähe.

✦ Sierra Vista (35.ooo Einw.)

Kilometerlang in der Ebene ausgebreitet; eine Kleinstadt auf der Fläche einer Großstadt. Fast ausschließlich neue Wohnsiedlungen von Veteranen des US-Militärs, die sich hier geballt niederlassen. Alles modern, steril, wie aus dem Ei gepellt. Beinahe schon sehenswert die Hauptstraße hinauf zum Fort Huachuca: eine Konzentration von Shopping Malls, Fast Food Läden und Reklametafeln, wie sie selbst an den Ausfallstraßen der Großstädte kaum zu finden ist.

FORT HUACHUCA: Auch aktive Militärs gibt es noch in Sierra Vista. Seit 1877 besteht das Militärlager, damals errichtet für den Kampf gegen den Apachen-Häuptling Geronimo. Eines der wenigen Forts, das nach der Niederschlagung der Indianer nicht aufgegeben wurde, sondern bis heute weiterbesteht.

Auf dem Gelände zahlreiche über hundert Jahre alte Originalgebäude. Außerdem ein Museum mit Fotos, Dokumenten und Utensilien aus der Zeit der Apachenkriege. Besichtigung möglich, allerdings erst nach einer etwas umständlichen Prozedur am Kasernentor (Paß, Wagenpapiere, Unterschriften).

TOMBSTONE (1.3oo Einw.)

Die klassische Western-Stadt Arizonas. Zahlreiche Original-Gebäude aus der Zeit des Gold- und Silberbooms um 188o, heute liebevoll restauriert. Vor allem an Wochenenden viel Betrieb und Touristenrummel, der die Atmosphäre etwas in Richtung Disneyland verschiebt. Das Wildwest-Flair jedoch greifbar, wenn nach 21 Uhr fast alle Läden und Restaurants geschlossen haben und über die Straßen nur noch ein vereinzelter Typ in Jeansjacke und Cowboyhut huscht.

Auf den Hügeln rund um die Stadt noch Reste von Fördertürmen. Überall offene Minenschächte, die bis zu 2oo m in die Erde gehen. Einige von ihnen sind eingezäunt; wer eine der staubigen Nebenstraßen aus Tombstone herausfährt, sieht die pyramidenartigen Käfige, die die Schächte abdecken. Anderswo liegen sie dagegen noch offen, und sind extrem gefährlich bei Spaziergängen über unbekanntes Terrain.

Ein gewisser Ed Scheiffelin verließ 1877 das Army-Camp Fort Huachuca Richtung Osten, auf der Suche noch Gold oder Silber. Die dort stationierten Soldaten machten sich lustig über ihn und prophezeiten, daß er höchstens seinen Grabstein finden werde. Als Ed kurz darauf eine reiche Silberader entdeckte, nannte er sie "Tombstone". Nachdem er noch sieben weitere Adern gefunden hatte, hängte er sein Glück an die große Glocke, verkaufte sie für rund eine Million Dollar, und der Ort Tombstone war geboren.

Tausende von Glücksrittern strömten herbei, 1882 hatte Tombstone bereits 23.ooo Einwohner und war die größte Stadt zwischen St. Louis und San Francisco. Da Arizona zu dieser Zeit noch kein Staat der USA war, galten Recht und Ordnung nur wenig. Die Sheriffs und Marshals rekrutierten sich zumeist aus Revolverhelden, so daß Schießereien, Mord und Totschlag an der Tagesordnung waren.

Eine besondere Rolle während der Gründerjahre spielten die zwielichtigen Gebrüder Earp, von denen Virgil eine Zeitlang als Sheriff agierte und in dieser Position wohl eher den Bergbau- und Saloongeschäften seines Bruders Wyatt zuarbeitete als dem Gesetz Geltung zu verschaffen. So kam es auch zu der berühmt-berüchtigten Schießerei vor dem OK Corral, als die Gebrüder Earp ihre Rivalen von der Clinton Familie erschossen, an geblich weil diese als Viehdiebe überführt waren. Eine wirkliche Klärung der Affäre konnte nie durchgeführt werden (weitere Einzelheiten zu diesen und anderen berühmten Revolverhelden siehe Kapitel "Geschichte").

Die Schießereien waren nicht das einzige Problem, mit dem sich die Boom-Town herumzuschlagen hatte. Gelegentlich gab es Überfälle der Apachen, 1881/82 zerstörten zwei Brände beinahe die gesamte Stadt, und 1887 legte ein Erdbeben viele Gebäude flach. Doch der Reichtum unter der Erde war groß genug um die Leute zu halten und den jeweiligen Wiederaufbau zu finanzieren. Trotz aller Rückschläge erhielt Tombstone das Etikett als "town too tough to die".

"Tough" und beschwerlich gestaltete sich auch die Förderung des Erzes in Tombstone. Die nötigen Wassermengen mußten bis 1880 aus 15 km Entfernung herbeitransportiert werden. Um an die waagerecht verlaufenden Adern zu kommen, grub man per Schaufel senkrechte Schächte, die oft bis zu 2oo m tief waren. Stieß man auf eine Silberader, so verfolgte man sie waagerecht weiter, bis sie erschöpft war, um dann den Schacht wieder senkrecht voranzutreiben.

Um die Jahrhundertwende stieg die Minengesellschaft Phelps-Dodge mit großer Maschinerie ins Geschäft ein und trug auf der Suche nach den edlen Metallen ganze Berge ab. Damit hatten die kleinen Miners keine Chance mehr, und die Erzlager waren in wenigen Jahren erschöpft. Tombstone wurde zur Geisterstadt und erlebte erst mit dem Boom des Tourismus eine neue Auferstehung. A town too tough to die.

 Visitor Center, Allen St./ Ecke 4th St. Das weiße Gebäude war in den glorreichen Tagen von Tombstone die Bank.

 Post: 516 Allen St./ Ecke 6th St.

Orientierung: Tombstone ist überschaubar, alles Sehenswerte zu Fuß zu erreichen. Die dichteste Konzentration von alten Gebäuden entlang Allen St. und einigen Querstraßen.

SEHENSWERTES

BOOTHILL GRAVEYARD, (1) direkt am nördlichen Ortseingang. Der Friedhof von Tombstone, 1879 eingerichtet. Viele der hier bestatteten Toten wurden erschossen oder aufgehängt. Auch die Opfer der Schießerei am OK Corral liegen hier begraben.

EARPP HOUSE, (2) Hwy. 8o, rotes Haus kurz vor der Chevron Tankstelle. Vorübergehend Wohnsitz des Revolverhelden und Geschäftsmannes Wyatt Earpp.

ST.PAUL'S, (3) 3rd St./ Ecke Safford St. Original-Kirche aus der Zeit des Goldfiebers, erbaut 1881. Ein Wunder, daß bei all der Schießerei in Tombstone die bunten Glasfenster noch intakt sind.

SCHEIFFELIN HALL, (4) Fremont St./ Ecke 4th St. Zweistöckiges Adobe-Gebäude, früher benutzt als Opern- und Theatersaal. Derzeit geschlossen.

CITY HALL, (5) Fremont St./ Ecke 4th St. Schöne rote Fassade. Erbaut

1882 als Rathaus der Stadt, später (und bis heute) Feuerwehrstation.

OK CORRAL, (6) Allen St./ Ecke 3rd St. Am 26. Oktober 1881 fand hier die berühmte Schießerei zwischen den Gebrüdern Earpp und Clinton statt, die nur 3o Sekunden dauerte, aber in die Geschichte des Wilden Westens einging. Zu Hintergründen und Motiven vergl. Kapitel "Geschichte". Geöffnet täglich von 9-17 Uhr, Eintritt 1,5o US.

HISTORAMA, (7) neben dem OK Corral. Per Film eine Rekonstruktion der Western-Tage von Tombstone. Stündlich von 9-16 Uhr, Eintritt 1,5o US.

ARIZONA TERRITORIAL MUSEUM, (9) Allen St./ Ecke 4th St. Eine weitere Ausstellung zur Geschichte der Stadt. Rekonstruktion eines Minenstollens. In Vitrinen Szenen aus der Wildwest-Epoche, Kleidung, Möbel, Utensilien. Geöffnet täglich von 9-16 Uhr, gratis.

CRYSTAL PALACE, (1o) Allen St./ Ecke 5th St. Saloon und Sitz der "Golden Eagle Brewery". Noch ziemlich im Originalzustand erhalten.

TOMBSTONE EPITAPH, (11) 5th St./ Ecke Fremont St. John P. Clum, Eigner einer Zeitung in Tucson, kam 188o nach Tombstone und gründete die Lokalzeitung "Tombstone Epitaph" (die Inschrift auf dem Grabstein). Heute zu sehen die Original-Druckerpressen und Zeitungsartikel aus der Zeit des Gold- und Silberbooms. Die Zeitung existiert noch heute, inzwischen natürlich für Touristen mit interessanten Berichten zur Geschichte der Stadt. Geöffnet Mo-Fr von 9-17 Uhr, Sa/So von 1o-17 Uhr, gratis. Vor dem Gebäude der "Hanging Tree", der bis 1882 zum Aufknüpfen von Verurteilten benutzt wurde.

ORIENTAL SALOON, (12) gegenüber vom Epitaph. Einer von 11o Saloons, die in den großen Zeiten von Tombstone hier florierten. Wyatt Earpp war einer der Teilhaber.

BIRD CAGE THEATER, (14) Allen St./ Ecke 6th St. Saloon und Tanzpalast. Erhalten noch die Bar aus dem 19. Jahrhundert und jede Menge Einschußlöcher in den Wänden. Die Bühne im hinteren Teil. Hier fand über zehn Jahre lang ein ununterbrochenes Kartenspiel statt. Geöffnet täglich von 8-16 Uhr, Eintritt 3 US.

LIBRARY, (15) Toughnut/ Ecke 4th St. Früher der Bahnhof, heute Bücherei.

COURTHOUSE, (16) Toughnut St./ Ecke 3rd St. Diente von 1882-1929 als Gerichtsgebäude. Heute Museum mit vielen Erinnerungsstücken an den Boom von Tombstone. Das Museum besitzt so viel, daß die Exponate alle 6 Monate gewechselt werden. Geöffnet täglich von 8-17 Uhr, Eintritt 2 US.

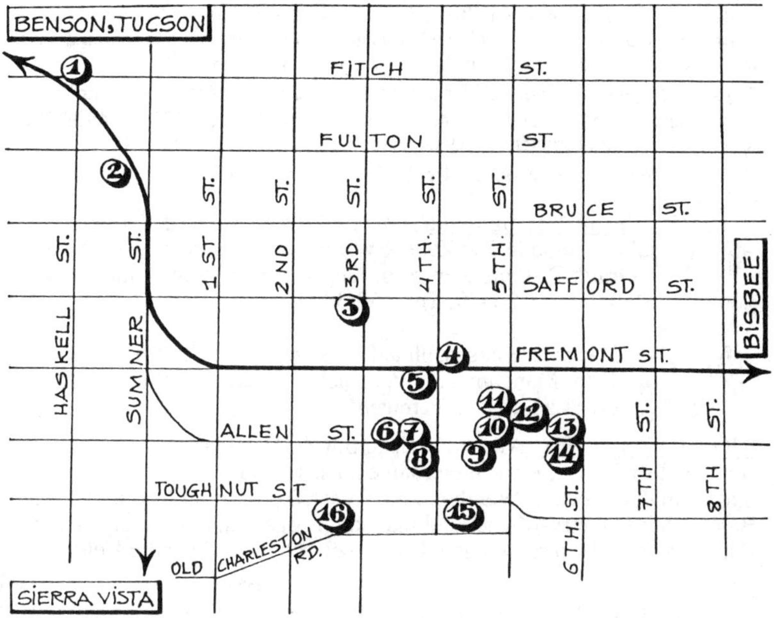

TOMBSTONE

1 Boothill Graveyard
2 Earpp House
3 St. Paul's
4 Scheiffelin Hall
5 City Hall
6 OK Corral
7 Historama
8 TOURIST INFO
9 Arizona Territorial Museum
10 Crystal Palace
11 Tombstone Epitaph
12 Oriental Saloon
13 POST
14 Bird Cage Theater
15 Library
16 Courthouse

"Buford House", 113 E. Safford St. Bed&Breakfast in ruhiger Wohngegend Nähe Zentrum. Boarding House aus der Zeit des Goldfiebers. Am Tor noch die Eisenringe zum Anbinden der Pferde. Vier geschmackvoll eingerichtete Zimmer in verschiedenen Stilrichtungen; eines mit Privat-bad und separatem Eingang. Gemütlicher Aufenthaltsraum im Erdgeschoß. DZ je nach Ausstattung 6o-9o US. Tel. 457-3168.

"Lookout Lodge", Hwy. 8o nördlich des Ortes. Oberhalb der Straße. Komfortables Motel mit mehreren zweistöckigen Gebäuden und SW-Pool. Von allen Zimmern weiter Blick auf die Landschaft um Tombstone. Zimmer eingerichtet im Country-Stil, geräumig und hell. Kleines Frühstücksbuffet mit Kaffee und Doughnuts. DZ je nach Größe und Saison 57-7o US. Tel. 457-2223 oder 800-528-1234.

"Priscilla's", 1o1 N. 3rd St. Ruhiges Wohnviertel, wenige Schritte zum Zentrum.

Holzhaus im viktorianischen Stil, erbaut 19o4. Restauriert, wobei die Originalstrukturen erhalten blieben. Auch die Einrichtung im Country-Stil erinnert an die Zeit der Jahrhundertwende. Gemeinschaftsbad. DZ 5o-6o US. Tel. 457-3844.

"**Adobe Lodge**", Fremont St./ Ecke 5th St. Einfaches Motel im Zentrum von Tombstone. Ein modernisierter Trakt mit ordentlichen Zimmern (DZ ca. 48 US); im alten Teil klein und heruntergekommen, dafür nur ca. 34 US. Tel. 457-2241. Weitere Motels dieser Kategorie an der gleichen Straßenkreuzung.

"KOA Kampground", am Hwy. 8o nördlich des Ortes. Für Wohnmobile und Zelte. SW-Pool in der warmen Jahreszeit. Gratis-Bus ins Zentrum. Gepflegte sanitäre Anlagen; kein Schatten. Stellplatz 15-2o US. Tel. 457-3829.

Das meiste abgestellt auf Western-Atmosphäre und Saloon-Flair. Manchmal mehr, manchmal weniger gelungen, oft etwas zu dick aufgetragen.

BIG NOSE KATE'S, Allen St./ Ecke 5th St. Der klassische Saloon mit runden Holztischen, einer meterlangen Theke und Unmengen von Fotos und Gemälden an den Wänden. Am Tresen Typen mit Cowboyhut, eine Band spielt Country-Music, und man kann sogar auf der winzigen Tanzfläche das Tanzbein schwingen. Hier saßen schon 1881/82 die Helden des Goldbooms.

LONGHORN, Allen St./ Ecke 5th St. Einfaches Lokal, rustikal und holzgetäfelt. Brandeisen und entsprechende Western-Bilder an den Wänden. Tex/Mex-Küche, Steaks, Nudelgerichte.

BELLA UNION, Fremont St./ Ecke 4th St. An der Ecke der Saloon, dahinter die Speisesäle. Etwas auf vornehmen Western-Stil getrimmt. Gemütlich und plüschig mit Holztäfelung und langen Samtvorhängen. Klavierspieler obligatorisch. Deftige Fleischgerichte und Seafood für 8-15 US.

NELLIE CASHMAN'S, 5th St./ Ecke Toughnut St. Einfaches Ambiente mit einer zusammengewürfelten Mischung aus Bildern, künstlichen Blumen und wild gemusterten Tischdecken. Preiswerte Sandwiches ab 3 US, Steaks ab 1o US.

Selbstversorger: CIRCLE K, Hwy. 8o/ Ecke Safford St., am nördlichen Ortsrand. Kleiner Lebensmittelladen mit dem Nötigsten.

Verbindungen

Kein öffentlicher Transport von und nach Tombstone. Hwy. 8o in die Nachbarstädte Bisbee (4o km/ ca. 45 Min) und Benson (4o km/ ca. 45 Min.). Hwy. 82 nach Nogales (115 km/ ca. 2 Std.).

TOMBSTONE --> NOGALES

115 km/ ca. 2 Std. Durch leicht welliges Hügelland mit niedrigem Gestrüpp und verbranntem Gras. Im Hintergrund kahle Bergketten. Die einzigen Orte, SONOITA und PATAGONIA, sind nur trostlose Käffer am Weg. Evtl. Abstecher zum LAKE PATAGONIA, ca. 6 km Stichstraße. Bademöglichkeit, Picknicktische unter Bäumen. Erfrischende Abwechslung in einer trockenen, von der Sonne verbrannten Bergwelt. Zufahrt zum State Park 3 US pro PKW.

 Im State Park, direkt am See. Wenig Schatten. Toiletten, Wasser und Duschen. Zelte ca. 7 US, Wohnmobile 12 US. Am Wochenende voll, da Naherholungsgebiet.

★Nogales (2o.ooo Einw.)

Wichtigster Grenzübergang zwischen Arizona und Mexiko. Betriebsames Zentrum mit starken mexikanischen Einflüssen, man hört mehr Spanisch als Englisch. Keine Schönheit, nur funktionale Geschäftsbauten, vieles heruntergekommen. Alles dreht sich ums Einkaufen: Die Mexikaner kommen herüber für US-Waren, Amerikaner gehen hinüber für Artesanía und Billig-Ramsch. Die Fahrt nach Nogales lohnt nur, wenn man zum Atmosphäre-Schnuppern hinüber nach Mexiko oder von dort weiter ins Landesinnere will.

Das amerikanische und das mexikanische Nogales gehören zu den zahlreichen "Zwillingsstädten" entlang der über 3200 km langen Grenzlinie zwischen Mexiko und den USA. Diese "border towns" haben in den letzten Jahrzehnten ein sprunghaftes Bevölkerungswachstum erlebt. Menschen aus allen Landesteilen Mexikos kommen in den Norden, weil sie sich dort ein besseres Leben versprechen.

Von hier aus überqueren jedes Jahr mehrere Millionen Mexikaner legal oder illegal die Grenze in der Hoffnung auf einen Job in den Vereinigten Staaten. Die US-Grenzpolizei führt zwar Kontrollen durch, aber für jeden Grenzgänger, der ihr in die Hände fällt, passieren zehn weitere unbemerkt. Und wer geschnappt und abgeschoben wird, versucht es am nächsten Tag wieder; seine Chancen stehen gar nicht schlecht. Die Angst vor "la migra", der amerikanischen Einwanderungsbehörde, hält sich jedenfalls angesichts des Elends, aus dem die Mexikaner zu entkommen versuchen, in Grenzen.

Viele haben den Weg schon ungezählte Male hinter sich: Sie wissen, wohin sie auf der anderen Seite zu gehen haben, um an den ersehnten Job und die paar Dollars zu kommen, für die sie sich in den USA so wenig kaufen können, mit denen sie aber in Mexiko eine ganze Großfamilie halbwegs über die Runden bringen.

Besonders während der Erntezeit werden die Kontrollen regelmäßig lascher gehandhabt, denn dann sind die Mexikaner bei den amerikanischen Farmern als billige Arbeitskräfte willkommen: Legal angeworbene Landarbeiter sind ebenso gefragt wie die illegalen Grenzgänger, die "indocumentados", denen noch weitaus geringere Löhne gezahlt werden und für die außerdem keine Sozialabgaben entrichtet werden müssen.

Inzwischen leben im Südwesten der USA, in Texas und in Kalifornien schon dauerhaft mehrere Millionen Mexikaner, die sogenannten "chicanos", die dort je nach Saison und

Interessenlage als hilfreiche Mitbürger auf schlecht bezahlten Arbeitsplätzen oder als nationales Problem der Überfremdung und Unterwanderung behandelt werden.

Schon Ende des letzten Jahrhunderts begann diese Bewegung mobiler Arbeitskräfte über die Grenze, die den bereits bestehenden spanisch-mexikanischen Bevölkerungsanteil im Südwesten regelmäßig vergrößerte: Im Bergbau oder als Saisonarbeiter in der Landwirtschaft ließen sich ein paar Dollars verdienen. Und die Mexikaner waren lange Zeit willkommen - bis zur Weltwirtschaftskrise, als massenhaft Ausweisungen und Zwangsdeportationen erfolgten.

Die verstärkte Nachfrage nach Arbeitskräften im II. Weltkrieg führte 1942 zu einem Vertrag, dem sogenannten Bracero-Programm. Darin einigten sich Mexiko und die USA auf bestimmte Quoten mexikanischer Arbeitskräfte, die Jahr für Jahr die Grenze für eine festgelegte Frist überqueren durften. Das Abkommen verstärkte die Zuwanderung in die Grenzregion, und die "border towns" erlebten ihren ersten großen Wachstumsschub. Nur ein geringer Prozentsatz der Bewerber erhielt allerdings eine Arbeitserlaubnis. Die anderen mußten sich auf der mexikanischen Seite so gut es ging einrichten und bevölkerten dort die Elendsviertel - immer in der Hoffnung, den Schritt über die Grenze doch noch einmal zu bewerkstelligen.

Seither haben sich die Verhältnisse nur geringfügig geändert: Das Bracero-Programm wurde zwar 1964 offiziell beendet, die Migration Richtung Norden aber ist weitergegangen und hat sich sogar noch verstärkt. Einigen gelingt die dauerhafte Integration ins Arbeitsleben der USA, viele fristen eine unstete Existenz als legale oder illegale Saisonarbeiter, und die meisten warten in Nogales und anderen Grenzstädten vergeblich auf die Chance, ein Bruchstück vom "American Dream" zu erhaschen.

 Chamber of Commerce, an der Kreuzung von Hwy. 19 und 82.

 Post: Morley Ave./ Ecke Hudgins St., Nähe County Courthouse.

Orientierung: Zwei Straßen führen zur Grenze, auf denen spielt sich alles ab: Grand Ave. und Morley Ave. Hotels, Restaurants sowie das PIMERIA ALTA HISTORICAL MUSEUM, 136 Morley Ave., wenige Schritte vom Grenzübergang. In mehreren Räumen ein ziemliches Durcheinander von Exponaten zur Regionalgeschichte: Sättel, Werkzeuge, Fotos, ausgestopfte Vögel, Uhren, Fotoapparate und eine verstaubte Feuerspritze aus dem Jahre 1881. Alles lieblos und ohne viel System zusammengestellt. Geöffnet Mo-Fr von 9.17 Uhr, Sa von 1o-16 Uhr, So von 13-16 Uhr. Eintritt frei.

 "Rio Rico Resort", 155o Camino a la Posada. Nördlich der Stadt über Interstate 19, Exit 17. Die ruhige Alternative zum hektischen Grenzbetrieb. Großer Komplex auf einem Hügel im gehobenen Motelstil. Mehrere Gebäude gruppiert um einen Garten mit großem SW-Pool und Whirlpool. Fitneß-Eintichtungen und Golfplatz. Moderne Zimmer mit allem Komfort. DZ je nach Saison 65-9o US.

"Americana Hotel", 673 Grand Ave. Großer Backsteinklotz, von außen etwas abweisend. Aber schöner und ruhiger Innenhof mit großem SW-Pool. Zimmer geräumig und funktional bis komfortabel ausgestattet. DZ je nach Qualität und Saison ab 9o US.

"Time Motel", 921 Grand Ave. Am nördlichen Rand des Zentrums. Gehobener Motelstil, mehrere Neubauten an der Straße. SW-Pool hinter den Gebäuden. Zimmer großzügig mit Sitzecke. DZ je nach Saison 42-48 US. Tel. 287-4627.
Wer preiswerter wohnen möchte, quartiert sich am besten jenseits der Grenze im mexikanischen Nogales ein.

 Einige RV-Parks an den Zufahrten zur Stadt. Schöner und ruhiger jedoch der Campground am Patagonia Lake, siehe Streckenbeschreibung Tombstone -> Nogales.

 Entlang Grand Ave. die wenig ermunternde Reihe von Lokalen und Fast Food Stops. Jenseits der Grenze ißt man zwar nicht unbedingt typisch mexikanisch, aber auf jeden Fall preiswerter für ähnliche Qualität.

Selbstversorger: <u>SAFEWAY</u> Supermarkt direkt am Grenzübergang. Voll mit Mexikanern, die hier ihre Einkäufe tätigen.

Verbindungen

<u>Auto</u>: Interstate 19 nach Tucson (1oo km/ ca. 1 Std.) und Hwy. 82 nach Tombstone (115 km/ ca. 2 Std.).

 <u>Bus</u>: Citizen Stage Line fährt ab Greyhound-Terminal direkt am Grenzübergang. 12x täglich nach Tucson (2 Std., ca. 7 US) mit Stops in Tumacacori und Tubac. In Tucson direkter Anschluß mit Greyhound nach Phoenix. Der Busbahnhof im mexikanischen Nogales liegt außerhalb. Jenseits der Grenze den lokalen Bus oder ein preiswertes Taxi nehmen. Vom Terminal ständige Abfahrten in alle größeren Städte Nordmexikos und nach Mexico City.

GRENZÜBERGANG MEXIKO

Mit gültiger Einreisekarte für die USA im Paß ist es kein Problem, für ein paar Stunden ins mexikanische Nogales rüberzugehen. Wer im Ort bleibt, kommt ohne Formalitäten wieder zurück. Die meisten Mietwagen sind nicht für Mexiko zugelassen, daher am besten zu Fuß (Parkplatz, 4 US pro Tag, und Busbahnhof direkt am Übergang). Außerdem wäre es sinnlos, sich in die langen Schlangen von PKWs am Übergang und in die Staus in den engen Straßen einzureihen.

NOGALES --> TUCSON

1oo km/ ca. 1 Std. Von der Autobahn aus einige kurze Abstecher möglich:

<u>TUMACACORI NATIONAL HISTORIC PARK</u>, Exit 29. Ehemalige Missionsstation, 1691 vom Jesuitenpater Kino gegründet, 1828 aufgegeben. Modell der vollständigen Mission am Eingang. Heute erhalten nur

noch rudimentär die Fassade der Kirche und das Kirchenschiff mit der typischen Adobe-Bauweise. Winziges Museum mit indianischen Flechtarbeiten, Gewehren, Pistolen und Schaukästen zur Bauweise der Mission sowie einer Zeittafel. Geöffnet täglich von 8-17 Uhr, Eintritt 2 US pro Person.

TUBAC, Exit 34 oder 5 km nördlich von Tumacacori über die Landstraße. Künstlerdorf mit Dutzenden von Galerien und Läden. Viele in Adobe-Bauweise und Pueblo-Stil. Malerei, Körbe, Keramik und Souvenirkitsch. Etwas versteckt in all dem Verkaufstrubel der TUBAC PRESIDIO STATE HISTORIC PARC. Hier hatten die Spanier 1752 ein Fort errichtet, um die Mission Tumacacori und die Siedler gegen indianische Überfälle zu schützen. Ein Museum verdeutlicht die Geschichte von Tubac, wo nach Übernahme der Region durch die USA 1854 auch ein kurzer Goldboom stattfand. Schaukästen mit indianischem Kunsthandwerk und ein Modell der Gegend mit Fort. Ein kleiner Gang führt unter die Erde, wo man eine Grundmauer des Original-Presidio sehen kann. Geöffnet tägl. von 8-17 Uhr, Eintritt 2 US.

TITAN MISSILE MUSEUM, Exit 69 bei Green Valley. Stillgelegter Stützpunkt von Titan-Interkontinentalraketen, heute per Tour zugänglich. Führung durch den Kontrollraum und zu einem Raketenbunker. Erklärungen über damalige Sicherheitsvorschriften und das Funktionieren des gesamten Komplexes. Geöffnet von Nov. bis April täglich von 9-16 Uhr, Rest des Jahres nur Mi-So. Eintritt 5 US. Führungen halbstündlich, Reservierungen vor allem an Wochenenden ratsam, Tel. 791-2929.

MISSION SAN XAVIER DEL BAC, Exit 92. Sehenswerte Missionskirche der Jesuiten. Details siehe Umgebung von Tucson.

TUCSON (4l0.000 Einw.)

Von der spanisch-mexikanischen Vergangenheit und der Nähe zu Mexiko geprägte Großstadt. In Downtown zahlreiche Gebäude aus dem 19. Jahrhundert, auf dem Gelände der Arizona State University eine Reihe von Museen. Aktives Kulturleben. In den Außenbezirken endlose Wohnviertel und Einkaufszentren für eine rapide wachsende Bevölkerung, die des sonnigen Klimas wegen in den Süden Arizonas kommt.

Der größte Vorzug von Tucson jedoch ist seine Umgebung: landschaftliche Glanzpunkte, außerdem Attraktionen wie die Experimental-Welt Biosphere 2, die Mission San Xavier del Bac oder die Kulissenstadt Old Tucson.

In Tucson läßt sich's eine Weile aushalten: 35o Sonnentage im Jahr, Ausflüge in die Wüste, Wanderungen ins Gebirge und abends in eines der gemütlichen Restaurants von Downtown.

Die Region um Tucson wurde schon vor beinahe 2000 Jahren von den Hohokam-Indianern besiedelt, die dort mittels Bewässerung eine intensive Landwirtschaft betrieben. Sie verließen jedoch die Gegend aus bisher ungeklärten Gründen im 14. Jahrhundert. Rund dreihundert Jahre später machte der Jesuitenpater Eusebio Kino den Versuch, die dort inzwischen ansässigen Pima- und Papago-Indianer zu bekehren, und gründete eine Reihe von Missionsstationen (vergl. Seite 315). Die Indianer nannten den Ort "Stjukshon" (Quelle am Fuß des schwarzen Berges), und die Spanier machten daraus "Tucson".

Die spanische Stadtgründung fand erst 1775 statt, als sich die Siedler entschlossen, eine Adobe-Mauer zum Schutz gegen die Überfälle der Apachen zu errichten. Während der Kolonialzeit blieb Tucson jedoch ein Provinznest am äußersten Rande des spanischen Weltreiches. Auch während der kurzen mexikanischen Ära und den ersten Jahren der US-Herrschaft änderte sich nichts am unbedeutenden Charakter dieser Wüstensiedlung.

Während des Amerikanischen Bürgerkriegs trafen in der Nähe von Tucson die Truppen der Nord- und Südstaaten aufeinander und fochten hier die westlichste Schlacht des gesamten Krieges aus. Sieger blieben die Unionstruppen unter Oberst Carleton, die dem Norden damit die Kontrolle über Arizona sicherten.

Ende der sechziger und zu Beginn der siebziger Jahre machte sich Tucson einen Namen als zweifelhafte "border town", in der sich amerikanische und mexikanische Abenteurer, Goldsucher und Revolverhelden ein Stelldichein gaben. Auf den Straßen, in Hotels und Saloons sorgten sie für ein rauhes Klima und manche Schießerei. Die Sitten wurden etwas zivilisierter, als 1880 die erste Eisenbahn den Ort erreichte, der damals rund 7.000 Einwohner zählte. Als ein Saloonbesitzer 1891 den Grund und Boden für eine Universität stiftete, war der Übergang vom Wilden Westen zur amerikanischen Moderne endgültig eingeleitet.

Das Wachstum der Stadt ging in der Folgezeit stetig, aber wenig spektakulär vonstatten: Im II. Weltkrieg brachte die Luftwaffenbasis Davis-Monthan einen kräftigen Zustrom an Menschen, seit Kriegsende zieht das Klima Zehntausende von Rentnern an, die sich auf Golfplätzen und an Swimming-Pools einen sonnigen Lebensabend genehmigen.

Convention & Visitors Bureau, 130 S. Scott St. In Hunderten von Broschüren findet man alles Wissenswerte und Brand aktuelle über Tucson und Umgebung.

Post: 141 S. 6th Ave. Einen besonders umfassenden Service rund um Brief und Paket bietet das 4th Ave. Postal Center, 4th Ave./ Ecke 7th St.: Post, Fax, Fotokopien, Textverarbeitung, Pakete und Verpackungsmaterial.

DOWNTOWN

Im Zentrum noch viele Gebäude aus der mexikanischen Epoche sowie der zweiten Hälfte des 19. Jahrhunderts. Es läßt sich auf einem (wenn auch langen) Fußmarsch erkunden. In den Nebenstraßen kaum Verkehr, über die beiden Hauptverkehrsadern führen Fußgängerbrücken.

ST. AUGUSTINE CATHEDRAL, (7) Stone Ave./ Ecke Corral St. Erbaut 1896 im spanischen Kolonialstil. Die barocke Sandsteinfassade gestaltet nach der Kathedrale von Querétaro/Mexiko. Das Innere schlicht mit weißen Pfeilern und bunten Glasfenstern.

CARLOS VELASCO HOUSE, (8) 475 Stone Av. Typisches Adobe-Gebäude des Südwestens. Hier druckte Carlos Velasco von 1878-1914 die spanischsprachige Zeitung "El Fronterizo".

CHILDREN'S MUSEUM, (6) 2oo 6th Ave. Kleines Museum für Kinder bis 1o Jahren. Eine Art erweiterter Kindergarten mit Exponaten zum Anfassen und Spielen. Ausstellung zu Bergbau und Mineralien. Geöffnet Di-Fr von 9-14 Uhr, Sa von 1o-17 Uhr, So von 13-17 Uhr. Eintritt 3 US, Kinder 1,5o US.

BARRIO HISTORICO, (9) Convent Ave./ Ecke Simpson St. Teil eines historischen Stadtviertels, wie es im Südwesten ähnlich kaum noch irgenwo erhalten ist. Adobe-Bauten mit dicken Mauern und Flachdach. Immer mehr Häuser werden restauriert und leuchten in bunten Farben.

TEATRO CARMEN, (11) 38o Meyer Ave. Buntbemaltes Adobe-Gebäude. Eines der ersten Theater von Tucson, 1915 eröffnet. Stücke wurden damals nur in spanischer Sprache gespielt. Später umgewandelt in ein Kino, heute leider in heruntergekommenem Zustand.

AMERICA WEST GALLERY, (1o) Meyer Ave./ Ecke Cushing St. Wuchtiger Adobe-Bau, komplett restauriert. Die Galerie zeigt vorwiegend indianische und afrikanische Volkskunst. Im Hof eine

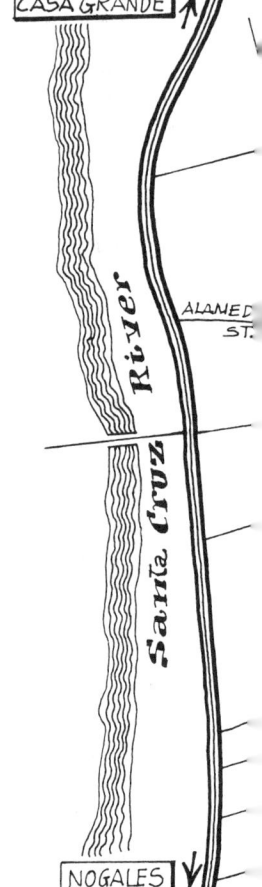

DOWNTOWN TUCSON

1 BAHNHOF
2 BUS TERMINAL
3 Transit Center
4 POST
5 TOURIST INFO
6 Children´s Museum
7 St. Augustine Cathedral
8 Carlos Velasco House
9 Barrio Historico
10 America West Gallery
11 Teatro Carmen
12 El Tiradito
13 Convention Center
14 Fremont House
15 Music Hall
16 Leo Rich Theatre
17 Samaniego House
18 Charles O. Brown House
19 La Placita
20 Puente de Garces
21 Puente de Allande
22 El Presidio Park
23 Pima County Courthouse
24 Nye Fish House
25 Museum de Art
26 Casa de Cordova
27 Romero House
28 Stevens House
29 Steinfeld Mansion

Sammlung von Mühlsteinen, denen man die langjährige Nutzung ansieht.

EL TIRADITO, (12) Main Ave./ Ecke Simpson St. Adobe-Altar unter freiem Himmel; für die mexikanische Bevölkerung immer noch ein Wallfahrtsort. Wurde um 187o für die Seele eines abgelehnten Liebhabers (el tiradito = der Verstoßene) errichtet. Er wurde vom Ehemann der Dame getötet und später an dieser Stelle begraben, da er als Ehebrecher gesündigt hatte und nicht auf dem Friedhof seine Ruhe finden durfte.

CONVENTION CENTER: (13) Der riesige, abweisende Flachbau und die dazugehörigen Parkplätze und Parkhäuser passen wie die Faust aufs Auge in die Altstadt von Tucson. Bringt der Stadt Tagungen und Übernach-

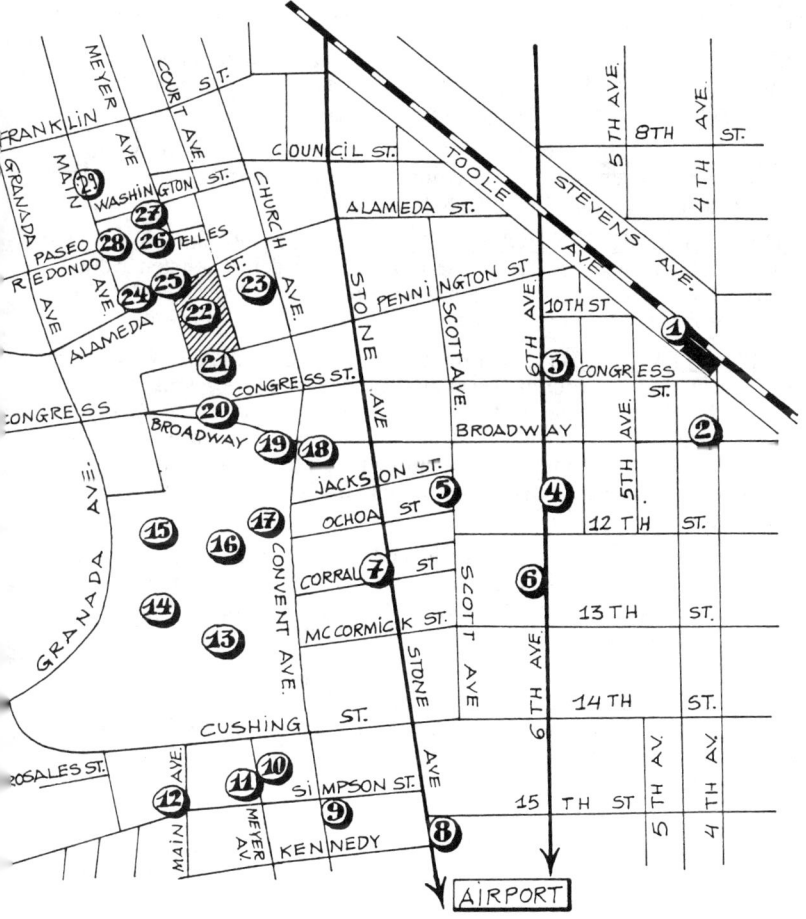

tungsgäste, hat den Charme von Old Town in diesem Bereich jedoch vollkommen zerstört.

FREMONT HOUSE: (14) Völlig verloren zwischen den Kolossen von Convention Center und Music Hall das schöne Adobe-Haus mit seiner schlichten Fassade. Typische mexikanisch-amerikanische Architektur des 19. Jahrhunderts. Erbaut um 1850, 1880 bewohnt von John C. Fremont, einem der ersten Gouverneure des Arizona Territory. Geschmackvoll eingerichtet mit Möbeln aus der Zeit. Gut zu erkennen auch die Dachkonstruktion aus Holz, Lehm und Stroh. Geöffnet Mi-Sa von 10-16 Uhr, Eintritt frei.

MUSIC HALL, (15) unübersehbare moderne Beton- und Backsteinfestung. Erschlägt ihre Umgebung ähnlich wie das Convention Center.

LEO RICH THEATRE, (16) direkt daneben. Zwar flacher, aber genauso abweisend wie die Music Hall. Daran ändern auch die wenigen Palmen in der umgebenden Gartenanlage nichts.

SAMANIEGO HOUSE, (17) Church Ave./ Ecke Ochoa St. Verloren zwischen modernen Betonkonstruktionen eines der ältesten Adobe-Häuser von Tucson. Erbaut um 1840, heute Restaurant.

CHARLES O. BROWN HOUSE, (18) Broadway/ Ecke Church Ave. Unscheinbar zwischen den Hochäusern, aber eines der schönsten Adobe-Gebäude von Tucson. Teile davon vor 1858 erbaut. Typischer Patio mit schattenspendenden Bäumen. Heute Rstaurant und Souvenir-Shop.

LA PLACITA VILLAGE, (19) Broadway/ Ecke Church Ave. Was durch die umliegenden Hochhäuser kaputtgemacht wurde, soll nun auf künstliche Weise wieder neu entstehen: eine mexikanische Plaza mit Grünflächen, Palmen und flachen Gebäuden. Einige Läden und Restaurants und immer noch genügend Beton. Original von der ehemaligen Plaza, die einst bis zur Kirche St. Augustine reichte, ist nur der kleine Pavillon in der Mitte.

Die Reiterstatue auf der gegenüberliegenden Straßenseite zeigt tatsächlich Pancho Villa, den mexikanischen Revolutionär. Ein Geschenk des mexikanischen Präsdidenten an die Stadt Tucson. Erstaunlich, daß dieses Geschenk angenommen wurde bei dem schlechten Ruf, den Villa in den USA genießt.

PUENTE DE GARCES (20) und PUENTE DE ALLANDE: (21) Zwei Fußgängerbrücken, die von La Placita aus die vielbefahrenen Hauptstraßen überqueren, so daß man bequem in den nördlichen Teil der Altstadt gelangt.

EL PRESIDIO PARK: (22) Hier befand sich zur spanischen Kolonialzeit die Befestigungsanlage mit der Plaza de Armas, auf der die Militärparaden abgehalten wurden. Heute mordern gestaltet mit Springbrunnen und einigen Bäumen.

PIMA COUNTY COURTHOUSE, (23) direkt am Park. Erbaut 1929, spiegelt den mexikanisch-amerikanischen Baustil des 19. Jahrhunderts wider. Verzierte Sandsteinfassade, gekachelte Kuppel. Auch die kühlen Wandelgänge teilweise mit Kacheln ausgeschmückt.

TUCSON MUSEUM OF ART, (25) Alameda St./ Ecke Meyer Ave. Moderne Kunsthalle. Spiralförmig geht es bergab zu den einzelnen Ausstellungsräumen. Wechselnde Ausstellungen. Permanent ist eine kleine, aber exquisite Sammlung präkolumbianischer Kunst (Figuren und Keramik) aus Mittel- und Südamerika. Außerdem ein Raum mit Western-Kunst. Geöffnet Di-Sa von 1o-16 Uhr, So von 12-16 Uhr.

EDWARD NYE FISH HOUSE, (24) Main Ave./ Ecke Alameda St. 1868 erbaut von einem Geschäftsmann. Heute Kunstgalerie mit moderner Malerei und Skulpturen aus dem Südwesten.

HIRAM STEVENS HOUSE, (28) direkt daneben. Gebaut 1865 von einem Geschäftsmann und Politiker. Adobe-Haus im spanisch-mexikanischen Stil.

LA CASA DE CORDOVA, (26) Meyer Ave./ Ecke Teller St. Eines der ältesten Adobe-Gebäude von Tucson, teilweise errichtet vor 1854. Schlichte Konstruktion; unverputzt, so daß sich die vermörtelten Ziegel gut erkennen lassen.

ROMERO HOUSE, (27) Washington St./ Ecke Meyer Ave. Weißes Adobe-Gebäude, etwa 1868 erbaut; dort wo früher die Mauer des Presidio stand. Romero war Zimmermann und arbeitete an der St. Augustine Cathedral und der Restaurierung von San Xavier del Bac.

STEINFELD MANSION, (29) Main Ave./ Ecke Franklin St. Erbaut um die Jahrhundertwende. Fällt aus dem Rahmen der schlichten Adobe-Gebäude durch die überstehenden Dächer und die Ornamente an der Fassade. Weitere historische Wohnhäuser in verschiedenen Stilrichtungen in der Nähe.

UNIVERSITY OF ARIZONA (2) (Nr. siehe Karte Seite 311)

Einige Blocks östlich von Downtown, zu erreichen über Speedway Blvd. Typisches Campus-Gelände amerikanischer Universitäten. Studentisches Flair und eine Reihe kleinerer Museen:

ARIZONA HISTORICAL SOCIETY MUSEUM, 949 E. 2nd St., vor dem eigentlichen Unigelände. Umfangreiche und lebendig präsentierte Dokumentation zur Geschichte Arizonas. Fotos von Apachen, Siedlungsversuche der ersten Weißen, Weidewirtschaft mit Cowboy-Gerätschaften und Brandzeichen, Sätteln und Waffen. In Originalgröße ein Minenschacht samt Schmiede und Büro. Exponate zum Transportwesen sowie viktorianisches Mobiliar. Geöffnet Mo-Sa von 1o-16 Uhr, So von 12-16 Uhr. Eintritt frei.

ARIZONA STATE MUSEUM: Ausstellung zu Aufgaben und Methoden der Archäologie, primär an Beispielen der Indianervölker Arizonas und des Südwestens. Nachbildung einer Klippenwohnung, Flechtarbeiten, Keramik, ausgestopfte Tiere. Anschauliche Erläuterungen zu den verschiedenen Indianerstämmen. Geöffnet Mo-Sa von 9-17 Uhr, So von 14-17 Uhr, gratis.

MINERAL MUSEUM: Übersichtliche Sammlung von Mineralien, Halbedelsteinen und Meteoriten. Sehenswert eine Kammer, in der man Mineralien sowohl bei Tageslicht als auch in fluoreszierendem Licht geheimnisvoll funkelnd erleben kann. Geöffnet Mo-Fr von 8-13 Uhr, gratis.

CENTER FOR CREATIVE FOTOGRAPHY: Ständige Ausstellung von amerikanischen Fotografen des 2o. Jahrhunderts. Alle zwei Monate wechselnde Sonderausstellungen. Geöffnet So-Fr von 12-17 Uhr, Eintritt frei.

MUSEUM OF ART: Kernstück der Ausstellung sind die Altartafeln aus dem 15. Jahrhundert aus Ciudad Rodriguez in Spanien. Der Rest eher zufällig zusammengewürfelt; reicht von der italienischen Renaissance bis zur modernen amerikanischen Malerei. Highlights: ein Lucas Cranach, mehrere deutsche Expressionisten und eine Plastik von George Segal. Geöffnet Mo-Fr von 9-17 Uhr, So von 12-16 Uhr. Während der Sommermonate werktags nur von 1o-13.3o Uhr. Eintritt frei.

FLANDREAU PLANETARIUM: Jede Menge Möglichkeiten, selbständig die Gesetze der Wissenschaft zu erproben - vom einfachen Pendel über Farbmischungen und Spiegelungen bis zur Computersimulation. Hauptattraktionen sind das Teleskop und eine Simaulation von kollidierenden Meteoriten. Dazu Filme und Laser-Shows. Geöffnet Mo-Fr von 9-17 Uhr, Sa/So von 13-17 Uhr; Fr/Sa auch am Abend bis 24 Uhr. Eintritt frei.

OST-TUCSON (Nr. siehe Karte Seite 311)

TUCSON BOTANICAL GARDENS, (4) 215o N. Alvernon Way/ Ecke Grant Rd. Kleiner botanischer Garten mit einheimischen und mediterranen Pflanzen. Vorwiegend didaktisch orientiert, für Kinder oder Leute, die sich einen eigenen Garten mit Wüstenpflanzen anlegen wollen. Geöffnet täglich von 8.3o-16.3o Uhr, Eintritt 3 US. Ein viel umfassenderes und lebendigeres Bild der heimischen Flora und Fauna vermittelt das Arizona Sonora Desert Museum, siehe Umgebung von Tucson.

FORT LOWELL, (5) 29oo N. Craycroft Rd. Ab 1873 Militär-Camp der US-Army, später zum Fort für den Kampf gegen die Apachen ausgebaut. Nach deren Niederlage wurden die Truppen reduziert, das Fort 1891 endgültig geschlossen. Heute Park- und Sportgelände. Original nur noch die dürftige Adobe-Ruine des Hospitals. Rekonstruiert zwei nicht übermäßig attraktive Offiziersgebäude mit kleinem Museum (Fotos und andere Dokumente zum Leben im Fort und dem Kampf gegen die Apachen).

Geöffnet Mi-Sa von 1o-16 Uhr, Eintritt frei.

UMGEBUNG VON TUCSON: Mehrere Tage lassen sich zubringen bei der Erkundung der vielen Attraktionen in der Umgebung der Stadt. Details ab Seite 3o9.

Tucson besitzt kein Hotelzentrum, und in Downtown sind die Unterkünfte rar. Stattdessen sind sie über das gesamte Stadtgebiet verteilt. Teure Hotels in der Regel mit Sportanlagen und weiter außerhalb. Einige Bed&Breakfast Inns in Zentrums- und Uninähe. Motels hauptsächlich an den Ausfahrten von Interstate 1o und vom Zentrum aus Richtung Norden an Oracle Rd. (zwischen Speedway Blvd. und Grant Rd.). Lange Wege sind in Tucson kaum zu vermeiden, da nicht nur die Hotels, sondern auch die Sehenswürdigkeiten der Umgebung weit verstreut liegen.

Achtung: Während der ersten beiden Februar-Wochen findet in Tucson eine internationale Mineralien-Messe statt. In dieser Zeit ist alles ausgebucht und die Hotels kassieren bis zu 2o Prozent Aufschlag.

"**Sheraton El Conquistador**", 1oooo N. Oracle Rd. Luxus, wie ihn der Südwesten bieten kann: Auf einem riesigen Gelände die Gebäude ringförmig um einen Park mit SW-Pool und Whirlpool. Eigener Country-Club mit Tennis- und Golfplätzen sowie Fitneß-Center. Direkt vor der Bergkette der Catalina Mts. am Nordrand von Tucson. Idealer Standort für eine Mischung aus Sporturlaub und Sightseeing. DZ im Sommer ca. 85 US, absolut preiswert fürs Gebotene. Bis zur Wintersaison steigen die Preise allerdings auf bis zu 18o US. Tel. 742-7ooo.

"**Hotel Park Tucson**", 5151 E. Grant Rd. Komfort-Hotel im Osten der Stadt. Gebäudekomplex um einen ruhigen Innenhof mit SW-Pool, Whirlpool und kleinem Fitneß-Center. Manche Zimmer zur Straße, die zum Hof sind ruhiger. Hell und modern möbliert. Opulentes Frühstücks-Büffet inkl. DZ 75-12o US. Tel. 323-6262 oder 800-257-7275.

"**El Presidio Inn**", 297 N. Main Ave. Eine der wenigen Unterkünfte direkt in Downtown. Bed&Breakfast in ruhiger Wohnlage. Zimmer ausgestattet mit Antiquitäten; alle mit Privatbad. Frühstück und Nachmittagstee inkl. DZ je nach Größe und Saison ab 85 US. Tel. 623-6151.

"**Inn at the Biosphere**", Hwy. 77 nördlich von Tucson. Mehrere flache Gebäude am Hang, direkt neben den Glaskonstruktionen von Biosphere 2. Ruhig. Große, komfortable Zimmer mit Blick auf die Berge. Bequeme Wohnecke und Kitchenette. DZ ab ca. 85 US. Interessant u.U. auch Übernachtungspakete inkl. Frühstück, Abendessen und Tour durch Biospere 2. Tel. 825-6222.

"**Royal Sun Inn**", 1o15 N. Stone Ave. Nähe Zentrum und Universität. Komfortables Motel mit Gebäuden rund um einen SW-Pool. Zimmer hell, geräumig und funktional eingerichtet. DZ je nach Größe und Saison ab 8o US. Tel. 622-8871 oder 800-528-1234.

"**Holiday Inn City Center**", 181 W. Broadway. Einziges großes Hotel mitten in Downtown. Komfortabel mit SW-Pool. Die vorderen Zimmer zur belebten Durchgangsstraße. DZ je nach Saison und Qualität ab 75 US, im Sommer evtl. billiger. Wegen der Nähe zum Convention Center häufig komplett ausgebucht, daher frühzeitig anfragen. Tel. 624-8711.

"**Inn at the Airport**", 7o6o S. Tucson Blvd. Direkt am internationalen Flughafen im Süden von Tucson. Komfortables Airport-Hotel mit Gratis-Transport zu den Abflughallen. SW-Pool und Whirlpool; Frühstück inkl. DZ 65-1oo US. Tel. 746-o271 oder 8oo-772-3847.

"**Plaza Hotel**", 19oo E. Speedway Blvd. Nordöstlich von Downtown, noch relativ zentrumsnah und Nähe Uni. Schlichter Betonkasten, im Innern allerdings ansprechender. Eingerichtet mit Korbmöbeln. Typisches Stadthotel der gehobenen Mittelklasse. DZ je nach Größe und Saison 52-95 US. Tel. 327-7341.

"**Quality Inn**", 16o1 N. Oracle Rd. Modernes Motel in ruhiger Gartenlage, nördlich von Downtown. Parkplatz getrennt vom Wohnbereich. Gepflegte Anlage mit großem SW-Pool. In zweistöckigen Gebäuden geräumige, helle Zimmer. In der Preisklasse empfehlenswert wegen der Kombination aus Wohnqualität, Zentrumsnähe und guter Verkehrsanbindung. DZ im Sommer ab 57 US, steigert sich zur Hochsaison bis 62 US. Tel. 623-6666 oder 8oo-221-2222.

"**The Gable House**", 2324 N. Madelyn Circle. Nordöstlich von Downtown. Bed & Breakfast in ruhiger Wohngegend, Haus im typischen Pueblo-Stil. Drei Zimmer, eines mit Privatbad. Unterschiedlich und geschmackvoll eingerichtet. In den vierziger Jahren lebte hier Clark Gable. DZ je nach Größe 53-75 US. Tel. 326-4846.

"**Copper Bell**", 25 N. Westmoreland Ave. Bed&Breakfast Nähe Downtown. Ungewöhnliches Haus aus Lavastein, die deutschen Besitzer haben es mit Mobiliar aus Europa eingerichtet. 5 Gästezimmer, unterschiedlich ausgestattet, einige mit Balkon. Kontinentales oder amerikanisches Frühstück. DZ je nach Qualität ab 48 US im Sommer, ab 7o US im Winter. Tel. 629-9229.

"**Oasis Motel**", 17o1 N. Oracle Rd. Im Norden von Downtown an Durchgangsstraße. Neues Motel mit SW-Pool. Möblierung modern und funktional, einige Zimmer mit Kitchenette. DZ ca. 44 US, zum Sommer hin sinken die Preise etwas. Tel. 622-28o8.

"**University Inn**", 95o N. Stone Ave. Doppelstöckiges Backsteingebäude im Motel-Stil. Nördlich von Downtown, noch relativ günstige Lage zum Zentrum. Gegenüber kleine Parkanlage; SW-Pool mitten auf dem Parkplatz. Zimmer rustikal und ordentlich möbliert, kleine Sitzecke. Gute Wahl bei ca. 41 US fürs DZ. Tel. 791-75o3.

"**Highland Tower Hotel**", 1919 N. Oracle Rd. Nördlich von Downtown. Einfaches Motel, im mexikanischen Stil gebaut. Rund um schönen SW-Pool und einige Palmen. Manche Zimmer mit Küchenzeile, trotzdem wenig ansprechend; Mobiliar und sanitäre Anlagen abgenutzt. DZ ca. 37 US, in der heißeren Jahreszeit bis runter auf 22 US. Tel. 791-3o57.

"**Congress Hotel**", 31o E. Congress St. Klassisches Stadthotel mit Backsteinfassade, Baujahr 1919. Wenige Schritte von Greyhound-Terminal und Amtrak-Bahnhof. Die einst gediegene Lobby hat ihren Glanz eingebüßt. Zimmer relativ laut, da an verkehrsreicher Straße. Zwei Kategorien: Alte Zimmer, Mobiliar und sanitäre Einrichtungen dürftig (ca. 34 US). Modernisierte Räume kosten ca. 42 US. Rabatt für Studenten. Tel. 622-8848.

"**Downtown Motor Hotel**", 381 Stone Ave. Vorteile: zentrale Lage und absolut preiswert (DZ 18-2o US). Nachteile dafür: Zimmer eng, spärlich möbliert und heruntergekommen. Ein billiges Dach überm Kopf in Downtown.

"Congress Hotel", 311 E. Congress St. Nähe Greyhound Terminal und Amtrak-Bahnhof. Das preiswerte Hotel hat neben Einzel- und Doppelzimmern auch Schlafsäle im Jugendherbergsstil. Studenten- oder Jugendherbergsausweis ratsam. Pro Person 13-15 US. Tel. 622-8848.

Mehrere Campgrounds in schöner Landschaft rund um Tucson: "Gilbert Ray" in der Nähe von Saguaro NM West; "Catalina State Park" im Norden der Stadt; viele einfache Plätze ohne größere Einrichtungen am Mt. Lemmon Highway. Jeweils problemlose Fahrt ins Zentrum über schnurgerade Zufahrtsstraßen oder Interstate 1o. Details siehe Umgebung von Tucson.

Im Zentrum von Tucson eine Auswahl guter und gemütlicher LOKALE, so daß man nicht auf lange Fahrten durch die endlosen Außenbezirke angewiesen ist. Für jeden Geschmack und Geldbeutel dürfte etwas dabeisein. Wer besondere Wünsche hat, findet eine lange Liste von Spezialitäten-Restaurants im Visitors Guide des Touristenbüros und in vielen anderen Broschüren. Sie sind allerdings verteilt über das ganze Stadtgebiet, Fahrzeiten bis zu einer halben Stunde sind dabei einzukalkulieren. Besonders dichte Konzentration in einigen Abschnitten von Broadway, Oracle Rd. und Grant Rd. Die meisten der folgenden Restaurants jedoch liegen in Downtown oder sind von dort aus schnell zu erreichen.

PAPPY'S TRATTORIA, 375 S. Stone Ave. Zentral in Downtown. Gemütliches italienisches Lokal mit vielseitigen Nudelgerichteen für 7-1o US. Spezialität außerdem Fisch und Seafood, ca. 8-12 US. Zum Lunch etwas preiswerter.

CUSHING STREET BAR, Cushing St./ Ecke Meyer Ave. Rustikale Kneipe mit langer Theke und Holztischen. Antike Schränke und Vitrinen. Im Hof ein ruhiges Gartencafé. Der gemütliche Ort in Downtown zum Klönen, Essen und Trinken. Fleisch- und Fischgerichte für 8-15 US, auch Vegetarisches. Mittags Sandwiches und kleine Imbisse für 5-1o US.

EL MINUTO CAFE, Main Ave./ Ecke Cushing St. Freundliches Ambiente mit mexikanischer Dekoration und guter mexikanischer Küche. Vielfältiges Angebot, Hauptgerichte 5-1o US.

SAMANIEGO HOUSE, Church Ave./ Ecke Ochoa St. Gepflegtes Lokal in einem der ältesten Häuser von Tucson. Mehrere kleine Räume sorgen für ein gemütliches Ambiente. Bequeme Sitzmöbel. Sehenswert die lange, blankpolierte Holztheke. Salate und Sandwiches für 5-1o US, Fleischgerichte 1o-15 US.

JANOS, Main Ave./ Ecke Alameda St. In Adobe-Wohnhaus aus dem 19. Jahrhundert. Vornehme Dinner-Adresse in Downtown. Wenige ausgesuchte Spezialitäten der gehobenen Cuisine des Südwestens. Vorspeisen

6-1o US, Hauptgerichte 2o-3o US. Ständig wechselndes Angebot je nach Saison.

EL CHARRRO, Court Ave./ Ecke Franklin St. Am Presidio. In den Räumen eines ehemaligen Wohnhauses. Gemütliches mexikanisches Ambiente, rustikal und dezent dekoriert. Auf der glasüberdachten Terrasse ein Hauch von Fast Food Atmosphäre. Große Speisekarte mit Tex/Mex-Gerichten ab 5 US aufwärts.

THE COURTYARD CAFE, Court Ave./ Ecke Washington St. Nur bis 16 Uhr geöffnet. In grünem, schattigem Innenhof. Ruhiges Mittagessen unter freiem Himmel. Locker-freundliche Atmosphäre. Sandwiches, Salate und kleine Gerichte vom Holzkohlengrill für 6-1o US. Auch zu empfehlen für einen Drink nach dem Bummel durch Downtown.

CAFE GAZEBO, Broadway/ Ecke Church Ave., an der La Placita Village. Einfache Cafeteria für preiswertes Frühstück und Lunch bis 5 US. Selbstbedienung.

EL ADOBE, Broadway/ Ecke Church Ave. In Adobe-Wohnhaus aus dem 19. Jahrhundert. Gemütliche und gepflegte Atmosphäre. Original-Spezialitäten aus den verschiedenen Regionen Mexikos, um 1o US. Dazu eine lange Reihe von Gerichten der Tex/Mex-Küche für 5-1o US.

POCA COSA CAFE, Scott Ave./ Ecke Broadway. Gemütlich möbliert im mexikanischen Country-Stil. Täglich wechselnde Gerichte der mexikanischen Küche sowie Tex/Mex-Food. Je nach Saison frisch zubereitet. Hauptgerichte 5-1o US.

CUP CAFE, 3o8 E. Congress St. Alternative Kneipe Nähe Amtrak-Bahnhof. Treffpunkt für Traveller. Preiswerte Imbisse, Kaffee und Kuchen.

THE RANCHERS CLUB, 5151 E. Grant Rd. Edle Holzverarbeitung, komfortables Mobiliar und Stierhörner an den Wänden rekonstruieren das Ambiente eines Clubs reicher Viehzüchter. Auf der Speisekarte daher auch vorwiegend Steaks und Ribs von bester Qualität. Allerdings auch Seafood, das täglich frisch eingeflogen wird. Teuer.

CARUSO'S, 434 N. 4th Ave. Italienische Weine und Küche in ebensolcher Atmosphäre. Pizza um 5 US, Nudelgerichte 5-1o US, Menüs 8-15 US. Nur abends geöffnet.

DELECTABLES,533 N. 4th Ave. Gemütliche Kneipe mit rustikalen Holztischen und überdachter Terrasse im Freien. Flaschenbiere aus aller Welt, mehrere offene Weine. Salate und kleine Gerichte bis 5 US. Besonders gut die phantasievoll und appetitlich angerichteten Käse-, Schinken- und Wurstplatten; vielseitig und reichhaltig für 6-1o US.

THE EGG GARDEN, N. 4th Ave./ Ecke 6th St. In altem Backsteingebäude. Rustikale Holztische und -bänke. Die Speisekarte dreht sich rund ums Ei: 25 Omelette-Zubereitungen für jeweils 4-5 US.

Empfehlenswert auch die verschiedenen Frühstücksalternativen, preiswert und reichlich.

CAFE SWEETWATER, E. 6th St./ Ecke 4th Ave. Gute Cafeteria, modern gestylt. Reichhaltige Karte mit Sandwiches, Hamburgern, Salaten und Nudelgerichten von 4-1o US. Positive Alternative zu den sonstigen Fast Food Läden.

Selbstversorger: EL RAPIDO, Washington St./ Ecke Court Ave. Wer in Downtown Tucson ein Picknick auf der Plaza vorzieht, holt sich hier Getränke und kleine mexikanische Gerichte, die hinter der Theke schnell und preiswert zubereitet werden.

Ansonsten hat Tucson in den Einkaufszentren Dutzende von Supermärkten, die meisten allerdings weit außerhalb. Günstig zu Downtown und Uni liegt SAFEWAY, 194o E. Broadway/ Ecke Campbell Ave.

PUBLIC MARKET, E. Broadway/ Ecke S. 6th Ave. Obst- und Gemüsemarkt, samstags 8-12 Uhr.

Picknick: Die Umgebung von Tucson bietet beste Möglichkeiten für eine Mahlzeit im Freien. Picknicktische, oft mit schattenspendenden Dächern, z.b. im Saguaro National Monument, Santa Catalina State Park, Sabino Canyon und am Mount Lemmon Hwy. Innerhalb der Stadt im Park bei Fort Lowell.

WESTERN-KLEIDUNG

CORRAL WESTERN WEAR, 4525 E. Broadway. Kleidung, Stiefel und Accessoires nach Western-Art.

WESTERN WAREHOUSE, 3719 N Oracle Rd. Große Auswahl an Cowboy-Kleidung und Zubehör.

ARIZONA HATTERS, 36oo N. 1st Ave. Spezialist für Cowboy-Hüte aller Art.

BÜCHER UND LANDKARTEN

TUCSON'S MAP AND FLAG CENTER, 3239 N. 1st Ave. Große Auswahl an Stadtplänen, Straßen- und Wanderkarten. Dazu Bücher über Geschichte, Ökologie und Indianerkulturen des Südwestens.

BOOKMAN'S, Grant Rd./ Ecke Campbell Ave. Second Hand Bücher, übersichtlich geordnet nach Themenkreisen. Riesige Auswahl, halber Preis. Für Sammler viele alte Jahrgänge von "National Geographic".

THE BOOKSTORE, Court Ave./ Ecke Council St., am Presidio in Downtown. Hervorragende Auswahl an Bildbänden und Literatur zur Geschichte, Kultur und Gegenwart des Südwestens. Viele Bücher auch zu Mexiko.

GOODBOOKS, 43o 4th Ave. Origineller Buchladen. Vollgestopft bis unter die Decke mit gebrauchten Büchern und Raritäten. In den engen Gängen kommt man sich vor wie in einem Bergwerksschacht. Fundgrube für anglophile Leseratten.

KUNSTHANDWERK UND MINERALIEN

OLD TOWN ARTISANS, Court Ave./ Ecke Washington St. In der angenehmen Umgebung eines alten Adobe-Gebäudes. Verkauf von Kunst und Kunsthandwerk aus dem Südwesten. Neben moderner Kunst auch indianische und mexikanische

Arbeiten. Schmuck, Keramik, spezielle Lebensmittel.

ADOBE TRADING POST, 4o42 E. Grant Rd. Indianisches Kunsthandwerk (Schmuck, Keramik, Körbe, Teppiche, Kachina-Figuren) direkt von den Indianer-Reservaten.

JED'S ROCK TREASURES, 12o1 W. Miracle Mile. Steine, Mineralien und versteinertes Holz aus dem Boden Arizonas.

EINKAUFSZENTREN

Sprießen in Tucson an jeder größeren Durchgangsstraße aus dem Boden. Besonders dichte Konzentration entlang des Broadway von Dowtown Richtung Osten.

EL CON MALL, 36o1 E. Broadway. Relativ zentral gelegen. Vier Kaufhäuser und rund 15o Geschäfte und Restaurants.

PARK MALL, 587o E. Broadway. Drei Kaufhäuser, über hundert Geschäfte.

THE TUCSON MALL, 45oo N. Oracle Rd. Nördlich von Downtown. Auf zwei Ebenen mehrere Kaufhäuser und über 2oo Läden und Boutiquen.

VF FACTORY OUTLET MALL, 512o S. Julian Dr. Südwestlich von Downtown. Preiswerte Kleidung direkt von Markenherstellern. Teilweise 5o Prozent unter Ladenpreis.

FOURTH AVENUE: Wenige Blocks östlich von Downtown. Entlang dieser Straße (Höhe 3oo-6oo) viele Geschäfte mit Kunsthandwerk, Schmuck, Mode, Büchern und Schallplatten.

LEBENSMITTEL

SOUTHWEST DELECTABLES, 2766 N. Country Club Rd. Typische Nahrungsmittel und Getränke aus dem Südwesten und aus Mexiko.

THE RUMRUNNER, 32oo E. Speedway Blvd. Spezialist für Wein und Käse. Große Auswahl und erstklassige Qualitäten aus aller Welt.

WEBB WINERY, 136o5 Frontera Rd., Interstate 1o Richtung Osten bis Exit 279. Eine Rarität: Weine aus Arizona. Passabel die trockenen Fumé Blanc und Cabernet Sauvignon. Gut und teuer (ca. 25 US) der Sparkling Wine, ein trockener Schaumwein im Stil eines deutschen Sekts. Von allen Weinen nur limitierte Mengen.

VERANSTALTUNGSKALENDER

Guter Überblick über die wichtigsten Veranstaltungen des gesamten Jahres im "Guest Quick Guide", gratis im Visitors Center. Oper, Konzert, Theater und Ballett der jeweiligen Saison in der 3x jährlich erscheinenden Hochglanzbroschüre "Tucson", ebenfalls gratis im Touristenbüro. Dort auch Informationen über kurzfristige Aktivitäten.

FESTE & FESTIVALS

Praktisch jede Woche ein Festival oder eine Messe, viele von der spanisch-mexikanischen Kultur inspiriert. Außerdem indianische und Western-Veranstaltungen. Häufig jedoch stark kommerziell orientiert.

THEATER

A.K.A. THEATRE, 125 E. Congress St. Moderne und experimentelle Stücke, ganzjährig.

ARIZONA THEATRE COMPANY, 33o S. Scott Ave. im Temple of Music and Art. Aufführungen von Okt.-Mai, Di-So, Tickets 16-23 US.

THE GASLIGHT THEATRE, 7o1o E. Broadway. Musicals, Komödien, Dramen. Mi-So, Tickets 6-12 US.

INVISIBLE THEATRE, 14oo N. 1st Ave. Musicals, Komödien und Dramen. Saison von Sept. bis Juni.

UNIVERSITY RESIDENT THEATRE, University of Arizona, Park Ave. Studentische Aufführungen von klassischen Dramen und Gegenwartstheater. Programminfo über Tel. 621-1162.

OPER/KONZERT

ARIZONA OPERA COMPANY, vier Inszenierungen pro Saison in der Music Hall. Aufführungen von Okt.-März. Programminfo über Tel. 293-4336.

BALLET ARIZONA, Saison von Oktober bis April. Tel. 882-5o22.

SOUTHERN ARIZONA LIGHT OPERA COMPANY, Musical-Produktionen vom Broadway. Aufführungen von Sept.-Mai. Tel. 884-1212.

TUCSON SYMPHONY ORCHESTRA, klassische und populäre Konzerte in der Music Hall von Sept.-Juni.

TUCSON JAZZ SOCIETY, ganzjährig Konzerte an unterschiedlichen Veranstaltungsorten. Tel. 621-3392.

KINO

CENTURY PARK, 1o55 W. Grant Rd. Moderner Kino-Komplex mit 12 Sälen. Vorwiegend Neuerscheinungen aus Hollywood. Aktuelles Programm über Tel. 62o-o75o.

THE SCREENING ROOM, Congress St./ Ecke 6th Ave. Filmfestivals und Vorführungen von amerikanischen Außenseiterproduktionen.Außerdem ausländische Filme.

SPORT

Reiten: Lohnende Ausritte in die Catalina Mountains und durch das Saguaro National Monument. In der Wüstenlandschaft zwischen den riesigen Saguaro Kakteen ein außergewöhnliches Reiterlebnis. Pferde bei PANTANO STABLES, 445o Houghton Rd., Tel. 298-9o76. Pro Doppelstunde ca. 25 US.

Ski: Das südlichste Skigebiet der USA ist das MOUNT LEMMON SKI VALLEY. Nur eine Stunde Fahrt von Downtown Tucson aus. 16 Abfahrten aller Schwierigkeitsgrade. Saison vom 2o. Dez. bis Ende März. Tagesticket ca. 25 US, Ausrüstung 18 US.

Radfahren: In der kühleren Jahreszeit abwechslungsreiche Tagestour über den Old Spanish Trail Richtung Südosten zum Saguaro National Monument und weiter zur Colossal Cave. Durch leicht welliges Gelände. Die Fahrt durchs Kaktusland macht Spaß, nicht nur wegen der Landschaft, sondern auch weil es ständig etwas bergauf und bergab geht. Mit ein bißchen Schwung kommt man leicht den nächsten Hügel hinauf. Der Old Spanish Trail zweigt im Osten Tucsons (Höhe 9ooo) vom Broadway ab. Dort beginnt der Bike Path, die ersten Kilometer durch Wohngebiete. Bis zum National Monument getrennt von der Fahrbahn, weiter zur Colossal Cave dann auf gesonderter Spur.

Im National Monument selbst eine Super-Rundstrecke über den Cactus Forest Drive durch die Kakteenlandschaft (23 km). Welliges Gelände, einige steile Anstiege. Die Straße kurvig und eng, Autos aber fahren extrem langsam und rücksichtsvoll; meist sind die Radler sogar schneller.

Wer sich quälen will, klettert den Mount Lemmon Highway hoch. Im ersten Teil breiter Seitenstreifen für Radler, weiter oben wird es eng und gefährlich. Verleih: THE BIKE SHACK, 835 N. Park Ave., Nähe Uni. Tel. 624-3663.

Tennis: Viele private und öffentliche Anlagen im gesamten Stadtgebiet und in der Umgebung. Für Gäste zu empfehlen: TUCSON RAQUET CLUB, 4o01 N. Country Club Rd., Tel. 795-696o. Erstklassiges Sportzentrum mit 33 Tennisplätzen, dazu SW-Pool und Fitneß-Center. 24 Std. geöffnet. Weitere Clubs über Hotels oder Touristenbüro.

Golf: Einer der Hauptgründe, warum viele Amerikaner in Tucson Urlaub machen oder sich ganz dort niederlassen. Über 3o Golfplätze sind ein verlockendes Angebot. Vollständige Liste im Touristenbüro. Einige Hotels haben eigene Anlagen, andere vermitteln den Zugang.

Baden: Gelegentliche Abkühlung ist im Sommer unentbehrlich. Fast jedes Hotel hat daher seinen eigenen Pool, dazu verfügt Tucson über rund 2o öffentliche Schwimmbäder. Info über das nächstgelegene im Visitors Bureau.

ZUSCHAUERSPORT

In Tucson spielen keine Teams der US-Profiligen. Veranstaltungen des College-Sport sind angezeigt im Besucherzentrum der University of Arizona.

Windhundrennen: Im Tucson Greyhound Park, 26o1 3rd Ave. Ganzjährig Saison. Eintritt ca. 1,5o US, im Clubhouse 3 US.

Pferderennen: Seit der Neugestaltung der Rennbahn am Rillito Park (45o2 N. 1st Ave.) dürfte Pferderennen und Wetten in Tucson wieder an Attraktivität gewinnen. Saison von Okt.-Mai, Info über Renntage und -zeiten: Tel. 293-5o11.

Verbindungen

Auto: Wichtige Highways ab Tucson in alle Richtungen: Interstate 1o nach Phoenix (18o km/ ca. 2 Std.) und Willcox (13o km/ ca. 1,5 Std.). Interstate 19 nach Nogales (1oo km/ ca. 1 Std.) und weiter nach Mexiko. Hwy. 86 nach Ajo (21o km/ ca. 2,5 Std.) und zum Organ Pipe Cactus National Monument.

Mietwagen:

ALAMO, 234o E. Elvira Rd., Tel. 746-o196

BUDGET, 3o85 E. Valencia Rd., Tel. 889-88oo

DOLLAR, 725o S. Tucson Blvd., Tel. 573-11oo

THRIFTY, 7o51 S. Tucson Blvd., Tel. 889-5761

U-SAVE, 5o28 E. 22nd St., Tel. 79o-8847

VALUE, 692o S. Tucson Blvd., Tel. 889-9596

Die letzten drei in der Regel die preiswertesten. Weitere Anbieter am Flughafen.

 **Bus**: Greyhound-Terminal relativ zentral, Broadway/ Ecke 4th Ave, Tel. 792-0972.

-> Phoenix: 12x tägl., 2 Std., ca. 12 US

-> Los Angeles: 3x tägl., 12 Std., ca. 44 US

-> Las Vegas: 3x tägl., 8 Std., ca. 49 US

-> Dallas: 5x tägl., 22 Std., ca. 130 US

-> Nogales: 12x tägl., 2 Std., ca. 6,50 US

-> Bisbee: 1x tägl., 2 Std., ca. 16 US

-> El Paso: 5x tägl., 6 Std., ca. 51 US.

Mit ARIZONA SHUTTLE SERVICE ab El Con Mall (3601 E. Broadway) 17x tägl. zum Sky Harbor Airport in Phoenix, ca. 19 US. Unbedingt reservieren, Tel. 795-6771.

 **Bahn**: Amtrak-Bahnhof zentral Nähe Greyhound-Terminal und Transit Center, 400 E. Toole Ave./ Ecke 4th St.

-> Phoenix: 3x wöchentl., 2 Std., ca. 25 US

-> Yuma: 3x wöchentl., 5 Std., ca. 55 US

-> Los Angeles: 3x wöchentl., 9,5 Std., ca. 100 US

-> San Antonio: 3x wöchentl., 20 Std., 110 US

-> El Paso: 3x wöchentl., 6,5 Std., ca. 80 US

Die Züge Richtung Osten fahren weiter nach New Orleans (ca. 200 US), Umsteigemöglichkeit in San Antonio nach Chicago (ca. 200 US).

 **Flüge**: Tucson International Airport im Süden der Stadt. Verbindungen mit Downtown siehe Transport in Tucson. Die folgenden Verbindungen in der Regel mehrmals täglich und nonstop.

* <u>Innerhalb Arizonas</u>: America West, United und Delta haben ständig Ab flüge nach Phoenix. Von dort Anbindung an viele Städte in Arizona und in den gesamten USA.

* <u>Im Südwesten</u>: America West, Delta und Alaska Airlines fliegen nach Las Vegas und Los Angeles.

* <u>Nach Mexiko</u>: Aeroméxico fliegt nach Guaymas und Hermosillo in Nordmexiko.

* <u>Langstrecken</u>: American, United, Delta und Continental fliegen nach Chicago, Dallas, Denver und Houston. Von dort Anschlüsse in viele Städte der USA und an die Transatlantikflüge der jeweiligen Gesellschaft.

Airlines:

UNITED, Tel. 800-241-6522
ALASKA, Tel. 800-426-0333
AMERICA WEST, Tel. 800-548-8969
AMERICAN, Tel. 4750 Oracle Rd., Tel. 888-1818

CONTINENTAL, Tel. 273-1096
DELTA, Tel. 5210 E. Williams Circle, Tel. 747-3246
AEROMEXICO, 5151 E. Broadway Blvd., Tel. 790-2100

TRANSPORT IN TUCSON

Bus: SUN TRAN verfügt über ein Busnetz in der gesamten Stadt. Innerhalb Tucsons teilweise nützlich, für die wichtigsten Sights in der Umgebung braucht man ein Auto. Die meisten Busse passieren das zentral in Downtown gelegene Transit Center, Congress St./ Ecke 6th Ave.

Fahrpreis 0,75 US. Exakte Summe dabeihaben, Fahrer haben kein Wechselgeld. Umsteigen ohne Aufpreis möglich, gleich beim Bezahlen Transfer-Ticket verlangen. Wochenend-Paß von Freitag 18.30 Uhr bis zum letzten Bus am Sonntagabend nur 1,50 US. An Wochenenden und nach 18 Uhr allerdings stark eingeschränkter Verkehr.

Für Besucher brauchbare Linien:

Linie 1: Von Downtown (Broadway/ Ecke Church Ave.) zur University of Arizona.

Linie 25: Von Downtown (Transit Center) zum Flughafen.

Sun Tran Trolley: Von Downtown (Museum of Art) bis aufs Gelände der University of Arizona. Mo-Sa von 10-18.30 Uhr, nur 0,25 US.

Fahrplan und weitere Linien in einer Gratis-Broschüre, erhältlich im Touristenbüro.

Taxi: Zuverlässige Unternehmen mit 24-Stunden Service sind YELLOW CAB (Tel. 624-6611) und die Nichtraucher-Taxis von CHECKER CAB (Tel. 623-1133). Grundgebühr 1,10 US, jede Meile ca. 1,40 US bei Tag oder Nacht. Zum Flughafen ab Downtown ca. 12-15 US.

Arizona Stage Coach: Mit Kleinbussen vom Flughafen zum gewünschten Hotel und umgekehrt. 10-12 US p.P. Tel. 881-4111.

UMGEBUNG VON TUCSON

Das schönste an Tucson ist seine unmittelbare Umgebung: die Bergwelt der Santa Catalina Mountains, die spanische Missionskirche San Xavier del Bac, die Kulissenstadt Old Tucson, die futuristische Experimentalwelt Biosphere 2, die ungewöhnliche Kakteenlandschaft des Saguaro National Monument und vieles mehr.

Die Attraktionen sind über alle Himmelsrichtungen verstreut, daher am besten zentrales Standquartier in Tucson aufschlagen. Von dort aus ist alles bequem auf schnurgeraden Ausfallstraßen zu erreichen. Auflistung im folgenden von Nord nach West im Uhrzeigersinn:

BIOSPHERE 2

Mitten in der trockenen Hügellandschaft vor den Catalina Mountains der futuristische Glas-Stahl-Komplex eines von der Außenwelt abgeriegelten Öko-Systems. Auffällig schon auf den ersten Blick die Architektur, die an eine Weltraumstation aus einem Science Fiction Film erinnert. Im Innern läuft ein Projekt ab, welches das Leben von Mensch, Tier und Pflanzen unter kontrollierten und in sich abgeschlossenen Bedingungen testen soll.

Besucher können das Experiment natürlich nur von außen erfahren: Rundgang um die gesamte Anlage mit einigen Blicken auf die verschiedenen Öko-Systeme im Innern. Durch die Glaswände sieht man gelegentlich einen der Bewohner bei der Arbeit auf den Feldern oder in den Gärten. Außerdem ein Blick auf den Grund des künstlichen Ozeans. Zutritt gestattet ist zu den benachbarten Gewächshäusern, die in etwa die Atmosphäre im Innern von Biosphere 2 widerspiegeln. Eine Audio-Kassette und ein Film geben Erläuterungen zum Projekt.

DIE WELT IM GLASKASTEN

Am 26. September 1991 ließen sich zum ersten Mal acht Erdenbewohner in die abgeschottete Welt von Biosphere 2 einschließen, um erst nach zwei Jahren wieder herauszukommen. Damit war nach langjähriger Vorbereitung ein Experiment in seine entscheidende Phase getreten, das in der Geschichte der Menschheit bisher einmalig ist: Leben von Mensch, Tier und Pflanzen unter kontrollierten und von der Umgebung unabhängigen Bedingungen, eine Art Arche Noah des industriellen Zeitalters.

Bis zu diesem Zeitpunkt waren schon 12o Millionen Dollar in das Projekt geflossen, privat finanziert vom Milliardär Edward Bass. Auch wenn das Experiment insgesamt auf hundert Jahre ausgelegt ist, erhoffen sich die Betreiber bereits viel früher einen Rückfluß ihrer Investitionen und einen saftigen Gewinn. Der Anfang ist bereits gemacht: Das Recycling-System von Biosphere 2 erweckt Interesse bei Staat und Industrie, und zahlreiche Patente sind längst angemeldet. Die Vermarktung als Touristen-Attraktion läuft auf vollen Touren und ereichte schon zu Beginn niemals erwartete Ausmaße; 1991 kamen bereits 15o.000 Besucher.

Dabei ist so viel gar nicht zu sehen: alles Wichtige spielt sich unter den versiegelten Glaskuppeln ab, durch die nur flüchtige Blicke auf die verschiedenen Lebensräume im Innern möglich sind. Von der Wüstenlandschaft über den tropischen Regenwald bis zum Korallenriff existieren die verschiedensten Öko-Systeme und bilden die Basis für das

Überleben der darin eingeschlossenen Menschen. Diese ernähren sich ausschließlich von Produkten, die sie in ihrer Glas-Arche selbst produzieren.

Da Biosphere 2 praktisch zu hundert Prozent von der Außenwelt abgeriegelt ist, mußte auch eine Form der Müllbeseitigung gefunden werden, die die Bewohner nicht nach wenigen Tagen in den eigenen Abfällen ersticken läßt. Ein neu entwickeltes <u>Recycling-System</u> schließt auch die verbrauchte und verschmutzte Luft mit ein, die durch die Erde gepumpt wird, wo sie Nährstoffe für die Pflanzen zurückläßt und selbst gefiltert wieder herauskommt.

Neben den Gewinnen für die Betreiber soll Biosphere 2 natürlich auch langfristige wissenschaftliche Erkenntnisse bringen. Das Funktionieren eines Öko-Systems unter Laborbedingungen kann wertvolle Aufschlüsse über natürliche Kreisläufe in der ersten Biosphäre, des Planeten Erde, erbringen. Vor allem in Hinblick auf die wachsende Umweltverschmutzung und deren effiziente Bekämpfung erwarten sich die am Projekt beteiligten Wissenschaftler wichtige Erkenntnisse. Ganz nebenbei macht man auch der staatlich geförderten Weltraumbehörde NASA Konkurrenz, denn Biosphere 2 könnte sich als erster Schritt zu einer autark funktionierenden <u>Kolonie im Weltall</u> erweisen.

Die Möglichkeiten sind grenzenlos, und die Forschungen gehen in viele Richtungen. Anfängliche Kritik an dem Projekt als bloßem Show-Geschäft einiger Exzentriker ist längst verstummt. Und auch die Betreiber lassen sich nicht mehr vom ursprünglichen Zwang zur Perfektion bestimmen, als sie versuchten, Probleme und Fehler im System zu vertuschen. Inzwischen erklären sie öffentlich, daß nicht alle Faktoren im voraus einzuberechnen waren und versorgen die Bewohner im Notfall auch

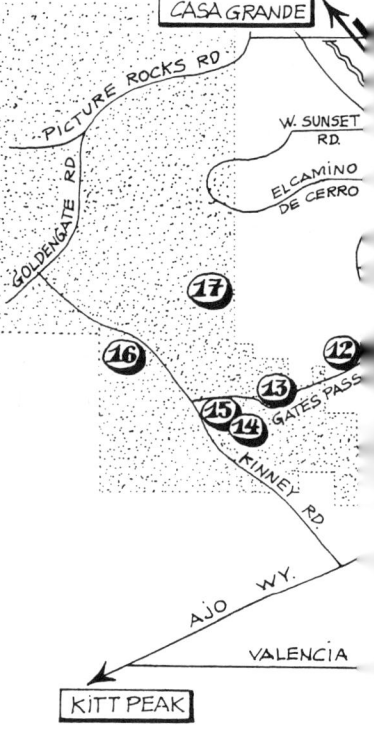

TUCSON , UMGEBUNG

1. Dowtown
2. University of Arizona
3. Gene C. Reid Park
4. Tucson Botanical Gardens
5. Fort Lowell
6. Sabino Canyon
7. Saguaro National Monument (east)
8. Pima Air Museum
9. Davis Monthan Air Force Base
10. International Airport
11. San Xavier del Bac
12. International Wildlife Museum
13. Gates Pass
14. Tucson Mountain Park
15. Old Tucson
16. Arizona Sonora Desert Museum
17. Saguaro National Monument (west)

Südost-Arizona 311

mal von außen, wenn durch einen ungewöhnlich wolkenreichen Winter die Ernten im Innern nicht ausreichend sind, um die Ernährung zu gewährleisten.

Das Projekt steckt noch in den Kinderschuhen, doch Ergebnisse und Resonanz der ersten Jahre deuten an, daß hier tatsächlich an der Zukunft der Menschheit und der Erde gearbeitet wird. Biosphere 2 wird noch für manche Schlagzeile gut sein und womöglich Vorbild für ähnliche Öko-Systeme auf Erde, Mond oder weit draußen im Weltall.

Biosphere 2 ist zu erreichen ab Tucson über N. Oracle Rd., dann Hwy. 89 Richtung Norden bis 5 km vor dem Ort Oracle. Knapp 1 Std. Fahrt ab Zentrum. Geöffnet täglich von 8.3o-16 Uhr. Eintritt ca. 13 US, Führung von 1,5 Std. inbegriffen.

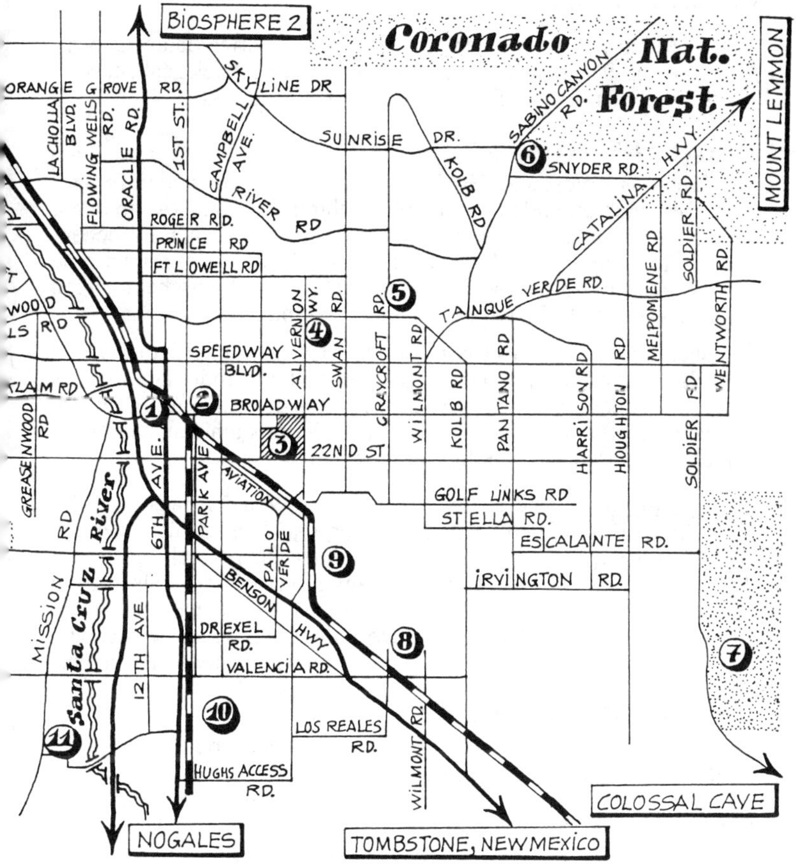

CATALINA STATE PARK

Flaches Gelände am Fuß der Catalina Mountains an der Strecke zur Biosphere 2, etwa 2o km von Downtown Tucson. Wanderwege, Picknick, Camping. Zufahrt pro PKW 3 US.

Wandern: Mehrere Trails beginnen am Ende der geteerten Straße. Zum Anschnuppern der felsigen Wüstenlandschaft eignet sich der "Canyon Loop Trail". Einen intensiven Eindruck von der Wildnis der Catalina Mountains erhält man auf einem Rundweg über "Romero Canyon Trail" und "Sutherland Trail": rund 3o km, zwei Tage. Steiler Anstieg zum 183o m hohen Romero Pass mit schönen Ausblicken. Unterwegs die Romero Pools, wo man ausruhen und baden kann. Diese sind auch erreichbar im Rahmen einer Halbtageswanderung, ca. 9 km hin und zurück.

Ruhiger Platz inmitten des State Park. Niedrige Bäume geben etwas Schatten. Toiletten und einfache Duschgelegenheiten. Stellplatz ca. 7 US, Zufahrt zum State Park inkl.

SABINO CANYON (6)

Tiefe Schlucht am Westrand der Catalina Mountains mit steilen Felsabbrüchen, Bergbach und relativ viel Grün. Zahlreiche Wanderwege in die Wildnis. Naherholungsgebiet und wegen der Nähe zur Stadt am Wochenende stark überlaufen. Der Besuch lohnt am ehesten, wenn man eine längere Wanderung in die Wildnis einplant, um die Menschenmengen hinter sich zu lassen, die hier zum Picknick herkommen.

Zu erreichen über Speedway Blvd. Richtung Osten, dann Tanque Verde Rd. und Sabino Canyon Rd. Die zugängliche Straße endet am Visitors Center, geöffnet täglich von 8.3o-16.3o Uhr. Von dort ein Shuttle Bus ca. 6 km in den Canyon hinein. An verschiedenen Stops kann man unterwegs aussteigen. Abfahrten halbstündig, ca. 5 US.

Wandern: Schöne Tagestour (ca. 2o km) von der Endstation des Shuttle Bus auf dem "Sabino Canyon Trail" und zurück über den "Bear Canyon Trail" zum Visitors Center. Führt durch den attraktivsten Teil des Canyons, häufig oberhalb der Talsohle am Hang. Steiniges Gelände. Auf dem Rückweg passiert man die Seven Falls, eine Serie kleiner Wasserfälle. Dort allerdings schon wieder viel Betrieb, da Kurzwanderer aus der anderen Richtung bis hierher gelangen.

MOUNT LEMMON HIGHWAY

Die schnellste und bequemste Art, einen Eindruck von den Catalina Mountains zu bekommen: Panorama-Tour per PKW oberhalb von Tucson. Durch eine rauhe und trockene Felslandschaft, im unteren Teil bewachsen mit Saguaro Kakteen. Spektakuläre Ausblicke auf Tucson und das gesamte Tal. Später Durchquerung mehrerer Vegetationszonen bis hin zur

Baumgrenze. Ungewöhnliche Felslandschaften. Am Ende des Highway liegt das Skigebiet "Mount Lemmon Ski Valley". Länge der kurvenreichen Straße ca. 4o Kilometer. Ab Downtown Tucson über Speedway Blvd., dann Tanque Verde Rd. und Catalina Hwy.

BABAT DUAG VISTA POINT: Von hier aus liegt einem Tucson praktisch zu Füßen. Man erkennt die ungeheure Ausdehnung, die die Wohnviertel inzwischen im gesamten Tal erreicht haben.

MOLINO CANYON OVERLOOK: Kurzer Fußweg zu einer Felsenschlucht, wo ein Bach über mehrere Kaskaden ins Tal fällt. Je nach vorangegangenen Regenfällen mehr oder weniger attraktiv.

WINDY POINT VISTA: Umgeben von absurden Felsformationen, die wie aufgeschichtete Spielzeug-Bauklötze erscheinen. Senkrecht geht es hinunter in einen tiefen Canyon. In der Ferne Tucson aus der Flugzeugperspektive.

GEOLOGY VISTA POINT: Rundum noch mehr Felsformationen, deren Umrisse und Strukturen die Phantasie anregen. Steinmonumente, wie von urzeitlichen Riesen aufgetürmt. Waghalsig übereinandergeschichtet, von der Erosion Figuren herausgearbeitet. Vieles sieht so aus, als würde es gleich zusammenbrechen und ins Tal rollen.

SAN PEDRO VISTA POINT: Bereits auf 225o m Höhe. Blick in ein weites Tal und über die kargen Berge der Catalina Mountains. Am Ende teilt sich die Straße: rechts ab zum Skigebiet (Details siehe Tucson, Sport), links zur Marshall Gulch Picknick Area.

 Von der Straße aus ereichbar mehrere Campingplätze. Schön gelegen, aber ohne Einrichtungen, zumeist auch kein Wasser. In höheren Lagen nur geöffnet von April bis Oktober.

SAGUARO NATIONAL MONUMENT (7) (East)

Der größere Teil des National Monument, der Bestand an riesigen Saguaro Kakteen allerdings bei weitem nicht so dicht wie im Abschitt westlich von Tucson. Durch jahrzehntelange Nutzung als Viehweide wurden ganze Generationen von Nachwuchs-Kakteen zertrampelt. Dafür vielseitigere Landschaft und Vegetation, da in den Höhenlagen die Kakteen aufhören und Laub- und Nadelwälder die Landschaft bestimmen.

Der SAGUARO (*carnegiea gigantea*; dt. Kandelaber-Kaktus) gehört zu den größten Kakteen überhaupt: Die mächtigsten Exemplare erreichen eine Höhe von 15 m, ihr Wurzelsystem besitzt einen Durchmesser von 3o Metern. Nach einer niederschlagsreichen Periode haben sich die Pflanzen mit bis zu 4 Tonnen Wasser vollgesaugt. Die dehnbare Außenhaut ermöglicht dabei fast eine Verdopplung ihres Umfangs. Danach können sie zwei Jahre lang von dem gespeicherten Wasser überleben.

Die Saguaros, die nur in der Sonora Wüste vorkommen, sind langlebige Pflanzen, sie können ein Alter von bis zu 2oo Jahren erreichen. Dabei geht ihr Wachstum äußerst langsam vonstatten: Ein junger Kaktus braucht ein Jahrzehnt, um gerade einmal 15 cm hoch zu werden; in 4o Jahren hat er eine Höhe von etwa 3 Metern erreicht.

Häufig wachsen die jungen Saguaros im Schutz und Schatten eines Palo Verde Baumes, der sie im Sommer vor zuviel Sonneneinstrahlung und im Winter vor Frost schützt. Der Kaktus wächst unter diesen Bedingungen schneller und höher, oft sieht man ein Exemplar unmittelbar zwischen dem Astwerk eines der Bäume aufragen. Der ausgewachsene Saguaro zeigt sich gegenüber seinem Beschützer jedoch langfristig undankbar: Sein dichtes Wurzelwerk raubt dem Baum den Zugang zum Wasser, er stirbt ab.

Wenn Saguaros ihre stämmigen Arme nach unten hängen lassen, dann haben sie Frostschäden im Gewebe, so daß sich Teile der Pflanze nicht mehr mit genügend Wasser vollsaugen können. Die häufig anzutreffenden Löcher in den Stämmen der Kakteen behindern deren Wachstum jedoch nicht. Sie stammen von einer Specht-Art, die diese Löcher in den Kaktus pickt, um darin dann ihr Nest zu bauen. Wenn sie es verlassen, machen sich andere Vögel die Arbeit der Spechte zunutze und nisten ebenfalls in den Saguaro-Stämmen.

Die Pflanzen blühen im Mai und Juni; in dieser Zeit ist ein Besuch des National Monuments natürlich besonders attraktiv. Die Blüten öffnen sich allerdings erst nach Einbruch der Dunkelheit. Fledermäuse sind daher die wichtigsten Überträger der Pollen von Pflanze zu Pflanze. Aus den Früchten der Saguaros bereiten die Indianer ein alkoholisches Getränk, manchmal Papago-Wine genannt. Nach der Ernte im August kochen sie die Früchte zu einem dicken Sirup ein, der einen Monat später zu gären beginnt und bei religiösen Zeremonien als Rauschmittel dient.

Bequeme Rundfahrt durch den tiefer gelegenen Teil auf dem Cactus Forest Drive (ca. 13 km vom und zum Visitors Center). Zufahrt 4 US pro PKW, 2 US für Fahrrad. Zu Radtouren im Monument vergl. Tucson, Sport.

Wandern: Im nördlichen Abschnitt des Cactus Forest Drive befinden sich der "Shantz Trailhead" und der "Loma Verde Trailhead". Dort beginnt ein dichtes Netz von Wanderwegen durch die Kakteenlandschaft, die zu beliebig langen Touren kombiniert werden können. Karte gratis im Visitors Center ("Day Hiking Trails").

Längere Wanderungen (evtl. mit Übernachtung) führen von der Wüste in höhere Lagen bis 25oo m. Zugang über den "Tanque Verde Trail", Ausgangspunkt Javelina Picknick Area am Cactus Forest Drive. Der Weg steigt steil an durch mehrere Vegetationszonen und verzweigt sich in der Höhe in ein dichtes System von Trails. Primitive Campgrounds am Weg. Im Visitors Center kleine Broschüre mit Karte und Regelungen fürs Übernachten ("Wilderness Travel").

COLOSSAL CAVE

Unter der kakteenbestandenen und sonnendurchglühten Berglandschaft eine kühle Kalkstein-Höhle mit den üblichen Stalagmiten und Stalagtiten. Nichts Aufregendes, aber eine willkommene Abkühlung in der Sommerhitze. Touren dauern 45 Min., Eintritt ca. 6,5o US. Zu erreichen Richtung Südosten ab Saguaro National Monument oder ab Tucson direkt über Interstate 1o, Exit 279.

PIMA AIR AND SPACE MUSEUM (8)

Flugzeugmuseum der Sonderklasse in mehreren Hallen und auf einem riesigen Freigelände, allerdings beschränkt auf die Militärfliegerei. Über 180 Original-Flugzeuge, Trägerraketen und Raumkapseln. Dickbauchige Transportflugzeuge, Aufklärer, Jäger, Bomber, eine Sammlung von Hubschraubern. Praktisch alles, was US-Navy und Air Force jemals gen Himmel geschickt haben.

Außerdem Rekonstruktionen der ersten Flugmaschinen, experimentelle Prototypen, die nie in Serie gingen, das Präsidentenflugzeug von John F. Kennedy, Informationen rund um die Fliegerei. Geöffnet täglich von 9-17 Uhr, Eintritt 5 US. Zu erreichen über Interstate 10 Richtung Osten, Exit 267.

DAVIS MONTHAN AIR FORCE BASE (9)

Die Düsenflugzeuge, die unablässig über den Himmel von Tucson jagen, gehören zur hier ansässigen Luftwaffenbasis. Der immerblaue Himmel bietet ideale Voraussetzungen für Pilotentraining. Auf der Basis selbst stehen zu Hunderten in Reih und Glied eingemottete und ausgesonderte Jäger und Bomber der Air Force. Sie werden derzeit im Rahmen der START-Abrüstungsverträge verschrottet oder als fliegende Übungsziele für Raketen benutzt.

SAN XAVIER DEL BAC (11)

Schon von weitem leuchten die weißen Türme der Missionskirche. Ein Schmuckstück kolonial-spanischer Architektur, das schönste in Arizona, vielleicht in den ganzen USA. Lebendig gestaltete Barockfassade. Im Innern prunkvoll ausgestattet mit vergoldetem Hochaltar und einer überschwenglichen Fülle an Figuren und bemalten Ornamenten. Eine harmonische Einheit; prunkvoll, ohne aufdringlich oder protzig zu wirken. Geöffnet täglich von 9-18 Uhr, zu erreichen über Interstate 19, Exit 92.

Durch einen Kakteengarten erreicht man eine kleine Kapelle. Auf dem Hügel neben der Kirche eine Nachbildung der Grotte von Lourdes. Von dort aus schöner Rundblick auf die bergige Umgebung und die Hochhäuser von Tucson. Einige hundert Meter westlich der Kirche ein mexikanischer Friedhof. die schlichten Holzkreuze geschmückt mit bunten Plastikblumen und -kränzen.

Im Jahr 1700 legte der Jesuitenpater Eusebio Kino hier den Grundstein für eine Missionsstation, die zum zentralen Ausgangspunkt der Missionierungsbemühungen im südlichen Arizona werden sollte. Pater Kino stammte aus Tirol und hielt sich seit 1683 in den nördlichen Regionen des heutigen Mexiko auf, wo er in Baja California und Sonora versuchte, die dortigen Indianer zu bekehren.

Während sich die spanischen Siedler in jener Zeit nur entlang des Rio Grande weiter Richtung Norden wagten, drangen die Jesuiten um Pater Kino gegen Ende des 17. Jahrhunderts auch ins unwirtliche Arizona vor. Sie waren die ersten seßhaften Europäer in dieser Gegend und entdeckten bei ihren Reisen die Landverbindung nördlich des Golfes von Kalifornien. Damit widerlegten sie die damals noch gängige Vorstellung, daß Baja California eine Insel sei.

Insgesamt gründete Pater Kino fast dreißig Missionen diesseits und jenseits der heutigen Grenze zwischen Mexiko und Arizona. Wegen ihrer totalen Abgeschiedenheit von den Zentren der damaligen spanischen Kolonie mußten die Stationen fast völlig autark sein, so daß die Mönche und Indianer in ihrer Umgebung Landwirtschaft und Viehzucht betrieben. Nachschub an Werkzeugen oder Gegenständen für den kirchlichen Gebrauch kam nur selten über einen beschwerlichen Eselspfad aus dem zentralen Hochtal von Mexiko.

Als der spanische König 1768 den Rückzug sämtlicher Jesuiten aus den Kolonien befahl und deren Besitzungen konfiszierte, übernahmen die Franziskaner die Missionen in Arizona. In dieser Übergangszeit überfielen die Apachen San Xavier del Bac und brannten es vollständig nieder. Mit Hilfe der ihnen freundlich gesinnten Pima Indianer bauten die Franziskaner die Station wieder auf, wobei ein eigens aus Spanien herbeigerufener Baumeister für die heute noch erhaltene Architektur verantwortlich zeichnete.

INTERNATIONAL WILDLIFE MUSEUM (12)

In einem gräßlichen Gebäude, das an eine Festung erinnern soll. Kuriose Sammlung ausgestopfter Tiere aus der ganzen Welt: von der Bergziege über Bären bis zur Giraffe. Geöffnet täglich von 9-17.3o Uhr, Eintritt 4,5o US. Ab Downtown Tucson westlich über Speedway Blvd. und Gates Pass Rd.

GATES PASS (13)

Paßhöhe westlich von Tucson. Die Straße schlängelt sich durch felsiges, mit Kakteen bestandenes Berggelände. Von oben weiter Blick zurück auf Tucson, hinter der Höhe öffnet sich dann die Sonora Wüste mit Tausenden von Saguaro Kakteen an den Berghängen und in der unten ausgebreiteten Ebene.

OLD TUCSON (15)

Die perfekte und vollständige Kulissenstadt mit allem, was ein Regisseur braucht, um einen ordentlichen Western zu inszenieren. Wildwest-Fassaden vom Saloon über Bank, Sheriff's Office, Hotel, Bahnhof, Dampflok, Pferde, Telegrafenbüro. Im Hintergrund die natürliche Kulisse: die steinige Wüstenlandschaft des TUCSON MOUNTAIN PARK mit schroffen Felsen, niedrigem Gestrüpp und Saguaro Kakteen.

Ein Film informiert über die Geschichte dieses "Hollywood in the Desert", das 1939 für den Western "Arizona" errichtet und später ständig erweitert wurde. Klassiker wie "Winchester 73", "El Dorado", "Gunfight at the OK Corral" und "Rio Lobo" wurden hier ebenso gedreht wie die Fernsehserien "High Chaparall" oder "Gunsmoke".

Halbstündig finden Shows, Stunts und Schießereien statt, die im Eintrittspreis inkl. sind. Haben natürlich nicht die Qualität eines Western von John Ford.

Geöffnet täglich von 9-21 Uhr. Eintritt 12 US, Kinder bis 11 Jahre 8 US.
Ab Wildlife Museum über den Gates Pass Richtung Westen.

ARIZONA SONORA DESERT MUSEUM (16)

Schön gelegen inmitten der Wüstenlandschaft des Tucson Mountain Park. Botanischer Garten und Zoo mit hervorragendem Überblick über die Zusammenhänge der Wüsten-Ökologie. Kaktus-Garten mit Dutzenden von Arten, verschiedene Landschaftsformen der Sonora Wüste, Mineraliensammlung, Gehege für Wüstentiere wie Koyoten, Pumas, Wölfe und Dickhornschafe. Eine künstliche Höhle bietet Einblick in die geologische Entstehung der Landschaften im Südwesten der USA. Geöffnet täglich von 8.3o-17 Uhr, von März bis Sept. 7.3o-18 Uhr. Eintritt 8 US.

SAGUARO NATIONAL MONUMENT (17) (West)

Ein gewaltiger Wald von Saguaros, den meterhohen Kakteen der Sonora Wüste. Sie strecken ihre Arme in alle Richtungen, wobei jede Pflanze ihren eigenen Stil entwickelt und dazu beiträgt, daß der Wald so vielseitig und bizarr aussieht. Die majestätischen und absurden Formen scheinen sich im gleißenden Wüstenlicht manchmal sogar zu bewegen. Ausführlicher Steckbrief der Saguaro Kakteen bei der Beschreibung des östlichen Abschnitts von Saguaro National Monument, Seite 313.

Auf einer ungeteerten Straße (Bajada Loop Drive, ca. 1o km) geht's mitten hinein in die dichteste Konzentration von Kakteen, die eine Landschaft aus Felsen, Gebüsch und kleineren Kakteen überragen. Am Anfang kleines Information Center, wo man gratis eine Karte bekommt. Das National Monument ist rund und um die Uhr geöffnet, keine Eintrittsgebühr. Keinerlei Versorgungseinrichtungen, ein Campingplatz außerhalb im Tucson Mountain Park.

Wandern: Schönstes Erlebnis im National Monument, da man auf diese Weise den stacheligen Kakteen-Riesen am nächsten kommt (nicht zu nah!) und ihre Größe erst richtig erfahren kann. Kurze Trails ab Information Center. Am schönsten allerdings der "King Canyon Trail", der sich mit dem Norris Trail und dem Sendero Esperanza Trail zu einem attraktiven Rundweg verbinden läßt. Von dort aus möglich auch der Steilanstieg zum 1428 m hohen Wasson Peak; von oben ein ausgezeichneter Überblick über die gesamte Kakteenlandschaft des National Monument. Insgesamt etwa eine Halbtagestour.

"Gilbert Ray Campground" zwischen Old Tucson und Desert Museum. Inmitten einer klassischen Wüstenlandschaft mit zahlreichen Kakteen. Ruhiger, gepflegter Platz. Toiletten, Wasser, keine Duschen. Stellplatz ca. 6-9 US.

SONORA WÜSTE

Erstreckt sich im Südwesten Arizonas, einem Teil von Kalifornien sowie in den mexikanischen Staaten Sonora und Baja California. Verglichen mit anderen nordamerikanischen Wüsten niedrig gelegen, relativ warm, selten Frost. Sandwüste findet sich nur an wenigen Stellen; in der Regel beherrschen schroffe Felsen, kahle Gebirgsketten und steinige Ebenen die Landschaft. Viele Wasserläufe entstehen nur sporadisch und verlieren sich dann wieder im sonnendurchglühten Boden.

Klimatische Besonderheit: zwei Regenzeiten. Im Winter leichte, aber dauerhafte Regenfälle, im Spätsommer plötzliche Gewitter mit kurzen, kräftigen Schauern. Daher die große Vielfalt an Pflanzen, fast 150 Kakteenarten haben sich perfekt an die Trockenheit angepaßt. Imposant vor allem die bis zu 15 m hohen Saguaro- und Orgelpfeifenkakteen. Nur in der Sonora Wüste gibt es ganze Wälder davon. Kakteenerlebnisse der besonderen Art vor allem im Saguaro National Monument (siehe Umgebung von Tucson) und im Organ Pipe Cactus National Monument.

Überall in der Sonora Wüste fallen die wundersamen Formen der Kakteen ins Auge. Diese Pflanzen, die von den Rosen abstammen, haben sich vollständig an die Klimaverhältnisse der Wüste angepaßt. Im Laufe ihrer Evolution haben sie zunächst die Blätter zurückentwickelt, da diese eine zu große Oberfläche und dadurch einen hohen Wasserverbrauch besitzen. Blattpflanzen verlieren ihr Wasser über 6000 Mal so schnell wie ein Kaktus. Dessen Oberfläche ist im Verhältnis zu seinem Volumen minimal, so daß er sich der Sonne aussetzen kann, ohne daß zu viel von der kostbaren Flüssigkeit verschwindet.

Ein holziges Gerüst im Innern der Kakteen stabilisiert deren wasserspeicherndes Gewebe, eine zähe Haut und die trockenen Stacheln schützen den Kaktus nach außen. Die meisten Kakteen verfügen über ein weit verzweigtes Wurzelsystem, das sich knapp unter der Erdoberfläche horizontal ausdehnt und während der kurzen Wüstengewitter ein Maximum an Wasser aufnimmt. Die Wurzeln erfüllen zugleich eine wichtige Funktion für die Wüste selbst: Sie halten den losen Oberflächenboden fest und bewahren ihn davor, von den ständigen Winden weggeweht zu werden.

Die Könige im Kaktusreich sind zweifellos der Orgelpfeifenkaktus und der Saguaro, die mehrere Meter hoch wachsen und ganze Wälder bilden. Der Orgelpfeifenkaktus kommt besonders häufig vor im mexikanischen Teil der Sonora Wüste. Aus seiner Wurzel sprießt ein Bündel von kräftigen Armen, die bis zu 5 Meter hoch werden und dem Kaktus seinen Namen gegeben haben. In Arizona ist er nur zu sehen im Organ Pipe Cactus National Park (weitere Details siehe dort). Der Saguaro (Kandelaberkaktus) ist noch gewaltiger: Die größten Exemplare erreichen eine Höhe von 15 m, ihr Wurzelsystem besitzt einen Durchmesser von 30 Metern (zu weiteren faszinierenden Eigenschaften dieser Kakteen vergl. Seite 313).

Häufig anzutreffen in der Sonora Wüste sind außerdem der Feigenkaktus mit seinen flachen, aneinandergereihten Gliedern und den Früchten, die in Mexiko gern und häufig ge-

320 Sonora Wüste/Arizona

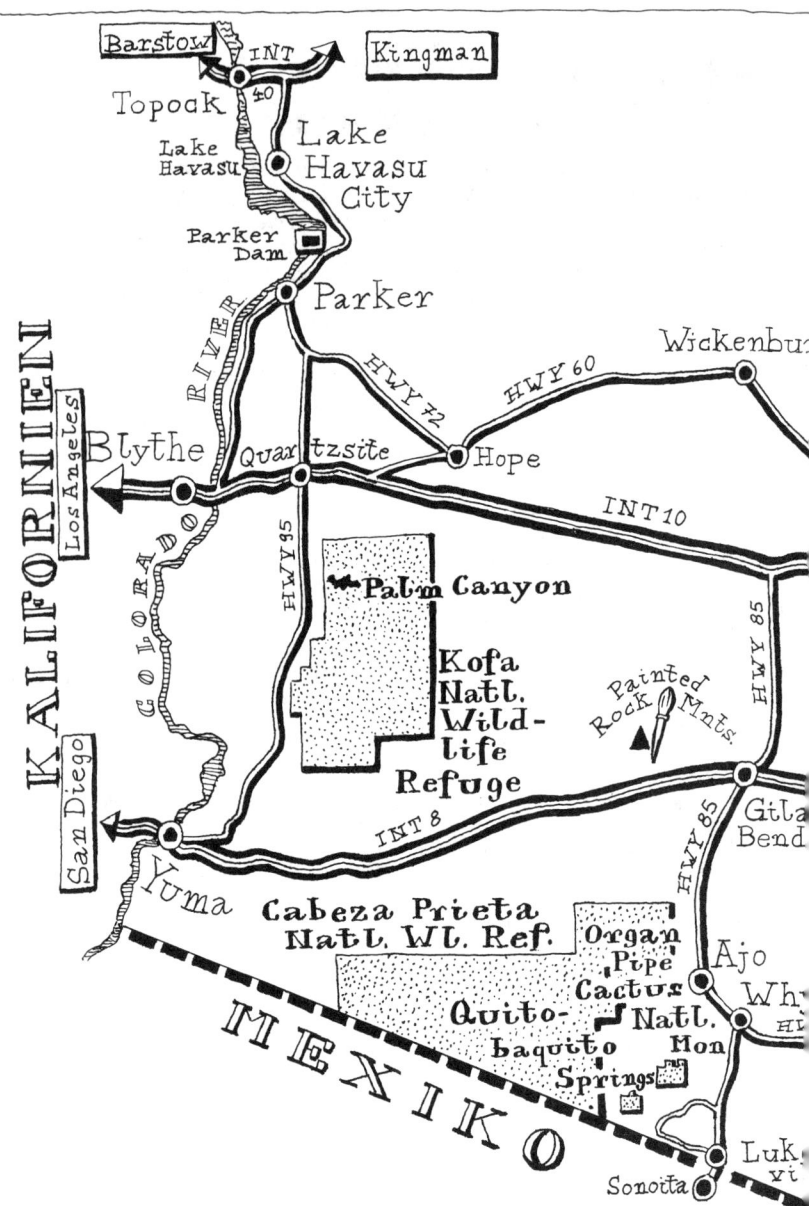

Sonora Wüste/Arizona 321

gessen werden; dazu der faßförmige Ferokaktus, der dornige Igelkaktus sowie der Cholla, dessen Stacheln so fein und dicht sind, daß sie wie ein Pelz wirken.

TUCSON --> AJO

21o km/ ca. 2,5 Std. Highway 86 ist die einzige größere Straße durch den südlichen Teil von Arizonas Sonora Wüste. Meist flaches Gelände mit Sträuchern und Kakteen. Die Straße führt über weite Strecken durch die Tohono O'Odham Indian Reservation, wo ca. 1o.ooo Papago-Indianer leben. Die Stammesverwaltung hat ihren Sitz in <u>SELLS</u> (2.8oo Einw.). Die Indianer legen keinen großen Wert auf Tourismus, verkaufen aber in kleinen Trading Posts ihre Körbe und Flechtarbeiten.

Orientierungspunkt und ausgesprochen lohnender Abstecher entlang der Strecke ist <u>KITT PEAK</u>, vor allem die weiß leuchtende Kuppel des dort installierten Observatoriums. Hwy. 86 endet in <u>WHY</u>, einem winzigen Nest mit Tankstelle und einigen Geschäften. Von dort Hwy. 85 entweder zum Organ Pipe National Monument oder 16 km Richtung Norden nach Ajo.

★ Kitt Peak

Der 2.o96 m hohe Berg und die auf seinem Gipfel installierten Observatorien bieten faszinierende Weitblicke im doppelten Sinn: Einmal hinunter in die Ebene der Sonora Wüste und auf die darin querliegenden Bergketten; zum andern hinaus ins Weltall. Die imposante Reihe futuristischer Gebäude, in denen die Teleskope untergebracht sind, schafft eine Art Science Fiction Atmosphäre.

Auf Kitt Peak befindet sich die weltweit größte Ansammlung optischer Teleskope, inzwischen sind bereits 18 dieser Super-Fernrohre gen Himmel gerichtet. Nach dreijährigem Studium von über 15o Bergen in den USA wurde Kitt Peak 1958 als Standort für Observatorien ausgewählt. Gutes Wetter, geringe Luftturbulenzen, Höhe und Entfernung von künstlichen Lichtquellen gaben den Ausschlag. Getragen wird die Einrichtung von mehreren Universitäten mit bedeutenden astronomischen Fakultäten. Sie arbeiten zusammen mit der NASA und Observatorien in New Mexico und Chile.

Ein Konsortium entscheidet, welche wissenschaftlichen Projekte Beobachtungszeit zugesprochen bekommen. Die Nachfrage ist groß und übersteigt oft um das Vielfache die Möglichkeiten von Kitt Peak. Erwischt der Tourist einen der wenigen Tage, an denen der Gipfel in Wolken liegt, so ist das ärgerlich, aber nicht weiter schlimm. Für die Wissenschaftler jedoch, die ihre Beobachtungstermine auf Jahre hinaus im voraus anmelden müsssen, ist ein bedeckter Himmel tragisch; sie müssen unter Umständen wiederum Jahre warten, um den ersehnten Blick auf die Sterne zu bekommen.

Orientierung: Ab Hwy. 86 knapp 2o km über eine kurvenreiche, aber bestens ausgebaute Straße. Geöffnet täglich von 9-16 Uhr. Führungen beginnen um 11, 13 und 14.4o Uhr ab Museum. Gratis, aber 2 US Spende werden erwartet. Die zugänglichen Observatorien lassen sich auch ohne Führung besichtigen, da es überall per Fotos und Schautafeln ausführliche Informationen zur Funktion des jeweiligen Teleskops gibt.

Im MUSEUM ergänzende Erläuterungen zur Astronomie und ein Videofilm über die Arbeitsweise der Observatorien von Kitt Peak. Neben dem Gebäude ein Felsbrocken mit 5oo-8oo Jahre alten Petroglyphen der Hohokam-Kultur, der in der Nähe von Kitt Peak gefunden wurde.

Von den 18 Teleskopen sind die folgenden vier für die Öffentlichkeit zugänglich:

MAYALL-TELESKOP: Mit 4 m Durchmesser und einem Gewicht von 375 Tonnen eines der größten Teleskope der USA. Das schwere Gerät ist jedoch so gut ausbalanciert, daß ein Moter von einem halben PS ausreicht, um es auf das jeweilige Ziel auszurichten. Im Notfall läßt es sich sogar manuell bewegen. Beobachtet werden vor allem schwach leuchtende Himmelskörper in entfernten Galaxien.

Per Aufzug Zugang zu einer Beobachtungsplattform. Sie befindet sich noch 3o m über der Bergspitze, die Sicht bei klarem Wetter über 15o km, weit bis hinein nach Mexiko. Der Rundumblick über die Sonora Wüste ist grandios und nirgendwo besser. Da die Fenster aus nicht-spiegelndem Glas bestehen, lassen sich gute Fotos machen. Von einer gesonderten Ebene Blick auf das gewaltige Teleskop und die dazugehörigen Mechanismen.

Mc MATH-PIERCE-TELESKOP: Größtes Sonnenteleskop der Welt. Das dreieckige Gehäuse steht auf dem Bergrücken wie ein modernes Kunstwerk. Es besteht aus Kupfer, durch das eine Kühlflüssigkeit läuft, um innerhalb des Teleskops eine gleichmäßige Temperatur zu gewährleisten.

Ein Spiegel auf dem vertikalen Arm fängt das Sonnenlicht auf und reflektiert es in den schräg angeordneten Lichtschacht, der 153 m lang ist und zum größten Teil unterirdisch verläuft. Dort konzentrieren weitere Spiegel das Licht und erstellen ein Bild von der Sonne, das einen Durchmesser von 76 cm hat. Dieses wird per Computer analysiert. Bei Nacht dient das Sonnenteleskop der Sternbeobachtung.

2,1 METER-TELESKOP: Vom Innern des Gebäudes ist ein Blick auf das 46 Tonnen schwere Gerät möglich.

WIYN-TELESKOP: Neueste Errungenschaft von Kitt Peak. Die Ausrüstung dieses Teleskops mit modernster Technologie ermöglicht die Betrachtung von mehreren Objekten zur gleichen Zeit. Das Teleskop ist direkt mit verschiedenen Universitäten verbunden, so daß Wissenschaftler ihre Beobachtungen von dort aus durchführen können und nicht mehr extra nach Kitt Peak kommen müssen.

★ Ajo (3.ooo Einw.)

Hübsches Städtchen, das lange Zeit vom Kupferbergbau lebte. Palmenbestandene Plaza im mexikanischen Stil, umgeben von aufwendig gestalteten Arkadengängen und zwei schlichten weißen Kirchen. Harmonisch angeordnet; fällt völlig aus dem Rahmen des architektonischen Wildwuchses, der in anderen Bergbaustädten Arizonas üblich ist. Die Wohnviertel mit ihren winzigen Einfamilienhäusern eher amerikanisch. Ajo ist bester Ausgangspunkt für den Besuch des Organ Pipe National Monument.

 Chamber of Commerce, am Hwy. 85 neben der Plaza.

Post: Direkt an der Plaza.

MINE LOOKOUT: Im Süden der Stadt türmen sich die riesigen Abraumhalden der New Cornelia Copper Mine, künstliche Tafelberge in der Wüste. Wo das aufgeschüttete Geröll herkommt läßt sich am Lookout betrachten: Das nach unten hin abestufte Riesenloch der Tagebaumine hat einen Durchmesser von knapp 2,5 km und ist 335 m tief. Im winzigen Museum nebenan interessant vor allem die Fotoalben aus der Frühzeit der hiesigen Kupferproduktion.

Der Kupferbergbau begann hier bereits 1854. Drei Jahre lang wurde der Rohstoff noch um Kap Horn geschafft, um in Wales verarbeitet zu werden. Die Rentabilität war dadurch natürlich nicht besonders groß; verschiedene Minengesellschaften versuchten ihr Glück. Erst mit verbesserten Technologien wurde der Abbau um 1917 richtig profitabel, und die Calumet Mining Company verdiente Millionen.

1931 übernahm der Kupfer-Konzern Phelps-Dodge die Mine und begann, mit Riesenbaggern das gewaltige Loch in die Erde zu graben. 1985 wurde die Mine wegen fallender Kupferpreise und mangelnder Rentabilität geschlossen. Die Verarbeitungsanlage steht heute als eine Industrieruine des 2o. Jahrhunderts in der Landschaft.

HISTORICAL SOCIETY MUSEUM, einige hundert Meter weiter in einer ehemaligen Missionskirche. Im Stil einer etwas aufgeräumten Rumpelkammer: Einrichtungsgegenstände, Dokumente, Fotos, Mineralien. Manch nettes Detail, viel Krimskrams. Geöffnet Mo-Sa von 13-16 Uhr.

 "Manager's House Inn", 1 Greenway Dr. Ab 1919 das Wohnhaus für den Leiter der Kupfermine. Auf einem Hügel, überblickt den Ort und die Fabrikanlagen. Bed&Breakfast mit geschmackvoll eingerichteten Zimmern, jedes mit Privatbad und einem besonderen Stil. Große Aufenthaltsräume mit bequemen Sitzecken. Whirlpool. DZ je nach Größe 7o-1o5 US. Tel. 387-65o5.

"Guest House Inn", 3 Guest House Rd. Erbaut 1925 als Gästehaus für wichtige Besucher der Kupfermine. Heute Bed&Breakfast. Nähe Zentrum in ruhiger Wohngegend. Großzügige Gemeinschaftsräume, freundlich und komfortabel möbliert. Vier Gästezimmer mit Privatbad, eingerichtet in jeweils besonderem Stil. DZ ca. 62 US. Tel. 387-6133.

"Marine Motel", 1966 N. 2nd Ave. Am Hwy. 85, nördlich des Ortes. Ordentliches Motel. Zimmer einfach möbliert, Kühlschrank vorhanden. DZ ab 37 US im Sommer,

während der Hochsaison von Dez.-April ca. 48 US. Tel. 387-7626.
"<u>La Siesta Motel</u>", 2561 N. Ajo - Gila Bend Hwy. Außerhalb des Ortes, nördlich am Hwy. 85. Schlichter Flachbau aus Backstein. Einfache Zimmer ohne besondere Extras. DZ ca. 36 US. Tel. 387-6569.

Zwei eher trostlose RV-Parks im Ortsbereich. Camper sind besser aufgehoben im Organ Pipe National Monument. Details siehe dort.

COPPER KETTLE, unter den Arkaden an der Plaza. Einfache Cafeteria, geöffnet nur bis 2o Uhr. Bester Ort fürs Frühstück, wenn man nicht in einem Bed & Breakfast übernachtet hat.

SEÑOR SANCHO, im Ort an der Durchgangsstraße. Kneipe mit dem typischen Publikum des Grenzlandes. Im Nebenraum Restaurant mit einfacher mexikanischer Küche. Hauptgerichte 4-8 US, große Portionen.

DAGO JOE'S, Hwy. 85 am Nordrand von Ajo. Allround-Lokal. Sozusagen als Ersatz für das fehlende Angebot im Ort wird hier eine breite Palette geboten: Sandwiches, Salate, italienische und mexikanische Küche, Barbecue. Preiswert für 3-7 US. Am besten die saftigen Steaks, die für rund 1o US zu haben sind.

Selbstversorger: PHELPS-DODGE MERCANTILE, Supermarkt unter den Arkaden an der Plaza. Unbedingt hier eindecken für den Besuch des Organ Pipe Cactus National Monument, da es dort keinerlei Geschäfte gibt.

<u>Picknick</u>: Schöne Plätze zwischen Saguaro- und Orgelpfeifenkakteen im National Monument.

Verbindungen

Hwy. 85 nach Gila Bend und zur Autobahn Interstate 8 (7o km/ ca. 1 Std.) sowie zum Organ Pipe Cactus National Monument (bis Visitors Center 5o km/ ca. 45 Min.). Hwy. 86 nach Tucson (21o km/ ca. 2,5 Std.).

✦ Organ Pipe Cactus National Monument

Mit Abstand der schönste Teil von Arizonas Anteil an der Sonora Wüste. Die Vegetationsvielfalt ist hier besonders groß, eine gemischte und dichte Kakteen-Welt, ergänzt durch Wüstenbäume und Sträucher. Außerdem der einzige Ort in den USA, wo die Orgelpfeifenkakteen wachsen. Im Hintergrund zackige Gebirgskulissen mit vulkanisch geprägten Gesteinsformationen.

> Die Orgelpfeifenkakteen (stenocereus thurberi) kommen an sich größer und häufiger vor im Norden Mexikos, wo sie eine Höhe von über 5 Metern erreichen können. Hier dagegen befinden sie sich an der nördlichen Grenze ihres Habitats, wo ihnen der gelegentliche winterliche Frost bereits kräftig zu schaffen macht und ihr Wachstum behindert. Sie blühen zwischen Mai und Juli, dann ist der Besuch des National Monument natürlich besonders attraktiv. Allerdings öffnen sich die weißen Blüten erst bei Sonnenuntergang.

Tourist INFO Zufahrt zum National Monument pro PKW 4 US. Das VISITORS CENTER ist täglich geöffnet von 8-17 Uhr. Schautafeln zur Wüsten-Ökologie und eine Dia-Show. Interessant ein topographisches Modell des National Monument, an dem man gut den Verlauf der beiden Routen durch die Kakteenlandschaft studieren kann: Ajo Mountain Drive und Puerto Blanco Drive. Wer nur wenig Zeit hat, sollte ersteren vorziehen: Auf kürzerer Strecke eine ähnliche Auswahl an Vegetation, insgesamt dichtere Konzentration von Orgelpfeifenkakteen. Landschaftlich wilder und felsiger.

★Ajo Mountain Drive

34 km, Einbahnstraße, nicht geteert, eng und kurvenreich. Steile Felsabbrüche in den Ajo Mountains, dichte Konzentration von Kakteen. Entlang der vielen Südhänge besonders häufig der Orgelpfeifenkaktus.

Die erste Bergkette, die man überquert, sind die Diablo Mountains. Am Anstieg einige schöne Ausblicke über die Ebene und die gegenüberliegenden Puerto Blanco Mountains. Hier, wie auch später bei den Ajo Mountains, erkennt man deutlich die schichtenförmigen Ablagerungen, Hinweis auf die vulkanische Entstehung der Gebirge: Wiederholte Lavaausflüsse wechselten ab mit Ausbrüchen von Asche, die später zusammengepreßt wurde. Druck aus dem Erdinnern sorgte im Anschluß für die Auffaltung des Gebirges, durch Erosion entstanden die steilen Abbrüche und Canyons.

Von der Straße unterhalb der Ajo Mountains aus erkennt man einen natürlichen Felsbogen, den die Erosion aus dem Berg herausgearbeitet hat. Eine Seltenheit im südlichen Arizona.

★Puerto Blanco Drive

Ausgangspunkt Visitors Center, Rundtour von 85 km um den Bergrücken der Puerto Blanco Mountains, Straße nicht asphaltiert. Entlang der gesamten Strecke vielseitige Vegetation, je nach Hanglage oder Bodenbeschaffenheit drängen sich bestimmte Pflanzen in den Vordergrund. Mit einigen Stops ungefähr 4-5 Std. einkalkulieren; besser noch den ganzen Tag dafür verwenden und einige kurze Wanderungen in die Wildnis unternehmen.

Gleich zu Beginn eine Vielzahl der staksigen Ocotillo-Sträucher, die im

Normalfall vetrocknet aussehen. Nach jedem Regen jedoch sprießen entlang ihrer dürren Äste grüne Blätter. Die kantige Bergkulisse ist der 959 m hohe Pinkley Peak, die höchste Erhebung der Puerto Blanco Mountains. Ebenso wie das gesamte Gebirge ein Produkt vulkanischer Aktivität. An der GOLDEN BELL MINE einige tiefe Schächte, aus denen in den dreißiger Jahren etwas Gold und Silber herausgeholt wurde. Kurz darauf zeigt ein Windrad die Lage von BONITA WELL an, früher ein Korral der Viehzüchter.

Etwa auf halber Strecke die Oase QUITOBAQUITO. Mehrere Quellen speisen einen kleinen Teich, um den herum sich eine grüne Vegetation entwickelt hat. Winzige Fischlein schwimmen im Wasser, mit etwas Geduld lassen sich viele Vogelarten beobachten. Direkt an der Oase verläuft ein Stacheldrahtzaun, die Grenze zu Mexiko. Jenseits eine mexikanische Landstraße, über die von Zeit zu Zeit Busse und Lastwagen donnern.

Eine Stichstraße führt ins SENITA BASIN, ein abgelegenes Tal, das durch die Bergketten von Puerto Blanco und Sonoyta geformt wird. Im Verlauf des weiteren Rundweges einige besonders große Exemplare von Saguaro Kakteen, die hier weitaus häufiger vorkommen als die frostempfindlicheren Orgelpfeifen-Kakteen.

In LUKEVILLE endet die Staubstraße. Grenzkontrollpunkt mit ein paar Häusern und einer Tankstelle. Relativ viel Betrieb, da hier die Wohnmobile den Übergang benutzen, wenn sie zum Strand von Puerto Peñasco am Golf von Kalifornien wollen. Aus diesem Grund auch viel Verkehr auf der Nord-Süd Strecke durchs National Monument, die wenigsten Fahrzeuge sieht man jedoch später auf den Rundstraßen.

Jeweils ein extrem einfaches Motel in Lukeville und Why. Komfortabler übernachtet man in Ajo, Details siehe dort.

Campground ca. 3 km vom Visitors Center in einem Wald von Saguaros und Orgelpfeifenkakteen. Ruhige Lage, Blick auf Wüste und Berge. Wasser und Toiletten. Sehr beliebt und häufig voll, daher möglichst frühzeitig eintreffen. 8 US pro Stellplatz.

WANDERN

Anders als in den meisten sonstigen National Parks und Monuments existieren in dem riesigen Gebiet von Organ Pipe Cactus NM nur wenige offizielle Wanderwege. Dafür ist es erlaubt, überland zu wandern. Die Pflanzen lassen in der Regel genug Platz zum Durchkommen. Hinweise zum Wandern in der Wildnis sowie die nötigen Permits für evtl. Übernachtung im Freien im Visitors Center. Route nach Möglichkeit mit den Rangern absprechen. Von den wenigen markierten Trails zu empfehlen:

"Victoria Mine Trail": 7 km/ ca. 2 Std. Vom Campingplatz aus zu einer ehemaligen Gold- und Silbermine. Von deren Einrichtungen sind allerdings nur noch klägliche Überreste vorhanden. Welliges Gelände, problemlos zu begehen.

"Estes Canyon Trail": 6,5 km/ ca. 2-3 Std. Durch einen Canyon mit dichtem Kaktusbestand hinauf auf ein hochgelegenes Plateau, auf dem Rancher früher ihr Vieh überwintern ließen. Daher der Name Bull Pasture. Schöne Ausblicke in die umliegende Fels- und Wüstenlandschaft. Ausgangspunkt: Parkplatz am Ajo Mountain Drive. Das ganze ein Rundweg mit dem Abstecher zur Bull Pasture. Der Aufstieg zum Plateau extrem steil.

AJO --> YUMA

255 km/ ca. 3 Std. Kurz hinter Ajo durchquert Hwy. 85 eine Art Miniaturgebirge mit zackigen Felsspitzen und Lavahügeln, die sogenannte CRATER RANGE. Danch beginnt die große Langeweile: flaches Land, die Straße wie mit dem Lineal gezogen, in der Ferne kahle Bergketten.

Bei GILA BEND trifft Hwy. 85 auf die Autoabhn Interstate 8. Der Ort selbst die größte Siedlung an der Strecke, außer zum Auftanken jedoch kein Grund für einen Aufenthalt. Wer etwas Abwechslung möchte, macht bei Exit 1o2 einen Abstecher zu den PAINTED ROCKS. Prähistorische Indianer haben dort Petroglyphen auf dunklen Felsbrocken hinterlassen. Ansonsten Radio anstellen oder Kassette einlegen und versuchen, bis Yuma wach zu bleiben.

Im Süden der Autobahn, entlang der mexikanischen Grenze, erstreckt sich die CABEZA PRIETA NATIONAL WILDLIFE REFUGE: Naturschutzgebiet, nur zugänglich auf rauhen Schotterstraßen. Erforderlich sind ein Auto mit Vierradantrieb und eine Genehmigung der Ranger, deren Hauptquartier sich am Nordrand von Ajo am Hwy. 85 befindet. Abenteuertouren durch diese Wildnis jedoch nur unternehmen nach extrem guter Vorbereitung und mit der nötigen Ausrüstung für eine Wüstendurchquerung. Routen unbedingt mit den Rangern absprechen.

YUMA (55.ooo Einw.)

Urbanes Zentrum der Sonora Wüste. Typisch amerikanische Schachbrett-Stadt mit den üblichen neonglitzernden Begleiterscheinungen entlang der Hauptstraßen: Motels, Tankstellen, Autohäuser. Die Stadt frißt sich kilometerweit in die Wüste hinein, vor allem wegen der riesigen Trailer-Parks, auf denen Tausende mit ihren Wohnmobilen überwintern und im Sommer öde Leere hinterlassen. Im Zentrum kleine Fußgängerzone und verstreut einige historische Gebäude. Unterhaltung und Geschäftsleben sind voll abgestellt auf Pensionäre und Überwinterer.

SNOWBIRDS heißen die Zehntausende von Menschen, die sich alljährlich auf der

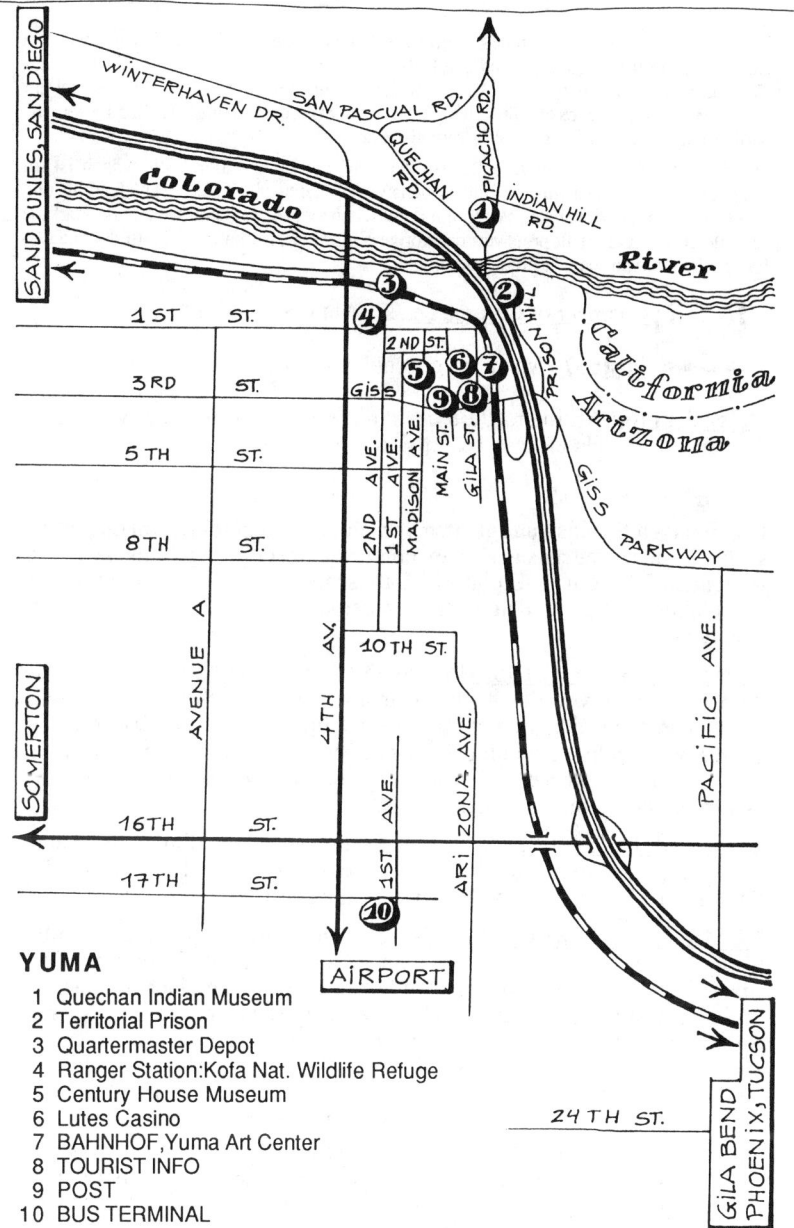

YUMA

1. Quechan Indian Museum
2. Territorial Prison
3. Quartermaster Depot
4. Ranger Station:Kofa Nat. Wildlife Refuge
5. Century House Museum
6. Lutes Casino
7. BAHNHOF,Yuma Art Center
8. TOURIST INFO
9. POST
10. BUS TERMINAL

Flucht vor den kalten Wintern des amerikanischen Nordens und Kanadas in Arizona einfinden, um hier das sonnige und milde Klima zu genießen. Yuma und die Ufer des Colorado River sind neben dem Valley of the Sun um Phoenix das beliebteste Ziel der "Zugvögel". Für sie existieren riesige Apartmentkomplexe und Trailer-Parks, die während der Sommermonate völlig verwaist sind.

Die Snowbirds gehören nicht selten zu den ärmeren Leuten, der Wohnwagen ist ihr einziges Heim. Durch ihre mobile Lebensweise sparen sie Kosten für Heizung und Winterkleidung; und wer sein Wohnmobil zwischen zwei Orangenbäumen parkt, darf die Früchte ernten und erhält preiswert das nötige Vitamin C, für das man in nördlichen Gefilden viel Geld auf den Tisch legen muß.

 Chamber of Commerce, 377 Main St.

Post: 37o Main St., gegenüber der Chamber of Commerce.

Orientierung: Ab Interstate 8 der direkte Weg ins Zentrum von Yuma über Exit 1; zur Hotelsuche besser Exit 2.

SEHENSWERTES

Die wenigen Sehenswürdigkeiten von Yuma sind nicht übermäßig aufregend. Zudem liegen sie alle in einer trostlosen Umgebung aus leerstehenden Häusern, Parkplätzen, Bahnschienen und Autobahnbrücken. Die glühende Hitze in den tristen Straßen animiert nicht gerade zum Besichtigen.

CENTURY HOUSE MUSEUM, (5) 24o S. Madison Ave. Wohnhaus aus dem Jahr 187o, von der Architektur her nichts Besonderes. Im Innern mehrere Räume, eingerichtet im Stil der Jahrhundertwende. Das Museum zeigt Fotos, Dokumente und Gerätschaften zu allem, was in Yumas Geschichte eine Rolle gespielt hat: Bergbau, Landwirtschaft und Militär. Geöffnet Di-Sa von 1o-16 Uhr, gratis.

YUMA ART CENTER, (7) 281 Gila St. Im ehemaligen Bahnhofsgebäude wechselnde Ausstellungen lokaler und regionaler Künstler. Geöffnet Di-Sa von 1o-17 Uhr, So von 13-17 Uhr, Eintritt 1 US.

YUMA TERRITORIAL PRISON, (2) Prison Hill Rd., zu erreichen über Giss Parkway unter der Autobahn durch. Von 1875-19o9 einziges Staatsgefängnis in Arizona mit zweifelhaftem Ruf. Auf einer Anhöhe, der glühenden Sonne ausgesetzt. Mehrere Zellengebäude aus roh gemauerten Steinblöcken und vergitterten Eisentüren. Einige Zellen sind auch nur einfache Höhlen im Berg. Erbaut von den Gefangenen selbst. Im Museum ist die Geschichte des Knasts dokumentiert: Fotos, Schriftstücke, Gewehre. Geöffnet täglich von 8-17 Uhr, Eintritt 3 US.

Die Historiker streiten sich noch, ob das Gefängnis besonders brutal oder eher fortschrittlich war. Die Tatsache, daß es hier schon besonders früh elektrisches Licht gab, wird von den Verteidigern als Hauptargument für humanen Strafvollzug angeführt. Einige Hollywood-Filme dürften das Negativ-Image verstärkt oder überhaupt erst geschaffen haben. Wie dem auch sei, von Resozialisierung war wohl in jedem Fall nicht die Rede.

YUMA CROSSING QUARTERMASTER DEPOT, (3) am Ende von 2nd Ave. In staubigem Gelände am Flußufer. Eine Gruppe restaurierter Gebäude des ehemaligen Militärstützpunkts. Diente von 1864-83 als Versorgungslager für die Forts im Apachenland. Die Waren kamen per Schiff den Colorado River herauf. Als die Eisenbahn den Südwesten erreichte, wurde Yuma Crossing als Nachschubzentrum überflüssig. In den Gebäuden Möbel und ein kleines Museum mit historischen Exponaten. Davor eine ausrangierte Dampflok der Southern Pacific. Geöffnet täglich von 1o-17 Uhr, Eintritt 2 US.

QUECHAN INDIAN MUSEUM, (1) Indian Hill Rd., zu erreichen über Picacho Rd. Auf dem Gebiet der Quechan Reservation jenseits des Colorado River. Bescheidene Ausstellung zu einigen Aspekten der Stammesgeschichte. Dazu Werkzeuge und Kleidung. Geöffnet Mo-Fr von 8-17 Uhr, Mittagspause von 12-13 Uhr. Eintritt 1 US.

Die Quechan-Indianer sind einer von acht Yuma-sprachigen Stämmen am Colorado River. Als die Spanier 154o dort eintrafen, lebten sie in kleinen Gruppen am Fluß und bauten Mais, Bohnen und Kürbis an. Heute leben noch rund 25oo von ihnen im Reservat.

SAND DUNES: Rund 25 km westlich von Yuma, bereits auf kalifornischem Gebiet, durchquert Interstate 8 eine langgestreckte Dünenlandschaft. Autobahnabfahrt: Grays Well Rd. Die Sonora Wüste präsentiert sich dort so, wie sie sich in Arizona in der Regel nicht zeigt. Der zugängliche Teil der Dünen allerdings arg zerpflügt von Buggies, die sich hier austoben dürfen. In den frühen Jahren des Automobilismus führte eine Straße aus Holzplanken über dieses schwer zugängliche Gelände.

Die traditionellen Stadthotels von Yuma stehen leer und verfallen. Alles Neue hat sich angesiedelt entlang der Hauptgeschäftsstraße 4th Ave. oder an den beiden Autobahnausfahrten 16th und 32nd Street. Auf dem Weg zum Zentrum fährt man an den Motels aller Preisklassen entlang.

"Shilo Inn", 153o S. Castle Dome Rd. Komforthotel abseits vom Zentrum in verkehrsgünstiger Lage (Kreuzung von I-8 und Hwy. 95). Trotzdem ruhige Zimmer, die zum Garten hin liegen. Garten mit Palmen, SW-Pool und Whirlpool. Zimmer hell und modern möbliert. Empfehlenswert in der Oberklasse. DZ je nach Größe und Saison 74-115 US. Tel. 782-9511.

"Coronado Motor Hotel", 233 S. 4th Ave. Nähe Zentrum an lauter Durchgangsstraße. Am zubetonierten Parkplatz kleiner SW-Pool und die Motelgebäude. Von außen nicht gerade einladend, Zimmer aber geräumig und modern möbliert. DZ je nach Saison 5o-9o US. Tel. 783-4453 oder 8oo-528-1234.

"La Fuente Inn", 1513 E. 16th St. Gutes Mittelklassehotel, außerhalb des Zentrums, aber verkehrsgünstig. SW-Pool und Whirlpool. Gebäude im mexikanischen Stil, modern und funktional eingerichtet. Einfaches Frühstück inkl. DZ je nach Saison 58-68 US. Tel. 329-1814 oder 8oo-841-1814.

"Yuma Travelodge", 2o5o 4th Ave. Gutes Motel an der Hauptgeschäftsstraße, etwas abseits vom Zentrum. Zweistöckiges Gebäude, davor die Parkplätze mit dem SW-Pool. Einfaches Frühstück und Morgenzeitung inkl. DZ im Sommer ab 4o US, steigert sich bis zur Hauptsaison im Dez./Jan. bis 7o US. Tel. 782-3831 oder 8oo-255-3o5o.

"Yuma Inn", 26o S. 4th Ave. Zentral gelegen an der Brücke über den Colorado. Zweistöckiges Motel in Backsteinbauweise, die Parkplätze direkt vor den Zimmern. Kleiner SW-Pool, in exponierter Lage zwischen Straße und Parkplatz. Zimmer einfach eingerichtet, aber ordentlich. DZ ca. 23 US, von Dez.-April 4o US. Tel. 782-4592.

Trotz (oder wegen) der rund 2o.ooo Stellplätze auf den RV-Parks von Yuma ist Camping hier ein Trauerspiel. Dicht gedrängt stehen die Wohnmobile der Überwinterer auf zumeist trostlosen Flächen, die im Sommer einsam und verlassen sind. Viele Parks akzeptieren keine Kinder. Wer nicht unbedingt bleiben muß, sollte diese Örtlichkeiten vermeiden. Halbwegs erträglich auch für Zelter und Durchreisende: "Windhaven Park", 662o E. Hwy. 8o, Tel. 726-o284. Stellplatz ab 13 US.

Auch im Restaurant-Sektor spielt sich fast alles entlang 4th Ave. und 32nd St. ab. Mehrheitlich Fast Food, mexikanisches und chinesisches Essen, keine großen Qualitätsunterschiede. Einige ausgefallene Lokale gibt's aber auch:

GARDEN CAFE, 25o Madison Ave. Geöffnet für Frühstück und Lunch bis 14.3o Uhr. In schattigem und ruhigem Patio. Unter freiem Himmel eine kühle Rückzugsmöglichkeit. Sandwiches und Salate für 5-8 US. Das benachbarte Coffeehouse ist bis 16 Uhr offen.

LUTES CASINO, 221 Main St. Ein Saloon der Spitzenklasse in der Größe eines Tanzsaales. Die Wände voll mit Fotos, Kinoplakaten und Reklameschildern. Lange Theke, Dutzende von Tischen, und der Kassierer sitzt noch hinter einem Metallgitter. Viel Stimmung, wenn der Laden voll ist. Das Bier fließt in Strömen, und nach der Qualität der Sandwiches fragt in einer solchen Umgebung keiner. Obwohl meist vollgepackt mit Touristen, ist die Western-Atmosphäre so gut wie echt. Nicht auf alt getrimmt, sondern mit der Zeit alt geworden.

RED'S BIRD CAGE, 227 Main St. Kellerbar und Saloon. Gemütliche Kneipe mit Backsteinwänden und langer Holztheke. Hier fehlt allerdings die lebendige Atmosphäre von Lutes Casino.

TOM TATE'S BUFFET, 155o 4th Ave. Großes Buffet, von dem man nehmen kann, sooft man will. Mittags 5 US, abends 6 US, am Wochenende 7 US.

GOLDEN CORRAL, 24O1 S. 4th Ave. Großes Buffet zur Selbstbedienung, soviel man möchte. Für ca. 8 US bekommt man sogar ein Steak inkl.

RED LOBSTER, 16th St./ Ecke 4th Ave. Für alle, die nach so viel Wüste

Sehnsucht nach dem Meer bekommen. Die Shrimps und Fischgerichte haben hier allerdings ihren Preis: Unter 1o US fürs Hauptgericht ist nichts zu haben.

<u>YUMA LANDING</u>, 4th Ave./ Ecke 2nd St. Gemütlicher und beliebter Treff an der Brücke über den Colorado River. Betrieb vom Frühstück bis zum Abendessen. Vielseitige Speisekarte mit Angeboten für jede Tageszeit. Vom Sandwich bis zu Steaks und Seafood. Preislage ca. 5-15 US.

Selbstversorger: <u>SAFEWAY</u>, 4th Ave./ Ecke 11th St. Großer und moderner Supermarkt.

Ein Erdnußvorrat für die gesamte Reise läßt sich anlegen direkt auf der Farm: <u>THE PEANUT PATCH</u>, 4322 E. County 13th St., im Südosten über Exit 3. Auch Zitrusfrüchte und Trockenobst.

<u>**Picknick**</u>: Trotz des Colorado River, der die Stadt durchquert, findet sich kaum ein Ort, der weniger zum Picknick einlädt als Yuma. Trostlose Stadtkulisse und brütende Hitze.

UNTERHALTUNG

<u>YUMA THEATRE</u>, 244 Main St. Art Deco Stil der dreißiger Jahre. Kino und Theateraufführungen. Programm: Tel. 783-2433

<u>WINDHUNDRENNEN</u>: Im Yuma Greyhound Park, 4ooo S. 4th Ave. Saison von Nov. bis April, Beginn der abendlichen Rennen um 19.3o Uhr.

Verbindungen

<u>**Auto:**</u> Interstate 8 nach Phoenix (3oo km/ ca. 3,5 Std.) und San Diego in Kalifornien. Hwy. 95 zur nahegelegenen mexikanischen Grenze und Richtung Norden nach Lake Havasu City (25o km/ ca.3-4 Std.).

Bus: Greyhound-Terminal weit vom Zentrum, 17th St./ Ecke 1st Ave.

-> Phoenix: 3x tägl., 4 Std., ca. 27 US

-> San Diego: 3x tägl., 4 Std., ca. 3o US

Bahn: Amtrak-Bahnhof im Zentrum, Gila St./ Ecke 3rd St., durch den Tunnel neben dem Southern Pacific Büro. Der Bahnhof hat kein Personal, Tickets müssen daher vorher bei Amtrak oder einem Reisebüro gekauft werden. Die Züge allerdings halten.

-> Phoenix: 3x wöchentl., 3 Std., ca. 4o US

-> Tucson: 3x wöchentl., 5 Std., ca. 6o US

-> Los Angeles: 3x wöchentl., 4,5 Std., ca. 4o US

Flüge: Yuma hat zwar einen "International Airport" mit täglichen Flügen nach Phoenix und Los Angeles, aber es dürfte kaum einen Grund geben, hier ein- oder auszufliegen. Wenn doch, America West hat die besten Verbindungen, Tel. 782-4382.

YUMA --> LAKE HAVASU CITY

250 km/ ca. 3-4 Std. Arizonas Westküste: Paradoxerweise ist die westliche Sonora Wüste das größte Wassersportgebiet Arizonas. Mehrere Dämme am unteren Colorado stauen den Fluß zu langgestreckten Seen: Imperial Reservoir, Lake Havasu, Lake Mohave, Lake Mead. In ihrem Verlauf bilden sie die Grenze zu Kalifornien und Nevada. Im Sommer Bootsurlauber, im Winter "Snwobirds" aus dem kalten Norden. Die Straße jedoch im Südabschnitt nicht am Wasser, sondern durch die typische Landschaft der Sonora Wüste. Weite Ebenen bedeckt mit flachem Buschwerk, Ocotillos und Saguaro Kakteen.

Die wunderlich gezackten Felsen und Bergkuppen im Osten gehören zur KOFA NATIONAL WILDLIFE REFUGE, einer rauhen und unerschlossenen Wildnis. Zufahrt ab Hwy. 95 über mehrere Stichstraßen. Am besten Richtung PALM CANYON, ca. 14 km östlich der Landstraße zu einem engen Canyon, in dem wegen der erhöhten Feuchtigkeit ein Palmenwald wächst. Keine markierten Wanderwege, daher Touren über den Palmenwald hinaus unbedingt mit den Rangern absprechen, die in Yuma ihren Sitz haben: 1st St./ Ecke 4th Ave., nahe der Brücke über den Colorado.

In QUARTZSITE (2.ooo Einw.) kreuzt Hwy. 95 die Autobahn Phoenix - Los Angeles. Folge sind die unvermeidlichen Tankstellen und LKW-Stops. In der Umgebung des Ortes ein geradezu groteskes Bild: Während der Wintermonate Tausende von Wohnmobilen mitten in der Wüste geparkt. Treffpunkt der Überwinterer, eine Art mobiles Altersheim.

Auch PARKER (3.ooo Einw.) ist nur ein Verkehrsknotenpunkt mit Versorgungseinrichtungen für die "Snowbirds". Nördlich der Stadt ändert sich die Landschaft abrupt. Statt der Wüstenebene jetzt eine Mondlandschaft aus grauem und rotem Vulkanstein. Die Grünflächen der Golfplätze mitten in der Steinwüste haben ein absurd-künstliches Aussehen. Die Straße windet sich über die Hügel mit Ausblicken auf den Colorado River, an dessen Ufern Wohnmobile und Ferienhauskolonien stehen. Der Abstecher zum PARKER DAM lohnt kaum. Ein häßliches Beton-Ungetüm mit dazugehörigem Kraftwerk und elektrischen Leitungen.

"Cattail Cove", in einem Abschnitt des Lake Havasu State Park. Ruhiger Platz direkt am Fluß. Einige Bäume sorgen für Schatten. Kleine, aber gepflegte sanitäre Einrichtungen inkl. Duschen. Stellplatz ab 8 US. Zwei weitere State Parks mit ähnlichen Einrichtungen für Camping und Picknick einige Kilometer südlich, ebenfalls direkt am Fluß.

★Lake Havasu City (25.000 Einw.)

Retortenstadt am gleichnamigen See, wächst immer weiter in die benachbarten Berge hinein. Die Stadtplaner haben dem welligen Gelände einmal kein Schachbret übergestülpt, sondern die Straßen ganz unamerikanisch der Landschaft angepaßt. Neue Ferienhäuser und Apartmentanlagen, Urlauberhotels. Attraktionen sind der Wassersport auf dem See und die LONDON BRIDGE.

 Chamber of Commerce, direkt am Eingang von English Village.

 Post: McCulloch Blvd./ Ecke Capri Ave., zentral Nähe London Bridge.

Orientierung: Obwohl sich die Ferienhäuser kilometerweit in die Landschaft erstrecken, dreht sich alles um London Bridge und English Village: Hotels, Restaurants, Bootstouren, Golf- und Tennisplätze.

LONDON BRIDGE: 1967 vom Geschäftsmann Robert McCulloch für 2,5 Millionen Dollar von der Stadt London gekauft, wo sie in der Themse zu versinken drohte. Stück für Stück wurde die 1824 gebaute Brücke in 10.000 Einzelteile zerlegt und nach dreijähriger Arbeit in Arizona wieder zusammengesetzt. Ein Kanal wurde vom Lake Havasu aus gegraben, damit die Brücke auch einen entsprechenden Wasserlauf überspannt. Die Kosten für Transport und Wiederaufbau beliefen sich noch einmal auf das Doppelte des Kaufpreises.

Die Brücke macht sich eigentlich gar nicht schlecht an dieser Stelle, sieht aus wie extra für die Breite des Gewässers angefertigt. Ihre Ästhetik wirkt auch in der Wüste, harmonisch und ohne große Schnörkel.

Direkt daneben hat sich allerdings eine Art Rummelplatz a la Disneyland entwickelt: ENGLISH VILLAGE. Ein künstliches London mit Häusern, Geschäften und englischen Telefonzellen. Voll Rummel mit Souvenirshops und Restaurants.

Bootstouren: Große und kleine Schiffe starten unter der Brücke zu Fahrten auf dem Lake Havasu, u.a. auch die "Dixie Belle", ein verkleinerter Mississippi-Schaufelraddampfer (ca. 1 Std., 12 US). Tretboote und und Kanus fürs individuelle Brückenerlebnis ca. 1o US pro Stunde, 2o US pro Tag.

 **Baden**: Im Sommer hält man es nicht lange aus, ohne gelegentlich ins Wasser zu springen. Öffentlicher Strand (Public Beach) mit Picknicktischen und einem Palmen-

wäldchen auf der Insel jenseits der London Bridge.

Motels der üblichen Ketten und in allen Preislagen aufgereiht an der London Bridge Rd., nördlich der Brücke, an einer Straße parallel zum Seeufer. Fast alle ruhig und wenige Schritte zum Wasser. Die folgenden liegen in unmittelbarer Nähe der Brücke:

"<u>London Bridge Resort</u>", 1477 Queens Bay Rd. Direkt an der Brücke, eine Reihe von Zimmern hat den erlauchten Blick. Architektur in Anlehnung an eine englische Burg. Komforthotel mit zwei SW-Pools, Tennisplätzen und den sonstigen Annehmlichkeiten der Teuerklasse. Die erste Adresse in Lake Havasu City. DZ je nach Saison 8o-16o US. Tel. 855-o888.

"<u>Island Inn Hotel</u>", 13oo W. McCulloch Blvd. Rechteckiger Betonkasten in ruhiger Lage auf der Insel jenseits der London Bridge, wenige Meter vom Badestrand. Viele Zimmer mit Blick über den See, modern und komfortabel eingerichtet. SW-Pool. DZ je nach Lage 7o-9o US, von Nov.-Feb. ab 42 US. Tel. 68o-o6o6 oder 8oo-243-9955.

"<u>Sandman Inn</u>", 17oo McCulloch Blvd. Großes und modernes Motel im Zentrum, Nähe Brücke. Trotzdem relativ ruhig, da die Gebäude von der Straße zurückversetzt sind. Zimmer hell, geräumig und funktional eingerichtet. DZ im Winter ca. 33 US, während der Hochsaison bis zu 42 US. Tel. 855-7841 oder 8oo-835-241o.

Viele RV-Parks in der Nähe. Aber schöner einige Kilometer südlich auf den Campgrounds des Lake Havasu State Park. Akzeptabel in der Stadt: "<u>Crazy Horse Campground</u>", 1534 Beachcomber Rd. Auf der Insel jenseits der London Bridge. Direkt am Wasser, nur wenige Bäume geben Schatten. Für Wohnmobile und Zelte. Stellplätze eng beieinander und zur Saison vollgepackt. Stellplatz 1o-22 US, im Sommer teurer.

In der English Village und rund um die Brücke eine Anzahl von Restaurants: Pub, italienisch, mexikanisch etc. Weitere entlang der Hotelstraße London Bridge Rd. sowie auf dem Mc Culloch Blvd., der Verlängerung der Brücke Richtung Berge.

<u>SHUGRUE'S</u>, im Island Fashion Mall, direkt an der Brücke. Neben dem besten Blick auf die London Bridge auch hervorragendes Essen. Spezialität Seafood, das täglich frisch vom Pazifik kommt. Die Preise hoch, aber angemessen für die Qualität: Hauptgericht inkl. Suppe oder Salat 1o-2o US. Mittags preiswerter.

Selbstversorger: <u>SAFEWAY</u>, McCulloch Blvd./ Ecke Lake Havasu Ave. In der Retortenstadt liegt auch der Supermarkt im Zentrum, Nähe London Bridge.

Picknick: Picknicktische unter Palmen am Public Beach auf der Insel jenseits der Brücke.

Verbindungen

Auto: Hwy. 95 nach Norden bis zur Interstate 4o (32 km/ 2o Min.), von dort weiter nach Kingman, Flagstaff oder Los Angeles. Richtung Süden nach Yuma (25o km/ ca. 3-4 Std.) mit Abzweigung über Interstate 1o nach Phoenix.

Bus: Greyhound-Terminal zentral, 54 N. Lake Havasu Ave., Tel. 453-6633. 1x tägl. nach Phoenix (ca. 26 US) und Las Vegas (ca. 12 US).

LAKE HAVASU CITY --> KINGMAN

1oo km/ ca. 1,5 Std. Durch die nördlichen Ausläufer der Sonora Wüste. Direkte Strecke über Hwy. 95 und Interstate 4o. Lohnend aber der Umweg über Oatman und die historische ROUTE 66 (Beschreibung siehe Seite 166).

TOPOCK GORGE: Exit 1 von Interstate 4o direkt vor der kalifornischen Grenze. Enge Schlucht mit vielfältigen Felsformationen, durch die der Colorado River fließt. Eine der wenigen dieser Art, die nicht durch die Aufstauung des Flusses von den neu entstandenen Seen verschluckt wurden. Schöner Tagestrip per Kanu von hier bis Lake Havasu City. Bootsverleih dort, Transport zur Einstiegsstelle läßt sich mit dem Vermieter organisieren.

BULLHEAD CITY (22.000 Einw.): Die Stadt am Colorado River bietet nur wenig. Kommt gelegentlich in die Schlagzeilen als heißeste Stadt der USA. Hauptattraktion sind die Gratis-Schiffe über den Colorado nach LAUGHLIN im Gambling-Paradies Nevada. Die dortigen Kasinos allerdings nur ein Abklatsch von Las Vegas oder Reno. Nördlich von Bullhead City der DAVIS DAM, der den Lake Mohave aufstaut. Wassersportrevier für den regionalen Tourismus.

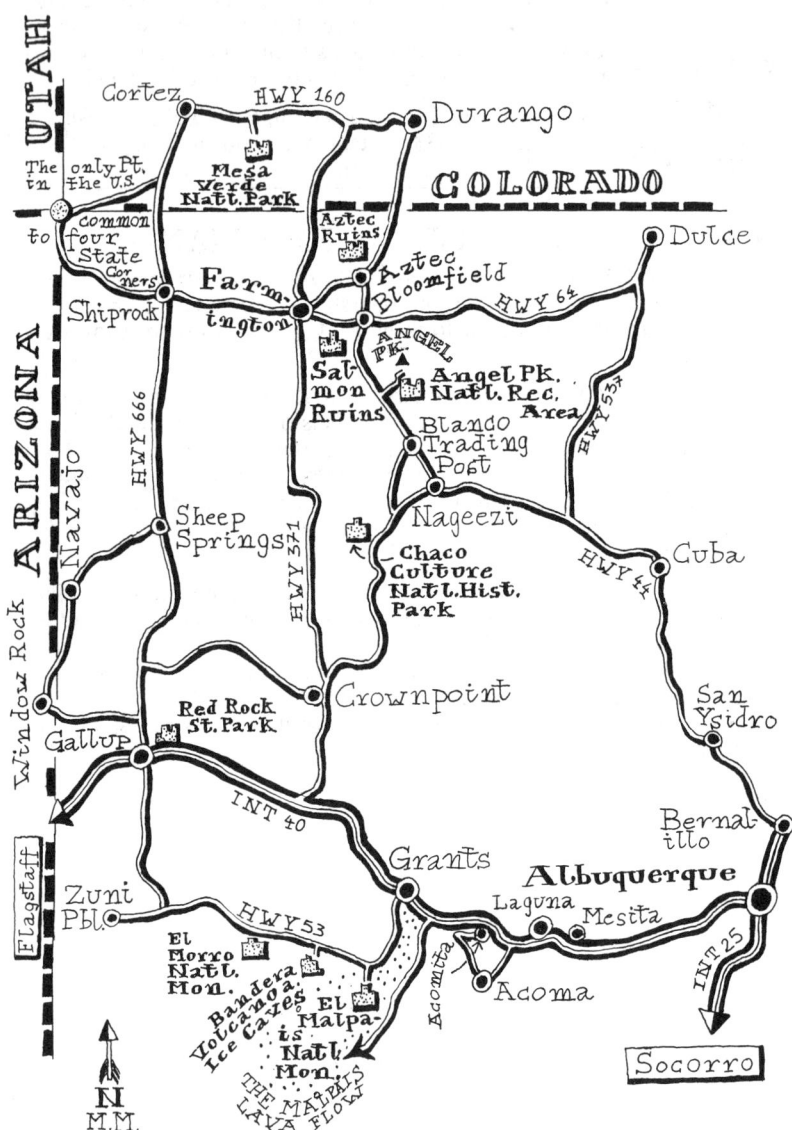

HIGH DESERT

Das Colorado Plateau reicht weit in den Nordwesten von New Mexico hinein. Hochebene mit erloschenen Vulkanen, Lavafeldern, monumentalen Tafelbergen und bizarren Felslandschaften. Die Anasazi-Ruinen von Chaco Canyon, Aztec und El Morro gehören zu den bedeutendsten prähistorischen Fundstätten des Südwestens.

✦ Gallup (2o.ooo Einw.)

Ein amerikanisches Phänomen: Nennt sich Stadt, ist aber eher eine gewaltig aufgeblähte Autobahnraststätte. Auf 15 km Länge parallel zur Interstate 4o eine imponierende Reihe von Motels, Tankstellen, Drive-ins und Burger Kings. Daneben zur Abrundung noch die Eisenbahngeleise und die Landebahn des lokalen Airports. Wer irgendwann auf dem langen Weg von Los Angeles nach Chicago gerade hier müde wird, gönnt Mensch und Maschine die verdiente Verschnaufpause. Zu sehen gibt es im Ort nicht viel, dafür hat jedes Hotelzimmer garantiert einen Fernsehapparat.

Unter bestimmten Umständen ist Gallup auch ein praktischer Übernachtungsstop bei Reisen im Südwesten, da guter Ausgangspunkt für den Besuch einiger nahegelegener Sehenswürdigkeiten: Chaco Canyon, Zuni Pueblo, El Morro National Monument.

Einmal im Jahr hat die Stadt ihren großen Auftritt: Anfang August findet das <u>INTER-TRIBAL INDIAN CEREMONIAL</u> statt. Im benachbarten Red Rock State Park mehrere Tage lang Tänze der verschiedenen Indianerstämme des Südwestens, Märkte, Rodeos, Kulturveranstaltungen. Trotz des nicht zu übersehenden Rummels und Kommerzes ein guter und umfassender Einblick in indianische Traditionen und Zeremonien.

Informationen über den jeweils genauen Termin des Indian Ceremonial über Tel. 800-233-4528. Während dieser Zeit unbedingt Hotel frühzeitig reservieren. Ansonsten Auskünfte beim Convention & Visitors Bureau, Exit 22 von Interstate 4o.

<u>EL MORRO THEATER</u>, 2o7 W. Coal Ave./ Ecke 2nd St. Ein Überbleibsel aus vergangenen Zeiten, das dem Auge nach all dem Neon entlang der Hauptstraße gut tut. Kinogebäude aus dem Jahre 1928, im sogenannten Colonial Revival Stil, angelehnt an die Bauweise der Spanier in Mexiko. Verschnörkelte Kachel- und Stuckfassade. Das Erstaunlichste daran: Dies Schmuckstück funktioniert noch immer als Kino.

Hotelsuche ist in Gallup überflüssig; ehe man beginnt, hat man schon mindestens fünf gesichtet. Ganz abgesehen von den Reklametafeln, die schon kilometerweit vorher die Autobahn säumen. Reservierung ist nur nötig während des indianischen Stammestreffens im August. Daher ein paar Adressen und Telefonnummern:

"**The Inn**", 3oo9 W. Highway 66. Gehobener Motel-Stil, rund um einen überdachten Innenhof mit SW-Pool und Whirlpool. Zimmer geräumig und komfortabel ausgestattet. DZ ab 63 US, im Sommer ab 72 US. Tel. 722-2221 oder 8oo-528-1234.

"**El Rancho**", 1ooo E. Highway 66. Die liebenswert-altmodische Ausnahme im Neon-Motel-Dschungel von Gallup. Hotel aus dem Jahre 1937, das lange Zeit den Film-Crews aus Hollywood als Standquartier diente, wenn sie in der Nähe der Stadt ihre Western drehten. Die Fassade mit Portico und Balkon erinnert an ein reiches Südstaaten-Anwesen. Die Lobby im aufgetakelten Country-Stil mit inzwischen abgewetzten Teppichen, kitschigen Gemälden und signierten Fotos von Filmstars. Jedes Zimmer benannt nach einem der berühmten Gäste. DZ je nach Größe 47-6o US. Tel. 863-9311 oder 8oo-543-6351.

"**Super 8 Motel**", 1715 W. Highway 66. Zu erreichen über Exit 2o. Kleines Hallenbad und Whirlpool. Zimmer hell und gepflegt. DZ ab 45 US, im Sommer 5o US. Tel. 722-53oo oder 8oo-8oo-8ooo.

"**Travelodge**", 17o9 W. Highway 66. Zu erreichen am schnellsten über Exit 2o. Einfaches Motel mit SW-Pool. DZ ab 4o US. Tel. 863-93o1 oder 8oo-255-3o5o.

"**Motel 6**", 33o6 W. Highway 66. Direkt am Exit 16, äußerster Westrand der Motelzeile. Einfach und ordentlich, mit SW-Pool. DZ ab 34 US. Tel. 863-4492.

"Red Rock State Park": Zu Füßen der roten Felsen vor den Toren der Stadt. Campground mit einigen Bäumen, trotzdem wenig Schatten. Sanitäre Anlagen vorhanden. Ein Pfad führt hinein in die Sandstein- und Wüstenlandschaft des State Parks. Stellplatz ab 7 US.

Die Auswahl an Fast Food in Gallup ist immens, man kann sich kaum entziehen. Wer's dennoch versuchen möchte, findet sich am besten ein im Restaurant des Hotels EL RANCHO: Ähnlich wie das Hotel ein Relikt aus früheren Zeiten. Die Atmosphäre im rustikalen Speisesaal leicht dekadent. Wenn nicht zu viele Touristen da sind, erwartet man jeden Moment den verarmten Hollywood-Star von einst. Das Essen ordentlich und preiswert: mexikanische Gerichte für 6-8 US, Fleisch vom Grill um 1o US.

Verbindungen

Gallup hat Greyhound-Busverbindung über Interstate 4o mit Flagstaff und Albuquerque. Anschluß an beide Städte auch per Amtrak-Zug. Es gibt aber kaum einen Grund, hier auszusteigen, denn wer Chaco Canyon oder die National Monuments am südlich verlaufenden Highway 53 sehen will, mietet sich besser gleich ein Auto in Albuquerque.

Per Straße ist Gallup gut erreichbar: Interstate 4o nach Albuquerque (225 km/ 2 Std.) und Flagstaff, Arizona. Hwy. 666 nach Norden, z.B. nach Farmington (19o km/ 2,5 Std.) und weiter nach Colorado.

✦ Red Rock State Park

5 Kilometer östlich von Gallup. Rote Sandsteinfelsen und Wüstengelände. Diente lange Zeit als Drehort für meist zweitklassige Hollywood-Western. Die Szenerie jedenfalls ist bekannt aus so manchem Film. Die Stars von einst wie Henry Fonda oder Ronald Reagan sind natürlich nicht mehr da, und Western werden kaum noch gedreht, schon gar nicht hier. Wenn nicht gerade das alljährliche indianische Stammestreffen stattfindet (siehe Gallup), hat der State Park etwas Ödes und Verlassenes: Rund um die roten Felsen die leeren Ränge des Rodeo-Stadions und ausgestorbene Pferdeboxen.

Auch das kleine MUSEUM mit Exponaten zu verschiedenen Indianerkulturen und Kunsthandwerk scheint eher auf den einmal im Jahr programmierten Besucherandrang ausgerichtet. Geöffnet Mo-Fr von 8.3o-16.3o Uhr, im Sommer täglich und abends länger. Spende von 1 US erbeten.

✦ Zuni Pueblo (7.5oo Einw.)

Größtes der Pueblos in New Mexico, von der traditionellen Bauweise bis auf die rekonstruierte MISSIONSKIRCHE allerdings keine Spur. Moderne Siedlung, umgeben von einer Reihe von Tafelbergen. Im Gegensatz zu den meisten anderen Pueblos gibt's hier sogar Reklameschilder, so daß sich der Ort nur geringfügig von anderen US-Dörfern unterscheidet. Mehrere Läden mit Verkauf von Kunsthandwerk. Die Bewohner sprechen eine eigene Sprache, die nicht mit der anderer Pueblos verwandt ist.

Die ursprünglich sechs Pueblos der Zuni waren die Basis für die Legende von den sieben goldenen Städten von Cíbola, die 154o von der spanischen Expedition unter Coronado gesucht wurden (siehe Geschichte). Während der Pueblo-Revolte 1680 verließen die Indianer ihre Dörfer und gründeten 1699 ein neues Pueblo an seinem jetzigen Standort.

Die Missionskirche, 1629 unter der Aufsicht von Franziskanern errichtet, wurde bei dem Aufstand zerstört und erst im 18. Jahrhundert wieder neu erbaut. Als sich hundert Jahre später die katholischen Missionare zurückzogen, nutzten die Zuni die Kirche für ihre Zwecke und brachten eigene Wandgemälde an. Im 2o. Jahrhundert zerfiel die Kirche vollständig. 197o rekonstruiert, wobei auch die indianischen Wandgemälde neu entstanden.

✦ El Morro National Monument

Markanter, weithin sichtbarer Felskoloß aus Sandstein. An seinem Fuß Petroglyphen von prähistorischen Indianern sowie Inschriften und Signaturen spanischer Konquistadoren, amerikanischer Siedler und Soldaten. Auf dem plateauartigen Gipfel in dominierender Lage Ruinen von Anasazi-Pueblos. Super-Panorama über die gesamte Umgebung.

Seit ihrem ersten Eintreffen 154o diente der Felsen den Spaniern jahrhundertelang als markanter Orientierungspunkt auf dem Weg von Zuni nach Santa Fe. Bedeutung besaß er vor allem auch wegen des ständig gefüllten Wasserlochs an seinem Fuß, das nach 1849 auch die amerikanischen Siedler und Soldaten nutzten. Viele der Vorbeikommenden

> hinterließen in dem weichen Fels ihren Namen oder längere Inschriften. Seit der Erklärung zum National Monument ist dies verboten, um die historischen Schriftzüge nicht zu zerstören.

Geöffnet täglich von 8-17 Uhr, im Sommer bis 19 Uhr. Zufahrt pro PKW 4 US. Im VISITOR CENTER kleine Ausstellung zur Eroberung und Besiedlung des Südwestens durch Spanier und Amerikaner. Hinter dem Gebäude beginnen die beiden Wege durchs National Monument.

INSCRIPTION ROCK TRAIL: Ca. 1 km am Fuß des Felsens, entlang der Petroglyphen und Inschriften. Ein Gang durch Generationen, die sich hier verewigt haben, Graffiti aus einem Jahrtausend. Die Mischung aus prähistorischen Felszeichnungen sowie englischen und spanischen Inschriften ist einmalig und verblüffend.

Die Zeichnungen der Indianer liegen meist etwas oberhalb, da die Erosion den Boden, von dem aus die "Werke" angebacht wurden, immer weiter abgetragen hat. Die älteste historisch bestimmbare Inschrift stammt vom spanischen Konquistador Juan de Oñate aus dem Jahr 1605. Namenszüge und Jahreszahlen sind teilweise sehr kunstvoll in den Sandstein geritzt. Es gibt sogar längere Texte und Gedichte, Autor und Jahreszahl meist eindeutig bestimmbar. Ein steinernes Geschichtsbuch unter freiem Himmel.

MESA TOP TRAIL: Im Anschluß an den Inscription Rock Trail, insgesamt 3,2 km. Führt in steilen Serpentinen auf das Plateau hinauf. Oben meist über nackten Fels, nur wenige Pflanzen können sich dort halten. Eine Art Canyon ist in den Morro hineinerodiert, um den der Pfad herumführt. Überwältigender Blick in die Ferne.

Die erste Anasazi-Siedlung erkennbar, aber verschüttet. Das zweite Pueblo auf dem Morro, Atsinna, dagegen teilweise ausgegraben und rekonstruiert. Grundmauern und Kivas. Errichtet und bewohnt von den Anasazi von 1275 bis 1350. War früher drei Stockwerke hoch und terrassenförmig an den Hang gebaut. Insgesamt ca. 875 Räume für rund 1500 Bewohner. Die Wasserversorgung sicherten Vertiefungen auf der Mesa, in denen sich Regenwasser sammelte, sowie der Pool am Fuße des Morro. Dieser ebenfalls nur gespeist von Regen und Schmelzwasser.

Ruhiger Campground in der Nähe des Visitor Center. Zwischen Bäumen und Büschen, Stellplätze relativ weit verstreut. Nur Picknickbänke und einige Wasserhähne. Im Sommer geringe Gebühr.

★ Grants (8.600 Einw.)

Tristes Städtchen entlang der Autobahn mit den üblichen Motels, Tankstellen und Schnellimbissen. Kein Grund für einen längeren Aufenthalt, aber guter Übernachtungsstop vor oder nach dem Besuch von Chaco

Canyon oder El Malpais National Monument. Außerdem Sitz des Information Center von El Malpais. Inmitten des heruntergekommenen Zentrums wie ein Fremdkörper das neue Museumsgebäude im postmodernen Stil.

Daß Boom-Towns kein ausschließliches Phänomen der amerikanischen Pionierzeit sind, sondern auch in der zweiten Hälfte des 2o. Jahrhunderts kommen und gehen, zeigt das Beispiel Grants. Was sich hier seit 195o abspielte, hat unzählige Parallelen in der Geschichte des Westens: Ein gewisser Paddy Martinez fand damals einen eigentümlichen gelben Stein, den er noch nie gesehen hatte. Auch seine Bekannten konnten damit nichts anfangen. Erst eine genauere Untersuchung brachte das sensationelle Ergebnis: <u>Uran</u>!

Und schon ging's los wie einst beim Goldrausch in Kalifornien. Die Einheimischen verließen ihre Arbeitsplätze und von überall her kamen die Glücksritter, um einen Anteil am wertvollen Metall zu ergattern. Rancher verteidigten ihren Grund und Boden mit dem Gewehr in der Hand. Natürlich waren diesmal die großen Erzkonzerne schneller vor Ort als noch bei den Kupferfunden in New Mexico und Arizona am Ende des 19. Jahrhunderts. Sie hatten die Lage und die Grundstücke sehr bald im Griff und beschäftigten in den Urangruben über 5ooo Menschen. Die Bevölkerung von Grants wuchs in kürzester Zeit von 2.ooo auf 11.ooo.

Der Boom dauerte mehrere Jahrzehnte. Doch wie es sich gehört, hatte er auch sein entsprechendes Ende. Während der achtziger Jahre sank der Preis für Uran von 35 auf 7 Dollar, die Produktion wurde unrentabel. Heute arbeiten nur noch 1oo Leute in diesem Wirtschaftszweig, und das Stadtbild macht den entsprechenden Eindruck von flüchtigem und vergangenem Glanz. Doch die Hoffnung besteht weiter; vielleicht geht es wieder mal aufwärts mit dem Uran - und dann auch mit Grants.

 <u>Chamber of Commerce</u>, im Museumsgebäude, Iron Ave./ Ecke Santa Fe Ave. Außerdem das El Malpais Information Center für Auskünfte über das National Monument, Santa Fe Ave./ Ecke Patton St.

<u>MINING MUSEUM</u>, Iron Ave./ Ecke Santa Fe Ave. Kleine, aber recht gut aufgebaute Ausstellung mit einem kurzen Gang durch die Geschichte von Grants: geologische Entstehung, prähistorische Bewohner, Eisenbahn, Holzwirtschaft, Viehzucht. Sonderabteilung zum Uranabbau mit Karten und Fotos der Minen sowie dem Modell einer Verarbeitungsanlage. Unter dem Museum ein simulierter Minenschacht mit aufgestellten Original-Maschinen und Werkzeugen. Geöffnet im Winter Mo-Sa von 9-16 Uhr, So von 12-16 Uhr; im Sommer bis 18 Uhr. Eintritt frei, der Besuch des Schachtes kostet 2 US.

 "<u>The Inn</u>", 15o1 E. Santa Fe Ave. Nähe Exit 85. Großes Motel mit Hallenbad und Whirlpool im überdachten Innenhof. Geräumige Zimmer, komfortabel ausgestattet, mit Kühlschrank. DZ je nach Größe ab 7o US. Tel. 287-79o1 oder 800-528-1234.

"<u>Super 8 Motel</u>", 16o4 E. Santa Fe Ave. Direkt am Exit 85. Kleines Hallenbad und Whirlpool. Solide Mittelklasse. Frühstück inkl. DZ ca. 42 US. Tel. 287-8811 oder 800-8oo-8ooo.

"Motel 6", 1505 E. Santa Fe Ave. Am Exit 85. Einfaches Motel mit SW-Pool. Helle und gepflegte Zimmer. DZ ca. 34 US. Tel. 285-4607.

Eine ganze Reihe von Billig-Motels mit DZ ab 20 US im Zentrum entlang Santa Fe Ave., der Durchgangsstraße.

 LA VENTANA, 100 Geis St. Plüschig-rustikales Ambiente mit Kronleuchtern und schweren Vorhängen. Spezialisiert auf Steaks und Grillgerichte. Ordentliche Portionen für relativ wenig Geld: fast alles unter 10 US.

GRANTS STATION, 932 E. Santa Fe Ave. Unübersehbar durch den Waggon der Santa Fe Railroad vor der Tür. Ausgiebiges Frühstück und während des Tages kleine Imbisse für den schnellen Hunger.

✦ El Malpais National Monument

Riesiges Lavafeld südlich von Grants. Entstanden aus Lavaeruptionen, die in den letzten 3 Millionen Jahren sukzessive stattfanden. Immer neue Schichten legten sich übereinander und füllten ein ganzes Tal. Der letzte Ausbruch erfolgte erst vor ungefähr tausend Jahren. Zu sehen sind alte und neuere Lavamassen, in verschiedenen Stadien der Erosion und der Rückkehr von Vegetation. Insgesamt wenig erschlossen, am schönsten erlebbar auf einer Wanderung.

Zufahrt ab Grants entweder über Highway 53 im Westen oder Highway 117 im Osten. Der Westteil ist weniger interessant, liegt aber direkt an der Strecke zum El Morro National Monument; der schönere Ostteil erfordert einen Abstecher von gut 60 km hin und zurück.

 El Malpais Information Center, in Grants, Santa Fe Ave./ Ecke Patton St. Außerdem eine Ranger Station am Hwy. 117.

HIGHWAY 53

ZUNI-ACOMA TRAIL: Prähistorischer Handelspfad zwischen den beiden Pueblos. Details siehe Wandern. Am Beginn des Weges ein guter Eindruck von dem schwierigen Gelände, durch das der Trail führt.

EL CALDERON: Rundkurs zu Kratern, Lavaflüssen, Sandsteinformationen und einer Fledermaus-Höhle. Nur befahrbar mit Fahrzeugen mit Vierrad-Antrieb.

BANDERA VOLCANO: Vulkankrater, nur teilweise wieder bewachsen mit Bäumen. Ein Pfad führt zu dem niedriger gelegenen Teil des Kraterrandes, an dem der Lavafluß erfolgte. Blick in den Krater. Hin und zurück ca. 1,5 km.

ICE CAVE: Lavahöhle, entstanden durch Abkühlung der Lava an der Oberfläche, während die heiße Lava darunter noch flüssig war und abfließen konnte. Die ursprüngliche Höhle besaß eine Länge von rund 4o km, sie ist aber durch Einbrüche immer wieder verschüttet. Zu sehen nur ein kleiner Teil, in dem die Temperatur nie über den Gefrierpunkt steigt und sich daher ewiges Eis gebildet hat.

Vulkan und Höhle sind derzeit noch in Privatbesitz; es wird versucht, sie ins National Monument zu integrieren. Zutritt zu beiden 5 US, ein reichlich hoher Preis fürs Gebotene.

HIGHWAY 117

SANDSTONE BLUFFS OVERLOOK: Von einigen ausgewaschenen Sandsteinklippen aus ein phantastischer Überblick über das gesamte mit Lavafeldern angefüllte Tal. Im Hintergrund die Kette von Kratern, die die schwarze Masse im Laufe der Zeit ausgespuckt haben.

LA VENTANA: Auffälligste der vielen Felsformationen entlang der Strecke. Ein riesiger Bogen aus Sandstein, der wie ein natürliches Fenster vor der Felswand steht.

THE NARROWS: Kurz hinter La Ventana reicht das Lavafeld praktisch bis an die Sandsteinklippen heran. Die Straße führt durch einen schmalen Korridor: auf der einen Seite die schwarze Lavaebene, auf der andern die rötlichen, steil aufragenden Klippen.

WANDERN

"Zuni-Acoma Trail": Einer der ungewöhnlichsten Wanderwege in New Mexico. Auf einem Teil des prähistorischen Handelsweges zwischen den Pueblos von Zuni und Acoma, der hier für 12 km durch die Lavalandschaft führt. Über zu breite Gräben und Risse bauten die Indianer Lavabrücken, die noch heute existieren. Auch die Spanier haben diesen Weg zunächst benutzt, er war für ihre Pferde und schwerbeladenen Packesel allerdings eine kaum erträgliche Strapaze. Von ihnen stammt daher auch der Name El Malpais (= schlechtes Land).

Die Wanderung führt über ältere und neuere Lavafelder. Je nach Alter unterschiedliche Stadien der Erosion und des Pflanzenbewuchses. Eine Tour, auf der man viele Details und Folgen des Vulkanismus mit Ruhe und aus der Nähe betrachten kann. Der Trail geht 12 km quer durch das National Monument zwischen Hwy. 53 und 117. Entweder an einer Seite beginnen und Rücktransport am anderen Ende organisieren oder das ganze nochmal zurück zum geparkten Auto. Feste Wanderschuhe sind wegen des spitzen Vulkangesteins unbedingt ratsam.

★ Acoma Pueblo

Inmitten einer monumentalen Landschaft aus Tafelbergen und erodierten Sandsteinformationen. Das Pueblo selbst auf einem verwitterten Felsmassiv, daher auch "Sky City" genannt. Neben Taos das mit Abstand sehenswerteste Pueblo New Mexicos. Von oben, rund 11o Meter oberhalb der Ebene, ein erhebendes Panorama über die benachbarten Mesas. Besonders markant gegenüber Enchanted Mesa, ein Felsklotz mit beinahe senkrechten Wänden.

Neben der Gesamtanlage beeindruckend vor allem die Dorfkirche mit bis zu drei Meter dicken Adobe-Mauern, die von 1629-1641 errichtet wurde. Im Innern schlichter Lemfußboden, eine Holzdecke mit mächtigen Balken und ein geschnitzter, bunt bemalter Holzaltar.

Besichtigung des Pueblos nur per Führung ab Visitor Center am Fuß des Berges. Dauer etwa eine Stunde. 6 US, pro Kamera noch 5 US extra, Videos nicht erlaubt.

Acoma ist mindestens seit dem 13. Jahrhundert kontinuierlich bewohnt. Damals zogen sich die Indianer aus den Pueblos in der Ebene auf den Berg zurück, weil sie sich dort sicherer vor Angriffen ihrer nomadischen Nachbarn fühlten. Bei einem Überfall zerstörten die Spanier 1599 fast den gesamten Ort, der jedoch schnell wieder aufgebaut wurde.

Heute wohnen nur noch wenige Familien dauerhaft auf dem Berg, die meisten der 4ooo Indianer leben in Siedlungen im Tal, wo sich auch Schulen und andere Institutionen befinden. Lediglich während der Sommermonate kommen viele in ihre Pueblo-Häuser zurück, in denen es weder Elektrizität noch Wasseranschluß gibt.

★ Laguna Pueblo

Moderne Siedlung direkt an der Autobahn (Exit 114), im Hintergrund der im Winter schneebedeckte Mount Taylor. Einige vereinzelte Adobe-Häuser und das kleine weiße Adobe-Kirchlein St. Joseph's, 17o5 fertiggestellt. Das Innere der Kirche bunt bemalt mit Symbolen der Natur und der indianischen Mythologie.

★ Chaco Culture National Historic Park

Eine der größten prähistorischen Ruinenstätten des Südwestens. Spuren einer indianischen Hochkultur, die hier vom 1o. bis 12. Jahrhundert ihre Blütezeit erlebte. Bemerkenswert die Größe der jeweiligen Siedlungen und die Menge der Gebäude auf relativ engem Raum. Auch die natürliche Umgebung ist bereits eine Attraktion für sich: ein breiter Canyon aus dekorativem rotem Sandstein, mit erodierten Wänden und abgebrochenen Felsbrocken.

Die Zufahrt zum Chaco Canyon ist beschwerlich und zeitaufwendig. Entweder ab Interstate 4o über Thoreau und Crownpoint (Hwy. 371) oder über Hwy. 44 ab Farmington oder Albuquerque. Etwa die letzten 35 km bei allen Varianten über nicht asphaltierte Straße. Bei trockenem Wetter gut zu befahren; während oder nach Regenfällen jedoch glatt wie Schmierseife und nicht zu empfehlen. Ab Hwy. 44 ist die Strecke über Nageezi besser und schneller als die Verbindung über Blanco Trading Post.

Die Anasazi siedelten im Chaco Canyon etwa ab 920 n. Chr. und erreichten innerhalb von nur zweihundert Jahren einen Entwicklungsstand, der allen anderen Kulturen des Südwestens überlegen war. Um 1100 lebten im Canyon etwa 6.000 Menschen, noch einmal dieselbe Menge wohnte in kleinen Pueblos im Umkreis von rund hundert Kilometern. Diese Dörfer waren wirtschaftlich und kulturell eng mit dem Bevölkerungszentrum im Canyon verbunden.

Zu Beginn des 10. Jahrhunderts begannen die Anasazi von Chaco Canyon eine intensive Bauphase. Die Gebäude besaßen einen größeren Grundriß als vorher und wurden von vornherein mehrstöckig angelegt. Allein sechs große Pueblos wurden in dieser Zeit begonnen, sie waren auch später weiterhin umgeben von kleineren Siedlungen, von denen rund vierhundert im gesamten Canyon existierten.

Grundlage für diese Entwicklung war eine intensive Landwirtschaft, die mit Hilfe eines ausgeklügelten Bewässerungssystems funktionierte. Regenwasser, das während der heftigen Sommergewitter in Strömen von den porösen Sandsteinklippen floß, wurde wurde durch Dämme in kleinen Seitencanyons aufgefangen und später in ein Kanalsystem geleitet, das die Gärten und Felder versorgte. Dadurch konnte die Lebensmittelproduktion enorm gesteigert werden, so daß die sprunghafte Vermehrung der Bevölkerung problemlos bewältigt wurde.

Chaco entwickelte sich zum wirtschaftlichen und kulturellen Zentrum der Region. Vom Canyon aus wurde die Produktion in den Satelliten-Siedlungen der Umgebung koordiniert. Hier lagerten überschüssige Lebensmittel, die man in trockenen Jahren wieder an die besonders betroffenen Siedlungen verteilte.

Die Verbindung vom Canyon zu den außerhalb gelegenen Pueblos gewährleistete ein bemerkenswert gut ausgebautes Straßensystem. Über 600 km Straßen bauten die Anasazi von Chaco und banden damit etwa 75 Siedlungen an ihr Kommunikations- und Transportnetz an. Die längste Strecke führt nach Norden bis zu den heutigen Salmon und Aztec Ruins bei Farmington, sie war fast 70 km lang.

Die Straßen waren nicht bloß ausgetretene Wege, sondern Resultat einer überlegten Planung. In der Regel verliefen sie schnurgerade, größere Hindernisse wurden umgangen, viele kleinere jedoch aus dem Weg geräumt. Ihre Breite betrug bis zu 10 Meter. Unebenheiten glichen die Anasazi durch Füllmaterial aus, das sie durch steinerne Begrenzungen am Straßenrand zusammenhielten. Führte die Straße über nackte Felsen, begrenzten sie sie durch Mauern oder eine Reihe von Felsblöcken. Die meisten Wege liefen am oberen Rand von Chaco Canyon zusammen; von dort führten breite Treppen, die in den Fels gehauen wurden, zu den Pueblos im Innern des Canyons.

Chaco Canyon besaß jedoch auch Verbindungen über den eigenen Wirtschafts- und Kulturkreis hinaus. Es bestanden Handelskontakte mit benachbarten Völkern des heutigen Südwestens und sogar bis weit nach Mexiko hinein. Möglicherweise kamen einige der Kenntnisse über Architektur von den Hochkulturen in Mesoamerika. Erwiesen jedenfalls ist, daß die Anasazi den in Chaco bearbeiteten Türkis gegen Kupferglöckchen, Muscheln und Papageien aus tropischen Regionen eintauschten.

Um 1120 nahm die rege Bautätigkeit im Chaco Canyon ein Ende, der soziale Zusammenhalt der Siedlungen wurde nachhaltig gestört. Kurz darauf wanderten die Bewohner in kleinen Gruppen nach Südosten in Richtung Rio Grande, wo sie sich mit den dort bereits lebenden Indianern vermischten. Einer der Gründe für diese relativ rasche Auflösung der Chaco-Gesellschaft war zweifellos eine Dürreperiode, die von 1130 bis 1190 anhielt. Die Lebensmittelversorgung war dadurch äußerst prekär geworden.

Ein zweiter Grund waren vermutlich die gewaltigen Abholzungen, die die Anasazi in der Umgebung des Canyons während der Hochphase der Chaco-Kultur vornahmen. Nach Schätzungen brauchten sie allein für die Konstruktion der Gebäude über 2oo.ooo Baumstämme. Holz war während der kalten Wintermonate außerdem ihr einziges Heizmittel. Die Abholzung der Wälder rund um den Canyon führte direkt zu Mangel an brauchbarem Heizmaterial und indirekt zur Bodenerosion und dem damit verbundenen Verlust von landwirtschaftlich nutzbarem Land.

Gegen Ende des 13. Jahrhunderts siedelten sich für wenige Jahre Anasazi aus der Mesa Verde Region in den verwaisten Pueblos von Chaco an, doch auch sie verließen den Canyon bald wieder. Beinahe ein halbes Jahrtausend lang blieb die Gegend unbewohnt, bis im 18. Jahrhundert die Navajo dort eintrafen.

 Das Visitor Center befindet sich an der Rundstraße durch den Canyon. Eine Ausstellung und verschiedene Videofilme informieren über die Geschichte und Kultur von Chaco. Geöffnet täglich von 8-18 Uhr, während der Park von Sonnenaufgang bis -untergang zugänglich ist (pro PKW 4 US).

Orientierung: Außer dem Campingplatz keine Einrichtungen oder nennenswerte Versorgung im Umkreis von 1oo km. Die meisten Ruinen liegen an einer Rundstraße durch den Canyon. Von Parkplätzen aus führen kurze, manchmal auch etwas längere Trails zu den einzelnen Gebäudegruppen. Im folgenden beschrieben in der Reihenfolge ab Visitor Center. Da die Besichtigungszeit wegen der beschwerlichen An- und Abfahrt ziemlich kurz ist, empfiehlt sich unter Umständen eine Konzentration auf wenige Gebäudegruppen. Am meisten zu sehen ist bei Chetro Ketl, Pueblo Bonito, Pueblo Alto und Casa Rinconada.

UNA VIDA: Nur teilweise ausgegraben. Hier bekommt man einen guten Eindruck vom Zustand der Ruinen, bevor die Archäologen zu Werke gingen. Erreichbar über einen Pfad ab Parkplatz vor dem Visitor Center.

HUNGO PAVI: Auch diese Gebäudereste direkt unterhalb der Canyonwand sind weder ausgegraben noch restauriert. Die Mauern standen etwa so hoch wie heute, als 1849 die ersten Europäer den Canyon betraten.

CHETRO KETL: Ausgedehnter Ruinenkomplex mit mehreren Gebäudegruppen, ca. 5oo Räume. 16 Kivas, eine davon besonders groß und schön rekonstruiert; außerdem eine Serie von vier Kivas direkt nebeneinander. Der größte Teil dieser Gebäude wurde in nur 35 Jahren zwischen 1o2o und 1o54 errichtet.

PUEBLO BONITO: Die größte Siedlung im Canyon und zur Blütezeit von Chaco auch im gesamten Südwesten. Diente als Wohnraum, Lagerhaus, Grabstätte sowie für zeremonielle und astronomische Zwecke. Schon der architektonische Grundriß ist ein kleines geometrisches Kunstwerk. Eine harmonische Mischung aus viereckigen Räumen, runden Kivas und den im Hintergrund liegenden roten Felsbrocken. Erbaut in nur fünfzig Jahren zwischen 1o3o und 1o8o. Auf fünf Stockwerken gab es damals rund 800

Räume und 37 Kivas. Man kann einen halben Tag in den Ecken und Winkeln dieses Pueblos herumschnuppern und immer noch ein neues Detail aufspüren.

PUEBLO ALTO: Eindrucksvoll durch seine Lage auf dem oberen Rand des Canyons. Von dort fabelhafter Überblick über die Schlucht und einige Ruinen. In Pueblo Alto liefen viele der Straßen von den Satelliten-Siedlungen in der Umgebung zusammen. Auf jeden Fall die beste Art, einen Gesamteindruck von Chaco zu bekommen. Dafür muß man allerdings einen Marsch von ca. 3 Std. zum Canyonrand hinauf und zurück auf sich nehmen. Außerdem vorher kostenloses Permit im Visitor Center besorgen.

CASA RINCONADA: Bauplan und Struktur dieser Siedlung unterscheidet sich von den anderen, obwohl sie etwa zur gleichen Zeit errichtet wurde. Gründe dafür sind nicht bekannt. Die Häuser jedenfalls waren kleiner und nicht so hoch. Auf einem Hügel die größte Kiva von Chaco Canyon, man kann sie über eine Treppe betreten. Im Innern bekommt man einen Eindruck von der feierlichen Bedeutung, die derartige Räume für die damaligen Bewohner haben mochten (zur Funktion der Kivas vergl. Seite 354). Den Stop bei Casa Rinconada am besten schon vor dem Besuch des Visitor Center einlegen, sonst muß man wegen der Einbahnstraßenregelung die gesamte Rundstrecke zweimal fahren.

TSIN KLETSIN: Ruine auf dem Canyonrand oberhalb von Casa Rinconada. Den gut 2 km langen Weg hinauf nur mit Permit vom Visitor Center begehen. Lohnt sich wegen des guten Überblicks.

PUEBLO DEL ARROYO: Zur Blütezeit von Chaco 1o75-111o errichtet. 28o Räume, 2o Kivas. Große Teile sind noch nicht ausgegraben, sondern werden bewahrt für den Fall einer Weiterentwicklung archäologischer Technologien.

KIN KLETSO: Kompaktes rechteckiges Gebäude, das die Kivas einschließt; nicht wie anderswo gruppiert um einen offenen Platz. Erbaut in der ersten Hälfte des 12. Jahrhunderts, gehört also zu den späten Siedlungen von Chaco. 1oo Räume und 5 Kivas in damals bis zu dreistöckigen Gebäuden.

CASA CHIQUITA: Ähnlich konstruiert und aus der gleichen Zeitperiode wie Kin Kletso. Nach den vorhergehenden großen Gebäudekomplexen eigentlich nur noch für Experten von besonderem Interesse.

"Gallo Campground", direkt im Canyon, 1,5 km vom Visitor Center. Picknicktische und Toiletten, Wasser nur am Visitor Center. Gratis. Im Sommerhalbjahr meist schon gegen Mittag voll, daher sehr frühzeitig ankommen. Keine Reservierung möglich.

CHACO CANYON --> FARMINGTON

135 km/ ca. 2 Std. Fahrt durch die endlos erscheinende Hochebene der High Desert. Unterwegs Abzweigung zum ANGEL PEAK, einem seltsam geformten Berg, dem aus dem Rücken zwei Flügel zu wachsen scheinen, denen er seinen Namen verdankt. Kurz darauf BLOOMFIELD (6.ooo Einw.), eine triste Siedlung rund um einige Industrieanlagen. Von dort über vierspurigen Highway nach Farmington. An dieser Strecke lohnender Stop bei den Salmon Ruins.

★Salmon Ruins

Im MUSEUM eine didaktisch gut aufgebaute Ausstellung mit Fundstücken aus den Ruinen: Pfeilspitzen, Keramik, Knochen. Zeittafeln und Informationen zu den verschiedenen Siedlungsphasen. Methoden der Archäologie. Insgesamt ein kompakter und anschaulicher Überblick über die Anasazi-Kulturen in der Region der Four Corners.

RUINEN: Grundmauern von Wohnhäusern und integrierten Kivas. Ungewöhnlich vor allem die turmartige Kiva, die von Beginn an oberhalb des Bodenniveaus konzipiert wurde.

Erbaut in nur sieben Jahren zwischen 1o88 und 1o95 als eine der Satelliten-Siedlungen von Chaco Canyon. Hatte damals ca. 15o Räume im Erdgeschoß und 1oo im ersten Stock. Verbunden mit den Pueblos im Canyon über eine direkte Straße, die mit 7o km längste des Wegesystems in der Chaco Region. Von den Chaco-Anasazi nur etwa fünfzig Jahre lang bewohnt. Über die Gründe der Abwanderung vergl. Chaco Canyon.

Um 12oo zogen für kurze Zeit Anasazi von Mesa Verde in die verlassenen Gebäude ein. Sie unterteilten die größeren Räume und bauten weitere Kivas am Rand der Plaza. Die unterschiedlichen Mauerwerke sind noch heute zu erkennen. Im Zuge der Abwanderung der Anasazi aus ihren angestammten Siedlungsräumen wurde auch Salmon um 127o endgültig verlassen.

HERITAGE PARK: Neben den Ruinen. Gewidmet den heutigen Indianerkulturen, u.a. ein Navajo-Hogan und ein Apache-Tipi.

Direkt am Hwy. 64, 5 km westlich von Bloomfield. Geöffnet Mo-Sa von 9-17 Uhr, So von 13-17 Uhr. Eintritt 1 US.

★Farmington (34.ooo Einw.)

Außer Hotels, Airport und Bus-Terminal hat die Stadt an sich für den Reisenden nicht viel zu bieten. Dafür liegt sie jedoch verkehrsgünstig mitten in der Four Corners Region, dem Grenzgebiet der Staaten New Mexico, Colorado, Utah und Arizona. Von hier aus schneller Zugang zu fast allen Ruinenstätten der Anasazi.

Tip: Die FOUR CORNERS sind eines der attraktivsten und kompaktesten Reisegebiete des gesamten Südwestens. Hier kann man problemlos einen ganzen Urlaub verbringen. Neben der bedeutsamen Hinterlassenschaft der Anasazi in allen vier Bundesstaaten die faszinierenden Nationalparks im Südosten von Utah. Wer sich auf dieses Gebiet konzentrieren möchte, kann von Albuquerque aus direkt bis Farmington fliegen und sich dort ein Auto mieten. Spart Anfahrtswege und entsprechend Zeit. Alternative dazu ist der Reisebeginn ab Durango, Colorado. Dort Flugverbindung mit Albuquerque und Denver (siehe Seite 456).

Convention & Visitors Bureau, 2o3 W. Main St.
Post: 23o1 E. 2oth Street.

FARMINGTON MUSEUM, 3o2 N. Orchard Rd., nicht weit vom Touristenbüro. Regionalmuseum mit Exponaten zur Geologie von Colorado Plateau und High Desert. Abteilung zur Rolle der amerikanischen Pioniere und Siedler. Gelegentlich Sonderausstellungen. Getrennter Bereich auch für Kinder mit Spiel- und Lernmöglichkeiten. Geöffnet Di-Fr von 12-17 Uhr, Sa von 1o-17 Uhr. Gratis.

"The Inn", 7oo Scott Ave. Großer Hotelkomplex mit Gartenanlage, von außen etwas abweisend. Nähe Zentrum von Farmington. Hallenbad, Sauna, Fitneß-Center. Große Zimmer, modern ausgestattet. DZ je nach Größe und Saison 76-1oo US. Tel. 327-5221 oder 800-528-1234.

"La Quinta Inn", 675 Scott Ave. Zentral, trotzdem ausgesprochen ruhig. Freundliches, modernes Motel, gruppiert um mehrere Innenhöfe. Im Sommer schöner SW-Pool. Geräumige Zimmer, komfortabel möbliert. Einfaches Frühstück in der Lobby inkl. DZ je nach Größe und Saison 64-76 US. Tel. 327-47o6 oder 800-531-59oo.

"Super 8 Motel", 16o1 Bloomfield Hwy. Solides Motel der Mittelklasse am östlichen Ortsrand. Zimmer modern, hell und einwandfrei. DZ ca. 4o US. Tel. 325-1813 oder 8oo-8oo-8ooo.

"Motel 6", 16oo Bloomfield Hwy. An der Durchgangsstraße Richtung Osten. Ordentliches Motel mit SW-Pool. DZ ca. 31 US, im Sommer etwas teurer. Tel. 326-45o1.

"Zia Motel", 332 E. Main St. Direkt in Downtown. Das Büro in einem viktorianischen Haus, drumherum die einfachen Motelgebäude. Zimmer schlicht möbliert, sanitäre Anlagen abgenutzt. Für ca. 28 US pro DZ ein passables Dach überm Kopf.

"Mom's and Pop's RV Park", 9o1 Illinois St., Nähe Hwy. 64 am Ostrand der Stadt. Sanitäre Anlagen inkl. Duschen. Für Wohnmobile (12 US) und Zelte (4 US pro Person). Tel. 327-32oo.

SEÑOR PEPPER'S, Flughafenrestaurant, aber nicht von der gewöhnlichen Sorte. Gemütliches mexikanisches Ambiente mit kleinen Ecken und Nischen. Leicht erreichbar, da am Stadtrand. Auch abends geöffnet. Gute mexikanische Küche für 5-1o US.

ROCKY MOUNTAIN RIB COMPANY, 525 E. Broadway. Rustikale Holzmöblierung zwischen roten Backsteinwänden. Gemütlich. Außerdem große Terrasse. Gutes Steak-House mit Huhn, Rind- und Schweinefleisch vom Grill. Große Portionen für 8-15 US.

THE PADDOCK, 315 N. Auburn Ave. In kleinem Haus, freundlich eingerichtet und dekoriert. Gute regionale Küche nach Rezepten aus New Mexico, einige Grillgerichte. Zum Dinner inkl. Salat 8-12 US, mittags schon um 5 US.

CLANCEY'S, 27o3 E. 2oth Street. Großer Pub mit Ecken und Winkeln sowie Fernsehschirmen für Sportveranstaltungen. Terrasse für warme Sommerabende. Bier vom Faß und herzhafte Imbisse für 4-8 US: Salate, Sandwiches, Burger oder Tacos. Natürlich auch Fish'n Chips und Stew. Gelegentlich Live-Musik.

Selbstversorger: SAFEWAY, 73o W. Main St. Supermarkt mit dem üblichen Angebot.

Picknick: Im Brooksite Park. Gepflegte Parkanlage mit Rasenflächen, überdachten Picknicktischen, Sportanlagen und öffentlichem Schwimmbad. Ab Zentrum über Auburn Ave. Richtung Norden.

UNTERHALTUNG

Theater: Ausgefallene Freilichtaufführung während der Sommermonate von Mitte Juni bis Mitte August im Amphitheater des Lions Wilderness Park, nördlich der Stadt. Das Stück heißt "Anasazi, the Ancient Ones". Geschichte eines Indianermädchens, das von weißen Siedlern aufgezogen wird und später in ihre Kultur zurückfinden muß. Mi-Sa ab 2o Uhr, Eintritt 1o US, mit Dinner inkl. 16 US. Information und Tickets über Tel. 800-448-124o.

Pferderennen: SAN JUAN DOWNS, die Rennbahn am Hwy. 64 Richtung Bloomfield. Saison von Anfang Juni bis Ende August. Rennen jeweils Sa/So.

Verbindungen

Auto: In Farmington laufen die Straßen des nordwestlichen New Mexico zusammen. Von hier aus gute Verbindungen auch in die anderen Staaten der Four Corners Region. Hwy. 55o nach Durango, Colorado (8o km/ ca. 1 Std.). Hwy. 64 und 44 über Bloomfield nach Albuquerque (29o km/ ca. 3,5 Std.). Hwy. 64 nach Westen bis Shiprock (45 km/ ca. 3o Min.) und weiter nach Arizona oder Utah. Hwy. 371 bis Interstate 4o und von dort weiter nach Grants (19o km/ ca. 2,5 Std.) oder Gallup (19o km/ ca. 2,5 Std.).

Autovermietung:

UGLY DUCKLING: 23o7 Main St., Tel. 325-4313

AVIS, Flughafen, Tel. 327-9864

BUDGET, Flughafen, Tel. 327-73o4

HERTZ, Flughafen, Tel. 327-6093

NATIONAL, Flughafen, Tel. 327-o215

Bus: Bus-Terminal, 1o1 E. Animas St., Tel. 325-1oo9.
-> Albuquerque: 2x täglich, 4 Std., ca. 26 US
-> Durango: 2x täglich, 1,5 Std., ca. 8 US

Flüge: Four Corners Regional Airport am Westrand der Stadt. Nach Albuquerque der zweitwichtigste Flughafen von New Mexico. MESA AIRLINES (Tel. 326-3338) fliegt täglich mehrfach nonstop nach Albuquerque mit direkten Anschlüssen in alle größeren Städte von New Mexico.

FARMINGTON --> ALBUQUERQUE

29o km/ ca. 3,5 Std. Entweder Hwy. 64 und 44 Richtung Südosten oder Hwy. 371 direkt nach Süden und dann über die Autobahn I-4o. Beide Strecken etwa gleich lang, von beiden auch der lohnende Abstecher zum Chaco Canyon möglich. Beschreibung der östlichen Route siehe Chaco Canyon. Die westliche Strecke über Hwy. 371 führt südlich von Farmington durch die außergewöhnliche Landschaft der <u>BISTI WILDERNESS</u>: bizarr geformte Felsen und Klippen aus Sandstein, eigentümlich pilzartige Gesteinsformationen.

★ Aztec (6.ooo Einw.)

Kleines Städtchen nordöstlich von Farmington. Bekannt wegen der am Ortsrand gelegenen Anasazi-Ruinen. Aber auch das Zentrum verdient einen kurzen Abstecher: Entlang Main Street eine schöne Reihe von Backsteinfassaden aus der Pionierzeit, in den Wohnvierteln einige Häuser im viktorianischen Stil.

<u>AZTEC MUSEUM</u>, 125 N. Main St. Großes Regionalmuseum mit einer immensen Sammlung an Einzelstücken aus der Geschichte der Stadt: Mineralien, Fotos, Uniformen, Schreibmaschinen, ein Friseurladen und eine vollständige Telefonvermittlungsstelle. Im Freien Blockhäuser, ein Schulgebäude, Gefängnis, Schmiede, Geräte zur Ölförderung und eine Bank mit Original-Schalter. Geöffnet Mo-Sa von 1o-16 Uhr, im Sommer 9-17 Uhr. Eintritt 1 US.

★ Aztec Ruins

Eine der bedeutendsten Anasazi-Ruinen in New Mexico, verbunden sowohl mit der Blütezeit von Chaco Canyon als auch von Mesa Verde. Mehrstöckige Gebäuderuinen rund um einen zentralen Platz. Hauptattraktion ist die vollständig rekonstruierte Great Kiva. Der Name stammt von den Spaniern, die irrtümlich vermuteten, daß nur die Azteken ein derartiges Gebäude hätten errichten können.

Geöffnet täglich von 8-17 Uhr, im Sommer bis 18 Uhr. Eintritt 2 US pro

Person. Von Farmington aus ca. 2o km über Hwy. 55o, im Ort Aztec ausgeschildert.

Das ausgegrabene und zugängliche Pueblo ist nur eines von insgesamt zwölf weiteren auf dem Gelände des National Monument. Aztec war zunächst eine der Satelliten-Siedlungen von Chaco, erbaut um 111o. Die Sandsteinblöcke mußten über mindestens 2 km herbeitransportiert werden. In den rund 5oo Räumen lebten zur Blütezeit der Chaco-Kultur 4oo-7oo Menschen. Eine direkte Straße führte von Aztec zum Canyon (Details siehe Seite 347). Nachdem die Chaco-Leute den Ort um 12oo verlassen hatten, kamen Anasazi aus der Mesa Verde Region, bauten das Pueblo teilweise um und erweiterten es. Die unterschiedlichen Baustile sind deutlich zu erkennen.

HAUPTGEBÄUDE: Ein Gewirr von Räumen, zu betreten durch niedrige Durchlässe, teilweise in Originalgröße. Die Wände waren bis zu 9 m hoch, unten dicker zur Sicherung der Stabilität. Mehrere Kivas integriert in den Komplex.

PLAZA: Auf dem Platz vor dem Hauptgebäude zwei hervorragend rekonstruierte Kivas, die Great Kiva sogar überdacht.

GREAT KIVA: Einzige vollständig rekonstruierte Kiva im gesamten Südwesten. Kühle und Höhe erinnern an eine Kirche. Kaum sonst bekommt man einen so hautnahen Eindruck von der magischen Bedeutung dieser Zeremonialzentren, zumal über Lautsprecher häufig indianische Musik gespielt wird. 15 überdachte Außenräume umgeben den zentralen Versammlungsraum. Innerer Durchmesser 15 m. Die Dachpfeiler ruhten ursprünglich auf je vier Steinscheiben, jede fast 2oo kg schwer.

Die KIVAS sind das auffälligste architektonische Merkmal der Anasazi- und Pueblo-Kulturen. Diese meist runden Zeremonialzentren entwickelten sich aus in die Erde gegrabenen Wohngebäuden (pit houses), in denen die Anasazi etwa bis zum 8. Jahrhundert lebten. Als sie die überirdische Bauweise des Pueblo-Stils entwickelten, wandelten sie die Kivas um in Versammlungs- und Kultkammern. Sie verbanden damit einen direkten Zugang zur Unterwelt, der sie in ihrer Mythologie entstammten und in die sie nach dem Tode wieder zurückkehrten.

Zu unterscheiden ist zwischen kleineren Familien-Kivas, die in der Regel in die Pueblogebäude integriert waren, und den Great Kivas, die einer größeren Gemeinschaft oder dem gesamten Dorf dienten. Die Groß-Kivas der Chaco-Kultur haben einen Durchmesser von bis zu 2o m.

Zunächst wurden die pit houses mit ihren Erdwänden einfach als Kiva übernommen. Später befestigten die Anasazi lockere Wände durch Mauerwerk. Ab 11oo tauchten die ersten vollständig gemauerten Kivas auf, die im Laufe der Zeit dann von innen verputzt und häufig auch bemalt wurden. Die Anasazi bedeckten ihre Kivas mit hölzernen Flachdächern, die auf einer Anzahl von Pfeilern ruhten. Der Einstieg führte zumeist mit Hilfe einer Leiter durchs Dach, in Ausnahmefällen auch durch einen seitlichen Tunnel. Jede Kiva besaß eine Feuerstelle und einen Schacht für die Luftzufuhr. Entlang der Wände befanden sich Sitzbänke, die vermutlich nicht von den Menschen benutzt wurden, sondern für die Geister reserviert waren. Ein Loch im Boden, der sogenannte "sipapu", symbolisierte den Zugang zur Unterwelt.

Nach heute verfügen die Siedlungen der Pueblo- und Hopi-Indianer über Kivas, in denen kultische Handlungen zelebriert werden. Da die Indianer aber über die *Inhalte der*

> Zeremonien weitgehend Stillschweigen bewahren, existieren lediglich Vermutungen darüber, welcher Art die Kulthandlungen in den Kivas der prähistorischen Völker waren.

HUBBARD SITE: Nördlich des Hauptkomplexes die Grundmauern eines für den Südwesten ungewöhnlichen Gebäudes: eine runde Kiva mit drei konzentrisch verlaufenden Außenmauern. Beispiele dafür existieren auch im Chaco Canyon. Man vermutet, daß diese Art Zeremonialhaus in Zusammenhang steht mit der Entwicklung eines neuen Kultes, der sich wegen der Abwanderung der Anasazi jedoch nicht mehr ausbreiten konnte.

MUSEUM: Schaukästen zum Leben der Anasazi: Landwirtschaft, Weberei, Korbflechterei, Keramik, Religion. Anschaulich und übersichtlich, wenn auch klein. Schönes Modell von Aztec Pueblo zu seiner Blütezeit.

✦ Shiprock

Navajo-Siedlung westlich von Farmington am San Juan River. Einfache Häuser, Mobil Homes und ein paar Versorgungseinrichtungen für Bevölkerung und durchreisende Autofahrer. Abzweigung nach Westen über Hwy. 64 zum Four Corners Monument und Richtung Norden nach Cortez/ Mesa Verde (siehe Colorado).

Im Westen erheben sich aus der Hochebene die zackigen Konturen von Shiprock, einem 518 m hohen Felskoloß, der wie eine überdimensionale Kathedrale gen Himmel ragt und ein weithin sichtbarer Orientierungspunkt ist. Heiliger Berg der Navajo, die ihn Sa-bit-taie nennen, geflügelten Felsen. Nach ihrer Legende war er ein großer Vogel, der das Volk der Navajo von Norden her in ihr jetziges Stammesgebiet brachte.

SHIPROCK --> GALLUP

15o km/ 1,5 Std. Nur wenige Kurven unterbrechen den schnurgeraden Verlauf von Hwy. 666 über die Hochebene. Gelegentliche Abwechslung durch ein paar bizarre Felsklötze, die aus der trockenen Landschaft emporragen.

Als Alternative bietet sich der Umweg durch die CHUSKA MOUNTAINS nach WINDOW ROCK an (Hwy. 134 und 264). Die Strecke führt durch die Berge, daher kühler und grüner. Von oben weiter Blick über den Nordwesten von New Mexico. Zwischen den Orten Navajo und Window Rock ein Sandsteingebirge, das zu massiven Felskolossen erodiert ist. Anderswo würde dies als großes Naturwunder angepriesen, in der Abgeschiedenheit des Navajo-Reservats bleibt es dagegen beinahe unbemerkt. Kurz vor Window Rock überquert die Straße die Grenze nach Arizona. Weitere Details zu Window Rock, dem Verwaltungszentrum der Navajo Nation, siehe Seite 214.

ALBUQUERQUE

(390.000 Einw.)

Musterbeispiel trostloser amerikanischer Stadtentwicklung: Von einem winzigen, aber ansehnlichen spanisch-mexikanischen Stadtkern breiten sich die Wohn- und Geschäftsviertel kilometerweit in der Ebene aus. Zwischen Autobahnen, Motels und Tankstellen immer wieder riesige Brachflächen aus staubigem Wüstenboden. Einige bemerkenswerte Museen und Sehenswürdigkeiten im Zentrum und in der näheren Umgebung. Alljährlicher Höhepunkt ist das Ballonfahrer-Spektakel "Balloon Fiesta" Anfang Oktober. Wegen zentraler Lage und des internationalen Flughafens ist Albuquerque ein hervorragender Ausgangspunkt für Reisen durch den Südwesten.

Stadtgeschichte: Offizielles Gründungsdatum von Albuquerque ist der 7. Feb. 1706; doch das heißt nicht, daß damals ein Ort oder gar eine Stadt entstand. Bis Ende des 18. Jahrhunderts gab es lediglich einige Farmen, die sich verstreut auf den fruchtbaren Böden am Rio Grande aufreihten. Erst als die Überfälle der Apachen immer mehr zunahmen, entschlossen sich die Siedler zu einer zusammenhängenden Konstruktion von Häusern rund um eine Plaza. Diese war leichter zu verteidigen als die vereinzelten Bauernhöfe. Benannt wurde die Neugründung nach dem Herzog von Alburquerque, einem der spanischen Vize-Könige in der Neuen Welt.

Nur langsam trat die neue Siedlung in Kontakt mit der Außenwelt; zu weit entfernt befand sie sich an der Peripherie des spanischen Weltreiches. Gelegentliche Handelskarawanen trafen aus Mexico City oder dem nordmexikanischen Chihuahua ein und versorgten die Bewohner mit Gütern, die sie nicht selbst produzieren konnten.

Als die Amerikaner 1848 New Mexico annektierten, lebten in der Stadt nur rund 700 Menschen. Die Bevölkerungszahl ging kurz darauf sprunghaft in die Höhe, weil die US-Army hier einen Stützpunkt einrichtete. Die Wirtschaft florierte, da die Soldaten einerseits Schutz vor Indianerüberfällen boten und andererseits ihre Dollars in der Stadt ließen. Als die Armee 1867 nach den Wirren des amerikanischen Bürgerkriegs abzog, versank Albuquerque wieder in tiefer Provinzialität und Abgeschiedenheit.

Aufwärts ging es erst wieder, als 1880 die Eisenbahn den Ort erreichte und dafür sorgte, daß Albuquerque in kürzester Zeit an das transkontinentale Kommunikations- und Transportnetz angeschlossen wurde. Entlang der Geleise entstanden östlich der traditionellen Old Town neue Wohn- und Geschäftsviertel. Die Stadt entwickelte sich zum Verladebahnhof für Vieh, Holz und Mineralien aus vielen Teilen New Mexicos. Ab 1926 führte auch die legendäre Route 66 durch Albuquerque und machte die Stadt zu einer wichtigen Zwischenstation für Autofahrer zwischen Ost- und Westküste.

Dabei ist es bis heute geblieben. Albuquerque ist das wirtschaftliche Zentrum eines Bundesstaates mit äußerst geringer Bevölkerung und wenig entwickelter Industriestruktur. Dienstleistung, Transport und Versorgung von Durchreisenden auf den sich hier kreuzenden Interstate Highways sind die ökonomische Basis eines Wachstums, das inzwischen immerhin für die Metropolitan Area von Albuquerque zu einer Einwohnerzahl von fast einer halben Million geführt hat, d.h. etwa ein Drittel der Bevölkerung von New Mexico wohnt in der Stadt oder der näheren Umgebung.

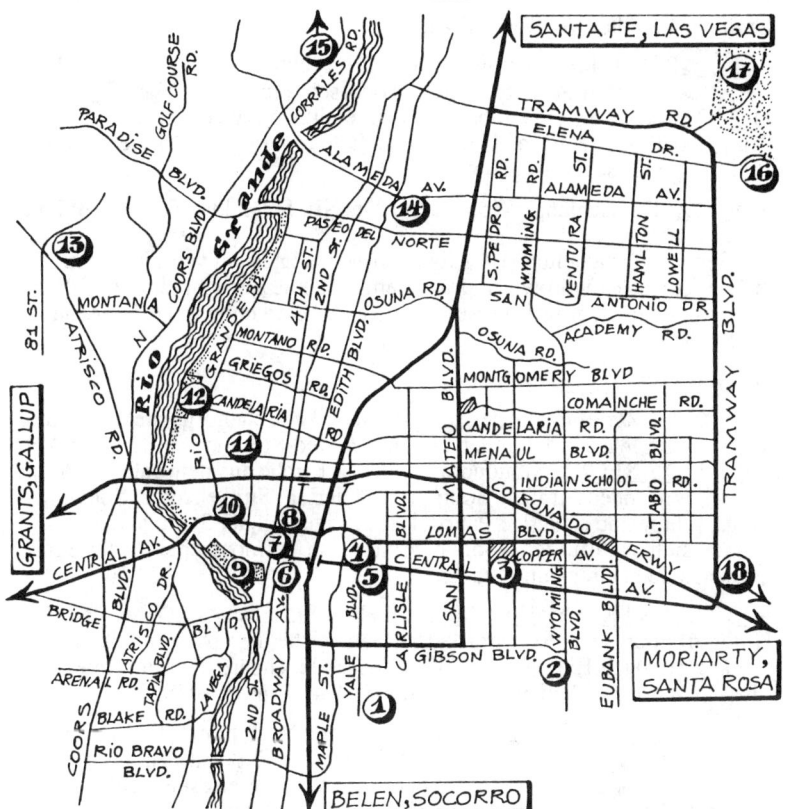

ALBUQUERQUE

1. AIRPORT
2. National Atomic Museum
3. State Fairgrounds
4. University
5. Spanish History Museum
6. BUS TERMINAL
7. Dowtown
8. TOURIST INFO
9. Rio grande Park ,Zoo
10. Old Town, POST
11. Indian Pueblo Cultural Center
12. Rio Grande Nature Center
13. Petroglyph National Monument
14. Balloon Fiesta Park
15. Coronado State Monument
16. Sandia Peak Tramway
17. Cibola National Forest
18. Sandia Crest Highway

Tourist INFO Zentrale des <u>Convention & Visitors Bureau</u> in Downtown, 121 Tijeras Ave. NE. Kleine Zweigstellen in Old Town (3o5 Romero St.) und am Flughafen. Hilfreich ist unter Umständen auch "Albuquerque Central Reservations" (Tel. 298-9737): Reservierungen für Hotels, Mietwagen und Touren in Albuquerque und sämtlichen Städten von New Mexico.

Post: In Downtown: 5oo Gold Ave. SW; in Old Town: 2o16 Central Ave. SW. Sehr praktisch auch "The Mail Station", 2118 Central Ave., gegenüber der Universität: Service Center rund um Brief und Paket. Karten, Umschläge, Fotokopien und Fax neben dem üblichen postalischen Angebot.

Konsulat: Deutschland: 57oo Harper Dr. NE, Suite 33o, Tel. 822-8826.

Die Sehenswürdigkeiten von Albuquerque sind nur teilweise konzentriert in Old Town, Downtown und auf dem Gelände der University of New Mexico; vieles liegt weit verstreut in Außenbezirken und der Umgebung der Stadt.

OLD TOWN (1o)

Historisches Zentrum aus der spanisch-mexikanischen Epoche. Rund um die typische Plaza Adobe-Gebäude im Pueblo-Stil und die Kirche SAN FELIPE DE NEGRI, Albuquerques älteste Kirche aus dem Jahr 17o6. In den angrenzenden Straßen Boutiquen, Galerien, Straßencafés, Souvenirshops, ruhige und schattige Patios. Der einzige Teil der Stadt, in dem Fußgänger sich wohlfühlen können. Eine Oase harmonischer Architektur zwischen den Durchgangsstraßen.

RATTLESNAKE MUSEUM, San Felipe St./ Ecke Old Town Rd. Im Hinterzimmer eines Souvenirladens zahlreiche Terrarien mit Klapperschlangen. Dazu Exponate rund um dieses legendäre Tier des amerikanischen Westens. Geöffnet tägl. von 9-17 Uhr, Eintritt 1 US.

THE ALBUQUERQUE MUSEUM, 2ooo Mountain Rd. NW. Gang durch die Geschichte der Stadt. In Schaukästen Exponate zu den Ureinwohnern und zur spanischen Eroberung. Wenige erlesene Stücke wie Keramik, Waffen, Rüstungen, religiöse Kunst, Sättel, Sporen, Teppiche. Ausführliche Erläuterungen. Eine gesonderte Abteilung ist regionalen Künstlern gewidmet.

Locker und ungewöhnlich die kleine Foto- und Prospektsammlung zur Route 66. Sie vermittelt einen lebendigen Eindruck vom alltäglichen Leben auf dieser Schicksalsstraße der dreißiger Jahre (siehe auch Seite 166). Insgesamt ein modernes und erstklassig ausgestattetes Museum. Geöffnet Di-So von 9-17 Uhr, Eintritt frei.

NEW MEXICO MUSEUM OF NATURAL HISTORY, 18o1 Mountain Rd. NW. Eine Reise durch die Zeit und die Erdgeschichte. Anschauliche Darstellungen von der Entstehung des Universums und des Lebens auf der Erde. Abteilung zu Sauriern im Südwesten; Tunnel durch eine simulierten Vulkan mit Dias und Videos zum Vulkanismus; Nachbildung einer der vielen Höhlen New Mexicos; Mineraliensammlung. Großzügig und didaktisch hervorragend aufgebaut in modernen Museumsräumen. Vor allem für

Kinder ein Erlebnis. Geöffnet tägl. von 9-17 Uhr, Eintritt 4 US.

DOWNTOWN (7)

Das krasse Gegenstück zu Old Town. Außer einigen schönen Fassaden entlang Central Avenue nur Beton, breite Straßen, Parkplätze, Zufahrtsrampen und abweisende Hochhäuser. Die Verbannung des Fußgängers aus dem Straßenbild ist hier beinahe perfekt gelungen.

Sehenswert allerdings das Gebäude des KIMO THEATER, Central Ave./ Ecke 5th St. Ein originelles Exemplar von Architektur des Südwestens, Jahrgang 1927. Pueblo-Stil und indianische Motive, überlagert von Art Deco Elementen.

UNIVERSITY OF NEW MEXICO (4)

Die Gebäude meist im sandfarbenen Pueblo-Stil. Gruppieren sich um eine große Grünfläche mit Ententeich und Springbrunnen. Rasenflächen und Bäume zwischen den Institutsgebäuden geben den Straßen einen beinahe ländlichen Charakter. Überall Bänke und Sitzgruppen zum Ausruhen. Einige kleinere Museen:

MAXWELL MUSEUM OF ANTHROPOLOGY: Auf kleinem Raum eine Fülle von lebendig gestalteten Schaukästen zu verschiedenen Aspekten der Indianerkulturen Amerikas, Schwerpunkt Südwesten. Besonders anschaulich die rekonstruierte Ausgrabungsstätte einer Indianersiedlung; es sieht aus, als seien die Archäologen gerade zur Mittagspause gegangen. Lädt zum Anfassen und Mitmachen ein, u.a. ein Computer-Quiz zur Anasazi-Kultur. Bemerkenswert auch die Keramik-Sammlung mit schönen Gefäßen der Mimbres-Kultur. Geöffnet Mo-Fr von 9-16 Uhr, Sa von 1o-16 Uhr und So von 12-16 Uhr. Entritt frei.

UNIVERSITY ART MUSEUM: Im Erdgeschoß Ausstellung von Arbeiten der Kunststudenten, dazu eine Fotogalerie. Im Untergeschoß Teile der museumseigenen Sammlung, von Kolonialkunst über einige alte Meister bis zum 2o. Jahrhundert. Geöffnet Di-Fr von 9-16 Uhr, So von 13-16 Uhr. Eintritt frei.

GEOLOGY MUSEUM: Weitaus lebendiger als manch andere geologische Sammlung. Halbedelsteine werden roh, angeschliffen und zu Objekten verarbeitet gezeigt. Zu anderen Mineralien gibt es Beipiele ihrer Anwendung in Industrie und Alltag. Dazu eine Kammer mit fluoreszierenden Steinen sowie viele ungewöhnliche Fossilien. Geöffnet Mo-Fr von 8-17 Uhr, gratis.

METEORITIC MUSEUM: Direkt daneben. Vom tonnenschweren Meteorit aus Nebraska bis zu Bruchstücken aus dem Meteor Crater in Arizona, der vor 5o.ooo Jahren entstand (siehe Seite 221). Geöffnet Mo-Fr von 9-12 Uhr und 13-16 Uhr. Eintritt frei.

SPANISH HISTORY MUSEUM, (5) 2221 Lead Ave. SE, zwei Blocks

vom Universitätsgelände entfernt. Ein Hobby-Historiker hat hier seine kleine Privatsammlung zur Geschichte der Spanier in New Mexico ausgestellt. Reproduktionen von Gemälden sowie informative Texte zu Themen wie Kolumbus, spanische Pioniere oder spanische Unterstützung im amerikanischen Unabhängigkeitskrieg. Geöffnet tägl. von 13-17 Uhr, Eintritt 1 US.

AUSSENBEZIRKE UND UMGEBUNG

NATIONAL ATOMIC MUSEUM, (2) Wyoming Rd., auf dem Gelände der Kirtland Air Force Base. Dokumente und Fotos zur Erforschung der Kernspaltung und Entwicklung der Atom- und Wasserstoffbombe. Sammlung von Metallbehältern für die verschiedenen atomaren Bomben und Sprengköpfe. Im Freien ein B-52 Bomber, eine Minuteman Rakete, Cruise Missiles und andere todbringende Flugkörper. Wer nach kritischen Elementen sucht, ist hier fehl am Platze. Kein Bild irgendeiner Zerstörung, sondern nur Aspekte der technischen Leistung.

Geöffnet tägl. von 9-17 Uhr, gratis. Zu erreichen ab Downtown Richtung Osten über Central Ave. bis Wyoming Rd. Am Eingang der Luftwaffenbasis bekommt man einen Besucherpaß fürs Museum.

INDIAN PUEBLO CULTURAL CENTER, (11) 24o1 12th St. Indianisches Kulturzentrum im Besitz der 19 Pueblos von New Mexico. In der Architektur dem Grundriß von Pueblo Bonito im Chaco Canyon nachempfunden. Im Innenhof große Wandmalereien. Riesige Auswahl von indianischem Kunsthandwerk in mehreren Läden (Details dazu siehe Shopping). Zu erreichen ab Interstate 4o über Exit 158, dann einen Block nördlich auf 12th Street.

Integriert ist ein MUSEUM zur Geschichte und Kultur der Pueblo-Indianer. Fundstücke aus prähistorischer Zeit; Darstellung von Lebensweise, Handwerk und Landwirtschaft nach dem Kontakt mit den Spaniern. Schönes Modell von Taos Pueblo. Schaukästen mit Kunsthandwerk der heute noch existierenden Pueblos, vor allem hervorragende Keramik. Historische Fotos der Pueblos aus der Zeit um 19oo. Umfassender und informativer Überblick über die Pueblo-Kultur. Eine sinnvolle Ergänzung von Besichtigungen vor Ort. Geöffnet täglich von 9-17.3o Uhr, Eintritt 2,5o US.

RIO GRANDE NATURE CENTER, (12) Candelaria Ave., Richtung Westen bis zum Fluß. Im Besucherzentrum kleine Ausstellung über Ökologie und Wasserwirtschaft am Rio Grande. Außerhalb eine typische Fluß- und Uferlandschaft mit vielfältiger Planzen- und Vogelwelt. Spazierwege entlang des Flusses. Die Natur griffig gemacht für Großstadtbewohner. Geöffnet täglich von 1o-17 Uhr, Eintritt 1 US.

PETROGLYPH NATIONAL MONUMENT: (13) Tausende von Petroglyphen, eingeritzt auf schwarze Lavabrocken entlang eines 25 km langen

Lavafeldes, der West Mesa: Tiere, Menschen und abstrakte Muster. Hinterlassen zwischen dem 1o. und 17. Jahrhundert von der damals stark angewachsenen Pueblo-Bevölkerung, die aus den Trockenzonen im Norden zum Rio Grande wanderte.

Im Visitors Center lediglich Ranger Station und kleiner Buchladen. 3 km weiter nördlich am Boca Negra Canyon drei Pfade zu den Felszeichnungen, von deren Gesamtzahl allerdings nur rund vier Prozent zugänglich sind. Die meisten sind zu sehen am Mesa Point Trail und am Cliff Base Trail. Zufahrt pro PKW 1 US, am Wochenende 2 US. Zu erreichen über Interstate 4o Richtung Westen bis Exit 155, dann nördlich auf Coors Rd.

<u>CORONADO STATE MONUMENT</u>: (15) Schön gelegen am Ufer des Rio Grande. Rekonstruierte Grundmauern und Kivas des früheren KUAUA PUEBLO, das zu Beginn des 17. Jahrhunderts verlassen wurde. Hauptattraktion und eine archäologische Seltenheit sind die in einem Nebenraum des Besucherzentrums ausgestellten Wandmalereien, die bei den Ausgrabungsarbeiten im Innern einer Kiva entdeckt wurden. Geöffnet täglich von 8-17 Uhr, im Sommer eingeschränkte Zeiten. Eintritt 2 US. Zu erreichen über Interstate 25 Richtung Norden bis Bernalillo.

Bei Ausgrabungsarbeiten in Kuaua zwischen 1934 und 1939 bemerkten Archäologen, daß die Innenwände einer der Kivas mit 87 Schichten verputzt waren. Einige dieser Schichten waren mit <u>farbigen Wandmalereien</u> versehen. Über einen Zeitraum von 2oo Jahren hatten die Bewohner die Wände immer wieder verputzt, bemalt und aufs Neue verputzt.

Die Schichten wurden ins Labor der University of New Mexico gebracht und dort in mühseliger Kleinarbeit vorsichtig voneinander getrennt, so daß die vollständigen Wandbilder unbeschadet zum Vorschein kamen. Sie sind jetzt original im Museum des Coronado State Monument ausgestellt, während sich an den Wänden der Kiva Reproduktionen befinden. Adler, Klapperschlangen und Vögel sind ebenso zu erkennen wie Wetterphänomene und Gottheiten. Deren Bedeutung allerdings liegt weiterhin im Dunkeln.

Zwar sind erhaltene Wandmalereien der prähistorischen Indianer im Südwesten eine absolute Seltenheit, doch vermuten Archäologen, daß sie trotzdem weit verbreitet waren. An zwei anderen Fundstätten auf den Hopi Mesas und am Puercos River in Arizona wurden ähnliche Motive entdeckt. Dies legt den Schluß nahe, daß die Pueblos ein gemeinsames religiöses Grundmuster besaßen und dies in den Kivas auch zur Anschauung brachten.

<u>SANDIA CREST</u>: Gebirgszug nordöstlich von Albuquerque. Hebt sich rund 13oo m aus der Hochebene heraus. Im Winter dekorativ verschneit. An der Ostseite ein Skigebiet, erreichbar per Seilbahn oder Straße:

<u>AERIAL TRAMWAY</u>: 4,3 km lange Gondelbahn zum Sandia Peak. Unterwegs und oben phantastischer Blick auf Albuquerque, den Rio Grande und weit entfernte Gebirgszüge. Am schönsten zum Sonnenuntergang, wenn in der Stadt nach und nach die Lichter angehen. An der Bergstation auf 3163 m Höhe beginnt das Skigebiet und im Sommer einige Wanderwege. Fahrten alle 2o Minuten von 9-21 Uhr, im Sommer bis 22 Uhr, mittwochs

nur nachmittags. Hin- und Rückfahrt 11 US.

SANDIA CREST HIGHWAY: (18) Die Alternative zur Seilbahn, preiswerter und zeitaufwendiger. Die asphaltierte und kurvenreiche Straße erklimmt das Gebirge von Osten. Endpunkt auf 3254 m Höhe beim Sandia Crest House, vorher vorbei an der Talstation des Skigebietes. An der Strecke außerdem das TINKERTOWN MUSEUM mit einer kuriosen Sammlung von Spielzeug, Puppen, Werkzeugen und holzgeschnitzten Miniaturen. Die Wände des Gebäudes bestehen aus Flaschen. Die Sammlung, die als privates Hobby begann, ist von April bis Dezember für die Öffentlichkeit zugänglich.

Insgesamt ein großes und relativ preisgünstiges Angebot. Dutzende Billig-Motels entlang Central Ave. östlich und westlich von Downtown (zentral!) sowie weiter östlich zwischen Carlisle Rd. und Wyoming Rd. Einige Luxus-Hotels in Downtown. Günstig zur City gelegen auch die Hotels in Flughafennähe. Eine weitere Konzentration (zumeist Mittelklasse) an der Kreuzung der beiden Interstates sowie am östlichen Stadtrand (Exit Eubank von I-4o).

Außer während der Balloon Fiesta Anfang Oktober sind immer genügend Zimmer vorhanden. Zentrale Reservierung über ALBUQUERQUE CENTRAL RESERVATIONS, Tel. 298-9737.

"**Sheraton Old Town**", 8oo Rio Grande Blvd. Modernes Hochhaus in bester Lage von Old Town. Großer SW-Pool und Whirlpool im ruhigen Garten. Zimmer entweder mit Balkon oder mit Panoramafenster. Von den oberen Stockwerken schöner Blick über die Stadt. Komfort im Stil eines gehobenen Stadthotels. DZ 11o-13o US. Tel. 843-6300 oder 8oo-325-3535.

"**Böttger Mansion**", 11o San Felipe St NW. Bed&Breakfast in bester Lage direkt in Old Town. Drei luxuriöse Zimmer in ehemaliger Villa. Kleiner Garten, gemütliche Aufenthalts- und Frühstücksräume. Jedes Zimmer phantasievoll und in einem besonderen Stil eingerichtet. Hell, geräumig und mit zusätzlichen Schlafmöglichkeiten, ideal für Familie mit Kindern. DZ je nach Größe 95-115 US. Tel. 243-3639.

"**La Posada de Albuquerque**", 125 2nd St. Stilvolles Grand Hotel der alten Schule, zentral in Downtwon. Kacheln, holzgeschnitzte Verzierungen und gediegene Country-Möbel prägen die Lobby. Auch in den luxuriösen Zimmern handgearbeitete Möbel und Dekor mit Motiven des Südwestens. Gratis-Transport zum Flughafen. DZ 9o-11o US. Tel. 242-9o9o oder 8oo-777-5732.

"**Ramada Classic**", 6815 Menaul Ave. NE. Östlich von Downtown in der Nähe der beiden großen Shopping Malls. Von I-4o über Exit Louisiana Rd. Großer Hotelkomplex der gehobenen Mittelklasse. Kleines Hallenbad mit Whirlpool und Fitneß-Center. Die hinteren Zimmer ruhig, mit Blick auf die Sandia Mountains; hell und komfortabel möbliert. DZ je nach Größe 9o-11o US. Tel. 881-oooo oder 8oo-228-2828.

"**Doubletree Hotel**", 2o1 Marquette Ave. NW. Unübersehbares Hochhaus in Downtown, Nähe Convention Center. Gratis-Bus zum Airport. SW-Pool und Fitneß-Center. Zimmer komfortabel eingerichtet im modernen Southwest-Country-Stil. DZ je nach Ausstattung und Saison 8o-14o US. Tel. 247-3344 oder 8oo-528-o444.

"**W.J. Marsh House**", 3o1 Edith Rd. SE. Bed&Breakfast, relativ zentral zwischen

Downtown und Universität. Villa im viktorianischen Stil aus dem Jahr 1895. Gemütliche Aufenthaltsräume mit Kamin. Wohnliche Zimmer, jeweils unterschiedlich mit Antiquitäten ausgestattet. Einige mit Privatbad. DZ je nach Größe 63-115 US. Tel. 247-1oo1.

"**Fred Harvey Hotel**", 291o Yale Blvd. SE. Hochhaus direkt am Flughafen, wenige Minuten bis zur City. Gratis-Bus zum Airport. Tagsüber etwas Fluglärm, nachts jedoch ruhig. Großer Parkplatz, SW-Pool und Tennisplätze. Von den oberen Stockwerken schöner Blick über Albuquerque. Zimmer geräumig und stilvoll-modern ausgestattet. Winziger Balkon. DZ ab 6o US, günstige Wochenendtarife. Tel. 843-7ooo oder 8oo-227-1117.

"**Comfort Inn**", 23oo Yale Blvd. SE. Nähe Flughafen. Mehrstöckiges Gebäude im Motel-Stil. Winziger SW-Pool an der Straße. Die meisten Zimmer relativ ruhig, da von der Straße zurückversetzt. Modern und funktional eingerichtet. DZ ca. 6o US. Tel. 243-2244 oder 8oo-221-2222.

"**La Quinta Inn**", 2116 Yale Blvd. SE. An der Straße vom Airport Richtung Downtown. Moderner Motelkomplex, Architektur im mediterranen Stil. Moderne Zimmer, sehr gepflegt. Einige laut, da an belebter Straßenkreuzung. Frühstück inkl. DZ ca. 53 US. Tel. 243-55oo oder 8oo-531-59oo.

"**Friendship Inn**", 717 Central Ave. SW. Zentral am westlichen Rand von Downtown. Kleiner Park gegenüber. Etwas trister Motelkasten mit Parkplatz. SW-Pool, Gratis-Transport zum Flughafen. Zimmer funktional und einfach möbliert. Typisches Stadthotel der unteren Mittelklasse. DZ je nach Saison 31-43 US. Tel. 247-15o1 oder 8oo-253-5o12.

"**The American Inn**", 45o1 Central Ave. NE. Solides Motel östlich der Universität. An lebendiger Durchgangsstraße, die zweistöckigen Backsteingebäude jedoch weit nach hinten versetzt. SW-Pool. Zimmer einfach eingerichtet, aber gepflegt. DZ je nach Saison 3o-4o US. Tel. 262-1681 oder 8oo-343-2597.

"**Grand Western Motor Hotel**", 918 Central Ave. SW. Einfaches Motel, zentral zwischen Downtown und Old Town. In typischer Hufeisenform rund um den Parkplatz. Zimmer relativ groß, aber schlicht ausgestattet. DZ ca. 3o US. Tel. 243-1773.

"**University Lodge**", 3711 Central Ave. NE. Einfaches Motel in Uni-Nähe. An Durchgangsstraße. SW-Pool am Parkplatz. Zimmer klein, Mobiliar und sanitäre Anlagen abgenutzt. DZ ab 27 US, im Sommerhalbjahr 32 US. Tel. 266-7663.

"**Lorlodge West Motel**", 1o2o Central Ave. SW. Zweistöckiges Motel in zentraler Lage zwische Downtown und Old Town. Kleiner SW-Pool. Kleine, einfache Zimmer. Mobiliar und sanitäre Anlagen etwas abgenutzt. In der unteren Preisklasse wegen Lage und passabler Zimmerqualität zu empfehlen. DZ ca. 25 US. Tel. 247-4o23.

"Route 66 Hostel", 1o12 Central Ave. SW. Schlafsäle für Frauen und Männer sowie Doppel- und Einzelzimmer. In der Gemeinschaftsküche Grundnahrungsmittel gratis. Waschsalon gegenüber. Übernachtung ca. 12 US, mit Herbergsausweis 1o US. DZ ohne Privatbad 21 US, EZ 16 US. Tel. 247-1813.

"Coronado State Park", Interstate 25 nach Norden bis Bernalillo. Schön gelegen am Rio Grande. Blick zu den Sandia Mountains. Einige Bäume bieten etwas Schatten. Überdachte Picknicktische. Stellplatz 7-11 US.

"Albuquerque Central KOA", 12400 Skyline Rd. NE. Relativ zentral im Stadtgebiet östlich von Downtown, Nähe Interstate 40. Voll ausgestatteter Platz für Zelte und Wohnmobile. Stellplatz 16-22 US.

MONTE VISTA FIRE STATION, 3201 Central Ave. NE. Das einstige Feuerwehrhaus im Pueblo-Stil, umfunktioniert in ein gediegenes Restaurant. Renoviert und auf modern getrimmt mit dezenter Dekoration in den milden Farben des Südwestens. Feine Küche aus frischen Produkten der Saison, täglich wechselnde Speisekarte. Nudelgerichte 10-12 US, Fleisch und Fisch 12-18 US; mittags preiswerter.

COUNTY LINE, 725 Tramway Ln. Für den großen Hunger nach dem Skilaufen oder Wandern in den Sandia Mountains. Ausflugslokal oberhalb der Stadt mit schönem Blick, Nähe Talstation der Gondelbahn. Erstklassige Steaks und anderes vom Grill. Große Portionen für 10-20 US.

LA PLACITA, direkt an der Plaza in Old Town. Stilvolles mexikanisches Ambiente in einem alten Adobe-Haus. Mehrere Räume, getrennt durch meterdicke Wände. Klassische mexikanische Hacienda-Atmosphäre. Entsprechend die Küche: mexikanisch, ländlich und preiswerter, als die Umgebung erahnen läßt. Hauptgerichte von 6-12 US.

LA HACIENDA, an der Plaza in Old Town. In historischem Adobe-Gebäude, eingerichtet im rustikalen mexikanischen Country-Stil. Schöne Terrasse an der Straße. Mexikanische Spezialitäten für 6-10 US.

ROUTE 66 DINER, 1405 Central Ave. NE. Wenn schon Fast Food, dann hier: Typische Architektur und Einrichtung der fünfziger Jahre. Mit Neonleuchten, Juke Box, viel Plastik und Elvis Presley. Auf der Speisekarte Hamburger, Sandwiches, Salate, Eiskrem und Super-Milkshakes. Die Salate frisch und knackig, die Hamburger wie üblich und die Portionen groß. Preiswertes Essen für 3-8 US.

CAFE OCEANA, 1414 Central Ave. NE Gute Adresse für Fisch und Seafood. Hauptgerichte 12-15 US. Ständig frische Austern, am Nachmittag und späten Abend zum halben Preis.

PUEBLO KITCHEN, 2401 12th St. Im Indian Pueblo Cultural Center. Nur Frühstück und Lunch. Gemütliches Lokal mit indianischer Malerei an den Wänden. Typische indianische und mexikanische Gerichte für 4-8 US.

ZANE GRAZE, 308 San Felipe St., in Old Town. Café und Eidiele mit schöner Terrasse zum Sitzen und Leute Beobachten.

RANCHO DE CORRALES, 4895 Corrales Rd., im Vorort Corrales westlich des Rio Grande. Gut kombinierbar mit Besuch von Petroglyph NM und Coronado State Park. Rustikale Speisesäle im Hacienda-Stil.

Holzbalken und Kamin. Traditionelle Küche aus New Mexico, teilweise nach alten Familienrezepten. Gute Qualität und große Portionen zu vernünftigen Preisen. Hauptgerichte 7-15 US.

HIGH FINANCE, an der Bergstation der Tramway in den Sandia Mountains. Phantastischer Blick auf Albuquerque. Vornehm-rustikale Einrichtung, holzgetäfelte Wände. Mittags Salate, Suppen und Sandwiches für 3-8 US; abends feine Küche mit Fisch- und Steakspezialitäten für 15-2o US. Das außergewöhnliche Dinner-Erlebnis oberhalb von Albuquerque.

ANDRE, San Mateo Rd./ Ecke Lomas Blvd. Etwas versteckt im Untergeschoß des Einkaufszentrums Fashion Square. Aber die Suche lohnt sich: Aufwendig und modern gestylter Speiseraum, die Küche ist integriert. Im Angebot ausgewählte Kreationen der Nouvelle Cuisine des Südwestens. Nur frische Rohprodukte, kräftig gewürzt, ungewöhnliche Geschmacksrichtungen. Ein kulinarisches Erlebnis. Hauptgerichte inkl. Suppe oder Salat für 1o-25 US.

NOW THAT'S ITALIAN, 2114 Central Ave., gegenüber der Universität. Einfache intalienische Cafeteria mit Selbstbedienung. Preiswerte Pizza und Nudeln.

THE FAJITA FACTORY, Central Ave./ Ecke Buena Vista Dr., Nähe Universität. Rustikal-gemütliches Lokal mit einfacher mexikanischer Küche. Studentisches Publikum. Gerichte um 4-8 US.

FRONTIER, 24oo Central Ave., Nähe Universität. Cafeteria mit preiswerten Drinks und Fast Food. Auch für den nächtlichen Hunger und Durst, da 24 Stunden geöffnet.

COOPERAGE, 722o Lomas Blvd. NE. Edel-rustikales Lokal im Western-Stil. Hervorragende Steaks und Ribs, aber auch Lachs und Shrimps. Dazu Selbstbedienung an der gut bestückten Salatbar. Hauptgerichte mit einem großzügig portionierten Stück Fleisch oder Fisch für 1o-2o US.

PENNY'S CHILI TREE, 5o9 Central Ave., Downtown. Einfache Cafeteria mit Sandwiches, Burgers und preiswerten mexikanischen Gerichten um 3-6 US.

THE ARTICHOKE CAFE, Central Ave./ Ecke Edith St., zwischen Downtown und Universität. Bistro und Restaurant mit gehobener Atmosphäre. Skulpturen und Gemälde sorgen für stilvolles Ambiente. Ausgefallene Pasta-Zubereitungen für 1o-15 US, Fleischgerichte 1o-2o US; mittags preiswerter.

HARVARD ZOO CAFE, 111 Harvard Dr./ Ecke Central Ave., Nähe Universität. Originelle Einrichtung mit Juke Box und Anspielungen auf Flora und Fauna. Einfaches Essen für 3-5 US; Sandwiches, Salate, Pizza.

OLYMPIA CAFE, 221o Central Ave., gegenüber der Universität. Kleines, gemütliches Restaurant mit griechischer Küche. Viel studentisches Publikum. Essen für 5-8 US.

THE DINGO BAR, 313 Gold Ave., in Downtown. Kneipe mit abendlicher Live-Musik. Backsteinwände und schlichte Einrichtung, beim Blues oder Jazz aber kommt Stimmung auf.

NICK'S EMPORIUM, 111 4th St. SW, in Downtown. Für Frühstück und Lunch. Sandwiches von 3-5 US, griechische Gerichte zu ähnlichen Preisen. Cafeteria-Stil.

DOWNTOWN 66 STATION, 4o6 Central Ave. SW, in Downtown. Möbliert im sachlichen und untekühlten Stil der fünfziger Jahre. Preiswerte Tacos, Burgers und Sandwiches für 3-5 US, abends häufig Live-Musik.

Selbstversorger: SMITH'S, Yale Blvd./ Ecke Coal Ave., südöstlich von Downtown. Supermarkt mit vielseitigem Angebot. Große Gemüseabteilung, Frischfleisch und Salattheke.

Picknick: Im Coronado State Park nördlich der Stadt. Picknicktische mit Sonnendach am Ufer des Rio Grande. Unmittelbar neben den Ruinen von Kuaua Pueblo. Ähnliche Picknickplätze auch bei den Wanderwegen am Boca Negra Canyon im Petroglyph National Monument, mitten in der schwarzen Lavalandschaft.

SHOPPING

OLD TOWN: (1o) In den Straßen rund um die Plaza Dutzende von Boutiquen, Galerien, Kunstgewerbeläden und Souvenirshops.

CORONADO CENTER, Menaul Ave./ Ecke Louisiana St. Riesiger Shopping Mall mit mehreren Kaufhäusern und über hundert kleinen Geschäften. Ähnlich auch das WINROCK CENTER, nicht weit entfernt, Louisiana St./ Ecke Indian School Rd.

KUNSTHANDWERK

INDIAN PUEBLO CULTURAL CENTER, 24o1 12th St. Spitzenauswahl an indianischer Kunst und Kunsthandwerk. Riesiges Angebot an Keramik, Körben, Schmuck, Teppichen, Bildern, Kachina-Figuren. Alles authentische Produkte zu vernünftigen Preisen. Erspart den Gang zu Dutzenden von kleineren Läden, die über die gesamte Stadt verteilt sind und auch keine bessere Auswahl haben.

KLEIDUNG

THE MAN'S HAT SHOP, 511 Central Ave. Die große Auswahl an Cowboy-Hüten, Strohhüten und Stetsons.

BÜCHER

INDIAN PUEBLO CULTURAL CENTER, 24o1 12th St. Umfassende Auswahl von Literatur zu allen Aspekten von Geschichte und Kultur der nordamerikanischen Indianer, Schwerpunkt Südwesten. Eine Fundgrube für alle, die sich eingehender mit diesem Thema beschäftigen möchten.

SALT OF THE EARTH, 2128 Central Ave., gegenüber der Universität. Alternativer Buchladen mit Büchern und Zeitschriften auch zum Südwesten und zu indianischen Themenkreisen.

FESTE & FESTIVALS

Wer's einrichten kann, sollte Albuquerque während einer der jährlichen Großveranstaltungen besuchen. Dann erwacht die sonst eher schläfrig-provinzielle Stadt zu vollem Leben, und die Auswahl an Veranstaltungen ist so vielseitig, daß man nur einen geringen Teil davon wahrnehmen kann. Besonders eindrucksvoll tritt dann die attraktive Mischung aus indianischer, amerikanischer und hispanischer Kultur ins Rampenlicht.

INTERNATIONAL BALLOON FIESTA: (14) Das Super-Ereignis von internationalem Rang in Albuquerque. Anfang Oktober füllen Ballonfahrer und Schaulustige aus aller Welt die Stadt mit Leben und Farbe. Seit 1972 sechzehn Heißluftballons die erste Balloon Fiesta eröffneten, ist das Festival Jahr für Jahr gewachsen. Inzwischen steigen mehr als 3oo Teilnehmer zehn Tage lang in die Lüfte, über 1 Million Besucher finden sich ein.

Ein faszinierendes Schauspiel sowohl am frühen Morgen, wenn die Sonne die bunten Ballons beleuchtet, als auch am Abend beim "balloon glow", wenn die Flammen der Brenner die Ballons von innen erhellen. Hunderte von überdimensionalen Glühbirnen scheinen dann am Himmel zu hängen. Nebenher großes Rahmenprogramm, u.a. mit dem beliebten Wettbewerb der eigenwillig geformten Ballons: Flaschen, Dinosaurier, Tiere und vieles andere machen sich den Rang des originellsten Ballons streitig. Albuquerque von seiner schönsten Seite; aber nicht ohne langfristige Hotelreservierung anreisen.

AMERICAN INDIAN WEEK: Eine Woche lang Ende April. Kulturfestival mit Konzerten, Tänzen, Theater, Filmen, Lesungen, Ausstellungen von Kunsthandwerk und einem breit gefächerten Rahmenprogramm. Fast alle Veranstaltungen gratis. Zentrum der Aktivitäten ist das Indian Pueblo Cultural Center.

NEW MEXICO STATE FAIR: Messe, Markt und Festival. Zwei Wochen lang, Mitte September. Landwirtschaftsschau mit großem Rahmenprogramm: Rodeo, Pferderennen, Konzerte und andere kulturelle Veranstaltungen. Vergnügungspark und Verkauf von indianischem Kunsthandwerk. Und über allem der Duft der Küche des Südwestens. Mehr als 1 Million Besucher.

NEW MEXICO ARTS AND CRAFTS FAIR: Drei Tage lang Ende Juni. Kunst und Kunsthandwerk aus New Mexico, mit Schwerpunkt auf indianischen und hispanischen Traditionen. Aber auch Modernes und Ausgefallenes.

MUSIK

NEW MEXICO SYMPHONY ORCHESTRA: In der Popejoy Hall. Klassische und populäre Konzerte. Information über Programm und Eintrittskarten, Tel. 842-8565.

ALBUQUERQUE CIVIC LIGHT OPERA: In der Popejoy Hall auf dem Universitätsgelände. Broadway-Musicals. Saison von März bis Mai, im Juli, September und Dezember. Karten 9-17 US.

NEW MEXICO JAZZ WORKSHOP, 32o5 Central Ave. NE. Jazz-Konzerte ganzjährig an verschiedenen Orten. Information über das aktuelle Programm, Tel. 255-9798.

SUNDANCE SALOON AND DANCE HALL, 12ooo Candelaria Ave. SE. Am östlichen Stadtrand. Täglich live Country &Western Bands. Dazu Dancing im Saloon nach Western-Art.

THEATER

KIMO THEATER, 423 Central Ave. NW. In einem attraktiven Art Deco Gebäude aus dem Jahre 1927. Breites Spektrum an Theater- und Musikveranstaltungen.

ALBUQUERQUE LITTLE THEATER, 224 San Pasquale, Old Town. Komödien, Dramen, Musical. Do-So. Karten 7 US.

LA COMPANIA DE TEATRO DE AL-

BUQUERQUE, 423 Central Ave. NW. Klassische Stücke und modernes Theater auf Englisch, Spanisch oder zweisprachig. Originell und typisch für die amerikanisch-spanische Kulturmischung im Südwesten. Informationen über Tel. 242-7929.

KINO

Kino-Zentren mit jeweils mehreren Sälen in den Shopping Malls Coronado Center (Tel. 881-5266) und Winrock Center (883-6022). Im Programm aktuelle amerikanische Produktionen.

SPORT

Ski: Sandia Peak Ski Area vor den Toren der Stadt. Zu erreichen über die Tramway oder per Straße in jeweils weniger als einer Stunde ab Downtown. Am Osthang von Sandia Peak durch Nadelwälder auf einer Höhe zwischen 2.640 und 3.160 m. 6 Lifte und ein dichtes Netz von Abfahrten aller Schwierigkeitsgrade. Saison von Mitte Dezember bis Mitte März. Tagesticket 28 US; Verleih von Ausrüstung nur an der Talstation. Info über Schneeverhältnisse, Tel. 242-9052.

Ballonfahren: Nicht nur gefragt während der jährlichen Balloon Fiesta im Oktober. Fast täglich sieht man einige Ballons über der Stadt. Wer sich das Vergnügen gönnen will, kann reservieren und mitfliegen bei HOT ALTERNATIVES, 8400 Menaul Ave. NE, Tel. 892-1991 oder bei HOT AIR, Tel. 266-9744. Flüge beginnen in der Regel zum Sonnenaufgang und kosten 80-120 US pro Person.

Golf: Ein ganzjähriges Vergnügen in Albuquerque. 12 Golfplätze in der Stadt und der näheren Umgebung. Besonders zentral liegen die Greens der University of New Mexico (Info über Tel. 277-4546). Touristenbüro und Hotels vermitteln Zugang zu weiteren Anlagen.

Radfahren: Einige der Wanderwege ab Sandia Peak und Elena Gallegos Picnic Area (siehe unten) sind auch für Mountain Bikes zugänglich. Viele sind extrem steil und nur für Könner zu befahren.

Wandern

Trotz zahlreicher Trails in den Sandia Mountains ist die Umgebung von Albuquerque kein ideales Wandergebiet. In den tieferen Lagen im Sommer extrem heiß, die höheren Trails oft bis ins späte Frühjahr hinein verschneit. Die Landschaft ist zwar abwechslungsreich, aber nicht vergleichbar mit vielen, weitaus lohnenderen Wandergebieten im Südwesten. Die leichte Erreichbarkeit von der Stadt aus ist allerdings ein Vorteil; in wenigen Minuten hat man das Getriebe von Albuquerque hinter sich gelassen, wandert zwischen erodierten Felsen und schaut auf das Häusermeer hinunter.

Beste Ausgangspunkte: Im Sommer von der Bergstation der Gondelbahn. Dort existiert eine Schautafel mit den einzelnen Trails, die sich zumeist auf den Bergrücken der Sandia Crest entlangziehen und schöne Ausblicke auf Albuquerque und den Rio Grande ermöglichen. Im Winter entweder von der Bergstation ins Tal wandern (ca. 12 Km) oder ab Elena Gallegos Picnic Area hinauf in die Berge. Abfahrt ausgeschildert am Tramway Blvd. zwischen I-4o und Talstation der Gondelbahn.

Verbindungen

Auto: In Albuquerque treffen sich die wichtigsten Überlandstraßen New Mexicos. Richtung Westen: Interstate 4o nach Gallup (225 km/ ca. 2 Std.) und weiter nach Arizona und Kalifornien. Richtung Osten: Interstate 4o nach Tucumcari (275 km/ ca. 2,5 Std.) und weiter nach Texas und Oklahoma. Richtung Norden: Interstate 25 nach Santa Fe (1oo km/ ca. 1 Std.), Raton (36o km/ ca. 3,5 Std.) und weiter nach Colorado. Richtung Süden: Interstate 25 nach Las Cruces (36o km/ ca. 3,5 Std.) und El Paso, Texas (43o km/ ca. 4,5 Std.).

Mietwagen:

AFFORDABLE, 46oo Central Ave. SE, Tel. 266-3336

ALAMO, 26o1 Yale Blvd. SE, Tel. 842-4o57

AVIS, 2oo1 Randolph St. SE, Tel. 842-4o8o

BUDGET, 125o Menaul Ave. NE, Tel. 768-59oo

HERTZ, Airport, Tel. 842-4235

PAYLESS, 22oo Renard St. SE, Tel. 247-9255

THRIFTY, 2o39 Yale Blvd. SE, Tel. 842-62o1

Fast alle Firmen haben auch einen Schalter am Flughafen

Wohnmobile: MYER'S RV CENTER, 12o24 Central Ave. SE, Tel. 298-7691

Bus: Bus-Terminal zentral in Downtown, 2nd St./Ecke Silver Ave., Tel. 243-4435. Modernes Gebäude mit Schließfächern und Schnellimbiß.

-> Santa Fe: 4x tägl., 1,5 Std., ca. 11 US
-> Taos: 2x tägl., 2,5 Std., ca. 2o US
-> Farmington:: 2x tägl., 4 Std., 25 US
-> Alamogordo: 2x tägl., 4 Std., 32 US

-> Carlsbad: 2x tägl., 6 Std., ca. 37 US
-> Roswell: 2x tägl., 4,5 Std., ca. 28 US
-> Flagstaff: 4x tägl., 7,5 Std., ca. 52 US
-> Denver: 5x tägl., 9,5 Std., ca. 68 US

Shuttlejack: Direktverbindung vom Airport Albuquerque nach Santa Fe oder Los Alamos. Tel. 243-3244, 2o US pro Person.

Bahn: Bahnhof hinter dem Bus-Terminal, 1st. St./Ecke Silver Ave. Tel. 842-965o.

-> Gallup: 1x tägl., 2 Std., ca.23 US
-> Flagstaff: 1x tägl., 5 Std., ca.8o US

-> Los Angeles: 1x tägl., 15 Std., ca.88 US
-> Santa Fe: 1x tägl., 1 Std. bis Lamy, dann Busnaschluß, insges. 35 US
-> Las Vegas, New Mexico: 1x tägl., 2,5 Std., ca. 31 US
-> Chicago: 1x tägl., 26 Std., ca. 175 US

Flüge: International Airport nur wenige Minuten von Downtown im Süden der Stadt. New Mexicos einziger großer Flughafen, bedient auch Santa Fe, das nur einen kleinen regionalen Airport besitzt.

<u>DELTA</u> (Tel. 800-221-1212) fliegt täglich nonstop nach Atlanta, Cincinatti, Dallas, El Paso, Salt Lake City. Vor allem von Dallas und Atlanta aus gute Anschlüsse.

<u>UNITED</u> (Tel. 800-241-6522) fliegt täglich mehrmals nonstop nach Denver. Von dort gute Verbindungen in andere US-Städte.

<u>SOUTHWEST</u> (Tel. 800-435-9792) hat die häufigsten Nonstop-Flüge in andere Städte des Südwestens, mehrmals täglich nach Dallas, El Paso, Las Vegas (Nevada), Los Angeles, Phoenix, St. Louis und San Francisco.

<u>AMERICAN</u> (Tel. 842-4229) fliegt nonstop nach Chicago und Dallas und von dort mit direkten Anschlüssen in viele Städte der USA und Europas.

<u>MESA</u> (Tel. 327-0271) ist die regionale Airline von New Mexico und verbindet Albuquerque täglich mehrfach nonstop mit fast allen größeren Orten des Bundesstaates sowie mit Denver und Durango in Colorado.

TRANSPORT IN ALBUQUERQUE

Auto: Trotz bestehender öffentlicher Transportmittel ist Albuquerque hauptsächlich auf Autofahrer ausgerichtet. Alles Sehenswerte außerhalb von Downtown/ Old Town ist ohne PKW nur äußerst umständlich oder gar nicht zu erreichen.

Taxi: YELLOW CAB, Tel. 247-8888 oder CHECKER CAB, Tel. 243-7777. Beide mit 24-Stunden Service. Die erste Meile kostet ca. 3 US, jede weitere 1,4o US. Vom Airport bis Downtown ca. 12-14 US.

Bus: Die Buslinien von SUN TRAN durchqueren das gesamte Stadtgebiet. Für Touristen nützlich allerdings nur wenige Routen:

<u>Linie 5o</u>: Zwischen Airport und Downtown (Central Ave./ Ecke 6th St.)

<u>Linie 7</u>: Zwischen Universität und Downtown (Central Ave./ Ecke 6th St.)

<u>Linie 2 und 3</u>: Ab Downtown (Gold Ave./ Ecke 3rd St.) entlang Central Ave. nach Osten

<u>Linie 36</u>: Ab Downtown über 12th St. zum Indian Pueblo Cultural Center

Detaillierte Routenpläne der einzelnen Linien gratis im Touristenbüro.

Fahrpreis 0,75 US. Fahrer haben kein Wechselgeld dabei, deshalb exakte Summe parat haben. Umsteigen inkl., beim Bezahlen gleich das Transfer-Ticket verlangen. Busse kommen im Rhythmus von 15-2o Minuten. Einsatz in der Regel von 6-19 Uhr, sonntags kein Verkehr.

ALBUQUERQUE --> SANTA FE

1oo km/ ca. 1 Std. auf der direkten Strecke über die Autobahn I-25. Etwas zeitaufwendiger, aber attraktiver die Fahrt über den TURQUOISE TRAIL (Hwy. 14), die historische Verbindungsstraße zwischen den beiden großen Städten New Mexicos. Entlang der Strecke ehemalige Minenstädte, die nach Jahren des Verlassenseins inzwischen für den Tourismus wieder zum Leben erweckt wurden.

Gleich zu Beginn die Abzweigung zur SANDIA CREST (vergl. Seite 362). Erster Ort ist GOLDEN, hier fand 1825 der erste kleinere Goldrausch westlich des Mississippi statt. Später wurde auch Silber abgebaut. Gegen Ende des 19. Jahrhunderts jedoch waren die Vorräte erschöpft, die meisten Menschen verließen den Ort. Schönstes Gebäude ist die kleine Kirche im Pueblo-Stil.

Zu Beginn des 2o. Jahrhunderts funktionierte in MADRID ein ergiebiger Kohleabbau, der 195o endgültig aufgegeben wurde. Der Ort verwandelte sich danach in eine ghost town. Erst zu Beginn der siebziger Jahre hauchten Künstler und Ex-Hippies Madrid wieder etwas Leben ein. Heute haben sich Boutiquen, Kneipen und Souvenirshops in den ehemaligen Gebäuden der Kohlenmine niedergelassen. Das Old Coal Mine Museum erinnert an die Kohleproduktion, in einem Schacht kann man eine Kohleader sehen. Im Engine House Theater eine alte Dampflok, die als Hintergrund für die hier gespielten Melodramen dient.

5 km nördlich von Madrid der letzte Ort am Turquoise Trail: CERRILLOS. Hier fanden die glorreichen Tage um 188o statt, als in der Stadt 21 Saloons existierten, um den Durst der Bergarbeiter zu löschen, die Gold, Silber, Blei und Türkis aus der Erde holten. Heute verfallene und restaurierte Western-Fassaden, hinter denen sich Kneipen und Geschäfte eingenistet haben. In "The Casa Grand", einem großen Adobe-Gebäude, Exponate zur Geschichte des Bergbaus.

SANTA FE (6o.ooo Einw.)

Eine von Nordamerikas Ausnahmestädten: In herrlicher Lage am Fuß der Sangre de Cristo Mountains. Mildes Klima und klare Luft auf 2.13o m Höhe. Einheitliche Architektur mit einer Mischung aus spanischem Kolonialstil und indianischer Pueblo-Bauweise. Viel Leben und Atmosphäre in den Straßen rund um die Plaza. Die spanisch-mexikanische

Tradition ist überall spürbar, wenn sie auch immer kräftiger vermarktet wird. Fast Food, Neon und überdimensionale Reklametafeln allerdings sind verbannt auf einige große Ausfallstraßen.

<u>Geschichte</u>: Santa Fe ist die zweitälteste Stadt der USA. 161o gründeten die Spanier hier eine Siedlung unter dem wohlklingenden Namen "<u>La Villa Real de la Santa Fé de San Francisco</u>" und machten sie zur Hauptstadt ihrer Kolonie Nuevo México, die sich hauptsächlich an den Ufern des Rio Grande erstreckte. Während des Aufstandes der Pueblo Indianer (vergl. Kapitel "Geschichte", Seite 126) mußten die Kolonialherren zwischen 168o und 1692 die Stadt verlassen und sich vorübergehend nach El Paso zurückziehen. Doch seit ihrer Rückkehr war sie ständig bewohnt und entwickelte sich über die Jahrhunderte zum politischen und kommerziellen Zentrum der kolonial-spanischen Nordprovinzen.

Seine große Zeit erlebte Santa Fe allerdings erst nach der <u>Unabhängigkeit Mexikos</u> 1821. Plötzlich waren die Handelsrestriktionen des spanischen Kolonialreiches aufgehoben, und Händler aus dem Osten der Vereinigten Staaten drangen auf dem "Santa Fe Trail" bis ins nördliche Mexiko vor (Details dazu im Kapitel "Geschichte", Seite 127). Die Bevölkerung begrüßte das neue Warenangebot und stürzte sich vor allem auf die preiswerten Produkte der amerikanischen Textilmanufakturen.

Bei Ausbruch des Krieges zwischen Mexiko und den USA <u>1847</u> war Santa Fe zwar die wirtschaftlich erfolgreiche Hauptstadt des mexikanischen Nordens, doch der Gouverneur besaß kaum politische oder militärische Macht. Kein Wunder, daß er sich von den Unterhändlern des <u>Generals Kearny</u> überzeugen ließ, die Stadt kampflos den anrückenden US-Truppen zu übergeben. Ohne einen Schuß abzufeuern, hatten die amerikanischen Soldaten die Stadt erobert und herrschten damit über die gesamte Provinz am Rio Grande. Kleinere Scharmützel mit mexikanischen Truppen fanden später lediglich in der Region um Taos statt.

Mit den gesamten Nordprovinzen Mexikos fiel auch Santa Fe 1848 per Waffenstillstandsvertrag an die USA. Die Stadt entwickelte sich von nun an zum Eingangstor für die Erschließung des Südwestens. Auf dem "<u>Santa Fe Trail</u>" trafen neben Händlern die ersten anglo-amerikanischen Siedler in ihren Planwagen ein und machten die Route zu einer der meistbefahrenen im gesamten Westen. Trotz schwieriger Wegstrecke und ständiger Indianer-Überfälle trafen um 187o in Santa Fe jährlich etwa 5.ooo Planwagen ein. Rund 5o Tage brauchten sie für den Weg von Independence am Missouri bis nach Santa Fe.

Doch das Ende dieser legendären Route, über die neben Siedlern auch Bergleute, Abenteurer und Banditen in den Südwesten strömten, kam schlagartig. Die Fertigstellung der "<u>Santa Fe Railroad</u>" verband die Stadt ab 188o auf schnellere und zuverlässigere Weise mit den Bevölkerungzentren im Osten der Vereinigten Staaten (zur Geschichte des Eisenbahnbaus nach Santa Fe vergl. Seite 138).

Die Eisenbahn erschloß auch das restliche Territorium von New Mexico und Arizona, wo neue Siedlungszentren entstanden, die Santa Fe im 2o. Jahrhundert wirtschaftlich den Rang abliefen. So behielt die Hauptstadt des Staates New Mexico ihren eher <u>provinziellen Anstrich</u> und lebt heutzutage vorwiegend von den Regierungsbeamten und vom Tourismus. Die Besucher kommen hauptsächlich wegen des spanisch-mexikanischen Charakters der Stadt, der sich nicht nur in der Architektur zeigt. Noch immer sind über fünfzig Prozent der Bewohner spanischer Abstammung oder gehören zu den Zuwanderern, die aus dem heutigen Mexiko in den Südwesten der USA strömen.

Santa Fe/New Mexico 373

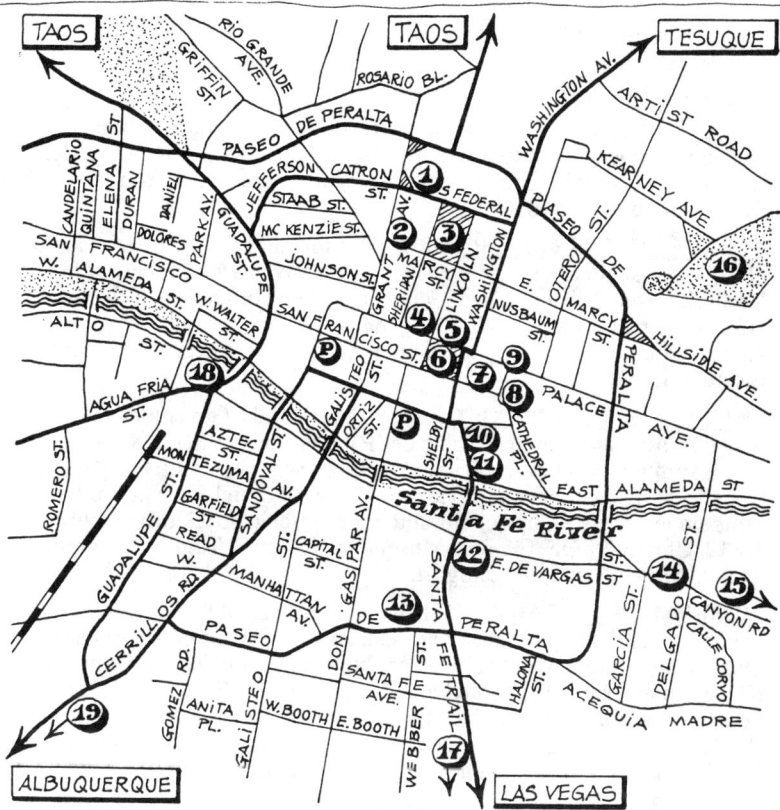

SANTA FE

1 POST
2 TOURIST INFO
3 City Hall Park
4 Museum of Fine Arts
5 Palace of the Governors
6 Plaza
7 Institute of American Indian Arts
8 St.Francis Cathedral
9 Sena Plaza
10 Loretto Chapel
11 Footsteps Across New Mexico
12 San Miguel Mission
13 State Capitol
14 Canyon Road
15 El Cristo Rey
16 Old Fort Marcy Park
17 Museum Viertel
18 Santuario de Guadalupe
19 BUS TERMINAL

Tourist INFO Convention & Visitors Bureau im Sweeney Center, 2o1 W. Marcy St., Nähe Plaza, Tel. 984-676o. Die Tourismusvertretung für den gesamten Staat New Mexico: Department of Tourism, Old Santa Fe Trail, im Lamy House neben der San Miguel Mission, Tel. 827-74oo.

Post: 12o S. Federal Pl.

SEHENSWERTES

PLAZA: (6) Schöner Platz im Zentrum von Santa Fe. Bäume, Bänke und lebendige Atmosphäre. Rundum historische Adobe-Gebäude und moderne Geschäftshäuser, die jedoch dem Stil angepaßt sind. Ein Treffpunkt für Einheimische und Touristen.

PALACE OF THE GOVERNORS, (5) direkt an der Plaza. Gebäude im klassischen spanischen Kolonialstil mit massiven Holzpfeilern, die das Vordach tragen. Erbaut 161o-12, damit das älteste öffentliche Gebäude der USA. Genau dreihundert Jahre lang, bis 191o, Sitz der spanischen, mexikanischen und amerikanischen Gouverneure. Beherbergt heute mehrere Institutionen.

MUSEUM OF NEW MEXICO, (5) im Palace of the Governors. Umfangreiche Ausstellung zur Geschichte des Palastes und der Stadt. Schautafeln, Rekonstruktion des Gouverneursbüros von 1845, eine typische spanische Kapelle, religiöse Kunst aus Mexiko, Silber und viel Kleinkram. Insgesamt ein lebendiger Querschnitt durch die Geschichte. Geöffnet tägl. von 1o-17 Uhr. 5,25 US für den Museumspaß, der 3 Tage und noch für weitere Museen der Stadt gültig ist.

MUSEUM OF FINE ARTS, (4) neben dem Palace of the Governors. Gebäude im Santa Fe Revival Stil aus den zwanziger Jahren. Hübscher spanischer Innenhof. Wechselnde Ausstellungen moderner Kunst von Künstlern aus New Mexico: Gemälde, Skulpturen, Fotos. In der permanenten Sammlung zahlreiche Werke von Georgia O'Keefe, die in den Bergen nördlich von Santa Fe gelebt und gemalt hat. Geöffnet täglich von 1o-17 Uhr, Eintritt mit Museumspaß (siehe oben).

INSTITUTE OF AMERICAN INDIAN ARTS, (7) 1o8 Cathedral Place. In hellen, großzügigen Museumsräumen Ausstellungen zur indianischen Kunst der Gegenwart in ihren vielfältigen Ausprägungen: Skulpturen, Gemälde, Fotografie, Collagen. Ständig Sonderausstellungen der besten indianischen Künstler aus Nordamerika. Guter Eindruck von den jeweils aktuellen Trends. Im Buchladen Bildbände über Indianerkulturen der verschiedenen Regionen. Geöffnet Mo-Sa von 9-18 Uhr, So von 12-17 Uhr. Eintritt 3,5o US.

ST. FRANCIS CATHEDRAL, (8) San Francisco St./ Ecke Cathedral Ave. Erbaut Ende des 19. Jahrhunderts auf dem Gelände der früheren Franziskaner-Mission. Romanisch inspirierter Baustil mit modernen Elementen. In einem Seitenschiff ein schöner kolonialer Barockaltar aus dem Jahre 1776.

LORETTO CHAPEL, (1o) Old Santa Fe Trail/ Ecke Water St. Neugotische Kapelle nach französischem Vorbild. Erbaut 1873. Bemerkenswert vor allem die zweimal gedrehte hölzerne Wendeltreppe, die ihre Stabilität ohne sichtbare Stütze behält. Nach der Legende wurde der Bau der Kirche kurz vor Abschluß durch den Tod des Architekten unterbrochen, das Chorgestühl blieb ohne Zugang. Ein mysteriöser Zimmermann baute die Treppe dann angeblich ohne Nägel und verschwand nach Abschluß der Arbeiten spurlos. Seither der Name "miraculous stairway". Geöffnet täglich von 9-17 Uhr, Eintritt 1 US.

FOOTSTEPS ACROSS NEW MEXICO, (11) neben der Chapel in einem Buchladen. Multimedia-Show zur Geschichte von New Mexico von den präkolumbianischen Indianerkulturen bis zur Gegenwart. Tägl. von 9.3o-17 Uhr, Eintritt 3,5o US.

SAN MIGUEL MISSION, (12) Old Santa Fe Trail/ Ecke Vargas St. Adobe-Kirche mit schöner Holzdecke und Kolonial-Altar. An dieser Stelle stand ab 161o die erste Kirche von Santa Fe, die während des Pueblo-Aufstandes zerstört wurde. Das jetzige Gebäude erbaut 171o. Im Nebenraum eine Glocke, die 1356 in Spanien aus Kupfer, Silber, Gold und Eisen gegossen wurde. Sie diente bis 1951 als Glocke der Kirche.

CANYON ROAD: (14) Die schönste Straße von Santa Fe mit viel kolonialspanischer Atmosphäre. Windet sich pittoresk oberhalb des Santa Fe River entlang. Hübsche Wohnhäuser aus Adobe im Pueblo-Stil, eine harmonische Einheit. Heute fast alle bewohnt von Künstlern, die dort ihre Werke ausstellen und verkaufen.

EL CRISTO REY, (15) an der Canyon Rd. 1939 im Pueblo-Stil erbautes Kirchengebäude. Bemerkenswert der schöne Holzaltar aus dem Jahre 176o, der aus einer der frühen Missionskirchen stammt.

STATE CAPITOL, (13) Old Santa Fe Trail/ Ecke Paseo de Peralta. Moderner Rundbau, einer indianischen Kiva nachempfunden. Über die Besuchergalerien Blick in die Plenarsäle von Repräsentantenhaus und Senat. Im Foyer kleine Ausstellung zur frühen Geschichte der Region, als neben den Spaniern auch die Franzosen Interesse an diesem Teil des Kontinents anmeldeten.

SANTUARIO DE GUADALUPE, (18) Agua Fria St./ Ecke Guadalupe St. Schöne Adobe-Kapelle aus dem späten 18. Jahrhundert. Diente den ärmlichen Indianergemeinden rund um Santa Fe als Gotteshaus. Nach mehrfacher Zerstörung schlicht restauriert mit schöner Holzbalkendecke. Heute Konzertsaal. Geöffnet Mo-Sa von 9-16 uhr, So von 13-16 Uhr.

> Die dunkelhäutige Jungfrau von Guadalupe stellt ein wesentliches Glaubenselement der Indianer und einfachen Mexikaner dar. Sie soll im Jahr 1531 wiederholt einem christianisierten Indianerjungen erschienen sein und ihr Abbild auf seinem Umhang hinterlassen haben. Die katholische Kirche hat diese Legende aufgegriffen und damit eine Symbolgestalt geschaffen, mit der sich die Indianer leichter identifizieren konnten als mit einer weißen Madonna.

CHILDREN'S MUSEUM, Old Pecos Trail/ Ecke Barcelona Rd. Eine Art vergrößerter Kindergarten mit Terrarien, Aquarien und vielen technisch inspirierten Spiel- und Bewegungsmöglichkeiten für Kinder im Vorschulalter. Geöffnet Mi-Sa von 1o-17 Uhr, So von 12-17 Uhr. Eintritt für Kinder 1,5o US, für Erwachsene 2,5o US.

CENTER FOR CONTEMPORARY ARTS, 291 E. Barcelona Rd., hinter dem Children's Museum. Wechselnde Ausstellungen moderner Künstler. Geöffnet Di-Fr von 11-19.3o Uhr, Sa von 12-16 Uhr. Eintritt frei.

MUSEUM OF INDIAN ARTS AND CULTURE, Old Santa Fe Trail/ Ecke Camino Lejo. Wechselnde Ausstellungen zu verschiednen Themengebieten im Rahmen der Indianerkulturen des Südwestens. Seit einigen Jahren läuft die Ausstellung "From this Earth" mit einer überwältigenden Vielfalt und Qualität an Keramik aus dem Südwesten. Hoffentlich gelingt der Versuch, die Exponate auf Dauer im Museum zu behalten. Ein erstklassiger Überblick über Stilrichtungen, Formen, Farben und Muster. Geöffnet täglich von 1o-17 Uhr. Eintritt mit Museumspaß (siehe oben).

MUSEUM OF INTERNATIONAL FOLK ART, direkt daneben. Riesige Sammlung von Volkskunst, Spielzeug und Miniaturen: Keramikfiguren aus Mexiko, handgearbeitete Miniaturbühnen aus Europa, Holzschnitzereien und Puppenstuben aus aller Welt, indianische Kachina-Figuren. Ganze Szenenbilder aus China, Südamerika und Afrika mit Häusern, Flüssen, Schiffen und zehntausenden von Kleinfiguren.

Eigene Abteilung zur mexikanischen Tradition im Südwesten, mit Karten zur Geschichte und Besiedlung sowie dem Modell eines typischen Dorfes. Religiöse Kunst, Truhen, Möbel. In weiteren Sälen wechselnde, oft hochklassige Sonderausstellungen zur Volkskunst in verschiedenen Ländern. Geöffnet täglich von 1o-17 Uhr, Eintritt mit Museumspaß (siehe oben).

WHEELWRIGHT MUSEUM OF THE AMERICAN INDIAN, hinter den beiden anderen Museen. Kleines Museum in Form eines Navajo-Hogans. Wechselnde Ausstellungen zur Indianerkultur Nordamerikas. Im Untergeschoß Nachbildung eines Trading Posts mit Verkauf von Kunsthandwerk und Büchern. Geöffnet Mo-Sa von 1o-17 Uhr, So von 13-17 Uhr. Eintritt frei.

Die Alternative in Santa Fe ist einfach: Entweder eines der stilvollen und teuren Hotels im Zentrum; oder ein Motel entlang der Zufahrtsstraße Cerrillos Rd. mit etwas weiteren Wegen zur Plaza und zu den Sehenswürdigkeiten. Letztere liegen allerdings auch nicht aus der Welt, da tagsüber Busverkehr und ansonsten per Auto nur 5-1o Minuten.

Einige der Motels auf Cerrillos Rd. liegen sogar so nah am Zentrum, daß man zu Fuß gehen kann. Sie bieten in der Mittelklasse letztlich das beste Preis-Leistungs-Verhältnis. Insgesamt liegt das Preisniveau in Santa Fe vor allem im Sommer weit über dem Durchschnitt von New Mexico.

"La Fonda", 1oo E. San Francisco St. Geschichtsträchtiges Hotel, 192o nach dem Vorbild eines Adobe-Gebäudes im Pueblo-Stil erbaut, das früher die Reisenden am Ende des Santa Fe Trail beherbergte. An der Plaza, eigenes Parkhaus, SW-Pool. Lobby sehr hektisch und unpersönlich, da zahlreiche Restaurants und Läden davon abgehen. Zimmer mit Country-Dekor aus New Mexico. DZ ab 145 US. Tel. 982-5511 oder 800-523-5o02.

"**Inn at Loretto**", 211 Old Santa Fe Trail. Großer Hotelkomplex im Stil eines mehrstöckigen Pueblos, Nähe Plaza. Im Untergeschoß ein Shopping Center, dadurch viel Hektik rund um die Lobby. SW-Pool und eigener Parkplatz. Zimmer komfortabel, viele mit kleinem Balkon und schönem Blick. DZ je nach Größe und Saison 11o-22o US. Tel. 988-5531 oder 800-727-5531.

"**Plaza Real**", 125 Washington Ave. Direkt um die Ecke von der Plaza. Eigene Tiefgarage. Die Zimmer gehen ab von einem ruhigen Innenhof, stilvoll und gemütlich mit Country-Möbeln ausgestattet. Viele mit Kamin, kleinem Balkon und Kühlschrank. Ausgiebiges Frühstücksbuffet inkl. Die persönliche Atmosphäre eines kleinen Stadthotels. Von Lage und Ambiente her gute Wahl in der oberen Preisklasse. DZ je nach Größe und Saison ab 1o5 US. Tel. 988-49oo oder 800-279-7325.

"**La Posada**", 33o E. Palace Ave. Einige Blocks von der Plaza entfernt. Ein kleines Dörfchen für sich mit flachen Bauten im Pueblo-Stil. Gartenanlage, SW-Pool und dezent integrierte Parkplätze. Stilvolle Lobby mit bequemen Sitzecken in einem gesonderten Gebäude. Zimmer möbliert im Country-Stil, viele mit Kamin. DZ je nach Größe 95-23o US, in der Hochsaison von April-Okt. ab 13o US. Tel. 986-oooo oder 8oo-727-5276.

"**Travelodge**", 646 Cerrillos Rd. Eines der Motels am südlichen Rand des Zentrums, von wo aus man noch zu Fuß zur Plaza kommt. Unschön eingequetscht zwischen Straße und Tankstelle. SW-Pool. Zimmer modern und ausgesprochen gepflegt. DZ ca. 82 US. Tel. 982-3551 oder 800-255-3o5o.

"**Pueblo Bonito**", 138 W. Manhattan Ave. Am südlichen Rand des Zentrums. Auf großem Grundstück eine positive Mischung aus Motel und Bed&Breakfast. 18 Zimmer in verschiedenen Gebäuden. In der Mitte ruhige Terrasse. Dicke Adobe-Wände, Kamin und Privatbad. Zimmer ausgestattet mit viel Lokalkolorit wie Navajo-Teppichen, Keramik und Werken örtlicher Künstler. Frühstücksbuffet und Nachmittagstee inkl. DZ ab 8o US, in der Hochsaison ab 1oo US. Tel. 984-8oo1.

"**Grant Corner Inn**", 122 Grant Ave. Nähe Plaza. Zu einem Bed&Breakfast Inn erweitertes Wohnhaus in ruhiger City-Lage. Große Terrasse und komfortabler Aufenthaltsraum. 11 Zimmer, alle stilvoll und üppig mit Antiquitäten ausgestattet. Parkplatz vorhanden. DZ je nach Größe 65-13o US, von Juni bis Oktober 75-14o US. Tel. 983-6678.

"**Garret's Desert Inn**", 311 Old Santa Fe Trail. Großer Motel-Komplex im Zentrum. Trägt nicht gerade zur Verschönerung des Stadtbildes bei, ist aber praktisch, da nur wenige Schritte zu vielen Sehenswürdigkeiten. Hufeisenförmig um den Parkplatz gebaut, am Rand der SW-Pool. Helle, moderne Zimmereinrichtung. Die preiswerte Alternative im unmittelbaren Zentrum. Günstigstes DZ je nach Saison 75-85 US. Tel. 982-1851 oder 800-888-2145.

"**Santa Fe Motel**", 51o Cerrillos Rd. Am südlichen Rand des Zentrums, problemlos zu Fuß zur Plaza. Einige Gebäude im üblichen Motel-Stil, andere in Pueblo-Bauweise. Gepflegte Zimmer mit moderner, schlichter Möblierung. Die einfachsten DZ ganzjährig ca. 75 US, mit Kitchenette ab 8o US. Tel. 982-1o39 oder 800-999-1o39.

"**Budget Inn**", 725 Cerrillos Rd. Relativ zentrumsnaher Motel-Komplex an der Hauptstraße. Zimmer in hinteren Gebäuden jedoch ruhig. Funktional eingerichtet ohne besondere Extras. Viel Hin und Her auf dem großen und engen Parkplatz. Winziger SW-

Pool in einer Hausecke. DZ je nach Saison ab 7o US. Tel. 982-5952.

"<u>Alexander's Inn</u>", 529 E. Palace Ave. Bed&Breakfast. Schöne Backsteinvilla in ruhiger Wohnlage, 1o Minuten zu Fuß zur Plaza. Große Veranda. Ruhiger Garten und gemütlicher Aufenthaltsraum. Zimmer unterschiedlich gestaltet. DZ ab 6o US. Tel. 986-1431.

"<u>El Paradero</u>", 22o W. Manhattan Ave. In einem Wohnhaus mit verschiedenen An- und Umbauten. Bed&Breakfast. Helles, freundliches Ambiente in Frühstücks- und Aufenthaltsräumen. Zimmer unterschiedlich groß und ausgestattet im rustikalen Country-Stil. DZ mit Gemeinschaftsbad je nach Saison 55-7o US, mit Privatbad ab 65 US aufwärts. Tel. 988-1177.

"<u>Motel 6</u>", gleich zwei Häuser an der Cerrillos Rd.: North (Nr. 3oo7, Tel. 473-138o) und South (Nr. 3695, Tel. 471-414o). Beide mit SW-Pool, North etwas näher am Zentrum. Einfache Motels mit solider Qualität in der unteren Preisklasse. DZ in beiden Häusern ca. 36 US, im Sommer einige Dollar Aufschlag.

"<u>Western Scene Motel</u>", 16o8 Cerrillos Rd. An der Ausfallstraße, ca. 3 km vom Zentrum. Einfaches Motel, von außen recht hübsch gestaltet. Zimmer allerdings etwas muffig und abgewohnt. DZ ab 35 US, an Wochenenden und im Sommer entsprechend der Nachfrage bis zu 55 US. Tel. 983-7484.

"<u>King's Rest Court</u>", 1452 Cerrillos Rd. An der Durchgangsstraße. Von außen trotz angedeutetem Pueblo-Stil nicht übermäßig einladend. Jedes Zimmer mit überdachtem Abstellplatz für PKW. Zimmer relativ geräumig, schlicht möbliert. Sanitäre Anlagen abgenutzt. Für 3o US pro DZ jedoch passabel in der Billig-Klasse. Im Sommer allerdings je nach Nachfrage bis zu 5o US. Tel. 983-8879.

"<u>International Hostel Santa Fe</u>", 1412 Cerrillos Rd. Etwas außerhalb des Zentrums. Mit Schlafsälen (15 US pro Person) und DZ ohne Bad (3o US) oder mit Bad (38 US). Tel. 988-1153.

"<u>Hyde Memorial State Park</u>", knapp 2o km nordöstlich der Stadt an der Straße zum Skigebiet. Platz unter Nadelbäumen. Restaurant in der Nähe. Auf 26oo m Höhe, daher nur in der wärmeren Jahreszeit geeignet. Wasser, Toiletten, keine Duschen. Stellplatz 7 US inkl. Zufahrt zum State Park. Tel. 983-7175.

"<u>Los Campos</u>", 3574 Cerrillos Rd. Nicht so schön gelegen, dafür innerhalb der Stadtgrenzen. Ganzjährig geöffnet für Wohnmobile. Stellplatz 15-2o US. Tel. 473-1949.

In Santa Fe wird die klassische und moderne Küche New Mexicos zelebriert wie sonst nirgendwo. Ob einfach-deftig oder als gehobene Southwestern Cuisine, hier findet sich ein positives Beispiel für eine eigenständige regionale Küche. Fast Food ist in die Außenbezirke verbannt. Der Kontrast zu anderen Teilen New Mexicos könnte kaum größer sein. Schade, daß von der Hauptstadt in dieser Hinsicht kein größerer Einfluß ausgeht.

MARIA'S, 555 W. Cordova Rd. Uriges Lokal mit rohen Holzfußböden und einfachem Mobiliar. Locker-freundliche Atmosphäre, hinter einer Glaswand werden die Tortillas ausgerollt. Das Essen weitaus feiner als das Ambiente. Erstklassige Zubereitungen von Rezepten aus New Mexico für 8-15 US. Auch preiswertere kleine Gerichte. Bemerkenswert die Liste von über 3o Varianten des Margarita-Cocktails.

BLUE CORN CAFE, 133 Water St., im ersten Stock. Rustikales Lokal mit gemischtem Publikum und viel Betrieb. Gute mexikanische Küche aus frischen Produkten. Hauptgerichte 5-1o US. Ansehnliche Auswahl an Tequilas: rund 25 Sorten, pur oder zu verschiedenen Drinks gemixt. Außerdem zu haben das "Santa Fe Pale Ale", eine lokale Alternative zu den Einheitsbieren made in USA; ein kräftiges, würziges Ale.

LA TERTULIA, 416 Agua Fria St. In flachem Adobe-Haus, einst zugehörig zur Guadalupe Mission. Mehrere Speisesäle. Gehobene Küche mit einer Kombination aus spanisch-mexikanischen und indianischen Traditionen, die mit modernen Elementen verfeinert werden. Hauptgerichte um 1o US, Paella 15 US. Mittags preiswerte mexikanische Küche um 5-1o US.

PLAZA, direkt an der Plaza. Einfacher Imbiß mit Fast Food Atmosphäre und preiswertem Essen. Sandwiches, Suppen, Salate um 5 US, Nudeln 7-1o US. Nicht unbedingt im üblichen Santa Fe Stil, aber zentral und praktisch für den schnellen und weniger anspruchsvollen Hunger.

GUADALUPE CAFE, 313 Guadalupe St. Mehrere kleine Räume, rustikal und gemütlich. Lockere Atmosphäre, vorwiegend einheimisches Publikum. Spezialitäten aus New Mexico, Salate und besondere Nudelgerichte. Gute Qualität, große Portionen. Abends 6-1o US, mittags preiswerter.

TOMASITA'S, 5oo Guadalupe St. Originell im ehemaligen Bahnhofsgebäude. Beliebter Treffpunkt für jede Art von Publikum, legere Atmosphäre. Vielseitiges Angebot an mexikanischen Gerichten, außerdem Salate, Steaks, Vegetarisches. Preiswerte und große Portionen für 6-1o US.

MUCHO, Palace Ave./ Ecke Grant Ave. Kleines Lokal mit schöner Terrasse im ersten Stock. Auch in Santa Fe braucht niemand auf sein Sandwich zu verzichten. Hier allerdings ausgefallene Füllungen zwischen den beiden Brotscheiben: viel Gemüse und frische Produkte. Positive Varianten des sonstigen Sandwich-Einerleis für 4-6 US.

PAUL'S, 72 W. Marcy St. Intim und gemütlich. Auf der Karte wenige ausgewählte Gerichte aus der Southwestern Cuisine. Feine Küche mit ausgefallenen Rezepten, auch Vegetarisches. Abends um 14-16 US, mittags 6-1o US.

LA TRAVIATA, 95 W. Marcy St. Vornehmes, gediegenes Ambiente. Feine italienische Küche mit Schwerpunkt auf sizilianischen Spezialitäten.

Nudeln 12-15 US, Fleisch und Fisch um 2o US.

THE FLOWER GARDEN, 13o E. Marcy St. Einfaches Café zwischen einer Menge von Kakteen und Blumentöpfen. Zahlreiche Frühstücksvarianten für 3-5 US. Mittags Kaffee, Espresso, Croissants und kleine Gerichte.

LA CASA SENA, 125 E. Palace Ave. Im schönen Innenhof eines historischen Adobe-Gebäudes. Stilvolles und vornehmes Ambiente. Die Küche entsprechend, gehobene Southwestern Cuisine. Ausgewählte Fleisch- und Fischzubereitungen ab 2o US.

COYOTE CAFE, 132 W. Water St. Das Ambiente erinnert eher an eine Cafeteria, doch das servierte Essen gehört zum gehobenen Standard der Southwestern Cuisine. Für einen Festpreis von 35 US kann man sich nach Belieben ein dreigängiges Menü zusammenstellen. Im ROOF TOP CAFE, ein Stockwerk höher, gibt es auf der Terrasse Tellergerichte für 6-1o US aus der gleichen Küche.

EVANGELO'S, San Francisco St./ Ecke Galisteo St. Kneipe im Saloon-Stil. Junges Publikum und laute Musik.

PASQUAL'S, 121 Don Gaspar St. Eng und gemütlich mit bunten Kacheln und originellen Gemälden an den Wänden. Spezialitäten aus New Mexico. Mittags 5-1o US, abends ab 15 US.

O.J. SARAH'S, 1o6 N. Guadalupe St. Einfache Cafeteria mit breitem Frühstücksangebot. Eier, Omelettes, Müsli. Ansonsten vegetarische Gerichte, mexikanisch inspiriert, ab 5 US.

TIA SOPHIA'S, 21o W. San Francisco St. Freundlich-alternatives Ambiente. Frühstücksvarianten um 5 US, zum Lunch einfache, aber gute und typische Mahlzeiten aus New Mexico (ab 5 US). Abends geschlossen.

THE SHED, 113 E. Palace Ave. Zu erreichen durch einen ruhigen Patio. Kleines, verwinkeltes Lokal, ur-gemütlich. Preiswerte Variationen der Küche New Mexicos, dazu einige vegetarische Gerichte. Hauptspeisen 5-8 US. Nur mittags geöffnet.

UPPER CRUST, 329 Old Santa Fe Trail. Wer die kräftige und würzige Küche von New Mexico nicht mag oder wieder mal auf Gewohntes zurückgreifen möchte, bekommt hier Pizza für 5-7 US. Bei warmer Witterung auch auf der schattigen Terrasse.

THE PINK ADOBE, 4o9 Old Santa Fe Trail. Eines von Santa Fes bekannten Nobelrestaurants, in stilvoll ausgestattetem Adobe-Haus. Gehobene Southwestern Cuisine mit frischen Produkten der Saison. Unter 2o US ist ein Hauptgericht zum Dinner allerdings nicht zu haben.

Selbstversorger: FURR'S, Cordova Rd./ Ecke St. Francis Dr., südlich des Zentrums. Großer Supermarkt. Verkauft allerdings keine alkoholischen Getränke, die gibt's nebenan bei WALGREEN'S.

PLAZA BAKERY, 56 E. San Francisco St. Bäckerei mit ständig frischem Brot: Baguettes, Sauerteig- und Roggenbrot.

__Picknick__: Im Santa Fe River Park. Der kleine Fluß plätschert mitten durch die Innenstadt. An seinen Ufern schmale Grünstreifen mit Bänken und Tischen.

SHOPPING

Eigentlich ist die gesamte Innenstadt von Santa Fe ein einziges Shopping Center. Allein das Angebot der über 2oo Kunstgalerien ist unüberschaubar. In den alten Adobe-Häusern oder modernen Nachbildungen Hunderte von Läden für jeden Geschmack und jede Geschmacklosigkeit: Mineralien, Kunstgalerien, indianisches Kunsthandwerk, Leder- und Cowboy-Kleidung, Schmuck, Andenken, Kitsch. Indianische Straßenhändler ergänzen das Angebot.

LEBENSMITTEL

SANTA FE SCHOOL OF COOKING, 116 W. San Francisco St. Kochbücher und alle Zutaten für die typischen Gerichte New Mexicos und des Südwestens.

COYOTE CAFE GENERAL STORE, 132 W. Water St. Regionale Lebensmittel für die klassische mexikanische und Southwestern Küche. Auch in Geschenkpackungen.

SANTA FE EMPORIUM, 1o4 W. San Francisco St. Delikatessen und eine breite Auswahl von Weinen aus New Mexico, die seit einigen Jahren stark im Kommen sind und zum Teil schon überraschend gute Qualitäten aufweisen.

BÜCHER

Buchläden existieren in Downtown Santa Fe beinahe an jeder Ecke. Ein etwas ausgefalleneres Angebot haben die folgenden:

FOOTSTEPS, Old Santa Fe Trail, neben der Loretto Chapel. Der Buchladen mit allem Wissenswerten über Santa Fe und New Mexico: Bildbände, Reiseführer, Kochbücher, Kunstbände und allgemeine Beschreibungen.

NICHOLAS POTTER BOOKS, 2o3 E. Palace Ave. Dicht gepackt in den Regalen gebrauchte und antike Bücher. Zum Blättern, Suchen und Finden. Daneben noch eine ähnliche Fundgrube: PALACE AVENUE BOOKS.

UNTERHALTUNG

Santa Fe ist die kulturelle Hochburg des gesamten Südwestens. Die hier und in Taos ansässige Künstlerkolonie hat für ein vielseitiges Musik und Theaterprogramm gesorgt. Veranstaltungskalender in der monatlich erscheinenden Zeitung "Inside Santa Fe and Taos", gratis im Visitors Bureau.

MUSIK

ENSEMBLE OF SANTA FE: Kammermusik in historischer Umgebung: der Loretto Chapel oder dem Santuario de Guadalupe. Von Sept.-Mai.

ORCHESTRA OF SANTA FE: Konzerte aus Barock, Klassik und Moderne. Von Feb.-Mai sowie Sept./Okt.

SANTA FE OPERA: Im spektakulären Freilichttheater vor der Kulisse der Sangre de Cristo Mountains. Ca. 1o km nördlich der Plaza über Hwy. 84. Die Aufführungen im Juli/August ein besonderer Leckerbissen für Opernfreunde. Karten an Werktagen 18-88 US, Fr/Sa 24-94 US. Stehplätze 6-8 US.

SUMMERSCENE: Zwischen Juni und August jeden Di und Do mittags und abends Gratis-Konzerte auf der Plaza. Das Programm ist vielseitig: Jazz, Blues, Country&Western, Folk Music, Salsa.

THEATER OF MUSIC: Im Winter und

Frühjahr Musical-Produktionen vom Broadway.

CENTER FOR CONTEMPORARY ARTS, 291 E. Barcelona Rd. Kunst- und Kulturzentrum mit vielseitigem Angebot: Ausstellungen, Filme, Konzerte, Lesungen, Vorträge. Alternative und experimentelle Programme stehen im Vordergrund. Aktuelle Veranstaltungshinweise im Zentrum selbst oder per Tel. 982-1338.

FESTE & FESTIVALS

RODEO DE SANTA FE: Anfang Juli. Profi-Cowboys konkurrieren vier Tage lang in den traditionellen Rodeo-Disziplinen.

SPANISH MARKET: Ende Juli auf der Plaza. Kunst und Kunsthandwerk auf diesem Markt muß im traditionellen spanisch-mexikanischen Kolonialstil und aus Material, das in der Region zu finden ist, gefertigt sein. Über hundert Künstler und Handwerker werden von einer Jury bewertet.

INDIAN MARKET: Ende August. Fast 1ooo indianische Künstler und Handwerker zeigen ihre Produkte und unterwerfen sie dem Urteil einer Expertengruppe.

FIESTAS DES SANTA FE: Am ersten oder zweiten Wochenende im September. Im Mittelpunkt stehen religiöse Veranstaltungen, Gottesdienste und Prozessionen. Daneben ein reichhaltiges Kultur- und Unterhaltungsprogramm. Die Fiesta erinnert an die Rückeroberung von Santa Fe durch die Spanier 1692 nach der Revolte der Pueblo Indianer.

THEATER

NEW MEXICO REPERTORY THEATER: Klassische und moderne Theaterstücke aus Europa und Amerika. Aufführungen ganzjährig.

SANTA FE COMMUNITY THEATRE: Traditionelle Dramen, Avantgarde-Stücke und Musical-Erfolge vom Broadway.

PFERDERENNEN

SANTA FE DOWNS, attraktive Rennbahn im Südwesten der Stadt mit Blick auf die Berge. Hochkarätige und gut dotierte Rennen. Saison ab Mitte Juni während der Sommermonate.

KINO

CINEMA 6, 425o Cerrillos Rd. Mehrere Kinosäle unter einem Dach. Vorwiegend aktuelle Hollywood-Produktionen.

LENSIC, 211 W. San Francisco St. Traditionelles Downtown-Kino in Plaza-Nähe. Meist Neuerscheinungen des amerikanischen Films.

JEAN COCTEAU CINEMA, 418 Montezuma St. Experimentelle und alternative Filme. Aktuelles Programm, Tel. 988-2711.

CENTER FOR CONTEMPORARY ARTS, 291 E. Barcelona Rd. In der Cinematheque des Kulturzentrums regelmäßig Film-Festivals sowie ausgefallene in- und ausländische Produktionen. Programm: Tel. 982-1338.

SPORT

Ski

SKI SANTA FE, alpines Skizentrum, 25 km oberhalb der Stadt in den Sangre de Cristo Mountains. Sieben Lifte, die Pisten aller Schwierigkeitsgrade, meist von Wäldern gesäumt. Auf Höhen zwischen 3.15o und 3.65o m. Saison Ende Nov. bis Ostern. Tagesticket 33 US, Ausrüstung 1o US täglich bei FIRST POWDER an der Straße zum

Skigebiet. Info über Schneeverhältnisse: Tel. 983-9155.

Wildwasser-Touren

Beliebte Kanu- oder Schlauchbootfahrten auf dem oberen Rio Grande im Frühling und Sommer. Streckenweise schwierig zu befahrende Stromschnellen, andernorts ruhiges Gewässer in malerischen Canyons. Boote und Tourenprogramm über SOUTHWEST WILDERNESS ADVENTURES, Tel. 983-7262 oder 800-869-7238. Preisbeispiel: Tagestour auf dem Rio Grande im Schlauchboot inkl. Mittagessen ca. 65 US.

Verbindungen

Auto: Nach Süden oder Westen per Interstate 25 über Albuquerque (1oo km/ ca. 1 Std.). Nach Norden und Osten ebenfalls I-25 bis Las Vegas (1oo km/ ca. 1 Std.) oder Raton (27o km/ ca. 2,5 Std.). In die Berge und zu den Pueblos Hwy. 84 mit Abzweigung von Hwy. 68 nach Taos (11o km/ ca. 1,5 Std.).

Mietwagen: Nicht besonders sinnvoll ab Santa Fe, da man in der Regel per Flug in Albuquerque ankommt. Für alle Fälle:

BUDGET, 1946 Cerrillos Rd., Tel. 984-8o28

HERTZ, 1oo Sandoval St., Tel. 982-1844

PAYLESS, 357o Cerrillos Rd., Te. 473-3189

Bus: Bus-Terminal 858 St. Michaels Dr., südlich von Downtown. Tel. 471-ooo8.

-> Albuquerque: 4x tägl., 1,5 Std., ca. 11 US

-> Taos: 2x tägl., 1,5 Std., ca. 15 US

-> Las Vegas, New Mexico: 2x tägl., 1 Std., ca. 1o US

-> El Paso: 3x tägl., 7 Std., ca. 46 US

-> Raton: 4x tägl., 3,5 Std., ca. 28 US

-> Denver: 4x tägl., 9 Std., ca. 66 US

Shuttlejack: Direktbus zum International Airport von Albuquerque. 8x pro Tag ab Hotel "The Inn at Loretto". Fahrzeit gut eine Stunde, 2o US. Unbedingt reservieren: Tel. 982-4311.

Bahn: Der Amtrak-Bahnhof befindet sich nicht in Santa Fe, sondern ca. 2o km südlich in Lamy, Tel. 988-4511. Tickets in Santa Fe erhältlich bei AAA Travel Agency, 1644 St. Michaels Dr. Per Bus ab Stadt zum Bahnhof mit LAMY SHUTTLE für 14 US, Tel. 982-8829. Einen Tag vorher reservieren.

-> Albuquerque: 1x tägl., 1 Std., ca. 22 US

-> Flagstaff: 1x tägl., 6 Std., ca. 88 US   -> Chicago: 1x tägl., 25 Std., ca. 175 US
-> Los Angeles: 1x tägl., 16 Std., ca. 93 US

Flüge: Kleiner Airport außerhalb der Stadt im Südwesten. MESA AIRLINES (Tel. 473-4118) fliegt täglich mehrfach nonstop nach Albuquerque und Denver. Einfliegen ab Albuquerque lohnt jedoch nicht, da direkte Busse ab Albuquerque International Airport ins Zentrum von Santa Fe oder schnell und bequem mit Mietwagen. Telefonnummern von Airlines, die Albuquerque anfliegen, siehe dort.

TRANSPORT IN SANTA FE

In der Innenstadt ist alles bequem zu Fuß zu erreichen. Lediglich der Weg von der Plaza Area ins Museumsviertel und zum Bus-Terminal ist etwas zu weit.

Bus: Kleinbusse von SANTA FE TRAIL sind im Stadtbereich im Einsatz. o,5o US, Umsteigen möglich, dann beim Bezahlen das Transfer-Ticket verlangen. Verkehren Mo-Fr von 6-19 Uhr, Sa von 7-18 Uhr, sonntags nicht. Abfahrt im Zentrum am Sheridan Transit Center, Sheridan St./Ecke Palace Ave, direkt neben der Plaza. Brauchbare Linien:

Route 1: Vom Airport über Cerrillos Rd. zur Plaza. Nützlich, wenn man in einem Motel außerhalb des Zentrums wohnt. Stadteinwärts direkt, stadtauswärts mit großem Umweg.

Route 6: Von der Plaza ins Museumsviertel am Old Santa Fe Trail.

Route 5: Von der Plaza auf Umwegen zum Bus-Terminal am St. Michaels Dr.

Taxi: CAPITAL CITY CAB, 24-Stunden Service, Tel. 438-oooo. Die erste Meile kostet 1,8o US, jede weitere 1,3o US. Ab Zentrum zum Bus-Terminal 5 US, zum Airport ca. 13 US und zum Bahnhof in Lamy ca. 25 US.

# SOUTHERN ROCKIES

Die größte Gebirgskette Nordamerikas reicht mit ihren südlichen Ausläufern bis nach New Mexico hinein. Alpine Landschaften, viel Wald und Gipfel von über 4.ooo m Höhe. Einige der besten Skigebiete der USA. Mittendrin das Tal des oberen Rio Grande mit zahlreichen Siedlungen der Pueblo Indianer und dem malerischen Taos. Am Südrand Los Alamos, wo die Atombombe entwickelt wurde. Außerdem Bandelier National Monument mit prähistorischen Ruinen und Felsenhäusern, die zu den schönsten im gesamten Südwesten gehören.

✦ Pecos National Historical Park

Auf einem Hügel in den Vorbergen der Sangre de Cristo Mountains. Grundmauern eines mächtigen Pueblos, das zu Beginn des 19. Jahrhunderts verlassen wurde. Reste der Franziskaner-Mission mit einer teilweise rekonstruierten Adobe-Kirche. Geöffnet täglich von 8-17 Uhr, Eintritt 2 US pro Person, maximal 4 US pro PKW. Zu erreichen von Interstate 25 zwischen Santa Fe und Las Vegas, Exit 299.

Tourist INFO Im VISITORS CENTER eine kleine, aber informative Ausstellung zum Leben in den Pueblos. Bemerkenswerte Exemplare von Keramik, die in den Ruinen gefunden wurde. Übersichtliche Schautafeln zur Geschichte der spanischen Eroberung. Ein 2 km langer Rundweg führt durch die Ruinen.

Pecos war zur Zeit der Ankunft der Spanier eines der mächtigsten Pueblos und hatte über 2.ooo Einwohner. Die Indianer wanderten etwa um 11oo n.Chr. ins Vorgebirge der südlichen Rocky Mountains ein, ab 13oo bauten sie massive Pueblos. Um 145o besaß Pecos zahlreiche mehrstöckige Gebäude, die rund um einen zentralen Platz gruppiert waren. Mehr als 6oo Räume und zwanzig Kivas zeugen von der Ausdehnung der Siedlung.

Die Bewohner lebten von der Jagd und der Landwirtschaft. Sie bauten Bohnen und Mais an und erwirtschafteten einen ständigen Überschuß. Grundlage dieses relativen Reichtums waren zwei Flüsse und mehrere Quellen, die die Wasserversorgung ganzjährig sicherstellten und eine Bewässerung der Felder ermöglichten.

Die überschüssigen Lebensmittel tauschten die Indianer von Pecos gegen andere Produkte ihrer Nachbarn ein. Sie befanden sich dabei in einer idealen geographischen Lage, an der Nahtstelle zwischen den Pueblos am Rio Grande und den Nomaden der Great Plains im Osten. Auf diese Weise erlangten sie weiteren Reichtum und großen Einfluß.

154o erreichte eine Vorhut von Coronados Expedition das Pueblo, und Coronado selbst unternahm ein Jahr später von hier aus seine Erdkundungszüge in die Prairie, von denen er enttäuscht zurückkehrte. Erst 159o hatten die Bewohner von Pecos erneut Kontakt mit Spaniern, als eine Truppe um Castaño de Sosa bei ihnen eintraf. Die Indianer verhielten sich reserviert und wollten die weißen Männer nicht ins Pueblo lassen. Sosa erzwang seinen Einzug mit Waffengewalt, doch einige Tage später waren sämtliche

Indianer verschwunden. Daraufhin machte sich auch Sosa mit seinen Leuten davon.

1620 gründeten die Franziskaner eine Missionsstation in der Nähe des Pueblos und versuchten massiv, den Lebensstil der Indianer zu verändern. Der Erfolg dieser Bemühungen war nicht übermäßig. 1680 beteiligten sich die Bewohner von Pecos am Aufstand der Pueblo Indianer gegen die spanischen Kolonisten, vertrieben die Franziskaner und zerstörten die Mission. Sie bauten sogar eine Kiva auf das Gelände, ein Affront gegen den christlichen Gott, der noch heute sichtbar ist.

Zwölf Jahre später begannen mit der Rückeroberung durch die Spanier auch die erneuten Missionierungsversuche der Franziskaner. Sie bauten eine zweite Kirche, die heute teilweise rekonstruiert ist. Sie steht auf den Grundmauern der ersten, ist aber nicht so groß. Doch die Blütezeit des Pueblos war zu dieser Zeit bereits vorüber. Von den Europäern eingeschleppte Krankheiten und ständige Überfälle der Comanchen dezimierten die Bevölkerung. Um 1770 verschwand der letzte Franziskanermönch, und Anfang des 19. Jahrhunderts verließen die restlichen Überlebenden den Ort in Richtung Rio Grande. Die Gebäude von Pueblo und Mission zerfielen.

DIE BEWOHNTEN PUEBLOS

19 Pueblos sind noch heute in New Mexico von Indianern bewohnt und selbst verwaltet. Die meisten von ihnen sind zwar für jedermann zugänglich, aber von wenigen Ausnahmen abgesehen keine Touristenattraktion. Sie unterscheiden sich vom US-Standard höchstens durch die kleineren Häuser und einen ärmlichen Anstrich. Auffällig ist in den meisten Fällen das Fehlen von Motels, Neon und Reklameschildern. An wenigen Tagen im Jahr finden Festlichkeiten, Tänze und religiöse Zeremonien statt, an denen der Besuch eines Pueblos lohnt.

Klassisches Baumaterial der Pueblos ist ADOBE, ungebrannter Lehm. Die Pueblo-Indianer begannen mit dieser Konstruktionstechnik vor Jahrhunderten. Sie stellten eine Lehmmischung her, die sie mit Steinen verstärkten. Aus diesem Material formten sie dann per Hand die notwendigen Mauern. Eine derartige Technik erlaubt jedoch keine übermäßig hohe und stabile Bauweise, weshalb die Indianer das Verfahren weiterentwickelten und zunächst Lehmziegel formten, die sie in der Sonne trockneten. Danach schichteten sie diese aufeinander und verklebten sie mit Mörtel aus Schlamm.

Die Spanier übernahmen das reichlich vorhandene Baumaterial der Indianer und verbesserten die Technik der Herstellung. Statt per Hand formten sie die Adobe-Ziegel in hölzernen Gerüsten und fügten dem Lehm Stroh hinzu, das die Flüssigkeit aufsaugte und dadurch die Trocknung beschleunigte. Auf diese Weise konnte eine größere Anzahl von Ziegeln in kürzerer Zeit erstellt werden. Ein zusätzlicher Vorteil für die Stabilität der Gebäude bestand in der Gleichförmigkeit der Ziegel.

Als die Eisenbahn den Südwesten erreichte, konnten relativ bequem und preiswert andere Baustoffe herbeigeschafft werden, die aufwendige Adobe-Bauweise starb praktisch aus. Erst in den letzten Jahren besinnen sich einige Architekten wieder darauf und verwenden Adobe als Rohstoff in Neubauten. Er besitzt den Vorteil, daß er bei entsprechender Ausrichtung zur Sonne hervorragend Wärme speichern kann, bei den sonnigen Tagen und kühlen Nächten im Hochland ein nicht zu unterschätzender Faktor der Energieeinsparung. Die leichte Verfügbarkeit des Rohstoffs selbst wird derzeit noch kompensiert durch die aufwendige Herstellung der Ziegel und die erhöhten Baukosten, die viele Bauherren davon abschreckt, ihre Häuser wieder mit dem traditionellen Material zu errichten.

Die Mehrzahl der bewohnten Pueblos befindet sich im Tal des Rio Grande. Acht von ihnen zwischen Santa Fe und Taos, sieben zwischen Santa Fe und Albuquerque, vier südlich und westlich von Albuquerque.

SANTA FE - -> TAOS (Northern Pueblos)

Tesuque: Erstes Pueblo nördlich von Santa Fe, keine architektonischen Besonderheiten. Besucher kommen hauptsächlich zum Bingo spielen.

Pojoaque: Links und rechts der Durchgangstraße verteilt die kleinen Häuser und Mobil Homes. Direkt am Highway das Tourist Center, wo vor allem schöne Keramik aus dem Ort verkauft wird. Dazu Produkte von anderen Indianerstämmen des Westens. Nebenan das winzige POEH MUSEUM mit einer Ausstellung von Keramik aus Pojoaque.

Nambe: 3 km östlich der Hauptstraße. Äußerlich ein Dorf wie jedes andere. Moderne Kirche im Pueblo-Stil. Im Trading Post kleines Angebot von örtlicher Keramik und Kunsthandwerk aus anderen Regionen.

San Ildefonso: Das Dorf wird überragt vom massiven Tafelberg der Black Mesa. Eines der schöneren Pueblos am oberen Rio Grande. Rund um die Kirche eine harmonische Gruppierung flacher Adobe-Häuser. Die meisten Gebäude sind restauriert unter Beibehaltung des traditionellen Stils. Die Vorfahren bewohnten die Klippenhäuser im heutigen Bandelier National Monument und zogen um 1300 zum Rio Grande.

Im Visitor Center Kunsthandwerk. Der Ort ist vor allem berühmt wegen seiner erstklassigen Keramik. Maria Martínez ist die bekannteste Künstlerin, die in den zwanziger Jahren die traditionelle indianische Keramik wiederbelebte und die schwarzen, polierten Gefäße weithin bekanntmachte.

Santa Clara: Architektonisches Durcheinander aus Adobehäusern, modernen Holzbauten und Mobil Homes. Das kleine Zentrum neben der Kirche allerdings recht hübsch mit einheitlicher Pueblo-Bauweise. Zahlreiche Handwerker verkaufen Keramik in ihren Häusern oder Galerien. Informationen bei der Neighborhood Facility.

San Juan: Relativ einheitliche Adobe-Architektur. Viele Gebäude sind mehrere Jahrhunderte alt. Aus dem Rahmen fallen die beiden Kirchen auf der Hauptplaza: Die Steinkonstruktion der Lady of Lourdes Chapel mit grottenartigem Altar sowie die Backsteinfassade von St. John the Baptist. Aus San Juan stammten die Führer der Pueblo Revolte von 1680, die ein geschicktes Kommunikations- und Interaktionssystem zwischen den Dörfern aufbauten.

In der OKE OWEENGE CRAFTS COOPERATIVE lokales Kunsthandwerk: Holzschnitzereien, Keramik, Körbe, Webarbeiten. In Plaza-Nähe auch der Northern Indian Pueblos Council, die zentrale Interessenvertretung der acht Pueblos zwischen Santa Fe und Taos. Beste Anlaufstelle für alle, sie sich intensiver mit der Kultur und den gegenwärtigen Problemen der Pueblo Indianer befassen möchten.

Picuris: Abgelegen in den Bergen. Vergleichsweise schönes Pueblo mit einheitlichen Adobe-Flachbauten. Die Kirche San Lorenzo erbaut um 1770, allerdings keine besondere Schönheit. Winziges Museum mit Kunsthandwerk, Pfeilspitzen und archäologischen Fundstücken.

Taos: Eines der sehenswertesten Pueblos in New Mexico. Details siehe Seite 398.

SANTA FE -> ALBUQUERQUE

Die sieben Pueblos in diesem Abschnitt sind durchweg moderne Siedlungen, in denen man kaum architektonische Besonderheiten findet. Entlang der Autobahn Interstate 25 oder den Highways 4 und 44: Cochiti, Santo Domingo, San Felipe, Sandia, Santa Ana, Zia und Jemez.

Aus ZIA stammt das Sonnenzeichen, das heute das Staatssymbol von New Mexico ist. SANTA ANA ist von seinen Bewohnern verlassen und für die Öffentlichkeit in der Regel nicht zugänglich, da immer wieder vom Hochwasser des Rio Grande bedroht. Die Indianer versammeln sich hier nur an Feiertagen zum Abhalten ihrer Zeremonien. JEMEZ liegt in einer landschaftlich reizvollen Umgebung aus eigentümlich geschichteten und gefärbten Tafelbergen.

WESTLICH UND SÜDLICH VON ALBUQUERQUE

Die restlichen vier Pueblos sind LAGUNA, ACOMA, ZUNI und ISLETA. Sehenswert, vor allem Acoma. Beschreibungen in den Kapiteln High Desert und Süd-New Mexiko.

Wer eines der Pueblos besucht, sollte sich äußerst dezent verhalten, und die folgenden Grundregeln unbedingt beachten:

* Jedes Dorf hat besondere Vorschriften hinsichtlich dem Besuch von Kirchen und dem Einsatz von Kameras und Videos. Deshalb bei Ankunft die entsprechenden Details im Visitors Center oder einer öffentlichen Stelle erfragen.

* Friedhöfe dürfen von Besuchern in der Regel nicht betreten werden.

* Wer indianisches Kunsthandwerk kaufen möchte, braucht nicht unbedingt durch die Dörfer zu kurven. Die meisten Pueblos haben an der Straße von Santa Fe nach Taos ihre Märkte und Verkaufsstände.

* Sollte ein Tanz oder eine religiöse Zeremonie stattfinden, so ist besondere Rücksicht gefordert: absolute Stille, kein Beifall, kein Betreten der rituellen Gebäude oder des Tanzplatzes.

* Informationen über Tänze und Zeremonien, die für die Öffentlichkeit zugänglich sind, erhält man über Tel. 852-4265. Ein Veranstaltungskalender befindet sich auch im jährlich erscheinenden Magazin "8 Northern Indian Pueblos", gratis in den Touristenbüros von Santa Fe und Taos.

✦Los Alamos (22.000 Einw.)

Liegt auf mehreren Mesas des Pajarito Plateau; zwischen den Stadtteilen steil abfallende Canyons. Umgeben von bewaldeten Bergen, viel Grün im Ort. Trotz des meist blauen Himmels ein ziemlich unterkühltes Ambiente. Eine technisch-funktionale Retortenstadt für die Wissenschaftler des National Laboratory. Guter Ausgangspunkt für den Besuch des Bandelier National Momument.

Los Alamos verdankt seine Entstehung dem Wettrennen um die Entwicklung der Atombombe während des II. Weltkriegs. Praktisch über Nacht stampfte die Armee in diesem abgelegenen Zipfel New Mexicos ein Forschungszentrum aus dem Boden, in dem die fähigsten Wissenschaftler in etwa zweieinhalbjähriger Arbeit die Bombe entwickelten (Ausführliches dazu im Kapitel "Geschichte", Seite 151). Das sogenannte "Manhattan Project" war streng geheim und Los Alamos total von der Außenwelt abgeschirmt.

Inzwischen ist die Stadt auch für Besucher frei zugänglich, doch noch immer befindet sich hier eines der wichtigsten High Tech-Zentren der USA. Die wissenschaftlichen Nachfolger von Oppenheimer & Co. beschäftigten sich auch nach Ende des Krieges weiterhin mit der Entwicklung modernster Waffentechnik; in den Laboratorien der Stadt entstanden die Pläne für Pershing-Raketen, Cruise Missiles und die jeweils neuesten Varianten des geplanten Atomtods.

Die Stadt lebt fast vollständig von den Geldern des Verteidigungsministeriums, das jährlich knapp eine Milliarde Dollar in die Forschungsarbeiten von Los Alamos steckt. Ungefähr 8000 Wissenschaftler tüfteln schon jetzt an den Waffensystemen des kommenden Jahrhunderts, wobei die Grenzen zwischen militärischer und ziviler Forschung immer mehr verschwimmen. Gentechnologie, Computerentwicklung oder Aidsforsschung sind inzwischen fester Bestandteil der Forschungsprogramme.

 Chamber of Commerce, in der Fuller Lodge, Central Ave./ Ecke 2oth St.

 Post: Central Ave./ Ecke 17 th St.

Orientierung: Alles Wesentliche spielt sich in Los Alamos entlang der beiden Parallelstraßen Central Ave. und Trinity Dr. ab: Museen, Tourist Info, Hotels, Restaurants.

SEHENSWERTES

BRADBURY SCIENCE MUSEUM, Central Ave./ Ecke 15th St. Aufwendig gestaltetes Museum rund um die Geschichte der Atomspaltung, die Entwicklung der Atombombe und die heute in Los Alamos durchgeführte Forschung.

Fotos, Dokumente und Zeitungsausschnitte aus dem II. Weltkrieg und dem Kalten Krieg. Film über die Entstehung der Bombe und die Rolle der beteiligten Wissenschaftler. Schaukästen, Computerprogramme und Experimente zum Selbermachen. Themen sind Laser- und Reaktortechnik, Physik, Umwelttechnologie. Fast alles orientiert an der Faszination für die

Technik. In einer Ecke allerdings auch kritische Dokumente zum Einsatz der Atombomben und zu den Zerstörungen durch Nukleartests. Ein kleiner Kontrapunkt zur sonstigen Glorifizierung der Rolle von Los Alamos. Geöffnet Di-Fr von 9-17 Uhr, Sa-Mo von 13-17 Uhr. Eintritt frei.

FULLER LODGE, Central Ave./ Ecke 2oth St. Rustikales Holzgebäude im Blockhausstil. Im II. Weltkrieg Hotel und Speisesal der am Manhatten Project beteiligten Wissenschaftler. Heute Sitz des Touristenbüros; angegliedert im ersten Stock ein kleines Museum mit Ausstellungen regionaler Künstler. Geöffnet Mo-Sa von 9-16 Uhr, So von 13-16 Uhr. Gratis.

HISTORICAL MUSEUM, neben der Lodge. Schaukästen zur Geologie des Pajarito Plateau und der prähistorischen Bewohner. Zeittafeln, einige archäologische Fundstücke. Dokumentation der Siedlungsgeschichte der Pioniere mit Fotos, Gewehren und anderen Exponaten. Interessanter die Sammlung zum II. Weltkrieg und dem Leben in der Secret City: Fotos der Kontrollpunkte, Zeitungsausschnitte, Flugblätter mit Sicherheitsinstruktionen. Geöffnet Mo-Sa von 9.3o-16.3o Uhr, So von 13-17 Uhr. Eintritt frei.

WHITE ROCK OVERLOOK: Außerhalb im Ortsteil White Rock. Super-Panorama über das Tal des Rio Grande. Unten die Schleifen des Flusses, gegenüber die Sangre de Cristo Mountains, nach Norden der einsame Tafelberg der Black Mesa. An klaren Tagen Blick bis nach Colorado.

Die wenigsten Touristen bleiben über Nacht in Los Alamos, sondern fahren zurück nach Santa Fe. Vorteile einer Übernachtung hier sind jedoch die niedrigeren Preise und die unmittelbare Nähe zum Bandelier National Monument.

"**Los Alamos Inn**", 22o1 Trintity Dr. Im Ortszentrum, trotzdem ruhig. Gebäude erinnern etwas an Kasernenstil; kleiner SW-Pool und Whirlpool. Zimmer geräumig und funktional eingerichtet, mit Kaffeemaschine. DZ ab 77 US. Tel. 662-7211 oder 8oo-279-9279.

"**Hilltop House**", Trinity Dr./ Ecke Central Ave. Zentral, mitten im Geschehen, Nähe Museen. Einfallslose Architektur, Hallenbad. Frühstücksbuffet inkl. Von vielen Zimmer schöner Blick über das Plateau und auf die Berge der südlichen Rockies. Modern und komfortabel möbliert. DZ je nach Saison 6o-9o US. Tel. 662-2441 oder 8oo-462-o936.

"**Orange Street Inn**", 3496 Orange St. Bed&Breakfast in ruhiger Wohngegend. Großer Garten direkt am Wald. Aufenthaltsraum, Küchenbenutzung, Waschmaschine. Helle Räume, möbliert im modernen Country-Stil. Blitzsaubere Gemeinschaftsbäder, einige Zimmer mit eigenem Bad. Freundliche Besitzer, die in jeder Beziehung hilfreich sind und Tips geben. DZ je nach Größe 55-72 US. Tel. 662-2651.

"**Bandelier Inn**", Hwy. 4, im Ortsteil White Rock. Nächstgelegene Unterkunft zum Bandelier National Monument. Ordentliches Motel, etwas unschön zwischen Geschäften und Tankstelle eingezwängt. Frühstück inkl. DZ je nach Saison und Wochentag ab 45 US.

Southern Rockies/New Mexico 393

 Keine Campmöglichkeit im Ort. Schöner Platz jedoch im Bandelier National Monument, Details siehe dort.

 Fast alle Lokale schließen abends um 2o Uhr. Wissenschaftler gehen offenbar früh ins Bett. Wer später noch etwas essen will, ist auf die Hotel-Restaurants angewiesen, die im übrigen auch das beste Essen servieren.

ASHLEY'S, 22o1 Trinitiy Dr. Typisches Hotelrestaurant mit dem Vorteil, daß es bis mindestens 22 Uhr geöffnet ist. Steaks, internationale Küche und einige Spezialitäten aus dem Südwesten für 8-13 US inkl. Selbstbedienung am Salatbuffet. Im benachbarten Pub zahlreiche Biersorten sowie preiswerte Sandwiches und Snacks.

CHINSHAN, 124 Longview Dr., im Ortsteil White Rock. Einfache chinesische Küche in ebenso einfachem Ambiente. Preiswert: Lunch um 4 US, Abendessen 6-1o US. Bietet sich an für ein kurzes Mittagessen zwischen dem Besuch von Frijoles Canyon und Tsankawi, den beiden Teilen von Bandelier NM. Das Restaurant liegt direkt an der Verbindungsstraße.

THE HILL DINER, 1315 Trinity Dr. Rustikal im Blockhüttenstil, halbwegs gemütlich. Ordentliches Frühstück. Mittags und abends Hamburger, Sandwiches sowie dieses oder jenes vom Grill für 5-1o US.

TRINITY SIGHTS, Trinity Dr./ Ecke Central Ave. Im dritten Stock des Hotels, hell und modern eingerichtet. Große Panoramafenster, daher von allen Tischen schöner Blick über das Plateau und die Sangre de Cristo Mountains. Auf der Karte vorwiegend Fleisch- und Grillgerichte. Einige Spezialitäten der New Mexico Cuisine. 1o-15 US inkl. Salatbar und Suppe. Aber auch Hamburger um 6 US. Mittags preiswerter.

Selbstversorger: FURR'S, 535 Central Ave., großer Supermarkt mit dem üblichen Angebot an Lebensmitteln.

Picknick: Im Urban Park. Ruhiger Park in Wohngegend mit Sportanlagen und Picknicktischen. Zu erreichen über Diamond Dr. Noch bessere Alternative ist der schattige Picknickplatz am Bach bei den Ruinen im Bandelier National Monument.

Verbindungen

Auto: Über Hwy. 5o2 nach Osten, dann Abzweigung Richtung Santa Fe (55 km/ ca. 45 Min.) oder Taos (1o5 km/ ca. 1,5 Std.). Richtung Westen Hwy. 4 mit Abzweigung nach Albuquerque (16o km/ ca. 2 Std.) oder Farmington (32o km/ ca. 4 Std.).

Bus: SHUTTLE JACK fährt 4x tägl. zum International Airport nach Albuquerque, 1,5 Std., ca. 2o US. Abfahrt an den Hotels Hilltop House und Los Alamos Inn. Unbedingt reservieren, Tel. 243-3244.

✦Bandelier National Monument

Steile und skurril aussehende Canyonwände aus Tuffstein mit natürlich erodierten Höhlen und Löchern. Höhlenwohnungen und Klippenhäuser prähistorischer Indianer. Grundmauern einer Ruine mit zahlreichen Kivas am Fuß des Canyons. Abwechslungsreiches Wandergebiet. Zufahrt pro PKW 5 US.

> Die prähistorischen Bewohner von Bandelier waren Anasazi, die von Norden her einwanderten, wahrscheinlich erst im 14. und 15. Jahrhundert. Der Canyon war eine Oase im rundum kargen Plateau. Der Bach trocknete auch im Sommer nicht aus. Über drei Kilometer Länge erstreckten sich die Wohnungen entlang der Canyonwand. Sie waren äußerst unterschiedlich konstruiert, manchmal dreistöckig und in Kombination mit vorhandenen Höhlen oder Löchern, die in den weichen Stein gegraben wurden. Um 1550 verließen den Bewohner aus unbekannten Gründen den Canyon.
>
> Das National Monument ist benannt nach dem Schweizer Adolph Bandelier, der ab 1880 die Ruinen untersuchte und katalogisierte. Er schrieb darüber auch den Roman "The Delight Makers", der vom Leben in den prähistorischen Siedlungen erzählt.

Das National Monument ist wegen seiner Nähe zu Santa Fe ein beliebter Ausflugsort. An Wochenenden kann es manchmal so voll werden, daß man auf einen freien Parkplatz warten muß. Konsequenz: entweder sehr früh oder nach Schließung des Visitors Center kommen, dann ist am wenigsten Betrieb.

OVERLOOK: Kurz hinter dem Eingang zum National Monument. Guter Überblick über den Frijoles Canyon, in dem sich die Höhlenwohnungen und Ruinen befinden.

VISITORS CENTER: Im Frijoles Canyon. Kleine Ausstellung mit archäologischen Fundstücken sowie Exponaten aus der Kolonialzeit. Schönes Modell des Tyuonyi-Pueblos, wie es vor 600 Jahren ausgesehen haben mag. Geöffnet im Sommer 8-18 Uhr, im Winter 8-16.30 Uhr.

RUINS TRAIL: Führt zu den Ruinen des Tyuonyi-Pueblo und den Höhlenwohnungen. Die Indianer haben die natürlichen Höhlen ausgenutzt und teilweise erweitert zu Wohn-, Lager- oder Zeremonialräumen. Entstanden ist ein verwirrendes System aus Höhlen, Treppen und Leitern, die zu einer kleinen Kletterpartie herausfordert.

CEREMONIAL CAVE: Besonders attraktiv der Aufstieg dieser Höhle hoch oben in der Felswand. In den großen Felsüberhang sind kleinere Vertiefungen gegraben, außerdem haben die Bewohner hier in schwindelnder Höhe eine Kiva errichtet.

TSANKAWI: 15 km nördlich vom Frijoles Canyon am Hwy. 4. Nur ein kleines Schild am Straßenrand deutet darauf hin, leicht zu verpassen. Nicht so spektakulär wie der Frijoles Canyon, trotzdem eine lohnende Ergänzung. Wenig besucht. Ein abwechslungsreicher Pfad führt zu einigen Ruinen auf der Mesa und vielen Höhlen- und Klippenwohnungen. Der Weg folgt den alten Indianerpfaden und ist manchmal eng und tief in den weichen Stein eingetreten und von Wind und Wetter ausgewaschen.

Unterwegs schöner Blick über die Mesas und Canyons des Pajarito Plateau und auf die Sangre de Cristo Mountains. Hier und da findet man auch Petroglyphen. Es macht Spaß, den ca. 3km langen Rundweg mit etwas Muße abzuwandern; das Auf und Ab zwischen den vielseitigen Felsformationen ist vor allem für Kinder ein kleines Abenteuer.

> **Tip**: Bandelier National Monument ist in den USA inzwischen ziemlich bekannt, und vor allem Frijoles Canyon verzeichnet kräftige Zuwachsraten im Tourismus. Selbst die Wanderwege sind an Wochenenden überfüllt. Doch auch anderswo auf dem gesamten Pajarito Plateau in der Umgebung von Los Alamos existieren interessante Ruinen, Höhlenwohnungen und schöne Wanderwege. Das meiste noch unerschlossen und ohne die üblichen Markierungen und Hinweise. Wer in dieser Hinsicht einmal Neuland betreten möchte, ohne in Konflikt mit den Restriktionen des Department of Energy zu kommen, wendet sich am besten an Georgia Strickfaden von Buffalo Tours, Tel. 662-3965.

<u>Picknick</u>: Schattiger Platz neben dem Visitors Center. Picknicktische großzügig verteilt entlang des Baches. Ideal nach dem Besuch der Ruinen oder am Ende einer Wanderung.

"Juniper Campground", kurz hinter der Einfahrt zum National Monument. Schöner Platz unter Bäumen. Toiletten, Wasser, keine Duschen. Direkter Pfad in den Frijoles Canyon zum Visitors Center. Stellplatz 7 US. Für Wohnmobile nur beschränkter Raum.

WANDERN

Das gesamte National Monument ist durchzogen von einem Geflecht von Wanderwegen. Besonders abwechslungsreich und typisch die beiden Trails im Frijoles Canyon:

LOWER FALLS TRAIL: 8km/ 2-3 Std. retour. Vom Visitors Center am Bach entlang bergab zu zwei Wasserfällen. Im Verlauf wird der Canyon enger, die Wände steiler. Unterwegs seltsame Felsformationen ("tent rocks"), die nach oben spitz zulaufen. Der Trail endet an der Mündung des Frijoles Creek in den Rio Grande. Rückweg meist bergauf, im Sommer sehr heiß. Genügend Wasser mitnehmen.

UPPER CROSSING TRAIL: 2o km/ ca. 5 Std. hin und zurück. Leicht bergauf im Canyon. Guter Eindruck von seiner Größe und Struktur. Am Bach entlang, meist unter Bäumen. Zunächst noch vorbei an Höhlen und prähistorischen Wohnungen in der Canyonwand. Gut kombinierbar mit den Ruinen, Klippenwohnungen und der Ceremonial Cave, die alle im ersten Streckenabschnitt liegen.

LOS ALAMOS --> ALBUQUERQUE

16o km/ ca. 2 Std. Auf der relativ kurzen Strecke sehr schöne und unterschiedliche Landschaften: Hochgebirge, Nadelwälder, Canyons, grüne Flußniederungen, Tafelberge, rote Sandsteinfelsen.

Zunächst kurvenreiche Strecke durch die Jemez Mountains, dichter Wald. Die Straße klettert hier über den äußeren Hang eines uralten Vulkans, dessen Spitze bei einem Ausbruch vor 1,5 Millionen Jahren in sich zusammenbrach und eine 23 km breite Caldera hinterließ. Dieser überdimensionale Krater ist heute als solcher nicht mehr zu erkennen, da sich in späterer Zeit in seinem Innern Vulkankegel bildeten, die jetzt als kleine Berge erscheinen. Den Kraterrand bilden die jetzigen Jemez Mountains.

Hinter der Paßhöhe Blick ins VALLE GRANDE, einen Teil der ursprünglichen Caldera. Die gegenüberliegenden Berge liegen noch innerhalb des Kraters, runde vulkanische Hügel. Auf dem Boden des Kraters riesige Weiden.

JEMEZ STATE MONUMENT: Direkt an der Straße die Ruinen des früheren Jemez Pueblo und der Missionskirche San José. Die Reste des Pueblos sind noch nicht freigelegt, die Mauern der Kirche teilweise rekonstruiert. Das Pueblo war besiedelt seit Mitte des 14. Jahrhunderts, die spanische Kirche erbaut um 162o. Schon 165o verlassen wegen Dezimierung der Bevölkerung durch Krankheiten und Überfälle. Geöffnet im Sommer tägl. von 9.3o-17.3o Uhr, im Winter 8.3o-16.3o Uhr. Eintritt 2 US.

Direkt anschließend JEMEZ SPRINGS mit einigen Mineralquellen und Badehäusern zum Eintauchen und Entspannen. Kurz darauf JEMEZ PUEBLO: Moderne Siedlung mit Adobegebäuden, Holzhäusern und Mobil Homes. Schön gelegen in der Flußebene, umgeben von wundersam geschichteten und gefärbten Tafelbergen. Details zu den bewohnten Pueblos von New Mexico siehe Seite 388.

LOS ALAMOS --> TAOS

1O5 km/ 1,5 Stunden. An der Strecke jedoch viele Möglichkeiten für Abstecher, Routenvarianten und Zwischenstops, so daß gut eine Tagestour daraus werden kann (Details siehe unten).

★ Puye Cliff Dwellings

Ursprüngliche Heimat der Indianer von Santa Clara Pueblo, die hier von 125o-155o siedelten. Senkrechte Wände aus vulkanischem Tuffstein. Im weichen Stein Löcher und Höhlen, die die Indianer mit Holz- und Steinwerkzeugen gegraben haben, um sich geschützte Wohn- und Lagerräume zu schaffen. Fast 2 km lang erstrecken sich die Höhlen entlang der Klippen, teilweise in zwei Reihen übereinander.

Der Besuch ist verbunden mit einer kleinen Kletterei über steile Stufen, Felsvorsprünge und Leitern. Der Aufstieg lohnt sich nicht nur wegen der

Höhlen und der prähistorischen Ruinen, die auf der Mesa liegen; von oben auch ein phantastischer Blick auf die südlichen Rocky Mountains. Ein weiterer Vorteil von Puye: Noch nicht so erschlossen wie viele National Monuments, weniger Betrieb. Man muß sich seine Erfahrungen und Ausblicke noch mit etwas Mühe erklettern.

Abzweigung von Hwy. 3o etwa fünf km südlich von Española. Geöffnet täglich von 8-16 Uhr, im Sommer bis 18 Uhr. Eintritt 5 US pro Person.

✱ Española (8.5oo Einw.)

Verkehrsknotenpunkt am Rio Grande. Hier verzweigen sich die Straßen in die verschiedenen Gebirgsketten der südlichen Rocky Mountains: Nach Norden bis Taos, nach Westen in die Jemez Mountains und nach Osten in die Sangre de Cristo Mountains. Der Ort selbst ohne besonderen Reiz.

Española --> Taos

* Hauptstrecke (Hwy. 68): Schneller und landschaftlich schöner, durchs Tal des Rio Grande. Teilweise direkt parallel zum Fluß.

* Nebenstrecke (Hwy. 76): Durch eine Berglandschaft. Neben einigen Pueblos (siehe Seite 389) befinden sich an der Route noch weitere Orte, die einen kurzen Aufenthalt lohnen:

CHIMAYO: Kleine Oase im Tal, umgeben von trockener Berglandschaft mit kräftigen Erosionsspuren. Sehenswert die malerische Kirche des Santuario de Chimayó, aus Adobe und Holz. Erbaut 1816, im Innern grob geschnitzte und bemalte Holzaltäre. Im Nebenraum zahlreiche Opfergaben von Gläubigen, die den Ort besuchten, weil er angeblich Wunder- und Heilkraft besitzt. Hundert Meter entfernt die Kapelle Santo Nino. Weniger schön, aber ebenfalls angefüllt mit Opfergaben.

Nicht weit vom Santuario entfernt eines der besten Restaurants im Norden New Mexicos: RANCHO DE CHIMAYO, in schönem Landhaus. Serviert wird traditionelle Küche aus New Mexico nach alten Familienrezepten.

TRUCHAS: Verlorenes Bergdorf vor der Kulisse der Sangre de Cristo Mountains. Imponierende Lage oberhalb des Rio Grande Tales. 1987 erlebten die Bewohner einige aufregende Wochen, als Robert Redford mit seinem Filteam hier einzog, um den erfolgreichen Roman "The Milagro Beanfield War" von John Nichols zu verfilmen (siehe Literatur). Seither geht das Landleben wieder seinen gewohnten Gang.

LAS TRAMPAS: Nicht mehr als ein Haufen trostloser Häuser und Mobil Homes rund um das malerische Kirchlein San José de Gracia. Adobe-Kirche mit zwei winzigen Glockentürmchen aus Holz. Typisch für die kolonial-spanische Bauweise, errichtet 176o.

TAOS
(4.500 Einw.)

Auf einer weiten Hochebene am Fuß der Sangre de Cristo Mountains. Im Ortskern einheitliche Kolonial-Architektur und historisches Flair. Wenige Kilometer entfernt Taos Pueblo, das schönste der Pueblos am Rio Grande. In der Umgebung eine großartige Gebirgslandschaft mit vier wichtigen Skigebieten. All dies zieht die Besucher in Scharen an, vor allem am Wochenende dichtes Gedränge in den engen Straßen.

Geschichte: Seit dem ersten Kontakt mit den Spaniern haben das Pueblo von Taos und der spätere Ort eine wechselvolle Geschichte erlebt. Von Beginn an waren die Beziehungen zwischen Spaniern und Indianern gespannt, obwohl sie eine Zeitlang relativ friedlich nebeneinander lebten. Doch schon zu Anfang des 17. Jahrhunderts kam es zu kleineren Verschwörungen der Indianer, die allerdings keine Folgen hatten. Erst während des Aufstandes sämtlicher Pueblos 1680 konnten die Kolonialherren auch aus Taos vertrieben werden.

Nach der Reconquista 1692 sahen sich Spanier und Pueblo-Bewohner in einer eher unfreiwilligen Allianz gegen die ständigen Überfälle von Apachen und Comanchen. Der Ort entwickelte sich zu Beginn des 19. Jahrhunderts langsam zu einer Art Handelszentrum, das auch französische und amerikanische Trapper aufsuchten, die in den Rocky Mountains umherstreiften. Unter ihnen war auch Kit Carson, der sich später als Offizier der US-Army in führender Position an der Unterwerfung der Navajo beteiligte und in Taos beragen liegt.

Nach Übernahme New Mexicos durch die Amerikaner gab es in und um Taos einigen Widerstand durch Mexikaner und Indianer. Dabei wurde sogar der erste US-Gouverneur von einer aufgebrachten Menge getötet. Doch binnen kürzester Zeit hatte die Armee die Lage unter Kontrolle, und auch die Bewohner von Taos hatten sich mit der neuen Regierung abzufinden.

Bereits Ende des 19. Jahrhunderts reisten einige Schriftsteller und Künstler in das Städtchen am Südrand der Rocky Mountains und zeigten sich begeistert von Klima, Licht und Ambiente. Um die Jahrhundertwende kam es zur Gründung der "Taos Society of Artists", in der sich eine Gruppe von Künstlern zusammenschloß, die ihren Wohnsitz endgültig in Taos aufgeschlagen hatten.

Zu Beginn der zwanziger Jahre ließ sich die Malerin Georgia O'Keefe in Taos nieder und wurde im Laufe der Jahre zu einer der meistbeachteten Künstlerinnen der USA. Zwei Jahre lang hielt sich auch der Schriftsteller D.H. Lawrence hier auf und bereiste von Taos aus weite Teile Mexikos. Seither gilt der Ort als eine Art Mekka für Künstler und solche, die es werden wollen.

 Tourist Information Center, Paseo del PuebloSur/ Ecke Paseo del Cañón, am Südausgang des Ortes Richtung Santa Fe. Großes Besucherzentrum mit hilfreichem Personal und jeder Menge Material.

 Post: 318 Paseo del Pueblo Norte.

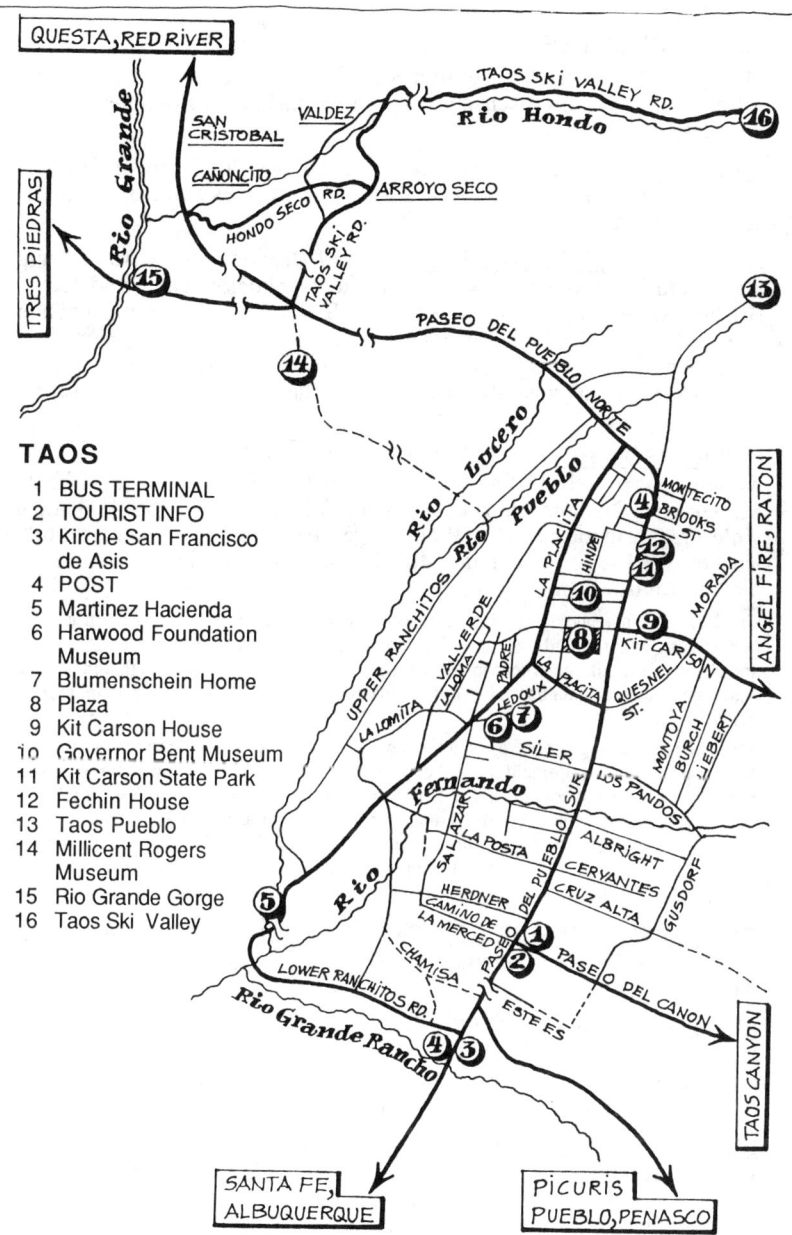

SEHENSWERTES

PLAZA: (8) Historisches Zentrum von Taos, gesäumt von einheitlichen Adobe-Gebäuden. Inzwischen voll kommerzialisiert mit Boutiquen, Shops und Galerien.

LA FONDA, (8) direkt an der Plaza. Im Foyer des Hotels einige Gemälde von D.H. Lawrence. Raritäten oder Verirrungen eines Schriftstellers, der auf künstlerischen Abwegen wandelte.

GOVERNOR BENT MUSEUM, (1o) 117 Bent St. Kleine Ausstellung mit einem Durcheinander von Exponaten: prähistorische Fundstücke, Bücher, Gewehre, Schreibmaschinen, Stahlhelme. In dem Gebäude wurde 1847 Charles Bent, der erste amerikanische Gouverneur, von einer wütenden Menge umgebracht, die mit der Annexion New Mexicos durch die USA nicht einverstanden war. Geöffnet tägl. von 9-17 Uhr, Eintritt 1 US.

KIT CARSON HOUSE, (11) 115 Carson Rd. Erbaut 1825, Kit Carson wohnte hier von 1843-68. Typisch mexikanisches Adobe-Haus, heute Museum mit Dokumenten zum Leben und Wirken von Carson. Außerdem viele Gegenstände aus den Pioniertagen des Wilden Westens: Sättel, Bücher, Werkzeuge, Kleidung, Möbel. Geöffnet 9-17 Uhr, im Sommer 8-18 Uhr. Eintritt 3 US.

> Kit Carson gilt als eine der großen Pioniergestalten des Wilden Westens. Er wurde 1809 in Kentucky geboren und machte sich schon als junger Mann einen Namen als Trapper und Scout. Er diente der Fremont-Expedition bei ihrer Suche nach gangbaren Wegen durch die Rocky Mountains als Pfadfinder. In der Folgezeit machte er Karriere in der US-Army.
>
> Bei der Unterwerfung der Navajo spielte er wegen seiner Politik der verbrannten Erde und der darauffolgenden Verschleppung der Indianer in ein Reservat im östlichen New Mexico eine höchst zweifelhafte Rolle (Details dazu im Kapitel "Geschichte"). Zwischen den Feldzügen gegen die Indianer und anderen militärischen Engagements zog er sich immer wieder nach Taos zurück, wo er eine große Ranch besaß. Er starb 1868 in Colorado, sein Leichnam wurde ein Jahr später nach Taos gebracht und hier zur endgültigen Ruhe gebettet.

KIT CARSON MEMORIAL STATE PARK: (11) Ausgedehnte Parkanlage mit Wiesen und Bäumen. Integriert ist der kleine Friedhof, auf dem Kit Carson begraben liegt.

FECHIN HOUSE, (12) 227 Paseo del Pueblo Norte. Fällt etwas aus dem Rahmen der üblichen Pueblo-Architektur von Taos, durchsetzt mit Bauhaus-Stilelementen. Kunstausstellungen und Holzschnitzereien. Unregelmäßige Öffnungszeiten, im Winterhalbjahr geschlossen.

BLUMENSCHEIN HOME, (7) 19 Ledoux St. Das einstige Wohnhaus von Ernest Blumenschein, einem der Gründer der Künstlerkolonie von Taos. Typische Adobe-Konstruktion mit niedriger Holzdecke und mehreren Kaminen. Die Küche und weitere Räume vollständig möbliert, von der

Uhr über Bücherregale bis hin zu Bullerofen. Bilder von Taos-Künstlern an den Wänden. Authentisches Beispiel für das häusliche Leben einer Künstlerfamilie zu Beginn des 2o. Jahrhunderts. Geöffnet täglich von 9-17 Uhr, Eintritt 3 US.

<u>HARWOOD FOUNDATION MUSEUM</u>, (6) Ledoux St., neben dem Blumenschein Home. Gemäldesammlung von Künstlern aus Taos. Sowohl frühes 2o. Jahrhundert als auch Gegenwartskunst. Häufig Sonderausstellungen. In der benachbarten Bibliothek viele Werke über die Künstlerkolonie von Taos und D.H. Lawrence. Geöffnet Mo-Fr von 12-17 Uhr, Sa von 1o-16 Uhr. Gratis.

<u>SAN FRANCISCO DE ASIS</u>, (3) Hwy. 68 am Südrand der Stadt. Harmonisches Kirchengebäude im kolonial-spanischen Stil. Dicke Adobe-Mauern, innen schöne Holzdecke und bemalte Holzaltäre. Erbaut im frühen 18. Jahrhundert.

<u>MARTINEZ HACIENDA</u>, (5) Ranchitos Rd./ Ecke Hwy. 24o, 3 km südwestlich der Plaza. Typische Hacienda aus der spanischen Kolonialzeit, erbaut 18o4. Adobe-Gebäude, gruppiert um zwei Patios. Mit Brunnen, Wohnräumen, Küche, Ställen, Werkstätten. Guter Eindruck vom Landleben in New Mexico vor zweihundert Jahren. Geöffnet täglich von 9-17 Uhr, Eintritt 3 US.

<u>MILLICENT ROGERS MUSEUM</u>, (14) am Nordrand der Stadt: Kreuzung Hwy. 64 mit Taos Ski Valley Rd., abbiegen direkt hinter der Tankstelle. Erlesene Sammlung indianischen Kunsthandwerks aus den Pueblos von New Mexico. Viel Keramik, einige Kachina-Figuren, Silber- und Türkisschmuck. Historische Stiche aus dem 19. Jahrhundert, die das Leben in der spanischen Kolonie zeigen: Szenen aus dem alten Santa Fe und Las Vegas. Religiöse Kunst des 19. und 2o. Jahrhunderts, moderne Gemälde.

In zahlreichen Räumen übersichtlich und gekonnt ausgestellt. Der größte Teil der Sammlung wurde zusammengetragen von Millicent Rogers, Enkelin und Erbin des Rockefeller-Partners Henry Huddleston. Geöffnet täglich von 9-17 Uhr, Eintritt 3 US.

<u>TAOS PUEBLO</u>, (13) 3 km nördlich des Zentrums. Größtes Adobe-Pueblo von New Mexico mit mehreren Stockwerken sowie verwinkelten An- und Aufbauten. Beispiel dafür, wie viele andere Pueblos vor Ankunft der Spanier ausgesehen haben.

Seit fast tausend Jahren leben hier Indianer. Der größte Teil der heute noch existierenden Hauptgebäude wurde vermutlich konstruiert zwischen 1ooo und 145o n. Chr. Als die ersten Spanier hier auftauchten, sahen sie schon in etwa so aus wie heute. In den beiden Gebäuden <u>HLAUUMA</u> und <u>HLAUKWIMA</u> leben etwa 15o Bewohner. Die Kirche <u>SAN GERONIMO</u> wurde 185o vollendet, ihre Vorläuferinnen fielen 168o der Pueblo Revolte und 1847 den amerikanischen Truppen zum Opfer.

Das Pueblo ist zugänglich täglich von 8-17.3o Uhr, außer bei bestimmten religiösen Anlässen und Beerdigungen. Zufahrt pro PKW 5 US, Benutzung der Kamera 5 US extra, Video 1o US. Besondere Verhaltensregeln beachten, die in einem Merkblatt aufgelistet sind, das man beim Betreten des Pueblos bekommt.

Tänze und Zeremonien, bei denen Besucher willkommen sind, finden an folgenden Tagen statt: 1. und 6. Jan., 3. Mai, 13. und 24. Juni., zweites Juliwochenende, 25. und 26. Juli, 29. und 3o. Sept., Heiligabend, Weihnachtstag. An diesen Tagen ist die Benutzung von Kameras nicht erlaubt.

RIO GRANDE GORGE: (15) Knapp 2oo m tiefer Canyon, den der Rio Grande aus der Hochebene zwischen Sangre de Cristo und Jemez Mountains herausgespült hat. Am besten zu erleben auf einer Wildwasser-Tour über den Fluß. Imposant allerdings auch von oben: Schwindelerregender Blick in die Tiefe von der Brücke am Hwy. 64, ca. 14 km westlich von Taos.

"Quail Ridge Inn", Taos Ski Valley Rd., kurz hinter der Abzweigung von Hwy. 64. Wer dem Getriebe im Zentrum von Taos entkommen will, ist hier gut aufgehoben. Knapp 5 km von der Plaza inmitten der Natur mit Blick auf die Berge. Weitläufige Anlage mit verschachtelten Gebäuden. Großer SW-Pool, Whirlpool, Sauna, Tennisplätze. Zimmer unterschiedlich groß und zumeist mit Southwest-Dekor ausgestattet. Viel Komfort. DZ im Sommer ab 93 US, zur Skisaison 1o5-135 US. Auch Studios und Apartments, die bei Belegung mit mehreren Personen relativ preiswert sind. Tel. 776-2211 oder 800-624-4448.

"Kachina Lodge", 413 Camino del Pueblo Norte. An der Hauptstraße nördlich des Zentrums. Bequem zu Fuß zur Plaza. Kleines Motel-Dörfchen für sich, großzügig gruppiert um eine Gartenanlage mit SW-Pool. Lobby und Aufenthaltsräume im Southwest-Stil. Parkplätze direkt an den jeweiligen Gebäuden. Zimmer modern und komfortabel. DZ ab 82 US, in der Nebensaison Frühjahr und Herbst ab 66 US. Tel. 758-2275 oder 800-522-4462.

"Casa de Milagros", 321 Kit Carson Rd. Bed&Breakfast Nähe Zentrum. In traditionellem Adobe-Haus mit Whirlpool. Üppiges Frühstück. Alle Zimmer mit Bad und Kamin; unterschiedlich groß und jeweils besonders ausgestattet. Teilweise schöne mexikanische Kacheln und Erinnerungsstücke aus der Geschichte von Taos. DZ je nach Komfort 77-13o US. Tel. 758-8oo1 oder 800-243-9884.

"Sagebrush Inn", Hwy. 64 am Südrand von Taos. Schöner Hotel-Komplex im Hacienda-Stil. SW-Pool und Whirlpool. Zweistöckige Gebäude, teilweise gruppiert um einen Patio mit Bäumen und Rasen. Zimmer ur-gemütlich mit Kamin und traditionellem Dekor. Auch die neueren Gebäude sind im ursprünglichen Stil gehalten. Übernachtung mit Niveau und in der Tradition von Taos. DZ je nach Größe und Saison 66-93 US. Tel. 758-2254.

"Old Taos Guesthouse", 1o28 Witt Rd. Drei Kilometer von der Plaza in ruhigem Wohngebiet. Adobe-Haus aus dem 19. Jahrhundert, eine Art kleine Hacienda. Bed & Breakfast mit 8 Zimmern um einen Patio, alle mit eigenem Eingang und Bad. Schattige

Veranda. Komfortabel und gemütlich möbliert. DZ je nach Ausstattung 66-115 US. Tel. 758-5448.

"**La Posada de Taos**", 3o9 Juanita Lane. Bed&Breakfast nicht weit von der Plaza in ruhiger Wohnlage. 5 Gästezimmer in Adobe-Haus, alle mit eigenem Bad. Individuell und phantasievoll ausgestattet. DZ je nach Größe und Komfort 6o-93 US. Tel. 758-8164.

"**El Pueblo Lodge**", 412 Paseo del Pueblo Norte. Bequem zu Fuß zur Plaza. An der Durchgangsstraße, aber zurückversetzt unter großen Bäumen. Schöne Anlage mit verschachtelten Gebäuden im Pueblo-Stil. Ganzjährig geheizter SW-Pool und Whirlpool. Frühstück inkl. Zimmer modern und komfortabel möbliert. DZ je nach Größe ab 55 US; in der Hochsaison (Sommer und Skisaison) ab 66 US. Tel. 758-87oo oder 8oo-433-9612.

"**Quality Inn**", 1o43 Paseo del Pueblo Sur. Am Südrand von Taos, an der Durchgangsstraße. Modernes Hotel, von außen ohne das Pueblo-Image. Ganzjährig geheizter SW-Pool. Lobby und Zimmer im rustikalen Landhausstil. Hell und geräumig, komfortabel. In allen Zimmern Gemälde des bekannten Navajo-Künstlers R.C. Gorman. DZ je nach Saison und Größe ab 55 US. Tel. 758-22oo oder 8oo-845-o648.

"**Super 8 Motel**", Paseo del Pueblo Sur. Am südlichen Ortsrand. Auch die bekannten Motelketten haben ihre Filialen in Taos, wenn auch die Gebäude etwas dem örtlichen Stil angepaßt sind. Wer auf das entsprechende Taos-Dekor verzichten kann, hat hier eine preiswerte und solide Unterkunft. DZ ca. 55 US. Tel. 758-1o88 oder 8oo-8oo-8ooo.

"**Indian Hills Inn**", 22o Paseo del Pueblo Sur. Einfaches und preiswertes Motel in Plaza-Nähe. Geheizter SW-Pool. Zimmer schlicht ausgestattet, aber gepflegt. DZ je nach Saison ab 38 US. Tel. 758-4293 oder 8oo-444-2346.

Mehrere schöne Plätze des National Forest Service im Taos Canyon entlang Hwy. 64, wenige Kilometer östlich des Ortes. Am schönsten "Las Petacas", direkt am Bach unter Bäumen. Geöffnet von April bis Oktober, keine Einrichtungen außer Picknicktischen. Dafür gratis. Ähnliche Plätze auch an der Straße zum Taos Ski Valley.

"Taos Valley RV Park": Nicht so schön gelegen, aber voll ausgerüstet mit sanitären Anlagen inkl. Duschen. Für Zelte und Wohnmobile. Südlich des Ortes am Hwy. 68 Richtung Santa Fe. Stellplatz 16-25 US. Tel. 758-4469.

Die Lokale im Zentrum von Taos sind fast alle nach dem gleichen Muster gestrickt: In altem oder auf alt getrimmtem Adobe-Haus, rustikales Dekor im Country-Stil, Essen vom Grill oder klassische Küche New Mexicos, relativ teuer. Auch viele Hotels haben Restaurants in diesem Stil. Einige Beispiele und ein paar Ausnahmen:

ROBERTO'S, 122 Carson Rd. Gemütlich in altem Adobe-Haus aus dem frühen 19. Jahrhundert. Spezialisiert auf die heimische Küche von New Mexico. Nur wenige, aber ausgezeichnete Gerichte um 1o-12 US.

THE GARDEN RESTAURANT, direkt an der Plaza, dafür erstaunlich preiswert. Rustikale Holzfußböden und einfache Einrichtung. Gemütliche, etwas betriebsame Atmosphäre. Gutes Frühstück. Mittags und abends Nudeln und Spezialitäten aus New Mexico für 7-1o US.

MAIN STREET BAKERY, 1o9 Dona Luz St. Einfache Cafeteria in der Bäckerei. Der Duft nach frischem Brot dringt sogar bis auf die Terrasse. Vielseitiges Frühstücksangebot für 3-5 US: Omelettes, Eier, Müsli. Den Rest des Tages Salate, Sandwiches, kleine Imbisse um 5 US. Außerdem ordentliche vegetarische Kost.

TAPAS DE TAOS, 136 Bent St. In kleinem, verwinkeltem Häuschen. Viele Vorspeisen und Imbisse im spanisch-mexikanischen Stil, auch asiatische und vegetarische Rezepte. Portionen kann man in unterschiedlichen Größen bestellen, so daß man für 3-1o US dabei ist. Außerdem Kaffee, Espresso, Capuccino.

LOS VAQUEROS, Hwy. 64 am Südrand von Taos. Steakhouse und gediegene Southwestern Cuisine. Hauptgerichte 12-2o US. Nebenan im Saloon fast jeden Abend Live-Musik. Zu Country&Western Klängen schwingen Cowgirls und Cowboys das Tanzbein, wobei die Herren den Hut aufbehalten und beim texanischen Two-Step auch schon mal im langen Western-Mantel antreten.

CHILE CONNECTION, Taos Ski Valley Rd., kurz hinter der Abzweigung von Hwy. 64. Schwerpunkt der Küche liegt bei Gerichten aus New Mexico für 1o-15 US. Kleines Angebot von Steaks und Seafood um 15 US. Gutes Ale vom Faß aus eigener Brauerei.

ESKE'S, Camino del Pueblo Sur, 1oo m südlich der Kreuzung mit Carson Rd. Pueblo-Häuschen mit kleinem Pub. Im Keller wird das eigene Bier gebraut, z.B. gutes Ale und ein Bier mit Zusatz von Chili-Schoten. Letzteres exotisch, scharf und nicht jedermanns Geschmack. Dazu herzhafte Imbisse.

TAOS PUEBLO: Im einfachen Restaurant der Indianer von Taos Pueblo preiswerte Speisen um 5 US. Nur während der Öffnungszeiten des Pueblos. Gerichte mit leichtem mexikanischen oder indianischen Touch, aber keineswegs traditionelles Essen der Pueblo Indianer.

Selbstversorger: SMITH'S, 224 Camino del Pueblo Sur, im Zentrum. Moderner Supermarkt.

Picknick: Grillplätze und Picknicktische unter Bäumen im Kit Carson Memorial State Park. Zentrum von Taos, trotzdem relativ ruhig.

SHOPPING

Das gesamte Zentrum von Taos ist ein einziger Shopping Mall. In kleinen und großen Läden und Boutiquen alles, was der Tourist von seiner Reise durch New Mexico nach Hause mitnehmen möchte: Andenken, Mineralien, indianisches

Southern Rockies/New Mexico 405

Kunsthandwerk, Gemälde lokaler Künstler, T-Shirts, Baseball-Mützen, Kunst, Kitsch und Kram. Das Angebot ist überwältigend, die Preise sind hoch. Wer nicht schon relativ präzise Vorstellungen oder Kenntnisse mitbringt, wird sich angesichts der Riesenauswahl recht verloren vorkommen.

UNTERHALTUNG

Im Laufe des Jahres zahlreiche Festivals, Ausstellungen und indianische Veranstaltungen. Aufgelistet in der monatlich erscheinenden Zeitung "Inside Santa Fe and Taos", kostenlos im Touristenbüro.

Außerdem ausführlicher Jahresüberblick im "Taos Vacation Guide", einem Farb-Magazin, ebenfalls gratis im Touristenbüro.

SPORT

Wandern

Während der Sommermonate Dutzende markierter Trails durch den Carson National Forest. Typische Gebirgswanderungen über Wiesen und durch dichte Wälder. Informationen, Karten und Trailbeschreibungen im Büro der Ranger, im Tourist Information Center.

Wildwasser-Touren

Schlauchboot- und Kanufahrten auf dem oberen Rio Grande von April bis Oktober. Durch enge Canyons und über unterschiedlich schwierige Stromschnellen. Besonders spannend der Abschnitt durch den rund 2oo m tiefen Canyon der Rio Grande Gorge. Zu beiden Seiten des Flusses ragen die schroffen Felsen, die das Wasser in Tausenden von Jahren freigelegt hat, fast senkrecht auf. Tagestouren im Schlauchboot ca. 6o US. Veranstalter: FAR FLUNG ADVENTURES, Tel. 758-2628 oder RIO GRANDE RIVER TOURS, Tel. 758-o762.

Ski

Die Umgebung von Taos ist das Ski-Paradies von New Mexico. Insgesamt fünf Skigebiete in den Bergen der Sangre de Cristo Mountains. Alle leicht zugänglich. Taos Ski Valley direkt vom Ort aus, drei weitere am Enchanted Circle und eines an der Strecke nach Las Vegas. Für Abwechslung ist also gesorgt. Außerdem viele Cross-Country Trails in den Wäldern um Taos.

<u>Ausrüstung</u>: Entweder in den Skigebieten selbst oder in einem der vielen Ski-Shops von Taos. <u>Tip</u>: Im Touristenbüro liegen meist Coupons aus, mit denen man die Ausrüstung weitaus preiswerter bekommt als ohne. Ca. 8 US pro Tag ist dann durchaus ein Angebot. Mehrere Filialen hat z.B. COTTAMS SKI SHOP. Bietet kostenlose Aufbewahrung über Nacht an der Piste von Taos Ski Valley.

<u>TAOS SKI VALLEY</u>: (16) 25 km nordöstlich der Stadt. Auf Höhen zwischen 2.8oo und 3.6oo m. Zehn Sessellifte, rund 7o Pisten aller Schwierigkeitsgrade, meist Schneisen durch den dichten Wald. Saison

von Ende November bis Ostern. Tagesticket 35 US, in den Wochen zu Beginn und am Ende der Saison nur 25 US. Snowboards sind nicht zugelassen. Zahlreiche Unterkünfte direkt am Lift sowie an der Straße von Taos ins Skigebiet. Transport: Pride of Taos, Shuttle-Bus, der am Hotel in Taos abholt, 1o US hin und zurück. Reservierung Tel. 758-834o.

RED RIVER: Nördlich von Taos (6o km) am Enchanted Circle. Schneisen durch dichtes Waldgebiet auf Höhen zwischen 265o und 315o m. Sechs Lifte, rund 5o Abfahrten für jedes Können. Saison von Anfang Dezember bis Ende März. Tagesticket 31 US. Im Ort Unterkünfte, Restaurants und Geschäfte.

ENCHANTED FOREST: Langlaufgebiet in der Nähe von Red River. 3o km gespurte Loipen durch einsame Wälder und Wiesen. Saison von Ende November bis Ende März. Tagesticket 8 US, Ausrüstung 11 US. Für alle, die nicht auf Loipen angewiesen sind, ist die Region außerdem ein unerschöpfliches Gebiet für Cross-Country Skilaufen. Ausgeschilderte Trails durch die einsamen Wälder des Carson National Forest. Karten und Trailbeschreibungen in der Broschüre "Where to go in the Snow" des Forest Service. Gratis im Touristenbüro.

ANGEL FIRE: Am Hwy. 64 östlich von Taos. 6 Lifte und etwa 6o Abfahrten aller Schwierigkeitsgrade auf Höhen zwischen 2.600 und 3.25o m. Saison von Mitte Dezember bis Ende März. Tagesticket 3o US. Unterkunft im nahegelegenen Ort Eagle Nest.

SIPAPU: Eines der kleineren Skigebiete von New Mexico, einsam in den Bergen, am Hwy. 518 Richtung Las Vegas. Ideal für Anfänger, die abseits der Ski-Cracks den Berg herunterrutschen möchten. Pisten gesäumt von Wald. Keine schwierigen und langen Abfahrten. Ein Sessel-, zwei Schlepplifte. Tagesticket 25 US, Ausrüstung 11 US. Saison von Weihnachten bis Ostern. Unterkunft direkt am Lift in der Sipapu Lodge oder nebenan in kleinen Holzhütten.

Verbindungen

Auto: Hwy. 64 kreuzt die Berge in Ost-West Richtung: Nach Raton (160 km/ ca. 2 Std.) und Chama (19o km/ ca. 3 Std.). Nach Süden über Hwy. 518 bis Las Vegas (125 km/ ca. 2 Std.) und Hwy. 68 bis Santa Fe (11o km/ ca. 1,5 Std.).

Bus: Bus-Terminal am Südrand der Stadt, Paseo del Pueblo Sur/ Ecke Paseo del Cañon, Tel. 758-1144.
-> Santa Fe: 2x tägl., 1,5 Std., ca. 15 US
-> Albuquerque: 2x tägl., 3 Std., ca. 2o US   -> Raton: 2x tägl., 2,5 Std., ca. 2o US
-> Denver: 2x tägl., 7 Std., ca. 53 US

Außerdem 2x täglich für 25 US mit PRIDE OF TAOS (Tel. 758-834o) direkt zum International Airport von Albuquerque. Vorher reservieren.

ENCHANTED CIRCLE

Schöne Tagestour rund um Taos bei Kombination der Highways 64, 38 und 522. Durch Hochgebirgstäler zwischen den Gipfeln der Sangre de Cristo Mountains. An der Strecke u.a. die drei Skigebiete Angel Fire, Enchanted Forest und Red River (vergl. Taos).

EAGLE NEST: Ansammlung von Häusern und rustikalen Motels am gleichnamigen See, der dem weiten Hochgebirgstal einen malerischen Charakter verleiht. Super-Revier fürs Forellen-Angeln, allerdings gesondertes Permit erforderlich, da der See im Privatbesitz ist. Im Winter auf den leichten Hängen um den See herum beliebtes Cross-Country Skigebiet.

VIETNAM VETERANS MEMORIAL: Kriegerdenkmal zu Ehren der amerikanischen Vietnam-Soldaten. Neben einer futuristischen Kapelle das Visitors Center mit einer wenig informativen Ausstellung: Fotos, Zitate, Dokumente und ein Film über die Vietnam-Kämpfer. Geöffnet Mi-So von 9-18 Uhr.

D.H. LAWRENCE RANCH: Ca. 1o km östlich von Hwy. 522, kurz vor der Vollendung des Enchanted Circle. In den zwanziger Jahren eine Zeitlang Wohnsitz des Schriftstellers. Nur für besondere Fans interessant, da außer seiner Urne nicht viel zu sehen ist, was an ihn erinnert. Nach seinem Tode ließ seine Ehefrau die sterblichen Überreste hierherbringen.

TAOS --> CIMARRON

85 km/ ca. 1,5 Std. Zunächst über den südlichen Abschnitt des Enchanted Circle, bei EAGLE NEST Abzweigung Richtung Osten. Schöne Fahrt durch die Wildnis des CIMARRON CANYON: Unberührte Landschaft mit Nadelwäldern, steilen Klippen, Gebirgsbächen und kleinen Seen. Besonders auffällige Felsformationen bei PALISADES SILL, wo der Cimarron River die Millionen Jahre alten Fundamente der südlichen Rocky Mountains freigelegt hat.

TAOS --> CHAMA

2oo km/ ca. 3-4 Std. Zunächst durch die Hochebene des Rio Grande Plateau. In der zweiten Hälfte kurvenreiche und landschaftlich reizvolle Route durchs Gebirge. Im Winter und oft bis zum Frühjahr wegen Schnee gesperrt.

CHAMA: Im Ort selbst nichts los, dafür Ausgangspunkt der Cumbres & Toltec Scenic Railroad: Schmalspureisenbahn mit Dampflok hinüber nach

Antonito in Colorado, gut 1oo km. Nostalgische Fahrt über den 3o5o m hohen Cumbres Paß, danach vorbei an den Felsformationen der Toltec Gorge. Eines der kühnsten Beispiele für den Eisenbahnbau in den Rocky Mountains. Die Linie diente ab 188o dem Abtransport von Erzen und Mineralien und hatte damals Anschluß an eine Bahnverbindung nach Denver.

Anfahrt nach Chama nur per PKW, kein öffentlicher Transport. Die Bahn ist in Betrieb von Ende Mai bis Mitte Oktober. Abfahrt in Chama vormittags, zurück am Nachmittag. Roundtrip 6 Std., ca. 32 US.

TAOS --> LAS VEGAS

125 km/ ca. 2 Std. Schöne Nebenstrecke ohne touristische Höhepunkte durch die alpine Landschaft der Sangre de Cristo Mountains. Kurvenreiche Straße, wenig befahren. Viel Wald, Gebirgstäler, plätschernde Bäche, vereinzelte Siedlungen, einsame Campgrounds.

Rund um das kleine Skigebiet SIPAPU (Details siehe Taos) einige Campgrounds des National Forest Service. Für Freunde von einsamer und naturbelassener Bergwelt. Auf der Höhe nachts kalt, daher nur im Sommerhalbjahr zu benutzen, außer Picknicktischen keine Einrichtungen. Am schönsten "Flechado", 1 km südlich von Sipapu, direkt am Gebirgsbach unter Bäumen.

MORA: Langgestrecktes Straßendorf in einem breiten Gebirgstal. Größte Siedlung zwischen Taos und Las Vegas. Trotzdem nichts los, triste amerikanische Provinz. Vereinzelte Neubauten und Mobil Homes zwischen heruntergekommenen Gebäuden und zerfallenen Bretterbuden.

LA CUEVA: Einige Kilometer südlich von Mora. Ranch-Komplex aus den Jahren 185o-7o. Ehemalige Wohngebäude, Ställe sowie eine restaurierte Mühle aus Adobe-Ziegeln.

LAS VEGAS: Siehe Seite 416.

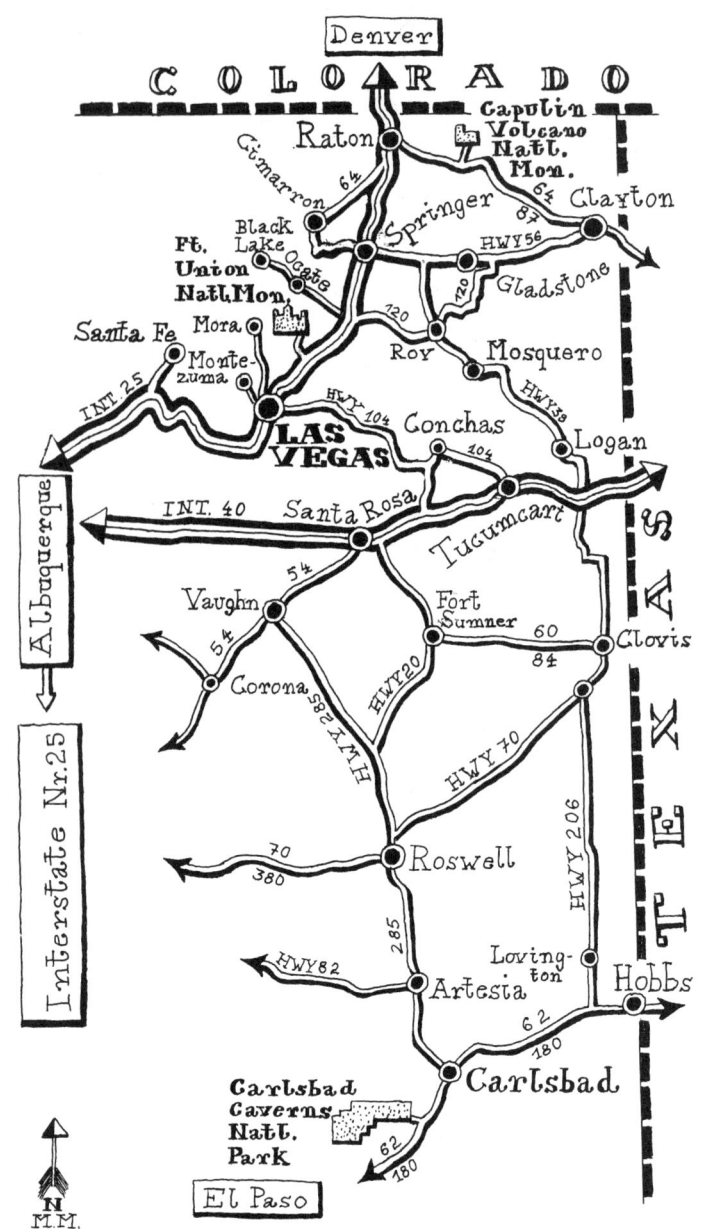

THE PLAINS

Der Osten von New Mexico hat mit dem restlichen Bundesstaat wenig gemeinsam. Hier herrschen schon die Mentalität von Texas und die Atmosphäre des Mittleren Westens vor. Endlose Ebenen, Prairie, Landwirtschaft, Viehzucht, Erdölförderug und immergleiche Provinzstädte bestimmen das Bild. Jeweils abgelegen im südöstlichen und nordöstlichen Winkel von New Mexico befinden sich jedoch zwei der größten Attraktionen des gesamten Südwestens: der unterirdische Gang durch die CARLSBAD CAVERNS und der beinahe himmlische Blick auf die Plains vom CAPULIN VOLCANO.

★ Raton (6.000 Einw.)

Eingangstor von Colorado und dem Mittleren Westen nach New Mexico. Am Übergang von den Rocky Mountains zu den Plains. Übernachtungsstop nach langen Fahrten durch die Prairie und guter Ausgangspunkt für den Besuch von Capulin Volcano National Monument. Kleines historisches Zentrum mit einigen Fassaden aus der Gründerzeit.

 Visitor Information, Clayton Rd./ Ecke 2nd St., südlich von Downtown.

 Post: Park Ave./ Ecke 3rd St.

Die Reihe typischer Backsteinfassaden aus der Pionierzeit befindet sich entlang 1st und 2nd Street. Das RATON MUSEUM in der 1st St. ist winzig und zeigt ein Sammelsurium von Kleinkram aus der Geschichte der Stadt.

SHULER THEATRE, 2nd St./ Ecke Clark Ave. Hier lohnt sich ein genauerer Blick ins Innere des 1915 erbauten Theaters. An der Decke des Foyers Gemälde, die Raton in seinen besseren Tagen zeigen. Bühne und Logen umrahmt von üppigen Rokoko-Dekorationen. Eines der schönsten noch erhaltenen Opera Houses aus der Frühzeit des amerikanischen Westens.

SWASTIKA HOTEL, 2nd St./ Ecke Cook Ave. Strenge Backsteinfassade mit einer Serie von Hakenkreuzen am oberen Sims. Sie sind ein indianisches Glückssymbol. Wurden während des II. Weltkriegs verdeckt, als das Hotel in Yucca Hotel umbenannt wurde. Heute Sitz einer Bank.

 Mit einer Ausnahme existieren die traditionellen Stadthotels in Downtown leider nicht mehr. Die übliche Motelzeile mit über zwei Dutzend Motels ist zu erreichen ab Exit 451 über Clayton Rd. und dann weiter Richtung Süden auf 2nd St.

"**Holiday Classic Motel**", 3oo Clayton Rd. Nähe Exit 451, an der Straße zum Capulin Volcano. Mehrere Gebäude im gehobenen Motelstil. Moderne Zimmer, komfortabel eingerichtet. DZ ab 5o US, im Sommer ab 8o US. Tel. 445-5555 oder 800-255-8879

"**Super 8 Motel**", 16lo Cedar St. Solides Motel der Mittelklasse. Zimmer modern und funktional eingerichtet. DZ je nach Saison ab 42-5o US. Tel. 445-2355 oder 8oo-8oo-8ooo.

"**Motel 6**", 16oo Cedar St., Nähe Exit 451. Zuverlässige Motel-Qualität in der unteren Preisklasse. Mit SW-Pool. Zimmer ordentlich und gepflegt. DZ ca. 35 US, im Sommer einige Dollar mehr. Tel. 445-2777.

"**El Portal**", 1ol N. 3rd St. Das letzte der traditionellen Stadthotels. Nimmt fast einen ganzen Straßenblock ein. Im Innern entsprechend endlose Flure. Zimmer groß, hell und mit kräftigen Spuren jahrelanger Benutzung. Die Möblierung von vorgestern, die Badewannen schon fast wieder Antiquitäten. Insgesamt der Charme vergangener Glorie. Bei 32 US pro DZ ist man jedenfalls besser bedient als in vielen muffigen Billig-Motels am Stadtrand. Tel. 445-3631.

"**Colt Motel**", 116o S. 2nd St. Eines der zahlreichen Billig-Motels entlang 2nd St. Ein wenig Grün rund um den Parkplatz, für jedes Auto ein überdachter Stellplatz. Zimmer passabel. DZ ca. 29 US, im Sommer 34 US. Tel. 445-23o5.

"Sugarite State Park", gut 1o km nordöstlich von Raton über Hwy. 72. In einem kleinen Canyon zwei Stauseen. Am kleineren und weiter unten gelegenen Lake Alice ein Campground mit Wasser und Toiletten, keine Duschen. Stellplatz 7 US inkl. Zufahrt zum State Park. Der Platz ist relativ klein; wenn voll, ausweichen auf Soda Pocket Campground weiter oben in den Bergen. Am schöneren und größeren Lake Maloya ist campen verboten. Dort jedoch gute Angelmöglichkeit und die Grenze zu Colorado.

Raton hat die für eine Durchgangsstadt an der Autobahn übliche Mischung aus Fast Food Restaurants, Steak Houses und preiswerten mexikanischen Lokalen. Kulinarische Überraschungen sind dementsprechend nicht zu erwarten.

MICHAEL JOHN'S, 127 Cook Ave. Wohl die beste Adresse in Raton. Sandwiches mit einem besonderen Pfiff, außerdem gehobene italienische Küche mit frischen Produkten der Saison. Leider unregelmäßig geöffnet, häufig nur mittags.

YESTERDAY'S CAFE, Park Ave./ Ecke 3rd St. Wie der Name schon sagt - das Ambiente von vorgestern. Fast Food Lokal wie auf einem Gemälde von Edward Hopper. Der Tresen mit den typischen niedrigen Barhockern, karierte Tischdecken. Preiswertes und gutes Frühstück um 3 US, mittags und abends die bekannte Mischung aus Hamburgern, Salaten, Suppen, Sandwiches. Das meiste unter 5 US.

COLT, 2nd St./ Ecke Clayton Rd. Fast Food Atmosphäre. Preiswerte mexikanische Küche um 5 US fürs Hauptgericht, Steaks ca. 1o US. Rund um die Uhr geöffnet.

DOMINGO'S, 19o3 S. Cedar St. Etwas außerhalb, Nähe Exit 451. Wasserfall und Höhlendekoration sollen zur Gemütlichkeit beitragen. Ordentliche mexikanische Küche und Steaks für 7-15 US.

Selbstversorger: CITY MARKET, 2nd St./ Ecke Grant Ave., gleich südlich von Downtown. Supermarkt mit dem üblichen Lebensmittelangebot.

Picknick: Irgend etwas Eßbares ins Auto packen, 5o km fahren und dann auf einer der Bänke am Kraterrand von Capulin Volcano verzehren. Einen besseren Ausblick beim Essen kann selbst das teuerste Drehrestaurant auf einem Fernsehturm nicht bieten.

Verbindungen

Auto: Interstate 25 nach Denver (35o km/ ca. 3,5 Std.) sowie nach Las Vegas (17o km/ ca. 1,5 Std.) und Santa Fe (27o km/ ca. 2,5 Std.). Highway 64 nach Clayton (13o km/ ca. 2 Std.) und weiter Richtung Oklahoma oder Texas sowie nach Westen bis Taos (16o km/ ca. 2 Std.).

Bus: Bus-Terminal 419 Clayton Rd., Tel. 445-9o71
-> Denver: 2x tägl., 4,5 Std., ca. 43 US
-> Las Vegas: 2x tägl., 2 Std./ ca. 17 US
-> Santa Fe: 2x tägl., 3,5 Std., 25 US
-> Taos: 2x tägl., 2,5 Std., ca. 2o US

Bahn: Amtrak-Bahnhof 1st St./ Ecke Cook Ave. Der Bahnhof ist nicht besetzt, Fahrkarten bei World Wide Travel, 2o9 Park Ave.
-> Chicago: 1x tägl., 22 Std., ca. 15o US
-> Las Vegas: 1x tägl., 2 Std., ca. 25 US
-> Lamy/ Santa Fe: 1x tägl., 3,5 Std., ca. 34 US

RATON --> CLAYTON

13o km/ ca. 2 Std. Straße in die absolute Provinz von New Mexico und von dort weiter in die abgelegensten Teile von Oklahoma oder Texas. Nach 5o km allerdings der Abstecher zum faszinierenden Capulin Volcano. Die Stadt CLAYTON hat für Touristen nichts zu bieten, sie lebt hauptsächlich von großen unterirdischen Gasfeldern, deren Gas zur Förderung des Erdöls in Texas und im Süden von New Mexico eingesetzt wird.

★ Capulin Volcano National Monument

Vom Kraterrand des CAPULIN MOUNTAIN ein schlichtweg großartiges Panorama: Rundherum erloschene Krater, im Westen die Rocky Mountains und bis in die Ferne die endlose Prairie. Der Blick geht weit hinein in die Bundesstaaten Texas, Oklahoma und Colorado. Amerikas Südwesten und Mittlerer Westen aus der Vogelperspektive. Weit und breit keine menschliche Siedlung; ein offenes Bilderbuch der weiten Dimensionen und unbewohnten Flächen, die in Nordamerika noch immer existieren.

Das National Monument ist zu erreichen ab Raton über Hwy. 64 (ca. 5o Km), geöffnet bis Sonnenuntergang. Zufahrt pro PKW 4 US. Visitors Center geöffnet im Winter von 8.3o-16.3o Uhr, im Sommer von 8-2o Uhr.

Eine Straße führt hinauf zum Kraterrand. Vom Parkplatz aus zwei Fußwege: Der CRATER VENT TRAIL führt in den Krater hinein zum jetzt verstopften Schlot. Spektakulär der CRATER RIM TRAIL, 1,6 km auf dem Kraterrand entlang zum höchsten Punkt von Capulin Volcano: 2494 m über dem Meer, 3o5 m über der Ebene. Erst auf diesem Weg erschließt sich das volle Panorama.

> Östlich von Raton sind die Plains durchzogen von einer Reihe eigentümlich geformter Tafelberge und Kegel: ein Feld von über 1oo erloschenen Vulkanen. Der markanteste davon ist Capulin Volcano. Er und andere Teile des Vulkanfeldes von Raton waren noch vor 1o.ooo Jahren aktiv. Capulin ist Resultat der letzten Ausbrüche in dieser Region, die vor 2 Millionen Jahren ihren Anfang nahmen. Noch ist nicht ausgeschlossen, ob die Gegend wieder zu vulkanischer Aktivität erwacht oder ob sie definitiv erloschen ist.

Raton --> Denver

35o km/ ca. 3,5 Std. Direkt nördlich von Raton überquert Interstate 25 den 2.39o m hohen RATON PASS und die Grenze zu Colorado. Von der Höhe ein fabelhafter Blick auf einige Gipfel der Rocky Mountains. Kleiner Rastplatz mit Picknickgelände. Hier läßt sich in Ruhe darüber nachdenken, wie schon im 19. Jahrhundert die Planwagen diesen Weg in den Südwesten nahmen, und wie später die Eisenbahn über den Paß dampfte. Eines der letzten von vielen Hindernissen auf dem Weg vom Missouri nach Santa Fe.

> 1821 überquerten hier die ersten amerikanischen Händler den Paß auf dem Weg zum damals noch mexikanischen Santa Fe. 1846 nahmen die Soldaten von General Kearney diese Route im Zuge der Eroberung von New Mexico während des amerikanisch-mexikanischen Krieges.
>
> Der Pfad war für Pferde gangbar, für Ochsenkarren jedoch zu schwierig. Deshalb kam 1865 ein gewisser Dick Wooton auf den Gedanken, den Übergang durch eine Sprengung zu erweitern. Fortan kassierte er einen Wegezoll und installierte damit die erste Mautstrecke des amerikanischen Westens. Wer nicht zahlen wollte, mußte einen weiten Umweg zum nächsten Paß auf sich nehmen. Erst der Bau der Eisenbahnlinie 1879 warf den cleveren Wooton aus dem Geschäft. Seit 1922 führt ein Highway über die Paßhöhe.

RATON --> CIMARRON

6o km/ ca. 45 Min. Die Straße durch die Ebene folgt der alten Route des Santa Fe Trail. CIMARRON war eine wichtige Zwischenstation am Trail, der hier nach Süden Richtung Fort Union abknickte, um die Durchquerung der Berge zu vermeiden. Der Niedergang des Ortes begann, als die Eisenbahn in den achtziger Jahren einen direkteren Weg zwischen Raton und Las Vegas wählte und Cimarron westlich liegen ließ.

Heute nur noch vereinzelte Spuren aus der alten Zeit. Bemerkenswert das inzwischen renovierte HOTEL ST. JAMES, erbaut 1873 von Henri Lambert, dem Leibkoch von Präsident Lincoln. Das Hotel ist ein lebendiges Museum aus der Western-Zeit. Die Lobby mit antiken Möbeln, Ohrensesseln, Kamin und einer Uralt-Registrierkasse. In den Fluren Fotos und Dokumente zu Gästen der Vergangenheit und Persönlichkeiten des Wilden Westens.

In Cimarron hat Buffalo Bill einen Teil seiner Western-Show konzipiert und im Hotel logiert haben angeblich jede Menge bekannte Revolverhelden, wie sonst könnten hier 26 Morde begangen worden sein. Die Zimmer ebenfalls im Stil des 19. Jahrhunderts gestaltet und eingerichtet. Die Übernachtung ist ein Erlebnis, für 5o-9o US pro DZ sogar relativ preiswert. Reservierung über Tel. 376-2664.

OLD MILL MUSEUM: Gegen dieses Stück lebendig gemachter Geschichte fällt das gegenüberliegende Museum etwas ab. Die Sammlung historischer Gegenstände ist zwar groß, bringt aber das auch anderswo übliche Sammelsurium von Antiquitäten, Dokumenten, Werkzeugen und Kleinkram. Geöffnet nur von Mai bis Okt., werktags 9-17 Uhr, So 13-17 Uhr. Eintritt 3 US.

PHILMONT RANCH: 6 km südlich von Cimarron. Ranch-Haus aus den zwanziger Jahren, luxuriös ausgestattet mit europäischen Antiquitäten, Bibliothek und Gemäldesammlung. Von Juni-Aug. vor- und nachmittags kostenlose Führungen durch das Gebäude, das heute zu einem Komplex gehört, der den amerikanischen Boy Scouts als Heim und Übungsgelände dient.

✦ Fort Union

Beinahe gespenstisch ragen die Ruinen dieses einstigen Forts der US-Army aus der Ebene. Bizarre Reste von Grundmauern und steil aufragenden Kaminen. Weitaus plastischer als in anderen Forts des Südwestens kann man sich hier den Frontier-Charakter dieser Militärlager vorstellen: Weitab der Zivilisation und jeder menschlichen Siedlung, ein Vorposten der Eroberung des Westens. In der Nähe zahlreiche Wagenspuren des Santa Fe Trail. Zu erreichen über Interstate 25, Exit 366, dann 13 km Richtung Norden. Geöffnet täglich von 8-17 Uhr, im Sommer bis 18 Uhr. 2 US pro Person, maximal 4 US pro PKW.

In der zweiten Hälfte des 19. Jahrhunderts war Fort Union einer der wichtigstens Militär- und Versorgungsstützpunkte der US-Army im Westen. Es wurde 1851 genau dort errichtet, wo sich die beiden Alternativrouten des Santa Fe Trail wieder vereinigten. In den ersten Jahren patrouillierten Truppen entlang des Trails, später gaben sie Geleitschutz für Postkutschen und Versorgungstransporte.

Mit Ausbruch des amerikanischen Bürgerkrieges verstärkte man in aller Eile die Befestigungsanlagen und errichtete große Erdwälle. Aber sie wurden nie gebraucht, da die die Armee der Nordstaaten den Einmarsch der Konföderierten 1862 in der Schlacht am Glorieta Pass bei Santa Fe stoppen konnte. Gegen Ende des Krieges nahmen die Überfälle der Indianer entlang des Cimarron Branch, der Südroute des Santa Fe Trail, zu. Von Fort Union aus besiegte 1864 eine Truppe unter Führung von Oberst Kit Carson die Kiowa, Comanche und Cheyenne im östlichen New Mexico und in den angrenzenden Staaten Oklahoma und Texas.

Nach dem Krieg diente Fort Union hauptsächlich als Versorgungs- und Verteilungsstandort für die amerikanischen Forts im Südwesten. Die Güter trafen hier in langen Wagenkolonnen ein, wurden teilweise für späteren Gebrauch gelagert oder direkt weitergeleitet an andere Militärstützpunkte. Diese Funktion wurde 1879 überflüssig, als die Eisenbahn den Südwesten erreichte und die Transporte übernahm. Mit Abschluß der Indianerkriege war auch der militärische Auftrag beendet, so daß die Armee das Fort 1891 aufgab.

★Las Vegas (15.ooo Einw.)

Am Übergang von den Great Plains zu den Sangre de Cristo Mountains. Schmuckes Städtchen, dem man seine glorreiche Vergangenheit am Santa Fe Trail und der Eisenbahnlinie noch immer ansieht. Positives Beispiel dafür, wie auch amerikanische Provinzstädte ihren Charme bewahren können. In Downtown die typischen Geschäftshäuser mit schönen Backsteinfassaden. Rundherum freundliche Wohnviertel mit Alleen und gepflegten Vorgärten. Zwar nicht viel los, aber im Vergleich zu den sonstigen Einheitsstädten der Plains eine Wohltat fürs Auge.

<u>Geschichte</u>: Noch unter mexikanischer Herrschaft gründete 1839 eine Gruppe von Siedlern den Ort mit dem langen Namen "Las Vegas Grandes de Nuestra Señora de los Dolores". Schon bald darauf entwickelte sich die Siedlung zu einem wichtigen <u>Zwischenstop der Planwagen</u> auf dem Santa Fe Trail. Das Eintreffen der Kolonnen war immer Anlaß für ein großes Fest; die Kirchenglocken läuteten und die Menschen versammelten sich zu einem großen Markt, auf dem sie heimische Produkte gegen die Fertigwaren aus dem Osten der USA eintauschten.

1846 erfolgte der Einmarsch der US-Truppen im Rahmen des mexikanisch-amerikanischen Krieges, und <u>General Kearney</u> hißte auf dem Marktplatz die Stars and Stripes. Mit dem Anschluß New Mexicos an die USA erfolgte ein weiteres Wachstum der Stadt, die 1860 bereits über tausend Einwohner zählte. Als 1879 die Eisenbahnlinie Las Vegas erreichte, hatte die Stadt endgültig Boom Town Charakter.

Unter den damals rund 6.ooo Einwohnern befand sich allerdings viel Gesindel. Die Eisenbahn hatte <u>Revolverhelden und Glücksritter</u> aus Kansas City und Dodge City auf den Weg nach Westen gebracht, die sich nun in den Straßen und Saloons von Las Vegas austobten. Schon allein die Liste ihrer Namen liest sich wie ein "Who is Who" des Gangstertums jener Zeit: Neben bekannten Unruhestiftern wie Jesse James oder Doc

Holiday so wohlklingende Namen wie Split Nose Mike, Billy the Damned, Bullshit Sam, Handsome Harry, Big Nose Kate und Beefsteak Mike.

Die <u>Outlaws</u> hatten eine Zeitlang die Stadt völlig im Griff. Saloons und Spielhallen waren rund um die Uhr geöffnet, Schießereien und Morde an der Tagesordnung. Zu Beginn der achtziger Jahre galt Las Vegas als "hottest town in the country" und "wildest of the Wild West". Dem Treiben der Revolverhelden setzten erst die sogenannten Vigilance Committees ein Ende, Selbstschutz-Truppen der Bürger, die mit den wirklichen und angeblichen Ganoven auch nicht gerade zimperlich umgingen und die Zahl der Gehenkten für eine Weile in die Höhe trieben. Selbstjustiz und das Recht des Stärkeren regierten die Stadt.

<u>Ruhe</u> kehrte eigentlich erst ein, als bereits der wirtschaftliche Abstieg von Las Vegas begann. Ab 1905 spielte sich der wichtige Eisenbahntransport in den Südwesten auf einer südlicheren Route ab, die Stadt verlor ihre Position als Eingangstor nach New Mexico. Die Weltwirtschaftskrise besiegelte in den dreißiger Jahren den Provinzcharakter der Stadt. Da kein Geld mehr vorhanden war, mußten die Bürger notgedrungen auf die Modernisierungen verzichten, die so vielen anderen Städten ihr durchschnittliches und eintöniges Gesicht verschafft haben. Heute ist man in Las Vegas froh darüber - der Mangel an kapitalkräftigen Investoren hat ein Stadtbild erhalten, wie es im Westen der USA nur noch selten anzutreffen ist.

 <u>Chamber of Commerce</u>, Grand Ave./ Ecke National St.
<u>Post</u>: 10th St./ Ecke Douglas St.

SEHENSWERTES

Neben den hübschen Wohnvierteln zu beiden Seiten von 7th Street sind vor allem drei Stadtbezirke sehenswert, die relativ dicht beieinander liegen und in denen sich zahlreiche öffentliche und private Gebäude aus dem 19. Jahrhundert befinden. Jedes Haus hat seine kleine Geschichte, ausführlich beschrieben in einer Broschüre des Touristenbüros. Das Durcheinander der Stilrichtungen ist kennzeichnend für eine Epoche, in der sich die Architekten und Bauherren durch jeweils andere europäische Vorbilder zu übertreffen versuchten.

<u>PLAZA DISTRICT</u>: Rund um die Plaza und von dort aus entlang Bridge Street. Besonders schön das Plaza Hotel, erbaut 1881, hundert Jahre später vollständig restauriert. Hier stiegen die wohlhabenden Fahrgäste der Eisenbahn ab. Auch das Charles Ilfeld Building direkt daneben hat eine sehenswerte Fassade.

In der Bridge Street vor allem ein- oder zweistöckige Geschäftshäuser, die zum überwiegenden Teil aus den letzten Jahren des 19. Jahrhunderts stammen. Gemischte Stilrichtungen der Häuserfronten von Renaissance bis Neoklasik. Nicht alle sind jedoch so gut restauriert wie das Plaza Hotel.

Ein Block westlich der Plaza die Kirche Nuestra Señora de los Dolores. 1862-70 aus großen und kleinen Steinblöcken errichtet, gotische Stilelemente. Massives, etwas plump wirkendes Kirchengebäude.

<u>CARNEGIE PARK DISTRICT</u>: Im Zentrum die Carnegie Library von

1903, im neoklassizistischen Stil nach dem Vorbild von Thomas Jeffersons Wohnhaus Monticello. Inmitten eines kleinen Parks. Gegenüber die Immaculate Concepcion School mit einer Mischung aus verschiedenen italienischen Stilrichtungen. In den angrenzenden Straßen hübsche Wohnhäuser aus Holz oder Backstein, viele mit viktorianischen Elementen.

DOUGLAS STREET DISTRICT: Entlang Douglas Street sowie den quer dazu verlaufenden 6th St. und Lincoln St. bis zum Bahnhof. Geschäftshäuser und öffentliche Gebäude aus dem späten 19. und frühen 2o. Jahrhundert. Auch hier gehen die Stilrichtungen liebenswert bunt durcheinander: Romanisch inspirierte Gebäude wie die Old City Hall müssen sich vertragen mit dem Neoklassizismus der Bank of Las Vegas oder gar dem kalifornischen Missionsstil des Crockett Block.

ROUGH RIDERS MUSEUM, 727 Grand Ave. Sammlung von Dokumenten zu Theodore Roosevelts Rough Riders, die 1898 den spanisch-amerikanischen Krieg auf Kuba siegreich beendeten. Dazu eine Menge Gegenstände aus der Geschichte von Las Vegas: von der Pferdekutsche übers Klavier bis zu Sätteln und Werkzeugen. Zusammengewürfelt und ohne viel System ausgestellt. Geöffnet Mo-Sa von 9-12 und 13-15.3o Uhr. Eintritt frei.

"Plaza Hotel", 23o Old Town Plaza. Das Traditionshotel im Zentrum, das schon während des Eisenbahnbooms im 19. Jahrhundert den Reisenden großen Komfort bot. Heute vollständig renoviert und auf den modernen Stand gebracht. Fassade, Lobby und Zimmer spiegeln jedoch noch die gute alte Zeit wider. DZ 6o-65 US, im Sommer 65-75 US. Tel. 425-3591 oder 8oo-328-1882.

"Inn on the Santa Fe Trail", 1133 Grand Ave. An der Durchgangsstraße. Modernes und angenehmes Motel. Die Parkzone aufgelockert mit Wiesen und Blumenbeeten. SW-Pool. Die meisten Zimmer ruhig; ausgestattet mit handgearbeiteten Möbeln im hellen Country-Stil. Typische Southwest-Dekoration. Kleines Frühstücksbuffet inkl. Beweis dafür, daß Motels nicht immer im Einheitslook auftreten müssen. DZ je nach Größe 38-44 US, sehr günstig fürs Gebotene. Tel. 425-6791.

"Carriage House", 925 6th St. Bed&Breakfast in Wohnbezirk. In einem der historischen Häuser von Las Vegas, erbaut Ende des 19. Jahrhunderts. 5 unterschiedliche, mit Antiquitäten ausgestattete Zimmer. DZ 38-44 US. Tel. 454-1784.

"El Fidel Hotel", Grand Ave./ Ecke Douglas St. Noch ein traditionelles Stadthotel, das aber bessere Tage gesehen hat. Viele Zimmer laut, da zur Durchgangsstraße. Einfach eingerichtet und nicht mehr neu. DZ 38-43 US. Tel. 425-6761.

Ansonsten gibt es die üblichen Motels, aufgereiht im nördlichen Abschnitt von Grand Ave.

"Youth Hostel", 1o54 7th St. Günstig gelegen in Zentrumsnähe. Privathaus mit 8 Betten, verteilt auf mehrere Zimmer. Küchenbenutzung, persönliche Atmosphäre. Sauberes Gemeinschaftsbad. Übernachtung 8 US, Tel. 454-8855.

"Storrie Lake State Park", Campground direkt an kleinem Stausee. Viele Stellplätze am Ufer mit überdachten Picknicktischen. Ansonsten kein Schatten in der kahlen Landschaft. Sanitäre Anlagen inkl. Duschen. Stellplätze für Zelte und Wohnmobile 6-11 US. Ca. 1o km nördlich der Stadt am Hwy. 518 Richtung Taos.

THE LANDMARK, im Plaza Hotel. Gediegener Speisesaal im Stil des 19. Jahrhunderts, schön renoviert. Mexikanische Gerichte für 6-9 US, Nudeln um 12 US und Spezialitäten vom Grill ab 15 US.

EL RIALTO, 141 Bridge St., im Zentrum. Beste Adresse für die typische Küche New Mexicos. Viele Variationen, große Auswahl, gute Qualität. Für 6-8 US wird man hier satt.

HILL CREST, 1106 Grand Ave. Vorne das Schnellrestaurant, hinten halbwegs gemütlicher Speisesaal. Angebot quer durch den amerikanischen Gemüsegarten von Sandwiches über Salate und Steaks bis zu mexikanischen Gerichten. Preislich zwischen 5 und 1o US.

GOLDEN DRAGON, 1336 Grand Ave. Chinesisches Lokal mit freundlichem, halbwegs gemütlichem Ambiente, auch wenn's von außen eher steril erscheint. Lunch-Buffet für rund 5 US, abends chinesische Gerichte für 8-1o US. Große Auswahl an Fleisch und vor allem Seafood. Außerdem Vegetarisches.

Selbstversorger: RUSSELL'S DISCOUNT FOODS, Mills Ave./ Ecke 7th St. Supermarkt mit dem üblichen Angebot an Konserven, Milchprodukten, Fleisch und Gemüse.

Picknick: Zahlreiche Möglichkeiten: In der Stadt im Lincoln Park oder im Carnegie Park vor der Library. Außerdem 1o km nördlich am Stausee des Storrie Lake State Park. Dort 3 US pro PKW.

Verbindungen

Auto: Per Interstate 25 schnell und direkt nach Santa Fe (1oo km/ ca. 1 Std.) und Raton (17o km/ ca. 1,5 Std.). Hwy. 518 durch die Berge nach Taos (125 km/ ca. 2 Std.). Hwy. 1o4 Richtung Osten nach Tucumcari (17o km/ ca. 2 Std.) und weiter auf Interstate 4o nach Texas.

Bus: Bus-Terminal im Zentrum, 5o8 7th St., Tel. 425-8689.

-> Santa Fe: 2x tägl., 1 Std. ca. 1o US
-> Albuquerque: 2x tägl., 2,5 Std., ca. 2o US   -> Denver: 2x tägl., 7 Std., ca. 64 US
-> Raton: 2x tägl., 2 Std., ca. 17 US

Bahn: Amtrak-Bahnhof zentral, Railroad Ave./ Ecke Lincoln Ave. Kein Fahrkartenschalter, daher Tickets vorher bei einem Reisebüro besorgen.

-> Santa Fe/Lamy: 1x tägl., 1,5 Std., ca. 27 US
-> Albuquerque: 1x tägl., 3 Std., ca. 31 US
-> Kansas City; 1x tägl., 15 Std., ca. 133 US
-> Chicago: 1x tägl., 24 Std., ca. 175 US

✶ Montezuma

8 km nördlich von Las Vegas; kleiner Ort mit einer Reihe von heißen Quellen direkt am Straßenrand von Hwy. 65. Einfach eingefaßt zu kleinen Pools, gratis zugänglich. Darüber thront das Montezuma Castle, ein Protzbau im Stil eines europäischen Schlosses. Im 19. Jahrhundert von der Eisenbahngesellschaft als Hotel errichtet; der erwartete große Kurbetrieb kam jedoch nie in Gang. Heute Sitz des Armand Hammer World College.

GALLINAS CANYON: Nördlich von Montezuma dann der absolute Kontrast zu den schnurgeraden Highways der Plains: Die Straße schlängelt sich durch ein schönes Tal in die Vorberge der Sangre de Cristo Mountains. Wald, Felsen und ein Gebirgsbach. Hierher verirrt sich kaum noch jemand. Ein ruhiges Plätzchen für Camper, die Einsamkeit suchen.

✶ Tucumcari (7.5oo Einw.)

Durchgangsstädtchen auf dem langen Weg der Trucker vom Mittleren Westen nach Kalifornien. Motels und Tankstellen sind daher das Wesentliche, das der Ort zu bieten hat. Kein Grund für einen Umweg oder gar Abstecher von irgendwo in New Mexico.

✶ Santa Rosa (4.5oo Einw.)

Neben dem kleinen Ortskern hauptsächlich eine Aufreihung von Motels, Tankstellen und Fast Food Stops parallel zur Autobahn. Nach dem Auftanken läßt sich hier im Sommer auch eine kleine Abkühlung nehmen: Entweder am BLUE HOLE, einem natürlichen Teich, der von einem unterirdischen Bach gespeist wird; oder am SANTA ROSA LAKE, einem aufgestauten Wasserreservoir. Ansonsten keinerlei Grund zum Anhalten.

✶ Fort Sumner (1.5oo Einw.)

Verlorenes Prairie-Nest am Pecos River. Nur zu erreichen auf langweiliger Fahrt abseits der sowieso schon abseitigen Routen im Osten von New Mexico. Lebt heute hauptsächlich vom Mythos des Revolverhelden Billy the Kid, der hier sein unrühmliches Ende fand. Details zu seinem Leben und seinen Heldentaten siehe Kapitel "Geschichte".

BILLY THE KID MUSEUM, 16O1 E. Sumner Ave. Sammlung von Gegenständen, die angeblich oder tatsächlich dem legendären Revolverhelden gehörten. Wie sich in Billys Leben Dichtung und Wahrheit mischen, so wahrscheinlich auch in diesem Museum. Anyway: Das Gewehr und die Sporen sollen ihm gehört haben. Dazu noch jede Menge weitere Exponate aus der wilden Zeit des Westens. Waffen, Kutschen, Gerätschaften, Oldtimer-Autos und viel Kleinkram. Geöffnet Mo-Sa von 8.3o-17 Uhr, im Sommer auch sonntags. Eintritt 2 US.

FORT SUMNER STATE MONUMENT, auf dem Gelände des ehemaligen Forts der US-Army. Visitors Center mit Informationen zur Geschichte des Forts, das 1862 errichtet wurde, um die Navajo und Apachen im Reservat Bosque Redondo zu kontrollieren. Die Navajo waren aus dem Nordwesten von New Mexico in einem mörderischen Treck (dem "Long Walk") hierher gebracht worden und mußten unter extrem schlimmen Bedingungen im Reservat vegetieren (Details dazu im Kapitel "Geschichte"). Nach Auflösung des Reservats wurde 1868 auch das Fort verlassen.

Am 14. Juli 1881 machte das Fort noch einmal Geschichte, als Sheriff Pat Garrett hier nach langer Verfolgungsjagd den 21-jährigen Billy the Kid erwischte und erschoß. Seither ist über denkwürdige Ereignisse nicht mehr zu berichten. State Monument geöffnet Do-Mo von 8-17 Uhr, im Sommer 9-18 Uhr. 6 km östlich des eigentlichen Ortes.

OLD FORT SUMNER MUSEUM, neben dem State Monument. Noch ein Museum zur Geschichte des 19. Jahrhunderts mit Fotos, Werkzeugen, Schießeisen. Natürlich ist auch hier Billy the Kid vielfach präsent. Geöffnet tägl. von 9-17 Uhr, Eintritt 2 US.

BILLY THE KID'S GRAVE, auf dem kleinen Friedhof hinter dem Museum. Die Grabsteine von Billy und zwei seiner Kumpane. Der Stein hat schon wieder seine eigene Geschichte, da er mehrfach gestohlen und wieder aufgefunden wurde. Ob's wirklich der Original-Stein ist?

★ Clovis (31.000 Einw.)

Noch eine dieser eher texanisch anmutenden Städte im Osten von New Mexico. Unterscheidet sich kaum von den anderen und wäre daher auch keiner Erwähnung wert, wenn hier nicht ein Kapitel Rock`n Roll Geschichte geschrieben worden wäre.

In den hier ansässigen Norman Petty Studios nahm BUDDY HOLLY 1958 seine ersten Platten auf. Der Junge aus Lubbock, Texas kreuzte hier bis zu seinem tragischen Tod 1959 regelmäßig mit seiner Gruppe auf, um einen Hit nach dem andern zu produzieren. Eine Erfolgsstory aus Small Town America, wie sie kaum besser zu erfinden ist: Die Provinzband landet mit einem unbekannten Produzenten Hits, die noch nach Jahrzehnten Ohrwürmer sind. Heute haben sich die Spuren jener glorreichen Tage verwischt, und nur eingefleischte Holly-Fans pilgern an den Ort, wo seine Erfolge entstanden.

✶ Portales (11.ooo Einw.)

Eine Stadt wie jede andere in diesem Teil Amerikas. Gründe für einen Besuch lassen sich weit und breit nicht finden - außer man ist besonderer Liebhaber von Erdnüssen, denn die werden hier in großen Mengen angebaut und verkauft.

✶ Roswell (45.ooo Einw.)

Wirtschaftliches Zentrum des südöstlichen New Mexico. Reklametafeln, Neonlichter, Tankstellen und sogar ein Hochhaus bestimmen das Stadtbild. Ansonsten animiert die breite Durchgangsstraße zum schnellen Durchfahren. Das wäre allerdings schade, denn ein Stop lohnt beim Museum:

ROSWELL MUSEUM AND ART CENTER, 11th St./ Ecke Main St. Auf der langen Fahrt durch die Prairie eine willkommene kulturelle Abwechslung. Vielseitiges Regional-Museum mit exquisiten und hervorragend präsentierten Einzelstücken: Pistolen, Sättel, Kutschen, Planwagen, Sheriff-Sterne, Cowboy-Kleidung. Außerdem die komplette Werkstatt des Raketenkonstrukteurs Robert H. Goddard, der in den dreißiger Jahren in Roswell mit Triebwerken experimentierte und einige Raketen abschoß. In weiteren Räumen wechselnde Ausstellungen von moderner und indianischer Kunst. Häufig sind bedeutende Künstler vertreten. Geöffnet Mo-Sa von 9-17 Uhr, So von 13-17 Uhr. Eintritt 2 US.

HISTORICAL CENTER FOR SOUTHEAST NEW MEXICO, Lea St./ Ecke 2nd St. Eine kleine Ergänzung der Sammlung historischer Exponate des Roswell Museums. in ehemaligem Wohnhaus. Geöffnet nur Fr-So von 13-16 Uhr. Eintritt 2 US.

✶ Artesia (11.ooo Einw.)

Stadt wie hundert andere im Mittleren Westen. Die Raffinerie im Zentrum deutete an, daß man hier schon lange nicht mehr von den Quellen lebt, denen der Ort einst seinen Namen verdankte. Erdölbohrungen und Viehzucht bestimmen das Wirtschaftsleben. Auch das HISTORICAL MUSEUM UND ART CENTER bietet nur Kleinkram: Gerätschaften, eine alte Küche, Fotos, Bücher, Sättel und eine Sammlung Pfeilspitzen. Untergebracht in einer Villa aus großen Kieselsteinen, erbaut 19o4, Richardson Ave./ Ecke 6th St., südlich des Ortskerns. Geöffnet Di-Sa von 1o-12 und 13-15 Uhr; gratis.

✶ Hobbs (29.ooo Einw.)

Direkt an der Grenze zu Texas und noch texanischer als die anderen Städte im Südosten von New Mexico. Wer nicht mit Rindvieh oder Öl handelt oder auf dem Weg in die texanische Provinz ist, hat hier definitiv nichts verloren. Die typische Einheitsstruktur im Stadtbild läßt sich auch anderswo studieren.

★Carlsbad (25.000 Einw.)

Unterscheidet sich kaum von den anderen Städten der Plains von New Mexico, erlebt aber wegen des nahegelegenen Carlsbad Caverns National Park einen ständigen Besucherstrom. Darauf ist die Stadt dann auch mit den einschlägigen Motels und Restaurants bestens eingerichtet.

 Chamber of Commerce, 3o2 S. Canal St., an der Durchgangsstraße Richtung Nationalpark. Informationen über Carlsbad Caverns auch im Visitors Center des Parks sowie im National Parks Information Center, am südlichen Ortsausgang von Carlsbad. Dort auch Material zum Guadalupe Mountains National Park jenseits der texanischen Grenze.

 Post: 3o1 N. Canyon St.

LIVING DESERT STATE PARK, am Nordrand von Carlsbad. Botanischer Garten und kleiner Zoo mit der Flora und Fauna der Chihuahua-Wüste, deren nördliche Ausläufer den Süden von New Mexico berühren. Ein Beispiel dafür, daß Wüsten durchaus eine Menge Leben beherbergen können. Interessante Ergänzung zum Besuch der Unterwelt von Carlsbad Caverns.

Wege durch Sanddünen, Trockenlandschaften und Gipsböden. An Pflanzen findet man Yuccas, Agaven und Kakteen; die Tierwelt ist u.a. vertreten durch Klapperschlangen, Wölfe und Bären. Geöffnet täglich von 9-17 Uhr, Mitte Mai bis Anfang September von 8-2o Uhr. Eintritt 3 US pro Person.

 "Motel Stevens", 1829 S. Canal St. Eine Art kleines Motel-Städtchen für sich mit zahlreichen ein- und zweistöckigen Gebäuden. Südlich von Downtown an der Durchgangsstraße. Zimmer in den hinteren Gebäuden ruhig. Geräumig und funktional ausgestattet. Inmitten des Komplexes SW-Pool und Waschsalon. DZ je nach Größe 6o-66 US. Tel. 887-2851 oder 8oo-528-1234.

"Cavern Inn", in Whites City am Hwy. 62; direkt am Eingang zum Nationalpark. Die nächstgelegene Unterkunft zu den Caverns. Großer Motel-Komplex, teilweise mit neuen Gebäuden im Pueblo-Stil. Restaurant, so daß man abends nicht auf die Fahrt nach Carlsbad angewiesen ist. SW-Pool. Zimmer ordentlich und funktional möbliert. DZ je nach Größe 55-7o US, von Mitte Mai bis Mitte September 67-82 US. Tel. 785-2291 oder 8oo-528-1234.

"Travelodge", 3817 National Parks Hwy., am südlichen Stadtrand. Mehrstöckiges Gebäude, gehobener Motel-Stil. SW-Pool; Frühstück inkl. Geräumige, modern ausgestattete Zimmer. DZ je nach Größe und Wochentag 35-48 US; von Mai bis August 48-64 US. Tel. 885-o126 oder 8oo-255-3o5o.

"Motel 6", 3824 National Parks Hwy., am südlichen Ortsrand Richtung Nationalpark. Solides Motel der unteren Preiskategorie. Mit SW-Pool. Zimmer einfach, aber gepflegt. DZ ca. 33 US, im Sommer einige Dollar Aufschlag. Tel. 885-0011. Weitere Motels verschiedener Kategorien aufgereiht am Hwy. 62, südlicher Ortsrand von Carlsbad. Alle in ähnlicher Entfernung zum Nationalpark.

"Park Entrance RV Park", direkt an der Zufahrt zum Nationalpark in Whites City. Für Zelte und Wohnmobile. SW-Pool und voll ausgestattete sanitäre Anlagen. Restaurant. Stellplatz ab 12 US. Tel. 785-2291. Weitere Campgrounds am südlichen Ortsrand von Carlsbad.

Wie die meisten anderen Städte im Süden und Osten von New Mexico ist Carlsbad mit Fast Food Lokalen überreichlich bestückt. Kulinarische Höhenflüge sind nach der eindrucksvollen Höhlenexpedition allerdings auch nicht mehr unbedingt nötig, um den Tag zu einem unvergeßlichen Erlebnis zu machen. Alternativen zum Einheits-Burger bieten CORTEZ CAFE (mexikanische Küche), 506 S. Canal St.; SIRLOIN STOCKADE (Steak House), 710 S. Canal St.; STOCKMAN'S CHOICE (Steaks und Seafood), 1511 S. Canal St.

Selbstversorger: ALBERTSONS, S. Canal St./ Ecke Church Ave. Großer Supermarkt im Zentrum.

Picknick: Rattlesnake Springs Picnic Area, im Nationalpark, Abzweigung von Hwy. 62 etwa 10 km südlich von Whites City. Etwas abgelegen, dafür ruhig und schattig mit Picknickbänken, Toiletten und Wasseranschluß.

Verbindungen

Auto: Hwy. 62 nach El Paso, Texas (260 km/ ca. 3 Std.) und Richtung Osten nach Hobbs (110 km/ ca. 1,5 Std.). Richtung Norden Hwy. 285 nach Roswell (120 km/ ca. 1,5 Std.) mit Abzweigung in Artesia nach Alamogordo (235 km/ ca. 3 Std.).

Bus: Bus-Terminal südlich von Downtown, S. Canyon St./ Ecke S. Canal St.
-> Albuquerque: 2x tägl., 6,5 Std., ca. 36 US
-> El Paso: 3x tägl., 3,5 Std., ca. 29 US

CARLSBAD --> EL PASO, TEXAS

260 km/ ca. 3 Std. Highway 62 führt den größten Teil der Strecke durch Texas. Durchquert dabei den GUADALUPE MOUNTAINS NATIONAL

PARK auf texanischer Seite. Ein lohnendes Ziel mit gewaltigen Felsen und dem Übergang von der Chihuahua Wüste in kühlere Vegetationszonen, die ansonsten nur weiter nördlich vorkommen. Ein Paradies vor allem für Wanderer, die Wildnis und Einsamkeit suchen. Informatioen über diesen Nationalpark in Carlsbad, National Parks Information Center (Details siehe Carlsbad).

✦ Carlsbad Caverns National Park

Eines der phantastischsten Naturwunder Nordamerikas. Grandiose Höhlenwelt von unvorstellbaren Ausmaßen; mit einem so vielfältigen Innenleben, daß selbst der flüchtigste Besuch Stunden dauert. Eine Märchenwelt als Resultat von geologischen Prozessen, die Millionen Jahre gedauert haben und immer noch fortschreiten. Riesige unterirdische Hallen und verwunschene Kammern mit endlosen und atemberaubenden Kombinationen aus Säulen, Stalagmiten,Stalaktiten, glasklaren Tümpeln, Felsen und engen Durchgängen. An Sommerabenden ein zusätzliches Spektakel, wenn Hunderttausende von Fledermäusen die Höhle verlassen.

Die geologische Entstehung der Carlsbad Caverns ist ein komplizierter Prozeß, der Millionen von Jahren in Anspruch genommen hat. Die Hauptrolle spielte dabei das Wasser: Vor rund 25o Millionen Jahren befand sich hier ein riesiger Inlandssee, der mit dem Ozean durch Zuflüsse verbunden war. Pflanzen und Tiere sonderten in dem warmen Wasser Kalk ab, der sich im Laufe der Zeit zu einem gewaltigen Riff auftürmte, das am Ende mehrere Kilometer lang und Hunderte von Metern dick war.

Durch Anhebung des gesamten Landes verlor der See seinen Kontakt mit dem Ozean und trocknete aus. Salz und Gips lagerten sich ab und wurden später zusammen mit dem Riff unter zusätzlichen Gesteinsschichten begraben. Weitere Verschiebungen der Erdkruste führten zu Rissen in dem ehemaligen Kalkriff, die sich mit Grundwasser füllten. Das Wasser löste Teile des Kalks auf und trug ihn mit sich fort, so daß sich die zunächst feinen Risse zu größeren Höhlen erweiterten.

Wiederum kam es über eine lange Periode zu einer Aufwärtsbewegung der gesamten Erdschicht, so daß das Grundwasser aus den von ihm selbst gegrabenen Höhlen abfloß. Die Austrocknung des Kalksteins führte zu Erosion und Abbruch großer Felsbrocken, so daß unterirdische Kammern und enge Durchgänge entstanden. Damit war die Grundstruktur der heutigen Höhlen hergestellt.

Nun trat wieder das Wasser in Aktion und begann mit der Dekoration der kahlen Decken und Wände. Regenwasser sickerte durch die oberen Erdschichten und drang in die Höhle ein. Jeder Tropfen löste ein winziges Kalkteilchen und nahm es mit auf seinen Weg. Beim Kontakt mit der Luft in der Höhle verringerte sich die Lösungskapazität der Wassertropfen und der mitgeführte Kalk lagerte sich als Kristall ab - am Boden, an der Decke oder an den Wänden.

Das erstaunliche Gestaltungswerk des Wassers nahm seinen Lauf und ist an einigen Stellen noch heute wirksam. Die Veränderungen gehen jedoch so langsam voran, daß ein Mensch während seines Lebens kaum einen Wandel an einem der Gebilde wahrnehmen könnte.

Die intensivsten Nutzer von Carlsbad Caverns waren zunächst die Fledermäuse. Rund eine Millionen von ihnen hausen heute noch in einem Höhlenteil in der Nähe des Eingangs. Von Mai bis Oktober verbringen sie den Sommer hier und ziehen ihre Jungen auf. Tagsüber hängen sie in dichten Trauben von der Decke, gegen Abend fliegen sie wie auf Kommando aus dem Höhleneingang heraus und begeben sich in der Finsternis auf Futtersuche.

Das Schauspiel ist ergreifend: Über 5ooo Fledermäuse verlassen die Höhle pro Minute. Aus ihrem Quartier schrauben sie sich in einem spiralförmigen Flug nach oben. Am Ende des Sommers werden die Massen immer größer, da sich dann auch die jungen Tiere dem nächtlichen Flug anschließen. Gegen Morgen kehren sie in die Höhle zurück. Irgendwann Ende Oktober jedoch wartet man vergeblich auf ihr Eintreffen. Dann haben sie sich auf den Weg in ihre Winterquartiere in Mexiko gemacht.

Die Fledermäuse waren es auch, die die Menschen auf die Höhle aufmerksam machten. Zwar kannten wohl schon die Indianer den Eingang, denn in seiner Nähe finden sich Felszeichnungen. Doch der steile Einstieg machte es ihnen unmöglich, weiter ins Innere vorzudringen. Gegen Ende des 19. Jahrhunderts versuchten einige Siedler und Goldsucher, die Höhle etwas intensiver zu erforschen, und Kinder wurden in Eimern in die Tiefe gelassen. Doch viel weiter als das Tageslicht eindrang, kam man nicht.

1␣o3 begann die wirtschaftliche Ausbeutung: Wo Millionen Fledermäuse täglich ein- und ausfliegen, hatte sich eine dichte Schicht von Guano abgelagert, brauchbar als Düngemittel auf den Zitrusplantagen von Südkalifornien. Innnerhalb von 2o Jahren bauten mehrere Gesellschaften über 1oo.ooo Tonnen davon ab.

Einige der Minenarbeiter wagten sich auf eigene Faust immer weiter in die Höhle vor und erzählten von sagenhaften Schönheiten. Nachdem 1922 eine offizielle Expedition diesen Gerüchten nachgegangen war und sie bestätigen konnte, erklärte Präsident Coolidge die Carlsbad Caverns ein Jahr später zum National Monument. Der Schutz für diese einzigartige Unterwelt wurde 193o noch erweitert durch den offiziellen Status eines Nationalparks.

Die zugängliche Höhle ist nur eine von 75, die bisher auf dem Gebiet des Nationalparks entdeckt wurden. Geöffnet täglich ab 8.3o Uhr. Letzter Einlaß auf der längeren Blue Tour ist um 14 Uhr (im Sommer 15.5o Uhr), auf der kürzeren Red Tour um 15.3o Uhr (im Sommer 17 Uhr). Innerhalb dieser Zeitabschnitte kann man seinen Höhlenmarsch jederzeit individuell beginnen. Eintritt 5 US pro Person, der Golden Eagle Paß der Nationalparks ist für Carlsbad Caverns nicht gültig. Die Temperatur ist angenehm kühl, ein leichter Pullover reicht völlig aus. Solides Schuhwerk ist ratsam, vor allem auf der Blue Tour.

VISITORS CENTER: Großes Besucherzentrum mit Informationen und Fotos über das Höhlensystem direkt am Eingang zur Cavern. Ein Schnellrestaurant befindet sich unten in der Höhle neben dem Fahrstuhl.

BLUE TOUR oder RED TOUR? - Die beiden alternativen Wege beginnen am Visitors Center und enden gemeinsam am Fahrstuhl, der die Besucher wieder nach oben bringt. Die Blue Tour bietet nicht nur verwunschene Höhlenräume, die bei der Red Tour nicht berührt werden, sondern auch das Erlebnis des Einstiegs ins Erdinnere. Wer den weiten Weg zu den Caverns gemacht hat, sollte sich die große Tour nicht entgehen lassen.

BLUE TOUR

Beginnt am natürlichen Eingang der Höhle. 4,8 km lang, ca. 2-3 Std. In der ersten Hälfte steil bergab, aber der Weg ist gut asphaltiert. Schon der Serpentinen-Pfad in den dunklen Schlund ist ein besonderer Anblick. Ganz unten sieht man winzige Menschen auf dem Weg ins Erdinnere. Teilweise fällt die Höhle fast senkrecht in die Tiefe, die Serpentinen verlaufen dicht an der Wand. Verglichen mit einem Hochhaus geht es insgesamt über 83 Stockwerke in die Tiefe.

In den riesigen Hallen tropft es; Säulen, Stalagmiten und Stalaktiten haben sich zu Kunstwerken der Natur vereinigt. Hin und wieder auch mal einen Blick zurück nach oben werfen. In den Hallen eine ehrfurchtgebietende Höhe. Von den großen Sälen aus plötzlich enge Durchgänge, teilweise zugeschüttet von heruntergefallenem Gestein. Manchmal hat man das Gefühl wie in einer Kathedrale. Verrückte Gebilde hängen wie Kronleuchter von der Decke, in Ecken und Nischen beleuchtete Formationen.

Besonders bizarre Strukturen im GREEN LAKE ROOM. Verwunschene Nebenhöhlen, in denen glasklare Wasserbecken verschwinden. Die majestätische Märchenwelt erlebt noch eine Steigerung im KING'S PALACE, wo Tausende von Stalaktiten wie Vorhänge von der Decke hängen. Hier herrscht eine beinahe feierliche Stimmung. Ähnlich auch das etwas kleinere QUEEN'S CHAMBER. Nach der Hälfte der Strecke trifft die Blue Tour auf den Beginn der Red Tour, von da an verlaufen sie gemeinsam.

RED TOUR

Über einen Lift direkt in den Big Room, dort relativ ebener Rundweg über 2,4 km, ca. 1-2 Std. Große Teile auch für Rollstuhlfahrer möglich. Rundweg durch den Big Room, die größte Halle der Caverns, deren Decke sich bis zu 6o m über dem Boden befindet. Hier wiederholen sich die oben beschriebenen geologischen Formationen, haben teilweise aber gigantischere Größenverhältnisse. Eine Art unterirdische Landschaft breitet sich aus. Allerdings nicht so verwunschen und vielfältig wie am Beginn der Blue Tour.

FLEDERMÄUSE: Am Eingang der Höhle kleines Amphitheater; von dort aus sieht man die Schwärme, wenn sie gegen Abend die Höhle verlassen. Ihre Flugzeiten sind jedoch nicht in einen gültigen Time-Table eingetragen. In der Regel Ende Mai bis Oktober zwischen 19 und 21 Uhr. Manchmal verlassen sie die Höhle jedoch erst um Mitternacht, manchmal gar nicht. Während der Wartezeit Vorträge und Informationen der Ranger.

NEW CAVE: Erst 1937 entdeckt und noch nicht für den großen Besucherstrom hergerichtet. Nur geführte Gruppen, Anmeldung im Visitors Center, Tel. 785-2232. 6 US pro Person. Fahrt im eigenen PKW zur knapp 4o km entfernten New Cave. Feste Schuhe, Taschenlampe und Trinkwasser sind erforderlich. Anstrengende Tour von 2 km/ ca. 2,5 Std. unterirdisch, dazu eine halbstündige Wanderung zum Eingang der Höhle.

LECHUGUILLA CAVE: 1986 entdeckt und noch längst nicht vollständig erforscht. Das größte der bisher gefundenen Höhlensysteme im Nationalpark. In einer kleinen und bis dahin unbedeutenden Höhle stießen Forscher auf unerklärliche Luftbewegungen. Als sie diesen nachgingen und einige Felsen wegräumten, fanden sie eines der gewaltigsten Höhlensysteme der Welt mit zahlreichen bisher unbekannten geologischen Formationen. Bis jetzt hat man eine Länge von knapp 1oo km festgestellt. Die Tiefe beträgt bis zu 485 m, sie ist damit die tiefste Höhle der USA. Derzeit und sicher auch in nächster Zukunft nur zugänglich für Forschungszwecke.

WALNUT CANYON DESERT DRIVE: 16 km lange Straße durch den Nationalpark, nicht asphaltiert. Sozusagen die Fahrt über den Höhlen. Durch Canyons und Felslandschaften.

Unterkunft: Weder Hotels noch Camping im Nationalpark selbst. Nächstes Motel sowie Campingplatz in Whites City am Parkeingang, größere Auswahl in Carlsbad. Details siehe dort.

Verbindungen: Die Höhlen liegen sozusagen versteckt im letzten Winkel von New Mexico. Selbst vom Ort Carlsbad noch 32 km weiter Richtung Süden bis zum Eingang des Nationalparks, 43 km bis zum Visitors Center und dem Höhleneingang. Kein öffentlicher Transport, PKW unerläßlich.

though
SÜD-NEW MEXICO

Einsames, dünn besiedeltes Land. Riesige Ebenen, durchzogen von kargen Gebirgsketten. Im Süden Ausläufer der Chihuahua Wüste. Auf schnurgeraden Highways erfährt man die Weite und die Dimensionen des nordamerikanischen Kontinents. Die großen Atraktionen liegen weit voneinander entfernt: die Plains of San Agustin mit den Radioteleskopen von Very Large Array; die prähistorischen Klippenwohnungen von Gila Cliff; die Dünenlandschaft von White Sands.

ALBUQUERQUE --> SALINAS NATIONAL MONUMENT

Über Hwy. 55 bis Moutainair 13o km/ ca. 2 Std. Zunächst kurvenreiche Strecke über die Manzano Mountains, später über eine Hochebene östlich der Berge. Einsame, bewaldete Gegend. Die wenigen Dörfer ärmlich und heruntergekommen. Verfallene Häuser, elende Bretterbuden, schlichte Mobil Homes und jede Menge Autowracks ergeben ein trostloses Bild.

"Manzano Moutain State Park": Schön und ruhig gelegen am Fuß der Berge. Weitab von der Zivilisation. Wasser und Toiletten, keine Duschen. Stellplatz 7-1o US inkl. Zufahrt zum State Park. Abzweigung von Hwy. 55 im Ort Manzano.

✦ Salinas National Monument

Ruinen von drei Pueblos und spanischen Missionen, weit verteilt in der abgelegenen Hochebene von Salinas Valley. Zu sehen sind Grundmauern der Adobe-Pueblos, die um 167o verlassen wurden. Außerdem teilweise rekonstruierte Gebäudeteile der spanischen Missionen und Kirchen. Im geographischen Zentrum von New Mexico, trotzdem durch die Entfernung von den Hauptstraßen sowie zwischen den einzelnen Anlagen ein zeitaufwendiger Abstecher.

> Im Salinas Valley trafen sich die beiden prähistorischen Kulturen der Anasazi und Mogollon. Im 1o. Jahrhundert siedelten in der Gegend zunächst die Mogollon. Sie bauten Grubenhäuser, die sie mit Holzbalken und Erde überdachten. Ende des 11. Jahrhunderts wanderten von Norden her die Anasazi zu und vermischten sich mit den bisherigen Bewohnern. Sie brachten die Pueblo-Bauweise mit, so daß in der Folgezeit große Siedlungen mit mehrstöckigen Adobe-Gebäuden entstanden.
>
> Die Pueblos trieben Landwirtschaft und handelten mit den Siedlungen am Rio Grande sowie mit den nomadischen Indianern im Osten. Als 1598 die spanischen Konquistadoren eintrafen, fanden sie bei den friedlichen Pueblo-Bewohnern wenig Widerstand vor. Durch militärischen Druck und die Errichtung von Missionen sorgten die Spanier für eine Schwächung der Pueblo-Kultur und einen Verfall ihrer Identität.

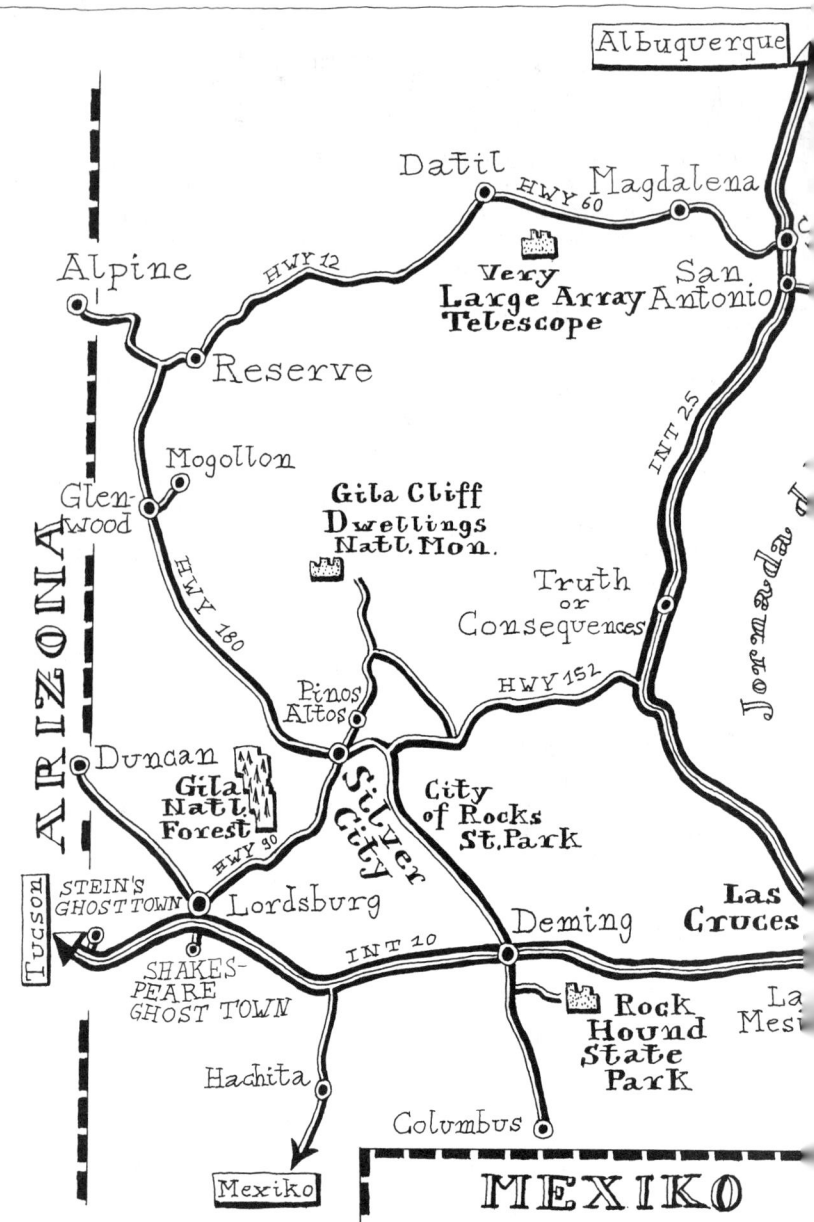

Süd-New Mexico 431

Der Handel mit den Apachen wurde eingestellt, da Überschüsse in der Produktion an die Kirche abgeliefert werden mußten. Dies mißfiel natürlich auch den Apachen, die mit Überfällen auf die Siedlungen reagierten. Auf diese Weise verschafften sie sich die Güter, die sie vorher friedlich eingetauscht hatten. Außerdem waren es Racheakte als Reaktion auf Beute- und Sklavenzüge, die die Spanier regelmäßig gegen die Apachen führten.

Die Bewohner der Pueblos litten dermaßen unter der neuen Situation, daß sie sich um 1670 entschlossen, ihre Siedlungen aufzugeben und in Dörfer am Rio Grande abzuwandern. Dort trugen sie ein Jahrzehnt später dazu bei, die Spanier im Rahmen der Pueblo Revolte für eine Zeitlang zu vertreiben (Details siehe Kapitel "Geschichte").

QUARAI: 13 km nördlich des Ortes Mountainair. Die Ruinen des ehemaligen Pueblos, begraben unter Erdhügeln. Freigelegt die Grundmauern der Franziskaner-Mission La Purísima Concepción de Cuarac. Teilweise rekonstruiert die Missionskirche aus rotem Stein. Im Visitors Center kleines Museum und ein anschauliches Modell von Pueblo und Mission während ihrer Blütezeit.

MOUNTAINAIR: Winziger Ort im Zentrum der der Ausgrabungsstätten von Salinas National Monument. Verwaltung und Visitors Center haben hier ihren Sitz. Informationsmaterial und Schautafeln. Ein kurzer Blick lohnt auch ins SHAFFER HOTEL aus dem Jahr 1923: kuriose Einrichtung und Dekoration aus den zwanziger Jahren im Dining Room.

GRAN QUIVIRA: 40 km südlich von Mountainair. Das größte der Salinas-Pueblos, auf einer Anhöhe über der Hochebene. Weiter Rundblick auf die Umgebung. Im Besucherzentrum kleine Ausstellung mit Fundstücken: Werkzeuge, Pfeilspitzen, Knochen. Freigelegt und teilweise rekonstruiert die Grundmauern der Mission San Buenaventura sowie der Kirche San Isidro. Außerdem sieben Kivas und Grundmauern von über 300 Räumen des Pueblos. Unter den Hügeln rund um die Ausgrabungsstätte liegt der weitaus größte Teil des einstigen Pueblos noch verborgen.

ABO: 10 km westlich von Mountainair. Auch hier der größte Teil des Pueblos noch unter Erdhügeln versteckt. Zwischen den Kakteen ragen die roten Gebäudereste der Mission und der Kirche San Gregorio empor.

SALINAS NATIONAL MONUMENT --> SOCORRO

Ab Mountainair über Hwy. 60 105 km/ ca. 1 Std. Eine der typischen schnurgeraden Straßen des südlichen New Mexico. Führt ständig bergab bis hinunter zum Rio Grande. Spektakuläres Panorama über Kilometer und Kilometer auf die Hochebene und die darin verstreuten Bergketten.

✱ Socorro (8.000 Einw.)

Provinzstadt mit einer Durchgangsstraße, die denen von hundert anderen amerikanischen Kleinstädten zum Verwechseln ähnlich ist. Daneben ein historisches Zentrum mit einigen Gebäuden aus dem 19. Jahrhundert und ein schöner College Campus mit einem sehenswerten Mineralien-Museum. Socorro ist Ausgangspunkt für Touren in den gebirgigen Südwesten von New Mexico.

 Chamber of Commerce, 1o3 Francisco de Avondo St./ Nähe Exit 15o.

 Post: 124 Plaza SW

HISTORIC CENTER: Links und rechts der Durchgangsstraße einige Backstein- und Westernfassaden aus dem 19. Jahrhundert; allerdings ziemlich durcheinandergewürfelt mit modernen Gebäuden. Trotz einiger Grünflächen und Bäume lädt auch die Plaza kaum zum längeren Verweilen ein.

OLD SAN MIGUEL MISSION, in der Nähe der Plaza. Kirche im eigenwilligen Pueblo-Stil, 1821 erbaut auf den Ruinen einer früheren Mission, die während der Pueblo Revolte 168o zerstört wurde. Im Innern schöne Holzdecke aus roh behauenen Holzbalken.

NEW MEXICO TECH, nördlich des Ortskerns am Ende von College Ave. 1889 als New Mexico School of Mining gegründet, heute naturwissenschaftlich-technisches College. Abseits der neonflackernden Hektik der Durchgangsstraße eine Oase der Ruhe. Institutsgebäude im einheitlichen Baustil mit Anklängen an spanisch-mexikanische Traditionen. Dazwischen schattige Parkanlagen. Eine harmonische Einheit.

MINERAL MUSEUM, auf dem College-Gelände, etwas versteckt im hinteren Trakt des Workman Center. Die Suche lohnt sich. Tausende von Steinen, Erzen Und Mineralien in allen Formen und Farben. Geschliffene und ungeschliffene Kunstwerke der Natur. Fossilien, Dinosaurierknochen und Fußabdruck eines Dinosauriers. Geöffnet Mo-Fr von 8-17 Uhr; gratis.

"Super 8 Motel", 1121 Frontage Rd. NW. Nördlich des Ortes, direkt an der Autobahnausfahrt Exit 15o. Neues Motel mit SW-Pool. Die hinteren Zimmer ruhig. Hell, modern und funktional ausgestattet. Sanitäre Anlagen in Bestzustand. Einfaches Frühstück inkl. DZ ab 5o US. Tel. 835-4626 oder 8oo-8oo-8ooo.

"Golden Manor", 5o7 N. California St. Solides Motel der Mittelklasse am nördlichen Ortsrand. SW-Pool direkt an der Straße. Zimmer geräumig; modern und funktional eingerichtet. DZ ca. 45 US. Tel. 835-o23o.

"Motel 6", 8o7 S. Hwy. 85. Modernes Motel am südlichen Stadtrand, Nähe Exit 147. SW-Pool und einfache, aber äußerst gepflegte Zimmer. DZ ca. 31 US. Tel. 835-43oo.

"Vagabond Motel", N. California St., Nähe Exit 15o. Einfaches Motel, hufeisenförmig um einen riesigen, zubetonierten Parkplatz angeordnet. Mittendrin kleiner SW-

Pool. Zimmer schlicht möbliert, aber gepflegt. DZ ca. 28 US. Tel. 835-0276.
Weitere Motels in der Preislage um 30-40 US nördlich des Ortskerns entlang der Durchgangsstraße.

"Casey's Socorro RV Park", S. Frontage Rd. Am Südrand der Stadt Nähe Autobahnausfahrt. Staubiger Platz mit wenig Schatten. Vollständige sanitäre Einrichtungen. Für Zelte 12 US, Wohnmobile 18-20 US. Tel. 835-2234.

Die Neon-Reklamen der Fast Food Ketten geben in Socorro den Ton an. Entlang der Durchgangsstraße außerdem einige einfache mexikanische Lokale.

DON JUAN'S COCINA, Manzanares St./ Ecke California St. Hebt sich zumindest durch die restaurierte Backsteinfassade vom Restaurant-Einerlei ab. Im Sommer kühler Patio nebenan. Das Essen preiswert, aber auch nicht über dem Fast Food Durchschnitt.

VAL VERDE STEAK HOUSE, Manzanares St./ Ecke 6th St. In großem Backsteingebäude, das einst ein nobles Hotel war. Liebevoll altmodisch das Innere mit massiven Holzsäulen, Ventilatoren, uralten Heizkörpern und unpassenden Plastikstühlen. Steaks in verschiedenen Größen und Zubereitungen sind die Spezialität; es gibt aber auch Huhn und Fisch. Hauptgerichte inkl. Selbstbedienung an der Salatbar für 7-15 US.

Selbstversorgung: FURR'S, N. California St./ Ecke College Ave. Supermarkt an der Durchgangsstraße nördlich des Ortskerns.

Picknick: Auf dem College Gelände von New Mexico Tech Parkanlagen mit Picknicktischen unter schattigen Bäumen.

Verbindungen

Auto: Interstate 25 ist die Lebensader von Socorro. Richtung Norden nach Albuquerque (125 km/ ca. 1,5 Std.), Richtung Süden nach Las Cruces (240 km/ ca. 2,5 Std.). Außerdem über Hwy. 60 nach Westen bis Arizona, mit Abzweigung von Hwy. 12 in den Südwesten von New Mexico.

Bus: Bus-Terminal am Buchladen neben dem Supermarkt Furr's, 915 N. California St.
-> Albuquerque: 1x tägl., 1,5 Std., ca. 13 US
-> El Paso: 1x tägl., 4 Std., ca. 36 US

SOCORRO --> ALBUQUERQUE

125 km/ ca. 1,5 Std. Autobahnfahrt im Tal des Rio Grande. Die grünen Flußufer kontrastieren zu den kahlen Berghängen zu beiden Seiten. Un-

terwegs evtl. kurzer Abstecher nach ISLETA PUEBLO, Exit 213. Eines der ältesten der 19 Pueblos von New Mexico, gegründet im 16. Jahrhundert. Seit 1613 von den Spaniern missioniert. Heute eine staubige Siedlung, überragt von der St. Augustine Church: Ursprünglich 1613 errichtet, während der Pueblo Revolte zerstört, auf den Grundmauern 1716 neu aufgebaut. Im schlichten Pueblo-Stil mit zwei Glockentürmen. Im Innern schöne Holzdecke auf massiven Balken. An den Wänden Heiligenbilder aus Kacheln. Weitere Details zu den Pueblos in New Mexico vergl. Seite 388.

Zwischen Socorro und Albuquerque verläuft die heutige Straße parallel zum CAMINO REAL, einer fast 2.000 km langen spanischen Versorgungsstraße, die über dreihundert Jahre lang Albuquerque und Santa Fe mit dem Zentrum des Kolonialreiches in Mexico City verband. Siedler, Missionare, Soldaten und Händler nahmen diesen Weg über Chihuahua und El Paso in die abgelegene Nordprovinz. Bis im 19. Jahrhundert der Santa Fe Trail New Mexico Richtung Osten mit den USA verband, war der "Camino Real de Tierra Adentro" (Königlicher Weg ins Landesinnere) die einzige Verbindung der Siedlungen am oberen Rio Grande zur Außenwelt.

Der Weg folgte streckenweise dem Fluß, nahm jedoch zwischen Las Cruces und Socorro eine östliche Abkürzung über eine trockene Hochebene. Diese Strecke war einfacher zu begehen als die vielen Windungen des Flußtales. Wegen der Hitze und Trockenheit wurde dieser Abschnitt des Camino Real jedoch besonders gefürchtet und kostete manchem das Leben. "Jornada del Muerto" (= Tagesreise des Toten) war daher auch die sinnreiche Namensgebung.

SOCORRO - -> LAS CRUCES

235 km/ 2,5 Std. Autobahn im Tal des Rio Grande, der hier an mehreren Stellen zu Seen aufgestaut ist. Größte Stadt an der Strecke ist TRUTH OR CONSEQUENCES. Nur zwei Dinge sind hier bemerkenswert: die heißen Quellen und der absurde Name. Die Stadt hieß früher Hot Springs, weil sie direkt auf einem Heißwasser-Reservoir sitzt, aus dem die Quellen sprudeln. Die Kur-Einrichtungen haben allerdings ihre besten Tage hinter sich.

Zur Namensänderung kam es 1950, als der Moderator einer Radiosendung mit dem Titel "Truth or Consequences" eine Stadt suchte, die seine Sendung so gerne hörte, daß sie ihren Namen annehmen würde. Die Bürger von Hot Springs erklärten sich bereit und bekamen dafür kurzfristig ein wenig Publicity in den gesamten Vereinigten Staaten. Amerikanisches Showbusiness mit belangloser, aber dauerhafter Folge.

Nördlich und südlich der Stadt die beiden größten Seen von New Mexico: ELEPHANT BUTTE und CABALLO. Aufgestaut für die Bewässerung im Tal des Rio Grande; nebenbei Angel- und Wassersportzentrum für den lokalen Tourismus. Für Camper Übernachtungsmöglichkeit in Seenähe auf den beiden gut ausgestatteten Campgrounds der jeweiligen State Parks. Details zu Las Cruces siehe Seite 447.

SOCORRO --> SILVER CITY

370 km über Hwy. 60, 12 und 180. Wegen einiger lohnender Stops und Abstecher einen vollen Tag einplanen. Abwechslungsreiche Fahrt durch den Südwesten von New Mexico Über das mehr als 2000 m hohe Plateau der SAN AGUSTIN PLAINS, eingetaucht in ein klares Höhenlicht. Die Straße immer wieder kilometerweit wie mit dem Lineal gezogen.

MAGDALENA: (800 Einw.) Verlorene Siedlung in der weiten Ebene. Einst westlicher Endpunkt der Santa Fe Railroad und Verladebahnhof für Rinder. Die Ranches auf den San Agustin Plains waren teilweise so groß, daß sie nicht in Hektar, sondern in Bergen gemessen wurden. Der Cattle-Boom ist jedoch längst vorbei. Trockenheit und Überweidung machten den Ranchern letztlich den Garaus. Aus den glorreichen Tagen außer ein paar alten Fassaden keine Spuren mehr.

THE VERY LARGE ARRAY

Mitten in den San Agustin Plains taucht plötzlich in der Ferne eine lange Reihe von Satellitenschüsseln auf: die Radioteleskope des National Radio Astronomy Observatory. Eine surrealistische Kombination aus Wildnis und High Tech. Größtes und leistungsstärkstes Radioteleskop der Welt.

Tourist INFO VISITOR CENTER geöffnet täglich von 8 Uhr bis Sonnenuntergang, Eintritt frei. 20-minütige Dia-Show über Astronomie und die Funktion der Radioteleskope. Kleine Ausstellung mit Schautafeln zur Radio-Astronomie. Ein kurzer Rundweg führt zu einer der Satellitenschüsseln und anderen Einrichtungen wie Kontrollraum und Schienensystem.

Die Radio-Astronomie hat die Möglichkeiten der Himmelsbeobachtung wesentlich erweitert, da damit auch fürs Auge nicht sichtbare Signale von Objekten aus dem Weltall registriert und analysiert werden können. Die klarsten Objekte sind nicht nahegelegene Sterne, sondern entfernte Galaxien, die große Mengen von Materie und Energie ins All abgeben. Die Quellen dieser Radiowellen, Quasars, haben ihren Ursprung in gewaltigen Energieausbrüchen. Sie sind so weit entfernt, daß einige dieser jetzt eingefangenen Wellen vor Milliarden von Jahren entstanden. Daher ist Radio-Astronomie nicht nur ein Blick in den Weltraum, sondern auch ein Blick in längst vergangene Zeiten.

Radiowellen haben eine niedrige Frequenz und bewegen sich mit Lichtgeschwindigkeit durchs All. Gemeinsam mit den Lichtsignalen der Himmelskörper ergeben sie ein kompletteres Bild der energetischen Ereignisse im All und lassen Schlüsse zu auf die Entstehung und Entwicklung von Himmelskörpern.

Sieben Jahre Konstruktionszeit waren nötig, bis 1981 Very Large Array einsatzbereit war. Die 27 Antennen fangen Radiowellen aus dem Universum auf und verwandeln sie in sichtbare Bilder. Sie sind Tag und Nacht im Einsatz, da sie nicht auf Dunkelheit angewiesen sind. Die Antennen sind alle auf das gleiche Objekt gerichtet, jede von ihnen registriert die Signale jedoch individuell. In einer Zentrale werden die einzelnen Aufzeichnungen zu einem Gesamtbild kombiniert. Für ein präzises Bild können bis zu 40 Stunden Beobachtung nötig sein. Computer registrieren die Signale und speichern sie auf Magnetband. Sie können daher jederzeit wieder aufgrufen und in farbige Bilder verwandelt werden.

Wegen der niedrigen Frequenz der Radiowellen müßte eine einzelne Antenne einen Durchmesser von 27 km haben, um ein ähnlich scharfes Bild wie bei einem optischen Teleskop zu erzeugen. Die Kombination der Bilder von 27 verteilten Antennen bringt jedoch das gleiche Ergebnis. Die Satellitenschüsseln haben einen Durchmesser von 25 m, das Gesamtgewicht inkl. fahrbarem Untersatz beträgt 235 Tonnen. Sie befinden sich auf einem Schienensystem, sind also beweglich. Stehen sie dicht zusammen, so ergibt dies einen Weitwinkeleffekt und ermöglicht einen Blick auf die Gesamtstruktur einer Galaxie; ist die Entfernung zwischen ihnen größer, so wirken sie wie ein Teleobjektiv und beobachten den inneren Kern von Himmelskörpern. Bis zu 3o km können die einzelnen Antennen über die Ebene verteilt werden.

DATIL: Ein paar Häuser an einer Straßengabelung. Hwy. 6o führt von hier aus gen Westen nach Springerville in Arizona (siehe Seite 273). Hwy. 12 weiter in den Südwesten über New Mexico durch die San Agustin Plains. Kaum noch Verkehr. Man schaut kilometerweit nach vorn und zurück und sieht kein Auto. Die Orte am Wegesrand nur verlorene Ansammlungen von wenigen Häusern, mit Glück mal ein kleiner Laden oder eine Zapfsäule für Benzin. Langsam geht die Hochebene über in die bewaldete Berglandschaft der Tularosa und Mogollon Mountains. Die Straße kurvenreicher, aber weiterhin kaum befahren.

RESERVE ist der größte Ort an der gesamten Strecke zwischen Socorro und Silver City. Nichts los, aber Möglichkeit zum Auftanken. Westlich davon die Abzweigung von Hwy. 18o über die Grenze nach Alpine in Arizona. Dort eine ähnlich einsame Berglandschaft (vergl. Seite 274).

"Forest Campground", einige Kilometer südlich der Kreuzung von Hwy. 12 und 18o. Schön gelegen am Straßenrand in einer kleinen Senke unter Bäumen. Außer Picknicktischen keine Einrichtungen.

MOGOLLON: Einer der verborgensten Winkel von New Mexico. Geisterstadt, die inzwischen zwar wiederbelebt ist durch ein paar Läden und Kuriositäten-Shops, die aber immer noch den vorwiegenden Eindruck von Verlassenheit vermittelt. In einem engen Tal Bretterbuden in unterschiedlichen Stadien des Verfalls, Autowracks und verrottete Maschinen. Durch die Abgelegenheit keine Touristenscharen wie anderswo, wo vom Geisterhaften der ghost towns wenig übriggeblieben ist. Zu erreichen 14 km östlich von Hwy. 18o über eine enge Bergstraße mit schönen Ausblicken auf die Gebirgswelt im Südwesten von New Mexico. Nicht geeignet für große Wohnmobile.

Von 187o bis 193o war Mogollon die größte Produktionsstätte von Gold und Silber in New Mexico, die aus Bergen und Bächen geschürft wurden. Zeitweise förderten die Bergleute jährlich Edelmetall für rund eine Million Dollar. Danach ging die Produktion stetig zurück, um 195o war der Ort endgültig verlassen.

GLENWOOD: Abzweigung zum 8 km entfernten CATWALK. Ein rauschender Gebirgsbach hat dort einen engen Canyon ins poröse Gestein gegraben. Teilweise ragen die Felsen senkrecht und sogar überhängend empor, der Zwischenraum zwischen den Wänden kaum 5 Meter breit. Der schmale Pfad durch die Schlucht setzt sich teilweise fort über eine Metallbrücke, die in der Canyonwand verankert ist. Im Bach riesige Felsbrocken, die von den Wänden abgebrochen und ins Tal gefallen sind. Schöner Picknickplatz unter Laubbäumen

"Catwalk RV Park", an der Straße zwischen Glenwood und Catwalk. Für Zelte und Wohnmobile. Auf steinigem Gelände, wenig Schatten. Stellplatz 1o-14 US.

"SAN FRANCISCO HOT SPRINGS", einige Kilometer südlich von Pleasanton. Ca. 2 km nicht asphaltierte Straße. Direkt am Fluß warme Quellen, die in notdürftig arrangierten Pools aufgefangen werden. Wild campen ist erlaubt, allerdings keinerlei Einrichtungen. Gratis.

✦ Silver City   (11.ooo Einw.)

Traditionelle Minenstadt mit Ortskern aus der Zeit des Wilden Westens; die Fassaden allerdings vielfach durch moderne Schaufensterfronten überlagert. Im Gegensatz zu ähnlichen Städten im Südwesten noch heute aktiver Bergbau. Der moderne Teil des Ortes breitet sich immer weiter in die umliegende Hügellandschaft aus und unterscheidet sich nicht von vielen anderen Einheitsstädten nach US-Muster. Sehenswert das Museum der Universität mit einer faszinierenden Sammlung der prähistorischen Mimbres Keramik.

Silver City ist guter Ausgangspunkt für den Besuch der Gila Cliff Dwellings und des City of Rocks State Park, beide abseits gelegen und ohne Unterkünfte.

Bis zum 19. Jahrhundert lebten in der Region um Silver City vorwiegend Apachen. Lediglich vereinzelte spanische, später mexikanische Bergleute und Goldschürfer versuchten hier ihr Glück. 187o jedoch wurde Silber entdeckt, die neugegründete Stadt erhielt ihren entsprechenden Namen und wuchs innerhalb eines Jahres um einige tausend Menschen an. Doch immer noch lag der Ort am Ende der Welt; die nächste Bahnstation war in Colorado, so daß Versorgungsgüter Wochen brauchten, um hier anzukommen.

Um 1875 erreichte die Silberproduktion ihren Höhepunkt, als pro Woche für 16.ooo Dollar Metall aus der Erde geholt wurde. In dieser Zeit machte ein gewisser Henry McCarty Schlagzeilen in der lokalen Presse: Wegen kleinerer Diebstahlsdelikte war der 15-jährige vom örtlichen Sheriff ins Gefängnis verfrachtet worden. Das dünne Kerlchen, das zwei Jahre zuvor mit seinen Eltern nach Silver City gekommen war, entwischte durch den Kamin, ward in der Gegend nicht mehr gesehen und machte später als Billy the Kid gewaltiges Aufsehen in anderen Teilen New Mexicos (siehe Kapitel "Geschichte"). Daß er in Silver City seinen ersten Mord begangen haben soll, ist eine der vielen Legenden, die sich nachträglich um seine Person gebildet haben.

Die Stadt erfreute sich auch nach Billys Abgang großer Prosperität. 1881 baute man sogar eine Verbindungslinie zur Southern Pacific Railroad nach Deming. Doch kurz vor Ende des Jahrhunderts war es mit dem Boom jedoch zunächst einmal vorbei, Silver City mußte zwei harte Schläge hinnehmen: 1893 fiel der Weltmarktpreis für Silber in den Keller, und die Produktion war nicht mehr rentabel, die Minen mußten schließen. Zwei Jahre später rauschte nach schweren Regenfällen eine Flutwelle durch den Ort und riß die gesamte Main Street mit sich. Die meisten Häuser blieben zwar stehen, doch das Niveau der Straße war innerhalb von gut einer Stunde um 12 m gesunken. Sie hatte sich in einen tiefen Graben verwandelt, der noch heute zu sehen ist und inzwischen zum Big Ditch Park umgewandelt ist.

Wenig später ging es wieder aufwärts in Silver City. Östlich der Stadt entdeckte man große Kupfervorkommen, die ab 1910 in der Tagebaumine Santa Rita abgebaut wurden. Sie ist noch heute in Betrieb, die jahrelange Wühlarbeit der Bagger hat ein riesiges Loch hinterlassen. Auch südlich von Silver City begann der Kupferkonzern Phelps Dodge mit dem Bergbau. Dort fand der Abbau unter Tage statt, und die Firma ließ 1915 die Musterstadt Tyrone für ihre Arbeiter in die Landschaft stellen. Der Fall der Kupferpreise machte die Produktion in Tyrone ab 1928 jedoch unrentabel. Phelps Dodge schloß die Mine, Tyrone wurde zur Geisterstadt vor den Toren von Silver City.

Auch als Ende der sechziger Jahre die Kupferförderung wieder aufgenommen wurde, war dem einstigen Modell-Städtchen kein Glück beschieden: Rentabel war nur der Tagebau, bei dem gewaltige Flächen gebraucht wurden. Die Bagger, die das Tagebauloch beständig erweiterten, fraßen Tyrone einfach auf. Noch heute sind die Minen von Santa Rita und Tyrone in Betrieb.

 Chamber of Commerce, 1103 Hudson Blvd./ Ecke 12th St.
Post: Hudson Blvd./ Ecke 6th St.

SEHENSWERTES

SILVER CITY MUSEUM, 312 W. Broadway. In einer Villa aus dem Jahre 1881. Kleines Provinzmuseum. Sammlung von Keramik aus Mimbres und dem mexikanischen Casas Grandes. Möblierte Zimmer im viktorianischen Stil. Außerdem Kleinigkeiten wie alte Büroeinrichtungen und Bergbau-Utensilien. Geöffnet Di-Fr von 9-16.30 Uhr, Sa/So von 10-16 Uhr. Eintritt frei.

WESTERN NEW MEXICO UNIVERSITY MUSEUM, auf dem Unigelände, 12th St./ Ecke Alabama St. Erstklassige Sammlung von Mimbres Keramik, die im 12. Jahrhundert in der Nähe des heutigen Silver City von prähistorischen Mogollon Indianern hergestellt wurde. Die exquisiten Einzelstücke vermitteln einen guten Eindruck von der Vielfalt der Bemalung: abstrakte Muster sowie tierische und menschliche Motive. Alles im Bestzustand. Details zu dieser Keramik siehe Kapitel "Indianer-Kulturen". Außerdem Keramik aus dem mexikanischen Casas Grandes, die in der Bemalung einen völlig anderen Stil aufweist.

Die anderen Abteilungen des Museums sind weniger bedeutend und gehen über die Qualität eines durchschnittlichen Heimatmuseums nicht hinaus: Mineralien, Werkzeuge, Fotos. Geöffnet Mo-Fr von 8-16.30 Uhr, Sa/So von 9-16 Uhr. Gratis.

BILLY THE KID TOUR: Das Touristenbüro preist einen Rundgang zu den "Wirkungsstätten" des berühmten Revolverhelden an. Ist allerdings nicht mehr als ein Marketing-Einfall, da die ursprünglichen Gebäude, in denen sich Billy und seine Eltern 1875 aufhielten, nicht mehr erhalten sind. Und mit einem Grundstück, auf dem ein Haus stand, in dem Billy angeblich ... usw. - läßt sich nicht viel anfangen.

TYRONE OPEN PIT MINE, südlich von Silver City am Hwy. 9o Richtung Lordsburg. Von der Straße aus zu sehen das Gebirge der Abraumhalden; im Ort Tyrone Zugang zu einem Aussichtspunkt mit Blick auf die Tagebaumine.

SANTA RITA OPEN PIT MINE, am Hwy. 152 östlich von Silver City. Aussichtspunkt mit Blick in das Loch der Tagebaumine, die noch immer in Betrieb ist. Kupferabbau im großen Stil. Die Grube hat inzwischen einen Durchmesser von ca. 2,5 km. Zusammen mit den Abraumhalden, die kilometerlange Tafelberge bilden, verschandelt sie nicht etwa die Landschaft, sondern hat eine ganz neue geschaffen.

"The Carter House", 1o1 N. Cooper St. Oberhalb des Zentrums von Silver City neben dem Courthouse. Bed&Breakfast in ehemaliger Villa eines Minenbesitzers. Mehrere Aufenthaltsräume und große Veranda mit schönem Blick über die Stadt. Frühstücksbuffet. Zimmer unterschiedlich groß und individuell gestaltet, alle mit eigenem Bad. DZ je nach Größe 6o-7o US. Tel. 388-5485.

"Super 8 Motel", 1o4o E. Hwy. 18o. Am Nordostrand der Stadt, oberhalb der Durchgangsstraße. Neues Motel mit modern eingerichteten Zimmern. Eines der besseren von Silver City. DZ ca. 48 US. Tel. 388-1983 oder 8oo-8oo-8ooo.

"Drifter Motel", 711 Silver Heights Blvd. Am nördlichen Stadtrand, direkt an der Durchgangsstraße. Hufeisenförmig angeordnet um einen großen Parkplatz. In dessen Mitte ein SW-Pool für die wärmere Jahreszeit. DZ ca. 45 US. Tel. 538-2916.

"Copper Manor", 71o Silver Heights Blvd. Langgestrecktes Gebäude an Durchgangsstraße. Kleines Hallenbad und Whirlpool. Je weiter hinten die Zimmer, desto ruhiger. Ausstattung ohne besondere Extras. DZ ca. 45 US. Tel. 538-5392.

"Palace Hotel", 1o6 Broadway. Im Zentrum von Downtown, historisches Hotel seit 189o. Hundert Jahre später restauriert und neueröffnet. Schon in der Lobby das liebevollaltmodische Flair vergangener Zeiten. Zimmer unterschiedlich eingerichtet, der Stil des alten Hotels ist beibehalten. Auch die Qualität der Ausstattung ist nicht einheitlich: DZ mit Gemeinschaftsbad ab 27 US, mit Privatbad ab 31 US. Kontinentales Frühstück inkl. Tel. 388-1811.

"The Carter House" 1o1 N. Cooper St. Oberhalb von Downtown. Der Bed&Breakfast Inn hat auch je einen Schlafsaal für Männer und Frauen. Benutzung von Küche, Waschmaschine und TV. Großzügige Aufenthaltsräume, Terrasse. Familiäre Atmosphäre, freundliche und hilfreiche Besitzer. Im Schlafsaal pro Person 14 US, mit Ausweis 11 US. Ein DZ für Pärchen ab 22 US. Tel. 388-5485.

Einige RV-Parks am Stadtrand, meist aber in trostloser Umgebung. Camper sind besser aufgehoben auf den Plätzen am Gila Cliff National Monument oder im City of Rocks State Park.

Kulinarisch ist Silver City so öde wie die karge Landschaft im Süden der Stadt. Selbst über lobenswerte Ausnahmen läßt sich nicht berichten. Halbwegs erträglich sind die folgenden:

RED BARN, 7o8 Silver Heights Blvd., am nördlichen Stadtrand. Trotz der Größe der beiden Speisesäle eine familiär-rustikale Atmosphäre. Die Qualität der angebotenen Steaks, Ribs und Fischgerichte allerdings eher durchwachsen. Bei 8-15 US inkl. Selbstbedienung an der Salatbar auch nicht gerade billig.

THE CORNER CAFE, Bullard St./ Ecke Broadway. Im Zentrum. Rustikales Café. Preiswertes Frühstück, kleine Imbisse.

SCHADEL'S BAKERY, 212 N. Bullard St. Einfaches Café, Frisches Brot und hausgemachte Cookies.

COPPER LUNCH PAIL, 312 N. Bullard St. Nur Frühstück und Lunch. Halbwegs gemütliche Cafeteria. Preiswerte Suppen und Sandwiches. Selbstbedienung am Buffet, soviel man möchte für ca. 5 US.

BLACK CACTUS, Texas St./ Ecke Yankie St. Etwas versteckt in einer Seitenstraße von Downtown. Winziges, originelles Bistro. Kleine, gemütliche Räume zwischen rohen Backsteinwänden. Frühstück 2-3 US, begrenzte Auswahl an Tellergerichten mittags und abends für 3-5 US.

Selbstversorger: FURR'S, N. Hudson Blvd./ Ecke 14th St. Großer Supermarkt mit guter Fleisch- und Gemüseabteilung.

Picknick: Einer der schönsten Picknickplätze in New Mexico liegt im City of Rocks State Park. Es lohnt sich, dafür in Silver City einzukaufen und die etwa halbstündige Fahrt zu unternehmen. Beschreibung siehe Seite 444.

Verbindungen

Keine öffentlichen Verkehrsmittel von und nach Silver City. Per Auto über Hwy. 18o nach Deming und zur Interstate 1o (85 km/ ca. 1 Std.) sowie Richtung Norden über Reserve nach Socorro (37o km/ mit Zwischenstops und Abstechern eine Tagestour). Hwy. 9o nach Lordsburg (7o km/ ca. 1 Std.) und weiter über Interstate 1o nach Arizona.

★Pinos Altos

Wenige Kilometer nördlich von Silver City kleines Bergdorf mitten im

Wald. Eine Gruppe von Blockhäusern und -hütten bildet das historische Zentrum. Original allerdings nur das Museumsgebäude, die anderen nach alten Vorbildern rekonstruiert, u.a. das Opera House und das Pinos Altos Mercantile mit dem Original-Schalter eines alten US Post Office. In der <u>HEARST CHURCH</u> (geöffnet täglich von 1o-17 Uhr) Ausstellungen lokaler Künstler sowie eine kleine Sammlung von Pferdekutschen und Werkzeugen, u.a. ein Leichenwagen, in dem der berühmte Sheriff Pat Garrett zu Grabe getragen wurde.

Der Name der ehemaligen Kirche erinnert an George Hearst, den Vater des kalifornischen Zeitungskönigs und Erfinders der Yellow Press, William Randolph Hearst. Vater George verdiente in den Minen von Pinos Altos einen Teil des Vermögens, mit dem sein Sohn später das Zeitungsimperium aufbaute.

Im lokalen <u>MUSEUM</u>, auf Main St. gegenüber vom Opera House, eine skurrile Kuriositätensammlung: alte Geschäftsbücher, Goldwaagen, Mineralien, Werkzeuge und jede Menge Kram und Trödel. Die Blockhütte stammt aus dem Jahre 1866. Geöffnet täglich von 9-18 Uhr, sonntags nur bis 17 Uhr. Eintritt o,5o US.

<u>FORT SANTA RITA DEL COBRE</u>, neben dem Museum. Rekonstruktion eines Forts mit Adobe-Mauern, das die Spanier 1804 bei Santa Rita östlich vom heutigen Silver City errichteten, um ihre Bergbauaktivitäten vor Überfällen der Apachen zu schützen. Im Innern einige Pferdekutschen und die typischen Gerätschaften von Bergbau und Landwirtschaft.

"<u>Bear Creek Cabins</u>": Übernachtungsalternative zu den Durchschnitts-Motels in Silver City. Mitten im Wald eine Reihe von komfortabel ausgestatteten Holzhäusern. Rustikaler Blockhaus-Stil. Ideal für Familie oder kleine Gruppe, da mehrere Zimmer mit Küche und Bad. Ruhiger Standort für ein paar erholsame Tage im Gila Forest mit Wanderungen und Ausflügen zu den Gila Cliff Dwellings und City of Rocks State Park. Apartments und Häuser je nach Größe 75-12o US. Tel. 388-45o1.

BUCKHORN SALOON: Auch im Restaurant-Bereich bietet Pinos Altos eine positive Alternative zu Silver City. Saloon und Speisesaal zwischen rohen Backsteinwänden. Antike Theke; Werkzeuge und Wagenräder an den Wänden. Das Essen nicht überwältigend, aber ordentlich. Bei 1o-2o US für Steaks und Fischgerichte zahlt man allerdings einige Dollars allein fürs Ambiente.

SILVER CITY --> GILA CLIFF DWELLINGS

7o km/ ca. 1 Std. Kurvenreiche und einsame Strecke durch die Nadelwälder des Gila National Forest, eines der größten Waldgebiete New Mexicos. Unterwegs von Zeit zu Zeit schöner Überblick über Berge, Felsen und Wälder.

Etwa auf halber Strecke zweigt Hwy. 35 ab: Ebenfalls durch den Gila National Forest. Bietet sich an als alternativer Rückweg von Gila Cliff nach Silver City oder zum City of Rocks State Park. Bade- und Campmöglichkeit am Lake Roberts. Später entlang des <u>MIMBRES RIVER</u>: Grüne Flußoase mit Laubbäumen und gelegentlichen Obstplantagen. Die Berge zu beiden Seiten dagegen felsig und karg. In diesem Tal lebte der prähistorische Stamm der Mogollon, der die berühmte Mimbres Keramik herstellte und ebenso wie die gesamte Mogollon Kultur um 12oo spurlos verschwand (vergl. Kapitel "Indianer-Kulturen").

★Gila Cliff Dwellings National Monument

In den Felswänden oberhalb des Gila River eine der imposantesten prähistorischen Ruinenstätten New Mexicos. Klippenhäuser der Mogollon Indianer, eingepaßt in riesige Höhlen und Felsvorsprünge. Ein 1,5 km langer Pfad führt zu einer Serie von sieben Höhlen, deren Front teilweise durch Mauerwerk verschlossen ist. Dahinter die Wohn- und Lagerräume der Mogollon.

Beeindruckend vor allem die Größe und Höhe der Höhlen und der darin errichteten Mauern. Fast alles im vorgefundenen Zustand, hier wurde nur wenig rekonstruiert. Über Treppen und Leitern lassen sich die einzelnen Häuser und Wohnungen erkunden. Gegenüber steile Klippen, auf denen sich ein paar Bäume festklammern, unten plätschert ein Bach. Im <u>VISITORS CENTER</u> kleine Ausstellung zu den Mogollon und Apachen. Geöffnet täglich von 9-17 Uhr. Besuch des National Monument gratis.

> Die Cliff Dwellings waren lediglich bewohnt von 128o-132o, obwohl die Mogollon bereits seit der Zeitenwende als Jäger und Sammler in der Gegend lebten. Zunächst bauten sie Grubenhäuser, ab 1ooo n. Chr. auch überirdisch gemauerte Gebäude. Die Bewohner von Gila Cliff betrieben Landwirtschaft am Fluß und auf den Mesas. Warum sie nach so kurzer Zeit die gerade erst errichteten Klippenhäuser verließen, ist nicht geklärt.

"<u>Lower Scorpion Campground</u>", Nähe Cliff Dwellings. Ruhiger Platz unter Bäumen. Picknicktische, Wasseranschluß, Toiletten. Gratis. 2oo m weiter der "Upper Scorpion", ähnlich gelegen und ausgestattet. Auch an der Straße nach Silver City einige Campgrounds des National Forest Service, zumeist mitten im Wald und ruhig. Außer Picknicktischen dort jedoch keine Einrichtungen. Ebenfalls gratis.

WANDERN

Das National Monument ist Ausgangspunkt zahlreicher Wanderwege durch den Gila National Forest. Keine spektakulären Trails, aber angenehme Wanderungen durch Wälder und Täler. Zwei Rundwege eignen sich besonders im Anschluß an den Besuch der Cliff Dwellings. Ausgangspunkt für beide ist T.J.Corral, Nähe Lower Scorpion Campground. Endpunkt am Parkplatz der Cliff Dwellings, von dort 1 km Straße zum T.J.Corral.

"EE Canyon Loop": 13 km/ ca. 3-4 Std. Zunächst steiler Anstieg, später etwas flacher auf einem Höhenzug. Dann bergab zum EE Canyon, dem der Trail eine Weile folgt. Am Fluß zurück zum Parkplatz.

"Zig Zag Trail", 18 km/ ca. 5-6 Std. Stetiger Aufstieg im ersten Teil. Abstecher möglich zum Little Bear Canyon. Durch Wälder zurück zum Fluß am Parkplatz.

✭ City of Rocks State Park

Kurioses Felsen-Szenario mitten in einer verkarsteten Ebene. Ganz unvermittelt wachsen die Felsbrocken aus dem Boden, sehen von weitem aus wie ein kompaktes Haufendorf. Zwischen den erodierten Kolossen enge Gassen, verborgene Winkel, niedrige Durchgänge. Wie gemacht zum Klettern, Toben oder für ein stundenlanges Versteckspiel. Ein Paradies für Kinder und Wildwest-Nostalgiker. An vielen Stellen Bänke und Tische für eines der schönsten Picknickerlebnisse in New Mexico. Zufahrt pro PKW 3 US.

Der State Park dient gleichzeitig als Campground, sicher einer der originellsten im gesamten Südwesten. Zwischen den Felsen verteilt die vereinzelten Stellplätze, je nach Tageszeit schattig oder sonnig. Nachts die totale Ruhe. Gepflegte sanitäre Einrichtungen inkl. Duschen. Stellplatz 7 US, einschließlich Zufahrt zum State Park.

✭ Lordsburg (3.500 Einw.)

Tristes Durchgangskaff in glühend heißer Ebene. Kein Grund für einen Aufenthalt, wenn einen nicht gerade die Nacht überrascht auf einer Langstreckenfahrt zwischen Kalifornien und Texas. In der Nähe zwei interessante ghost towns.

Gegründet 1880 im Zuge des Ausbaus der Southern Pacific Railroad, damals wichtiger Haltepunkt im Südwesten von New Mexico. In der Nähe befand sich 1858-61 bereits eine kleine Siedlung, die als Postkutschenstation für die damals operierende Butterfield Stage Coach fungierte. Die Linie wurde 1861 wegen des amerikanischen Bürgerkrieges eingestellt. Details siehe "Geschichte".

Ordentliche Motels in der Preiskategorie zwischen 25 und 50 US an bei den Autobahnausfahrten (Exit 22 und 24). "**American Motor Inn**", 944 E. Motel Dr., Exit 24, mit SW-Pool im Sommerhalbjahr, DZ ab 50 US, Frühstück inkl. Tel. 542-3591. "**Super 8 Motel**", 110 E. Maple St., Exit 22. DZ ca. 43 US, Tel. 542-8882.

✭ Shakespeare

Geisterstadt, die noch wirklich eine ist und nicht vom Tourismus voll vereinnahmt wurde. Ca. 3 km südlich von Lordsburg in der Einöde. Geöffnet nur 14-tägig am Sa und So, Führungen für 3 US pro Person, um 1o und 14 Uhr. Reservierung ratsam über Tel. 542-9o34. Im Normalfall ist das Gelände verschlossen, da in Privatbesitz.

Zu sehen sind Saloon, Bank und zahlreiche andere Gebäude, alle beinahe im Originalzustand. Werden nur so weit restauriert, daß sie nicht verfallen. Dazu gibt's während der Führung viele Stories über die große Zeit und die wilden Tage in Shakespeare, als die Stadt noch Ralston City hieß und 187o nach Silberfunden schnell auf 3ooo Einwohner anwuchs. 1879 zu Ehren des großen Briten umbenannt und bis 1938 florierende Stadt ohne übermäßige Boomzeiten. Es gab hier nie eine Kirche oder eine lokale Zeitung. Nach Ende der Minen-Aktivitäten völlig verlassen. Seither im Besitz einer Familie, die die Überreste pflegt, ohne sie total zu vermarkten.

✦ Stein's Ghost Town

Westlich von Lordsburg an Interstate 1o. Wie Lordsburg war auch Stein's eine Station an der Butterfield Stage Coach und später der Southern Pacific Railway, erlangte aber nie größere Bedeutung. Keine Erzfunde, und selbst das Wasser mußte aus einem nahegelegenen Canyon herbeitransportiert werden. Als Überbleibsel aus dem 19. Jahrhundert heute noch zehn Gebäude mit Gerätschaften und Möbeln aus besseren Tagen. Geöffnet täglich, Eintritt 1,5o US.

LORDSBURG --> ALAMOGORDO

3oo km/ ca. 3 Std. Eintönige Strecke durch die nördlichen Ausläufer der Chihuahua Wüste. Die Straßen schnurgerade, fast das ganze Jahr über brennt die Sonne erbarmungslos vom Himmel. Hier bekommt man ein Gefühl für die Weite des amerikanischen Kontinents und die Entbehrungen der Reisenden vor dem Bau der Eisenbahn.

Die wenigen Orientierungspunkte entlang der Strecke bieten nichts Überragendes, bedeuten aber hin und wieder eine kleine Abwechslung. Kurz vor Alamogordo allerdings eine der größten Attraktionen des südlichen New Mexico: White Sands National Monument.

✦ Deming (11.ooo Einw.)

Exit 81 zum Motel Dr., wo die bekannten Motel-Ketten ihre Filialen haben. Im Zentrum (Gold St., Silver St., Spruce St.) relativ einheitliche Reihe von Fassaden aus der Gründerzeit, die in der grellen Sonne einen schläfrigen Provinzeindruck vermitteln.

<u>DEMING-LUNA-MIMBRES MUSEUM</u>, 3o1 S. Silver St. Eines der besseren Regionalmuseen von New Mexico, das die Unterbrechung der Fahrt auf dem eintönigen Interstate rechtfertigt. Ungeheure Fülle von Exponaten, trotzdem übersichtlich präsentiert: Fotos aus der Geschichte der Region, Puppen, Spielzeug, Gläser, Keramik, Möbel, Klaviere, Sättel,

Kleidung. In der Abteilung zur Indianerkultur Korbwaren und eine kleine Sammlung von prähistorischer Keramik aus Mimbres und dem mexikanischen Casas Grandes. Außerdem eine erstaunliche Sammlung von Tischglocken. In gesonderten Räumen Planwagen, Feuerwehrautos, ganze Büroeinrichtungen. Geöffnet Mo-Sa von 9-16 Uhr, So von 13.3o-16 Uhr. Eintritt frei.

✦ Columbus

Abzweigung ab Interstate 11 in Deming. Unbedeutendes Kaff an der mexikanischen Grenze, das 1916 jedoch ein historisches Unikum erlebte: Das einzige Mal in der Geschichte der USA überquerten fremde Truppen deren Grenze auf dem nordamerikanischen Festland für eine kriegerische Aktion. Der mexikanische Revolutionär Pancho Villa war der Übeltäter. Damals energisch verfolgt, heute ist ein nahegelegener State Park nach ihm benannt. Als späte Strafe allerdings an einem Ort, der so trocken, heiß und unattraktiv ist, daß er kaum Besucher anzieht.

Francisco ("Pancho") Villa lieferte sein kleines Husarenstück im März 1916, als er mit rund tausend Mann die Grenze zum mächtigen Nachbarn im Norden überquerte und das Städtchen Columbus überfiel.

Er besaß seine Gründe für die Attacke: Kurz vorher nämlich hatte US-Präsident Wilson die Regierung von Villas Gegenspieler Carranza diplomatisch anerkannt, was den alten Haudegen hochgradig erboste. Da seine Truppe aber durch die verlustreichen Gefechte der ersten Revolutionsjahre bereits stark geschwächt war, beschränkte er sich auf diese einmalige "Strafaktion".

Den Amerikanern war dies Anlaß genug, eine Prämie von 5.ooo Dollar auf seinen Kopf auszusetzen. Überall im Grenzgebiet tauchten die charakteristischen Steckbriefe auf, mit denen einst die Banditen des Wilden Westens gesucht wurden. Die US-Regierung mußte allerdings schnell erkennen, daß der mit allen Wassern gewaschene Villa auf diese Weise nicht zu fangen war, weshalb sie gleich ein ganzes Truppenkontingent unter General Pershing hinter ihm her hetzte.

Fast ein Jahr lang versuchte die US-Army Villa zu erwischen und drang bei diesem Unternehmen bis zu 8oo km auf mexikanisches Territorium vor. Doch trotz dieser ausgedehnten Streifzüge durch den Norden Mexikos mußten Pershing und seine Soldaten unverrichteter Dinge wieder heimkehren.

Ein kleiner Triumph der Mexikaner gegenüber dem übermächtigen Nachbarn, der in großem Maße zur bis heute andauernden Popularität Pancho Villas in seinem Land beigetragen hat. Auf der anderen Seite der Grenze waren die Bürger jedoch so erbost über den Streich, daß es noch 1959 wütende Proteste hagelte, als das Parlament von New Mexico den grenznahen State Park nach Villa benannte.

ROCK HOUND STATE PARK

Südöstlich von Deming; auch nicht unbedingt eine erste Adresse für den Durchschnittstouristen. Die Felslandschaft bietet allerdings eine Menge Mineralien und Halbedelsteine (Achat, Onyx und Opal). Reich werden kann man davon nicht; aber wer mit Zeit und Ausdauer sucht, hämmert und gräbt, kann sicher ein paar schöne Exemplare finden und sogar ganz

Süd-New Mexico 447

legal mit nach Hause nehmen. Ein Campingplatz mit guten sanitären Einrichtungen ermöglicht Übernachtung im Zelt oder Wohnmobil.

✦ Las Cruces (62.000 Einw.)

Verkehrsknotenpunkt und größte Stadt im Süden von New Mexico. Schön gelegen am Rio Grande und vor der Kulisse der ausgezackten Organ Mountains. Für einen Zwischenstop allerdings nur interessant, wenn man die gut 100 km bis Alamogordo nicht mehr schafft und sich eine Übernachtungsgelegenheit suchen muß. Neben den endlosen Motel- und Business-Districts eine Fußgängerzone in Downtown (Main St./ Ecke Las Cruces Ave.). Vereinzelte Häuser aus der Vergangenheit der Stadt sind brutal von Parkplätzen und Geschäftshäusern eingerahmt und erdrückt.

An den Autobahnausfahrten jeweils die übliche Konzentration von Motels. Günstige Ausfahrt ab Interstate 10 ist Exit 142. Direkt hinter der Ausfahrt, trotzdem relativ ruhig gelegen: "**Holiday Inn**", 201 E. University Dr., Tel. 526-4411, DZ ab 70 US. "**Super 8 Motel**", 245 La Posada Lane, Tel. 523-8695, DZ ca. 43 US. "**Motel 6**", Main St., Tel. 525-1010, DZ ca. 38 US.

✦ Mesilla

Ca. 5 km südlich von Las Cruces, zu erreichen über Exit 140. Rund um eine typische mexikanische Plaza ein einheitliches Viertel mit flachen Adobe-Gebäuden und der San Albino Kirche. Von der Architektur her glaubt man sich nach Mexiko versetzt; genaueres Hinsehen jedoch zeigt, wer hier das Sagen hat: Das gesamte Städtchen ist verwandelt in ein Shopping Center, kaum ein Haus ohne Boutique, Galerie oder Souvenir-Shop. Kunsthandwerk und Kitsch aus der ganzen Welt.

Trotzdem angenehmer Ort für eine Pause vom Highway-Streß. Picknick auf der Plaza oder Lunch in einem der beiden Restaurants: LA POSTA war schon Station der Butterfield Stage Coach; Einrichtung und Essen dürften sich seit damals nicht viel verändert haben. Einfache mexikanische Küche für 5-10 US in karger Umgebung. Schöner, gemütlicher und teurer ist DOUBLE EAGLE; mehrere Räume und Patio, von rustikal bis vornehm eingerichtet. Nicht verpassen die Bar mit den vergoldeten Säulen und den Kronleuchtern über der Theke. Feine Küche für 10-20 US, in den vorderen Räumen auch preiswertere Gerichte.

Die Gründungsgeschichte von Mesilla hängt eng mit den feindseligen Beziehungen zwischen den USA und Mexiko in der Mitte des 19. Jahrhunderts zusammen. Nach der militärischen Niederlage der Mexikaner 1848 verblieb der südliche Abschnitt des heutigen New Mexico noch unter mexikanischer Hoheit, während die riesigen Gebiete nördlich davon abgetreten werden mußten (vergl. Kapitel "Geschichte").

Um die Grenze zu sichern und Souveränität zu demonstrieren, gründeten die Mexikaner neue Siedlungen im Grenzgebiet, u.a. Mesilla, das aus dieser Zeit seinen betont mexikanischen Charakter besitzt. Kurz darauf jedoch kauften die Vereinigten Staaten im Rahmen des Gadsden Purchase noch einen weiteren Streifen mexikanischen Territoriums und Mesilla fiel an die USA.

SAN AGUSTIN PASS
Zwischen Las Cruces und Alamogordo die Überquerung der Organ Mountains. Von der Paßhöhe (174o m) aus sowohl nach Osten als auch nach Westen phantastischer Blick über Ebenen und Gegirgsketten im südlichen New Mexico. Am Fuß der Berge die WHITE SANDS MISSILE RANGE, Raketenabschußbasis des US-Militärs. Von 1945-5o feuerten die Amerikaner hier unter Anleitung von Wernher von Braun rund sechzig V-2 Raketen aus ehemaligen deutschen Beständen ab. Seither wurden hier viele Raketen der US-Army getestet, u.a. Viking, Nike, Hercules und Pershing. Heute ist die Basis außerdem Ausweichlandeplatz für die Space Shuttles.

✦White Sands National Monument
Eines der ungewöhnlichsten Naturwunder Nordamerikas: Kilometerlange Dünenlandschaft aus feinstem, weißem Gips. Man fühlt sich mal in die Sahara, mal in die Arktis versetzt. Geöffnet 8 Uhr bis Sonnenuntergang, Zufahrt pro PKW 4 US. Camping nur auf primitivem Campground ohne Einrichtungen, mit Sondergenehmigung der Ranger. Trinkwasser nur am Visitors Center. Nächstgelegene Unterkunft in Alamogordo.

Das Tularosa Basin war früher ein riesiger Binnensee, der von Regen- und Schmelzwasser gefüllt wurde. Das Wasser floß aus den umliegenden Gebirgen und war gesättigt mit Gips, der aus den Bergen gewaschen wurde. Eine Klimaänderung vor rund 3o.ooo Jahren führte zur Austrocknung des Sees. Der Gips lagerte sich ab, und seither weht ihn der Wind zu enormen Dünen auf.

Tourist INFO VISITORS CENTER: Direkt am Eingang. Kleine Ausstellung zur Entstehung von White Sands. Schaukästen zur Tier- und Pflanzenwelt. Gelegentlich (ca. 2x pro Woche) kann es passieren, daß sowohl Hwy. 7o nach Las Cruces als auch das National Monument für etwa zwei Stunden gesperrt werden. Dann findet auf der nahegelegenen Missile Range gerade ein Raketenstart statt.

BIG DUNE TRAIL: Wanderpfad durch die Dünenlandschaft, Dauer ca. 3o Minuten. Führt am Ende auf eine 18 m hohe Gipsdüne, von dort aus guter Überblick über die ungewöhnliche Landschaft. Extrem heiß, im Sommer über 4o Grad im Schatten. Von Tieren findet man nur Spuren, sie selbst verkriechen sich am Tag. Verschiedene Pflanzen und Büsche haben sich in den Dünen etabliert. Besonders tiefe Wurzeln versorgen sie mit dem nötigen Wasser. Eindrucksvoll der extrem feine Sand und die absolute Stille.

HEART OF SANDS: Ende der fast 13 km langen Straße ins Zentrum der Dünenlandschaft. Nach Möglichkeit am frühen Morgen oder gegen Abend befahren, dann ist die Hitze nicht so groß, und Farben und Konturen sind deutlicher zu erkennen. Phantastisch auch die Sonnenuntergänge. Ein besonderes Erlebnis sind die sommerlichen Vollmondnächte, wenn White Sands für Besucher geöffnet ist. Am Sa/So viel Betrieb durch Wochenendausflügler, die die riesigen Picknickplätze bevölkern: Stimmung wie anderswo am Strand mit Sonnenschirmen, Volleyballnetzen und Barbecue.

★ Alamogordo (28.000 Einw.)

Kleinstadt vor der Kulisse der Sacramento Mountains. Der eintönige und von anderswo bekannte Schilderwald von Wendy's, Arby's, Big Mac und Kentucky Fried Chicken entlang der Hauptstraße bestimmt das Stadtbild. Sehenswert lediglich das Space Center und das 2o km entfernte White Sands National Monument. Nordwestlich der Stadt der Trinity Site, wo 1945 die erste Atombombe gezündet wurde (vergl. dazu Kapitel "Geschichte").

 Chamber of Commerce, White Sands Blvd./ Ecke 13th St. Daneben ein kleines Heimatmuseum mit Geräten und Gerümpel aus der Geschichte der Stadt; gratis.

 Post: 9oo Alaska Ave.

SPACE CENTER: Museum der Weltraumfahrt und Planetarium. Vor dem Gebäude einige Raketen und ein schöner Blick auf White Sands National Monument. Auf der Kuppelleinwand des Planetariums wechselnde Filme zur Astronomie und Weltraumfahrt sowie Laser-Shows mit Rockmusik. Stündlich von 1o-16 Uhr, am Wochenende und während der Sommermonate bis 19 Uhr. 4 US pro Vorführung.

In der "International Space Hall of Fame" eine Ausstellung zu amerikanischen und sowjetischen Weltraumprogrammen. Verkleinerte Modelle von Raumkapseln, Mondauto und Space Shuttle, Videos vom Innern der Raumschiffe.. Schautafeln zur Geschichte der Raketenforschung. Triebwerke und Modelle. Gesonderte Abteilung zur Technik und Funktion von Satelliten, u.a. mit Fotos aus dem All. Schwerpunkt liegt auf Raketenprogrammen, die in der White Sands Missile Range erprobt wurden. Geöffnet tägl. von 9-18 Uhr, Eintritt 2,5o US.

MUSEUM OF ARCHAEOLOGY, Indian Wells Rd., auf dem Weg zum Space Center. Derzeit längerfristig geschlossen, keine Information über Wiedereröffnung.

 Die meisten Unterkünfte konzentriert am White Sands Blvd., südlicher Ortsausgang. Praktisch, da von hier aus nur 2o km über eine vierspurige Straße zur Hauptattraktion der Gegend, dem White Sands National Monument.

"**Holiday Inn**", 14o1 White Sands Blvd. zweistöckiges Motelgebäude rund um einen Garten mit Palmen und SW-Pool. Die Zimmer zum Garten angenehmer und ruhiger als diejenigen zu den außen liegenden Parkplätzen. Größe Räume, komfortabel ausgestattet mit bequemer Sitzecke. DZ ca. 7o US. Tel. 437-71oo.

"**Desert Aire Motor Hotel**", 1o21 White Sands Blvd. Großer Motel-Komplex in Hufeisenform. Innenhof zubetoniert für Parkplatz, am Rand SW-Pool und Sauna. Komfortable Zimmer, teilweise luxuriöse Räume mit Küche und Whirlpool. DZ ab 58 US aufwärts. Tel. 437-211o.

"**Super 8 Motel**", 32o5 N. White Sands Blvd. Die Alternative am nördlichen Stadtrand. Neues Motel mit gutem Standard an der Hauptstraße. DZ ca. 36 US. Tel. 434-42o5 oder 800-800-8000.

"**Motel 6**", 251 Panorama Blvd., am südlichen Ortsrand. Solides Motel mit SW-Pool und einfachen, aber gepflegten Zimmern. DZ ca. 31 US. Tel. 434-597o.

"**Western Motel**", 11o1 White Sands Blvd. Einfacher Flachbau an der Hauptstraße. Zimmer und Bäder eng, aber ordentlich. Schlichte Möblierung. DZ ca. 29 US. Tel. 437-2922.

"Oliver Lee State Park", 15 km südlich von Alamogordo. Günstig gelegen zum White Sands National Monument. Am Zugang zum Dog Canyon, eine grüne Oase inmitten karger Landschaft. Gepflegte sanitäre Einrichtungen inkl. Duschen. Stellplatz einschließlich Zufahrt zum State Park 7 US.

Fast Food beherrscht die Szene; am White Sands Blvd. lassen sich auch die ausgefallensten Bedürfnisse der Schnellesser befriedigen. Abwechslung bieten höchstens hier und da ein kleines mexikanisches Lokal oder das obligatorische Steak House:

EL CAMINO, White Sands Blvd./ Ecke 11th St. Einfaches Ambiente und ebensolche Küche. Mexikanische Gerichte für 4-8 US.

CATTLEMAN'S STEAK HOUSE, 29oo N. White Sands Blvd. Von außen abweisende Lagerhalle aus Wellblech, das Lokal selbst rustikal und halbwegs gemütlich. Steaks, Fisch und Seafood für 1o-15 US inkl. Selbstbedienung an der Salatbar.

Selbstversorger: ALBERTSONS, White Sands Blvd./ Ecke 1oth St. Großer und moderner Supermarkt im Zentrum.

Picknick: Den Ort evtl. mit gefülltem Picknickkorb Richtung White Sands verlassen. Zwischen den weißen Dünen des National Monument im Sommer allerdings extrem heiß und kein Schatten. Schattiger, aber auch näher an der Hauptstraße ist der langgestreckte Park im nördlichen Teil von White Sands Blvd.

SHOPPING
Alamogordo ist offenbar nahe genug an Texas, um die für Cowboys notwendige Kleidung auf den Markt zu bringen. Preiswerte Jeans und

Stiefel in riesiger Auswahl bei DOLLAR, 2850 White Sands Blvd.
Spezialisiert auf Hüte und Stiefel ist BOOT TOWN USA, 2909 White Sands. Blvd.

Verbindungen

Auto: Hwy. 70 nach Las Cruces (110 km/ ca. 1 Std.) und Roswell (190 km/ ca. 2 Std.). Hwy. 82 nach Carlsbad (235 km/ ca. 3 Std.). Hwy. 54 Richtung Norden mit Abzweigung nach Santa Fe (350 km/ ca. 4 Std.).

Bus: Bus-Terminal im Zentrum, White Sands Blvd./ Ecke 6th St.

-> Albuquerque: 2x tägl., 4,5 Std., ca. 35 US
-> Santa Fe: 2x tägl., 6,5 Std., ca. 40 US
-> El Paso: 2x tägl., 2 Std., ca. 18 US

✦ SACRAMENTO MOUNTAINS

Bergkette nordöstlich von Alamogordo. In den höheren Lagen dichte Nadelwälder und zwei Skigebiete. In den Randbereichen einige attraktive geologische und historische Sehenswürdigkeiten. Entweder Tagesausflug ab Alamogordo oder Zwischenstops an den interessanten Stellen auf dem Weg nach Carlsbad.

THREE RIVERS PETROGLYPH SITE: Gewaltige Anzahl von Felszeichnungen der prähistorischen Mogollon Indianer. Insgesamt rund 20.000 auf dunklen Lavabrocken. Vielfältige Motive wie Masken, Handabdrücke, Sonnen, Tiere und geometrische Ornamente. Eingeritzt mit Steinwerkzeugen. Die Designs ähneln häufig den Motiven auf der Keramik der Mimbres Kultur im Südwesten von New Mexico. Über die Bedeutung besteht keine Klarheit, evtl. religiöse Symbole oder das Festhalten wichtiger Ereignisse. Leider sind viele Steine durch rücksichtslose Sammler ihrer Muster beraubt.

In der Nähe Grundmauern eines teilweise freigelegten Mogollon Dorfes. Grubenwohnungen und Adobe-Mauern. Zufahrt über Hw. 54 nördlich von Alamogordo. 8 km Richtung Berge. 2 US pro PKW.

Übernachtung ist erlaubt auf dem Picknickplatz am Eingang zu den Petroglyphen. Überdachte Picknicktische, Toiletten, Wasser; keine Duschen. Außer den 2 US für die Zufahrt keine Extra-Kosten.

VALLEY OF FIRES: 71 km langes Lavafeld. Einer der jüngsten Lavaflüsse in Nordamerika, nur 1500-2000 Jahre alt. Die Lavaschicht ist teilweise 50 m dick. Durch schnelles Erkalten der Oberfläche entstanden die unterschiedlichsten Formationen: Lavabrocken, Höhlen, eingestürzte Lavablasen. Inzwischen haben sich auch Pflanzen wieder hier angesiedelt. Gräser, Kakteen und einige Bäume bilden einen grünen Kontrast zum schwarzen Gestein.

Zufahrt 6 km westlich des Ortes Carrizozo. Ein ca. 1 km langer Rundweg führt vorbei an typischen Formationen des Lavafeldes. 3 US pro PKW.

 Oberhalb des Lavafeldes Campingplatz mit überdachten Picknickbänken. Ansonsten der prallen Sonne ausgesetzt, aber schöner Blick über die Lavaflüsse. Stellplatz 7 US.

CAPITAN: Winziges Nest am Nordrand der Sacramento Mountains. In den USA bekannt geworden durch Smokey the Bear: Kleines Bärenjunges, 1950 aufgefunden bei einem Waldbrand, wieder aufgepäppelt, in den Zoo von Washington D.C. verfrachtet und zum Symbol für den Kampf gegen Waldbrände gemacht. Inzwischen ist Smokey eines sanften Todes gestorben, zu seinem Andenken gibt es in Capitan einen kleinen State Park am Grabe des Bären.

LINCOLN: Ein Dorf wie aus dem Bilderbuch des Wilden Westens. Weder verfallene ghost town noch voll entwickeltes Touristenzentrum, sondern gut erhaltene und dezent renovierte Holz- und Adobehäuser aus dem 19. Jahrhundert. Entlang der Durchgangsstraße etwa zwei Dutzend Gebäude, die dem Ort ein einheitliches Aussehen verleihen und alle ihre eigene kleine Geschichte haben. Einzelheiten dazu in einer Broschüre, erhältlich im Historical Center. Lincoln ist ein historisches Relikt, wie es ähnlich authentisch im Westen der USA nur noch selten zu finden ist.

Die Stadt und ihre Umgebung waren 1878 Schauplatz einer der härtesten Familienfehden des Wilden Westens, in die auch der Revolverheld Billy the Kid und Sheriff Pat Garrett verwickelt waren. Nach seiner Gefangennahme saß Billy hier im Gefängnis, konnte jedoch verschwinden, nachdem er den örtlichen Sheriff und dessen Deputy umgelegt hatte. Pat Garretts darauffolgende Jagd nach dem Flüchtigen ging weit über Lincoln hinaus und erregte die Gemüter in ganz New Mexico. Details dazu im Kapitel "Geschichte".

RUIDOSO DOWNS: Pferderennbahn mitten in den Bergen, wenige Kilometer vom Ort Ruidoso entfernt. Von Mai-Sept. Schauplatz hochkarätiger und gut dotierter Rennen (Do-So). Neben der Rennbahn das MUSEUM OF THE HORSE. Aufwendig und modern gestaltete Ausstellung rund ums Pferd. Sammlung von Sätteln und Kutschen, Planwagen und viktorianischen Möbeln. Alles in Bestzustand. Mit viel Geld zugänglich gemachte Privatsammlung. Geöffnet täglich von 10-17 Uhr, Eintritt 4 US.

RUIDOSO: Sommerfrische für den regionalen Tourismus. Vor allem viele der von Hitze und Schwüle geplagten Texaner flüchten sich in der heißen Jahreszeit in die relativ kühle Bergwelt. Ferienhäuser, Apartmentkomplexe und Campingplätze; am Wochenende und zur Ferienzeit ausgebucht und relativ teuer. Spielplatz reicher Texaner mit Bowling, Rollschuhbahnen und Kunstgalerien. Im Sommer bietet die nahegelegene Pferderennbahn zusätzliche Attraktivität, im Winter das Skigebiet SKI APACHE. Geeignet unter Umständen als Übernachtungsalternative zum heißen Alamogordo bei Touren durch die Sacramento Mountains.

"**The Enchantment Inn**", Hwy. 7o West. Motel am Waldrand oberhalb der Hauptstraße. Hallenbad mit Whirlpool. Zimmer geräumig und hell, gediegen möbliert. Zum Wald hin ruhig. DZ je nach Saison und Wochentag 5o-7o US. Tel. 378-4o58.

"**Super 8 Motel**", Hwy. 7o West. Neues Motel an der Hauptstraße. Whirlpool und Sauna. Einfaches Frühstück inkl. Zimmer modern und funktional möbliert. DZ ca. 4o US, von Mitte Mai bis Anfang September 53 US. Tel. 378-818o oder 8oo-8oo-8ooo.

SKI APACHE: Rund 2o km von Ruidoso entfernt ein Super-Skigebiet am höchsten Berg der Sacramento Mountains, dem 3.66o m hohen Sierra Blanca Peak. Eine Gondelbahn und 8 Sessellifte. Pisten auf Höhen zwischen 2.9oo und 3.5oo m. Gut zwei Dutzend Abfahrten aller Schwierigkeitsgrade, zumeist durch Waldschneisen. Von den höchsten Stellen atemberaubende Blicke über den Südosten von New Mexico. Saison von Dezember bis Ostern. Tagesticket 34 US, an Feiertagen 37 US; Ausrüstung 13 US. Information über Schneeverhältnisse und Wetter per Tel. 257-9oo1.

Ski Apache liegt auf dem Reservat der Mescalero Apachen, die das Skigebiet auch betreiben und verwalten. Shuttle-Bus ab Ruidoso für ca. 1o US. Im Sommer oder für Nicht-Skiläufer empfiehlt sich die Fahrt zum 3156 m hohen MONJEAU LOOKOUT, von dessen Aussichtsturm der Blick fast ebenso weit geht wie von den Höhenlagen des Skigebietes. Abzweigung von Hwy. 48 nördlich der Ski Area Rd.

RUIDOSO --> CLOUDCROFT: 65 km/ ca. 1 Std. Kurvenreiche Nebenstrecke durch stille Täler und Nadelwälder. Alpin anmutende Landschaft. Zwischen beiden Orten mehrere Campingplätze im Wald, alle schön und ruhig gelegen.

CLOUDCROFT: Kleines Straßendorf auf 2745 m Höhe. Einige Motels, Restaurants, Tankstelle. Versorgungsort für das 3 km entfernte Skigebiet SNOW CANYON: 2 Lifts, relativ kurze Abfahrten aller Schwierigkeitsgrade. Saison Mitte Dez. bis Ende März. Tagesticket 25 US, Ausrüstung 12 US. Steht im Schatten des großen Ski-Komplexes Ski Apache bei Ruidoso.

★ SACRAMENTO PEAK

Der 2.8oo m hohe Berg ist Standort des NATIONAL SOLAR OBSER-

VATORY mit einer Anzahl hochkarätiger Sonnenteleskope. Trockene und saubere Luft sowie viele Sonnenstunden machen es zu einen guten Beobachtungszentrum. Ursprünglich eine Institution der Air Force, heute internationales Forschungszentrum in Zusammenarbeit mit Sonnenteleskopen auf Kitt Peak (Arizona) und Cerro Tololo (Chile). Insgesamt ein futuristisches Szenario, das nicht nur einen Blick ins Weltall erlaubt, sondern auch ein phantastisches Panorama über den Südosten von New Mexico bietet.

Tagsüber vom Parkplatz aus individuelle Rundgänge über das Gelände und Betreten zweier Observatorien möglich. Gratis.

VACUUM TOWER TELESCOPE: Das auffälligste Gebäude auf dem Berg. Größtes der hier vorhandenen Instrumente, wobei 67 m noch nicht einmal sichtbar sind, sondern unterirdisch verlaufen. In der Vorhalle ein Monitor mit einem Bild der Sonne, das ein Teleskop im benachbarten Hilltop Dome aufnimmt.

> Das Licht dringt ein durch ein Fenster, 41 m über dem Erdboden, so daß zunächst einmal die üblichen bodennahen Luftturbulenzen ausgeschaltet sind. Bei normalen Teleskopen heizt die Sonne die Luft im Innern des Instruments auf, so daß sie in Bewegung gerät und das Bild unscharf wird. Durch ein Vakuum wird dieses Problem bei dem hiesigen Teleskop vermieden. Über Spiegel wird das Licht nach unten transportiert, wo im Beobachtungsraum ein Bild der Sonne von 51 cm Durchmesser entsteht. Das gesamte Gerät wiegt über 25o Tonnen, ist aber so ausbalanciert, daß es selbst per Hand bewegt werden kann. Normalerweise richtet ein kleiner Motor das Teleskop entsprechend dem Sonnenstand aus.

GRAIN BIN DOME: Beherbergte 1951 das erste Teleskop auf dem Berg. Für Besucher nicht zugänglich.

HILLTOP DOME: Hier sind mehrere Teleskope untergebracht, die gleichzeitig auf die Sonne gerichtet werden können, so daß Simultan-Beobachtungen und -Experimente durchführbar sind. Weil Sonnenteleskope wegen der relativen Nähe der Sonne zur Erde nicht so groß sein müssen wie Sternenteleskope, können mehrere gemeinsam auf einen Untersatz montiert werden. Für Besucher nicht geöffnet.

JOHN W. EVANS SOLAR FACILITY: Ebenfalls mehrere Teleskope; folgen automatisch dem Lauf der Sonne.

SÜDWEST - COLORADO

Dieser Teil Colorados ist geographisch und kulturell eng verbunden mit den angrenzenden Staaten Utah, New Mexico und Arizona. Landschaftlich Teil des Colorado Plateau und historisch die Wiege der Anasazi-Kultur.

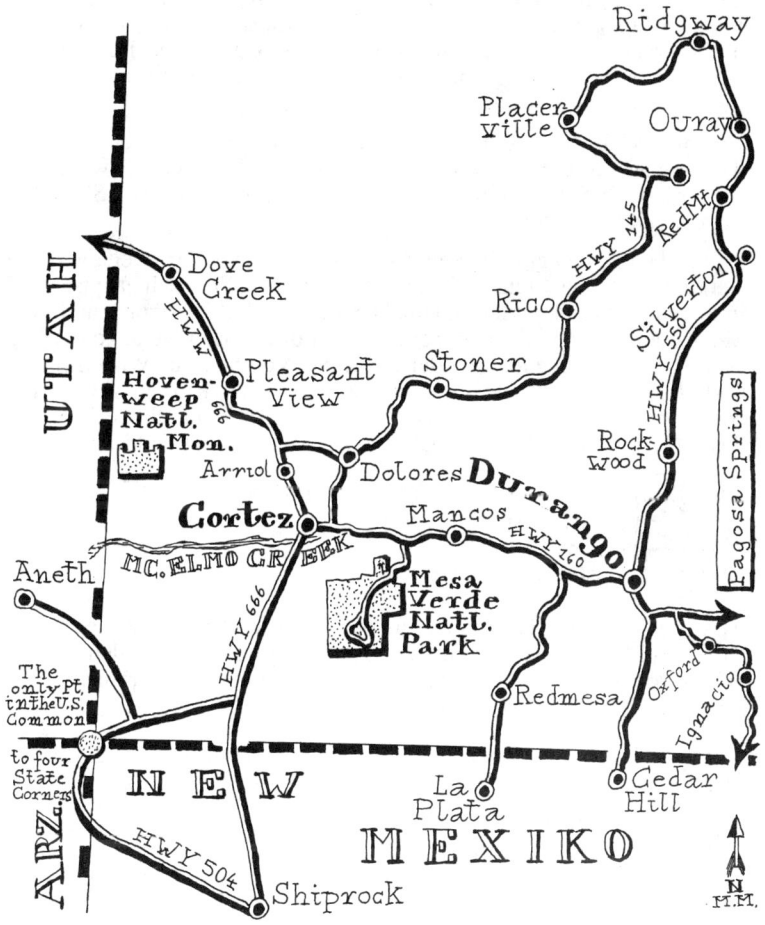

Die Klippenhäuser und Pueblos von Mesa Verde gehören zu den sehenswertesten archäologischen Stätten im gesamten Südwesten. Weitere bedeutende Hinterlassenschaften prähistorischer Indianer in Chimney Rock und Hovenweep. Western-Flair in Durango, wo auch eine nostalgische Eisenbahnfahrt durch spektakuläre Landschaften der Rocky Mountains beginnt.

✦ Durango

Ein Schmuckstück am Fuß der Rocky Mountains: Malerisch gelegen in einem Gebirgstal, als Kulisse die Gipfel der Rockies. Downtown im historischen Gewand mit einer langen Reihe von klassischen Backsteingebäuden aus dem 19. Jahrhundert. Trotz des Touristenstroms noch ein wenig Atmosphäre aus der Pionierzeit Colorados.

Durango ist das städtische Zentrum des südwestlichen Colorado. Guter Ausgangspunkt für den Besuch der Ruinen von Mesa Verde sowie Standort für verschiedene Freizeitaktivitäten der sportlichen Art: Skilaufen, Reiten, Wildwassertouren.

Tip: Neben Farmington in New Mexico ist Durango der zweite wichtige Verkehrsknotenpunkt in der Four Corners Region. Wer sich hauptsächlich im Grenzgebiet der vier Staaten Colorado, Utah, Arizona und New Mexico aufhalten will, spart Zeit, wenn er direkt nach Durango einfliegt (von Denver, Albuquerque oder Phoenix). Von hier aus Wagen mieten und Rundtour zu den zahlreichen Anasazi-Ruinen sowie den Nationalparks von Süd-Utah. Landschaftliche und kulturelle Leckerbissen des sogenannten GRAND CIRCLE konzentriert auf engstem Raum.

 Tourist Information Center, 111 S. Camino del Rio, am südlichen Ortsrand, Hwy. 55o/16o.

 Post: 222 W. 8th Ave.

MAIN AVENUE: Hauptstraße im Zentrum von Durango. Zwischen 5th Street und 12th Street eine Gruppe historischer Gebäude aus dem 19. und frühen 2o. Jahrhundert. Die klassischen Backsteinfassaden erinnern an die Gründerzeit in Durango.

Mittendrin die pompösen Grand Hotels von damals, STRATER und GENERAL PALMER, bei denen sich auch ein Blick in die Lobby lohnt.

ANIMAS MUSEUM, 31st St./ Ecke 2nd Ave. Kleine Ergänzung des Rundgangs über die historische Main Avenue: Archäologische Fundstücke und Exponate zur Geschichte von Durango. Rekonstruiert auch das Klassenzimmer einer Schule aus dem 19. Jahrhundert. Geöffnet nur Mitte Mai bis Ende Sept., Mo-Sa von 1o-18 Uon

Südwest-Colorado

Trotz des nahegelegenen Skigebietes sind die Hotelpreise zur Wintersaison in Durango weit niedriger als im Sommer. Kein geringer Anreiz zum Skilaufen in dieser Region. Dann kann man sich sogar relativ günstig in einem der eleganten Traditionshotels von Downtown einmieten, während im Sommer selbst normale Motels kräftig zulangen und die Winterpreise der Luxushotels übertreffen.

"**General Palmer**", 567 Main Ave. In Downtown, eines der klassischen Grand Hotels des Wilden Westens, erbaut 1898. Schon die Lobby verrät den eleganten Stil des Hauses. Viktorianische Schnörkel in den Zimmern, moderner Komfort in den Bädern. Übernachtung wie vor hundert Jahren, nur die Preise sind etwas gestiegen. DZ je nach Ausstattung im Winter ab 82 US, im Sommer ab 145 US. Tel. 247-4747 oder 8oo-523-3358.

"**Strater Hotel**", 699 Main Ave. Im Zentrum von Downtown. Vierstöckiges Backsteingebäude. Schon von außen eine Augenweide mit den viktorianischen Erkern und Simsen. Gediegene Lobby eines Grand Hotels mit Tradition seit 1887. Zimmer ausgestattet mit noblen Antiquitäten und viktorianischem Dekor. Lebendiges Relikt des Luxus aus der Pionierzeit. DZ je nach Ausstattung im Winter ab 68 US, im Sommer ab 115 US. Tel. 247-4431 oder 8oo-247-4431.

"**Rio Grande Inn**", 4oo E. 2nd Ave. Zentral gelegen in der Nähe des Bahnhofs. Ruhig am Ende einer Sackgasse. Modernes Hotel, mehrstöckig. Parkplätze vorhanden. Im überdachten Innenhof Hallenbad und Whirlpool. Zimmer groß mit komfortablen Sitzmöbeln, viele mit Balkon. DZ je nach Größe ab 63 US im Winter, ab 92 US im Sommer. Tel. 385-498o oder 8oo-245-4466.

"**The Gable House**", 8o5 E. 5th Ave. Verwinkelte viktorianische Villa mit Erkern, Türmchen und Veranda. Bed&Breakfast in ruhiger Wohngegend. Jedes Zimmer mit privatem Eingang, möbliert mit Antiquitäten. Geöffnet von Juni bis August. DZ je nach Größe 66-72 US. Tel. 247-4982.

"**Landmark Motel**", 3o3o Main Ave., am Nordrand der Stadt. Mit geheiztem SW-Pool und Sauna. Zimmer modern eingerichtet mit kleiner Sitzecke. DZ im Winter ab 48 US, im Sommer ab 75 US. Tel. 259-1333 oder 8oo-252-8859.

"**Comfort Inn**", 293o N. Main Ave. Nördlich von Downtown an der Straße zum Skigebiet. Solides Motel, Zimmer funktional eingerichtet. Frühstück inkl. DZ im Winter ab 46 US, von Mitte Juni bis Mitte Sept. ab 75 US. Tel. 259-5373 oder 8oo-221-2222.

"**Super 8 Motel**", 2o Stewart Dr. Drei Kilometer außerhalb des Zentrums am Hwy. 55o nach Süden. Ordentliches Motel mit modernen, komfortablen Zimmern. DZ in der Nebensaison ca. 42 US, zum Sommer hin ansteigend bis 65 US. Tel. 259-o59o oder 8oo-8oo-8ooo.

"**Econo Lodge**", 2oo2 Main Ave., nördlich von Downtown. Großes Motel mit geheiztem SW-Pool zwischen Parkplatz und Straße. Zimmer modern, schlicht möbliert. DZ im Winter ab 35 US, im Sommer ab 72 US. Tel. 247-4242 oder 8oo-446-69oo.

"**Durango Hostel**", 543 2nd Ave., Nähe Bahnhof. Kleines Wohnhaus in ruhiger Lage. Insgesamt 27 Betten in Schlafsälen und Doppelzimmern. Zwei Küchen. In der Ski- und Sommersaison reservieren, da sehr beliebt. 1o US pro Person, Decken und Bettwäsche 1 US extra. Tel. 247-99o5.

 "Hermosa Meadows", 3142o Hwy. 55o, ca. 12 km nördlich von Durango. Ganzjährig geöffnet. Schönes Gelände direkt am Fluß, viele Bäume. Für Zelte und Wohnmobile. Snackbar und kleiner Laden vorhanden. Stellplatz 13-2o US. Tel. 247-3o55.

 ARIANO'S, 15o 6th St./ Ecke 2nd Ave. Gemütliches italienisches Lokal, die Wände gepflastert mit alten Fotos. Spezialitäten aus Norditalien. Pasta um 1o US, Fleisch- und Fischgerichte 12-2o US.

DURANGO COUNTRY CREAMERY, Main Ave./ Ecke 6th St. Gemütliches Café. Ambiente mit Holzmöbeln und Messingdekoration. Gutes Eis sowie preiswerte Imbisse. Originell zubereitete Salate, Sandwiches und kleine Spezialitäten. Fast alles unter 5 US. Frisches Baguette, 25 Sorten Eiskrem.

GOLDEN DRAGON, 1oth St./ Ecke Main Ave. Gemütliches Ambiente in einem Backsteinhaus aus dem 19. Jahrhundert. Tischgruppen auf verschiedenen Ebenen. Große Speisekarte mit chinesischen Spezialitäten für 7-1o US. Mittags 5-7 US.

OLD TYMERS CAFE, Main Ave./ Ecke 1oth St. Urige Kneipe mit langer Theke und dekorativen Fotos an den Wänden. Preiswerte Imbisse um 5-8 US: Salate, Sandwiches, Suppen, Hamburger.

CARVERS, 1o22 Main St. Einfache Cafeteria mit ausgiebigem Frühstück und zahlreichen Imbissen mittags und abends. Herzhafte Küche, große Portionen für wenig Geld. Mehrere Biersorten vom Faß aus eigener Brauerei, mit Geschmacksrichtungen, die vom Üblichen abweichen: Ale, Lager, Stout. Kleiner Pub im Hinterzimmer.

FAHRQUARTS, 731 Main Ave. Rustikale Kneipe im Saloon-Stil. Holzdecke, Backsteinwände, alte Reklameschilder, dekorative Theke. Jede Menge Burger und Sandwich-Varianten sowie Tex-Mex-Gerichte. Das meiste unter 5 US.

FRANCISCO'S, Main Ave./ Ecke 6th St. Großes Restaurant im gemütlichen Hacienda-Stil. Zahlreiche Abteilungen und Winkel. Ausführliche Speisekarte mit guten mexikanischen Gerichten ab 6 US.

FATHER MURPHY'S, 636 Main Ave. Pub nach irischem Vorbild. Nichtraucherlokal. Gemütliche Ecken und Winkel. Die Sammlung an Fotos, Reklameschildern und sonstigem Wandschmuck ist museumsreif. Aus der Western-Küche Suppen Hamburger, Sandwiches. Einen Versuch wert ist der Buffalo-Burger aus Bisonfleisch.

KACHINA KITCHEN, 8oo S. Camino del Rio, im Durango Mall. Einfaches Restaurant mit einer Auswahl an mexikanischen und indianischen Gerichten. Ungewöhnliche Kombinationen der regionalen Küche ab 3 US.

Selbstversorger: <u>COUNTY MARKET</u>, 3o5 S. Camino del Rio. Großer Supermarkt an der Durchgangsstraße.

SHOPPING

<u>MAIN STREET</u>: In den historischen Gebäuden der Hauptstraße haben sich die üblichen Läden und Boutiquen angesiedelt. Bei einem Bummel läßt sich alles erstehen, was das Touristenherz begehrt: Indianerschmuck, Gemälde, Hüte, Kleidung, Sportgeräte, Bücher, Andenken und ein Haufen Kram und Kitsch. Allerdings weniger aufdringlich präsentiert als in anderen Touristenmeilen des Südwestens.

<u>MAIN MALL</u>, 835 Main Ave. Shopping Center mit zahlreichen Gechäften unter einem Dach. Für Tage, an denen der Bummel über Main Ave. wegen Regen oder Schneesturm zu ungemütlich ist.

<u>O'FARELL HAT CO.</u>, 6th St./ Ecke Main Ave. In einer Bretterhütte Typ Pionierzeit ein liebenswürdig-altmodischer Hutladen mit Werkstatt. Hier kann man die Herstellung der Cowboy-Hüte beobachten und sich gleich einen passenden anfertigen lassen.

UNTERHALTUNG

<u>DURANGO PRO RODEO</u>: Ende Mai bis Ende August jeden Di und Mi Abend. Professionelle Rodeo-Reiter kämpfen in den klassischen Rodeo-Disziplinen. La Plata County Fairgrounds, 25th St./ Ecke Main Ave. Beginn 19.3o Uhr, Eintritt 7 US.

<u>DIAMOND CIRCLE MELODRAMA</u>, 699 Main Ave., im Strater Hotel. Melodramen und Vaudeville im Stil des 19. Jahrhunderts, Das typische Theater des Wilden Westens. Mo-Sa von Anfang Juni bis Anfang September. Programm und Reservierung über Tel. 247-34oo.

<u>SUNDANCE SALOON</u>, 6th St./ Ecke 2nd Ave. Von Mo-Sa Country & Western Musik live. Große Tanzfläche und Western-Atmosphäre.

SPORT

Wildwassertouren: Schlauchboot- oder Kajakfahrten auf dem Animas River bei Durango und auf anderen Wasserwegen des südwestlichen Colorado. Stromschnellen verschiedener Schwierigkeitsgrade je nach Wasserstand. Von 2 Std. bis zu mehreren Tagen. Einfache Touren auf dem Animas River bereits ab 15 US für 2 Std. Veranstalter u.a.: AMERICAN ADVENTURE EXPEDITIONS, 7o1 Main Ave., Tel. 247-4789; MOUNTAIN WATERS RAFTING, 1o8 W. 6th St., Tel. 259-4191.

Reiten: Tagestouren oder mehrtägige Pack Trips in die Rocky Mountains nach Western-Art. Rund ein Dutzend Ranches und Pferdeställe mit unterschiedlichen Programmen in der Umgebung von Durango. Adressen und Angebote im Touristenbüro.

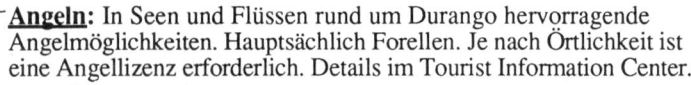**Angeln:** In Seen und Flüssen rund um Durango hervorragende Angelmöglichkeiten. Hauptsächlich Forellen. Je nach Örtlichkeit ist eine Angellizenz erforderlich. Details im Tourist Information Center.

**Ski:** Durango ist zwar weit von den weltberühmten Skiorten Aspen und Vail entfernt, die Bedingungen fürs Skilaufen sind jedoch auch hier ausgezeichnet, die Preise niedriger. Neben einigen kleineren Skigebieten (Chapman, Wolf Creek, Hesperus) empfiehlt sich vor allem PURGATORY, 4o km nördlich von Durango. Auf Höhen zwischen 268o und 33oo m Pisten aller Schwierigkeitsgrade. 9 Sessellifte und 16 km gespurte Loipen für Langlauf. Saison Ende Nov. bis Ende März. Tagesticket 35 US, Ausrüstung 12 US.

**Radfahren:** Mountain Bike Touren durch den San Juan Forest oder zu den Anasazi-Ruinen des Ute Mountain Tribal Park. Information über die örtlichen Bedingungen sowie Verleih von Gerät: MOUNTAIN BIKE SPECIALISTS, 949 Main Ave., Tel. 247-4o66.

Verbindungen

**Auto:** Hwy. 55o nach Farmington (85 km/ ca. 1 Std.) und in den Norden von Colorado. Hwy. 16o Richtung Mesa Verde National Park und nach Cortez (75 km/ ca. 1 Std.).

Autovermietung

HERTZ, 6oo E. 6th Ave., Tel. 247-3933

THRIFTY, 2o541 Hwy. 16o

AVIS, am Airport, Tel. 247-9761

BUDGET, am Airport, Tel. 259-1841

**Bus:** Durango Bus Center, 275 E. 8th Ave., Tel. 259-2755.
-> Grand Junction: 1x tägl., 5,5 Std., ca. 31 US
-> Farmington: 2x tägl., 1,5 Std., ca. 8 US
-> Albuquerque: 2x tägl., 5 Std., ca. 35 US

**Bahn:** Nostalgische Eisenbahnfahrt mit Dampflok nach Silverton (7o km). Von Anfang Mai bis Mitte Oktober mindestens 1x tägl., im Hochsommer mehrfach. Für Hin- und Rpckfahrt einen ganzen Tag einkalkulieren. 4o US. Im Herbst und Frühjahr eingeschränkter Service bis Cascade Canyon, etwa die Hälfte der Strecke. Bahnhof im Zentrum von Durango, Main Ave./ Ecke 5th St.

Flüge:  Ab La Plata County Airport, 2o km südwestlich von Durango: Täglich nach Denver mit CONTINENTAL (Tel. 259-3466) und UNITED (Tel. 259-5178); nach Albuquerque mit MESA (Tel. 259-5178); nach Phoenix mit AMERICA WEST (Tel. 259-5178).

TRANSPORT IN DURANGO

Kleines öffentliches Bussystem mit Namen DURANGO LIFT. Über Main Ave. und einen Rundkurs durch einige Ortsteile. Nur Mo-Fr von ca. 8-18 Uhr, 0,75 US. Die Orange Route fährt den Rundkurs ganzjährig, die Blue Route in der Gegenrichtung nur von September bis April. Im Winter 2x täglich Ski-Shuttle nach Purgatory, 6 US. Reservierung über Tel. 259-4818.

✦ Ignacio

Kleiner Ort inmitten der Southern Ute Indian Reservation. Einen guten Überblick über Geschichte und Kultur des Stammes vermittelt das SOUTHERN UTE INDIAN CULTURAL CENTER: Fundstücke aus prähistorischer Zeit sowie Lederwaren und Schmuck der Ute Indianer von 18oo bis zur Gegenwart. Multimedia-Show über die Geschichte des Stammes. Zu erreichen ab Durango südöstlich über Hwy. 16o und 172. Geöffnet Mo-Sa von 9-18 Uhr, So von 1o-15 Uhr.

✦ Chimney Rock

Eine der ungewöhnlichsten und geheimnisvollsten Anasazi-Ruinen. Spektakuläre Lage auf einer Mesa unterhalb von zwei verwitterten Felsspitzen. Grundmauern von rechteckigen Räumen und zwei integrierten Kivas. Besuch leider etwas schwierig zu organisieren.

Die Lage des sogenannten GREAT HOUSE von Chimney Rock ist in mehrfacher Hinsicht frappierend: Erstens landschaftlich wegen der dahinter aufragenden Felsen und des phantastischen Blicks auf die Umgebung des Piedra Valley und der San Juan Mountains. Zweitens wegen der Tatsache, daß es sich 365 m über den landwirtschaftlich nutzbaren Flächen im Tal befindet. Dies läßt den Schluß zu, daß es sich um ein wichtiges Zeremonialzentrum gehandelt haben muß, zumal auch das Baumaterial mit unsäglicher Mühe hier heraufgeschafft werden mußte.

Das Great House ist das abgelegenste Bauwerk der Chaco-Kultur, kein anderes war vom Bevölkerungszentrum im Chaco Canyon aus schwieriger zu erreichen. Erbaut 1o76 während der Blütezeit von Chaco in einer für die Anasazi völlig ungewöhnlichen Höhenlage von über 23oo m über dem Meeresspiegel. Möglicherweise war das Bauwerk auch für astronomische Beobachtungen eingerichtet, da das alle 18 Jahre stattfindende

Phänomen des "lunar standstill" hier dazu führt, daß man in dieser Zeit vom Great House aus den Mond zwischen den beiden Felsnadeln aufgehen sieht. Diese Tatsache haben Forscher in Chimney Rock erst 1988 entdeckt.

Zu erreichen ist Chimney Rock von Durango aus östlich über Hwy. 16o. Von Anfang März bis 3o. Sept. ist das Gebiet geschlossen. Grund dafür ist der Schutz seltener Vogelarten, die in dieser Zeit am Chimney Rock nisten. Etwa Mitte Mai bis Mitte Sept. führen Ranger tägl. eine Führung durch: vormittags, ca. 3 Std., gratis. Reservierung unbedingt ratsam, da maximale Gruppengrößen, Tel. 264-2268. Von Okt. bis Feb. ist der Zugang prinzipell frei, dann ist der Trail jedoch häufig verschneit.

DURANGO --> SILVERTON

Nostalgische Eisenbahnfahrt mit alten Waggons und Dampflok über eine der schönsten und atemberaubendsten Gebirgsstrecken der USA. Teilweise ist die Route halsbrecherisch in die Felsen der Rocky Mountains ge sprengt. Gesamtstrecke nur befahrbar von April-Okt., Fahrzeit 9 Std. Einzelheiten über Fahrpläne und Preise siehe Durango. Eines der großen Eisenbahnerlebnisse in Nordamerika. Besonders schön im Herbst, wenn sich die Wälder bunt gefärbt haben.

Die Strecke wurde 1882 fertiggestellt, um Gold und Silber aus den Rocky Mountains abzutransportieren. Für mehr als 3oo Millionen Dollar Erze wurden hier nach Denver transportiert. Als 196o Durango von der Schienenverbindung mit Denver abgeschnitten wurde, blieb die Strecke nach Silverton als nostalgischer Touristenzug übrig.

Die Bahn wird heute betrieben mit Original-Dampfloks der Jahre 1923-25, die Mehrzahl der Waggons stammt aus dem 19. Jahrhundert oder ist nach deren Vorbild hergerichtet. Unterwegs gibt es die obligatorischen Stops zur Aufnahme von Wasser für die Lok.

SAN JUAN SKYWAY

Super-Rundfahrt per Auto von Durango aus nördlich durch die Rocky Mountains. Teilweise atemberaubende Streckenführung, schon im 19. Jahrhundert in die Felsen gesprengt. Straße führt teilweise bis auf Höhen von 335o m, dann wieder durch grüne Gebirgstäler. Mit SILVERTON, OURAY und TELLURIDE außerdem malerische Bergdörfer an der Strecke, die noch einen großen Teil ihrer viktorianischen oder Western-Architektur erhalten haben und einen eigenen Charme ausstrahlen. In Telluride eines der besten Skigebiete von Südwest-Colorado.

Rückweg über Dolores und Cortez nach Mesa Verde oder Durango. Insgesamt ca. 38o km, bei gutem Wetter und entsprechenden Straßenverhältnissen von Durango aus als Tagestour machbar. Man könnte allerdings auch eine ganze Woche hier verbringen und sich von Ort zu Ort vorarbeiten.

Mesa Verde National Park

Eine der Super-Atrraktionen des gesamten Südwestens: Aus der Hochebene der Four Corners Region ragt ein großes, dicht bewaldetes Plateau heraus, durchschnitten von felsigen Canyons. Phantastische Ausblicke über Teile der Staaten Colorado, Arizona, New Mexico und Utah.

Sehenswert ist Mesa Verde jedoch vor allem wegen der gewaltigen Anzahl von Anasazi-Ruinen; sowohl Pueblos auf der Mesa als auch grandiose Klippenhäuser in den Canyonwänden. Nirgendwo sonst findet sich in den USA eine so dichte Konzentration an prähistorischen Ausgrabungsstätten. Einzelne Ruinenanlagen sind rekonstruiert und gehören von Lage und Konstruktion her zu den großen Kulurgütern des amerikanischen Kontinents.

Die ersten <u>Anasazi</u> siedelten auf Mesa Verde um 55o n.Chr. Die früheren Nomaden wurden seßhaft und ersetzten ihr Jäger- und Sammlerdasein nach und nach durch gezielte landwirtschaftliche Produktion. Sie lebten zunächst in Grubenhäusern, die dicht zusammenstanden und kleine Dörfer bildeten.

Durango & Silverton Railroad: Heute ab Durango mit alten Damfloks und Waggons als Museumseisenbahn in Betrieb.

Um 750 begannen sie mit dem Bau von überirdischen Behausungen aus Holz und Lehm, ab 1000 hatten sie den Umgang mit Mauerwerk entwickelt und bauten massive Steinhäuser, die bis zu drei Stockwerke hoch waren. Von 1100 bis 1300 erlebte die Kultur von Mesa Verde ihre Blütezeit. Mehrere tausend Anasazi wohnten zu dieser Zeit auf dem Plateau, zumeist in Pueblos mit vielen Räumen und Kivas.

Um 1200 begannen sie mit dem Bau von Klippenwohnungen in den Canyonwänden und verließen ihre Dörfer auf der Mesa. Über die Gründe dieses Umzugs existieren keine schlüssigen Erklärungen. Möglicherweise fühlten sie sich hier sicherer vor Feinden oder suchten Schutz vor den extremen klimatischen Bedingungen im Sommer und Winter. Fast alle Klippenhäuser wurden um die Mitte des 13. Jahrhunderts errichtet. Manche hatten nur wenige Räume, andere beherbergten über hundert Bewohner.

Doch schon kurz nach dem Umzug in die Canyons verließen die Anasazi Mesa Verde endgültig. Schwerwiegende Gründe müssen sie veranlaßt haben, nach all den Mühen der Konstruktion ihre Häuser aufzugeben. Zur nachgewiesenen Trockenperiode am Ende des 13. Jahrhunderts, die der Landwirtschaft große Probleme bereitet haben dürfte, kommt vermutlich noch eine übermäßige Nutzung der Ressourcen wie Wald und Wild, so daß das Überleben der Menschen auf der Mesa gefährdet war. Um 1300 hatten die Anasazi ihre Siedlungsräume jedenfalls verlassen und waren weiter nach Süden abgewandert.

Erst 1888 entdeckten die Rancher Richard und Alfred Wetherill den Cliff Palace und das Spruce Tree House, zwei der größten Cliff Dwellings von Mesa Verde. In den darauffolgenden Jahren erkundeten sie 180 weitere Gebäudegruppen und nahmen 1891 mit Hilfe des Schweden Gustav Nordenskjöld Ausgrabungen vor. Bereits 1906 erklärte die US-Regierung Mesa Verde zum Nationalpark.

 Far View Visitor Center an der Hauptstraße durch den Nationalpark. Geöffnet nur von Mai bis September. In der restlichen Zeit Informationen im Museum am Spruce Tree House. Die Ruinen sind zugänglich von 8 Uhr bis Sonnenuntergang, Zufahrt zum Nationalpark 5 US pro PKW.

Rund 700.000 Besucher zählt Mesa Verde im Jahr, vor allem im Sommer kann es im Nationalpark ziemlich voll werden. Daher möglichst früh ankommen, auf jeden Fall bevor die Tour-Busse eintreffen. Zusätzlicher Vorteil: Die Kletterei durch die Ruinen ist angenehmer in den noch etwas kühleren Morgenstunden. Im Winter und bis ins späte Frühjahr sind je nach Schneeverhältnissen einige Ruinen geschlossen.

Zufahrt

Schon die Auffahrt zur Mesa ist spektakulär. Unterhalb eines markanten Felsens geht es in Serpentinen steil bergauf.

MANCOS VALLEY OVERLOOK: Weites Panorama über das Mancos Valley auf die La Plata Mountains, eine Bergkette der Rockies.

MONTEZUMA VALLEY OVERLOOK: Ähnlicher Weitblick, diesmal Richtung Westen auf die Stadt Cortez und die riesige Ebene des Montezuma Valley.

PARK POINT: Mit 2612 m der höchste Punkt im Nationalpark. Von hier aus ein überwältigendes 36o-Grad Panorama. Der gesamte Südwesten von Colorado liegt einem zu Füßen, weite Ebenen und die Bergketten der Rocky Mountains. Bei klarem Wetter Blick bis nach Utah und New Mexico, wo u.a. auch der markante Shiprock zu erkennen ist.

CHAPIN MESA

FAR VIEW RUINS: Auf kleinem Raum standen hier fast 5o Gebäude sowie ein System zur Wassersammlung. Einer der am dichtesten besiedelten Flecken auf Mesa Verde. Fünf Gebäudekomplexe sind freigelegt. Größter ist das Far View House mit 4o ebenerdigen Räumen und 5 Kivas. War früher zweistöckig. Im Pipe Shrine House wurden bei den Ausgrabungen Dutzende von Tonpfeifen gefunden, die die Anasazi bei Zeremonien gebrauchten.

Der Far View Tower steht inmitten eines Pueblos mit mehreren Kivas. Wie auch bei den 58 anderen Türmen, die sich auf Mesa Verde befinden, ist nicht klar, welchen Zwecken sie dienten: Beobachtung, Astronomie, Zeremonien? Eine kreisförmige Vertiefung im Boden von 27 m Durchmesser erhielt von den Archäologen den Namen Mummy Lake. Ist umgeben von einer flachen Mauer; Zuflußkanäle deuten darauf hin, daß hier Regen- und Schmelzwasser gesammelt wurde.

CEDAR TREE: Kleine Ausgrabungsstätte mit einem Turm und einer Kiva. Beide sind durch einen Tunnel verbunden, was die Theorie stützt, daß die Türme den Anasazi ebenfalls zu zeremoniellen Zwecken dienten. An der Zufahrt ein Pfad zu einigen gemauerten Terrassen, auf denen in prähistorischer Zeit Landwirtschaft betrieben wurde.

MUSEUM: Anschauliche Darstellung des Lebens der Anasazi im Laufe ihrer Siedlungszeit auf Mesa Verde. Schaukästen mit Pueblo-Modellen, Körben, Webarbeiten, Keramik. Informationen zur Landwirtschaft und dem Gebrauch der Baumwolle sowie zur Architektur von Pueblos und Kivas. Felszeichnungen und typische Muster auf der Keramik. Fotos von der Ausgrabung und Rekonstruktione. Insgesamt eine gute Abrundung des Besuchs der Ruinen. Im Buchladen nebenan Literatur zu allem, was man über die Anasazi und andere Indianer des Südwestens wissen möchte. Geöffnet täglich von 8-18.3o Uhr.

SPRUCE TREE HOUSE: Eines der phantastischen Klippenhäuser von Mesa Verde; in einem Canyon hinter dem Museum. Das drittgrößte von mehreren hundert Cliff Dwellings im Nationalpark. Unter einem mächtigen Felsvorsprung ein Pueblo mit Häusern, Kivas und Türmen. Insgesamt 114 Räume und acht Kivas. Teilweise dreistöckig. Hier war Platz für rund 1oo Menschen. Erbaut 12oo-1276. Spruce Tree House wurde kaum rekonstruiert, fast alles fanden die Archäologen so vor, wie es heute aussieht.

Südlich des Museums verzweigt sich die Straße zu zwei Rundtouren, die man nacheinander abfahren kann: Cliff Palace Road und Mesa Top Ruins Road.

CLIFF PALACE ROAD

CLIFF PALACE: Das größte und imposanteste Klippenhaus von Mesa Verde. Die Anasazi nutzten eine gewaltige Höhle in der Canyonwand zum Bau eines verwinkelten Gebäudekomplexes, der einer Festung gleicht. 217 Räume und 23 Kivas für ca. 250 Bewohner. Rund 100 m lang und vier Stockwerke hoch, darüber noch weitere Lagerräume in einer Felsspalte. Die Größe der Höhle ermöglichte eine derartige Konzentration von Bauwerken, während die Mehrzahl der sonstigen Cliff Dwellings im Durchschnitt nur fünf Räume aufweist.

Die oberen Teile des Gebäudes konnten nur über Leitern gebaut und später auch erreicht werden. Baumaterial war der Sandstein des Canyons, der mit härteren Steinen bearbeitet wurde. Die Anasazi errichteten den Komplex von 1209-1270 und nahmen wegen des Wachstums der Bevölkerungszahl ständig Veränderungen und Erweiterungen vor. Die kleine Kletterei durch die Canyonwand zur Ruine ist nicht schwer, gibt aber ein Gefühl für die Transportprobleme der Anasazi bei der Konstruktion und in ihrem täglichen Leben.

CLIFF CANYON: Guter Einblick in den Canyon. Bei genauerem Hinsehen erkennt man mehrere kleine Cliff Dwellings.

HOUSE OF MANY WINDOWS: In der gegenüberliegenden Canyonwand ein Klippenhaus mit etwa 15 Räumen. Gebaut in eine flache, langgestreckte Höhle unterhalb des Canyonrandes.

BALCONY HOUSE: Klippenwohnung mittlerer Größe unterhalb des Canyonrandes, eine waghalsige Konstruktion in der steilen Wand. Nur zu erreichen über eine Metalltreppe. Auch im Innern Leitern und einige Kletterei. Macht Spaß, sich hier zurechtzufinden. Besonderheiten: der balkonartige Vorbau des Balcony House und die Mauer zum Abgrund hin, eine Schutzvorrichtung, die sich ansonsten in keinem der Cliff Dwellings findet.

SODA CANYON OVERLOOK: Waldweg zu einem Aussichtspunkt. Blick in den Canyon und auf das schräg gegenüber liegende Balcony House.

MESA TOP RUINS

PIT HOUSE: Konstruktion aus der Frühzeit der Anasazi-Kultur. Grubenhaus, erbaut bereits um 575 n.Chr. Zwei Räume für Wohnung und Lagerung. Zu sehen sind nur noch die rudimentären Fundamente im Boden.

NAVAJO CANYON: Einer der schönsten Canyon-Blicke im Nationalpark. Rund 215 m geht es steil in den Abgrund. Im Hintergrund weitere Mesas.

SQUARE TOWER HOUSE: Betreten nicht möglich; trotzdem eine der fotogensten Ruinen von Mesa Verde, da man aus kurzer Entfernung schräg von oben draufschaut. Das markante vierstöckige Gebäude war ursprünglich Teil eines Pueblo-Komplexes; die angrenzenden Räume sind jedoch teilweise eingefallen, so daß die vier übereinanderliegenden Räume, die stehenblieben, jetzt wie ein Turm erscheinen.

PIT HOUSES und PUEBLO RUINS: Aufschlußreiche Reihung von Grubenhäusern und frühen Pueblo-Gebäuden. Gibt einen Einblick in die Entwicklung der Bauweise auf Mesa Verde: Zunächst wurden die Grubenhäuser tiefer in die Erde gegraben. Später baute man überirdisch mit Holzbalken, die senkrecht in die Erde gesetzt wurden; die Zwischenräume ausgefüllt mit einem Geflecht aus Zweigen und Lehm. In der nächsten Phase waren die Seitenwände bereits gemauert. In einem der Pueblos existieren die verschiedenen Bauphasen sogar übereinander; die Art der Freilegung verdeutlicht genau die einzelnen Perioden und die dabei verwendete Technik.

SUN POINT PUEBLO: Repräsentiert die letzte Phase, in der die Anasazi noch auf dem Plateau bauten, ca. 12oo n. Chr. Zum ersten Mal erscheint hier die Kiva inmitten einer Plaza, um die herum sich die Gebäude gruppieren. Das Pueblo war nur kurze Zeit bewohnt, denn danach begannen die Anasazi mit dem Bau ihrer Klippenhäuser und zogen in die Canyons. Zu diesem Zweck wurden Holzbalken und Steine teilweise aus den Pueblos auf dem Plateau abgetragen.

SUN POINT: Ausblick auf 12 Klippenhäuser und Pueblos, u.a. auf den Cliff Palace in der gegenüberliegenden Canyonwand. Ausgezeichneter Überblick über die Lage der Cliff Dwellings und ihre dichte Konzentration in der Canyonwand. Beinahe eine Art Luftbild dieses Abschnitts von Mesa Verde, rundet den Besuch der einzelnen Ruinen mit einem Gesamteindruck ab.

OAK TREE HOUSE: Relativ nah in der gegenüberliegenden Felswand eine Klippenwohnung mit früher 5o Räumen und mehreren Kivas. Erbaut unter einem großen Felsvorsprung. In der Nähe weitere Ruinen sichtbar.

FIRE TEMPLE: Dreiteilige Gebäudegruppe unter verschiedenen Felsvorsprüngen. In einer von ihnen wurden keinerlei Spuren von Besiedlung vorgefunden. Daher die Annahme, daß es sich um einen Versammlungsplatz oder eine Kultstätte handelte. Die beiden anderen liegen direkt übereinander, verbunden nur durch Aushöhlungen im Sandstein, über die die Anasazi von einer Ebene zur anderen kletterten.

SUN TEMPLE: Massives Gebäude auf dem Plateau mit eigentümlicher Halbkreisform. Innerhalb der Mauern kleine Räume und Kivas. Keinerlei Spuren von Besiedlung, offenbar wurde das Gebäude nie fertiggestellt, sondern beim Rückzug der Anasazi von Mesa Verde um 1276 unvollendet hinterlassen. War offenbar geplant als großes Zeremonialzentrum. Beim vorzeitigen Abbruch der Bauarbeiten waren die Wände bereits über 4 Meter hoch.

WETHERILL MESA

Abgelegener und nur während der Sommermonate zugänglicher Teil des Nationalparks. Enge und steile Zufahrtsstraße, nicht für größere Wohnmobile geeignet. Von der Straße aus zahlreiche Ausblicke nach Westen über die Ebene der Four Corners Region. Zufahrt ab Far View Visitor Center, 21 km bis zum Ende der Straße.

STEP HOUSE und LONG HOUSE sind die beiden zugänglichen Ruinenanlagen. Im Step House sowohl Spuren der frühen Siedlungsperiode um 600 als auch der klassischen Pueblo-Bauweise um 12oo. Charakteristik von Long House ist eine große, zentrale Plaza, die für Tänze und religiöse Zeremonien benutzt wurde.

"Far View Lodge", gegenüber vom Visitor Center. Einzige Unterkunft im Nationalpark selbst. Mehrere Flachbauten im Motel-Stil, verstreut auf einem Hügel. Weiter Blick über die Mesa. Zimmer ohne TV und Telefon, aber sonst gut ausgestattet und komfortabel. Kleiner Balkon. Nur geöffnet Mitte April bis Ende Oktober. DZ ca. 73 US, von Ende Mai bis Anfang September ca. 86 US. Vor allem im Sommer oft ausgebucht, daher frühzeitig reservieren: Tel. 529-4421.

Wer in der Lodge nichts mehr bekommt, muß abends die Fahrt nach Cortez (15 km) oder nach Durango (60 km) auf sich nehmen, wo jeweils eine große Auswahl an Hotels existiert (Details siehe dort). Eine Alternative sind noch die beiden kleinen Motels im Dörfchen MANCOS, 12 km vom Parkeingang entfernt:

"Enchanted Mesa Motel", 862 Grand Ave. Ruhig gelegen im Ort. 1o Einfache Zimmer, hell und gepflegt. DZ ca. 36 US, im Sommer 41 US. Tel. 533-7729.

"Mesa Verde Motel", 191 Railroad Ave., an der Umgehungsstraße. Einfaches Motel, schlichte Ausstattung. DZ im Winter 38 US, im Sommer ca. 43 US. Tel. 533-7741.

"Morefield Campground", geöffnet Mitte April bis Ende Oktober. Schöner Platz im Nordteil des Nationalparks. Duschen und Waschmaschinen in Morefield Village, dort auch Laden, Frühstück und Barbecue-Dinner. Stellplatz 8-16 US. Weitere Campingplätze am Hwy. 16o, kurz vor dem Parkeingang.

Alle Restaurants innerhalb des Nationalparks sind nur von Mitte April bis Ende Oktober geöffnet.

SPRUCE TREE TERRACE, gegenüber vom Museum. Selbstbedienung, einfache Cafeteria. Hot Dogs und Hamburger für 3-5 US. Nur bis zum frühen Nachmitttag geöffnet.

FAR VIEW TERRACE, gegenüber vom Visitor Center. Erst ab Anfang Mai geöffnet. Ähnlich wie Spruce Tree Terrace.

FAR VIEW LODGE, gegenüber vom Visitor Center. Geöffnet für Frühstück, Lunch und Dinner. Schöner Blick über die Mesa. Internationale Küche mit mexikanischen Untertönen. Hauptgerichte abends 12-18 US, mittags billiger.

Selbstversorger: Von Mai bis Oktober Tankstelle am Far View Visitor Center und am Campingplatz Morefield Village. Dort auch kleiner Laden mit dem Nötigsten. Am besten Proviant und einen vollen Tank aus Cortez oder Durango mitbringen.

<u>Picknick</u>: Mehrere schön gelegene Picknickplätze in der Nähe der Ausgrabungsstätten.

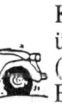

WANDERN

So verlockend Wanderungen auf der Mesa und zu abgelegenen Ruinen auch sein mögen: Bis auf wenige kurze Trails ist Wandern im Nationalpark nicht erlaubt. Zu anfällig sind die prähistorischen Überreste für Zerstörungen.

Ausgangspunkt für drei verschiedene Touren ist der Morefield Campground. Die Trails führen alle durch typische Mesa-Landschaften und zu spektakulären Aussichtspunkten. Mit 11 km am längsten ist der <u>PRATER RIDGE TRAIL</u>.

Auch in der Nähe des Spruce Tree House beginnen einige Pfade. Interessant hier vor allem der <u>PETROGLYPH POINT TRAIL</u>, ein Rundweg vorbei an außergewöhnlichen Felszeichnungen. 5 km/ ca. 1-2 Std.

Verbindungen

Kein öffentlicher Transport zum Nationalpark. Per Auto über Hwy. 160 nach Durango (60 km/ ca. 1 Std.), Cortez (15 km/ ca. 10 Min.) und Mancos (12 km/ ca. 10 Min.). Entfernungen jeweils ab Parkeingang. Von dort noch rund 30 km kurvenreiche Strecke durch den Park bis zu den Ruinen auf Chapin Mesa.

✦ Cortez

Typische Kleinstadt des amerikanischen Westens zu Füßen von Mesa Verde und dem markanten Ute Mountain: Main Street, Motels, Tankstellen und ein kleines Heimatmuseum. Brauchbar als alternativer Übernachtungsstop vor oder nach dem Besuch des Mesa Verde National Park, da das dortige Hotel im Winter geschlossen und im Sommer oft ausgebucht ist. Die 15 km von hier aus bis zum Parkeingang sind kein Problem. Im Winter auch letzte Möglichkeit zum Einkaufen und Tanken.

Colorado Welcome Center, Main St./ Ecke Mildred St. Großes Informationszentrum mit Materialien zu Cortez, der Mesa Verde Region und über den gesamten Bundesstaat Colorado.

<u>CORTEZ CENTER</u>, 25 N. Market St., Downtown. Fotos von verlas-

senen Bergwerksanlagen in der Umgebung von Cortez. Einige Beispiele für Kunsthandwerk der Indianer: Navajo-Teppiche und Keramik. Schaukästen zur Anasazi-Kultur. Klein und wenig aufregend. Geöffnet im Winter Mo-Fr von 1o-17 Uhr, im Sommer auch Sa und abends länger. Eintritt frei.

Die übliche Motel-Reihe befindet sich entlang Main St./ Hwy. 16o, der Durchgangsstraße. Von der Lage her kaum Differenzen, Motels unterscheiden sich lediglich durch den gebotenen Zimmer-Komfort.

"<u>Turquoise Motor Inn</u>", 535 E. Main St. Moderner, zweistöckiger Motelbau in der üblichen Hufeisenform. SW-Pool in einer relativ ruhigen Ecke am Rande des Parkplatzes. Zimmer geräumig und modern. DZ ab 63 US, im Sommer ab 7o US. Tel. 565-3778 oder 800-547-3376.

"<u>Sands Motel</u>", 112o E. Main St. Flacher Motelbau am Ortsrand Richtung Mesa Verde. Kleines Hallenbad. DZ ab 47 US, steigert sich zum Sommer hin bis 7o-77 US. Tel. 565-3761 oder 800-528-1234.

"<u>Super 8 Motel</u>", 5o5 E. Main St. Einfallsloses, dreistöckiges Gebäude. Zimmer modern eingerichtet und gepflegt. DT ab 4o US, zum Sommer hin bis 6o US. Tel. 565-8888 oder 8oo-8oo-8ooo.

"<u>Days Inn</u>", Hwy. 16o/ Ecke Hwy. 145, am Ortsrand Richtung Mesa Verde. Großer Motelkomplex mit einigen Grünanlagen. SW-Pool und Whirlpool. Zimmer modern und komfortabel. DZ je nach Größe und Saison 41-55 US. Tel. 565-8577 oder 800-628-2183.

"<u>Ute Mountain Hotel</u>", 531 S. Broadway. Am Südrand von Cortez Richtung Shiprock. Einfaches Motel, Möbel leicht abgewohnt, ohne Extras. DZ je nach Saison 28-43 US. Tel. 565-85o7.

Von Ambiente und Essen her sind Restaurants in Cortez offenbar ausgerichtet auf Leute, für die die Wunder von Mesa Verde für einige Tage Genuß genug sind. Dafür allerdings überall niedrige Preise.

Sterile Atmosphäre und passables mexikanisches Essen bei <u>ANTONITO'S</u>, 1o4 E. Main St.; gemütlich mitten im Buchladen ist <u>EARTH SONG HAVEN</u>, mit einer Mischung aus verschiedenen Geschmacksrichtungen (34 W. Main St.).

<u>HOMESTEADER'S</u>, 45 E. Main St., bietet etwas rustikales Western-Ambiente und die dazugehörigen Steaks. Eine einigermaßen gelungene Kombination aus Essensqualität (italienische Gerichte) und Dekor findet sich bei <u>NERO'S</u>, 3o3 W. Main St.

Selbstversorger: <u>CITY MARKET</u> , Main St./ Ecke Harrison St., in Downtown. Riesen-Supermarkt mit Abteilungen für Brot und frische Lebensmittel. Hier besorgt man sich am besten den Proviant für den Besuch im Mesa Verde National Park.

✦Dolores

Kleines Dörfchen mit ein paar älteren Häusern aus der Pionierzeit und einigen malerischen Holzkirchen. Interessant sind die Ausgrabungsstätten in unmittelbarer Nähe:

ANASAZI HERITAGE CENTER: Modernes Museumsgebäude mit Ausstellung zur Anasazi-Kultur. Didaktisch gut aufgebaut mit Schautafeln, Fotos, Computerprogrammen und Videofilmen. Ökologische Grundlagen der Landwirtschaft, Handelswege, Erklärung von Symbolen und Piktogrammen auf der Keramik, Modell eines Grubenhauses, übersichtliche Zeittafel, archäologische Sonderausstellungen. Auch für Kinder und Jugendliche, die moderne Aufbereitung einer alten Kultur. Geöffnet tägl. von 9-17 Uhr, Eintritt frei.

DOMINGUEZ RUIN: Direkt vor dem Museum die Grundmauern einer Anasazi-Siedlung aus dem frühen 12. Jahrhundert. Bei den Ausgrabungen wurden in einem Grab Tausende von Schmuckstücken aus Türkis, Keramik und Muscheln gefunden. Ungewöhnlich für einen Ort, in dem nur etwa 1o Menschen gelebt haben können.

ESCALANTE RUIN: Auf dem Berg oberhalb von Dominguez Ruin, ca. 1 km über einen Fußweg. Auf der Kuppe Grundmauern von zahlreichen Räumen und einer Kiva. Ein Außenposten und offenbar einer der nördlichsten Handelsplätze der Chaco-Kultur, erbaut 1129. Von der Ruine aus grandioser Rundumblick auf Mesa Verde, Ute Mountain und die vielen Gipfel der Rockies. Direkt unterhalb das McPHEE RESERVOIR: Stausee und sommerliches Wassersportzentrum.

✦Hovenweep National Monument

Tausende von prähistorischen Ruinen; freigelegt sind sechs, davon vier halbwegs einfach zugänglich. Erbaut um 12oo in den Hovenweep Canyons in der Nähe von bedeutenden Wasserquellen. Charakteristisch sind die vielen Türme, viereckig, oval, rund oder halbmondförmig. Reizvoll ist die Abgelegenheit, hier findet man nicht die Massen von Mesa Verde, sondern kann die Anlagen in Ruhe genießen.

SQUARE TOWER RUINS: Wichtigste Ausgrabungsstätte des National Monument mit Ranger Station/ Visitor Center und Campingplatz. Interessant die beiden halbmondförmigen Türme von Hovenweep Castle am Canyonrand. Weiterhin Hovenweep House, eines der größten Pueblos der Region. Unten auf dem Boden des flachen Canyons steht der viereckige Square Tower. Ob die Türme zu astronomischen Beobachtungen oder als Ausguck und Verteidigungsstellung dienten, ist nicht sicher. Zwei Trails führen zu weiteren Gebäuderesten, alle bewohnt von 115o bis 13oo, als die Trockenheit auch die Bewohner von Hovenweep zur Abwanderung zwang.

HOLLY RUINS, nordöstlich von Square Tower. Absolut ungewöhnlich und imposant der viereckige Turm auf der Spitze eines Felsblocks. Weiter entlang derselben Straße die HACKBERRY und HORSESHOE RUINS. Gebieterisch wieder der runde Turm von Horseshoe direkt am Canyonrand.

CUTTHROAT CASTLE RUINS: Noch weiter nordöstlich inmitten von Nadelwald. Das Castle ist nur eine von vielen sichtbaren und überwucherten Ruinen. Die Gegend hier war voll mit Siedlungen, die im Schutze des kleinen Canyons gebaut wurden.

CAJON RUINS: Am schlechtesten zugänglich, 14 km südwestlich von Square Tower und isoliert von den anderen, auf Utah-Territorium. Wiederum mehrere Türme inmitten von Pueblo-Gebäuderesten.

Verbindungen

Hovenweep liegt im Grenzgebiet zwischen Colorado und Utah, ca. 7o km westlich von Cortez, staubige Tagestour auf nicht asphaltierten Straßen. Bis auf Square Tower und Cajon liegen die Ausgrabungsstätten in Colorado. Von Utah aus ist die nicht-asphaltierte Strecke kürzer, aber auch von dort aus ein Trip abseits der Touristenrouten zwischen den Nationalparks. Bei problematischer Wetterlage unbedingt vorher Informationen über den Straßenzustand einholen. Da Hovenweep kein Telefon besitzt, die Ranger von Mesa Verde anrufen: Tel. 529-4461.

Abzweigung südlich von Cortez ab Hwy. 666 oder ab Hwy. 262 östlich von Bluff in Utah. Ab Cortez Rundtour (ca. 155 km) möglich, ab Utah hin und zurück auf der gleichen Strecke.

✦Ute Mountain Tribal Park

Zahlreiche Anasazi-Ruinen und Klippenhäuser auf dem Gebiet der Ute Mountain Reservation. Verbunden mit der kulturellen Entwicklung auf Mesa Verde und in Hovenweep. Besichtigung nur per Führung und nach Voranmeldung. Hat den Vorteil, daß man viel über die prähistorischen Anasazi und die gegenwärtige Situation der Ute Indianer erfährt.

Touren täglich ab Visitor Center, 35 km südlich von Cortez, an der Kreuzung von Hwy. 666 und 16o. Führungen beginnen am frühen Morgen. Ganztägig 3o US pro Person, halber Tag 2o US. Zu Felszeichnungen sowie vier Pueblos und Klippenhäusern. Halbtagstour ist weniger interessant, da sie nicht zu den Klippenhäusern führt.

Entweder mit eigenem PKW oder 1o US extra für die Fahrt im Wagen des Tour-guides. Es geht über nicht-asphaltierte Straßen, bei der Tagestour ca. 13o km. Trinkwasser und Lunch selbst mitbringen. Reservierung: Tel. 565-3751 oder 800-847-5485.

UTE MOUNTAIN CASINO: Eine modernere Art des Vergnügens, indianische Mini-Ausgabe von Las Vegas. Spielhalle mit einarmigen Banditen, Bingo, Poker, Blackjack. Einnahmequelle der Ute Indianer, in der Nähe des Visitor Center.

★Four Corners Monument

Einzige Stelle, an der vier Bundesstaaten der USA zusammenstoßen: Colorado, Utah, New Mexico und Arizona. Eine entsprechende Markierung mit den Grenzlinien ist mit Zement und Metallplatten in die Erde eingelassen. Für Amerikaner ein Fotospektakel, wenn sie sich auf allen Vieren in je einem Bundesstaat niederlassen. Am leichtesten zu erreichen von Colorado aus (ab Cortez Hwy. 666 und 16o). Alternativen: ab Shiprock, New Mexico, über Hwy. 64; oder Kayenta, Arizona, über Hwy. 16o. Geöffnet täglich von Mai bis Oktober 7-2o Uhr, in der restlichen Jahreszeit von 8-17 Uhr.

SALT LAKE CITY (17o.ooo Einw.)

Eine der angenehmsten Großstädte des amerikanischen Westens: Phantastisch gelegen auf 1.3oo m Höhe zwischen dem Great Salt Lake und den meist verschneiten Wasatch Mountains. Zentrum der weltweiten Mormonengemeinde, die das Bild der Stadt entscheidend prägt. Die Architektur in Downtown zwar wild durcheinandergewürfelt, aber fast alles Sehenswerte ist bequem zu Fuß zu erreichen. Hervorragende Skigebiete vor der Haustür und gute Verkehrsverbindungen in alle Zentren des Südwestens und an die Westküste. Klare Höhenluft und ein mildes, trockenes Klima machen den Aufenthalt zusätzlich attraktiv.

Seit der Errichtung der ersten Häuser und Kirchen im Jahre 1847 ist Salt Lake City das Zentrum des Mormonenstaates Utah, inzwischen hat sich die eher provinziell anmutende Stadt zum Mittelpunkt eines weltweiten religiösen Imperiums gemausert (zur Geschichte der Stadt und der Mormonen im Staat Utah vergl. Einführungskapitel "Geschichte"). Heute ist die mormonische Kirche die einzige auf amerikanischem Boden entstandene Glaubensgemeinschaft, die sich weltweit ausbreiten konnte.

Grundlage dafür ist eine straffe und hierarchische Organisation, die von Salt Lake City aus geführt wird. Höchstes Entscheidungsgremium ist das "Kollegium der 12 Apostel", das auch das Oberhaupt der Kirche, den Präsidenten wählt. Mehr als 4o.ooo Kirchenmitglieder sind als Missionare unterwegs und gewährleisten die Präsenz der Mormonen in rund achtzig Staaten. Über 6 Millionen Gläubige weltweit sind das Resultat dieser missionarischen Anstrengungen; für die kommenden Jahrzehnte erwartet man astronomische Zuwachsraten.

Die religiöse Lehre der "Church of Jesus Christ of Latter-day Saints" beruht auf der Bibel und dem "Buch Mormon", das dem Kirchenstifter Joseph Smith im 19. Jahrhundert durch göttliche Vorsehung zugekommen sein soll (vergl. dazu Kapitel "Geschichte"). Eine zentrale Rolle im Glauben spielt die Familie, die über den Tod hinaus und auf Ewigkeit verbunden bleibt. Die Ehe kann nur im Tempel unter kirchlicher Autorität geschlossen werden.

In den Anfängen war die Polygamie ein wesentlicher Bestandteil des mormonischen Lebens und Grund für Diffamierungen und Verfolgungen seitens der puritanischen Mitbürger. Ende des 19. Jahrhunderts rückte die Kirchenführung auf Druck der amerikanischen Regierung offiziell davon ab und erreichte mit dieser Maßnahme die Aufnahme Utahs als Staat in die Union. Dies hinderte orthodoxe Mormonen jedoch nicht daran, die Polygamie insgeheim weiter zu praktizieren, und auch heute bekennt sich noch eine Minderheit von Gläubigen dazu.

Ursprünglich finanzierte sich die Glaubensgemeinschaft aus den Abgaben der Mitglieder, die freiwillig zehn Prozent ihrer Einkünfte zur Verfügung stellen. Heute beherrscht die "Kirche der Heiligen der Letzten Tage" ein gewaltiges Wirtschaftsimperium, das in Salt Lake City und im Staat Utah zwar sein Zentrum hat, aber längst weltumspannend agiert. Auf 15 Milliarden Dollar schätzt man das gesamte Vermögen.

In Utah ist die Kirche der größe Arbeitgeber; rund drei Viertel der Staatsbeamten und einflußreichen Politiker sind Mormonen. Radio- und Fernsehstationen sowie Zeitungen gehören der Kirche ebenso wie Grundstücke, Energiegesellschaften, Verlage und Versicherungen. Die Brigham Young Universität in Provo ist ebenfalls kirchlich und gehört zu den angesehensten Hochschulen der USA.

Convention and Visitors Bureau, 2oo South St./ Ecke West Temple St. Eine Fülle von Informationsmaterial und hilfreiches Personal. Das staatliche Tourismusbüro (Utah Travel Council) hat seinen Sitz in der Council Hall, direkt gegenüber vom State Capitol. Informationen über den gesamten Staat und eine anschauliche Reliefkarte, die eine Orientierung in Utahs bergiger Landschaft erleichtert.

Post: Hauptpostamt in Downtown, 23o W. 2oo South St.

Konsulat: Schweiz: 1455 S. 11oo East St., Tel. 487-o45o.

Orientierung: Die Straßenbezeichnungen in Downtown sind ziemlich verwirrend. In Verlängerung von allen vier Seiten des Temple Square verläuft Temple Street - je nach Himmelsrichtung North Temple St., West Temple St., etc. Ausnahme: East Temple St. existiert nicht, sie heißt stattdessen Main St.

Südlich von South Temple St. beginnen die verschiedenen South Streets: 1oo South St., 2oo South St., etc. Ähnlich in den anderen Himmelsrichtungen. Ausnahme: 1oo East St. existiert nicht, sie heißt stattdessen State St.

Die Numerierung geht ab Temple Square auf jeder der Straßen in beide Richtungen aufwärts, so daß es sowohl die Hausnummer 5o W. 1oo South St. als auch 5o E. 1oo South St. gibt; vergleichbar 5o N. 1oo West St. und 5o S. 1oo West St., etc. Um das Zahlenchaos zu vereinfachen, wird im Text bei Adressen nach Möglichkeit die nächste Straßenkreuzung angegeben.

SEHENSWERTES

TEMPLE SQUARE: (16) Historisches Zentrum von Salt Lake City und

SALT LAKE CITY

1 Children's Museum
2 Marmalade District
3 Pioneer Memorial Museum
4 State Capitol
5 TOURIST INFO: Utah Travel Council
6 Avenues District
7 Kearns Mansion
8 Keith-Brown Mansion
9 LDS Business College
10 First Presbyterian Church
11 Cathedral of the Madeleine
12 Hansen Planetarium
13 Beehive House
14 Hotel Utah
15 LDS Office Building
16 Temple Square
17 Museum of Church History and Art
18 Family History Library
19 BUS TERMINAL
2o Union Pacific Depot
21 Delta Center
22 Maurice Abranavel Hall
23 Salt Lake Art Center
24 TOURIST INFO: Visitors Center
25 POST
26 AMTRAK BAHNHOF
27 Pioneer Park
28 City and County Building
29 University of Utah
3o Trolley Square
31 Liberty Park

Salt Lake City/Utah 477

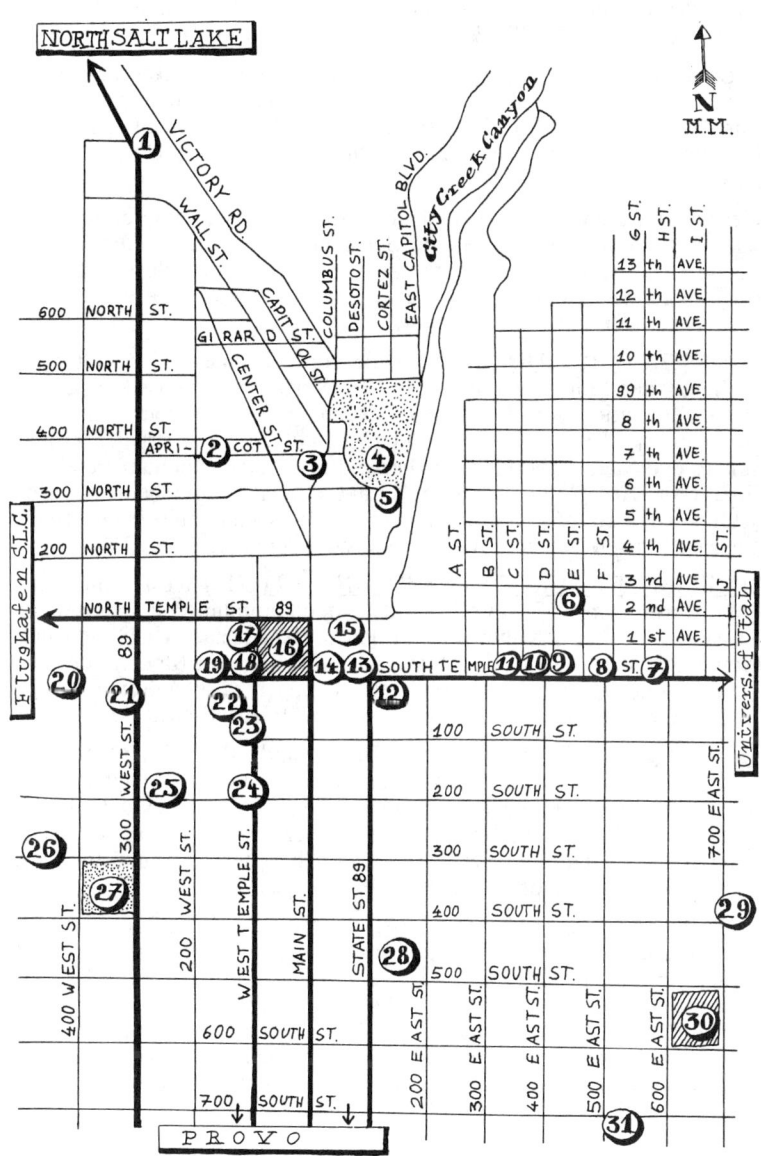

Mittelpunkt der weltweiten Glaubensgemeinschaft der Mormonen. In einer gepflegten Parkanlage Springbrunnen, Säulen und Denkmäler. Alles wird überragt durch den TEMPLE, nicht zugänglich für die Öffentlichkeit.

Gegenüber der TABERNACLE, in dessen Innern sich eine gewaltige Orgel befindet. Ein Ereignis sind die Orgelproben (Mo-Sa von 12-12.3o Uhr, So von 14-14.3o Uhr) sowie die Proben des weltberühmten Tabernacle Choir (Do von 2o-21.3o Uhr, So von 9.3o-1o Uhr). Frei zugänglich und kostenlos.

Wer wenig oder viel über den Glauben der Mormonen erfahren möchte, bekommt am Temple Square jede Gelegenheit: Entweder in den beiden Visitor Centers, während der Gratis-Führungen über den Platz (beginnen am Flaggenmast) oder durch die allgegenwärtigen und freundlichen Glaubensbrüder und -schwestern.

LDS OFFICE BUILDING, (15) 5o E. North Temple St. Verwaltungshochhaus der Mormonenkirche. Im 26. Stock das Observation Deck, gratis zugänglich von 9-16.3o Uhr, sonntags geschlossen. Von oben phantastischer Blick auf Stadt und Umgebung. Direkt unterhalb Temple Square und State Capitol, in der Ferne die Wasatch Mountains und der Great Salt Lake. Alles, was in Salt Lake City und Umgebung von Bedeutung ist, kann man von hier aus erkennen. Nach dem Temple Square die beste Fortsetzung einer Besichtigungstour durch die Stadt.

MUSEUM OF CHURCH HISTORY AND ART, (17) West Temple St./ Ecke North Temple St. In der permanenten Sammlung eine vielseitige Ausstellung zur Geschichte der Mormonen: Exodus nach Utah und frühe Pionierzeit. Planwagen, Möbel, Gerätschaften und ein Modell von Salt Lake City um 187o. Ständig Sonderausstellungen zu religiösen Themen. Geöffnet Mo-Fr von 9-21 Uhr, Sa/So von 1o-19 Uhr. Eintritt frei.

MARMALADE DISTRICT, (2) zwei Blocks nördlich von Temple Square. Hübsches Wohnviertel am Hang. Typische Holz- und Backsteinhäuschen mit Veranden und verwunschenen Gärten. Eine beinahe ländliche Idylle inmitten der Großstadt. Immer mehr Häuser werden vor dem Verfall gerettet und restauriert. Teilweise auch schon herausgeputzt und mit eintönigen Rasengrundstücken etwas den Charakter wegsaniert.

PIONEER MEMORIAL MUSEUM, (3) Main St./ Ecke 3oo North St. Auf vier Stockwerken eine riesige Sammlung an Dokumenten, Fotos und Gegenständen aus der Pionierzeit der Mormonen in Utah. Möbel, Telefone, Kaffeemühlen, Webstühle, Geschirr, Banknoten, Musikinstrumente, Bücher, Handschriften, Uhren, Truhen und alles, was es in Haushalten und Geschäften des 19. Jahrhunderts gegeben haben mag. Außerdem eine antike Feuerspritze und ein Uralt-Straßenbahnwaggon. Geöffnet Mo-Sa von 9-17 Uhr, So von 13-17 Uhr. Gratis.

STATE CAPITOL, (4) unübersehbar auf dem Hügel oberhalb von Downtown. Kolossales Parlamentsgebäude inmitten von Parkanlagen. Im Baustil dem Capitol Building von Washington D.C. nachempfunden, 1915 vollendet. Hallen und Treppenaufgänge im Innern aus Marmor. Im Untergeschoß Ausstellung mit Grundriß und Bauplan des Capitol, Fotos und einer Reliefkarte des Staates Utah. Sehenswert auch einige der luxuriös ausgestatteten Büro- und Tagungsräume im 1. Stock sowie die Sitzungssäle der beiden parlamentarischen Kammern. Geöffnet täglich 8-18 Uhr, im Sommer bis 2o Uhr.

COUNCIL HALL, vor dem State Capitol. Erbaut 1866, früher Rathaus der Stadt und Sitz der Territorialregierung. Heute Domizil des staatlichen Touristenbüros.

AVENUE DISTRICT, (6) ruhiges Wohngebiet zwischen 1st und 12th Avenue, nordöstlich von Temple Square. Schattige Straßen, luxuriöse Villen sowie Wohnhäuser in verschiedenen Stilrichtungen.

KEARNS MANSION, (7) South Temple St./ Ecke G St. Villa mit Türmchen, Balkonen, Säulen und Schnörkeln. Sitz des Gouverneurs von Utah. Während der Sommermonate gelegentlich Führungen durch einige Räume.

KEITH-BROWN MANSION, (8) South Temple St./ Ecke F St. Villa aus dem Jahr 19oo mit gewaltigen Säulen und einem angrenzenden Kutschenhaus. Der Luxus, den sich reiche Minenbesitzer um die Jahrhundertwende in Salt Lake City leisten konnten.

LDS BUSINESS COLLEGE, (9) 411 South Temple St. Die Klassenzimmer dieses College in unpassenden Flachbauten rund um eine Luxus-Villa aus der Zeit der Jahrhundertwende.

Zwei Kirchen, die einmal nicht von den Mormonen errichtet wurden, an der Ecke von South Temple St. und C St.: FIRST PRESBYTERIAN CHURCH (1o) und CATHEDRAL OF MADELEINE (11). Weithin sichtbar mit neugotischen Stilelementen, aber nicht unbedingt besondere Schmuckstücke.

HANSEN PLANETARIUM, (12) State St./ Ecke South Temple St. Täglich mehrere Vorführungen zur Astronomie sowie Laser-Musik-Shows. Anfangszeiten unterschiedlich, je nach Wochentag und Saison. Eintrittspreise je nach Qualität der Show 1-7 US, Kinder ermäßigt. Das Museum im Obergeschoß ist gratis: Kleine Ausstellung zur Astronomie und Weltraumfahrt.

EAGLE GATE, State St./ Ecke South Temple St. Ein metallener Torbogen mit einem gewaltigen Adler überspannt hier die State Street.

BEEHIVE HOUSE, (13) South Temple St./ Ecke State St. Zweistöckige Villa, 1852 von Mormonen-Präsident Brigham Young für seine große Familie erbaut. Eingerichtet mit der Original-Möblierung aus dem 19. Jahrhundert. Gratis-Touren regelmäßig Mo-Fr von 9.3o-18.3o Uhr, Sa von 9.3o-16.3o Uhr, So von 1o-13 Uhr. Außerhalb der Sommermonate eingeschränkte Zeiten. Daneben das kleinere und bescheidenere LION HOUSE, 1855 erbaut und damals ebenfalls im Besitz von Brigham Young, heute Restaurant.

UTAH BUILDING, (14) South Temple St./ Ecke Main St. Einst eines der klassischen Grand Hotels des amerikanischen Westens, heute hergerichtet für Büroetagen. Kolossale Architektur, inzwischen ist ihr von den umgebenden Hochhäusern etwas die Wirkung genommen. Die Lobby ein Dekorationsrausch: kristallene Kronleuchter, Marmorsäulen, verschnörkelte Balustraden, bunte Glasfenster.

FAMILY HISTORY LIBRARY, (18) West Temple St./ Ecke South Temple St. Bibliothek mit der weltweit größten Sammlung genealogischer Daten. Hier können Mormonen ihre Vorfahren ermitteln und sie auf diese Weise für Kirche und Ewigkeit gewinnen. Aber auch jeder andere kann die Bibliothek kostenlos benutzen. Über jedes europäische Land existiert eine große Abteilung. Hilfreiches Personal und ein einführender Vortrag erklären die Vorgehensweise, mit der man sich seinen Ahnen in den Archiven nähert.

MAURICE ABRANAVEL HALL, (22) South Temple St./ Ecke West Temple St. Hochmoderne Konzerthalle mit gläserner Front und avantgardistischem Design in der Lobby. Aufwendige Gestaltung und hervorragende Akustik (siehe auch "Unterhaltung").

SALT LAKE ART CENTER, (23) daneben. Kunsthalle mit kleiner Sammlung moderner Kunst aus Utah. Außerdem ständig wechselnde Ausstellungen. Geöffnet Mo-Sa von 1o-17 Uhr, So von 13-17 Uhr. 2 US Spende erbeten.

CHILDREN'S MUSEUM, (1) 84o N. 3oo West St., etwas abseits nordwestlich von Downtown. Spiel- und Lernplatz für Kinder von ca. 3-13 Jahren. Saurier-Abteilung, Flugzeug-Cockpit, Musikinstrumente, Basketballkorb, Spiele mit Schatten, Licht und Spiegeln. Geöffnet Di-Sa von 9.3o-17 Uhr, So von 12-17 Uhr, Mo von 9.3o-21 Uhr. Kinder 2,5o Us, Erwachsene 3 US.

UNION PACIFIC DEPOT, (2o) 4oo West St./ Ecke South Temple St. Aufwendiges Bahnhofsgebäude aus Backstein. Ein Relikt aus der Glanzzeit der amerikanischen Eisenbahnen. Heute Büroräume und kleinere Kunstausstellungen.

RIO GRANDE DEPOT, (26) 455 West ST./ Ecke 3oo South St. Der Bahnhof der einstigen Konkurrenzgesellschaft. In der Halle das UTAH STATE HISTORICAL MUSEUM mit einer etwas unsystematischen Sammlung zur Geschichte des Staates. Fotos, Dokumente, kleinere Gegenstände. Geöffnet Mo-Fr von 8-17 Uhr, Sa von 1o-14 Uhr, gratis.

PIONEER PARK, (27) 3oo South St./ Ecke 3oo West St. Ruhige Parkanlage mit Rasenflächen, Bäumen, Bänken und Sportplätzen. In einer

Ecke eine schwarze Dampflok der Union Pacific mit Tender.

CITY AND COUNTY BUILDING, (28) 4oo South St./ Ecke State St. Unübersehbares Gebäude mit Türmen, Erkern und Bögen im neuromanischen Stil. Erbaut 1897, diente dem neugegründeten Staat Utah zunächst als Parlaments- und Regierungssitz. Heute Stadtverwaltung.

LIBERTY PARK, (31) Eingang 12oo South St./ Ecke 6oo East St. Weitläufige Parkanlage mit Rasenflächen, vielen Bäumen, Sportanlagen und Picknickplätzen. Im TRACY AVIARY an der südwestlichen Ecke des Parks seltene Vogelarten, u.a. Adler, Pfauen, Flamingos, Schwarzhalsschwäne, Emus. Geöffnet tägl. von 9-18 Uhr, im Winter nur bis 16.3o Uhr. Eintritt 2 US.

UNIVERSITY OF UTAH, (29) am östlichen Stadtrand, ab Downtown über 5oo South St. Moderner, großzügig angelegter Campus mit weitläufigen Rasenflächen zwischen den Institutsgebäuden. Tausende von Bäumen der verschiedensten Arten aus Utah und aller Welt.

Auf dem Gelände das MUSEUM OF FINE ARTS: Sammlung mexikanischer, afrikanischer und asiatischer Kunst. Wenige, aber exquisite Stücke. Kleine Abteilungen zur ägyptischen und griechischen Kunst sowie zur europäischen Malerei des 16. und 17. Jahrhunderts. Geöffnet Mo-Fr von 1o-17 Uhr, Sa/So von 14-17 Uhr, gratis.

Außerdem das MUSEUM OF NATURAL HISTORY: Großes Museum zur Geologie, Naturgeschichte und Anthropologie. Fossilien, Saurierknochen, Mineralien. Felszeichnungen und Fundstücke prähistorischer Indianerkulturen des Südwestens. Geöffnet Mo-Sa von 9.3o-17.3o Uhr, So von 12-17 Uhr. Eintritt 2 US.

FORT DOUGLAS, Wasatch Dr., direkt östlich der Universität. 1862 gegründet zum Schutz der Postkutschenroute und als Kontrollinstanz der US-Regierung über die Aktivitäten der Mormonen. Gepflegtes Gelände mit Gebäuden aus dem 19. Jahrhundert. Im Museum (geöffnet Di-Sa von 1o-12 und 13-16 Uhr) Dokumente und Gegenstände zur Geschichte des Forts.

PIONEER TRAIL STATE PARK, am Ostrand der Stadt, ab Universität über 5oo South St. und Sunnyside Ave. Markiert das Ende des über 2ooo km langen Trails, den die Mormonen 1847 auf ihrem Exodus von Illinois nach Utah zurücklegten. Ein großes Denkmal erinnert an die ersten Siedler um Brigham Young. Im Visitor Center (geöffnet Di-So von 11-17 Uhr) Informationen zur Wanderung der Mormonen.

Daneben liegt OLD DESERET, ein Dorf aus der Pionierzeit. Die meisten Gebäude sind original und wurden aus anderen Teilen des Landes hierher gebracht. In einiger Entfernung das ehemalige Landhaus von Brigham Young. Das gesamte Gelände ist täglich geöffnet von 8-2o Uhr, im Winter eingeschränkte Zeiten. Zutritt zum State Park 1,5o US pro Person.

Gegenüber befindet sich der HOGLE ZOO, Salt Lake Citys Zoologischer Garten.

Das Hotelangebot im Zentrum von Salt Lake City ist ausgezeichnet, die Preise liegen niedriger als in vielen anderen amerikanischen Großstädten. Die meisten Unterkünfte befinden sich relativ dicht zusammen, westlich und südlich von Temple Square. Am besten gelegen die Häuser in der Nähe des Platzes. Eine weitere Konzentration von Hotels und Motels etwas weiter südlich, 6oo South St./ Ecke West Temple St., ebenfalls noch relativ zentral. Bed&Breakfast Inns etwas weiter entfernt in ruhigen Wohngebieten. Weitaus preiswerter die Motels vieler bekannter Ketten an den verschiedenen Autobahnausfahrten, für den Besuch der Stadt allerdings etwas unpraktisch.

"**The Inn at Temple Square**", 71 W. South Temple St. Traditionelles Backsteingebäude im Zentrum von Downtown. Elegante Lobby mit verschiedenen Aufenthaltsräumen. 193o erbaut, innen vollständig modernisiert, wobei der Stil eines alten Grand Hotels erhalten wurde. Auch die Zimmer luxuriös und mit dem Hauch der Vergangenheit ausgestattet. Frühstücksbuffet inkl. DZ in unterschiedlicher Qualität und Größe ab 1o5 US aufwärts. Tel. 531-1ooo oder 800-843-4668.

"**Brigham Street Inn**", 1135 E. South Temple St. Kleines Luxus-Hotel in einer noblen Villa, östlich von Downtown. Im Erdgeschoß vornehme Aufenthaltsräume. Zimmer individuell und stilvoll ausgestattet, teilweise mit Kamin. Unterschiedliche Designer und Innenarchitekten haben hier ihre Spuren hinterlassen. Frühstück inkl., DZ je nach Komfort und Größe 8o-165 US. Tel. 364-4461.

"**Peery Hotel**", 11o W. 3oo South St. Traditionelles Stadthotel mit persönlicher Atmosphäre, Nähe Temple Square. Gratis-Parkplatz hinterm Haus. Elegante Lobby mit dem Flair vergangener Tage. Im Keller Mini-Sauna, Whirlpool und Fitneß-Raum. Zimmer klein, aber renoviert und gemütlich eingerichtet. DZ ab 9o US inkl. einfachem Frühstücksbuffet. Tel. 521-43oo oder 800-331-oo73.

"**Little America**", 5oo South Main St. Riesiger Hotel- und Motelkoplex südlich von Temple Square. Problemlos zu Fuß ins Zentrum. SW-Pool und Fitneß-Einrichtungen. Zimmer praktisch in jeder Größe und jedem gewünschten Komfort. DZ 75-12o US. Tel. 363-6781.

"**Olympus Hotel**", 161 W. 6oo South St. Modernes Hotel mit Glasfassade, in der Hotelzeile ca. 6 Blocks südlich vom Temple Square. SW-Pool und komfortabel eingerichtete Zimmer. Hell und geräumig mit Sitzecke. DZ je nach Qualität 83-88 US. Tel. 521-7373.

"**Shilo Inn**", 2oo South St./ Ecke West Temple St. Moderner Hotelkasten mitten in Downtown, an belebter Kreuzung. SW-Pool und Whirlpool. DZ ca. 7o-74 US. Großzügige Zimmer, von den oberen Stockwerken schöner Blick über die Stadt. Tel. 521-95oo.

"**Howard Johnson**", South Temple St./ Ecke West Temple St. Etwas trostloser Betonkasten direkt am Temple Square. Eigenes Parkhaus. Von den oberen Stockwerken Blick über die City. SW-Pool und Whirlpool. DZ ab 56 US. Tel. 521-o13o oder 8oo-366-3684.

"**Saltair**", 164 S. 9oo East St. Ruhiger Bed&Breakfast Inn in Wohngegend östlich von Temple Square. Fünf Gästezimmer in schöner Villa, jedes in besonderem Stil eingerichtet. Ausgezeichnetes Frühstück. DZ mit Gemeinschaftsbad je anch Größe 38-54 US, mit eigenem Bad 66-76 US. Tel. 533-8184.

"Travelodge", 144 W. North Temple St. Sehr einfaches Motel in bester Lage, direkt am Temple Square. Gebäude schon etwas gealtert, Einrichtung der Zimmer ebenfalls. Mit 48-53 US pro DZ allerdings die preiswerteste Alternative direkt im Zentrum. Tel. 533-82oo.

"Anton Boxrud", 57 S. 6oo East St. Bed&Breakfast Inn in ruhiger Wohngegend, östlich von Downtown. In einem der typischen Wohnhäuser aus Salt Lake Citys Vergangenheit. Gästezimmer von unterschiedlicher Größe und Qualität. DZ 38-65 US. Tel. 363-8o35 oder 8oo-524-5511.

Juhe "The Avenues", F St./ Ecke 2nd Ave. Günstig gelegen in ruhigem Wohnviertel. Bequem zu Fuß zum Temple Square (ca. 7 Blocks). Parkplatz, Fernseh- und Aufenthaltsraum, Küchenbenutzung, Waschmaschine. Im Schlafsaal 11 US pro Person, Einzelzimmer 22 US, DZ 28 US. Viel Betrieb im Sommer und während der Skisaison, daher frühzeitig reservieren: Tel. 363-8137.

"Camp VIP", 135o W. North Temple St. Günstig gelegen zwischen Downtown und Airport. Für Zelte und Wohnmobile. Schattig mit großen Bäumen, aber Stellplätze dicht an dicht. Voll ausgestattet mit Duschen, SW-Pool und kleinem Laden. Stellplatz 18-23 US. Tel. 328-o224.

"KOA Kampground", 14oo W. North Temple St. Direkt nebenan. Für Zelte und Wohnmobile. Gepflegte sanitäre Anlagen, SW-Pool. Stellplatz 17-23 US. Tel. 355-1192.

Weitere Campgrounds in der Umgebung von Salt Lake City, z.B. in den beiden Cottonwood Canyons. In der Regel schönere und ruhigere Lage, dafür aber weitaus einfachere Ausstattung.

Eine Reihe guter Restaurants in Salt Lake City figuriert unter dem Begriff "Private Club" und ist nur zugänglich für Mitglieder. Viele Hotels haben jedoch kurzfristig gültige Mitgliedskarten gratis zur Verfügung. Fragen lohnt sich. Die im folgenden aufgeführten Lokale sind alle öffentlich.

SQUATTER'S PUB, 3oo South St./ Ecke 2oo West St. Rustikal, in Backsteingebäude aus dem 19. Jahrhundert. Im Sommer mit Biergarten. Mehrere Biere vom Faß aus eigener Brauerei, die Braukessel stehen hinter der Theke. Ale, Stout und je nach Saison spezielle Biere. Dazu deftige Küche von Brezel bis Bratwurst, aber auch Austern oder Pasta. Snacks für 3-1o US.

THE CHART HOUSE, South Temple St./ Ecke 4oo West St. Nobelrestaurant in einer alten Villa im Zentrum. Gediegen möbliert und dekoriert. Steaks und Seafood. Kleine Auswahl, gute Qualität, entsprechende Preise: Hauptgerichte für 15-25 US.

THE PARK, South Temple St./ Ecke State St. In der postmodernen Eingangshalle des Shopping Center ZCMI. Hell und freundlich. Rund um die gemeinsam benutzten Tischgruppen eine Anzahl von Theken, die unterschiedliches Essen zubereiten: Eiskrem, Pizza, Hot Dogs, chinesisch, mexikanisch, Steaks und Meeresfrüchte. Eine moderne Markthalle für jeden Geschmack und Geldbeutel.

LAMB'S, 169 S. Main St. Typisch amerikanisches Restaurant-Ambiente mit langer Theke, kleinen Nischen und Sitzecken. Breites Angebot von Sandwiches, Salaten, Steaks und Seafood. Snacks ab 5 US, Hauptgerichte um 1o US. Abends volle Menüs mit Vor- und Nachspeise für 1o-15 US.

THE GREAT WALL, Main St./ Ecke 2oo South St. Schlichte Dekoration unter Verzicht auf die sonst üblichen roten Laternen und Drachenköpfe. Stattdessen an der Wand eine stilisierte chinesische Mauer aus Metallstäben. Hervorragende chinesische Küche, auch koreanische Rezepte. Hauptgerichte abends um 1o US, mittags preiswerter. Manchmal auch großes Buffet zum günstigen Pauschalpreis.

ROYAL TAJ, 2oo South St./ Ecke W. Temple St. Im Kellergeschoß eines alten Backsteinhauses, versteckt in kleiner Gasse hinter dem Parkhaus. Gemütlich-gepflegtes Ambiente. Indische Küche von hoher Qualität. Hauptgerichte und Spezialitäten 8-12 US. Mehrgängige Menüs 12-15 US. Mittags ein Buffet zum Pauschalpreis von 6 US.

CAFE PIERPOINT, 122 W. Pierpoint Ave. Poppiges Ambiente mit farbigen Wänden und Neondekoration. Meist viel Betrieb. Die Tische auf mehreren Ebenen, im Sommer auch auf der Terrasse. Gute mexikanische Küche, große Portionen. Hauptgerichte 5-1o US.

BACI, 134 W. Pierpoint Ave. Beliebtes italienisches Lokal. Große Halle, aber unterteilt durch Säulen und kleinere Nischen, aufwendig dekoriert. Im Sommer auch Terrasse. Hervorragende Küche mit wechselnden Tagesspezialitäten. Fleisch-, Fisch- und Nudelgerichte mittags knapp unter 1o US, abends bis 18 US.

THE OLIVE GARDEN, W. Temple St./ Ecke 2oo South St. Gepflegtes italienisches Lokal. Pasta für 7-1o US, Fleisch und Fisch 1o-13 US. Mittagskarte mit preiswerten Salaten und Nudelgerichten für 5-7 US.

RICHARDS STREET MARKET PLACE, im Untergeschoß des Einkaufszentrums Crossroads Plaza, South Temple St., gegenüber Temple Square. Pizza, Hot Dogs, Tacos, Hamburger - Fast Food von einem Dutzend verschiedener Theken. Selbstbedienung, schnell und billig. Jeder holt sich, worauf er Appetit hat, danach trifft man sich wieder an einem der Tische in der Mitte.

TROLLEY SQUARE, 5oo South St./ Ecke 6oo East St. In den rustikalen Backsteingebäuden des ehemaligen Straßenbahn-Depots und jetzigen Einkaufszentrums zahlreiche Restaurants, Cafés und Gartenlokale. sie haben sich dem Stil dieses ungewöhnlichen Komplexes angepaßt. U.a. Steakhouse, Nobelrestaurant, italienisches Lokal. Preise mittel bis gehoben.

MARKET STREET GRILL, 48 Market St. Gute Frühstückskneipe mit vielseitigem Angebot. Portionen riesig, für ca. 5 US. Auch mittags und abends deftige Küche zum Sattwerden. Spezialitäten sind Fisch und Seafood.

Selbstversorger: Die meisten Supermärkte liegen weit außerhalb am Stadtrand. Günstig in der Nähe von Downtown: ALBERTSON'S, 37o E. 2oo South St.

Picknick: Am Rande von Downtown, aber noch zu Fuß erreichbar sind die Rasenflächen und Bänke von Pioneer Park. Etwas weiter entfernt ist Liberty Park, eine der größten Parkanlagen der Stadt: Picknickbänke unter Bäumen; am Wochenende viel Betrieb, werktags relativ ruhig. Ebenfalls Picknicktische im Pioneer Trail State Park am Ostrand der Stadt. Schöner Blick über Salt Lake City.

SHOPPING

Shopping Center

ZCMI, Main St./ Ecke South Temple St. Eingänge von beiden Straßen aus. Shopping-Landschaft mit Käufhäusern und Dutzenden von kleinen Läden und Boutiquen.

CROSSROADS PLAZA, South Temple St., gegenüber von Temple Square. Auf mehreren Etagen Kaufhäuser, Restaurants und kleine Läden.

TROLLEY SQUARE, 5oo South St./ Ecke 6oo East St. Eine positive Abwechslung zum glitzernden Shopping-Einerlei der üblichen Malls: Über einen ganzen Straßenblock erstrecken sich die flachen Backsteingebäude der ehemaligen Straßenbahn-Depots. Vor dem Abriß gerettet und jetzt das originellste Einkaufszentrum Utahs. Alte Waggons und viele liebenswerte Details wurden in den fabrikartigen Hallen untergebracht. Dazwischen eine Reihe Cafés und Restaurants, Antiquitätenläden, Kinos und Boutiquen. Leicht zu erreichen ab Downtown mit dem UTA-Trolley.

Kunsthandwerk

TP GALLERY, 252 S. Main St. Indianisches Kunsthandwerk von verschiedenen Stämmen des Südwestens: Navajo, Zuni, Hopi. Unter anderem Schmuck, Keramik, Körbe, Kachina-Figuren.

MORMON HANDICRAFT, 1o5 N. Main St. Kunsthandwerk der Mormonen, u.a. Decken, Porzellanfiguren, Puppenstuben, Spielzeug.

Bücher und Zeitschriften

DESERET BOOK, im Shopping Center ZCMI. Große Auswahl an Romanen und Sachbüchern. Abteilung mit Reiseführern und Bildbänden über Utah.

ZION BOOKSTORE, 254 S. Main St. Enge Regalreihen, vollgepackt mit neuen und gebrauchten Büchern. Zum Stöbern für anglophile Bücherwürmer. Die Auswahl ist immens.

THE MAGAZINE SHOP, 267 S. Main St. Neben Taschenbüchern vor allem amerikanische und ausländische Zeitungen und Zeitschriften.

FESTE & FESTIVALS

DAYS OF 47: In der Woche vor Utahs

Saatsfeiertag am 24. Juli: Volksfest mit Paraden, Straßentheater und kulturellen Veranstaltungen. Dazu eines der wichtigsten und am höchsten dotierten Profi-Rodeos der USA.

MUSIK

UTAH SYMPHONY, in der hochmodernen Maurice Abranavel Hall, 123 W. South Temple St. Programm über Tel. 533-5626.

UTAH OPERA COMPANY, Aufführungen im restaurierten Capitol Theatre, einem ehemaligen Kino mit sehenswerter Renaissance-Fassade, 5o W. 2oo South St. Pro Saison vier Operninszenierungen.

MORMON TABERNACLE CHOIR: Jeden Sonntag im Tabernacle am Temple Square (9.3o-1o Uhr) die traditionelle Radiosendung mit dem berühmten Mormonenchor. Gratis. Proben donnerstags von 2o-21.3o Uhr, ebenfalls kostenlos. Im Tabernacle außerdem fast täglich Gratis-Konzerte. Programm in den Visitor Centers am Temple Square.

THEATER

PIONEER THEATRE COMPANY, 3oo South St./ Ecke University St. Klassische Dramen, Gegenwartstheater und Musicals. Saison von September bis Mai. Tel. 581-6961.

SALT LAKE ACTING COMPANY, 168 W. 5oo North St. Ganzjährig moderne und experimentelle Theaterstücke. Information über Programm und Kartenbestellung: Tel. 363-o525.

PROMISED VALLEY PLAYHOUSE, 132 S. State St. In einem restaurierten Theater aus dem 19. Jahrhundert. Verschiedene Theaterstücke, Musicals und sonstige Aufführungen. Programm über Tel. 364-5696.

KINO

CROSSROADS CINEMAS, 5o S. Main St., Nähe Temple Square. Drei Kinosäle, vorwiegend aktuelle Hollywood-Produktionen. Programm über Tel. 355-3883.

SALT LAKE ART CENTER, 2o S. West Temple St. Film-Festivals, Klassiker und ausländische Filme.

SPORT

Ski: In weniger als einer Stunde Fahrt von Downtown Salt Lake City erreicht man eine Anzahl erstklassiger Skigebiete: In den beiden Cottonwood Canyons auf der Westseite der Wasatch Range (Details siehe Umgebung von Salt Lake City) sowie bei Park City auf der Ostseite des Gebirges (Beschreibung siehe Nord-Utah). Überall Unterkünfte in Pistennähe, aber auch Tagestouren ab Salt Lake City problemlos machbar.

Salt Lake City hat sich um die Austragung der Olympischen Winterspiele 2oo2 beworben, so daß die Skizentren in den Wasatch Mountains in Zukunft noch für einige Schlagzeilen sorgen werden.

Golf: Mehr als zwanzig Golfplätze in Salt Lake City und Umgebung. Ganzjährig ideale Spielverhältnisse. In City-Nähe der Platz der University of Utah. Im Touristenbüro eine ausführliche Broschüre mit weiteren Golfplätzen, Adressen und Telefonnummern.

Reiten: Schöne Touren in die Bergwelt der Wasatch Moun-Informationen und Verleih von Pferden: VALLEY - VIEW RIDING STABLES, Tel. 572-9o88.

Schwimmen: Ein besonderes Erlebnis kann das Baden im Great Salt Lake sein, Details siehe Umgebung von Salt Lake City. In der Stadt selbst der Wasserpark RAGING WATERS, 12oo W. 17oo South St., südwestlich von Downtown. Mehrere Schwimmbecken mit Wellenbad und einem Gewirr von Riesenrutschbahnen. Direkt im Zentrum das DESERET GYMNASIUM (161 N. Main St.) mit Hallenbad und einer Reihe von Fitneß-Einrichtungen.

ZUSCHAUERSPORT

Basketball: UTAH JAZZ ist eines der erfolgreichsten Teams der amerikanischen Profiliga NBA. Die Mannschaft spielt von Oktober bis Mai in der Arena des Delta Center. Tickets und Spielplan über Tel. 355-3865.

Eishockey: Das Profiteam der GOLDEN EAGLES spielt ebenfalls im Delta Center. Saison Oktober bis April. Kartenbestellung und Information über Tel. 521-3865.

Verbindungen

Auto: In Salt Lake City treffen sich die wichtigsten Autobahnen und Überlandstraßen von Utah: Interstate 15 Richtung Norden über Ogden (55 km, ca. 45 Min.) nach Idaho mit Abzweigung von Interstate 84 in den Nordwesten der USA. Interstate 15 Richtung Süden über Cedar City (4oo km, ca. 4 Std.) nach Nevada.

Interstate 8o ist die Ost-West-Achse zwischen Wyoming und Nevada, führt westlich von Salt Lake City lange Zeit am Great Salt Lake entlang. Östlich von Salt Lake City zweigt von der Autobahn der Hwy. 4o ab, der den Nordosten von Utah erschließt: bis Vernal 28o km, ca. 3-4 Std.

Mietwagen: Salt Lake City eignet sich vor allem als Ausgangspunkt für Autotouren durch Utah unter Einschluß von Nord-Arizona und dem Südwesten Colorados. Einige Vermieter:

ADVANTAGE, 2375 West Temple St., Tel. 531-1199

AVIS, Tel. 575-2847 oder 800-331-1212

BUDGET, Tel. 298-146o oder 8oo-237-7251

HERTZ, Tel. 575-2683 oder 800-654-3131

PAYLESS, 1974 W. North Temple St., Tel. 596-2596

THRIFTY, 15 S. 24oo West St., Tel. 595-6677

U-SAVE, 1195 S. Main St., Tel. 521-5555

Bus: Moderner und sauberer Bus-Terminal in Downtown am Temple Square (South Temple St./ Ecke 2oo West St., Tel. 8oo-231-2222). Zentrale Lage, Schließfächer, Snack-Bar. Abfahrten ca. 2-3x täglich in folgende Städte:

-> Provo: 1 Std., ca. 11 US
-> Ogden: 1 Std., ca. 7 US
-> Cedar City: 5,5 Std., ca. 43 US
-> Las Vegas: 8,5 Std., ca. 5o US
-> Los Angeles: 16 Std., ca. 86 US
-> Reno: 9,5 Std., ca. 7o US
-> San Francisco: 15 Std., ca. 82 US
-> Spokane: 17 Std., ca. 1o2 US
-> Portland: 19 Std., ca. 1o2 US
-> Seattle: 23 Std., ca. 113 US
-> Denver: 11 Std., ca. 78 US
-> Durango: 11 Std., ca. 68 US
-> Albuquerque: 16 Std., ca. 93 US
-> El Paso: 27 Std., ca. 1o8 US

Bahn: Amtrak-Bahnhof in einem Seitenflügel des Rio Grande Depot, 455 West St./ Ecke 3oo South St., Tel. 364-8562. Die Langstreckenverbindungen ab Salt Lake City sind gut, für Fahrten durch Utah eignet sich die Eisenbahn nicht. Außer nach Las Vegas/Nevada auch keine direkten Verbindungen in andere Städte des Südwestens.

-> Chicago: 2x tägl., 35 Std., ca. 211 US
-> Denver: 2x tägl., 16 Std., ca. 1o3 US
-> Reno: 1x tägl., 9 Std., ca. 11o US
-> San Francisco: 1x tägl., 17 Std., ca. 11o US
-> Las Vegas: 1x tägl., 7 Std., ca. 9o US
-> Provo: 1x tägl., 45 Min., ca. 15 US
-> Portland: 1x tägl., 18 Std., ca. 12o US
-> Los Angeles: 1x tägl., 14 Std., ca. 11o US
-> Seattle: 1x tägl., 23 Std., ca. 12o US

Die Züge nach Portland/Seattle und einer der beiden Züge nach Denver/Chicago fahren ab Ogden, direkter Anschluß mit Amtrak-Bus ab Bahnhof Salt Lake City.

Flüge: Airport in City-Nähe, nordwestlich der Stadt Richtung See. Einige der großen amerikanischen Airlines verbinden nonstop mit ihren jeweiligen Drehscheiben, von dort Anschlüsse in viele Städte der USA sowie an internationale Flüge nach Europa.

Die besten und häufigsten Verbindungen hat DELTA, das in Salt Lake City eines seiner Drehkreuze unterhält und fast alle wichtigen Städte des amerikanischen Westens mehrmals täglich nonstop anfliegt. Außerdem über die Tochtergesellschaft SKYWEST regionale Flüge innerhalb Utahs (Vernal, St. George, Cedar City) sowie in die benachbarten Staaten Nevada, Idaho, Wyoming und Montana. AMERICA WEST hat gute Verbindungen nach Phoenix und innerhalb des Südwestens sowie nach Mexiko.

AMERICA WEST, Tel. 800-247-5692
AMERICAN AIRLINES, Tel. 800-433-7300
DELTA, Tel. 532-7123

CONTINENTAL, Tel. 575-5o42
SKYWEST, Tel. 575-2509
TWA, Tel. 363-0624

TRANSPORT IN SALT LAKE CITY

Auto: Ist praktisch nicht nötig für Downtown, da alles Sehenswerte dicht beisammen liegt und zu Fuß zu erreichen ist. Für die lohnenden Ausflüge in die Umgebung ist ein eigener Wagen allerdings unerläßlich, da nur in den wenigsten Fällen ein öffentlicher Transport existiert.

Taxi: YELLOW CAB (Tel. 521-21oo oder 8oo-826-4746. 24-Stunden Service in Salt Lake City und zu den Skigebieten. Grundgebühr 1 US, für jede Meile 1,4o US. Zum Airport ab Temple Square ungefähr 11 US.

Bus: Das öffentliche Bussystem UTA (Utah Transit Authority) ist relativ gut organisiert und bequem zu benutzen. Für Touristen sind die folgenden Linien interessant:

Linie 5o: Zwischen Downtown/Temple Square und Airport, ca. 3o Min. Fahrt.

Linie 23: Durch Downtown in Nord-Süd Richtung zum State Capitol, innerhalb der Gratis-Zone.

Linie 52: Zwischen Downtown/Temple Square und University of Utah.

Fahrpreis von 0,65 US passend haben, da der Fahrer kein Wechselgeld besitzt. Zweimal umsteigen ist möglich, beim Bezahlen gleich das "transfer ticket" verlangen.

Busse fahren Mo-Sa von ca. 7-18 Uhr in unregelmäßigen Abständen von 15-3o Min., samstags seltener. Kein Busbetrieb an Sonn- und Feiertagen außer einem stark eingeschränkten Fahrplan vom und zum Flughafen.

Gratis-Zone: Von 4oo South St. bis 5oo North St. sowie zwischen W. Temple St. und 2oo East St. kostenloses Busfahren. Erspart vor allem mit Linie 23 über Main St. das Klettern auf den Berg zum State Capitol.

UTA Trolley: Bus in Form eines ausgedienten Straßenbahnwaggons. Von Temple Square über W. Temple St. und 6oo South St. zum Einkaufszentrum Trolley Square. Praktische Verbindung in den Süden und Südosten von Downtown. Brauchbar auch als Transport ins Zentrum, wenn man in einem der etwas südlicher gelegenen Hotels (5oo und 6oo South St.) wohnt. Mo-Sa von 11-21 Uhr, Fahrpreis 0,65 US.

Umgebung von Salt Lake City

★GREAT SALT LAKE

Einer der großen Salzseen auf dem Globus. In einem weiten Tal, umgeben von kargen Bergen. Die Ufer kaum erschlossen; Badebetrieb nur an wenigen Stellen und stark abhängig vom Wasserstand des Sees, der enormen Schwankungen unterliegt. Erscheint eher eine Verlängerung der Wüste als eine erfrischende Oase darin.

Der Große Salzsee ist ein ökologisches Phänomen, das für Landschaft und Menschen im nördlichen Utah fundamentale Bedeutung besitzt. Der See verfügt über keinerlei Abfluß, so daß er den beständigen Zustrom mit einer großen Verdunstungsrate ausgleichen muß. Dieser Prozeß erfolgt periodisch: Im Frühjahr sorgt die Schneeschmelze in den benachbarten Gebirgszügen für einen vermehrten Zufluß, der während der heißen Sommermonate durch kräftige Verdunstung wieder ausgeglichen wird.

Die Flüsse schwemmen jährlich rund zwei Millionen Tonnen gelöster Mineralien in den See. Daraus resultiert sein hoher Salzgehalt, der in der ersten Hälfte unseres Jahrhunderts noch 2o Prozent betrug (zum Vergleich: Meerwasser hat ca. 3,5 Prozent). 1959 baute die Southern Pacific Railroad einen Damm, der den See in zwei Hälften teilte. Die meisten Zuflüsse befinden sich im südlichen Abschnitt, so daß die verstärkte Konzentration an Frischwasser den Salzgehalt dort inzwischen auf 6 Prozent gesenkt hat. Im nördlichen Teil dagegen hat sich die Salzkonzentration noch weiter erhöht.

Zufluß und Verdunstung befinden sich am Großen Salzsee nur in den seltensten Fällen im Gleichgewicht. Außergewöhnlich starke Regen- und Schneefälle können den Wasserspiegel in kürzester Zeit kräftig erhöhen, da sich während längerer Schlechtwetterperioden nicht nur der Zustrom an Wasser vielfacht, sondern sich außerdem die Verdunstung wegen des bedeckten Himmels entscheidend reduziert. Die majestätische Ruhe, mit der sich der Salt Lake dem Besucher präsentiert, ist also trügerisch.

Welche Extreme der Wasserspiegel erreichen kann, demonstrierte der See während der letzten Eiszeit: Vor 16ooo Jahren befand sich das Niveau rund 27o Meter höher als gegenwärtig. Die Wassermassen bedeckten praktisch den gesamten Nordwesten Utahs, alle heutigen Städte der Region hätten auf dem Grund eines riesigen Sees gelegen, dessen Oberfläche die des aktuellen Salt Lake um das Zehnfache übertraf.

Doch auch in historischer Zeit, die in Utah erst vor rund 15o Jahren mit der Ankunft der Mormonen begann, kam es bereits zu dramatischen Veränderungen. Innerhalb der ersten 25 Jahre ihrer Siedlungsperiode sahen die Mormonen den Wasserspiegel um über drei Meter steigen. Die Besornis war in jenen Jahren so groß, daß Mormonenführer Brigham Young sogar erwog, einen Abfluß zur Wüste hin zu graben. Erst als sich das Niveau des Sees ab 1873 wieder senkte, konnte für die gerade erst gegründeten Siedlungen an seinem Ufer Entwarnung gegeben werden.

Seither befand sich der Salt Lake für beinahe ein Jahrhundert auf dem Rückzug, bis er 1963 seinen historischen Tiefstand erreichte. Damals prognostizierten viele Wissenschaftler eine völlige Austrocknung binnen weniger Jahre. Doch die Natur machte diesen Vorhersagen einen Strich durch die Rechnung. Feuchte Winter und kühle, wolkenreiche Sommer brachten den See zum Wachsen, seine Oberfläche war zu Beginn der achtziger Jahre schon wieder doppelt so groß wie 1963.

In den folgenden Jahren spitzte sich die Lage sogar dramatisch zu: Rekordverdächtige

Niederschläge brachten Ende 1982 dem See einen weiteren Niveauanstieg. Während eines plötzlichen Wärmeeinbruchs und der anschließenden Schneeschmelze schossen die Wassermassen aus den Bergen sogar durch die Hauptstraßen von Salt Lake City. Innerhalb eines Jahres erhöhte sich der Wasserspiegel um fast zwei Meter. 1984 näherte er sich sogar dem historischen Höchststand des Jahres 1863 und versetzte ganz Utah in helle Aufregung.

Bautrupps arbeiteten fieberhaft an einer Erhöhung des Straßenniveaus an der Autobahn Interstate 8o, der Eisenbahndamm mußte innerhalb kürzester Zeit dreimal aufgestockt werden, da die Schienen im Wasser versanken. Die rapide Vergrößerung des Sees vernichtete landwirtschaftlich genutzte Flächen und Marschen, in denen sich die Rückzugsgebiete seltener Vogelarten befanden. Das Wasser überspülte die Verdunstungsteiche von Chemiekonzernen, die der Mineraliengewinnnung dienten.

Nur noch ein Meter Höhe fehlte dem See, um sich in die Straßen von Salt Lake City zu ergießen. Die Stadtverwaltung erarbeitete Notstandspläne, die auch die Idee Brigham Youngs wieder aufgriffen, das überschüssige Wasser in die Wüste abzupumpen. Doch die physikalischen Gesetze sorgten zunächst allein für eine Entspannung der Situation: Je größer die Oberfläche des Sees, desto größer ist auch der Grad der Verdunstung und desto mehr Wasser muß zufließen, um das Niveau weiter anzuheben. Die Ausbreitung des Sees war vorläufig an ihre Grenzen gestoßen.

Inzwischen hat sich der Wasserstand wieder auf einem akzeptablen Niveau eingependelt. Doch was die Zukunft für den Salt Lake und seine dichtbesiedelten Ufer bringt, ist immer ungewiß und hängt von globalen und lokalen Klimaentwicklungen ab. Gezähmt haben die Menschen den Großen Salzsee und seine Kapriolen jedenfalls noch nicht.

SALTAIR: Bereits im 19. Jahrhundert beliebtes Ausflugsgebiet am südlichen Seeufer. Die dauernden Schwankungen des Wasserspiegels und mehrere Brände in den luxuriösen Gebäuden setzten dem Glanz jedoch ein schnelles Ende. Heute existiert wieder ein neues Gebäude, das im Stil an die großen Zeiten des Bade- und Vergnügungsbetriebs erinnert. Hauptsächlich ein Business, das von der Nostalgie lebt. Ab Salt Lake City ca. 25 km westlich über Interstate 8o bis Exit 1o4.

GREAT SALT LAKE STATE PARK: Direkt östlich von Saltair ein langer Strand am Seeufer. Süßwasserduschen, Umkleidekabinen und Picknicktische. Ob das Baden im See ein Vergnügen oder überhaupt möglich ist, hängt ab vom Wasserstand. Oft existiert nur ein flaches, brühwarmes Brackwasser. Je nach Attraktivität der Strände richtet sich auch der Eintrittspreis zum State Park: manchmal gratis, manchmal 3 US pro PKW. Wohnmobile können für 7 US auch über Nacht bleiben.

ANTELOPE ISLAND: Größte der zehn Inseln im See; war in den achtziger Jahren wegen des hohen Wasserstandes vom Ufer abgeschnitten. Seit 1992 (und bis auf weiteres hinsichtlich der Entwicklung des See-Niveaus) existiert wieder eine Straßenverbindung, über Interstate 15 nördlich von Salt Lake City bis Exit 335. Die gesamte Insel ist State Park, einsame Landschaften und viele freilebende Tiere: Rotwild, Vögel und rund 6oo Bisons. Zufahrt pro Pkw 5 US.

✱ BIG COTTONWOOD CANYON

Enge Schlucht, begrenzt von steilen Felswänden, auf denen sich noch erstaunlich viele Bäume festhalten. Verschiedene geologische Formationen und farbige Gesteinsschichten sind hier aus der Erdkruste an die Oberfläche gedrückt worden. Später erweitert sich das Tal, die Wälder werden dichter. Eine Gebirgswelt vor den Toren der Großstadt, in der jede Erinnerung an die Ebene und Salt Lake City verblaßt.

Am Ende des Canyons zwei erstklassige Skigebiete. Im Sommer beliebtes Ausflugsziel am Wochenende, mit Picknickplätzen und einigen Wanderwegen, die von der Straße abgehen. Trails z.B. ab Brighton zu verschiedenen Bergseen in der Umgebung; kurzer Rundweg oder Wanderungen hinein ins Gebirge. Der Canyon ist zu erreichen ab Downtown Salt Lake City über I-15 Richtung Süden, dann I-215 Richtung Osten bis Exit 7. Von dort ausgeschildert.

"Spruces Campground", an der Straße nach Solitude. Nur im Sommer geöffnet. Stellplätze weit verteilt im Wald, in der Nähe des Baches. Ruhiger, kühler und schöner als die Plätze in Salt Lake City, aber nur Basis-Ausstattung mit Toiletten und Wasser. Stellplatz ca. 8 US.

SKI

SOLITUDE: Alpines und nordisches Skigebiet, ca. 19 km vom Eingang zum Canyon entfernt. Pisten aller Schwierigkeitsgrade mit 7 Liften, durch zahlreiche Waldstücke auf Höhen zwischen 2.44o und 3.06o m. Im Nordic Center rund 2o km gespurte Loipen. Saison von Mitte November bis Ende April. Nur eine Lodge in der Nähe der Basisstationen; Unterkunft preiswerter in Salt Lake City. Von dort auch täglicher Ski-Express. Informationen über Tel. 534-14oo.

BRIGHTON: Alpines Skigebiet, verteilt auf mehrere Berge am Ende des Canyons, ca. 5 km oberhalb von Solitude. 7 Liftanlagen und Pisten auf Höhen zwischen 267o und 32oo m. Saison von Mitte November bis Ende April. Skilaufen unter Flutlicht möglich. Skipaß auch in Kombination mit Solitude; Kinder unter 1o Jahren gratis. Unterhalb der Pisten kleine Village mit Chalets, Blockhütten, einigen Geschäften und Unterkünften. Auch hier die preiswertere Alternative mit Übernachtung in Salt Lake City und Transport per eigenem Wagen oder Ski-Express ins Skigebiet. Information über Tel. 8oo-873-5512.

✱ LITTLE COTTONWOOD CANYON

Dicht bewaldete Schlucht mit rauschendem Gebirgsbach. An einigen Stellen schiere Felswände. Landschaftlich weniger attraktiv als der größere Nachbarcanyon. Die Straße führt in weiten Schleifen steil bergauf bis zu zwei ausgezeichneten alpinen Skigebieten. Im Sommer Naherholungsgebiet von Salt Lake City. Vom White Pine Trailhead aus mehrere Wanderwege in benachbarte Täler und zu einsamen Bergseen. Zu erreichen ab Big Cottonwood Canyon über die kurze Verbindungsstrecke Hwy. 21o.

 "Tanners Flat Campground", im Sommer eine ruhigere und kühlere Alternative zu den engen Plätzen im Zentrum von Salt Lake City. Unterhalb der Straße, zwischen Bäumen, am Bach. Toiletten, Wasser und Picknicktische, keine Duschen. Stellplatz ca. 7 US.

 **SKI**

SNOWBIRD: Alpines Zentrum mit Pisten aller Schwierigkeitsgrade auf Höhen von 2.4oo bis 3.55o m. Gondelbahn zum höchsten Punkt auf der Spitze von Hidden Peak und sieben Sessellifts. Saison von Ende November bis Ende April. Tagesticket inkl. Gondelbahn 37 US, nur Sessellifts 3o US. An den Talstationen der Lifts eine Gruppe häßlicher Betonklötze, in denen sich Hotels und Apartments befinden. Übernachtung preiswerter in Salt Lake City. Von dort weniger als eine Stunde per Auto oder mit Ski-Bussen. Informationen über Tel. 800-453-3000.

ALTA: Zwei Kilometer oberhalb von Snowbird. 8 Lifts und Pisten aller Schwierigkeitsgrade. Höhenlage zwischen 26oo und 3215 m. Saison von Mitte November bis Mitte April. Tagesticket 23 US. Info über Schneeverhältnisse: Tel. 572-3939. Unterkünfte in Liftnähe etwas kleiner und ansehnlicher als in Snowbird; Übernachtung mit entsprechendem Transport ab Salt Lake City aber ebenfalls eine Alternative.

★ BINGHAM CANYON COPPER MINE

Größte Tagebau-Kupfermine der Welt. Die Abraumhalden sind schon von weit her sichtbar. Bester Blick auf das riesige Loch beim Landeanflug auf Salt Lake City, wenn die Maschine von Süden her ankommt. Über 12 Millionen Tonnen Kupfer sowie eine beträchtliche Menge Gold und Silber förderte die Kennecott Company hier seit 19o6. Das mit riesigen Baggern gegrabene Loch ist fast einen Kilometer tief und hat oben einen Durchmesser von ca. 4 km.

Von einem Aussichtspunkt direkter Blick in die Mine. Das Visitor Center zeigt Exponate und einen Videofilm zur Geologie und Geschichte des Kupferabbaus im Bingham Canyon. Zufahrt pro PKW 2 US. Zu erreichen ab Interstate 15, Exit Midvale; dann Hwy. 48. Geöffnet nur von April bis Oktober.

NORDWEST - UTAH

Geographisch das Zentrum des amerikanischen Westens; touristisch bisher eher Durchgangsstation auf dem Weg von Colorado nach Nordkalifornien oder von den Naturwundern im südlichen Utah in die Rocky Mountains von Wyoming und Montana. Doch dieser Teil Utahs hat selbst einiges zu bieten: die angenehme Atmosphäre und bevorzugte Lage von Salt Lake City, den Großen Salzsee, erstklassige Skigebiete in den Wasatch Mountains, Gebirgs- und Seenlandschaften zum Wandern, Baden und Angeln.

<u>**Orientierung**</u>: Nördlich und südlich von Salt Lake City erstreckt sich das dicht besiedelte Salt Valley, durchzogen von der Autobahn Interstate 15. Die meisten Städte hier für Besucher nicht besonders attraktiv. Die wenigen Sehenswürdigkeiten lassen sich leicht von Salt Lake City per Ausflug anschauen. Am Abend ist man dann wieder in der Großstadt mit ihren vielfältigen Möglichkeiten. Wer dagegen ländliche Umgebung bevorzugt, ist besser aufgehoben in Logan, am Bear Lake oder den kleinen Orten am Fuß der Wasatch Mountains, die parallel zum Salt Valley verlaufen.

★ Logan (33.000 Einw.)

Städtisches Zentrum im nördlichsten Winkel von Utah, am Fuß der Bear River Mountains. Schattige Wohnstraßen mit alten Villen, Golfplätze, legere Freizeitatmosphäre. Besucher kommen vor allem wegen der schönen Umgebung: Logan Canyon und Bear Lake. Direkte Verkehrsverbindungen in die nahegelegenen Nachbarstaaten Nevada, Idaho und Wyoming. Station auf dem Weg von Utah zum Yellowstone National Park.

 <u>Bridgerland Travel Region</u>, 160 N. Main St., im Stadtzentrum.

 <u>Post</u>: 151 N. 100 West St.

Entlang von <u>MAIN STREET</u> und <u>CENTER STREET</u> noch vereinzelte Backsteinfassaden aus der Pionierzeit. Gepflegter jedoch die alten Villen und Wohnhäuser aus dem 19. und frühen 20. Jahrhundert in den ruhigen Nebenstraßen; verschiedene Stilrichtungen. Im Touristenbüro gibt's eine Broschüre mit den Adressen der schönsten Exemplare.

Die auffälligsten Gebäude der Stadt sind, wie fast überall in Utah, der <u>MORMON TEMPLE</u> (auf einem Hügel 200 North St./ 200 East St., erinnert an ein englisches Schloß) und <u>LDS TABERNACLE</u> (im Park, Main St./ Ecke Center St.).

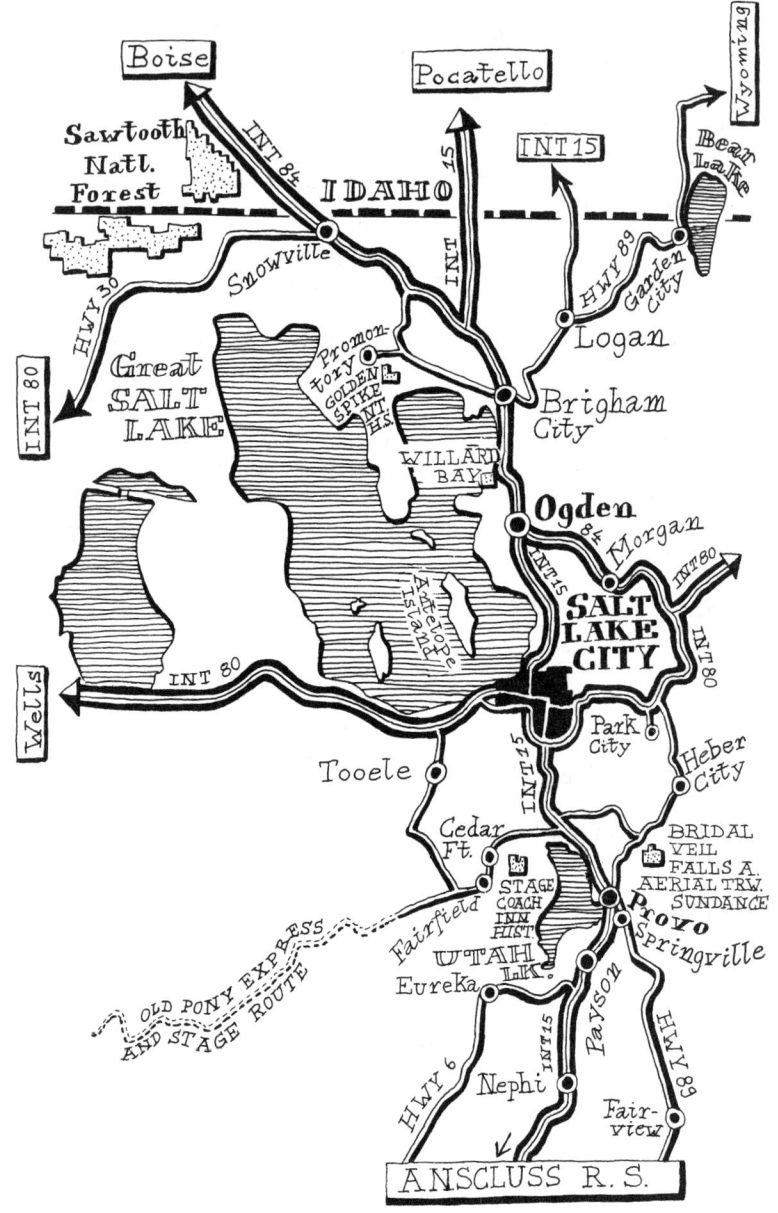

497

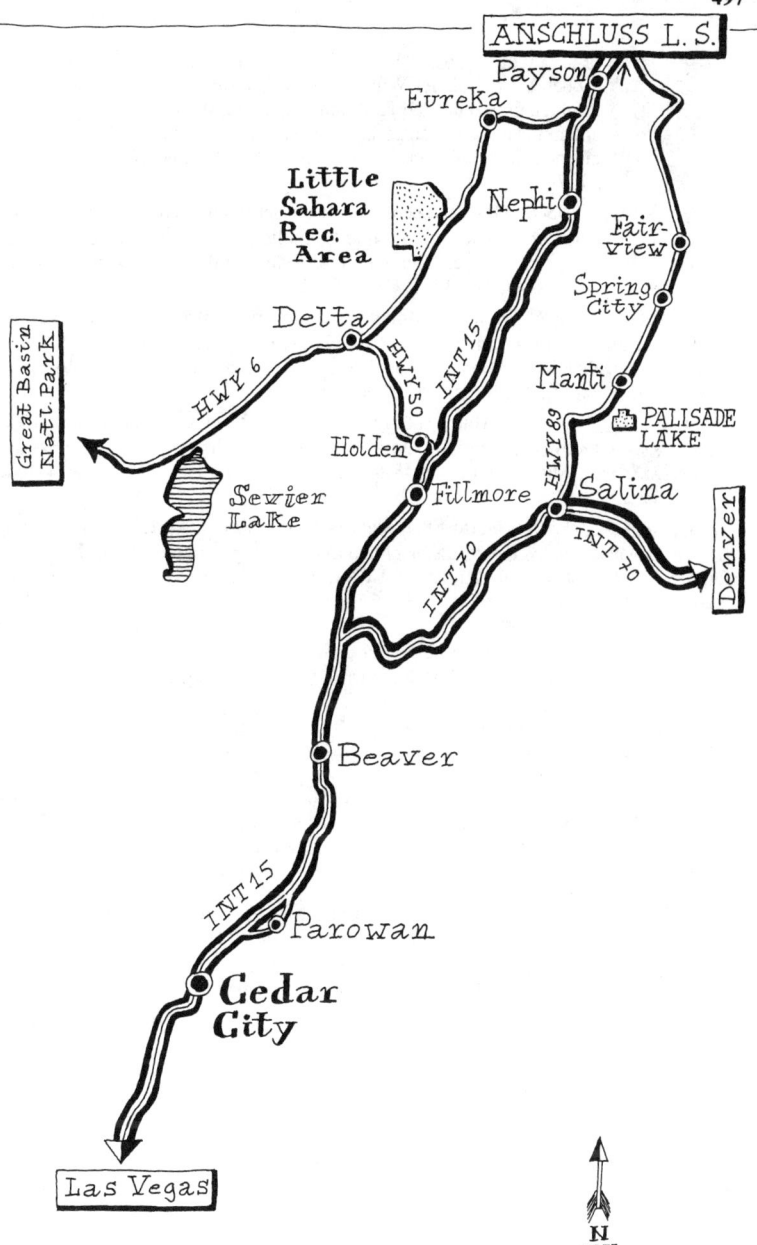

"The Logan House", 168 N. 1oo East St. Bed&Breakfast in einer großen Villa. Ruhiges Wohnviertel in Zentrumsnähe. Garten mit alten Bäumen ums Haus. Große Zimmer; modern, stilvoll und mit jedem erdenklichen Luxus eingerichtet. Jedes mit individuellem Dekor und eigenem Bad. DZ je nach Größe und Ausstattung 86-165 US. Tel. 752-7727.

"Baugh Motel", 153 S. Main St. Zentral gelegen an der Durchgangsstraße. Grünflächen und Bäume geben dem Motel einen freundlichen und einladenden Anstrich. Schöner SW-Pool in der Mitte. Zimmer komfortabel und groß. DZ von Mai bis September 44-66 US, sonst 41-63 US. Tel. 752-522o.

"Weston Inn", 25o N. Main St. Modernes Motel im Zentrum. Gebäude von der Hauptstraße zurückversetzt, daher relativ ruhig. Geräumige Zimmer, kleine Sitzecke. Einfaches Frühstück inbegriffen. DZ von April bis September je nach Größe 46-57 US, restliche Jahreszeit 44-55 US. Tel. 752-57oo.

"Comfort Inn", 447 N. Main St., direkt an der Abzweigung zum Bear Lake. Modernes Motel, etwas festungsartig zugebaut. SW-Pool. Zimmer groß und funktional möbliert. DZ von Mai bis Oktober 48-53 US, sonst 46-5o US. Tel. 752-9141 oder 8oo-221-2222.

"Alta Motel", 51 E. 5oo North St. Einfaches Motel, an der Ausfallstraße Richtung Norden. Etwas zurückversetzt, daher einigermaßen ruhig. Zimmer klein, Möbel und sanitäre Anlagen abgenutzt. Mit ca. 28 US pro DZ die billige Lösung in Logan. Tel. 752-63oo

Eine Reihe schön gelegener Campgrounds des National Forest Service östlich der Stadt im Logan Canyon. Details siehe dort.

Entlang Main Street das übliche Fast Food und eine Anzahl chinesischer Lokale. Alternativen dazu sind dünn gesät:

GRAPEVINE, 129 N. 1oo East St. In ruhiger Nebenstraße des Zentrums. Kleine Villa, vollkommen umfunktioniert in ein vornehmes Restaurant. Erlesene Speisekarte mit wenigen Gerichten der Gourmet-Küche. Nur zum Dinner geöffnet. Hauptspeisen 12-2o US.

FRONTIER PIES, 43 E. 14oo North St. Am nördlichen Stadtrand. Blockhaus mit ländlicher Einrichtung. Rustikale Möblierung und als Dekoration alte Werkzeuge und antikes Farmzubehör schaffen eine gemütliche Atmosphäre. Essen durchschnittlich, vom Sandwich bis zum Steak (5-1o US). Hervorragend allerdings die Pies, ob zum Nachtisch oder allein. Große Auswahl, heiß oder kalt, auch zum Mitnehmen.

Selbstversorger: ALBERTSON'S, University Boulevard/ Ecke Main St., an der Abzweigung Richtung Bear Lake. Großer Supermarkt mit Abteilungen auch für frische Lebensmittel.

Picknick: Schattige Picknickplätze direkt am Fluß im Logan Canyon, östlich der Stadt.

Nordwest-Utah 499

Verbindungen

Auto: Siehe die verschiedenen Streckenbeschreibungen im Anschluß: nach Nevada, Idaho, Wyoming und Ogden/Salt Lake City.

Bus: Greyhound hat täglich eine Verbindung nach Ogden und Salt Lake City. Ohne Auto kommt man in Logan jedoch nicht weit, so daß es wenig Sinn macht, hier per einzutreffen. Autoanmietung besser gleich in Salt Lake City. Für alle Fälle die Adresse von Greyhound: 2875 N. 800 West St., Tel. 752-4921.

LOGAN --> NEVADA

Über Interstate 84 und Hwy. 30 in die entlegene Nordwestecke von Utah. Eine der am wenigsten besuchten Regionen des gesamten Staates, abgetrennt durch die riesigen Flächen des Salzsees und der Salzwüste. Im Norden die alpin anmutenden Berge des SAWTOOTH NATIONAL FOREST: menschenleer und nicht erschlossen. Hwy. 30 vereint sich auf dem Territorium von Nevada mit der Autobahn I-80 nach Reno, auch dort nur endlose Weiten (siehe Salt Lake City -> Nevada).

GOLDEN SPIKE NATIONAL HISTORIC SITE: Abstecher unterwegs zu einem der historisch bedeutsamsten Plätze im gesamten Westen der USA: Hier, am sogenannten PROMONTORY POINT, trafen sich 1869 die Schienenstränge der Union Pacific und der Central Pacific. Sie stellten die erste transkontinentale Eisenbahnverbindung zwischen der Ost- und Westküste her. Ausführliches zum Bau der Bahnlinie und den Feierlichkeiten beim Einschlagen des letzten Nagels am Promontory Point im Kapitel "Geschichte".

Als 1942 eine Abkürzung der Bahnlinie durch den Great Salt Lake fertiggestellt wurde, hat man die Schienen bei Promontory abgebaut und der amerikanischen Rüstungsindustrie zur Verfügung gestellt. Inzwischen wurde ein knapp 3 km langer Schienenstrang wieder auf den alten Bahndämmen verlegt. Darauf fahren gelegentlich die getreuen Nachbauten der beiden Dampfloks "Jupiter" und "119", die 1869 den Bahnverkehr für Union Pacific und Central Pacific eröffneten. Betrieb der Loks nur von Anfang März bis Anfang Oktober.

Von der einstigen Boom-Town, die kurz nach Fertigstellung der Bahnlinie hier aus dem Boden gestampft wurde, ist heute nicht mehr viel zu sehen. Lediglich die Fassade eines Restaurants und eines Saloons sind rekonstruiert. Im Visitor Center eine kleine Ausstellung mit Fotos und Texten zum Bau der Eisenbahnlinie. Außerdem ein Film und eine Dia-Show. Geöffnet von Ende Mai bis Anfang September täglich 8-18 Uhr, sonst nur bis 16.30 Uhr. Zufahrt zum Historic Site 4 US pro Pkw. Zu erreichen ab Interstate 84, Exit 26 oder Interstate 15, Exit 368 nördlich von Brigham City.

LOGAN --> IDAHO

Nur wenige Kilometer bis zum nördlichen Nachbarstaat über Hwy. 91. Bei POCATELLO/Idaho die Lava Hot Springs: Heiße Quellen, die in mehreren Pools aufgefangen werden und ein ganzjähriges Badevergnügen garantieren. Wer zum YELLOWSTONE NATIONAL PARK will, nimmt die östliche Route über Hwy. 89, die in Utah zudem noch zwei landschaftliche Leckerbissen bereithält:

LOGAN CANYON: Malerische Schlucht durch die Bear River Mountains. Teilweise grün und bewaldet, vielseitige Vegetation. Zwischendurch steile Felswände und kleine Höhlen. Der rauschende Logan River oft direkt an der Straße. Abwechslungsreiche Gebirgs-Szenerie. Hinter der Paßhöhe ein weiter Blick über den gesamten Bear Lake.

An der Canyon-Straße alle paar Kilometer ein schöner Campground des National Forest Service. Meist direkt am Fluß unter Bäumen. Die meisten ausgestattet mit Picknicktischen, Toiletten und Wasser; keine Duschen. Geöffnet in der Regel während des Sommerhalbjahres. Stellplätze ca. 6 US.

SKI

BEAVER MOUNTAIN: Utahs nördlichstes und preisgünstigstes Skigebiet. Am Logan Canyon, kurz vor der Paßhöhe Richtung Bear Lake. Pisten aller Schwierigkeitsgrade auf Höhen zwischen 2.2oo und 27.oo m. Drei Sessellifts. Saison Mitte Dezember bis Ende März. Tagesticket 18 US. Information über Tel. 753-o921. Unterkünfte in Logan oder am Bear Lake.

BEAR LAKE: Rund 3o km langer Bergsee, durch dessen Mitte die Grenze zwischen Utah und Idaho verläuft. Still gelegen zwischen mehreren Gebirgsketten. Wassersport- und Angelrevier. Einziger Ort direkt am See ist GARDEN CITY (2oo Einw.) am Westufer: ein öffentlicher Strand, Ferienhäuser, wenige Motels und Restaurants. Das Ostufer am wenigsten erschlossen.

An den Ufern verschiedene Sektionen des BEAR LAKE STATE PARK mit Badestränden, Bootsrampen, Picknick- und Campingplätzen (Zufahrt 3 US pro Pkw). Für Leute ohne eigenes Boot ist Rendezvous-Beach am Südufer zu empfehlen: 2 km langer Sandstrand, Picknickplätze, Campgrounds und Bootsverleih (Segelboote ab 5o US pro Tag, Motorboote ab 9o US).

"Rendezvous-Beach", drei verschiedene Plätze in dieser Sektion des State Park. Am Strand, schattig unter kleinen Bäumen und Büschen. Gepflegte sanitäre Einrichtungen inkl. Duschen. Stellplatz 9 US.

LOGAN --> WYOMING

Zu den beiden Nationalparks GRAND TETON und YELLOWSTONE über Hwy. 89, der zunächst durch den Logan Canyon führt, dann am Bear Lake vorbei nach Idaho (siehe oben). Östlich von Montpellier wechselt der Highway nach Wyoming hinüber und verläuft von dort aus entlang der Grenzlinie nach Grand Teton.

Ins südliche Wyoming, nach LARAMIE und CHEYENNE zunächst Hwy. 89 und später Hwy. 3o. Kurz hinter der Grenze, im südwestlichen Zipfel von Wyoming, liegt eine geologische Attraktion: FOSSIL BUTTE NATIONAL MONUMENT. In einem Bergrücken mit verschiedenen Gesteinsschichten finden sich ungeheure Mengen von Fossilien. Die Mehrzahl davon in einer nur 46 cm dicken Ablagerung, die sich quer durch den Berg zieht. Pflanzen, Fische, Muscheln, Schnecken, Insekten und Vogelarten. Im Visitor Center sind einige der schönsten Exemplare ausgestellt; bei einem Rundgang zu den Fundstellen sieht man nur Fragmente.

LOGAN --> OGDEN

75 km, ca. 1 Std. Zunächst durch die Berge über Hwy. 89; ab Brigham City entweder weiter über den Highway oder schneller auf der parallel dazu verlaufenden Autobahn Interstate 15.

BRIGHAM CITY (16.000 Einw.): Provinzstädtchen am nördlichen Rand des Salt Valley. Nicht viel los, aber etwas hübscher als die meisten anderen Orte entlang Interstate 15. Main Street ist streckenweise eine schattige Allee, im Zentrum noch einige Fassaden aus den Pioniertagen. Der Mormon Tabernacle ist eines von Utahs größten und bekanntesten Kirchengebäuden: Backsteinkonstruktion mit spitzen Türmchen entlang des Kirchenschiffes.

GOLDEN SPIKE NATIONAL HISTORIC SITE: 1869 Treffpunkt der Schienenstränge von Central Pacific und Union Pacific, Vollendung der transkontinentalen Eisenbahnlinie. Details siehe Logan->Nevada. Ab Brigham City 6 km Richtung Norden auf I-15 bis Exit 368, von dort ausgeschildert.

GREAT SALT LAKE: Zwischen Brigham City und Ogden eine der wenigen Stellen am Highway, von denen aus der Salzsee für eine Weile zu sehen ist. Direkter Zugang zum Ufer im WILLARD BAY STATE PARK (Exit 354 oder 36o). Der größte Teil der Bucht ist eingedeicht. Bootsrampen und Picknickgelände; Bademöglichkeit je nach Wasserstand des Sees im nördlichen Abschnitt des State Park. Zufahrt pro Pkw 3 US.

Jeweils in der nördlichen und südlichen Sektion des State Park ein Campground. Am Seeufer; Rasenflächen unter Bäumen. Sanitäre Anlagen inkl. Duschen. Stellplatz ca. 8 US.

★ Ogden (64.000 Einw.)

Chaotisches Stadtbild mit modernen Glasfassaden, schönen und verkommenen Wohnvierteln, sillgelegten Bahngleisen und einem Historic District mit den typischen Backsteingebäuden der Jahrhundertwende. Nach Fertigstellung der ersten transkontinentalen Eisenbahn sowie einiger regionaler Linien war Ogden einer der wichtigsten Eisenbahnknotenpunkte im Südwesten. Das riesige Bahnhofsgelände und Dutzende von Rangiergleisen sind Spuren aus jener Zeit. In unmittelbarer Nähe einige hervorragende Skigebiete.

 Visitor Information in der Union Station, Downtown, 25th Ecke Wall Ave.

 Post: 2641 Washington Blvd., in Downtown.

Die wenigen Sehenswürdigkeiten in Ogden konzentrieren sich in und um den HISTORIC DISTRICT von 25th Street, nur einige Blocks voneinander entfernt. Die Restaurierung dieses historischen Viertels kommt langsam voran. Zentraler Orientierungspunkt ist Union Station, von dort läßt sich fast alles zu Fuß erkunden.

UNION STATION, 25th St./ Ecke Wall Ave. Eines der großen Bahnhofsgebäude aus der Glanzzeit der amerikanischen Eisenbahnen, erbaut 1924. Heute Museum mit verschiedenen Unterabteilungen, die zwar jeweils klein sind, aber erlesene Ausstellungstücke bieten.

In der Abteilung für Naturgeschichte Mineralien, versteinertes Holz und erstklassig erhaltene Fossilien. Daneben ein Raum zur Eisenbahngeschichte mit einer Modelleisenbahn, die durch getreue Nachbildungen des Bahnhofsviertels von Ogden und durch markante Landschaften von Utah, Nevada und Kalifornien führt. Direkt darüber eine Sammlung von Gewehren und Pistolen des Typs Browning.

Ein Auto-Salon zeigt rund ein Dutzend hervorragend gepflegter Oldtimer, vom Oldsmobile Kutschenwagen aus dem Jahre 19o1 bis zu Mafia-Limousinen der dreißiger Jahre. In der Myra Powell Gallery im Oberstock wechselnde Kunstausstellungen. Vor dem Gebäude eine Reihe von alten gas- und dieselgetriebenen Lokomotiven der Union und Southern Pacific. Der gesamte Museumskomplex ist geöffnet Mo-Sa von 1o-18 Uhr, im Sommer auch sonntags von 13-17 Uhr. Eintritt 2 US, gültig für alle Teilbereiche.

EGYPTIAN THEATER, Washington Blvd./ Ecke 25th St. Zwischen Geschäfts- und Parkhäusern mutet die Fassade dieses Gebäudes beinahe absurd an: Säulen, Schnörkel und ägyptische Pharaonenstatuen; teilweise bunt bemalt. Das Innere wird derzeit restauriert und wird am Ende einen ähnlichen Stil aufweisen.

Nordwest-Utah 503

ECCLES COMMUNITY ART CENTER, Jefferson Blvd./ Ecke 26th St. Bemerkenswert vor allem das Gebäude, eine alte Backsteinvilla mit viktorianischen Stilelementen, erbaut 1893. Buntglasfenster und ein prunkvolles Treppenhaus. Wechselnde Ausstellungen lokaler Künstler. Geöffnet Mo-Fr von 9-17 Uhr, Sa 1o-16 Uhr; gratis.

TEMPLE SQUARE, Washington Blvd./ Ecke 21st St. Mormon Temple und LDS Tabernacle in moderner Architektur. Sie nehmen mit der dazugehörigen Tiefgarage einen ganzen Straßenblock ein. Auf dem Gelände etwas verloren ein Backsteinhäuschen aus dem Jahre 19o2, in dem das **PIONEER MUSEUM** untergebracht ist. Hunderte von Fotos der frühen Siedler, alte Postkarten sowie Musikinstrumente, Möbel, Spielzeug. Etwas verstaubt, aber liebevoll angeordnet.

Hinter dem Museum die **MILES GOODYEAR CABIN**: Blockhaus, das einer der ersten Pioniere 1845 am Weber River errichtete. Später an diese Stelle transportiert. Geöffnet Mo-Sa von 1o-17 Uhr, Eintritt frei.

FORT BUENAVENTURA STATE PARK, von Downtown über 24th St. Richtung Westen. Grüne Oase mit weitläufigen Parkanlagen: Rasenflächen, Wald, Teiche. In der Mitte die Rekonstruktion des Forts aus dem Jahr 1846. Ein Palisadenzaun rund um einige Blockhütten. Zufahrt 3 US pro Pkw.

"**Ogden Park Hotel**", 247 24th St. Modernes Stadthotel im Zentrum, Nähe Union Station. Mehrstöckige Backsteinkonstruktion. Ausgerichtet auf Geschäftsleute, aber auch praktisch für Touristen, da die Mehrzahl der Sehenswürdigkeiten zu Fuß erreichbar. Eigener Parkplatz, Hallenbad, Whirlpool, Fitneß-Center. Zimmer komfortabel ausgestattet. DZ je nach Größe und Komfort 9o 1oo US, am Wochenende 8o-9o US. Tel. 627-119o oder 800-421-7599.

"**The Snowberry Inn**", 1315 N. Highway 158, Eden. Am Pine View Reservoir in der Nähe der Skigebiete. Ca. 2o Min. von Downtown entfernt. Bed&Breakfast in großem, modernem Blockhaus. Blick auf den See, Whirlpool im Freien. Kleine Zimmer, jedes mit Privatbad und in individuellem Country-Stil eingerichtet. Persönliche und ruhige Atmosphäre abseits des Verkehrs in Ogden. DZ ca. 82 US. Tel. 745-2634.

"**High Country Inn**", 1335 W. 12th St. Komfortables Motel Nähe Autobahnausfahrt 12th St., Richtung Ogden Canyon und Skigebiete. SW-Pool und Whirlpool. Große Zimmer mit Sitzecke. DZ je nach Größe und Ausstattung 54-74 US. Tel. 394-9474 oder 8oo-594-8979.

"**Travelodge**", 211o Washington Blvd., direkt am Temple Square. Übliches Motelgebäude an einer Kreuzung. Kleiner SW-Pool. Zimmer einfach und nicht mehr ganz neu. DZ ca. 48 US. Tel. 394-4563 oder 800-255-3o5o.

"**Colonial Motel**", 1269 Washington Blvd. Einfaches und preiswertes Motel in einiger Entfernung vom Zentrum. Zimmer und sanitäre Einrichtungen abgenutzt. DZ ca. 32 US. Tel. 399-5851.

RESTAURANT WOLF, 258 25th St. Zwischen alten Backsteinwänden ein gemütliches Nobelrestaurant. Eine Seltenheit in diesem Teil Amerikas: Deutsche Küche von der besseren Sorte, die allerdings ihren Preis hat, Hauptgerichte 15 - 25 US.

UNION GRILL, gemütliches Lokal im alten Bahnhof Union Station. Blick aus dem Fenster auf die Geleise. Sandwiches und Salate für 6-8 US, Nudeln und Fleischgerichte 8-12 US.

25th STREET CAFE, 242 25th St. Kleines Lokal mit rohen Backsteinwänden im Historic District. Winzige Tische und rustikale Bänke. Einfache Küche. Frühstück, Sandwiches, Salate; alles unter 5 US.

THE TIMBERMINE, 1o1 Park Blvd., etwas außerhalb an der Zufahrt zum Ogden Canyon. Großer Restaurant-Komplex mit rustikaler Bar und Speisesälen, die an den Untertagebau erinnern sollen. Hervorragende Auswahl an Steaks und Seafood für 12-2o US.

Selbstversorger: SMITH'S, Harrison Ave./ Ecke 12th St., an der Strecke zum Ogden Canyon. Gut sortierter Supermarkt.

GREAT HARVEST BREAD COMPANY, 27o 25th St. Bäckerei mit ständig frischem Brot und Kuchen.

Picknick: Viele stille und schattige Picknickplätze im Buenaventura State Park, ab Downtown über 24th St. Richtung Westen. Am Wochenende viel Betrieb, sonst relativ ruhig.

SKI

In den Wasatch Mountains oberhalb von Ogden (ca. 3o Min. Fahrt) drei hervorragende Skizentren, einbezogen in Salt Lake Citys Bewerbung um die Olympischen Winterspiele im Jahr 2oo2. Man wird in Zukunft also von Ogden und seinen Skigebieten noch einiges hören, vorgesehen sind hier die Abfahrts- und Riesenslalomwettbewerbe.

Zu erreichen durch den OGDEN CANYON, eine enge Schlucht mit wilden Felswänden, an deren oberem Ende sich der schöne Stausee PINE VIEW RESERVOIR befindet. Er verzweigt sich mit seinen Buchten in die verschiedenen Gebirgstäler. Von seinen Ufern aus die Straßen zu den Skigebieten. Übernachtung in Ogden (Ski-Shuttle vorhanden) oder in einigen kleinen Unterkünften am Pine View Reservoir.

POWDER MOUNTAIN: Alpines Skizentrum, 3o km von Ogden entfernt. 6 Lifts und Pisten, hauptsächlich für Fortgeschrittene und Experten, Höhenlage zwischen 232o und 27oo m. Saison von Mitte November bis Anfang Mai. Tagesticket 22 US. Information über Tel. 745-3771.

NORDIC VALLEY: Das kleinste und preiswerteste der drei Skigebiete, 23 km von Ogden entfernt. Höhenlage von 1680 bis 1950 m. Saison von Dezember bis Ende März. Lifts und Pisten aller Schwierigkeitsgrade. Tagesticket 17 US. Tel. 745-3511.

SNOWBASIN: Alpines Skigebiet, 26 km von Ogden entfernt. 5 Lifts und Pisten für jedes Können. Höhenlage: 1950-2680 m. Saison von Ende November bis Ende April. Tagesticket 25 US. Tel. 399-1135.

Verbindungen

<u>Auto</u>: Siehe die ausführlichen Streckenbeschreibungen im Anschluß: nach Logan, Wyoming und Salt Lake City.

<u>Bus</u>: Bus-Terminal zentral in Downtown, Grant Ave./ Ecke 25th St. Täglich 4x nach Salt Lake City (1 Std., ca. 7 US) und 2x nach Portland/Oregon (18 Std., ca. 82 US).

<u>Bahn</u>: Amtrak-Bahnhof in der Union Station, 25th St./ Ecke Wall Ave.

-> Chicago: 1x tägl., 33 Std., ca. 211 US
-> Denver: 1x tägl., 14 Std., ca. 103 US
-> Portland: 1x tägl., 16 Std., ca. 120 US
-> Seattle: 1x tägl., 21 Std., ca. 120 US

OGDEN --> WYOMING

110 km, ca. 1 Std. bis zur Grenze. Attraktive Autobahnstrecke, zunächst über I-84 im Tal des Weber River quer durch die Wasatch Mountains. Von der Straße aus zu erkennen die markante Felsformation DEVIL'S SLIDE: Kommt wie eine (allerdings ziemlich rauhe) Riesen-Rutschbahn den Hang hinunter.

Anschließend Abzweigung auf I-80, die sich in weiten Schleifen durch ein Sandsteingebirge nach Wyoming hinaufschraubt. Gleich jenseits der Grenze bei EVANSTON (Exit 6) das "Bear River Information Center": Karten, Broschüren und Informationen für eine leichtere Orientierung im Staat Wyoming.

OGDEN --> SALT LAKE CITY

55 km, ca. 45 Min. Autobahnstrecke durch das dicht besiedelte Salt Valley. Ab Exit 335 Abstecher nach <u>ANTELOPE ISLAND</u>, der größten Insel im Great Salt Lake (Details siehe Umgebung von Salt Lake City).

<u>HILL AEROSPACE MUSEUM</u>, wenige Kilometer südlich von Ogden, Exit 341. In dem großen Gebäude und außerhalb eine Reihe von ausgemusterten Flugzeugen der US-Airforce. Jäger und Bomber aus zwei Welt-

kriegen und der Zeit des Kalten Krieges, u.a. ein Exemplar der B-17 (Flying Fortress). Geöffnet Di-Fr von 9-15 Uhr, Sa/So von 9-17.3o Uhr. Eintritt frei.

Etwa auf halber Strecke (Exit 327 von Norden, 326 von Süden) der LAGOON AMUSEMENT PARK: Riesenrad und eine Reihe großer Achterbahnen sind schon von weitem zu erkennen. Der Vergnügungspark bietet außerdem weitere Karussells, Spielmöglichkeiten, Musikdarbietungen, Restaurants und eine Western-Stadt mit typischen Gebäuden aus dem 19. Jahrhundert (Pioneer Village). Nebenan der Wasserpark "Lagoon A Beach" mit Schwimmbecken, Rutschbahnen und anderen Späßen rund ums Wasser. Tagespaß für alle Attraktionen ca. 2o US, für Kinder 15,5o US.

UTAH BOTANICAL GARDENS: Kleine, sehr gepflegte Parkanlage mit Rasenflächen, Blumenrabatten, Kräuterbeeten und Gewächshaus. Für Blumenfreunde vor allem im Frühjahr und Sommer ein buntes und vielfältiges Bild. Ab Lagoon Amusement Park ca. 2 km nördlich auf Hwy. 89 bis Shepard Lane, von dort ausgeschildert. Ganztägig geöffnet, Eintritt frei.

SALT LAKE CITY: Siehe Seite 475.

SALT LAKE CITY --> NEVADA

19o km, ca. 2 Std. bis zur Grenze. Von dort weiter durch die endlosen Weiten des Great Basin von Nevada (noch 64o km bis Reno, der nächsten größeren Stadt). Westlich von Salt Lake City zunächst entlang des Great Salt Lake, später durch die Salzwüste der Great Salt Lake Desert. Zu beiden Seiten der Autobahn riesige Testgelände des US-Militärs.

BONNEVILLE SALT FLATS: Seit Beginn des Automobil-Fiebers in den USA eine Rennstrecke, auf der immer neue Geschwindigkeits-Weltrekorde aufgestellt wurden. Während der fünfziger und sechziger Jahre gingen Bilder um die Welt mit raketengetriebenen Super-Autos, die hier über 9oo km/h erreichten. Noch heute finden hin und wieder Rennen statt. Die Strecke ist besonders geeignet, weil im Winter und Frühjahr eine dünne Wasserschicht auf dem Salz liegt, die es total einebnet. Verdunstet das Wasser im Sommer, so entsteht eine riesige, glatte Piste, Bonneville Speedway. Zu erreichen ab Interstate 8o, Exit 4.

WENDOVER (1.1oo Einw.) markiert die Grenze zwischen dem religiös orientierten Mormonen-Staat Utah und dem Gambling-Staat Nevada. Jenseits der Linie stehen bereits einige Kasinos und geben einen Vorgeschmack auf die Spieler-Hochburgen Reno und Las Vegas (vergl. VELBINGER Bd. 53, Kalifornien, mit ausführlichen Beschreibungen der beiden Städte).

Die Nähe zur nahegelegenen Rennstrecke in der Salzwüste hat zur Gründung des BONNEVILLE SPEEDWAY MUSEUM geführt: Neben Fotos von Rekord-Fahrzeugen und Fahrern eine beachtliche Sammlung an Rennwagen, Oldtimern und Sport-Modellen amerikanischer und europäischer Herkunft. Am östlichen Stadtrand; geöffnet während der Sommermonate täglich von 1o-18 Uhr, restliche Jahreszeit nur am Wochenende.

SAGEBRUSH COUNTRY

Hochebene im Westen Utahs, durchzogen von zahlreichen Gebirgsketten. Im Norden die Salzwüste der Great Salt Lake Desert, ansonsten einsame Steppenlandschaft, in den Tälern dicht bewachsen mit Beifuß-Sträuchern. Ganze Landstriche beansprucht das Militär als Test- und Schießgelände. Kaum menschliche Siedlungen und nur wenige asphaltierte Straßen, die Utah im Westen mit Nevada verbinden. Einsam, öde, im Sommer unerträglich heiß und daher nur selten besucht.

Der Westen Utahs ist Teil des "Great Basin", das hauptsächlich vom Nachbarstaat Nevada eingenommen wird. Diese Hochebene wird zum Pazifik hin begrenzt durch die Sierra Nevada. Aufgrund ihrer Abgeschirmtheit von Meereseinflüssen ist sie ausgesprochen trocken und unfruchtbar. Keiner der Flüsse erreicht das Meer, alle versickern irgendwo im steppenartigen Boden.

Die Amerikaner nennen das Great Basin auch "SAGEBRUSH COUNTRY", Land der Beifuß-Sträucher. Diese charakteristischen Büsche beherrschen große Teile der Landschaft im westlichen Utah. Sie haben zahlreiche Unterarten, die bis zu 3 m hoch werden können. Brauchbar sind sie als Viehfutter, weshalb sich schon im 19. Jahrhundert Rancher in der Einöde des Great Basin niederließen und auf Tausenden von Hektar ihr Vieh über die Weiden trieben. Noch heute geht die Zahl der Rinder in den Herden der großen Rancher in die Zehntausende.

Das "Sagebrush Country" war auch der bevorzugte Lebensraum wilder Pferde. Um die Jahrhundertwende existierte ein Bestand von mehreren hunderttausend Mustangs, Nachkommen von Pferden, die von frühen spanischen Expeditionen zurückgelassen wurden. Rancher fingen sie ein und zähmten sie für ihre Zwecke, und auch die US-Kavallerie versorgte sich ausgiebig.

Als das Auto die Pferdekraft immer mehr verdrängte, geriet paradoxerweise die Existenz der Mustangherden in Gefahr: Man fing die Pferde im großen Stil ein, um sie zu Hundefutter zu verarbeiten. Als sie dadurch kurz vor der Ausrottung standen, stellte ein Bundesgesetz sie 197o unter Naturschutz. Inzwischen existieren wieder einige Zehntausend Exemplare, nicht unbedingt zur Freude der Rancher, die um das spärliche Futter für ihr Vieh fürchten.

TOOELE (6.000 Einw.): Bergbaustädtchen, schön gelegen auf 15oo m Höhe oberhalb des Great Salt Lake. Überall weite Ausblicke über den See. Sehenswert vor allem das TOOELE COUNTY MUSEUM im ehemaligen Bahnhof: Davor eine alte Dampflok und mehrere Waggons. Im Museum selbst der Bahnhofsschalter und Exponate zur Geschichte der Eisenbahn und des Bergbaus in der Region. Die hier ansässigen Verarbeitungsanlagen erhielten ihre Erze vorwiegend aus der benachbarten Bingham Canyon Copper Mine (siehe unten). Geöffnet während der Sommermonate Mo-Sa von 1o-16 Uhr, gratis.

OLD PONY EXPRESS AND STAGE ROUTE: Durch den westlichen Teil von Utah führte eine der schwierigsten Etappen der Postkutschenroute quer durch den amerikanischen Kontinent, die für kurze Zeit auch von den Reitern des Pony Express benutzt wurde (Details zu diesen beiden Transportmitteln des 19. Jahrhunderts im Kapitel "Geschichte"). Wer sich heute ein Bild von den Schwierigkeiten auf der damaligen Transkontinental-Verbindung machen möchte, findet die Landschaft noch beinahe unverändert vor. Und die Fahrt über die nicht asphaltierte Straße zwischen FAIRFIELD (westlich des Utah Lake) und IBAPAH an der Grenze zu Nevada ist auch heute noch ein kleines Abenteuer für Wildwest-Fans.

Keinerlei Einrichtungen entlang der Strecke, daher genügend Wasser, Lebensmittel und Benzin mitnehmen. An der Strecke gelegentlich Markierungen und Schilder, die Details über den Betrieb von Pony Express und Postkutschen berichten.

Wer sich nur einen kurzen Eindruck verschaffen möchte, findet bei Fairfield am Hwy. 73 den STAGECOACH INN STATE PARK: Ab 1858 Übernachtungsstation für Reiter des Pony Express und Fahrgäste der Postkutschen. Eingerichtet wie im 19. Jahrhundert. Geöffnet von Ostern bis Ende Oktober.

TINTIC MINING DISTRIC: Ehemalige Bergbauregion in kahler Bergwelt südwestlich von Provo. Außer dem allgegenwärtigen Sagebrush wächst hier kaum noch etwas. Die Berge sind durchwühlt, schon im 19. Jahrhundert auf der Suche nach Silber, später nach Gold, Blei und Zink. Ein großer Teil der luxuriösen Villen und Bürogebäude von Salt Lake City wurde um die Jahrhundertwende mit den Erlösen aus Tintic finanziert.

In den dreißiger Jahren begann der Niedergang; heute nur noch verlassene und trostlose Käffer mit wenigen Einwohnern. Hier und da die Überreste von Förderanlagen. Lediglich die Ortsnamen erinnern noch an den hoffnungsfrohen Aufbruch und den Reichtum von einst: SILVER CITY, MAMMOTH, DIVIDEND. Größter Ort ist EUREKA, aber auch hier ist der Hund verfroren. Überreste von damals in der City Hall (erbaut 1899) mit einem mickrigen Museum zu Bergbau und Pionierzeit.

LITTLE SAHARA: Weitab von jeglicher Siedlung ragen aus dem Sagebrush Country eine Reihe von Sanddünen empor. Sie stammen vom einstigen Ufer des riesigen LAKE BONNEVILLE und wurden nach Austrocknung des Sees (vergl. Great Salt Lake) vom Wind im Laufe der Zeit hierher geweht.

Zufahrt pro PKW 5 US, von März bis Oktober zu bezahlen beim kleinen Visitor Center. Gilt auch für die Benutzung des überdachten Picknickplatzes und der Campgrounds (Toiletten und Wasser im Sommerhalbjahr).

Teile der Dünen sind abgetrennt für die Nutzung durch Off-Road Vehicles und Dünenbuggies (keine Vermietung). An anderen Stellen herrschen Ruhe und Einsamkeit für Dünenwanderungen. Im Sommer extreme Hitze, ausreichend Wasser mitnehmen.

DELTA: Bergbaustadt und einziger größerer Ort an der Strecke von Provo zum GREAT BASIN NATIONAL PARK in Nevada (Hwy. 6). Die relative Blüte der Stadt verdankt sich derzeit dem Abbau von Beryllium. In der Nähe befand sich während des II. Weltkrieges eines der Internierungslager für amerikanische Bürger japanischer Abstammung: TOPAZ CAMP hatte knapp 1o.ooo Insassen; heute nur noch flüchtige Spuren und ein Denkmal, das an dieses düstere Kapitel der amerikanischen Geschichte erinnert.

Die antijapanische Stimmung im Westen der USA hatte schon vor dem II. Weltkrieg Tradition: Wie anderen Asiaten auch verwehrten die Immigrationsgesetze japanischen Einwanderern die amerikanische Staatsbürgerschaft - mangelnde Integration in den US-Schmelztiegel war aber wiederum der Grund für Kritik und Mißtrauen.

Vor diesem Hintergrund ereignete sich 1941 der japanische Angriff auf die amerikanische Pazifikflotte in Pearl Harbor. Während Militärs und Politiker von nun an hinter jedem Einwanderer einen potentiellen Spion oder Saboteur vermuteten, kam diese Situation vielen Amerikanern gelegen, um sich endgültig der ungeliebten japanischen Konkurrenten zu entledigen.

Präsident Roosevelt entschied höchstpersönlich die Überprüfung japanischer Einwanderer und deren Verlegung in Internierungslager. Viele Menschen waren gezwungen, über Nacht ihr Hab und Gut zu Schleuderpreisen zu verkaufen, da sie auf den Transport nicht mehr mitnehmen durften, als sie tragen konnten. Die Lager entstanden in trostlosen und abgelegenen Gegenden wie beispielsweise den Wüsten Kaliforniens und Arizonas sowie hier im westlichen Utah.

Die Deportationen stießen praktisch auf keinerlei Widerstand, da sich die meisten Internierten als gute Amerikaner fühlten und nicht noch zusätzliche Vorwände für Maßnahmen gegen sich liefern wollten. Sie hofften auf die Einsicht der Amerikaner, die allerdings erst sehr viel später kam: 198o stellte ein Ausschuß des Kongresses in Washington offiziell fest, daß während des II. Weltkriegs von den japanischen Einwanderern keinerlei tatsächliche Bedrohung der inneren Sicherheit ausgegangen war, sondern daß Rassenvorurteile und Kriegshysterie die treibenden Motive der Internierungen waren.

SALT LAKE CITY --> PARK CITY

5o km/ ca. 45 min. In spektakulären Schleifen windet sich Interstate 8o in die Wasatch Mountains hinauf. Mehrere Aussichtspunkte bieten Ausblick auf die Bergwelt. Im Winter verschneit, im Sommer überraschend grün und ein angenehmer Kontrast zur trockenen Landschaft rund um Salt Lake City.

✦ Park City (5.2oo Einw.)

Im 19. Jahrhundert Bergbaustadt; in der Umgebung wurden die Berge nach Silber durchwühlt. Seit der Jahrhundertwende jedoch ständiger Rückgang der Produktion. Aufschwung erst wieder seit den sechziger Jahren mit dem Ausbau der Skigebiete. Historisches Zentrum in einer engen Schlucht mit einigen alten oder rekonstruierten Häusern. In den Außenbezirken wuchern die Motel- und Apartmentkomplexe für die ständig steigende Zahl an Skitouristen. Im Sommer hauptsächlich Kurzurlauber aus Salt Lake City, die der dortigen Hitze entkommen wollen.

 Im Museum, 528 Main St. Sämtliche Information zum Skilaufen in und um Park City sowie Prospekte zahlreicher Hotels und Apartmenthäuser.

 Post: Wenige Schritte oberhalb des Museums auf Main Street.

PARK CITY MUSEUM, 528 Main St., im Gebäude der ehemaligen City Hall. Ausstellung zum Bergbau in der Umgebung. Improvisierter Minenschacht, eine alte Postkutsche und ein wenig von dem Luxus, den sich die Silberbarone leisteten. Dazu Fotos, Werkzeuge, Dokumente. Im Keller die tristen Räume des ehemaligen Gefängnisses. Geöffnet Mo-Sa von 1o-19 Uhr, So von 12-18 Uhr. Eintritt frei.

 An den Rändern der Stadt und rund um die Skigebiete eine große Anzahl von Motels und Apartmentanlagen. Prospekte und Preisangaben der meist großen Häuser im Touristenbüro. Wer etwas ausgefallener und in Zentrumsnähe wohnen möchte, wählt eher einen der Bed&Breakfast Inns. Zentrale Reservierung über ADVANCE RESERVATIONS, Tel. 800-453-4564. Während der Skisaison ist sehr frühzeitige Anmeldung unbedingt ratsam. Ansonsten auch kein Problem, von Salt Lake City aus die knappe Stunde bis zu den Skigebieten zu fahren.

"**Old Miners' Lodge**", 615 Woodside Ave. Bed&Breakfast am Hang oberhalb des Zentrums. Holzhaus aus dem 19. Jahrhundert mit zehn Gästezimmern. Whirlpool im Garten. Alle Zimmer mit eigenem Bad und unterschiedlich eingerichtet. Von einigen schöner Blick über den Ort. Komfortables Wohnen in individueller Atmosphäre. DZ je nach Größe 5o-95 US, während der Skisaison 95-17o US, wobei die größeren Zimmer zu diesem Preis auch mit 4 Personen belegt werden können. Tel. 645-8068 oder 800-648-8068.

"**Landmark Inn**", 656o Landmark Dr. Großer Motelkomplex außerhalb der Stadt in der Nähe der Autobahnabfahrt. Kurze Wege zu den drei Skigebieten. Gratis Ski-Shuttle. Hallenbad und Whirlpool. Geräumige und komfortable Zimmer. DZ im Sommer ab 5o US, während der Skisaison ab 8o US.

 Park City ist ein relativ teures Pflaster. Gute bis hervorragende Restaurants, aber auch einfache Schnellimbisse konzentrieren sich auf wenigen hundert Metern entlang Main Street im Zentrum der Stadt. Auf einem kurzen Spaziergang hat man sich schnell über Angebot und Preise informiert, die in der Regel außen angeschlagen sind.

SKI

Die vier Skigebiete von Park City (alpin und nordisch) liegen jeweils nur wenige Kilometer vom Stadtzentrum entfernt. Lassen sich fast ebenso gut per Tagestrip über die Autobahn ab Salt Lake City erreichen. Verleih von Ausrüstung entweder in Park City oder direkt am Lift. Im Rahmen der Bewerbung Salt Lake Citys für die Olympischen Winterspiele im Jahre 2oo2 sind auch in Park City einige der Skiwettbewerbe geplant.

DEER VALLEY: Pisten aller Schwierigkeitsgrade durch den Wald rund um Bald Mountain. Auf Höhen von 22oo bis 287o m. 11 Lifte, die täglich von 9-16 Uhr in Betrieb sind. Tagesticket ca. 43 US, Ermäßigung bei längeren Aufenthalten. Saison von Anfang Dezember bis Anfang April. Information über Schnee- und Pistenverhältnisse: Tel. 649-2oo0.

PARK CITY SKI AREA: Das größte Skigebiet Utahs mit dreizehn Sesselliften, einige direkt ab Ortsmitte. Pisten aller Schwierigkeitsgrade, bis zu 5 km lang. Höchster Punkt bei 3o49 m. Tagesticket (8.3o-16.3o Uhr) ca. 6o US, kräftige Ermäßigungen bei Mehrtageskarten. Einige Pisten auch bis 22 Uhr geöffnet. Saison Ende November bis Mitte April. Info über Schnee- und Pistenverhältnisse: Tel. 649-9571.

WHITE PINE TOURING CENTER: Langlaufgebiet mit gespurten Loipen und Cross Country Trails auf einem Golfplatz in Park City. Saison von Mitte November bis Ende März. Tagespaß 6 US.

PARK WEST: In der Nähe der Autobahnabfart. Von den Skigebieten bei Park City am nächsten zu Salt Lake City. Pisten aller Schwierigkeitsgrade, 7 Lifte. Saison Anfang Dezember bis Ende März. Tagesticket 3o US, Inforamtionen über Tel. 649-54oo.

★ Heber City (5.ooo Einw.)

Schmuckes Städtchen in einem Hochtal, im Westen die schroffen Berge der Wasatch Range. Ausgangspunkt einer nostalgischen Eisenbahnfahrt mit alten Waggons und einer Dampflok, Baujahr 19o4. Fährt einen Teil der früheren Strecke Heber City-Provo. Das landschaftliche Erlebnis am Fuß der Wasatch Mountains und entlang des Deer Creek Reservoir im Provo Canyon ist allerdings nicht sehr unterschieden von der parallel verlaufenden Straße (Hwy. 189). Die Bahnfahrt also eher etwas für Eisenbahn-Fans.

Am Bahnhof weitere Dampfloks, Waggons und einige Blockhäuser aus Pioniertagen. Die Bahn verkehrt von Juni bis Oktober, Abfahrt 1o Uhr, Dauer ca. 3,5 Std. Im Hochsommer noch ein zweiter Zug ab 12 Uhr. Im Juni und Oktober eingeschränkte Betriebstage und kürzere Dauer des Trips. Fahrpreis 1o-14 US. Nicht an jedem Zug ist eine Dampflok im Einsatz, manchmal auch alte Dieselloks. Information über Tel. 654-56o1.

HEBER CITY --> PROVO

44 km/ ca. 45 Min. Zunächst entlang des DEER CREEK RESERVOIR, einem Stausee in alpiner Landschaft unterhalb der Wasatch Mountains. Am besten zugänglich am Deer Creek State Park. Motorboote stören die Idylle im Sommer. Im Anschluß der PROVO CANYON: Durchbruch durch die Bergkette der Wasatch Range. Deutlich zu erkennen die übereinander geschichteten Felsmassen. Unterwegs die BRIDAL VEIL FALLS, ein Wasserfall, der in mehreren Abschnitten den Berg hinunterstürzt. Eine waghalsig konstruierte und extrem steile Gondelbahn führt über den Wasserfall auf den Berg (6 US).

"Deer Creek State Park", Stellplätze direkt am Seeufer. Schöne Lage, aber kein Schatten. Sanitäre Anlagen inkl. Duschen. Geöffnet von April bis Oktober. Stellplatz 8 US.

ALPINE LOOP

Phantastische Gebirgsstrecke über Hwy. 92 ab Provo Canyon. Alpine Landschaft mit steilen Felswänden, Mischwäldern, rauschenden Bächen und schattigen Campgrounds. Nur wenige Schritte von der Straße entfernt beginnt die idyllische Wildnis. Über allem der 3580 m hohe Mount Timpanogos. Die Straße ist steil, eng und kurvenreich, nicht geeignet für große Wohnmobile. Im Winter wegen Schnee gesperrt.

Entlang des Alpine Loop im UINTA FOREST zahleiche Campgrounds des National Forest Service. Alle schön gelegen im Wald und ruhig. In der Regel Wasseranschluß und Toiletten, sonst keine Einrichtungen. Stellplatz 7 US.

SUNDANCE

In einer herrlichen Bergwelt unterhalb des Mount Timpanogos hat der Schauspieler Robert Redford ein hochklassiges Freizeit- und Kulturzentrum geschaffen. Daß kaum etwas davon zu sehen ist, ist beabsichtigt: Die Gebäude sind in die Landschaft eingepaßt und so weit wie möglich aus natürlichen Materialien. Ein Beispiel für ökologisch orientierte Nutzung einer Landschaft. Im Freizeitbereich dominiert das Skilaufen. Im Sommer Wanderwege, Fliegenfischen, Ausritte in die Berge und Freilichttheater.

Auf dem Gelände operiert auch das Sundance Institute, eine Organisation zur Unterstützung unabhängiger Filmemacher, die in Hollywood selten eine Chance bekommen. Gelegentlich finden auch Dreharbeiten statt. Zu erreichen ab Provo Canyon (Hwy. 189), einige Kilometer nördlich auf dem Alpine Loop (Hwy. 92).

Nordwest-Utah 513

SKI

Alpines und nordisches Skizentrum mit vergleichsweise moderaten Preisen. Höchster Punkt bei 2.514 m. Saison Mitte Dezember bis Anfang April. Über 4o Pisten für Anfänger und Könner. Vier Sessellifte. Tagesticket 28 US, Senioren gratis. Ausrüstung 18 US pro Tag. Für Langläufer 1o km gespurte Loipen über Wiesen und durch Birkenwälder. Benutzung 7 US. Informationen über Tel. 225-41oo.

WANDERN

Ab Frühjahr verwandeln sich das Skigebiet von Sundance und die Landschaft am Mount Timpanogos in ein verlockendes Wanderrevier. Karten gratis erhältlich im Büro von Sundance.

"Stewart Falls Trail": Einfache Wanderung zu einem ca. 1oo m hohen Wasserfall, der über eine beinahe senkrechte Wand ins Tal stürzt. Besonders viel Wasser zur Zeit der Schneeschmelze im Frühsommer. Der Weg führt durch Laubwälder und Wiesen, lange Zeit entlang eines Gebirgsbaches. Immer wieder Ausblicke auf die umliegenden Berge und die im Wald versteckten Häuser von Sundance. Rückweg auf dem "Outlaw Trail" über die Skipisten. Dauer des Rundweges gut 2 Std.; Ausgangpunkt am oberen Parkplatz der Sundance Cottages.

"Mt. Timpanogos Summit Trail": Schwieriger und steiler Pfad zum Gipfel von Mt. Timpanogos auf 3.58o m. Der anspruchsvollste, aber auch lohnendste Weg. Unterwegs und vom Gipfel phantastische Panoramablicke. Ausgangspunkt beim Theater in the Pines, ca. 5 km nördlich von Sundance auf dem Alpine Loop. Zunächst über Aspen Trail ins Timpanogos Basin, dort zweigt der Summit Trail ab zum Gipfel. Höhenunterschied 149o m, rund 13 km one way, Tagestour. Unbedingt früh am Morgen losgehen, um das Tageslicht voll auszunutzen.

"Sundance Cottages", auf dem Gelände von Sundance. Inmitten dichter Wälder eine Anzahl rustikaler, aber komfortabel ausgestatteter Holzhäuser. Wohneinheiten mit ein bis drei Zimmern. Bad, Küche, Kamin und stilvolle Landhausdekoration. Im Winter ab 165 US, außerhalb der Skisaison ab 1oo US.

TIMPANOGOS CAVE NATIONAL MONUMENT

Oberhalb einer Schlucht in der Felswand drei Höhlen, die durch künstliche Tunnel miteinander verbunden sind. Eine Wunderwelt aus Kristallen, Säulen, Stalagmiten und Stalaktiten sowie anderen Gesteinsformationen, die sich an manchen Stellen auch in kleinen Pools spiegeln.

Die Besonderheit von Timpanogos Cave ist die große Anzahl von Heliktiten, die in anderen Höhlen nicht oder nur in kleinen Mengen vorkommen. Heliktiten sind kristallartige Gebilde, hauchdünn und äußerst brüchig. Sie sind farbig und besitzen unendlich viele Formen, die manchmal an Glas oder gar an Spinnweben erinnern.

> Die ersten Forscher vermuteten denn auch, daß Heliktiten durch Ablagerung von Mineralien auf Spinnennetzen oder Pilzen entstehen. Inzwischen ist jedoch klar, daß sie durch einen hauchdünnen Kanal in ihrem Innern anwachsen, durch den Wasser an die Oberfläche gepreßt wird. Der Wassertropfen lagert dort ein Kristall ab. Die einzelnen Kristalle setzen sich in unregelmäßiger Weise aufeinander, so daß die willkürlichen und wundersamen Formen entstehen.

Zu erreichen ab Provo Canyon über den Alpine Loop oder ab Interstate 15 zwischen Salt Lake City und Provo (Hwy. 92). Geöffnet von Mitte Mai bis September täglich von 7-17.3o Uhr, Eintritt 5 US. Besichtigung nur per Führung (ca. 1 Stunde). Zunächst allerdings ein rund 2,5 km langer steiler Fußweg hinauf zum Höhleneingang. Insgesamt daher rund 3-4 Std. für die Besichtigung einplanen.

Unterwegs wird man für die Anstrengung allerdings durch schöne Ausblicke auf die umliegende Canyonlandschaft belohnt. Für die Höhlentour leichten Pullover oder Jacke mitnehmen. Oft lange Wartezeiten, da die Gruppengrößen 2o Personen nicht übersteigen. Beste Chancen frühmorgens. Beim Ticketkauf erhält man Auskunft darüber, wann die Führung beginnt.

★ Provo (85.ooo Einw.)

Schön gelegen zwischen Wasatch Mountains und Lake Utah. Ausgebreitet in der Ebene das typisch amerikanische Stadtbild mit Durchgangsstraßen, Tankstellen, Drive-ins, endlosen Vororten und einheitlichen Wohnvierteln. Dazu der für Utah übliche Temple und Tabernacle der Mormonen. Im Zentrum einige Alleen mit ansehnlichen Villen. Trotzdem kein einladender Ort für einen Aufenthalt. Trotz großen Motelangebots Übernachtung angenehmer im nahegelegenen Salt Lake City.

Auch die kleinen Museen (im nordöstlichen Teil der Stadt, Nähe Brigham Young University) lohnen höchstens für am Thema besonders

DOLL MUSEUM, 1oo East St./ Ecke 2oo North St. Über 3oo Puppen und Miniaturen. Zusammengetragen aus aller Welt. Spielzeug, historische Persönlichkeiten, Kachina-Figuren der Hopi. Geöffnet Di-Sa von 12-17 Uhr, Eintritt 2 US.

MUSEUM OF PEOPLES AND CULTURE, 1oo East St./ Ecke 7oo North St. Kleine Sammlung mit Fundstücken prähistorischer Kulturen Amerikas: Maya, Hohokam, Mogollon, Anasazi. Dazwischen einige ägyptische und polynesische Artefakte. Keramik, Figuren, Körbe. Geöffnet Mo-Fr von 9-17 Uhr, gratis.

EARTH SCIENCE MUSEUM, 1683 Canyon Rd., gegenüber dem Stadion. In einem Raum Fossilien, versteinertes Holz und einige Saurierknochen und -gerippe. Geöffnet Mo-Fr von 9-17 Uhr, Eintritt frei.

✭ Utah Lake

Nach dem Lake Powell größter Süßwassersee Utahs. Vogelparadies und im Sommer Naherholungs- und Wassersportgebiet für die Bewohner von Provo und Umgebung. Eingerahmt von mehreren Bergketten. Ufer wenig erschlossen, wenig Schatten, das Badevergnügen hält sich in Grenzen.

Zugang entweder am SARATOGA RESORT (Nordufer) mit viel Rummel: Vergnügungspark, Swimming-Pools, Bootsrampe. Etwas ruhiger im UTAH LAKE STATE PARK, westlich von Provo (zu erreichen über Center St.). Badestrand, Picknicktische, Campingplatz und Bootsrampen. Zufahrt 3 US pro Tag.

"Utah Lake State Park": Campingplatz direkt am Seeufer, Blick auf die Berge. Stellplätze relativ dicht zusammen, wenig Schatten. Einfache sanitäre Anlagen, im Sommerhalbjahr auch Duschen. Stellplatz 8 US inkl. Zufahrt zum State Park.

"Lakeside RV Park", an der Straße zum State Park. Gepflegter, schattiger und mit SW-Pool, aber nicht direkt am See. Etwas teurer.

PROVO --> CEDAR CITY

33o km/ ca. 3 Std. Schnellverbindung durch den Westen Utahs über Interstate 15 zu den Nationalparks Zion und Bryce Canyon. An der Strecke kaum lohnende Zwischenstops.

Wer viel Zeit hat, kann zwischen PAYSON und NEPHI die Autobahn verlassen und über den NEBO SCENIC LOOP durch eine abwechslungsreiche alpine Landschaft fahren. Kurvenreiche Strecke, aber angenehm kühl im Vergleich zur Hitze im Tal. Nur während der Sommermonate befahrbar. 7o km, ca. 2 Std., danach weiter auf I-15 Richtung Süden.

FILLMORE (2.5oo Einw.): 1851 zur Hauptstadt des Utah Territory ernannt, doch von der Entwicklung in Salt Lake City überholt. An die Zeit, als sich hier gelegentlich die Parlamentarier versammelten, erinnert das TERRITORIAL STATE HOUSE, ältestes Regierungsgebäude in Utah (erbaut 1855). Heute Museum mit den üblichen Exponaten aus den frühen Pioniertagen.

BEAVER (2.1oo Einw.): Zunächst 1856 von Mormonen gegründet, nach Erzfunden in der Umgebung von Abenteurern und Goldsuchern heimgesucht. Trotz der damals aufgetretenen Konflikte zwischen diesen grundverschiedenen Bevölkerungsgruppen entwickelte sich die Stadt eine Zeitlang enorm. Aus dieser Epoche, der zweiten Hälfte des 19. Jahrhunderts, noch eine große Anzahl von Wohn- und Geschäftshäusern sowie das County Court House, in dem heute ein kleines historisches Museum untergebracht ist. Geöffnet nur während der Sommermonate, Di-Sa nachmittags.

PAROWAN (1.9oo Einw.): Erster Mormonenstützpunkt im südlichen Utah, gegründet 1851. Von hier aus besiedelten sie den Südwesten des Staates und Teile von Nevada. Knapp 2o km nordwestlich der PAROWAN GAP, ein natürlicher Durchgang zwischen zwei Bergkuppen. Auf den glatten Felsen haben prähistorische Indianer Felszeichnungen hinterlassen: Tiere, menschliche Figuren und geometrische Muster.

CEDAR CITY: Siehe Seite 578.

PROVO --> CAPITOL REEF NATIONAL PARK

3oo km, ca. 4 Std.; über Hwy. 89, später Hwy. 24. Durch fruchtbare Täler am Fuß zahlreicher Gebirgsketten. Landwirtschaft, Viehzucht und und gepflegte Dörfer bestimmen das Bild. Relativer Wohlstand in dieser Region seit Beginn der Besiedlung durch die Mormonen, was sich noch heute in vielen schönen Wohnhäusern und schmucken Ortskernen aus dem 19. und frühen 2o. Jahrhundert manifestiert.

SPRINGVILLE (14.ooo Einw.): Ein Ort wie viele andere im Westen der USA. Einziger Grund für einen Zwischenstop: MUSEUM OF ART, 126 E. 4oo South St. Rund ein Dutzend Ausstellungssäle in dem Gebäude im spanischen Missionsstil. Im Erdgeschoß wechselnde Ausstellungen; die permanente Sammlung im 1. Stock.

Gemälde und Skulpturen von Künstlern aus Utah, 19. und 2o. Jahrhundert. Typische Western-Art und Verherrlichung des Pionierlebens. Auch moderne Kunst. Die Grenzen zwischen Kunst und Kitsch sind fließend. Nichts Hochklassiges, aber durch die Menge der Exponate ein guter Eindruck vom Kunstschaffen in Utah und dem Geschmack in der Provinz des amerikanischen Westens. Geöffnet Di-Sa von 1o-17 Uhr, So 14-17 Uhr, Mittwoch abends bis 21 Uhr; Eintritt frei.

FAIRVIEW (1.ooo Einw.): Provinzstädtchen mit Bauernhöfen, Geflügelfarmen und einem Museum, das einen kurzen Blick lohnt: MUSEUM OF HISTORY AND ART, in einer Seitenstraße, ausgeschildert. Im ehemaligen Schulgebäude eine Sammlung von Gegenständen, alle zusammengetragen aus dem kleinen Ort. Möbel, Klaviere, Grammophone, Fotos, alte Kutschen. Auch die Gemäldesammlung stammt von lokalen Künstlern. Ein Raum ist den Indianern gewidmet (Pfeilspitzen, Körbe, Teppiche). Vielseitiges Heimatmuseum. Vor dem Gebäude antikes landwirtschaftliches Gerät und ein schattiger Picknickplatz. Während des Sommerhalbjahres geöffnet Mo-Sa von 1o-17 Uhr; Eintritt frei.

SPRING CITY (85o Einw.): Einige Kilometer abseits von Hwy. 89, aber der kurze Umweg ist die Mühe wert. Ein Dörfchen mit dem Flair des 19. Jahrhunderts. Kleine Wohnhäuser, gepflegt und gut erhalten entlang der Hauptstraße. Dazwischen Gärten, Wiesen und Baumgruppen. Keine Drive-ins oder Leuchtreklame. Abgesehen von den Autos scheint hier die Zeit stehengeblieben zu sein.

MANTI (2.2oo Einw.): Bekannt wegen des schon von weitem sichtbaren Mormonen-Tempels, der auf einer Anhöhe den Ort überragt. Eigentümlicher Stil, eine Mischung aus französischem Chateau und englischer Burg. Eine kolossale und in dieser ländlichen Provinz beinahe unwirkliche Erscheinung.

PALISADE STATE PARK: Stausee mit Badestrand in der Nähe von Sterling. Schattige Picknickplätze und Camping am Seeufer. Der richtige Ort für einen erfrischenden und erholsamen Zwischenstop. Zufahrt pro PKW 3 US.

SIGURD: Abzweigung von Hwy. 89 Richtung Capitol Reef auf Hwy. 24. Hier wird die Landschaft karger und bergiger. Ein lohnender Abstecher führt rund um den **FISH LAKE**: grüne, alpine Landschaft mit einem Bergsee, klaren Gebirgsbächen und Wäldern. Der totale Kontrast zur Wüstenlandschaft bei Capitol Reef (Beschreibung des Nationalparks siehe Seite 559).

Wer auf dem Weg von Salt Lake City oder Provo zum Capitol Reef National Park noch einmal übernachten möchte, findet in den Orten entlang Hwy. 89 zahlreiche Bed&Breakfast Inns, meist in schönen Villen aus der Pionierzeit und im Stil des 19. Jahrhunderts eingerichtet. Die folgenden sind günstig gelegen für eine Übernachtung, da etwa auf der Hälfte der Strecke zwischen Provo und Capitol Reef.

"**The Mansion House**", 298 South St., Mount Pleasant. Gebäude aus dem 19. Jahrhundert, an der Durchgangsstraße. Viel Atmosphäre durch bunte Glasfenster, handbemalte Decken und eichenen Treppenaufgang. Vier Gästezimmer, jedes individuell ausgestattet und mit eigenem Bad. DZ ca. 55 US. Tel. 462-3o31.

"**Manti House**", 4o1 N. Main St., Manti. An der Durchgangsstraße. Erbaut 188o von den Arbeitern, die später den Tempel von Manti errichteten und hier sozusagen ihr Gesellenstück lieferten. Alle Zimmer elegant eingerichtet und mit eigenem Bad. Whirlpool. DZ je nach Größe und Ausstattung 5o-1oo US. Tel. 835-o161.

"**Cedar Crest Inn**", Palisade Lake State Park Rd., Sterling. In der Nähe des State Park mit See und Bademöglichkeit. Auf einer Anhöhe, ruhig und umgeben von Rasenflächen und schattigen Bäumen. Whirlpool im Garten. DZ je nach Größe und Saison ab 5o US. Geräumige, unterschiedlich möblierte Zimmer, alle mit eigenem Bad und Balkon. Tel. 835-6352.

"Palisade State Park", zwischen Manti und Sterling. Langgestreckter Campground am Seeufer. Direkter Zugang zum Badestrand. Stellplätze auf Wiesen unter großen Bäumen. Sanitäre Anlagen inkl. Duschen während des Sommerhalbjahres. Stellplatz 9 US.

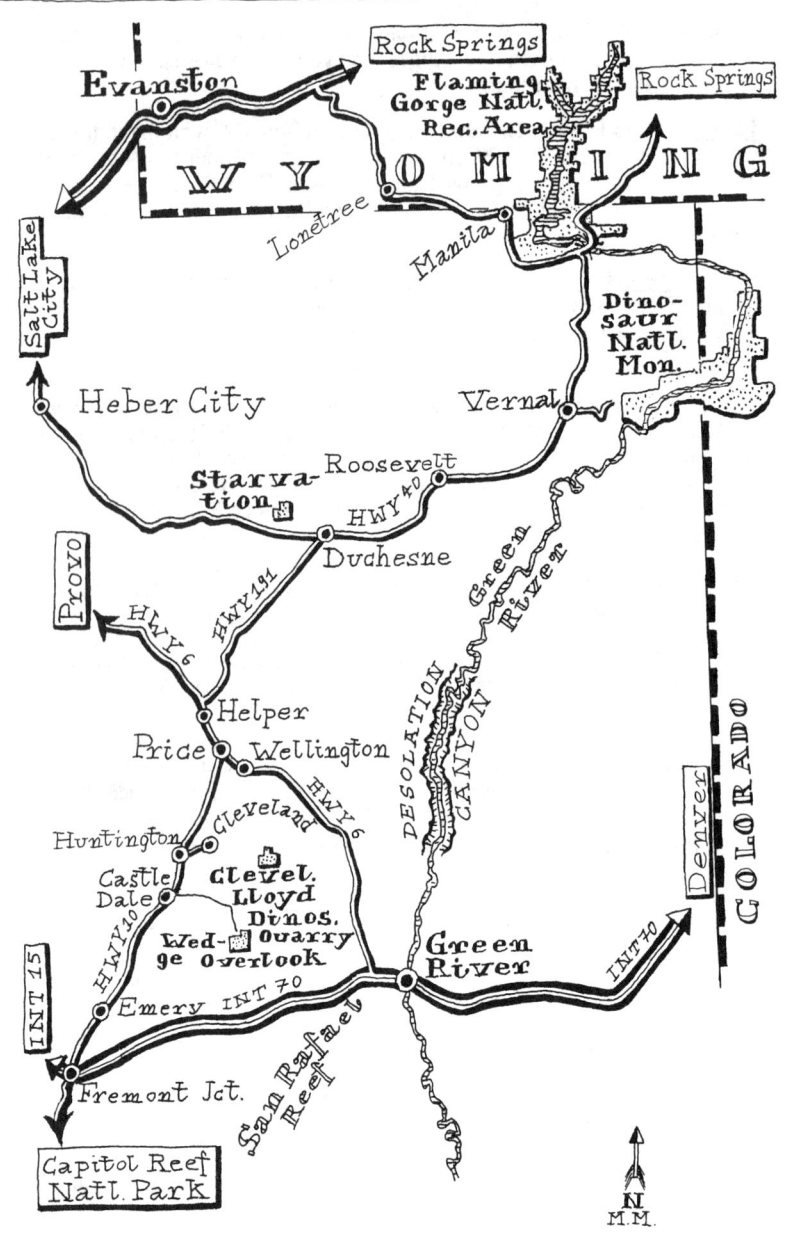

NORDOST - UTAH

Die abgelegenste und am wenigsten besuchte Region Utahs. Doch der unbekannte Nordosten hat durchaus seine reizvollen Ziele: die bedeutenden Saurierfunde im Dinosaur National Monument, der riesige Stausee von Flaming Gorge oder die Schluchten des Green River. Fast überall einsame Canyons, Flüsse, Gebirgs- und Seenlandschaften, die zum Wandern, Angeln, Skilaufen und zu Entdeckungen auf unbekanntem Terrain einladen.

SALT LAKE CITY --> VERNAL

275 km, ca. 4 Std. Zunächst über Interstate 8o und Hwy. 4o bis Heber City (siehe Seite 511). Dann weiter auf Hwy. 4o, der einzigen Verbindungsstraße in den Nordosten von Utah. Eintönige Strecke durch die Ebene: Landwirtschaft, Viehzucht und gelegentlich ein unbedeutender Ort.

✦ Vernal (7.ooo Einw.)

Verkehrsknotenpunkt und lebendige Provinzstadt; urbanes Zentrum für den gesamten Nordosten Utahs. Typisches Stadtbild mit der reklamebestückten Main Street. Bester Ausgangspunkt für den Besuch von Dinosaur National Monument und für Touren zur Flaming Gorge.

 Vernal Welcome Center, 235 E. Main St., in einem Seitenflügel des Museums.

 Post: 800 West St./ Ecke Main St.

UTAH FIELD HOUSE OF NATURAL HISTORY, 235 E. Main St. Neben etwas verstaubten ausgestopften Tieren der Region perlenverzierte Gegenstände und Kleidung der Ute-Indiader, dazu eine große Sammlung von Zinnsoldaten und Exponate zur Pionierzeit. Die Abteilung für Dinosaurier mit großen Zeittafeln und Modellen. Im Garten 14 verschiedene Saurier und ein Mammuth als lebensgroße Reproduktionen. Faszinierend vor allem für Saurier-Fans im Kinder- und Jugendalter. Geöffnet täglich 8-21 Uhr, im Winterhalbjahr 9-17 Uhr. Eintritt 1,5o US.

UINTAH COUNTY LIBRARY, neben dem Museum und den Dinosauriern. In der Bibliothek eine kuriose Sammlung von Puppen: Sämtliche First Ladies der USA; in den Kleidern, die sie bei der Amtseinführung des jeweiligen Präsidenten trugen. Geöffnet Mo-Do von 1o-2o Uhr, Fr/Sa von 1o-18 Uhr. Gratis.

WESTERN HERITAGE MUSEUM, 3oo West St./ Ecke 2oo South St. Modernes Museumsgebäude beim Convention Center. Vielfältige Exponate zur Pionierzeit und zu den Ausprägungen des Wilden Westens in der Region. Das beste Stück steht vor der Tür: ein Oldtimer-Schulbus. Geöffnet Mo-Sa von 1o-18 Uhr, Eintritt frei.

PIONEERS MUSEUM, 5oo West St./ Ecke 2oo South St. Eines der üblichen Heimatmuseen mit Exponaten zur frühen Siedlerzeit: Fotos, Gewehre, Musikinstrumente, Werkzeuge, Hausrat. Geöffnet Anfang Juni bis Anfang September, Mo-Sa 13-19 Uhr. Gratis.

Sämtliche Motels in Vernal entlang Main St., die den Ort von West nach Ost durchquert. Das übliche Angebot in den verschiedenen Qualitäts- und Preisklassen. Besonders viel Betrieb im Juli/August und an einigen amerikanischen Feiertagen im Sommerhalbjahr.

"**Dinosaur Inn**", 251 E. Main St. Im Zentrum, direkt neben dem Museum. Kleines Motel-Dorf mit mehreren ein- und zweistöckigen Gebäuden. Kleiner Garten und schöner SW-Pool. DZ je nach Größe und Qualität Anfang Mai bis Mitte September 66-8o US, restliche Jahreszeit 5o-6o US. Tel. 789-266o

"**Antlers Motel**", 423 W. Main St. Zentral gelegen. Großer Motelkomplex rund um eine Grünanlage mit schönem SW-Pool. Fitneß-Center und Whirlpool. Die hinteren Gebäude ruhig. Zimmer geräumig, viele mit Sofa und Sitzecke. DZ von Mitte Mai bis Mitte September je nach Ausstattung 55-65 US, sonst 4o-44 US. Tel. 789-12o2

"**Econo Lodge**", 311 E. Main St. Solides Motel in Backsteinbauweise. Zentral, Nähe Museum. Zimmer relativ klein und einfach, aber ordentlich. DZ von Anfang Mai bis Ende September je nach Größe 44-55 US, sonst 41-53 US. Tel. 789-2ooo oder 8oo-424-4777

"**The Sage Motel**", 54 W. Main St. Die preiswerte Alternative. Zentral gelegen. Zimmer einfach ausgestattet, Möbel abgewohnt. DZ während der Sommersaison 38 US, sonst 34 US.

"KOA Kampground", 18oo W. Sheraton Ave., am westlichen Ortsrand. Ruhige Lage, Wiesen, ein Teil des Platzes mit Bäumen. SW-Pool von Mitte Mai bis Mitte September. Gepflegte sanitäre Anlagen inkl. Duschen. Stellplatz 12-17 US. Tel. 789-8935.

Schöner gelegen und ruhiger sind die Campgrounds im Dinosaur National Monument und an der Flaming Gorge, Details siehe dort.

Die Restaurant-Szene von Vernal ist ziemlich gleichförmig und pendelt zwischen den bekannten Fast Food Ketten und sterilen amerikanischen Family-Restaurants, wo Kochkunst auf Vermeidung von Überraschungen ausgerichtet ist. SKILLET'S STEAK HOUSE (136o W. Main St.) bietet zwar auch keine kulinarischen Höhenflüge, dafür aber ausgezeichnete Steaks in rustikaler Blockhausatmosphäre. Bei CASA RIOS (2o15 W. Main St.) gibt's einfache mexikanische Küche.

Selbstversorgung: SMITH'S, 1o8o W. Main St., am westlichen Ortsrand. Großer Supermarkt mit Abteilungen für frische Lebensmittel.

__Picknick__: Kleiner, schattiger Rasenplatz mit Picknicktischen und Grilleinrichtungen hinter dem Museum, 235 E. Main St.

SCHLAUCHBOOT-TOUREN

Der Green River unterhalb von Flaming Gorge und eignet sich hervorragend für Schlauchboot- und Kanutrips. Er ist unterhalb des Staudammes bis Gates of Lodore relativ zahm, befahrbar ohne Genehmigung. Flußabwärts innerhalb des Dinosaur National Monument dagegen beginnt ein schwieriges Wildwasser-Revier. Am besten per organisierter Tour mit ortskundigen Führern. Ein- und Mehrtagestrips bieten DINOSAUR RIVER EXPEDITIONS (54o E. Main St., Tel. 649-8092 oder 800-247-6197) und DON HATCH RIVER EXPEDITIONS (55 E. Main St., Tel. 789-4316 oder 8oo-342-8243).

Verbindungen

__Auto__: Hwy. 4o ist die einzige Straße, die Vernal und den Nordosten Utahs mit dem restlichen Bundesstaat verbindet. Bis Provo 245 km, ca. 3,5 Std., nach Salt Lake City 275 km, ca. 4 Stunden. Bei Duchesne Abzweigung über Hwy. 191 nach Price (18o km, ca. 2,5 Std.) und in den Süden von Utah. Hwy. 191 auch Richtung Norden nach Wyoming, Hwy. 4o Richtung Osten nach Colorado.

__Bus__: Greyhound-Stop am Ostrand der Stadt, 38 E. Main St., Tel. 789-o4o4. Busse halten 2x täglich in jeder Richtung auf ihrer Strecke zwischen Salt Lake City und Denver. Ohne Auto nach Vernal zu kommen, bringt jedoch wenig.

__Flüge__: SKYWEST (835 S. 5oo East St., Tel. 789-7263) fliegt täglich mindestens einmal nach Salt Lake City.

✦ Dinosaur National Monument

Wilde und unberührte Berg- und Canyonlandschaft rund um den Green River. Nur wenige Straßen führen an den Rand, ansonsten Wildnis, zugänglich lediglich über die Flüsse. Der größte Teil liegt auf dem Gebiet von Colorado, in Utah befindet sich jedoch die Hauptattraktion: eine Felswand, in der Hunderte von Dinosaurierknochen gefunden wurden. Viele sind an ihrem ursprünglichen Fundort erhalten, sorgfältig aus dem Stein herausgeschält. Weltweit eine der bedeutendsten Lagerstätten von Saurier-Fossilien.

 Das Monument Headquarter befindet sich in Colorado am Hwy. 4o, wenige Kilometer östlich des Ortes Dinosaur. Im

Gebäude des Dinosaur Quarry in Utah existiert ein Informationsschalter der Ranger. Beim Bezahlen der Zufahrtsgebühr von 5 US (gültig eine Wochen lang in allen Teilen des National Monument) erhält man eine gute Broschüre mit detaillierter Karte.

Versorgung: Außer Campingplätzen keinerlei Einrichtungen im National Monument. Übernachtungsmöglichkeiten, Restaurants und Läden ausreichend vorhanden im 3o km entfernten Vernal.

DINOSAUR QUARRY: Der einzige Ort im National Monument, wo man Sauriergerippe und -knochen zu sehen bekommt. In einer Felswand die freigelegten Überreste der Tiere, die vor 145 Millionen Jahren gelebt haben. Ein Dach schützt die Fossilien vor Wind und Wetter, Besucher können von einer Galerie aus die mehreren hundert Knochen aus der Nähe betrachten. Eine ungewöhnliche Art der Erhaltung und Ausstellung von Funden vor Ort.

Schaukästen veranschaulichen die Entstehung dieser seltenen Ablagerung und die Arbeit der Forscher. Außerdem einige der interessantesten Fundstücke in Glasvitrinen, u.a. ein Allosaurus-Schädel und der Schwanzstachel eines Stegosaurus. Insgesamt eine didaktisch gut aufbereitete Ausstellung über die Welt der Dinosaurier. Faszinierend vor allem für Kinder.

Abzweigung von Hwy. 4o bei Jensen. Von dort ausgeschildert zum National Monument. Wegen des Besucherandrangs müssen Autos im Sommer auf einem Parkplatz in der Nähe des Quarry abgestellt werden, ein Bus verkehrt von dort alle 15 Minuten. Geöffnet im Sommer 8-19 Uhr, sonst nur bis 16.3o Uhr.

Der Nordosten Utahs war vor rund 145 Millionen Jahren eine feuchte Tiefebene mit großen Flüssen und dichter Vegetation, in der eine Vielzahl von Saurierarten zu Hause war. *Brontosaurus, Diplodocus* und *Stegosaurus* ernährten sich von Pflanzen, während sich der seltenere und *riesige Allosaurus* auf die Jagd nach den kleineren Sauriern machte.

Mit dem Aussterben der Ur-Tiere verwesten in der Regel auch ihre Gerippe, nur wenige sind durch Zufälle erhalten. An einer Stelle muß ein Fluß eine große Anzahl von Skeletten auf eine Sandbank gespült haben, wo sie im Sand erhalten blieben. Spätere Gesteinsschichten, die sich darauf ablagerten, brachten verschiedene Mineralien mit, und diese verwandelten den Sand in Fels und versteinerten die Knochen. Bewegungen in der Erdkruste und Erosion legten irgendwann die ehemalige Sandbank frei und machten die Saurierskelette zugänglich.

Die erste Entdeckung in dieser Region machte der Paläontologe Earl Douglass 19o9, als er acht Schwanzknochen eines Brontosaurus fand, die in ihrer exakten natürlichen Position hintereinander aufgereiht waren. Weitere Untersuchungen förderten eine große Menge an Knochen zutage, von denen viele aus der Felswand herausgenommen wurden. Später entschloß man sich, sie zwar freizulegen, aber in ihrer ursprünglichen Lage im Gestein zu belassen.

Ein großer Teil der Saurierforscher hat sich inzwischen von der ergiebigen Felswand abgewendet und sucht in der Nähe nach weiteren Spuren der versunkenen Vergangenheit.

Bedeutendster Fund war 1991 das Embrio eines <u>Camptrosaurus</u>; es war bereits gestorben, bevor es aus dem Ei schlüpfen konnte. Die Entdeckung war eine wissenschaftliche Sensation und läßt darauf hoffen, daß weitere Überreste des Saurier-Lebens gefunden werden und zur Entzifferung noch vorhandener Geheimnisse beitragen können.

<u>CUB CREEK ROAD</u>: Straße ins Innere des National Monument, vom Quarry aus am Green River entlang, ca. 16 km one way. Vorbei an roten und weißen Sandsteinschichten in der bergigen Wildnis. Kurz vor Ende der Straße eine Reihe von Felsen mit indianischen Felszeichnungen. Vielfältige Figuren und Symbole auf dunklem Untergrund.

<u>HARPERS CORNER DRIVE</u>: Von den Monument Headquarters in Colorado aus zu den typischen Canyons und Sandsteinformationen dieser Landschaft. Viele schöne Aussichtspunkte entlang der Strecke. 4o km one way, im Winter gesperrt.

<u>GREEN RIVER</u>: Größter Fluß im Dinosaur NM und durchgehender Verkehrsweg. Durch steile Canyons und phantastische Sandsteinlandschaften. Wegen der gefährlichen Stromschnellen ab <u>GATES OF LODORE</u> im nördlichen Zipfel des Monument nur mit Genehmigung zu befahren, am besten per organisierter Tour mit ortskundigen Führern (Veranstalter siehe Vernal).

<u>YAMPA RIVER</u>: Nebenfluß des Green River, der in noch engeren Schleifen das National Monument durchquert. Ebenfalls schwieriges Wildwasserrevier, zugänglich bei <u>DEERLODGE PARK</u> in Colorado (östlicher Rand von Dinosaur NM). Rafting- und Kanutouren siehe Vernal.

"<u>Green River Campground</u>", an der Cub Creek Road, ca. 4 km vom Eingang zum National Monument. Versteckt und ruhig gelegen, direkt am Fluß. Stellplätze angenehm auf dem Gelände verstreut, unter großen Bäumen. Wasser und Toiletten, keine Duschen. Stellplatz 8 US.

✦ Flaming Gorge

Stausee in einsamer Berglandschaft, den sich Utah mit dem Nachbarstaat Wyoming teilt. Die landschaftlich schönsten Abschnitte liegen in Utah. Bewaldete Berge, Canyons und felsige Ufer umrahmen dieses Freizeitrevier, hauptsächlich genutzt von Wassersportlern und Anglern. Vom Ufer aus schöne Blicke in die Canyons und über den See. In der Umgebung außergewöhnliche geologische Formationen.

Tourist INFO Kleine Besucherzentren mit Informationen über die Region direkt am Staudamm (ganzjährig geöffnet) und am Red Canyon (nur von Ende Mai bis Anfang September geöffnet).

<u>Versorgung</u>: Zwei Hotels, viele Campingplätze sowie jeweils ein

Restaurant und ein kleiner Laden bei den Hotels. Der Besuch von Flaming Gorge ist allerdings auch bequem per Tagesausflug ab Vernal möglich.

DRIVE THROUGH THE AGES: Zwischen Vernal und Flaming Gorge (Hwy. 191) eine aufschlußreiche Fahrt durch die Erdzeitalter. Eine Verwerfung in der Erdkruste und nachfolgende Erosion haben hier mehr als ein Dutzend geologischer Schichten freigelegt, von denen anderswo immer nur einzelne zu sehen sind. Neben den farbigen Sandsteinablagerungen, die oft in den großen Canyons ausgeschürft sind, auch Schichten mit Kohle- und Phosphatvorkommen sowie mit Saurierknochen und Fossilien. Entlang der Straße weisen Schilder auf die einzelnen geologischen Formationen hin.

FLAMING GORGE DAM: An einer Engstelle staut die 15o m hohe Mauer den Green River zum riesigen Flaming Gorge Reservoir. Direkt am Damm ist der See winzig, hier kann man sich seine tatsächliche Größe nur schwer ausmalen. Der Vorstellung auf die Sprünge hilft ein Relief im Visitor Center, das die Oberflächenstruktur der Region darstellt.

Ein Blick über die Mauer hinunter zum Green River verdeutlicht deren Höhe und die beim Bau 1963 verwendeten Betonmengen. Von der Mitte der Staumauer aus führt ein Fahrstuhl in die Räume der Generatoren und Transformatoren. Durch eine Tür kann man heraustreten und das Bauwerk von unten auf sich wirken lassen.

GREEN RIVER: Unterhalb des Staudammes ist der Green River ein beliebtes Rafting- und Kanurevier. Bis GATES OF LODORE im nördlichen Zipfel von Dinosaur National Monument relativ zahm, befahrbar für jedermann ohne Genehmigung. Flußabwärts innerhalb des Dinosaur National Monument dagegen beginnt ein schwieriges Wildwasser-Revier, "permits" erforderlich. Am besten per organisierter Tour mit ortskundigen Führern. Veranstalter siehe Vernal.

CEDAR SPRINGS MARINA: Kleine Hafenanlage Nähe Staudamm. Vermietung von Booten für Tagestouren: Fischerboot mit Außenbordmotor ab 7o US pro Tag, Motorboote (bis zu sechs Personen) für Wasserski ab 185 US pro Tag inkl. Ski.

RED CANYON: Der landschaftlich schönste Teil von Flaming Gorge. Der See windet sich hier durch eine enge Schlucht, der Canyonrand liegt 415 m über dem Wasserspiegel. Mehrere Aussichtspunkte auf die verschiedenen Schleifen sind durch einen Trail verbunden. Schöner Blick auch durch die Panoramafenster im kleinen Visitor Center. Im Gebäude selbst eine Ausstellung zur Geologie und Ökologie von Flaming Gorge sowie zur Besiedlung der Region durch Indianer und amerikanische Pioniere.

SHEEP CREEK GEOLOGICAL AREA: Wild-schöne Schlucht, deren Aussehen sich hinter jeder Biegung dramatisch verändert. Felsschichten aus verschiedenen Erdzeitaltern sind hier durch Verwerfungen in der Erdkruste freigelegt. Sie verlaufen schräg zur Oberfläche oder sogar senkrecht, so kräftig wurden sie aus dem Innern der Erde noch oben gepreßt. Die Straße führt in engen Kurven durch die bunt gefärbten und kühn aufgefalteten Felsen. Faszinierend der ständige Wechsel der geologischen Formationen und Strukturen auf einer so kurzen Strecke.

Die Geological Area befindet sich teilweise am Hwy. 44, die spektakulärsten Stellen jedoch auf einer Loop Road, die zwischen Red Canyon und Manila abzweigt. Ca. 2o km durch die Berge, im Winter gesperrt.

MANILA (2oo Einw.): Einzig nennenswerter Ort an der Flaming Gorge in Utah. Inmitten von Feldern die wenigen Häuser, Tankstellen und winzigen Motels. Von hier aus in den Nachbarstaat WYOMING: Richtung Norden weiter am Stausee entlang. Nach Westen zur Interstate 8o, die zurück nach Salt Lake City führt; die schnellere Variante als über Vernal und den langweiligen Hwy. 4o.

Schon in Wyoming liegt FORT BRIDGER, ab 1843 eine der wichtigsten Zwischenstationen der Planwagen-Trecks auf ihrem Weg zur Westküste. 1858 errichtete die US-Army das Fort. Erhalten und restauriert einige der historischen Kasernengebäude in einem weitläufigen Wiesengelände. Geöffnet von Mai bis September täglich, geschlossen Dezember bis Ende Februar, sonst geöffnet an Wochenenden.

"Flaming Gorge Lodge", Motel oberhalb des Sees, Nähe Staudamm und Marina. Ruhige Lage, einfache Ausstattung. DZ von Anfang März bis Ende Okober ca. 6o US, im Winter 42 US. Neue und etwas komfortablere Apartments für 4 Personen im Sommer ca. 11o US. Tel. 889-3773.

"Red Canyon Lodge", ruhig gelegen zwischen Bäumen an einem kleinen See. Nähe Red Canyon und Visitor Center. Rustikale Blockhütten ohne Bad ab 28 US (Gemeinschaftsbäder vorhanden) oder mit eigenem Bad ab 42 US. Tel. 889-3759.

Rund zwei Dutzend Campgrounds allein am Südufer des Sees zwischen Staumauer und Manila. Die Mehrzahl nur im Sommer geöffnet, einige von Ostern bis Ende Oktober. In der Regel ruhig gelegen im Wald- und Wiesengelände, verschiedene in See-Nähe. Wasser, Toiletten und Picknicktische; keine Duschen.

"Canyon Rim Campground", besonders schön gelegen, direkt am oberen Rand des Red Canyon. Nur wenige Schritte, und man hat die Schlucht und den See direkt vor Augen. Stellplätze aufgelockert unter großen Bäumen. Wasser, Toiletten, Picknicktische. Stellplatz 7 US.

ANGELN

Flaming Gorge und der Green River unterhalb der Staumauer sind beliebte Angelreviere. Je nach Jahreszeit verschiedene Fischarten, u.a. Lachse und Fliegenfischen auf Forellen. Information zu Fangregelungen und -genehmigungen in den Visitor Centers.

SKI

"Eastern Uintas Cross Country Trails": Nordisches Skigebiet auf dem Plateau oberhalb des Red Canyon. Für Individualisten und Freunde einsamer Winterlandschaften. Mehrere Rundkurse durch die Wälder zwischen den beiden Hotels; untereinander verbunden. Besonders attraktiv der Canyon Rim Trail zum Rand der Schlucht, mit spektakulären Ausblicken auf den See. Übernachtung nur in den beiden Lodges oder per Tagesausflug ab Vernal.

VERNAL --> PRICE

18o km, ca. 2,5 Std. Zunächst die eher eintönige Strecke über Hwy. 4o bis <u>DUCHESNE</u> (siehe Salt Lake City -> Vernal). Dann Abzweigung Richtung Südwesten über Hwy. 191. Durch einen Canyon mit erodierten Sandsteinwänden, später steile und kurvenreiche Bergstrecke durch einsame Wälder. Paßhöhe auf 2.773 m.

<u>HELPER</u> (2.2oo Einw.): Bereits im Tal, wenige Kilometer nördlich von Price. Die Zeit, als Kohlengruben und Eisenbahn hier für einigen Wirbel sorgten, ist vorbei. Auf Main Street jedoch noch viele der typischen Backsteinfassaden aus dem 19. und frühen 2o. Jahrhundert. Die meisten Häuser stehen derzeit leer.

Ausnahme ist das <u>WESTERN MINING UND RAILROAD MUSEUM</u>, Main St./ Ecke Poplar St. In einem der größeren Gebäude, das früher als Hotel diente. Vielseitige Ausstellung zur lokalen Geschichte mit dem Schwerpunkt auf Eisenbahnverkehr und Kohleabbau. Auch der "outlaw" Butch Cassidy erfährt eine Würdigung. Geöffnet während des Sommerhalbjahres, Mo-Sa von 9-17 Uhr. Spende erwünscht.

★ Price (9.ooo Einw.)

Grüne Oase inmitten einer kargen Steinwüste. Zentrum des Kohleabbaus in der Region, Verkehrsknotenpunkt und praktischer Zwischenstop auf dem Weg von Norden zu den Nationalparks im südöstlichen oder südwestlichen Utah. Prähistorisches Museum mit einer bemerkenswerten Sammlung von Sauriergerippen.

 <u>Castle Country Travel Council</u>, in der Eingangshalle des Museumsgebäudes, 155 E. Main St.

 <u>Post</u>: 95 S. Carbon Ave.

<u>PREHISTORIC MUSEUM</u>, 155 E. Main St. Eines der besten Museen in Utah, mit Exponaten, die nicht alle Tage zu sehen sind: gewaltige Gerippe von Mammuths und Sauriern, Knochen, Schädel, Fußabdücke. In Schaukästen anschauliche Erklärungen zu den jeweiligen Epochen und Fund-

orten sowie über die Techniken von Ausgrabung und Präparierung. Ein gelungener Überblick über die versunkene Welt der Saurier (siehe auch Dinosaur National Monument).

Außerdem eine Vielfalt an Fossilien, Mineralien und versteinertem Holz. In der anthropologischen Abteilung bemerkenswerte Fundstücke prähistorischer Indianer-Kulturen: Körbe, Netze, Keramik, Werkzeuge, Pfeilspitzen. Außerdem Gebrauchsgegenstände und Kunsthandwerk der Indianer im heutigen Utah. Geöffnet Mo-Sa von 9-18 Uhr, So von 12-17 Uhr. Spende von 1-2 US erbeten.

PRICE MURAL, direkt neben dem Museum in der Vorhalle des Municipal Auditorium. Alle vier Wände bedeckt von einem Gemälde, das die Geschichte der Stadt in ihren verschiedenen Etappen darstellt. Ein Dokument für das Selbstverständnis der Einwohner einer Kleinstadt im amerikanischen Westen.

"**Days Inn**", 838 Westwood Blvd. Modernes Backsteingebäude, etwas außerhalb des Ortes Richtung Westen. Gehobener Motelstil, Hallenbad und Whirlpool. Große Zimmer, komfortabel ausgestattet. DZ je nach Größe ab 56 US.

"**Carriage House**", 59o E. Main St. Nähe Zentrum, etwas zurückversetzt von der Hauptstraße. Architektur in Anlehnung an ein amerikanisches Landhaus. Kleines Hallenbad und Whirlpool. Zimmer geräumig mit Sitzecke. DZ je nach Größe und Ausstattung ab 38 US. Tel. 637-566o.

"**Greenwell Motel**", 655 E. Main St. Typisches Motel in Hufeisenform, Nähe Zentrum. Etwas viel Gedränge auf dem zu kleinen Parkplatz. Einfache, aber solide Ausstattung. DZ ab 33 US, im Winter ab 3o US. Tel. 637-352o.

"**Huntington State Park**", 3o km südlich von Price über Hwy. 1o. Zwar etwas entfernt, dafür aber angenehm am See mit Bademöglichkeit. Im Sommer weniger heiß als in Price, da auf fast 17oo m Höhe. Wiese für Zelte, Standplätze mit Picknicktischen. Gepflegte sanitäre Anlagen mit Duschen. Stellplatz 9 US.

Die Mehrzahl der Lokale in Price ist spezialisiert auf die durchschnittliche amerikanische Hamburger-Steak-Pizza Küche. Es lohnt sich also wieder einmal, nach den Ausländern Ausschau zu halten. Zwar in dieser Umgebung auch keine Spitzenklasse, aber ordentliches Essen zu niedrigen Preisen.

GREEK STREAK, 84 S. Carbon St. Fast Food Atmosphäre ergänzt durch Bilder aus Griechenland an den Wänden. Griechische Küche a la Gyros und Souflaki. Große Portionen für 4-8 US, auch zum Mitnehmen.

CHINA CITY, 35o E. Main St. Modernes, leicht unterkühltes Ambiente mit einigen chinesischen Dekorationen. Einfache Fleisch-, Huhn- und Fischgerichte, besonders preiswert zum Lunch für rund 5 US; abends etwas teurer.

FARLAINO'S, 87 W. Main St. In einem der wenigen schönen Backsteinhäuser des Zentrums. Die Innendekoration unterstreicht das Flair der Vergangenheit, die Plastikmöblierung allerdings ziemlich unpassend. Nudelgerichte für 7-9 US, andere Spezialitäten der italienischen Küche für 8-15 US.

Selbstversorger: SMITH'S, großer Supermarkt, 24 Stunden geöffnet. Im Einkaufszentrum Castle Rock Square, Main St., am Ostrand der Stadt.

Picknick: Überdachte Picnicktisch im Price Park, 4th North St./ Ecke 1st East St. Schattige Rasenflächen neben dem Freibad.

Verbindungen

Auto: In und um Price verzweigen sich die Straßen in die vier wichtigsten Regionen Utahs: Hwy. 6 nach Provo (12o km, ca. 1,5 Std.) und Salt Lake City (19o km, ca. 2,5 Std.). Hwy. 191 Richtung Nordosten nach Vernal (18o km, ca. 2,5 Std.) und zum Dinosaur National Monument. Hwy. 1o zum Capitol Reef National Park (225 km, ca. 2,5 Std.). Hwy. 191 nach Green River (1oo km, ca. 1,5 Std.) und weiter zu den Nationalparks im Südosten von Utah.

Bus: Zwar halten die Greyhound-Busse zwischen Salt Lake City und Denver bei Bedarf in Price, doch gibt es für Touristen kaum einen Grund, hier ein- oder auszusteigen. Ohne Auto ist man wie fast überall in Utah hilflos. Für alle Fälle: Die Busse halten 525 E. Main St., Tel. 564-3421.

PRICE --> CAPITOL REEF NATIONAL PARK

225 km, ca. 2,5 Std. über Hwy. 1o und 72. Die Strecke selbst eher eintönig, vorbei an Hügelketten aus Sand und Geröll. Auch die gelegentlichen Oasen mit kleinen Dörfern und etwas Landwirtschaft bieten kaum Abwechslung. Vom Highway aus allerdings einige Abstecher, die sich durchaus lohnen:

CLEVELAND LLOYD DINOSAUR QUARRY: Fundstelle von Saurierknochen, an der schon seit Jahrzehnten Ausgrabungen stattfinden, und wo noch immer bedeutende Entdeckungen von Gerippen und Schädeln dieser Urzeit-Tiere gemacht werden. Die Saurier sind in einer Schlammschicht versunken, die sich mit der Zeit in Fels verwandelt und auf diese Weise die Knochen erhalten hat. In einem Visitor Center einige Exponate von Fundstücken sowie Informationen über Saurier und die Techniken der Ausgrabung und Konservierung. Zum Leben und Sterben der Saurier im Nordosten von Utah vergl. auch Dinosaur National Monument.

Abzweigung nördlich von Huntington nach Cleveland, von dort weiter über eine nicht asphaltierte Straße. Auf den Hinweisschildern stehen die aktuellen Öffnungszeiten, in der Regel täglich 1o-17 Uhr. Weitere anschauliche Informationen und Exponate zur Saurier-Zeit im prähistorischen Museum in Price.

CASTLE DALE (1.7oo Einw.): Einer der kleinen Orte an der Strecke. Unterscheidet sich von den anderen durch ein sehenswertes Museum: MUSEUM OF THE SAN RAFAEL. In hellen und modernen Räumen Replikas von gewaltigen Sauriergerippen und -schädeln, die in den Bergen des San Rafael Swell gefunden wurden. Außerdem eine Abteilung mit Fossilien und Mineralien sowie Fundstücken prähistorischer Indianer-Kulturen. Neben den üblichen Pfeilspitzen und Körben das Schmuckstück der Sammlung: eine Art Werkzeugtasche, erstklassig erhalten und mit zahlreichen Gerätschaften, die ein damaliger Indianer so auf der Jagd oder Wanderschaft bei sich trug. Eintritt frei, Spende erwünscht.

SAN RAFAEL SWELL: Verwerfung in der Erdoberfläche, die bis zu 5o km breit ist und von Price aus rund 13o km nach Süden verläuft. Ein wildes, kaum zugängliches Land, zerfurcht von Flußläufen und Canyons. In der Regel nur per Allradfahrzeug auf Abenteuerpisten zu erkunden. Informationen dazu im Touristenbüro von Price.

Bei trockenem Wetter zugänglich für normale Pkw jedoch eine der schönsten Stellen in dieser Wildnis: THE WEDGE. Aussichtspunkt, von dem aus man in den beinahe senkrecht abfallenden Canyon des San Rafael River hinunterblickt. Canyonverlauf, der steile Abgrund und die markante Schichtung des Gesteins haben nicht ganz zu Unrecht den Begriff von "Utah's Little Grand Canyon" nahegelegt. Die Piste zweigt unmittelbar nördlich von Castle Dale vom Hwy. 1o ab, rund 25 km one way.

CAPITOL REEF NATIONAL PARK: Siehe Seite 559.

PRICE --> GREEN RIVER

Kürzeste Verbindung vom zentralen Utah zu den Nationalparks im Südosten. 1oo km, ca. 1,5 Std. über Hwy. 6. Karge und öde Landschaft zwischen den Bergen von SAN RAFAEL SWELL im Westen und den BOOK CLIFFS im Osten. Südlich von WELLINGTON unterbricht kein einziger Ort die Monotonie.

NINE MILE CANYON: Einzig lohnender Abstecher vom Highway, der allerdings durchaus den restlichen Tag in Anspruch nehmen kann. Fahrt durch eine Landschaft, die noch kaum berührt ist. Neben der wilden Schönheit dieses Canyon-Landes auch zahlreiche Spuren prähistorischer Indianer-Kulturen: Grubenhäuser, Klippenwohnungen und Felszeichnungen. Nicht aufbereitet wie in den Nationalparks, daher viel Raum für individuelle Erkundungen. Alle prähistorischen Relikte stehen jedoch unter striktem Denkmalschutz.

Ein kleiner Abenteuertrip über nicht asphaltierte Straßen, befahrbar bei trockener Piste. Ausreichend Benzin, Wasser und Lebensmittel mitnehmen. Vorher im Touristenbüro von Price Informationen über den Zustand der Straße und die Wetterbedingungen einholen. Gesamtlänge der Canyonstrecke hin und zurück 160 km. Abzweigung einige Kilometer östlich von Wellington.

INTERSTATE 70

Im Dreieck zwischen Price, Capitol Reef und Green River nimmt die wenig befahrene Autobahn einen spektakulären Verlauf durch die Bergwelt des SAN RAFAEL SWELL (Exit 89 bis Exit 147). Besonders eindrucksvoll der steile Aufstieg von Osten her; dort türmen sich die Felsen plötzlich auf wie die riesige Brandung eines versteinerten Meeres. In weiten Schleifen und Schwüngen geht es dann bergauf und bergab durch eine karge und zerklüftete Sandsteinwelt. Außer den breiten Bändern der Autobahn keine Spur von menschlichen Eingriffen, nur die "Bauwerke" von Wind, Wetter und den Kräften im Erdinnern.

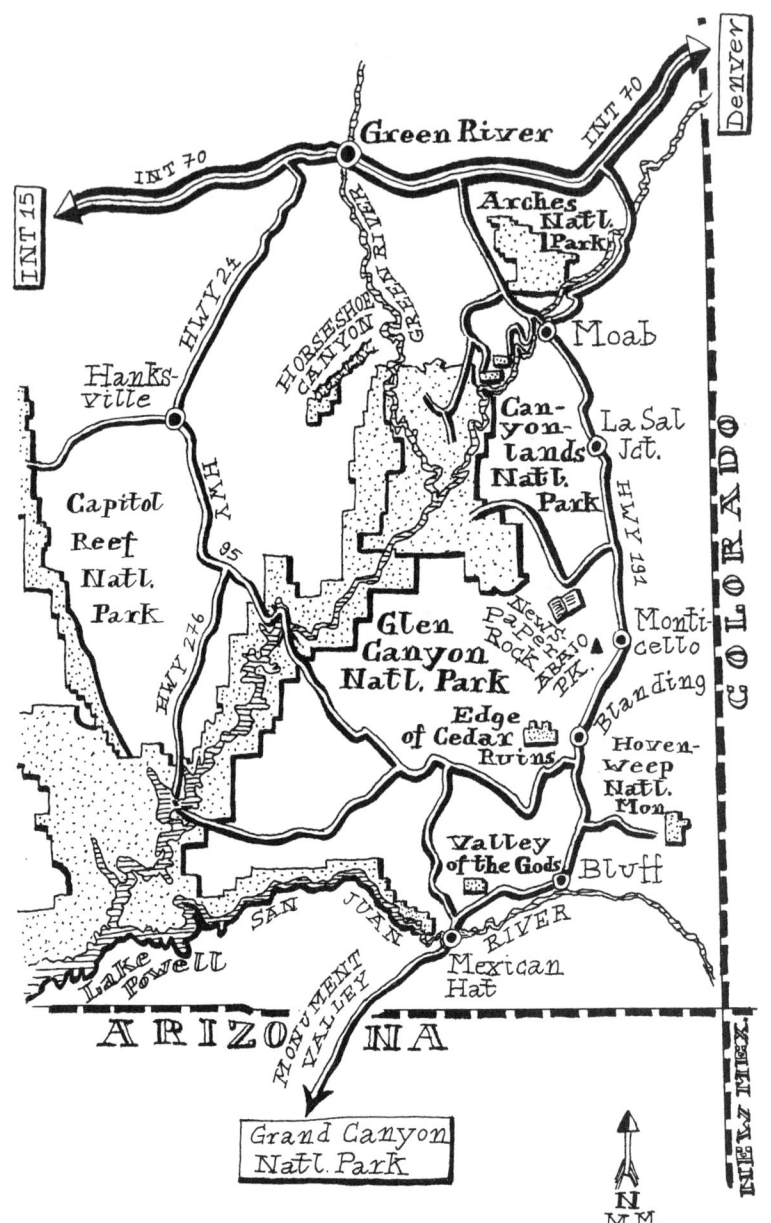

SÜDOST - UTAH

Eine der grandiosen Bilderbuch-Landschaften der USA: Die beiden Flüsse Colorado und Green River haben die Grundstrukturen dieses monumentalen Szenariums geprägt: eine dichte Konzentration gewaltiger Canyons, enger Schluchten und seltsamer Gebilde aus Fels und Sandstein. Ein National Park oder State Park folgt auf den anderen, zwischen all den Naturwundern kommt man kaum zum Atemholen. Die Sandsteinbögen von Arches, die Schluchten von Canyonlands und die Felsmonumente von Valley of the Gods oder Goblin Valley sind nur einige der Highlights in diesem Teil Utahs.

✦ Green River (900 Einw.)

Weit und breit der einzig nennenswerte Ort an der Ost-West-Autobahn Interstate 70. Das Stadtbild trostlos und abgestimmt auf Lastwagenfahrer und andere Durchreisende zwischen Colorado und Nevada/Kalifornien: Motels, Tankstellen und Fast Food Restaurants. Auch auf dem Weg vom Norden Utahs in den Südosten der einzige Zwischenstop zum Auftanken. Übernachten jedoch besser gleich im eine Stunde entfernten Moab: Dort ist man bereits mitten im Canyonland von Südost-Utah, und das Angebot für Besucher ist in jeder Hinsicht attraktiver.

Wer durch Green River kommt, sollte aber auf jeden Fall einen Blick ins <u>POWELL RIVER HISTORY MUSEUM</u> (Main St., am Ostrand des Ortes) werfen: Moderne und ansprechend gestaltete Ausstellung über das Flußsystem von Colorado und Green River. Schautafeln mit Bildern und erläuternden Texten. Themen sind die geologische Entstehung der Landschaft, die Besiedlung durch prähistorische Indianer, die Erforschung des Flußsystems durch John Wesley Powell und andere Pioniere, Schiffsverkehr auf den Flüssen (einige Original-Boote), Staudammbau.

Insgesamt ein beachtlicher Überblick über die Geschichte einer außergewöhnlichen Kulturlandschaft und eine gute Einführung in den Besuch der Canyonlands des südöstlichen Utah. Geöffnet täglich von 8-20 Uhr, im Winterhalbjahr eingeschränkte Zeiten. Im Museum auch die Touristen-Information.

Green River --> Moab

85 km, ca. 1 Std. Langweilige Fahrt durch die Ebene. Die Autobahn und später auch die Landstraße wie mit dem Lineal gezogen. Die bevorstehenden landschaftlichen Attraktionen im gesamten Südosten von Utah lassen sich hier nur ahnen.

★ Moab (4.2oo Einw.)

Kleine Oase in der Sandsteinwüste. Kein schöner Ort, dafür aber ungemein praktisch als Ausgangspunkt für Touren und Wanderungen in den benachbarten Nationalparks Arches und Canyonlands sowie im Colorado River Canyon. Ausreichend Hotelzimmer, Campingplätze und gute Restaurants sind vorhanden. Die Zeit der fünfziger Jahre, als in der Umgebung von Moab Uranerz abgebaut wurde, ist vergessen. Die Spuren des damaligen Booms sind längst überlagert vom Tourismus, der gegenwärtigen Goldgrube für das Städtchen.

 Information Center, Main St./ Ecke Center St., in der Ortsmitte. Modernes und großes Besucherzentrum. Schautafeln zu den Nationalparks und einführende Informationen zu verschiedenen Aktivitäten in und um Moab (Schlauchboot-Touren etc.). Zahlreiche Broschüren, Karten, Bücher, Bildbände. Hilfreiches Personal.

 Post: 5o E. 1oo North St.

HOLLYWOOD STUNTMEN'S HALL OF FAME, 1oo East St./ Ecke 1oo North St. Lebendige Ausstellung über die vergessenen Helden Hollywoods: die Stuntmen. Zahlreiche Fotos, Zeichnungen und Filmausstattungsstücke erinnern an die Größen, die John Wayne und anderen die härteste Arbeit ersparten und dabei einiges riskierten. Gezeigt werden auch die Hilfsmittel, meist von den Stuntmen selbst erfunden, sowie Schutzanzüge und Masken, die die halsbrecherischen Aktionen erst möglich machten. In einem kleinen Theaterraum gelegentlich Aktionen des Stuntman und Eigentümers John Hagman. (Zementplatten mit Hand- und Fußabdrücken imitieren eine alte Tradition vom Hollywood-Boulevard). Geöffnet Mo-Fr von 1o-19 Uhr, Sa/So von 12-18 Uhr, im Winter: Mo-So von 12-18 Uhr. Eintritt 3 US.

DAN O'LAURIE MUSEUM, 118 E. Center St. Ein großer Erdgeschoßraum beherbergt Ausstellungsstücke zur indianischen Geschichte, der Pionierzeit und der Zeit der Uranförderung in Moab. Außerdem Mineralien und Saurierknochen. Wechselnde Kunstausstellungen in der Bildergalerie im 1. Stock. Geöffnet Mo-Sa von 13-17 und 19-21 Uhr. Eintritt frei.

 Die Motels in Moab sind aufgereiht an der Durchgangsstraße oder befinden sich in einigen Seitenstraßen direkt im Ortszentrum. An der Hauptstraße vorwiegend die bekannten Ketten, die lokalen (und in der Regel etwas preiswerteren) Unternehmen in den Nebenstraßen. Die Suche ist also extrem einfach, zu Engpässen kommt es höchstens zu Ostern und während einiger amerikanischer Feiertage im Sommerhalbjahr. Dann ist vorherige Reservierung sinnvoll.

"**Canyonlands Inn**", 16 S. Main St. Ortszentrum, Nähe Geschäften und Restaurants. Moderne Architektur, gehobener Motelstil. SW-Pool, im Winter überdacht, Whirlpool. Zimmer geräumig, hell und komfortabel. DZ von Mitte April bis Ende Oktober ab 9o

US, zum Winter hin absinkend bis 5o US. Tel. 259-23oo.

"<u>Greenwell Motel</u>", 1o5 S. Main St., im Ortszentrum. Eines der wenigen Motels, das sich mal um etwas Grün bemüht: schattige Bäume auf dem Parkplatz und rund ums Haus. Ein angenehmes Detail während der Sommerhitze. SW-Pool und komfortabel ausgestattete Zimmer. DZ von Mitte Mai bis Mitte Oktober ab 8o US, während der restlichen Saison je nach Monat 36-66 US. Tel. 259-6151.

"<u>Moab Valley Inn</u>", 711 S. Main St. Modernes Motel an der Hauptstraße. Großer SW-Pool und Whirlpool. Zimmer nach hinten ruhig. Hell und komfortabel ausgestattet, inkl. Kühlschrank. Einfaches Frühstück inbegriffen. DZ in der sommerlichen Hochsaison ab 73 US, zum Winter hin preiswerter. Tel. 259-4419 oder 8oo-831-6622.

"<u>Super 8 Motel</u>", 889 N. Main St., am nördlichen Ortsrand Richtung Arches National Park. Gepflegtes Motel, solide Mittelklasse. Moderne Möblierung, SW-Pool und Whirlpool. DZ von Mitte Mai bis Ende September ab 7o US, sonst 47-6o US. Tel. 259-8868 oder 8oo-8oo-8ooo.

"<u>Travelodge</u>", 55o S. Main St., etwas südlich des Zentrums. Etwas älteres Motel an der Durchgangsstraße, Zimmer relativ laut, funktional möbliert, mit großen Schiebefenstern und Türen. Kleiner SW-Pool. DZ von Anfang Mai bis Ende Oktober ab 72 US, im Winter bis herunter auf 4o US. Tel. 259-6171 oder 8oo-255-3o5o.

"<u>Kokopelli Lodge</u>", 72 S. 1oo East St. Kleines Motel in ruhiger Seitenstraße, Ortszentrum. Schattiges Gärtchen vor dem Gebäude. Zimmer klein und sehr einfach. DZ in der sommerlichen Hochsaison ab 5o US, sonst kräftige Nachlässe.

"Lazy Lizard International Hostel", 1213 S. Hwy. 191, südlich des Zentrums. Küchenbenutzung, Waschmaschine, Whirlpool, Aufenthaltsraum mit TV. Im Schlafsaal ca. 7,5o US pro Person, DZ ab 22 US. Tel. 259-6o57.

"KOA Kampground", am Hwy. 191, 6 km südlich von Moab. Ruhig gelegen mit schönem Blick auf die Berge. Saubere sanitäre Anlagen inkl. Duschen. SW-Pool von Mitte Mai bis Mitte September. Stellplatz 13-18 US. Tel. 259-6682.

"Canyonlands Campark", 555 S. Main St., im Ortszentrum von Moab. Trotzdem ruhig, da großes, abgetrenntes Gelände. Stellplätze teilweise schattig, aber relativ dicht zusammen auf vorwiegend staubigem Untergrund. Sanitäre Anlagen inkl. Duschen, außerdem SW-Pool und kleiner Laden. Stellplatz 13-18 US. Tel. 259-6848.

Schöner gelegen, aber abseits von Geschäften und Restaurants sind die Campgrounds in den Nationalparks Arches und Canyonlands. Details siehe dort.

EDDIE McSTIFF'S, 57 S. Main St. Das Ambiente etwas unterkühlt mit Stahlrohr- und Plastikmöblierung. Essen jedoch vielseitig, gut und reichlich. Neben Pizza, Pasta und Salaten auch einige Spezialitäten aus dem Südwesten (ca. 1o US) sowie Steaks und Huhn für 1o-15 US. Etwa zehn Biere vom Faß aus eigener Brauerei: Weizen, verschiedene Ales und einige Kreationen des Hauses.

HONEST OZZIE'S, 6o N. 1oo West St. Winziges Lokal in einer Nebenstraße. Gemütliche, freundlich-individuelle Atmosphäre. Im Sommer Terrasse in einer ruhigen Gartenanlage. Gutes und reichliches Frühstück. Am Abend preiswerte Salate sowie hauseigene Rezepte in Anlehnung an die mexikanische und orientalische Küche. Reichliche Portionen für 6-9 US.

PASTA JAY'S, 4 S. Main St. Beliebter Treffpunkt im Zentrum. Wenig aufwendige Einrichtung, im Sommer große Terrasse. Neben Sandwiches (knapp 5 US) und Pizza eine Vielzahl von Nudelgerichten (ab 6 US). Bis 16 Uhr Speisen und Getränke noch preiswerter.

POPLAR PLACE, 1oo N. Main St. In einem über hundert Jahre alten Adobe-Haus. Kneipen-Atmosphäre mit rustikalen Möbeln und Holztäfelung an den Wänden. Sandwiches, Salate, Nudeln und Pizza. Kleine Gerichte ab 3 US, Pizza relativ teuer. Mehrere Biere vom Faß, u.a. Lager, Porter und Ale.

MI VIDA, nördlich des Ortes am Hwy. 191, oberhalb auf dem Berg. Mit Panoramafenstern und Blick über Moab und den Colorado River. Gediegenes Ambiente, gehobene internationale Küche. Spezialisiert auf Lamm, Steaks und Fischgerichte (1o-2o US, Vorspeisen extra). Nur abends geöffnet.

GRAND OLD RANCH HOME, Hwy. 191 Richtung Arches, kurz hinter dem Ortsrand. In einer Backsteinvilla aus dem 19. Jahrhundert. Gemütliche Atmosphäre in verschiedenen kleinen Räumen. Auf der Speisekarte hauptsächlich Steaks und Seafood. Dinner inkl. Vorspeise und Salat 1o-15 US. Nur abends geöffnet.

Selbstversorger: CITY MARKET, 425 S. Main St., im Ortszentrum. Großer und moderner Supermarkt, 24 Stunden geöffnet.

Picknick: Schattiger Picknickplatz am Südufer des Colorado River, direkt an der Brücke von Hwy. 191, ca. 3 km nördlich des Ortszentrums. Weitaus schöner allerdings die Plätze im Arches National Park, vor allem bei Devils Garden: unter Bäumen an einer steilen Felswand.

TOUREN

Extreme Klimaverhältnisse, schwierige Allradpisten und große Entfernungen machen für eine Erkundung des riesigen und schwer zugänglichen Canyonlands National Park die Teilnahme an einer organisierten Tour in vielen Fällen ratsam. Den Verhältnissen angepaßtes Material und erfahrene Tour-Guides der örtlichen Veranstalter sind in diesem Fall ein nicht zu unterschätzender Sicherheitsfaktor. Bei Schlauchbootfahrten auf dem Colorado River entfällt auch das Problem des Rücktransports. Die meisten Anbieter haben ihr Büro in Moab. Oft auch Kombinationen der verschiedenen Trips (Schlauchboot/Jeep oder Schlauchboot/Flugzeug) im Programm.

Jeep: Auf Abenteuer-Pisten durch den Canyonlands National Park. Zu spektakulären Aussichtspunkten und an die Ufer der beiden großen Flüsse. Tages- (ca. 7o US inkl. Lunch) und Halbtages-Touren (ca. 45 US) bei ADRIFT ADVENTURES, 378 N. Main St., Tel. 259-8594 oder 8oo-874-4483.

Schlauchboot: Colorado und Green River gehören in diesem Abschnitt zu den beliebtesten und besten Revieren im Westen der USA. Mehrtagestouren gehen durch Canyonlands National Park und den Cataract Canyon, der aufregende Stromschnellen und atemberaubende landschaftliche Erlebnisse bietet. 3-Tagestrip mit Rückholung per Flugzeug ca. 55o US bei SHERI GRIFFITH EXPEDITIONS, 2231 S. Hwy.191, Tel. 259-8229.

Tages- oder Halbtagestrips in der Regel im Colorado River Canyon zwischen Fisher Towers und Moab. Der Fluß ist dort relativ ruhig, kleinere Stromschnellen werden problemlos genommen. Halber Tag ab 3o US, voller Tag ab 4o US bei WESTERN RIVER EXPEDITIONS, Hwy. 191 am Nordrand von Moab, Tel. 259-7o19 oder 8oo-453-745o.

Radfahren: Die alpinen Landschaften der La Sal Mountains sowie felsige Pisten im Canyonlands National Park bieten ideale, aber auch extrem schwierige Bedingungen für Mountain-Biker. KAIBAB BIKE TOURS (391 S. Main St., Tel. 259-7423 oder 8oo-451-1133) verleiht nicht nur Räder, sondern bringt Fahrer und Material auch zu den genehmigten Abenteuer-Pisten, auf denen es dann zum Zielort geht.

Hubschrauber: Ein Überblick aus der Luft über die grandiosen Flußläufe und Schluchten des Canyonlands National Park. TWO JAYS HELICOPTERS fliegen eine halbe Stunde für 7o US pro Person. Reservierung über Tel. 259-89oo.

Verbindungen

Auto: Von Moab aus führen zwar viele Wege in die Nationalparks und Canyons der Umgebung, einzige brauchbare Überlandstraße ist jedoch Hwy. 191: Richtung Süden bis Monticello (85 km, ca. 1 Std.) und von dort weiter nach Arizona (Monument Valley), Colorado (Mesa Verde National Park) oder zum Lake Powell. Richtung Norden zur Autobahn I-7o, nach Green River (85 km, ca. 1 Std.) und weiter nach Nord- oder West-Utah. Wer nach Zentral-Colorado oder Denver will, kann die Abkürzung über Hwy. 128 entlang des Colorado River bis Interstate 7o nehmen.

Flüge: Einzige Möglichkeit, per öffentlichem Verkehrsmittel nach Moab zu gelangen. ALPINE AIR (Tel. 8oo-748-4899) fliegt täglich mindestens einmal von und nach Salt Lake City.

★Arches National Park

Der Nationalpark mit den beinahe kunstvollen Sandsteinfiguren: Neben mehr als 1.5oo Torbögen, Tunneln und Brücken aller Größenordnungen auch skurrile und fotogene Formationen, die zu phantasievoller Namensgebung anregen. Wunderwerke der Erosion, dicht gehäuft und leicht erreichbar.

Geologie: Die eigentümliche Bildung von Torbögen im Nationalpark verdankt sich einer 3oo Millionen Jahre zurückliegenden erdgeschichtlichen Epoche, als hier ein Inlands-Ozean langsam verdunstete und eine dicke Salzschicht zurückließ. Diese wurde im Laufe der Zeit von Sand- und Erdmassen bedeckt, die sich durch Druck und chemische Prozesse in felsigen Sandstein verwandelten. Der Fels übte dann seinerseits gewaltigen Druck auf die Salzschicht aus, die dadurch in sich verrutschte und wiederum Bewegungen des Sandsteins verursachte. Risse, Gräben und Verwerfungen in der Erdoberfläche waren die Folge.

In diese Risse drang Wasser ein, löste Partikel vom Fels ab und vergrößerte damit die Zwischenräume. Frost und Wind beteiligten sich am Erosionswerk, so daß mit der Zeit die scheibenförmigen Sandsteinwände entstanden, die überall im Nationalpark zu sehen sind.

Auch diese Wände sind wiederum dem Angriff von Wind und Wetter ausgesetzt. Da ihre Härte nicht überall gleichmäßig ist, brechen oft in der Mitte Gesteinsbrocken heraus, die dann zunächst Löcher oder kleine Fenster in der Felswand hinterlassen. Bleibt der obere Teil relativ fest und vergrößern sich die Löcher, dann bilden sich auf Dauer die charakteristischen Torbögen. Am Ende fallen auch diese durch weitere Verwitterung in sich zusammen. Es bleiben senkrechte Pfeiler oder Felsnadeln stehen; auch diese ein überall präsentes Phänomen im Nationalpark.

 Visitor Center direkt an der Zufahrt zum Nationalpark (4 US pro Pkw). Einige Schaukästen zur Geologie der Region, zur Entstehung der Torbögen und zum Einfluß der Menschen auf diese Landschaft.

Versorgung: Außer dem Campingplatz und einigen Picknicktischen keinerlei Einrichtungen im Nationalpark. Moab mit seinen Motels, Restaurants und Geschäften liegt jedoch in unmittelbarer Nähe.

SEHENSWERTES

Durch den Park verläuft ein knapp 3o km langer SCENIC DRIVE, von dem einige Stichstraßen und zahlreiche kurze Trails zu den Felsentoren abgehen; übersichtlich und gut ausgeschildert. Die bei der Zufahrt erhältliche Karte erleichtert außerdem noch die Orientierung. Parkplätze und Aussichtspunkte am Straßenrand. Die markantesten und lohnendsten Stops:

PARK AVENUE: Steile, rechteckige Felsklötze säumen eine Schlucht. Sie haben den Namensgeber an die Wolkenkratzer in New York erinnert.

BALANCED ROCK: Neben den Torbögen eines der kuriosesten Steingebilde im Nationalpark. Ein kugelförmiger Felsklotz sitzt auf einem dünnen Sockel, so daß er jeden Moment herunterzufallen droht.

WINDOWS SECTION: Dichte Konzentration von Sandsteinbögen verschiedenster Größe. Einfach zu erreichen über eine 4 km lange Stichstraße ab Scenic Drive, vorbei an absurd anmutenden Felsfiguren. In unmittelbarer Nähe nebeneinander die Torbögen und Fenster in den Felswänden, vom Parkplatz am Ende der Straße aus fast alle im Blickfeld.

PANORAMA POINT: Rundblick über die verschiedenen landschaftlichen Elemente des Nationalparks. Eindrucksvoll vor allem das Felsengewirr von Fiery Furnace, das man von hier aus im Überblick vor sich hat.

DELICATE ARCH: Ein brüchig anmutender Bogen auf einer schrägen Felswand. Der berühmteste Torbogen des Nationalparks, ziert die Titelblätter vieler Broschüren und Bildbände. Schon fast ein Wahrzeichen des Staates Utah. Zum Viewpoint über eine 5 km lange Stichstraße ab Scenic Drive. Unterwegs die WOLFE RANCH, ein kleines Relikt aus der Pionierzeit. Dort beginnt auch der Trail zum Delicate Arch (4,8 km retour).

FIERY FURNACE: Ein Gewirr aus Felsscheiben, Säulen, Buckeln und Torbögen. Wanderwege existieren nicht in diesem Labyrinth. Wer sich trotzdem hineinwagt, sollte extrem vorsichtig sein und möglichst einen Ariadne-Faden ausrollen. Man verliert sehr schnell die Orientierung.

BROKEN ARCH, SAND DUNE ARCH und SKYLINE ARCH: Drei markante Bögen in der Nähe der Straße. Leicht zu erreichen über kurze Trails.

DEVILS GARDEN: Am Ende des Scenic Drive, ein Felsgewirr mit einer Häufung von Torbögen in der typischen Sandsteinlandschaft von Arches. Leichte Trails führen zu nahegelegenen Bögen und Fenstern, eine etwas schwierigere Wanderung geht tiefer in das Labyrinth hinein (siehe Wandern).

WANDERN

Die meisten Trails im Nationalpark sind einfach und kurz (max. 2-3 km), in der Regel gut ausgeschildert und bestens präpariert. Sie führen zu Torbögen und anderen Sandsteinformationen. Ausgangspunkte am Scenic Drive und den Nebenstraßen.

"Devils Garden Trail": Eine ernsthafte und besonders schöne Wanderung zu zwei Torbögen, die sich übereinander in derselben Felswand befinden (Double O Arch). Direkter Weg retour ca. 6,5 km. Unterwegs jedoch immer wieder Abzweigungen zu weiteren Bögen, so daß insgesamt eine Strecke von 1o km zustandekommt (ca. 3-4 Std.). Zu sehen sind sämtliche Facetten der Landschaft von Arches; der Pfad teilweise auf Sandwegen und über schmale Felsgrate mit etwas Kletterei.

Schöner Campground am Ende des Scenic Drive in der Nähe von Devils Garden. Zwischen Felsbrocken und kleinen Bäumen in der typischen Landschaft von Arches. Wenig Schatten, Stellplätze angenehm verteilt. Wasser und Toiletten. Keine Reservierung möglich, bei Ankunft im Visitor Center oder am Kassenhäuschen registrieren. Stellplatz ca. 7 US.

Colorado River Canyons

Eine Seltenheit auf dem langen Weg des Colorado; hier hat er in seiner Schlucht einmal Platz gelassen für den Bau von Straßen. Zwischen Moab und Arches beginnen Hwy. 128 Richtung Nordosten und die Potash Road (Hwy. 279) Richtung Südwesten. Beide haben es in sich: Eingequetscht zwischen Fluß und schieren Sandsteinklippen, die häufig direkt am Straßenrand senkrecht aufragen. Unterwegs ungewöhnliche Felsformationen und einige Spuren aus indianischer Vergangenheit.

HIGHWAY 128

Flußaufwärts. Typisch hier die dunkelroten, vielfach fast schwarzen Felswände. Später öffnet sich der Canyon, von den Wänden sind riesige Tafelberge übriggeblieben. Auf dem Fluß häufig Schlauchboote und Kajaks.

CASTLE VALLEY: Das Tal ist angefüllt mit markanten Fels-Monumenten, die auf riesigen Geröllbergen thronen. Erinnern an die Formationen in Arizonas berühmtem Monument Valley.

FISHER TOWERS: Wie die Türme von gothischen Kathedralen ragen die unterschiedlich hohen Felsnadeln hier gen Himmel. Von der Erosion herausgeschält aus einer Felswand, die jetzt nur noch den Hintergrund für diese bizarren Figuren bildet.

LA SAL LOOP ROAD: Durch die alpinen Landschaften der LA SAL MOUNTAINS: klare Bergseen, dicht bewaldete Hänge, einfache Campingplätze und gelegentlich schöne Ausblicke hinunter nach Moab und zum Arches National Park. In der Regel wegen Schnee gesperrt zwischen Oktober und Mai, im Sommer jedoch eine willkommene Abkühlung von der brütenden Hitze in den Canyonlands. Beginnt beim Castle Valley und führt in einer Schleife von ca. 80 km zurück nach Moab. Gut kombinierbar mit dem Ausflug in den oberen Colorado River Canyon.

POTASH ROAD (Hwy. 279)

25 km flußabwärts, mit verschiedenen Stops an Relikten indianischer Vergangenheit und Sandsteinbögen. Ausgangspunkt einer lohnenden Wanderung.

INDIAN RUINS: Auf dem gegenüberliegenden Ufer in einer steilen Felswand einige Mauerwerke der Anasazi, die dort in schwindelnder Höhe

Lagerräume für Mais und andere Produkte angelegt haben. Typisch für die Region um Canyonlands. Mit dem bloßen Auge kaum sichtbar.

INDIAN WRITING: In der roten Sandsteinwand indianische Felszeichnungen. Zahlreiche Motive, besonders auffällig die langen Reihen von menschlichen Figuren, die sich an den Händen halten.

DINOSAUR TRACKS: Oben in der Felswand einige Sandsteinplatten, die Fußspuren von Sauriern aufweisen.

JUG HANDLE ARCH: An der Kante einer Felswand ein Sandsteinbogen, länglich und dünn wie der Griff eines Kruges oder einer Kanne. Das Design trotz seines geologischen Alters ausgesprochen modern. Die Straße führt noch ein Stück weiter flußabwärts bis zu den Förderanlagen von Pottasche, der schönste Teil des Canyons ist hier jedoch zu Ende.

WANDERN

Ein schöner Wanderweg ab Potash Road ist der Trail zum CORONA und BOWTIE ARCH: Zwei Torbögen, die es mit den Bögen im Arches National Park problemlos aufnehmen können. Während des anfänglichen Aufstiegs Blick zurück auf den Fluß. Dann über eine Ebene hinein in die Sandsteinwelt. Wenn die beiden Bögen bereits in Sicht sind, noch ein wenig Kletterei über den nackten Fels, um direkt unter sie zu kommen. Da außerhalb des Nationalparks, kaum Wanderer auf dem Trail. Hin und zurück 4,5 km, ca. 1,5 Std.

✦ Canyonlands National Park

Am Zusammenfluß von Colorado und Green River eine monumentale Landschaft aus Canyons, riesigen Hochplateaus, Mesas und außergewöhnlichen Felsformationen. Von verschiedenen Aussichtspunkten grandiose Blicke über dieses von Wasser, Wind und Wetter geformte Land. Kaum erschlossen und nur in wenigen Abschitten per Straße, Abenteuer-Piste oder Schlauchboot-Tour zu erreichen.

Orientierung: Durch den Zusammenfluß von Colorado und Green River ist der Park in vier Teile geteilt: Island in the Sky liegt zwischen den beiden Flüssen, The Needles östlich des Colorado, The Maze westlich des Green River, und die Canyons der beiden Flüsse selbst bilden The Rivers. Die einzelnen Teile sind nicht durch Straßen verbunden, die Flüsse sind die einzigen durchgehenden Verkehrswege.

Insgesamt ist Canyonlands der am wenigsten erschlossene Nationalpark im Südwesten der USA. Nur wenige Stichstraßen, die zudem noch weit voneinander entfernt sind, führen aus verschiedenen Himmelsrichtungen in das riesige Gebiet. Ansonsten Wanderwege und einige Allradpisten, die aber selbst bei gutem Wetter ihre Tücken haben.

In der Nachbarschaft von Island in the Sky außerdem der DEAD HORSE

POINT STATE PARK: Zwar nicht auf dem Gebiet des Nationalparks selbst, aber aufgrund von Landschaft und gemeinsamer Zufahrt eng mit ihm verbunden. Beschreibung daher in diesem Kapitel.

Tourist INFO Kleines <u>Visitor Center</u> an der Zufahrt zum Needles District. Wanderkarten und "permits" für Übernachtungen in der Wildnis hier erhältlich. Die Zufahrtsgebühr von 4 US berechtigt eine Woche lang zum Besuch des gesamten Nationalparks. Ähnliches Besucherzentrum auch an der Straße zum Island in the Sky. Informationen über Camping und Wandern. Auch hier kann man die Zufahrtsgebühr bezahlen und "permits" erhalten.

<u>Versorgung</u>: Außer den Campingplätzen keine Einrichtungen im Nationalpark. Wegen der großen Entfernungen an genügend Benzin, Wasser und Lebensmittelvorräte denken. Für Tagesausflüge ist MOAB der richtige Ausgangspunkt: Liegt zentral zwischen den beiden wichtigsten Sektionen (Island in the Sky und The Needles) und verfügt über eine große Anzahl von Motels, Restaurants und Geschäften.

★ DEAD HORSE POINT STATE PARK

Bereits kurz vor der nördlichen Einfahrt zum Nationalpark ein landschaftlicher Höhepunkt erster Güte: einer der schönsten Ausblicke überhaupt auf die Canyonlands und den Colorado River.

Tourist INFO Visitor Center; modernes Gebäude, in dem man die 3 US Zufahrtsgebühr bezahlt und dafür Informationen zu Sightseeing, Wandern und Camping erhält. Im Untergeschoß eine kleine Ausstellung zur Geologie und Geschichte des State Parks. Außerdem ein anschauliches Relief der Canyonlandschaft.

<u>DEAD HORSE POINT</u>: Von der Spitze eines Felsvorsprungs aus eines der grandiosesten Panoramen des gesamten Südwestens: Blick auf weite Teile des Canyonlands National Park, vor allem Island in the Sky. Aber auch weit darüber hinaus, nach Osten zu den La Sal Mountains und Richtung Süden bis zu den Abajo Mountains. Direkt unterhalb die zerklüftete Sandsteinlandschaft, ausgeschürfte Canyons und der Colorado River, der rund 6oo m weiter unten in einigen ausgeprägten Schleifen das Land durchzieht. Die Zufahrt zum vorgeschobenen Felsen von Dead Horse Point nur über einen knapp 1o m breiten Grat, von dem die Klippen links und rechts steil abfallen.

Früher haben Cowboys das abgetrennte Plateau von Dead Horse Point genutzt, um dort wilde Pferde zusammenzutreiben. Nur ein kurzer Zaun an der Engstelle war nötig, um die Mustangs zusammenzuhalten. Irgendwann haben die Cowboys ein paar Tiere dort zurückgelassen, die elend verdurstet sind und damit dem Felsen zu seinem Namen verholfen haben.

WANDERN

Ein Trail führt vom Dead Horse Point entlang der Canyonkante rund um die Felsnase. Die ständig leicht veränderten Ausblicke sind ebenso atemberaubend wie das Panorama von Dead Horse Point selbst. Rundweg von 1,5 km, ca. 3o Min. reine Gehzeit. Da man jedoch ständig stehenbleibt, um die Aussicht zu genießen, dürfte sich der Zeitaufwand erheblich vergrößern. Die Wanderung läßt sich noch erweitern (ca. 5 km zusätzlich) durch einen Rundweg über die Mesa, vorbei an Visitor Center und Campground. Auch hier unterwegs die bereits erwähnten Ausblicke. Wegeskizze erhältlich im Besucherzentrum.

"Kayenta Campground", Nähe Visitor Center. In welligem Gelände, sehr gepflegt. Stellplätze in weiten Abständen, zwischen niedrigen Bäumen und Büschen. Überdachte Picknicktische mit Stromanschluß; Toiletten und Wasser, keine Duschen. Geöffnet von April bis Oktober, Reservierung über Tel. 8oo-322-377o. Stellplatz 7 US.

✦ ISLAND IN THE SKY

Riesiges Plateau mitten in der Canyonlandschaft, verbunden mit der restlichen Hochebene nur durch einen 12 m breiten Grat, über den die Straße führt. Schon bei der Anfahrt Ausblicke auf Mesas und Canyons, die jedoch nur einen kleinen Vorgeschmack geben auf das, was der Nationalpark selber zu bieten hat.

SHAFER CANYON: Kurz hinter dem Visitor Center ein Felsvorsprung mit Blick auf den Shafer Trail: Eine Straße führt in engen Serpentinen auf den White Rim, die unterhalb liegende Hochebene, und von dort noch einmal steil bergab zum Colorado River. Ein gewisser John Shafer benutzte zu Beginn des 2o. Jahrhunderts diesen Trail, um sein Vieh während der Wintermonate in den Canyons überwintern zu lassen. Damals war der Pfad noch extrem schmal und manche Kuh stürzte in den Abgrund. Der Ausbau der Straße erfolgte in den fünfziger Jahren zum Abtransport des in den Canyons gefundenen Urans. Heute Abenteuer-Piste ins Innere der Canyonlands (siehe unten).

THE NECK: Hier überquert die Straße den nur 12 m breiten Grat zwischen dem Hochplateau nördlich des Nationalparks und Island in the Sky. Zu beiden Seiten steile Klippen.

MESA ARCH: Knapp 1 km langer Rundweg zu einem dekorativen Sandsteinbogen direkt am Rand der Schlucht. Er bildet einen ungewöhnlichen Rahmen für den weiten Blick hinunter in die Canyonlandschaft.

UPHEAVAL DOME: Abzweigung kurz hinter dem Mesa Arch; von dort noch 8 km zu einem beinahe kreisrunden Krater. Eine ausgefallene Formation in den Canyonlands. Ob entstanden durch den Einbruch eines unterirdischen Salzfeldes oder durch den Einschlag eines Meteoriten, ist nicht geklärt. An der Strecke außerdem der <u>WHALE ROCK</u> (ein markanter Felsen, der dort wie ein Walfisch auf dem Trockenen liegt) und die Straße zum <u>GREEN RIVER OVERLOOK</u>: Im Tal der Canyon des Green River, der dort seine Schleifen zieht.

Im Südabschnitt der Straße über Island in the Sky eine Reihe von Aussichtspunkten auf die Canyonlands, deren Panorama sich kontinuierlich steigert bis zum <u>GRAND VIEW POINT</u>: Endpunkt und Highlight der Fahrt. Alle vier Sektionen des Nationalparks sind von hier aus im Blickfeld. Irgendwo unten im Canyongewirr fließen Colorado und Green River zusammen. Im Osten die La Sal Mountains, im Süden die Felsnadeln des Needles District und weit dahinter die Abajo Mountains.

WANDERN

An den Straßen über Island in the Sky die Ausgangspunkte von zahlreichen Wanderwegen zu Viewpoints und ungewöhnlichen Felsformationen. In der Regel kurz, einfach und gut markiert. Besonders spektakulär, aber auch schwierig die Trails in die Canyons hinein. Da es oft über schieren Fels geht, sind die Wege durch kleine Steinhaufen markiert.

Karten im Visitor Center, längere Wanderungen nur nach Absprache mit den Rangern durchführen. Für Übernachtungen in der Wildnis ist ein "permit" erforderlich. Nicht vergessen: Auch Canyonlands ist Wüste, daher ausreichend Wasser mitnehmen und die sonstigen Hinweise im Kapitel "Natur und Umwelt" beachten.

"<u>Neck Spring Trail</u>": Rundweg in einen der Canyons zu zwei kleinen Quellen (kein Trinkwasser), die in dieser trockenen Landschaft für etwas Grün sorgen. Teilweise sandiger Untergrund. Höhenunterschied 9o m. 8 km, ca. 3 Std. Ausgangspunkt am Shafer Canyon Overlook, der Weg kommt etwas weiter südlich zur Straße zurück.

"<u>Lathrop Trail</u>": Vielseitig nutzbarer Wanderweg, da er zunächst über die Mesa führt, später hinunter auf das White Rim Plateau und dann zum Colorado River. Einziger Trail vom Island in the Sky zum Fluß. Zunächst 4 km über die Ebene, dann der steile Abstieg, noch einmal 4 km bis White Rim Road. Von dort hinunter zum Colorado, zusätzliche 6 km. Ein lohnender Weg, auf dem alle Aspekte der Landschaft von Canyonlands vorkommen. Steil, kein Schatten, im Sommer extrem heiß. Höhenunterschied 6oo m. Bis White Rim Tageswanderung; die gesamte Strecke von 28 km retour nur als Zweitagestour machen. Am Fluß ein primitiver Campground. Ausgangspunkt an der Straße südlich von The Neck.

"<u>Syncline Trail</u>": Rundweg um den Krater des Upheaval Dome. Steil und viel lockeres Gestein auf dem Weg. Höhenunterschied 4oo m. 13 km, ca. 6-7 Std. Etwa auf halbem Wege Abzweigung in den Krater selbst. Noch einmal zusätzliche 2 km one way. In der Nähe auch Beginn eines Seitentrails hinunter zum Green River, 5 km extra one way. Syncline Trail plus einen der Abstecher nur als Zweitagestrip durchführen. Primitiver Campground in der Nähe des Flusses.

ABENTEUER-PISTEN

Shafer Trail Road beginnt in der Nähe des Visitor Center und führt in atemberaubenden Serpentinen eine fast senkrechte Canyonwand hinunter auf das White Rim Plateau oberhalb des Colorado River. Gegenstück dazu ist die Mineral Road, die schon außerhalb der Parkgrenzen von der Straße abzweigt und das White Rim Plateau weiter westlich oberhalb des Green River erreicht. Ebenfalls spektakulärer Steilabstieg. Beide Straßen sind auf dem White Rim Plateau verbunden durch die White Rim Road: Führt praktisch rund um Island in the Sky herum. Das totale Canyonlands-Erlebnis. Für die gesamte Tour rund 2-3 Tage veranschlagen.

Alle Pisten nur mit Allrad-Fahrzeugen (hohe Bodenfreiheit) und bei trockenem Wetter zu befahren. Vorher unbedingt mit den Rangern am Visitor Center absprechen. Für Übernachtungen auf einem der primitiven Campgrounds an den Strecken ist ein "permit" erforderlich. Im Frühjahr und Herbst ist frühzeitige Reservierung der Campgrounds ratsam. Organisierte Jeep-Touren siehe Moab.

"Willow Flat Campground", auf der steinigen Mesa in der Nähe von Green River Overlook. Einziger Campingplatz auf dem Plateau. Ruhig und schön gelegen, aber nur primitiv ausgestattet. Außer Picknicktischen keine Einrichtungen. Gratis.

★ THE NEEDLES

Schon vor dem eigentlichen Nationalpark beginnen die Canyonlands: Hwy. 211 führt durch steile Felsschluchten und vorbei an Tafelbergen, Felsmonumenten, und verwitterten Überresten gewaltiger Berge und Plateaus. Abzweigung von Hwy. 191 ca. 2o km nördlich von Monticello.

NEWSPAPER ROCK: Auf einer dunklen Felswand ein ganzes Bilderbuch von Petroglyphen. Deutlich ausgeführt von prähistorischen Indianern und extrem gut erhalten. Die Bedeutung der Zeichen ist nicht erforscht, so bleibt Raum für individuelle Interpretation der menschlichen Figuren, Hände, Füße, Tiere und Symbole. Direkt an der Straße, noch vor der Grenze zum Nationalpark.

ROADSIDE RUIN: Unter einem überhängenden Felsen versteckt ein Lagerraum, den die Anasazi zur Aufbewahrung von Mais und anderen Produkten errichteten. Die am besten zugängliche von Hunderten dieser Bauten in Canyonlands.

WOODEN SHOE ARCH: In einer Sandsteinwand hat sich ein Durchbruch gebildet, der dem Felsen nun das Aussehen eines Holzschuhs verleiht, der auf einem Sockel steht.

ELEPHANT HILL: Abzweigung auf eine nicht asphaltierte Straße zu einem Picknickplatz. Von dort eine schwierige Allrad-Piste in den Needles District.

POTHOLE POINT: Da der Sandstein keine gleichmäßige Härte besitzt, sind an dieser Stelle große und kleine Löcher in den felsigen Untergrund hineinerodiert. Der Wind weht Sand und Erde hinein, so daß sich mit der Zeit Pflanzen darin ansiedeln. Nach Regenfällen finden Tiere hier ausreichend Wasser. Eine Gegend mit "potholes" führt also verstärkt zur Ausbreitung neuen Lebens in der trockenen Felswüste.

Von dem kurzen Trail bei Pothole Point aus wird besonders deutlich, daß der Needles District seinen Namen verdient: In der Ferne Hunderte von Felsnadeln, die dicht nebeneinander in den Himmel ragen.

BIG SPRING CANYON: Das Ende der Straße. Skurril erodierte Felsbrocken oberhalb einer weiten Schleife des Big Spring Canyon. In der Ferne die massiven Wände einiger Mesas.

NEEDLES OVERLOOK: Nicht im Nationalpark selbst, aber die eher langweilige Fahrt über das Plateau nimmt ein sensationelles Ende: Super-Panorama über den gesamten südlichen Teil von Canyonlands. Einer der aufregendsten Ausblicke im gesamten Südwesten der USA. Von einem Felsvorsprung aus sieht man auf das Canyongewirr hinunter, das der Colorado River und seine Nebenflüsse in die Landschaft gegraben haben: Canyonlands pur; bis zum Horizont eine rote, zerfressene Sandsteinmasse. Die Needles selbst sind von diesem Standort aus nur ein kleiner dekorativer Farbtupfer in der monumentalen Landschaft.

Abfahrt von Hwy. 191 zwischen Moab und Monticello, wenige Kilometer nördlich der Straße zum eigentlichen Needles District. Bis zum Overlook 35 km. Der Picknickplatz am Canyonrand dürfte zu den schönsten in ganz Utah gehören.

ANTICLINE OVERLOOK: Zweigt von der Straße Richtung Needles Overlook nach Norden ab. Blick auf den Colorado River, die Canyonlandschaften und Island in the Sky. Spektakuläres Gegenstück zum Dead Horse Point auf der anderen Seite des Flusses (siehe oben).

WANDERN

Mehrere Wanderwege beginnen am Hwy. 211 oder in seiner Nähe. Da sie oft über schieren Fels führen, sind gelegentlich Markierungen durch kleine Steinhaufen angebracht. Etwas Aufmerksamkeit ist gefordert, um sich nicht zu verlaufen. Canyonlands ist im Sommer extrem heiß, daher die Hinweise für Wanderungen in der Wüste beachten (siehe Kapitel "Natur und Umwelt"). Längere Touren wegen des Klimas und unwegsamen Terrains mit den

Rangern am Visitor Center absprechen. Dort bekommt man auch die notwendigen detaillierten Karten und das "permit" für Übernachtung in der Wildnis. Die folgenden Trails sind weniger schwierig.

"Slickrock Foot Trail": Ein typischer Trail über den glatten Sandsteinfels von Canyonlands. Keine übermäßigen Steigungen, dafür schöne Ausblicke auf die Felsformationen von The Needles. Kein Schatten. 4 km, ca. 2 Std. Ausgangspunkt ausgeschildert an der Straße zum Big Spring Canyon.

"Confluence Overlook Trail": Gelegentlich bergauf und bergab durch mehrere Canyons. Unterwegs guter Blick auf The Needles. Am Schluß ein Blick ins Herz von Canyonlands, den Zusammenfluß von Colorado und Green River. Hin und zurück 18 km, ca. 4-5 Std. Ausgangspunkt am Ende der Straße bei Big Spring Canyon.

"Needles Outpost", kurz hinter dem Parkeingang. Platz in der Ebene mit Blick auf die Sandsteinformationen. Sanitäre Einrichtungen inkl. Dusche. Kleiner Laden mit Lebensmitteln und Campingzubehör. Geöffnet Mitte März bis Ende Oktober. Stellplatz 1o US, Dusche 1 US extra.

"Squaw Flat Campground", im Nationalpark selbst. Schön gelegen an Felsen und mit ein paar Bäumen. Einfacher ausgestattet, Wasser vorhanden von April bis September.

✦ THE MAZE

Westlich von Colorado und Green River; ein unübersichtliches Gewirr von Canyons, Mesas, Sandsteinwänden und Felsnadeln. Hier ist Canyonlands National Park noch wilder und unerschlossener als in den anderen Sektionen. Eine der unzugänglichsten Regionen der gesamten USA, wo die wenigen menschlichen Eindringlinge völlig auf sich allein gestellt sind. Westlich der Parkgrenzen liegt die Enklave HORSE SHOE CANYON, wo sich an den Felswänden eine große Anzahl gut erhaltener prähistorischer Felszeichnungen befindet.

The Maze ist nur zu erkunden bei trockenen Pisten mit Allradfahrzeugen ab Hwy. 24 zwischen Hanksville und Green River oder Richtung Süden ab Green River. Die Straße bis zum Rand von Horse Shoe Canyon ist unter günstigen Umständen auch mit normalen Pkw zu befahren. Vorherige Absprache mit Rangern in den Visitor Centers von Needles oder Island in the Sky in jedem Fall ratsam. Für Übernachtungen ist ein "back country permit" erforderlich. Ranger Station bei HANS FLAT, westlich des Maze District. Organisierte Jeep-Touren siehe Moab.

✦ THE RIVERS

Die beiden Flüsse sind die einzigen durchgängigen Verkehrswege im Nationalpark, aber auch sie haben ihre Tücken. Im Nordteil von Canyonlands mäandern Colorado und Green River relativ gemächlich durch die von ihnen ausgeschürften Schluchten. Im Herzen des Nationalparks fließen sie zusammen, und mit vereinter Kraft rauschen sie über gewaltige Stromschnellen durch den Cataract Canyon bis zum Lake Powell. In den oberen Abschnitten ruhige Schlauchboot- oder Kanutrips, bei denen der Genuß der Canyonlands im Vordergrund steht. Der Cataract Canyon dagegen gehört zu den anspruchsvollsten Wildwasser-Revieren der USA. Bester Zugang zu den Flüssen bei Moab und Green River. Im gesamten Verlauf keinerlei Versorgung, daher gute und langfristige Vorplanung nötig. Für alle Trips ist eine Genehmigung der Ranger erforderlich, frühzeitige Anmeldung ratsam. Bei individuellen Touren bestehen vor allem die Probleme der Unkenntnis des Flußverlaufs sowie des Rücktransports von Mensch und Material. Empfehlenswert daher für Normalverbraucher eine der organisierten Touren, Details dazu siehe Moab.

MOAB --> MONTICELLO

85 km, ca. 1 Std. Zunächst durch typische Sandsteingebilde, u.a. vorbei an einem natürlichen Torbogen, dem Wilson Arch. Weiter südlich die beiden lohnenden Abstecher zum <u>NEEDLES DISTRICT</u> des Canyonlands National Park, ein voller Tag ist hier schnell verbracht (Details siehe Canyonlands NP).

✦ Monticello (2.ooo Einw.)

Durchgangsstation am Fuß der Abajo Mountains; wegen der Höhenlage im Sommer angenehm kühl. Ausgangspunkt für Touren zum Hovenweep National Monument und in den Südteil des Canyonlands National Park. Außerdem praktischer Übernachtungsstop auf dem Weg von Utah nach Colorado (Mesa Verde National Park) oder Arizona (Monument Valley). Das winzige Heimatmuseum im Zentrum ist höchstens einen kurzen Blick wert: archäologische Fundstücke, eine originelle Telefonsammlung, Mineralien und sonstiger Kleinkram.

 Visitor Center hinter dem County Court House, 1st South St./ Ecke Main St.

 Post: Main St./ Ecke 2nd South St.

 "<u>The Grist Mill Inn</u>", 64 S. 3oo East St. Einer der originellsten Inns von Utah, in einer ehemaligen Mühle. Bed&Breakfast in ruhiger Wohngegend. Großzügige Aufenthaltsräume mit Fernseher und Bibliothek. Zimmer geräumig, alle mit eigenem Bad. Jedes mit individuellem Grundriß und spezieller Ausstattung; Antiquitäten und viel liebenswerter Kleinkram. DZ ca. 6o US. Tel. 587-2597 oder 800-645-3762.

"<u>Wayside Inn</u>", 195 E. Central St., an der Straße Richtung Colorado. Geheizter SW-

Pool und Whirlpool. Gepflegtes Motel mit ordentlichen Zimmern, Kaffeemaschine. DZ im Sommerhalbjahr ab 60 US, zum Winter hin absinkend bis 38 US. Tel. 587-2261.

"**Canyonlands Motor Inn**", 197 N. Main St. Einfaches Motel an der Durchgangsstraße. Zimmer in den hinteren Gebäuden ruhiger. Kleines Hallenbad, Whirlpool. DZ während der Sommrsaison ab 31 US, sonst ab 25 US. Tel. 587-2266 oder 800-952-6212.

"KOA Kampground", 8 km östlich der Stadt über Hwy. 666. Geöffnet Anfang Mai bis Ende September. Gut ausgestatteter Platz mit sanitären Anlagen inkl. Duschen. Dazu SW-Pool während der Sommermonate. Stellplatz 13-16 US. Tel. 587-2884.

MD RANCH COOKHOUSE, 380 S. Main St. Das Ambiente etwas künstlich auf Western getrimmt, das Essen dafür echte Cowboy-Küche. Neben Hamburgern und Eintopf für 4-7 US vor allem Steaks und Forelle. Abends inkl. Suppe und Salat für 10-15 US. Außerdem Gelegenheit, mal das hervorragende Buffalo-Steak zu probieren. Kein Alkohol-Ausschank. An einigen Abenden live Country-Music.

LAMPLIGHT, Hwy. 666 am Ortsrand Richtung Cortez. Von außen wie eine Lagerhalle, Speisesaal aber durchaus gemütlich mit Holzmöbeln, Tischdecken und ein wenig viktorianischer Dekoration. Hamburger und ähnliches unter 5 US; Steaks und Fleischgerichte 10-15 US inkl. Selbstbedienung an der Salatbar.

JUNIPER TREE, Hwy. 666 Nähe Kreuzung mit Main St. Einfaches Ambiente in einem Holzhaus im Western-Stil. Sandwiches für 4-6 US, Hauptgerichte (Nudeln, Fleisch) 8-12 US.

WAGON WHEEL, 164 S. Main St. Rustikale Holzbänke in einem klcinen Backsteinhaus. Die Adresse für Pizza in vielen Varianten, zum dort essen oder mitnehmen.

Selbstversorger: BLUE MOUNTAIN FOODS, 249 E. Central St., Richtung Cortez. Kleiner Supermarkt mit passabler Auswahl auch an frischem Obst und Gemüse.

Picknick: Kleiner Park mit Bäumen und schattigen Picknickbänken im Ortszentrum, Main St./ Ecke Center St. Einen grandiosen Ausblick hat der Picknickplatz am Needles Overlook (siehe Canyonlands NP), dafür muß man allerdings einige lohnende Kilometer Richtung Norden hinter sich bringen.

Verbindungen

Auch nach Monticello fahren keine öffentlichen Busse oder Bahnen. Hwy. 191 ist die wichtigste Verbindung innerhalb Utahs: Richtung Norden nach Moab (85 km, ca. 1 Std.) und Green River (175 km, ca. 2 Std.) sowie Richtung

Süden zum Lake Powell (bis Bullfrog 18o km, ca. 2,5 Std.) und nach Arizona. Außerdem in Monticello die Abzweigung von Hwy. 666, der besten Verbindung vom südlichen Utah nach Colorado und zum Mesa Verde National Park (145 km, ca. 2 Std.).

MONTICELLO --> BLANDING

32 km, ca. 3o Min. Über eine landwirtschaftlich genutzte Hochebene. Im Westen der runde Buckel des 2462 m hohen ABAJO PEAK und die ihn umgebende Berglandschaft, die im Winter oft eine Schneehaube trägt.

BLANDING (3.8oo Einw.): Die übermäßig breite Hauptstraße und ein paar Motels charakterisieren den Ort schon auf den ersten Blick als das, was er ist: Durchgangsstation auf dem Weg zwischen den Nationalparks Arches und Canyonlands ins nördliche Arizona.

EDGE OF THE CEDARS STATE PARK: Am Ortsrand von Blanding, ausgeschildert. Auf einem Hügel mehrere Gebäudegruppen aus prähistorischer Zeit, ein ehemaliges Anasazi-Pueblo. Das meiste noch unter der Erde begraben, lediglich ein kleiner Komplex mit rekonstruierter rechteckiger Kiva ist freigelegt.

Das angrenzende Museumsgebäude bietet einen ausgezeichneten Einblick in die Kultur der Anasazi: Vielfältige und exquisite Fundstücke, z.B. Werkzeuge, Körbe und Schmuck. Vor allem die Keramiksammlung ist überdurchschnittlich gut. Außerdem Informationen zum Alltagsleben in den prähistorischen Pueblos sowie zur Archäologie im Südwesten der USA. Eine andere Abteilung ist den noch heute präsenten Indianer-Kulturen im Süden Utahs gewidmet. Geöffnet tägl. von 9-18 Uhr, außerhalb der Sommersaison nur bis 17 Uhr. Eintritt 1 US. Vor dem Museum eine Gruppe moderner Skulpturen in Anlehnung an indianische Symbole und Motive.

BLANDING --> NATURAL BRIDGES NATIONAL MONUMENT

Entweder über die direkte Strecke Richtung Westen (Hwy. 95) oder über einen südlichen Umweg bis zur Grenze Arizonas: In ziemlicher Abgeschiedenheit und wenig besucht schlummern dort einige der größten landschaftlichen Attraktionen Utahs.

BICENTENNIAL HIGHWAY (Hwy. 95)

Die kurze und schnelle Variante: 7o km, knapp 1 Std. Unterwegs zwei kleine, aber typische und durchaus sehenswerte Ausgrabungsstätten der Anasazi-Kultur.

BUTLER WASH: In einer durchlöcherten und ausgewaschenen Felswand ein System von Höhlen und Felsvorsprüngen, das die Anasazi zum Bau kleinerer Klippenwohnungen genutzt haben. Von der gegenüberliegenden Canyonwand aus Blick auf die Höhlen und Überreste der Pueblos, die neben zahlreichen Wohn- und Lagerräumen auch mehrere Kivas aufweisen. Ein kurzer Fußweg führt zum Aussichtspunkt.

COMB RIDGE: Langgezogenes Felsmassiv, das sich wie ein Rückgrat durch den südöstlichen Winkel Utahs zieht. Die Straße ist auf der Paßhöhe durch den schieren Fels gesprengt. Weiter Blick ins Tal.

MULE CANYON: Anasazi-Ruinen mit Grundmauern von rechteckigen Pueblo-Gebäuden, einer gut rekonstruierten Kiva und den Resten eines ehemals zweistöckigen Turms. Alle Bauelemente verbunden durch unterirdische Gänge.

SÜDROUTE ÜBER MEXICAN HAT

Hwy. 191/163/261 über Bluff und Mexican Hat. Wer für diesen Umweg genügend Zeit hat und noch weitere landschaftliche und archäologische Leckerbissen verdauen kann, bekommt auf der Strecke einiges geboten: Pueblo-Ruinen der Anasazi im Hovenweep National Monument, bizarr erodierte Sandsteinformationen im Valley of the Gods, die mäanderförmigen Canyons des San Juan River, spektakuläre Streckenführung des Highway 261. Und als Krönung MONUMENT VALLEY jenseits der Grenze zu Arizona. Teilweise sind allerdings zeitaufwendige Abstecher notwendig; um alles einigermaßen in Ruhe zu sehen, mindestens zwei zusätzliche Tage einplanen.

HOVENWEEP NATIONAL MONUMENT: Zahlreiche Anasazi-Ruinenstätten mit ungewöhnlich vielen turmartigen Konstruktionen. Im Grenzgebiet zwischen Utah und Colorado; etwas beschwerliche Zufahrt. Die Mehrzahl der Pueblos liegt jenseits der Grenze zu Colorado. Beschreibung siehe dort.

VALLEY OF THE GODS: Utahs etwas bescheideneres Gegenstück zum weltberühmten Monument Valley in Arizona. Rote Sandstein-Monumente in einer abgeschiedenen Ebene. Ähnlich bizarre Formationen und die gleiche Art der Erosion, allerdings etwas kleiner und nicht ganz so konzentriert wie im Monument Valley. Dafür aber auch nur ein winziger Bruchteil der Besucher, keine Eintrittsgebühr und keine Restriktionen beim Abweichen von der vorgeschriebenen Route.

Durchs Valley führt eine 27 km lange Schotterstraße, bei trockener Piste auch für normale Pkw befahrbar. Zufahrt entweder ab Hwy. 261 nördlich von Mexican Hat oder ab Hwy. 163 westlich von Bluff.

MEXICAN HAT (4o Einw.): Benannt nach einem skurril erodierten Felsen, der an einen mexikanischen Sombrero erinnert. Der Ort kaum mehr als eine Ansammlung von Motels und Shops. Ab Mexican Hat über Hwy. 163 nur ca. 3o km bis Monument Valley und zur Grenze nach Arizona; ein unbedingt lohnender Abstecher, wenn man nicht sowieso nach Arizona weiterfährt (Details Seite 2o7). In jedem Fall ist der Ort ein brauchbarer Übernachtungsstop vor oder nach dem Besuch von Monument Valley sowie der landschaftlichen Höhepunkte in der unmittelbaren Umgebung.

"San Juan Inn", direkt am Fluß unterhalb einer Felswand. Bestes Motel im Ort mit modernen und geräumigen Zimmern, hell und freundlich möbliert. Vom ersten Stock Blick auf den San Juan River. DZ in der Hochsaison ab 55 US, sonst ca. 4o US. Tel. 683-221o oder 8oo-447-2o22.

"Mexican Hat Lodge", direkt am Highway. Kleines Motel mit einfach ausgestatteten Zimmern. Nicht die übliche langgestreckte Reihe der Zimmer, sondern etwas weniger anonym unter einem Dach. DZ während der Sommersaison ca. 45 US, sonst 3o US. Tel. 683-2222.

GOOSENECKS STATE RESERVE: Unterhalb eines Aussichtspunktes hat der San Juan River eine über 3oo m tiefe Schlucht in den Fels gegraben. Die spektakulären Windungen des Canyons sind so ausladend, daß der Fluß hier fast zehn Kilometer braucht, um in der Luftlinie 2,5 km zurückzulegen. Während er vor Millionen von Jahren ruhig über eine Ebene mäanderte, wurde sein Gefälle durch die Anhebung des Colorado Plateau gesteigert. Er blieb in seinem Flußbett, schürfte dies jedoch mit zunehmender Kraft immer tiefer aus, so daß die "Gänsehälse" entstanden. Zufahrt über eine 5 km lange asphaltierte Straße ab Hwy. 261, kurz hinter der Abzweigung von Hwy. 163.

Der SAN JUAN RIVER und seine ungewöhnlichen Canyons lassen sich nicht nur von oben betrachten: Schlauchboot- und Kanutouren sind möglich ab Bluff oder Mexican Hat bis zum Lake Powell. Auch kurze Tagestrips, die jedoch nicht durch die spektakulärsten Abschnitte führen. WILD RIVERS EXPEDITIONS in Bluff (Tel. 672-2244 oder 8oo-422-7654) bietet u.a. Tagestouren für 7o US und eine vier Tage dauernde Fahrt von Mexican Hat zum Lake Powell für 58o US an. Letztere führt auch durch die Goosenecks.

MOKEE DUGWAY (Highway 261 Switchbacks): Spektakulärer kann eine Straße kaum noch verlaufen: In weit geschwungenen Serpentinen geht es eine beinahe senkrechte Felswand hinauf, die von unten unerklimmbar erscheint. Hinter jeder Kurve vermutet man ein für allemal das Ende der Straße. Beginn des Anstiegs einige Kilometer nördlich der Abzweigung zur Goosenecks State Reserve.

Von jeder Biegung aus hinreißende Blicke auf das Valley of the Gods, das vor allem frühmorgens und und abends malerisch beleuchtet ist. Je höher man steigt, desto grandioser die Fernsicht über Canyons und Mesas im südlichen Utah, sogar bis hinüber nach Arizona, wo die Silhouetten von Monument Valley in der Ferne auftauchen. Wer das Panorama noch abrunden will, fährt am Ende der Steigung die Schotterstraße zum MULEY POINT: Ähnlicher Weitblick über die Biegungen des San Juan River bis zum Monument Valley.

★Natural Bridges National Monument

Labyrinth aus Canyons und Mesas, in den hellen Sandstein geschürft von Flüssen und kräftigen Regenfluten. Drei natürliche Fels-Brücken, die die Schluchten überspannen, sind die fotogenen Hauptattraktionen.

 Im Visitor Center kleine Einführung in die Geologie der Region sowie zu ihrer Besiedlung durch Anasazi und amerikanische Pioniere. Anschauliches Relief des National Monument, das die natürlichen Brücken in ihrer landschaftlichen Umgebung zeigt und die Orientierung (auch für Wanderungen) erleichtert.

Versorgung: Wasser beim Visitor Center, ansonsten keinerlei Einrichtungen in weitem Umkreis. Nächste Orte mit Läden und Unterkünften sind Blanding und Mexican Hat.

BRIDGE VIEW DRIVE: 14,5 km lange Rundstraße durchs National Monument und zu den drei Brücken. Einbahnstraße mit verschiedenen Aussichtspunkten und Parkplätzen am Beginn der Trails zu den Natural Bridges.

Die natürlichen Brücken im National Monument sind Produkte von Flüssen, die über Millionen von Jahren mäanderförmige Schluchten in den weichen Sandstein gegraben haben. An einigen Stellen berühren sich die Schleifen des Flußbettes beinahe, so daß nur eine dünne Felswand zwischen den Canyons bestehen bleibt. Bei Hochwasser werfen sich die Fluten und das mitgeführte Gestein gegen diese Felswände, und irgendwann entsteht ein Durchbruch, der sich mit der Zeit erweitert.

Immer neue Fluten, unterstützt durch Regen, Wind und Frost, höhlen das Tor schließlich so weit aus, daß eine natürliche Brücke entsteht, die nach weiterer Erosion schließlich eines Tages zusammenbricht. Der Fluß hat damit endgültig eine Abkürzung für sein kurviges Bett gegraben, eine der Schleifen wird durch die neue Direktverbindung ausgetrocknet.

Erdgeschichtlich gesehen sind derartige natürliche Brücken junge Phänomene, in der Regel höchstens 5ooo Jahre alt. Der Erosionsprozeß schreitet durch die starken Wasserkräfte des Flusses äußerst rasch voran. Die Brücken des National Monument sind vermutlich in der besonders feuchten und regnerischen Periode zwischen 4ooo v.Chr. und 1ooo n.Chr. entstanden.

SIPAPU BRIDGE: Besonders gut zu erkennen die Windungen des ursrünglichen Flußbettes und der Durchbruch, der es begradigt hat. Die oberen Teile der Brücke werden nur noch selten vom Hochwasser berührt, die Erosion findet jetzt hauptsächlich durch Frost, Regen und Wind statt. Guter Overlook an der Straße, die Dimensionen werden jedoch deutlicher von dem 1 km langen Pfad aus, der bis unter die Brücke führt.

KACHINA BRIDGE: Die geologisch jüngste der drei Brücken, hat noch am ehesten den Charakter eines Durchbruchs durch die Felswand. Hochwasser erreicht ihre Strukturen immer wieder und treibt die Erosion kräftig voran. Teilweise steiler Pfad zur Brücke hinunter, 1,2 km one way.

OWACHOMO BRIDGE: Die älteste der Brücken mit einem gewaltigen freitragenden Bogen, der an eine menschliche Konstruktion erinnert. Im oberen Teil nur noch 3 m dick. Hier findet eine Erosion durch den Fluß nicht mehr statt; Regen und Frost arbeiten jedoch weiter daran, so daß die Brücke "bald" zusammenbrechen wird, d.h. möglicherweise in einigen hundert Jahren. Vom Aussichtspunkt an der Straße ist sie nicht sehr gut zu erkennen, deshalb besser den kurzen Fußweg hinunterklettern, der direkt unter den Brückenbogen führt.

WANDERN

Alle drei Brücken sind untereinander durch Trails verbunden, die entweder über die Mesa oder innerhalb der Canyons verlaufen. Es lassen sich zwischen ihnen beliebige Rundwanderungen kombinieren. Länge je nach Route zwischen 9 und 14 km. Die Abschnitte in den Canyons sind landschaftlich reizvoller, aber auch anstrengender, da steinig und im Sommer brütend heiß. Lassen sich vermeiden, indem man Hin- und Rückweg zwischen den einzelnen Brücken jeweils über die Mesa wandert.

Kleiner, primitiv ausgestatteter Campground beim Visitor Center. Zwischen niedrigen Bäumen und Büschen, teilweise schattig. Stellplätze angenehm verteilt. Picknicktische und Plumpsklos; Wasser nur beim Visitor Center. Gratis.

NATURAL BRIDGES --> LAKE POWELL

Entweder über Hwy. 95 nach Hite Crossing und dort über die Brücke ans Nordufer des Sees; oder Hwy. 276 bis Halls Crossing und dann per Fähre zur Bullfrog Marina auf der gegenüberliegenden Seeseite. Wer nicht in Bullfrog Zwischenstation machen möchte (Bootsvermietung und Ausflug zum Rainbow Bridge National Monument), fährt am besten die landschaftlich schönere Strecke über Hite Crossing und genießt den dortigen Super-Blick auf einen großen Teil von Lake Powell und den überfluteten Glen Canyon.

BICENTENNIAL HIGHWAY (Hwy. 95)

Führt über weite Strecken durch den WHITE CANYON, eine majestätische rote Sandsteinwelt, die gelegentlich an den Grand Canyon erinnert: glatte Felswände, Canyons, Mesas, verwitterte Steinmonumente und ein neben der Straße mäanderndes Flußbett, das tief in den hellen Sandstein eingegraben ist, der unter der roten Schicht freigelegt wird. Endlose Weiten ohne die Spur einer menschlichen Siedlung.

Plötzlich tauchen die ersten Arme von Lake Powell auf, dessen Wassermassen in dieser trockenen Landschaft fast unwirklich erscheinen.

Schließlich fällt auch die Straße steil hinunter zum See und überquert ihn per Brücke bei HITE CROSSING. Kurz vorher die Abzweigung zur Hite Marina (Details siehe Lake Powell).

HIGHWAY 276

Relativ eintönige Strecke über karge Mesas, zeitweise am Fuß von roten Sandsteinfelsen. Am Ende der Straße HALLS CROSSING MARINA mit Campingplatz, Bootshafen und Fähre (Details siehe unten).

✦Lake Powell

Unzählige Buchten füllen das einstige Flußbett des Colorado und die Canyons vieler Nebenflüsse. Bizarre Felslandschaften, natürliche Sandsteinbögen und viele stille Winkel: ein Paradies für Wassersportler. Man bräuchte Jahre, um sämtliche Buchten zu erkunden; richtige Entdeckungsreisen in verschwiegene Schluchten des Wasser- und Sandsteinlabyrinths sind möglich.

Die über 3.000 km Uferlinie des Sees sind länger als die gesamte Westküste der USA. Obwohl die Staumauer in Arizona liegt, hat Utah den weitaus größeren Anteil an diesem riesigen Wasserreservoir in der roten Canyonlandschaft. Der See und seine Ufer sind Bestandteil der GLEN CANYON NATIONAL RECREATION AREA. Fast über seine gesamte Länge ist er nur per Boot zugänglich.

Wer sein eigenes Schiff nicht mit über den Atlantik gebracht hat, kann eines mieten bei der Bullfrog Marina in Utah oder der Wahweap Marina in Arizona. Einen guten Eindruck von den Ausmaßen und Schönheiten des Sees bieten auch die Schiffstouren zum Rainbow Bridge National Monument ab Bullfrog oder Wahweap.

BADEN Baden: Ideal natürlich vom Boot aus. Wer keins zur Verfügung hat, kommt allerdings auch auf seine Kosten. Je nach Wasserstand originelle Badebuchten, wo man vom roten Sandstein aus direkt ins Wasser springt. Leicht zugänglich in Bullfrog; etwas abgelegener an der Straße, die von Hite Crossing aus für einige Kilometer am Nordufer des Sees entlangführt.

Für Autofahrer ist der See nur erreichbar bei Page/Wahweap in Arizona (Details dazu sowie Informationen zum Staudamm siehe Arizona-Kapitel) sowie bei Hite Crossing, Halls Crossing und Bullfrog in Utah.

HITE CROSSING: Hwy. 95 überquert per Brücke eine Engstelle im See. Hier wurde seit 1946 eine Fähre über den Colorado River betrieben, deren Anlegestellen nach dem Bau des Staudammes im Wasser versanken. Nördlich der Brücke verläuft die Straße für wenige Kilometer am Seeufer entlang, bei entsprechendem Wasserstand Bademöglichkeit in den Buchten.

HITE OVERLOOK: Ein geradezu dramatischer Überblick über den See, die Schluchten und die Sandsteinlandschaft der Glen Canyon Recreation Area. Unterhalb liegen die Brücke von Hite Crossing und die Marina. Ausgeschilderte Abfahrt von Hwy. 95 am Nordufer von Lake Powell.

HITE MARINA: Bootsanleger und -rampen am Südufer des Sees, umgeben von ein paar Gebäuden mit Tankstelle und primitivem Campingplatz. Wenig attraktive Uferlinie, Hafenatmosphäre mit herumstehenden Bootsanhängern. Für Zeitgenossen ohne eigenes Schifflein uninteressant.

HALLS CROSSING MARINA: Um 1880 begann ein gewisser Charles Hall hier einen Fährbetrieb, doch die Nachfrage war so gering, daß er das Geschäft einige Jahre später wieder aufgab. Glen Canyon und dieser Abschnitt des Colorado River blieben bis zum Staudammbau praktisch unerreichbare Wildnis. Heute eine moderne Marina mit Bootsanlegern und kleinen Hafenbuchten. Wer kein eigenes Boot hat, setzt am besten über nach Bullfrog; dort auch Einrichtungen für den Normalverbraucher.

Schön gelegener Platz auf einer Anhöhe über dem See. Kleine Bäume geben etwas Schatten. Einfache sanitäre Einrichtungen mit Dusche. Stellplatz ca. 8,5o US.

HALLS CROSSING -> BULLFROG: Fährbetrieb von Mitte Mai bis Ende September täglich zwischen 8 und 18 Uhr, zweistündig. Restliche Jahreszeit nur bis 14 Uhr. Dauer ca. 3o Min., pro Pkw 9 US. Die Fähre ist klein, nur für ca. 12 Pkw ausgelegt. Busse oder Wohnmobile mit Bootsanhängern nehmen oft viel Platz weg. Frühzeitig ankommen, da keine Reservierung möglich.

BULLFROG MARINA: Betriebsamer Ausgangspunkt für den Boots-tourismus auf dem See. Am Ufer und im Wasser Schiffe aller Art: Motor-, Segel- und vor allem Hausboote. Gute Bademöglichkeiten in ruhigen Sandsteinbuchten. Bootstouren zum Rainbow Bridge National Monument und Fähre zum gegenüberliegenden Ufer bei Halls Crossing.

Baden: Direkt unterhalb der Lodge einige geschützte Badebuchten. Glatte, rote Sandsteinhügel fallen mehr oder weniger steil ins Wasser ab. Flache Stellen zum Ein- und Aussteigen vorhanden. Im Sommer ideale Wassertemperaturen, am Ufer aber keinerlei Schatten.

Bootsvermietung: In der Lobby der Defiance House Lodge. Motorboote oder geräumige Hausboote verschiedener Kategorien. Preisbeispiele für die Hochsaison: Hausboote für 6 Personen und 3 Tage ab 74o US; kleinere Motorboote für 6 Personen pro Tag ab 7o US. Rabatt bei längerer Anmietung. In der Nebensaison jeweils bis zu 4o% preiswerter. Reservierung über Tel. 800-528-6154.

Südost-Utah 557

"Defiance House Lodge", einzige Unterkunft in Bullfrog, oberhalb von Hafen und Bootsrampen. Schöne Buchten zum Schwimmen in unmittelbarer Nähe. Moderne und komfortabel ausgestattete Zimmer mit Balkon oder Terrasse, viele mit Seeblick. DZ in der Sommersaison ab 95 US, von November bis März ab 6o US. Tel. 8oo-528-6154.

"Bullfrog Campground", Nähe Bootsrampen am See. Mit kleinen Bäumen; Picknicktische, Wasser Toiletten. Stellplatz 8,5o US.

ANASAZI RESTAURANT, in der Defiance House Lodge. Einziges Restaurant in Bullfrog. Panoramafenster zum See, abends Blick auf den Sonnenuntergang. Speisesaal dekoriert mit indianischen Motiven. Frühstück, Mittag- und Abendessen. Zum Dinner entweder Hamburger und Salate um 7 US oder Fleisch-, Fisch- und Nudelgerichte für 1o-15 US. Mittags preiswerter.

Selbstversorger: VILLAGE STORE, kleiner Laden zwischen Tankstelle und Lodge. Im Angebot nur das Nötigste, kaum Frischwaren, relativ teuer. Größere Vorräte von anderswo mitbringen.

Picknick: Überdachte Picknicktische an der Zufahrt zur Marina in Seenähe.

RAINBOW BRIDGE NATIONAL MONUMENT: Sandsteinbogen in einer Bucht von Lake Powell, bildet eine natürliche Brücke über einen Seitencanyon. Fast 9o m hoch, der Bogen mit ungewöhnlich harmonischer, symmetrischer Rundung. Bis 1964 die Fluten von Lake Powell hierher vordrangen, war Rainbow Bridge praktisch kaum zu erreichen, nur per 45 km langer Wanderung durch die Sandsteinwüste oder auf einem gefährlichen Kanutrip durch den Glen Canyon.

Heutzutage Bootstouren ab Bullfrog/Halls Crossing, ganzjährig 1x pro Tag, ca. 7 Std., 65 US. Tickets in der Lodge. Ab Wahweap Marina (siehe Arizona) ebenfalls Tagestour für 65 US oder Halbtagestrip für 52 US. Neben dem Aufenthalt beim National Monument (kurzer Fußweg zur Brücke) bieten die Touren einen guten Einblick in die Canyonwelt von Lake Powell. Wer kein Boot mieten möchte, hat hier die beste Gelegenheit, den See und seine frappierenden Kontraste zwischen rotem Sandstein und blauem Gewässer zu erleben.

Verbindungen

Keine öffentlichen Verkehrsmittel zum Lake Powell. Ab Halls Crossing über Hwy. 276 zum Natural Bridges National Monument und weiter nach Monticello (18o km, ca. 2,5 Std.), ähnlicher Zeitaufwand ab Hite Crossing über Hwy. 95 nach Monticello. Richtung Norden von Bullfrog nach Green River über Hwys. 276/95/24 (19o km, ca. 2,5 Std.).

LAKE POWELL --> CAPITOL REEF NATIONAL PARK

Ob von Hite Crossing oder Bullfrog aus, nördlich von Lake Powell dominiert die Sandsteinwüste: steile Canyons mit bizarr gezackten und erodierten Felskanten am Hwy. 95; leichte Hügellandschaft mit Sanddünen, Felsen und Geröll entlang des Hwy. 276. Immer sind Rottöne und Einsamkeit das vorherrschende Merkmal der Landschaft. Ab Bullfrog 145 km, ca. 1,5 Std. Der lohnende Abstecher zum GOBLIN VALLEY ist noch einmal mit knapp zwei Stunden reiner Fahrzeit (hin und zurück) zu veranschlagen.

HANKSVILLE (5oo Einw.): Einziger Ort an der einsamen Strecke. In der Vergangenheit Fluchtpunkt für Außenseiter (Butch Cassidy nach Eisenbahnüberfällen, mormonische Traditionalisten zur Ausübung der Polygamie). Heute ein Orientierungspunkt bei Reisen zwischen Südost- und Südwest-Utah; Hanksville markiert sozusagen den Schnittpunkt: Von hier aus entweder Richtung Westen zum CAPITOL REEF NATIONAL PARK, nach Nordosten zum ARCHES NATIONAL PARK oder nach Südosten zum LAKE POWELL und weiteren landschaftlichen Attraktionen an der Grenze zu Arizona.

GOBLIN VALLEY: In einer Talsohle Tausende von wunderlichen Sandsteinfiguren, die wie eine Versammlung von Fabelwesen erscheinen. Ein Gang zwischen diesen seltsamen Produkten der Erosion macht am meisten Spaß gegen Abend, wenn die Schatten immer länger werden und die Dämmerung das Valley in ein gespenstisches Licht taucht. Dann scheint die verzauberte Steinwelt zum Leben zu erwachen. Es existieren zwar einige Trails, man kann aber ebenso gut aufs Geratewohl zwischen den Figuren auf Entdeckungsreise gehen. Vor allem für Kinder ein großes Vergnügen.

Abzweigung ab Hwy. 24 nördlich von Hanksville. Zunächst asphaltiert, die letzten Kilometer gute Sandpiste, bei trockenem Wetter problemlos zu befahren. Zufahrt zum State Park 3 US pro Pkw.

Ruhiger, sehr gepflegter Campground in der Nähe des eigentlichen Valley. Direkt unterhalb einer erodierten Sandsteinwand. Sanitäre Einrichtungen inkl. Duschen. Stellplatz 9 US, einschließlich Zufahrt zum State Park.

SÜDWEST - UTAH

Eine Landschaft, in der ein Naturwunder das nächste ablöst: spektakuläre Felskulissen, Tafelberge und Canyons in den Nationalparks Capitol Reef, Bryce Canyon und Zion; eine ungewöhnliche Kombination von Hochgebirge und Sandsteingebilden im Cedar Breaks National Monument; versteinerte Wälder; natürliche Felsbögen; prähistorische Ruinen; versteckte Seen; grandiose Wanderwege. Utahs "Color Country" besitzt seinen Namen zu recht: Es ist ungewöhnlich farbig und steckt voller Abwechslung und Überraschungen.

✦ Capitol Reef National Park

Eine gewaltige Falte in der Erdkruste, die sich über 160 km erstreckt. An ihren Rändern spektakuläre Klippen, tiefe Canyons, Tafelberge, Monolithen und vielfarbige Gesteinsschichten. Überall ist der weiche Sandstein zu einer unendlichen Vielfalt an Formen erodiert. Die Braun- und Rottöne der Felsen kommen vor allem bei Sonnenuntergang fotogen zur Geltung. Charakteristisch sind besonders die in den Fels hineinerodierten Löcher, in denen sich das Regenwasser sammelt und die dem Felsmassiv den Namen "Waterpocket Fold" gegeben haben.

> Waterpocket Fold besteht aus Schichten von Sedimentgestein, die ursprünglich horizontal übereinander lagen. In Millionen von Jahren hatten sie sich abgesetzt auf dem Grund von Seen, in Wüsten und anderen Landschaftsformationen, die sich hier aufgrund von Klimaveränderungen immer wieder abwechselten. Während der Aufwärtsbewegung der Erdkruste im Bereich des Colorado Plateau (siehe auch Entstehung der Canyons im Kapitel "Natur und Umwelt") wurden die Gesteinsschichten durch gewaltige Kräfte angehoben, gebogen, zerbrochen und aufgefaltet. Im Laufe der Jahrtausende sind bereits viele der obersten Schichten wegerodiert und für immer verschwunden, während Wind, Wasser, Sonne und Frost an den verbliebenen Felsen ihr Erosionswerk weiter verrichten und ständig neue Ausformungen des weichen Sandsteins zustandebringen.

 Visitor Center am Hwy. 24, dort wo der Scenic Drive beginnt. Informationen über die Entstehung von Capitol Reef sowie ein anschauliches Modell des Nationalparks.

Viele der Gesteinsformationen von Capitol Reef sind bequem über zwei asphaltierte Straßen zu erreichen. Hwy. 24 durchquert das Felsmassiv in Ost-West-Richtung; der Scenic Drive erschließt den Westrand der Waterpocket Fold. Beschreibungen siehe unten.

Zwei Schotterstraßen führen in die entlegenen Nord- und Südabschnitte des Nationalparks: Cathedral Valley Road und Notom-Bullfrog Road. Nur bei gutem Wetter und streckenweise nur mit Allradautos zu befahren. Ausführliche Beschreibungen dieser abenteuerlichen Routen in zwei Bro-

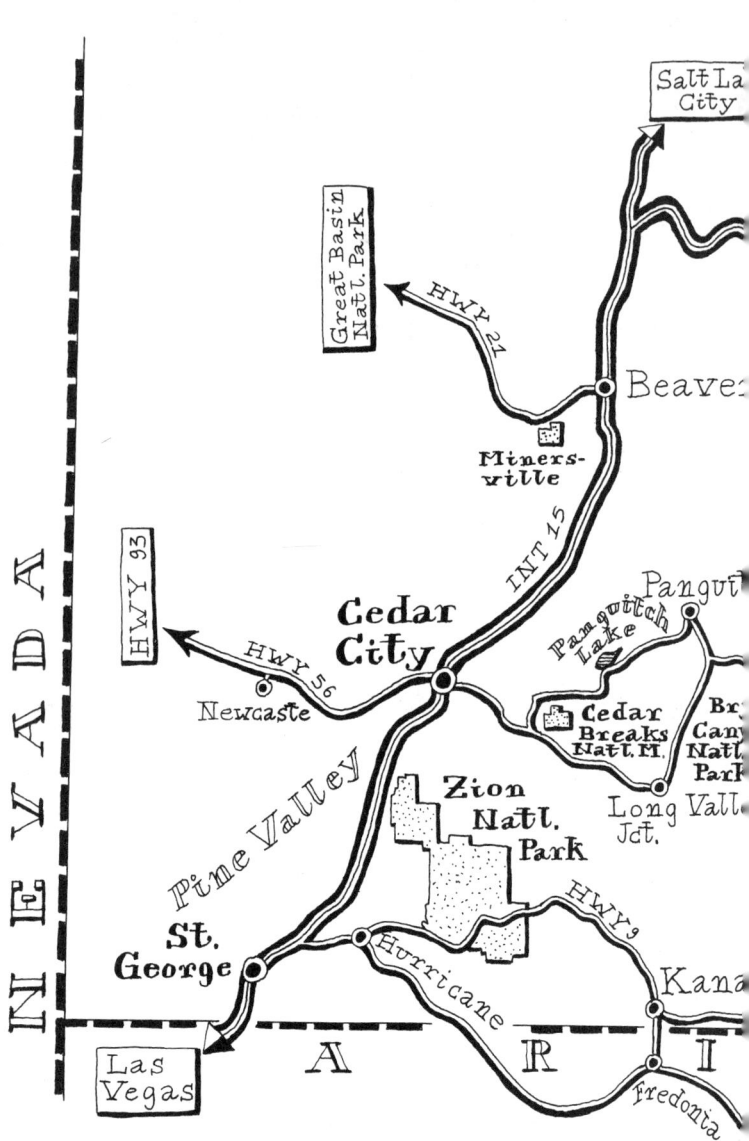

Südwest-Utah 561

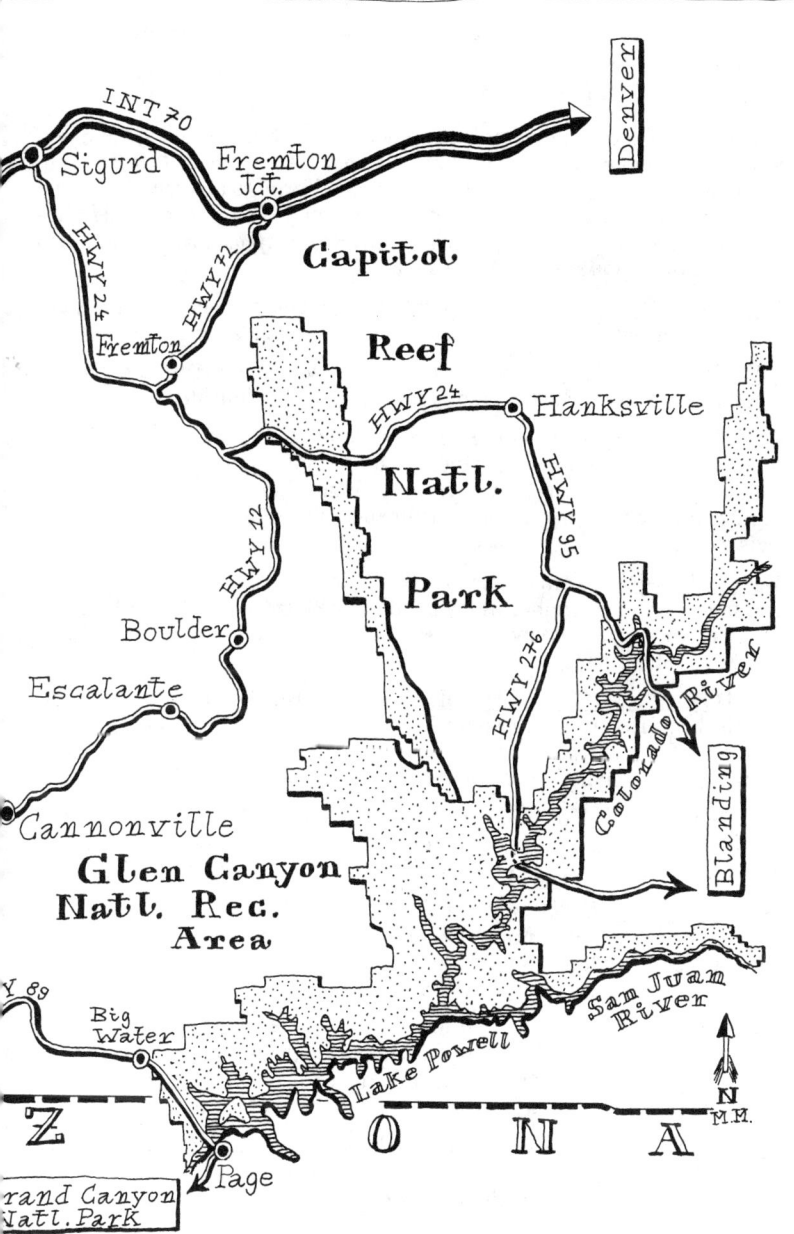

schüren des Visitor Center. Touren in diese Regionen unbedingt mit den Rangern absprechen.

HIGHWAY 24

Die Straße folgt dem Fremont River unterhalb des Capitol Reef, jenem Teil von Waterpocket Fold, der dem Nationalpark seinen Namen gab. Charakteristisch sind hier die weißen, kuppelförmigen Berge, die an die Kuppel des Parlamentsgebäudes in Washington D.C. erinnern. Eilige Besucher können hier auf der Durchfahrt viele der typischen Formationen von Capitol Reef erleben. Von West nach Ost:

CHIMNEY ROCK: Vor einer roten Felswand eine freistehende und stark erodierte Felsnadel, die Spitze aus hellerem Gestein als der Sockel.

PANORAMA POINT: Überblick über den westlichen Teil von Capitol Reef: rote Sandsteinwände, erodierte Felsen, tiefe Schluchten.

GOOSENECK POINT: Vom Panorama Point ca. 1,5 km über eine Schotterstraße. Blick hinunter in einen Canyon, auf dessen Grund sich der Sulphur Creek mäanderförmig entlangwindet. Einst ein friedlicher Fluß auf der Hochebene, hat er mit zunehmendem Gefälle die Schlucht in den Fels gegraben.

SUNSET POINT: Vom Gooseneck-Parkplatz zu erreichen über einen 5oo m langen Trail. Einzelne, freistehende Felsklötze vor dem Hintergrund von Tälern und Canyonwänden. Phantastisch besonders im roten Licht des Sonnenuntergangs.

HISTORIC FRUITA SCHOOL: Winziges Blockhaus, das den mormonischen Siedlern am Fremont River von 1896-1941 als Schule diente. Bis zu 26 Schüler in acht Klassen wurden in dem einen Raum unterrichtet. Katheder und Schülerbänke wie aus dem Bilderbuch.

PETROGLYPHS: Kurz hinter dem Schulhaus ein Parkplatz auf der linken Seite. An einer steilen Felswand einige blasse Zeichnungen prähistorischer Indianer. Zu erkennen sind menschliche Figuren und Dickhornschafe.

NAVAJO DOME: Kurz hinter dem Trailhead zur Natural Bridge ein kleiner Parkplatz. Von dort Blick auf eine helle Sandsteinkuppel. Einst eine riesige Sanddüne, die sich durch Einfluß von Druck und chemischen Prozessen in Gestein verwandelt hat.

BEHUNIN CABIN: Einer der ersten Siedler am Fremont River, Elijah Behunin, erbaute 1882 dieses winzige Blockhaus. Seine zehnköpfige Familie paßte da natürlich nicht hinein, weshalb einige Kinder in den Höhlen der benachbarten Sandsteinfelsen schlafen mußten.

FREMONT RIVER WATERFALL: Kleiner Canyon, an dessen Ende sich ein Wasserfall ins breitere Tal ergießt. Bademöglichkeit; aber Vorsicht vor gefährlichen Strömungen unterhalb des Falls.

SCENIC DRIVE

Zufahrt 4 US pro PKW; 4o km hin und zurück. Enge und kurvenreiche Strecke entlang des Westrandes von Waterpocket Fold. Ständig wechseln die Formen und Farben der übereinander liegenden Felsschichten. Abgebrochene Felsklötze, senkrecht abgeschürfte Wände. Ein Bilderbuch der Erosion. Der Rückweg ist ebenso aufregend wie der Hinweg, da man alles noch einmal aus einem völlig veränderten Blickwinkel und bei anderen Lichtverhältnissen sieht.

<u>GRAND WASH</u>: Ausgeschilderte Abzweigung zu einem der wenigen Canyons, die Waterpocket Fold vollständig durchqueren. Ca. 1,5 km lange Schotterstraße, unterhalb der steilen Canyonwände. Vom Parkplatz aus geht's nur zu Fuß weiter (siehe Wanderungen).

<u>EGYPTIAN TEMPLE</u>: Besonders markantes Felsgebilde. Wie Säulen eines Tempels stehen die roten Sandsteinpfeiler in der steilen Felswand.

<u>CAPITOL GORGE</u>: Höhepunkt und Ende des Scenic Drive. Eine Schotterstraße führt in die Schlucht hinein. Der Canyon wird ständig enger, die Felswände immer gewaltiger. Hinter jeder Biegung vermutet man eine Sackgasse, doch der Canyon hört nicht auf, sondern windet sich schlangenförmig durch das Felsmassiv. Überhängende Felsbrocken scheinen jeden Moment ins Tal zu fallen, die unzähligen "waterpockets" sind ganz aus der Nähe zu erkennen. Vom Parkplatz aus geht es nur noch per Wanderweg voran. Bevor 1962 Highway 24 fertiggestellt wurde, verlief durch Capitol Gorge die Hauptverbindungsstraße, die von den periodisch auftretenden Regenfluten jedoch längst weggespült ist.

WANDERN

Wandern in Capitol Reef heißt Wandern in der Wüste. Daher unbedingt die Hinweise im Kapitel "Natur und Umwelt" beachten. Beste Saison sind Frühjahr und Herbst.

"Hickman Bridge Trail": Einfache Wanderung zu einem natürlichen Bogen aus Sandstein, der ein Bachbett überspannt. Zunächst am Ufer des Fremont River, dann Aufstieg an einem steilen Hang. Vom Ende des Weges an der Hickman Bridge Blick auf die weißen Sandsteinformationen, u.a. Capitol Dome. Hin und zurück 3,2 km, ca. 1-2 Std. Ausgangspunkt: ausgeschilderter Parkplatz am Hwy. 24, östlich vom Visitor Center.

"Rim Overlook Trail": Anstrengender Aufstieg auf die Klippen der Waterpocket Fold. Belohnung sind phantastische Ausblicke über den Nationalpark. Direkt unterhalb das Tal des Fremont River. Eine der spektakulärsten Touren. Hin und zurück 7,5 km, ca. 4 Std. Ausgangspunkt wie Hickman Bridge Trail, nach einigen hundert Metern die ausgeschilderte Abzweigung zum Rim Overlook.

"**Grand Wash Trail**": Durch einen engen Canyon, einen der wenigen, der Waterpocket Fold vollkommen durchquert. Zu beiden Seiten die glattgeschürften und steilen Felsen, die an manchen Stellen fast bedrohlich nahe zusammenrücken. Die gesamte Strecke relativ eben, allerdings kein Pfad, man geht im ausgetrockneten Flußbett. Trailende am Hwy. 24. Dort entweder mit Auto abholen lassen oder zurück. Retour 7,5 km, ca. 2-3 Std. Ausgangspunkt: Parkplatz am Ende der Grand Wash Road (Abzweigung vom Scenic Drive).

"**Chimney Rock Trail**": Rundweg auf ein Felsplateau neben dem charakteristischen Chimney Rock. Zunächst in steilen Serpentinen auf die Höhe, dann relativ eben über die Mesa. Fotogene Ausblicke auf Chimney Rock und andere Felsformationen von Capitol Reef. Kein Schatten. Da der erste Abschnitt besonders anstrengend ist, möglichst früh am Morgen losgehen. Ausgangspunkt: Parkplatz am Hwy. 24, westlich des Visitor Center. 5,5 km, ca. 2-3 Std.

"**Capitol Gorge Poineer Trail**": Alter Planwagenpfad zu den "Tanks", großen Wasserlöchern im Fels, aus denen sich die ersten Pioniere mit dem kostbaren Gut versorgten. An den Canyonwänden Petroglyphen und Inschriften von Siedlern, die hier im 19. und frühen 2o. Jahrhundert durchkamen. Der abschließende Aufstieg zu den Tanks ist steil und unwegsam. Oben schöner Blick in den Canyon und auf die mit Regenwasser gefüllten Pools von beträchtlicher Größe. 3,2 km retour, ca. 1 Std. Ausgangspunkt: Parkplatz am Ende des Scenic Drive in der Capitol Gorge.

Außer Camping keine Unterkunft im Nationalpark selbst. Nächstgelegene Motels in TORREY. Sollte dort alles ausgebucht sein, gibt es weitere kleine und einfache Motels in BICKNELL. Die Unterkünfte in Torrey ca. 18 km westlich des Visitor Center:

"**Capitol Reef Resort**", 2600 E. Hwy. 24. Zwischen Torrey und Capitol Reef an der Hauptstraße. Nächstgelegene Unterkunft zum Nationalpark. Ganzjährig geöffnet. Modernes, komfortables Motel mit SW-Pool. DZ je nach Größe ab 41 US. Tel. 425-3761.

"**Rim Rock Resort**", 2523 E. Hwy. 24. Östlich des Ortes Richtung Capitol Reef. Auf einem Hügel mit Blick auf die Felsen von Capitol Reef. SW-Pool, ordentliche Zimmer. Ganzjährig geöffnet. DZ ca. 42 US, im Winter preiswerter. Tel. 425-3843.

"**Chuckwagon Motel**", 12 W. Main St. Tel. 425-3288. Im Ortszentrum, Nähe Restaurants und Läden. Rustikaler Blockhüttenstil. Im vorderen Gebäude ältere Zimmer; direkt an der Straße, abgewohnt. Das hintere Gebäude neu und ruhig. Zimmer hell und modern eingerichtet. Geräumig mit Sitzecke. Während der Wintermonate geschlossen. DZ je nach Ausstattung 31-42 US.

"**Wonderland Inn**", Kreuzung Hwy. 24 und 12. Östlich von Torrey, Richtung Capitol Reef. Etwas oberhalb der Hauptstraße auf einem kleinen Hügel. Moderne, ruhige Zimmer. Ganzjährig geöffnet. DZ im Sommer ab 44 US, während der Wintermonate ab 33 US. Tel. 425-3775.

"Fruita Campground", am Scenic Drive, Nähe Visitor Center. Grasflächen und große Bäume. Wasser und Toiletten im Sommerhalbjahr. Keine Reservierung möglich, daher frühzeitig am Tag eintreffen. Stellplatz 6 US, im Winter gratis.

Im Nationalpark selbst muß man auf Picknick zurückgreifen; keine schlechte Alternative angesichts des gepflegten Platzes mit Picknickbänken und schöner Aussicht. In TORREY passable Restaurants in den Motels Wonderland Inn, Capitol Reef Resort und Rim Rock Resort. Etwas Abwechslung zur dortigen amerikanisch-internationalen Küche bietet LA BUENA VIDA, 599 West Main St.: Rustikale Tische und Bänke. Vielseitige und preiswerte mexikanische Küche. Empfehlenswert die "sampler", eine Auswahl unterschiedlicher Gerichte.

Selbstversorger: Keine Einkaufsmöglichkeit im Nationalpark, kleiner Laden in Torrey an der Hauptstraße: Chuckwagon General Store. Größere Vorräte besser aus der nächsten Stadt mitbringen.

Picknick: Große Rasenfläche mit Picknicktischen in der Nähe des Visitor Center am Scenic Drive. Alte Bäume geben ausreichend Schatten, im Hintergrund die massiven Felswände. Eine Oase in der Felswüste von Capitol Reef. Von den Obstbäumen darf man sich bedienen, wenn die Früchte reif sind und man sie gleich verzehrt.

Verbindungen

Keine öffentlichen Verkehrsmittel zum Capitol Reef National Park. Per Auto über Hwy. 24 und 89 Richtung Norden nach Provo (3oo km, ca. 4 Std.) und weiter nach Salt Lake City. Hwy. 24 führt Richtung Osten über Hanksville nach Green River (15o km, ca. 2 Std.) und von dort weiter zu den Nationalparks Arches und Canyonlands. Richtung Süden die attraktive Panoramastraße Hwy. 12 zum Bryce Canyon National Park (19o km, ca. 2,5 Std.).

CAPITOL REEF --> BRYCE CANYON

19o km, ca. 2,5 Std reine Fahrzeit ohne die sehr empfehlenswerten Stops und Abstecher. Ein Super-Highway durch vollkommen unerschlossene Regionen im Südwesten von Utah. Über ein Gebirgsmassiv mit dichten Wäldern und Panoramblicken. Anschließend Schlängelei durch eine einsame Felswildnis. Atemberaubende Streckenführung über weite Hochebenen und schmale Grate, entlang steiler Canyonwände und durch tief eingegrabene Flußtäler. Sandstein in jeder nur denkbaren Ausformung.

BOULDER MOUNTAIN: Die wüstenhafte Landschaft um Capitol Reef geht langsam über in Mischwald, auf der Höhe dann Nadelbäume. Paßhöhe bei 2804 m. Bei <u>LARB HOLLOW</u> fabelhafter Blick Richtung Osten auf Waterpocket Fold, Capitol Reef National Park und weit darüber hinaus zu den Bergketten im östlichen Utah.

Auf der anderen Seite des Bergmassivs dann grandiose Ausblicke auf die Canyons und Mesas des Colorado Plateau im südlichen Utah. Der Kontrast zwischen den dichten Wäldern am Boulder Mountain und diesen kargen Felslandschaften könnte kaum größer sein.

<u>BOULDER</u>: Nur ein paar verstreute Häuser und die <u>ANASAZI INDIAN VILLAGE</u>. Kleines Museum mit Fundstücken aus dem prähistorischen Dorf. Anschauliches Modell dieser einstigen Siedlung der Anasazi. Hinter dem Museum kurzer Rundgang durch die Ausgrabungsstätte. Zu sehen sind Grundmauern des Pueblos und ein rekonstruiertes Gebäude. Das Pueblo gehörte zu den kleineren Dörfern am Rande des Ansazi-Siedlungsraumes und beherbergte von 1o5o-12oo n. Chr. etwa 2oo Menschen.

<u>ESCALANTE</u> (800 Einw.): Einziger nennenswerter Ort am Hwy. 12. Aber auch nur vereinzelte Häuser, ein paar Motels und Tankstellen.

<u>ESCALANTE PETRIFIED FOREST</u>: Versteinerte Bäume auf einer Anhöhe über dem See. Steiler Fußweg auf ein Plateau (Wide Hollow Loop). Dort ein zwergwüchsiger Wald, dessen Bäume wegen Wassermangels nur geringe Höhen erreichen. Am Weg gelegentlich Stücke oder Stämme von versteinertem Holz. Sie sind allerdings relativ dünn gesät. Mehr davon sieht man auf einem zusätzlichen Trail (Rainbow Loop, 1,5 km), der unterwegs abzweigt. Das Holz stammt aus einer Zeit vor 15o Millionen Jahren, als dieser Teil des Kontinents sich noch in Äquatornähe befand und in einer niedrigen Flußebene dichte Wälder wuchsen.

Unterhalb des Trails schöner Picknickplatz auf einer Wiese am Wide Hollow Reservoir. Bademöglichkeit im Stausee. Zufahrt zum Petrified Forest 3 US pro PKW.

<u>KODACHROME BASIN</u>: Vielfarbige Sandsteinschichten in und um einen kesselförmigen Canyon. Alleinstehende Felsnadeln, Sandsteinbögen und vielfältige Erosionsformen. Die Farben besonders kräftig in der tiefstehenden Abendsonne. Zufahrt zum State Park 3 US pro PKW.

Besonderes Charakteristikum des Basin: Beinahe siebzig rote Sandsteinsäulen stehen hier in der Landschaft. Einzelne sind bis zu 55 m hoch. Entstanden vermutlich durch unterirdischen Druck, der bestimmte Sedimente durch Spalten in der Erdkruste nach oben schob. Spätere Erosion der brüchigeren Gesteinsschichten rundum ließ die sogenannten "sand pipes" übrig.

15 km südlich von Hwy. 12, asphaltierte Stichstraße ins Zentrum des Basin. Von dort weitere Straßen zu verschiedenen kuriosen Formationen und "sand pipes". Kurze Trails führen zu speziellen Sandsteinfiguren, u.a.

zum Shakespeare Arch, einem erst 1976 von einem Ranger entdeckten natürlichen Sandsteinbogen, der vor einer gleichfarbigen Wand kaum zu erkennen ist. Die längste Tour auf dem Panorama Trail (5 km) zu "sand pipes" und typischen Gesteinsformationen des Basin.

GROSVENOR ARCH: Doppelter Sandsteinbogen in zahlreichen Farbschattierungen. Benannt nach Gilbert Grosvenor, einem der früheren Präsidenten der "National Geographic Society". Zu erreichen über nicht asphaltierte Straße ab Kodachrome Basin; bei Nässe extrem glitschig und nicht befahrbar.

ABENTEUER-PISTEN

Von Hwy. 12 zweigen mehrere nicht asphaltierte Straßen ab, die in noch völlig unerschlossene und kaum besuchte Regionen des südlichen Utah führen. Nur befahrbar bei guten Wetterverhältnissen, streckenweise Allradantrieb und große Bodenfreiheit des Wagens unerläßlich. Touren durchs "back country" unbedingt vorher mit Rangern absprechen.

Die attraktivsten Strecken: BURR TRAIL (ab Boulder) durch wilde Sandsteinlandschaften zum Hwy. 276 und zur Bullfrog Marina am Lake Powell. Abenteuerliche Verbindung vom Südwesten in den Südosten Utahs. HELL'S BACKBONE ROAD (Nordschleife von Boulder nach Escalante) verbindet in einem Teilstück zwei Berge über einen schmalen Grat, der seinem Namen Ehre macht. An beiden Seiten der Straße geht es schwindelerregend steil bergab. HOLE IN THE ROCK ROAD (Abzweigung östlich von Escalante), vorbei an Canyons, Mesas und natürlichen Sandsteinbögen zum Canyon des Colorado River, knapp 1oo km one way. Steiler Fußweg zum Canyonboden, wo sich heute der aufgestaute Lake Powell befindet. Gute Bademöglichkeit.

Camping am Hwy. 12

Entlang des Highway schön gelegene und gut ausgestattete Campingplätze. Im Regelfall nicht übermäßig groß und nur in der Hochsaison gelegentlich voll.

"Calf Creek Recreation Area", zwischen Boulder und Escalante. In phantastischer Lage tief unten im Canyon. Direkt am Bach, zu beiden Seiten steile Felswände. Bäume sorgen für Schatten. Ganzjährig geöffnet. Trinkwasser und Toiletten. Stellplatz 6 US.

"Petrified Forest State Park", westlich von Escalante, direkt am Stausee. Sand- und Rasenflächen, einige Bäume. Stellplätze in angenehmem Abstand. Gepflegte sanitäre Anlagen mit Duschen. Stellplatz 9 US inkl. Zufahrt zum State Park.

"Kodachrome Basin State Park", ruhiger Platz inmitten des Basin. Blick auf die bunten Gesteinsschichten. Stellplätze angenehm verstreut zwischen kleinen Bäumen und Büschen. Sanitäre Anlagen inkl. Duschen. Stellplatz

9 US, Zufahrt zum State Park eingeschlossen.

★ Bryce Canyon National Park

Eine Märchenwelt aus Sandstein: Über Jahrtausende ist der Rand des Paunsaugunt Plateaus erodiert, so daß zahlreiche Canyons entstanden sind, in denen sich eine unglaubliche Vielfalt von Gesteinsformationen herausgebildet hat. Erosion durch Regen und den beständigen Wechsel von Frost und Sonneneinstrahlung hat die bizarren Pfeiler und Säulen geformt, die für Bryce Canyon charakteristisch sind. Vor allem im Bryce Amphitheater, einem kesselförmigen Canyon, findet sich eine ungeheure Konzentration dieser steinernen Wunderwerke.

Phantastische Ausblicke von den Aussichtspunkten am Rande des Plateaus und vom Rim Trail. Wanderwege führen in die Canyons hinein und bieten einen näheren Kontakt zu den erodierten Sandsteinen.

Geologie: Die ungewöhnlichen geologischen Formationen von Bryce Canyon haben ihren Ursprung in einer Seen- und Flußlandschaft, die sich vor 60 Millionen Jahren an dieser Stelle befand. Die Flüsse lagerten Sedimentgestein von unterschiedlicher Härte auf dem Grund und an den Ufern der Seen ab. Da die Größe und damit die Uferlinie der Seen im Laufe der Zeit variierten, kam es zu unterschiedlich dicken Ablagerungen und ständig neuen Schichtungen.

Als sich vor 10 Millionen Jahren die Erdkruste im Südwesten des Kontinents anhob und das Colorado Plateau formte, verschwand die feuchte Landschaft, und es entstanden trockene Hochebenen. Eine davon war das PAUNSAUGUNT PLATEAU, an dessen Rand sich heute Bryce Canyon befindet. Flüsse und Regenfälle haben die Kante der Hochebene abgetragen und die Sedimentgesteine der alten Flußlandschaft freigelegt. Frost und Sonne trugen zur weiteren Erosion bei.

Während die weicheren Gesteinsschichten verschwinden, bleiben zunächst längliche Wände übrig, die sich später in einzelne Pfeiler auflösen, die sogenannten "hoodoos", die der Landschaft am Bryce Canyon ihren besonderen Reiz verleihen. Doch mit der Zeit fallen auch diese in sich zusammen und lösen sich auf in den Sandsteinbergen und -abhängen, aus denen sie vorher emporragten.

Der Erosionsprozeß am Rande des Paunsaugunt Plateaus schreitet rapide voran: Die Kante bröckelt in hundert Jahren um rund einen halben Meter. Die Sandsteinfelsen und "hoodoos" von Bryce Canyon ändern beständig ihre Form, auch wenn dieser Prozeß fürs Auge unmerklich vonstatten geht. Die vielfältigen Farben des Gesteins entstehen durch Eisen und andere Metalle, die sich im Sandstein befinden und beim Kontakt mit Sauerstoff oxidieren. Je nach Tageszeit und Beleuchtung herrschen rote, weiße, rosa und orange Töne vor.

Höhenlage und Klima: Die Mehrzahl der Aussichtspunkte am Bryce Canyon liegt auf einer Höhe von rund 2500 m. Kalte Nächte sind daher auch im Sommer üblich, selbst Frühjahr und Herbst bringen Frost. Im Winter attraktive Schneehauben auf dem farbigen Sandstein. Durch die Höhenlage ist die Luft klarer als anderswo, daher tagsüber extrem gute Fernsicht und nachts ein klarer Sternenhimmel, wie er anderswo nur noch selten zu sehen ist. Ein Erlebnis sind Vollmondnächte im Canyon, wenn die gespenstischen Sandsteinfiguren scheinbar zum Leben erwachen.

Im Sommer entstehen häufig Gewitter über Bryce Canyon. Im Licht der Blitze erscheinen die Sandsteinfiguren natürlich besonders attraktiv und märchenhaft. Aber Vorsicht ist geboten, da der Blitzeinschlag leicht tödlich sein kann, vor allem an den Aussichtspunkten des Canyonrandes. Am besten im Auto Schutz suchen. Vor Wanderungen daher immer den Wetterbericht im Visitor Center studieren und sich im Zweifel mit den Rangern beraten.

Bei Wanderungen im Canyon können bei Regenfällen plötzliche Fluten auftreten, die durch die engen Schluchten rauschen. Nähert sich ein Gewitter, sollte man die tiefer gelegenen Stellen meiden. Die sogenannten "flash floods" sind allerdings nicht von Dauer, sondern gehen meist nach kurzer Zeit wieder zurück.

 Visitor Center an der Zufahrt zum Park. Kleine Ausstellung zur Geologie, Flora und Fauna im Nationalpark sowie ein übersichtliches Relief, das die skurrile und von Canyons zerfurchte Geographie des Colorado Plateau zeigt.

 Post: Im General Store von Ruby's Inn, kurz vor dem Eingang zum Nationalpark.

SEHENSWERTES

HIGHWAY 63 ist die Durchgangsstraße durch den Nationalpark. Von ihr zweigen kurze Stichstraßen zu den zahlreichen Aussichtspunkten und Wanderwegen ab. Ein bequemer Wanderweg ("Rim Trail", siehe auch "Wandern") verbindet die Aussichtspunkte zwischen Fairyland Canyon und Bryce Point, so daß man diese View Points je nach Lust und Energie auch zu Fuß erreichen kann. Die wichtigsten Stops, ab Visitor Center:

FAIRYLAND CANYON: Vom Aussichtspunkt Blick in den direkt unterhalb liegenden Canyon. Kesselförmig und verglichen mit den anderen Schluchten des Nationalparks relativ klein. Eine Märchenwelt aus bunten Abhängen, Vorsprüngen, Felsnadeln und Bäumen.

SUNRISE POINT: Phantastischer Überblick über das gesamte Bryce Amphitheater, die größte der ausgewaschenen Schluchten des Nationalparks. Blick auch weit darüber hinaus ins südliche Utah. Ein Teil des Kessels besonders intensiv beleuchtet bei Sonnenaufgang.

SUNSET POINT: Ähnlicher Blick über das Amphitheater und in die Ferne. Besonders hohe Kanten und Stege formen hier ein Labyrinth direkt vor dem Aussichtspunkt. Die gegenüberliegenden Felsen leuchten besonders kräftig bei Sonnenuntergang.

INSPIRATION POINT: Auf einem Felsvorsprung, der sich weit in den Canyon hinausschiebt, der schönste Blick über das gesamte Amphitheater. Tausende von "hoodoos" direkt unterhalb. Gut zu erkennen der schwungvolle Rim, an dem sich bereits neue "hoodoos" abzeichnen.

BRYCE POINT: Ein schmaler Grat führt zu dem weit vorgeschobenen Aussichtspunkt. Jenseits des Amphitheaters das weite Tal, durch das sich heute Hwy. 12 schlängelt. Im 19. Jahrhundert siedelten Ebenezer und

Mary Bryce in der Gegend am Paria River, wo heute das Dörfchen Tropic zu erkennen ist. Sie sahen den nach ihnen benannten Canyon mit praktischeren Augen als der moderne Tourist: "It's a hell of a place to lose a cow."

PARIA VIEW: Blick in einen Seitencanyon mit schloßartigen Sandstein-Monumenten.

FAR VIEW POINT: Im Vordergrund noch einige Sandsteinformationen, imponierend hier jedoch der Panoramablick über das Colorado Plateau. Das ganze südliche Utah scheint mit einem Blick erfaßbar.

NATURAL BRIDGE: In rund 5o m Entfernung ein gewaltiger Sandsteinbogen, durch den man auf das darunterliegende Tal schaut.

AGUA CANYON: Steile Sandsteinabgründe und mittendrin einige spektakuläre rote Pfeiler mit weißer Kuppe, auf denen sogar noch Pflanzen wachsen.

PONDEROSA CANYON: Noch einmal das Panorama Richtung Süden über das Colorado Plateau. Direkt unterhalb tiefe, rote Schluchten.

YOVIMPA POINT: Blick über das Colorado Plateau, bei normalen Sichtverhältnissen problemlos bis zum 13o km entfernten Navajo Mountain.

RAINBOW POINT: Mit 2776 m der höchste Punkt auf dem Paunsaugunt Plateau. Rundet die vorhergehenden Ausblicke ab. Deutlich zu erkennen die verschiedenen Mesas, die sich aus der Hochebene des Colorado Plateau herausgehoben haben.

WANDERN

Die Wanderungen im Bryce Canyon führen zu phantastischen Aussichtspunkten am Canyonrand oder direkt zu den Sandsteinformationen im Canyon. Ein Erlebnis, das die Fahrt auf dem Scenic Drive abrundet. Die Wege sind ausgezeichnet unterhalten und gut ausgeschildert. Zu beachten sind die Höhenlage und plötzliche Wetterumschwünge (siehe gesonderte Hinweise zu diesem Thema). Mehrtageswanderungen mit Übernachtung außerhalb der beiden großen Campingplätze nur mit Genehmigung der Ranger im Visitor Center.

"Rim Trail": 9 km langer Trail entlang des Canyonrandes zwischen Fairyland Canyon und Bryce Point. Relativ ebene Strecke mit einfachen und kurzen Steigungen. Ständig vor Augen das Bryce Amphitheater, das unter immer wieder anderen Blickwinkeln erscheint. Ca. 2 Std. one way. Entweder am Ende abholen lassen oder den Weg noch einmal zurück. Bietet bei veränderten Lichtverhältnissen ein ebenso attraktives Panorama.

"Navajo Trail": Beliebter Rundweg ab Sunset Point ins Herz des Bryce Amphitheaters. 2,4 km, ca. 1 Std. In engen Serpentinen führt der Pfad mitten hinein in das Sandsteinlabyrinth. Durch Tunnel in eine Schlucht, in der die steilen Wände nur wenige Meter auseinanderstehen. Unten dann eine fast beschauliche Landschaft mit Bäumen und Unterholz. Rückweg über eine etwas moderatere Steigung, erneut vorbei an "hoodoos" und senkrechten Sandsteinwänden.

"**Queen's Garden Trail**": Einer der kurzen und beliebten Trails, der die charakteristischen Formationen aus der Nähe zeigt. Abstieg in den Canyon des Amphitheaters, vorbei an den typischen Sandsteinfiguren von Bryce Canyon. Von einigen Abschnitten aus gute Fernsicht. Rundweg ab Sunrise Point 2,4 km, ca. 1 Std. Gut kombinierbar mit dem Navajo Trail: Das kurze Verbindungsstück im Canyon unter Bäumen. Rückweg vom Sunset zum Sunrise Point über den Rim Trail. Bietet auf 5,5 km (ca. 1,5 Std.) einen Super-Einblick in die Geologie von Bryce Canyon.

"**Peekaboo Trail**": Grandioser Rundweg, der alles offenbart, was Bryce Canyon zu bieten hat: Fernsicht, Überblick über den Canyon, Sandsteinfiguren und "hoodoos" in Hülle und Fülle und aus unmittelbarer Nähe. Jede nur erdenkliche Form, die die Phantasie anregt: natürliche Torbögen, monumentale Felskolosse, beschauliche Winkel mit schattigen Bäumen. Gelegentlich erkennt man einen der Aussichtspunkte am Rim, von dem die winzigen Leute auf die Wanderer herunterschauen. Das erste Teilstück, das man am Ende wieder hinaufmuß, geht steil in den Canyon hinein. Unten der Rundweg, auf dem es ständig kurz bergauf und bergab geht; immer wieder um Kurven und Ecken, hinter denen sich neue Wunder aus Sandstein verbergen. Insgesamt 8 km, ca. 3 Std.

Nur wenige, wenn auch große Hotels und Motels im Nationalpark und in unmittelbarer Nähe. Während der Sommersaison frühzeitig reservieren. Ausweichmöglichkeit im kleinen Ort TROPIC am Hwy. 12 Richtung Capitol Reef, wo einige einfache Motels existieren. Weitere Unterkünfte auch westlich am Red Canyon und der Krezung von Hwy. 12 und 89.

"**Ruby's Inn**", direkt vor dem Eingang zum Nationalpark. Ein ganzes Motel-Dorf mit zahlreichen zweistöckigen Gebäuden. Je weiter nach hinten, desto ruhiger und angenehmer. Hallenbad und Whirpool während der Hauptsaison. Zimmer hell, modern und komfortabel. Geräumig mit Sitzecke. DZ in der sommerlichen Hochsaison ab 75 US, zum Winter hin Rückgang bis auf 43 US. Tel. 834-5341.

"**Bryce Canyon Lodge**", im Nationalpark am Scenic Drive, wenige Kilometer vom Visitor Center. Die am günstigsten gelegene Unterkunft. Geöffnet Mitte April bis Ende Oktober. Das Haupthaus im Stil eines traditionellen Berghotels. In der Lobby großer Kamin und massive Holzbalken. Im Wald verteilt rustikale Motelbauten (DZ ca. 7o US) oder Blockhäuser im Western-Stil für bis zu 4 Personen (82-94 US). Tel. 586-7686.

"**Bryce Village Resort**", Hwy. 12/ Ecke Hwy. 63, 3 km vor dem Parkeingang. Großes Motel mit mehreren flachen Gebäuden. Einfache, aber ordentliche Zimmer. DZ in der Hochsaison ca. 8o US, Nebensaison 6o US. Rustikale Blockhütten ganzjährig 45 US. Tel. 834-5351.

"**Foster's Motel**", Hwy. 12, 1 km westlich der Abzweigung zum Nationalpark. Neue Motelgebäude, gruppiert um einen staubigen Parkplatz und ein Steak-House. DZ in der

Hochsaison 55 US, sonst 45 US. Tel. 834-5227.

"North Campground", günstig gelegen im Nationalpark, Nähe Visitor Center. Die Stellplätze angenehm verteilt auf einem großen Areal am Canyonrand. Viele große Bäume bieten ausreichend Schatten. Trinkwasser und Toiletten vorhanden. Ganzjährig geöffnet. Stellplatz 7 US. Im Sommer oft voll; keine Reservierung, daher früh eintreffen.

"Sunset Campground", ebenfalls in guter Lage am Scenic Drive im Nationalpark. Nur während der Hauptsaison geöffnet. Ähnliche Anordnung und Ausstattung wie North Campground. Stellplatz 7 US. Auch hier wegen starken Andrangs früh eintreffen.

Wer zu spät kommt und keinen Platz mehr erwischt, hat während der Sommermonate eine Alternative beim Motel Ruby's Inn am Parkeingang: Ordentlicher Campground mit voll ausgerüsteten sanitären Anlagen inkl. Duschen. Etwas teurer als die Plätze im Park. Weitere Campgrounds in ungewöhnlicher Umgebung am Hwy. 12 Richtung Capitol Reef (siehe dort).

RUBY'S INN, im gleichnamigen Motel am Eingang zum Nationalpark. Gemütlich-rustikales Ambiente. Touristenmenüs mit Fleisch oder Fisch 1o-15 US, preiswertes warmes und kaltes Buffet um 1o US. Mittags Schwerpunkt auf Sandwiches und kleinen Snacks (5-8 US).

RED CANYON DELI, ebenfalls im Motel Ruby's Inn. Preiswertes Fast Food mit Selbstbedienung. Hektische Kantinenatmosphäre.

BRYCE CANYON LODGE, im gleichnamigen Hotel. Vornehm-rustikale Atmosphäre in einem freundlichen Speisesaal. Zum Dinner hauptsächlich Steaks und Fleischgerichte, inkl. Suppe oder Salat 12-15 US. Mittags auch kleinere Imbisse und preiswerter.

Ähnliche Restaurants auch bei den Motels am Hwy. 12.

Selbstversorgung: GENERAL STORE, im Motel Ruby's Inn. Hinter den Massen an Souvenirs und Geschenkartikeln verbirgt sich die Lebensmittelabteilung. Grundnahrungsmittel sind vorhanden, die Auswahl allerdings beschränkt, vor allem bei frischen Produkten. Ganzjährig geöffnet. Ein ähnlicher Laden auch bei der Bryce Canyon Lodge im Nationalpark.

Picknick: Überall im Nationalpark Picknickplätze mit Tischen und Bänken. Meist in schöner Umgebung und unter Bäumen, in der Nähe des Canyonrandes. Im Sommer sicher die empfehlenswerte und preiswertere Alternative zu den wenig originellen Restaurants.

Rodeo: Während der Sommermonate Mo-Sa jeden Abend kleines Rodeo, inszeniert für die Touristen. Arena gegenüber von Ruby's Inn, kurz vor der Zufahrt zum Nationalpark. Eintritt 6 US.

Verbindungen

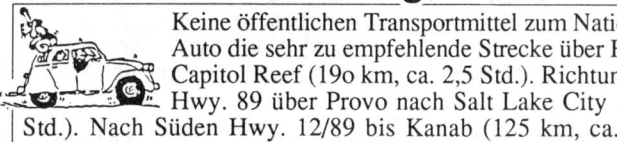

Keine öffentlichen Transportmittel zum Nationalpark. Per Auto die sehr zu empfehlende Strecke über Hwy. 12 nach Capitol Reef (19o km, ca. 2,5 Std.). Richtung Norden Hwy. 89 über Provo nach Salt Lake City (42o km, ca. 5 Std.). Nach Süden Hwy. 12/89 bis Kanab (125 km, ca. 1,5 Std.) und weiter nach Arizona oder zum Zion National Park (135 km, ca. 1,5 Std.).

BRYCE CANYON --> CEDAR BREAKS

9o km, ca. 1,5 Std. Zwei Möglichkeiten: Entweder Südroute über Highways 12/89/14 oder Nordroute über Highways 12/89/143.

SÜDROUTE

RED CANYON: Hwy. 12 führt direkt durch die roten Berge und Felsen dieser Miniaturausgabe von Bryce Canyon. Für die Straße wurden einige kurze Tunnel in den Fels geschlagen. Das Rot ist intensiver als im Bryce Canyon, dafür fehlen die anderen Farbschattierungen, und die Sandsteinfiguren sind weitaus spärlicher.

LONG VALLEY JUNCTION: Eine Tankstelle markiert die Abzweigung nach Cedar Breaks. Richtung Süden geht es weiter durch das dicht bewaldete LONG VALLEY, direkt zum Zion National Park oder Grand Canyon North Rim.

DIXIE NATIONAL FOREST: Entlang Hwy. 14 Richtung Cedar Breaks hügeliges Gelände mit Wiesen und Wäldern. Harmonische Berglandschaft mit klaren Bächen und gelegentlichen Lavafeldern.

NAVAJO LAKE: Idyllischer Bergsee mit glasklarem Wasser und fast unberührten Ufern. Rundum dichter Mischwald. Der See wurde aufgestaut durch Lavafelder, so daß er nur unterirdische Abflüsse im porösen Sandstein besitzt. Im Sommer einige primitive Campingplätze am Ufer.

NORDROUTE

Zunächst ebenfalls durch den Red Canyon, dann nach PANGUITCH (1.5oo Einw.): Provinzstädtchen mit einigen Häusern und typischen Fassaden aus der Pionierzeit. Anschließend Fahrt über das MARKAGUNT PLATEAU, vorbei am PANGUITCH LAKE, der zwischen Wäldern und Lavafeldern liegt. Eiskaltes Wasser auch im Sommer. Weiter zum Nordrand von Cedar Breaks.

✱ Cedar Breaks National Monument

Halbrunder Canyon in Form eines Amphitheaters, 800 m tief und rund 5 km im Durchmesser. Der Übergang von der grünen und dicht bewaldeten Bergwelt des Markagunt Plateaus zu den weißen, roten und gelben Sandsteingebilden in der Schlucht ist frappierend. Vom Canyonrand phantastische Ausblicke auf die bizarren Felsfiguren im weiten Rund des Amphitheaters.

Insgesamt ist Cedar Breaks eine verkleinerte Ausgabe von Bryce Canyon, allerdings bei durchschnittlich 3150 m Höhe in einer reizvolleren Umgebung: Hochgebirgswelt mit grünen Wiesen, Wäldern, Bächen, uralten Bristlecone Pines und selbst zu Sommeranfang häufig noch kleinen Schneefeldern. In der Nähe das erstklassige Skigebiet BRIAN HEAD.

Cedar Breaks ist per Auto nur zugänglich von Mitte Mai bis Mitte Oktober. Im Winter per Ski-Touren; ein exquisites Erlebnis, nur wenigen vorbehalten. Auch im Sommer weitaus weniger Besucher als am Bryce Canyon, daher beschaulichere Atmosphäre an den Viewpoints und Ruhe auf den Wanderwegen.

Die geologische Entstehung von Cedar Breaks am Rande des Markagunt Plateaus ist vergleichbar mit derjenigen von Bryce Canyon. Die Sandsteinschichten entstammen den Sedimenten einer Seenlandschaft, die vor Millonen von Jahren hier existierte. Weitere Details zum Prozeß der Plateaubildung sowie zur späteren Erosion des Sandsteins siehe Bryce Canyon.

Auf dem Canyonrand von Cedar Breaks wachsen einige Exemplare der extrem seltenen BRISTLECONE PINES (*pinus aristata longaeva*; dt. Borsten-Kiefer). Es sind zähe Bäume, die sich von den extremen klimatischen Bedingungen auf über 3000 m Höhe nicht kleinkriegen lassen. Die jüngeren Exemplare sind noch dicht mit Nadelzweigen bedeckt, die an Fuchsschwänze oder Spülbürsten erinnern. Wind und Wetter formen die Stämme und Äste in Jahrhunderten zu den erstaunlichsten und bizarrsten Gebilden.

Bristlecone Pines sind die ältesten Lebewesen des Planeten Erde. Einige Bäume in den Höhenlagen der kalifornischen Sierra Nevada sind zum Teil über 4000 Jahre alt. Sie waren also zarte Pflänzchen, als die Ägypter ihre Pyramiden bauten und hatten schon rund 2000 Jahre auf dem Buckel, als Hannibal mit seinen Elefanten die Alpen überquerte. Die Exemplare in Cedar Breaks sind nicht ganz so alt, einige von ihnen bringen es aber immerhin auf 1500 Jahre.

Das Überleben der Bäume in der Einöde wird gesichert durch ein gebremstes Wachstum von nur 3 cm in hundert Jahren. Dadurch entsteht ein sehr harziges Holz, das der Fäulnis widersteht. Die Bristlecone Pines in etwas feuchteren Lagen nehmen mehr Wasser auf, werden deshalb nicht so hart und widerstandsfähig und sterben früher ab. Bei den Bristlecones existiert also ein eigentümliches Gesetz der Natur: Wer die schlechtesten und härtesten Lebensumstände hat, wird am ältesten.

Der alte Baum mit seinem knorrigen Stamm ist fast völlig abgestorben, nur ein dünner Teil der Rinde lebt weiter und versorgt die Spitzen der Äste. Er biegt und windet sich, will aber einfach nicht absterben. Selbst im Tod bleibt er noch hartnäckig stehen und kann sich weitere 1000 Jahre lang aufrechthalten. Durch Sand und Eis poliert glänzt er, vermodert aber nicht. Wie an Gestein nagt die Erosion langsam an ihm und vernichtet

ihn erst in einem langen Prozeß.
In vielen Fällen holt ihn allerdings die Erosion des Canyonrandes von Cedar Breaks ein: Die Abbruchkante kommt denjenigen Bäumen, die relativ dicht am Rand stehen, immer näher. Wenn sich die Wurzeln irgendwann nicht mehr halten können, stürzt der Baum ins Tal. Der geologische Auflösungsprozeß des Canyons war in diesem Fall schneller als der Zyklus eines Baumlebens.

Tourist INFO: Visitor Center am südlichen Eingang zum National Monument. Kleine Ausstellung zur Geologie von Cedar Breaks sowie aus dem Fenster ein Blick in den Sandstein-Canyon. Hier bezahlt man auch die 4 US Zufahrtsgebühr pro PKW.

RIM DRIVE: Führt über 8 km am Canyonrand entlang. Durch grüne Wiesen und Wälder, die kaum vermuten lassen, daß sich wenige Meter weiter der wüstenhafte Sandstein-Canyon auftut. Vier Aussichtspunkte mit Parkplätzen bieten jeweils einen unterschiedlichen Blick auf die vielfarbigen Gesteinsschichten des Amphitheaters. Von Süd nach Nord: Point Supreme beim Visitor Center, Sunset View, Chessman Ridge Overlook und North View.

BRIAN HEAD PEAK: Im Winter Teil des Skigebiets; nachdem der Schnee geschmolzen ist, führt eine Schotterstraße auf den Gipfel. Von der Felskuppe aus ein phantastischer Blick hinunter zum Cedar Breaks National Monument sowie in die Ferne bis nach Nevada, Arizona und weit ins östliche Utah.

WANDERN

Zwei Wanderwege führen am Canyonrand entlang durch die Wälder, mit Ausblicken auf die Wunderwelt des Sandsteins. Relativ wenig Betrieb, das Panorama und die Steinfiguren lassen sich in Ruhe genießen. Bei längeren Wanderungen die Höhenlage berücksichtigen, auf über 3ooo m kommt man schnell aus der Puste.

"**Wasatch Rampart Trail**": Zunächst entlang der Canyonkante. Zur einen Seite das Grün der Wiesen und Wälder, auf der anderen die roten Töne des Canyons. Auf der Hälfte des Weges der Spectra Point: Von einem Vorsprung einer der schönsten Blicke ins Amphitheater von Cedar Breaks. Außerdem eine Gruppe von Bristlecone Pines, einige dieser Bäume sind über 1ooo Jahre alt.

Die zweite Hälfte des Trails hauptsächlich durch Wald. Am Ende wiederum ein gewagter Vorsprung in den Canyon hinaus. An seinem Rand halten sich mit ihren letzten Wurzeln noch ein paar knorrige Bristlecone Pines fest. In naher Zukunft werden sie unweigerlich in den Abgrund stürzen, denn die Erosion am Canyonrand schreitet unaufhörlich voran. 6,5 km retour, ca. 2 Std. Ausgangspunkt am Visitor Center.

"**Alpine Pond Trail**": Rundweg durch den Wald zu einem idyllischen

Teich, vollkommen umgeben von Bäumen. Die Sandsteingebilde des Amphitheaters scheinen hier unendlich fern, doch der Canyon ist nicht weit. 1,6 km, knapp 1 Stunde. Ausgangspunkt ist der Parkplatz zwischen Chessman Ridge und North View. Die Tour läßt sich erweitern zu einer Rundwanderung bis Chessman Ridge, dann insgesamt 3,2 km.

SKI

Nur drei Kilometer nördlich von Cedar Breaks der Skiort <u>BRIAN HEAD</u> (75 Einw.): Moderne Hotels und Apartments aus der Retorte. Liftanlagen direkt vor der Tür, gespurte Langlaufloipen und die Möglichkeit, per Ski zum Cedar Breaks National Monument zu gelangen, wo Schnee und farbiger Sandstein eine fotogene Kombination eingehen. Information über Schnee- und Pistenverhältnisse: Tel. 677-2o35.

Zufahrt nach Brian Head im Winter nur von Norden ab Interstate 15 bei <u>PAROWAN</u>. Die Straße durch Cedar Breaks National Monument ist wegen der Schneemengen in der Regel gesperrt.

Alpin: Großes Skigebiet an den gegenüberliegenden Hängen von Navajo Peak und Brian Head Peak. Saison von Ende November bis Mitte April. 7 Lifts, in Betrieb von 9-16 Uhr. Dutzende von Pisten durch den Wald; für Anfänger und Könner. Tagesticket 28 US, Ausrüstung 15 US. Höhenlagen zwischen 2.9oo und 3.3oo m.

Nordisch: Einige gespurte Loipen, eine davon zum Nordrand von Cedar Breaks. Besonders reizvoll jedoch Cross-Country Touren entlang des Canyonrandes mit fabelhaften Ausblicken auf die verschneiten Sandsteinmonumente.

RADFAHREN

Das Markagunt Plateau rund um Cedar Breaks und Brian Head ist ein ideales Revier für Mountain Biker. Zahlreiche Trails durch einsame Waldgebiete. Vermietung von Fahrrädern in Brian Head.

Besonders lohnend ist der "<u>Twisted Forest Trail</u>": Am Nordrand von Cedar Breaks Canyon zum High Mountain. Von dort Ausblick auf die Sandsteinwelt des National Monument. Unterwegs kann man sein Rad kurz anketten und auf Fußwegen zu weiteren Aussichtspunkten gehen. Ausgangspunkt am Südrand von Brian Head.

Keine Hotels oder Motels im National Monument. Übernachtung am besten in Brian Head, 3 km nördlich von Cedar Breaks. Dort sind einige der Wintersporthotels (zumeist allerdings Apartmenthäuser) auch im Sommer geöffnet und preiswerter als zur Skisaison. Im Winter ist Reservierung ratsam, die zentrale Vermittlung der Apartments ist zu erreichen über Tel. 800-468-4898. Ganzjährig geöffnet auch für Durchgangsreisende ist auf jeden Fall:

"<u>Brian Head Hotel</u>", Hunter Ridge Rd., am Nordrand im etwas niedriger gelegenen

Teil des Ortes. Mehrere dunkle Glaskästen bilden einen großen Hotelkomplex. Ruhige Lage am Wald, direkt am Lift. Studios und Suites mit luxuriöser Ausstattung. DZ zur Skisaison ab 9o US, Im Sommerhalbjahr mit 6o US weitaus erschwinglicher. Tel. 677-3ooo.

"Point Supreme Campground": Kleiner, aber schön gelegener Campground in der Nähe des Visitor Center. Geöffnet je nach Wetterverhältnissen nur von Juni bis Ende September. Stellplätze angenehm verteilt im Wald. Picknickbänke, Wasser und Toiletten; keine Duschen. Stellplatz 7 US.

Keine Restaurants innerhalb des National Monument. Auch im benachbarten Brian Head sind außerhalb der Skisaison nur wenige Lokale geöffnet. Ganzjährig auf jeden Fall:

THE EDGE, Hwy. 143 in der Ortsmitte. Gemütlich-rustikale Atmosphäre. Großes Lokal, aber aufgeteilt in mehrere Sektionen. Zum Dinner Fleisch- und Fischgerichte sowie Nudeln. 1o-15 US inkl. Selbstbedienung an der Salatbar. Mittags auch kleinere Gerichte, preiswerter.

Selbstversorger: Kleine Läden im Skizentrum Brian Head, aber relativ teuer und nicht übermäßig vielseitig bestückt; Vorräte besser von anderswo mitbringen.

Picknick: Picknicktische auf einer Wiese unter Bäumen neben dem Campground, nicht weit vom Visitor Center.

Verbindungen

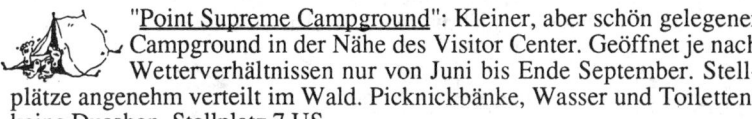

Öffentlicher Transport weder zum National Monument noch ins benachbarte Brian Head. Per Auto zum Bryce Canyon (9o km, ca. 1,5 Std.) über Highways 14/89/12. Zum Zion National Park (11o km, ca. 1,5 Std.) über Hwy. 14/89/9. Nach Cedar City (34 km, ca. 3o Min.) über Hwy. 14, dort Anschluß an Interstate 15 Richtung Salt Lake City oder Las Vegas.

CEDAR BREAKS --> CEDAR CITY

35 km, ca. 3o Min. Kurze Strecke durch die Wälder des DIXIE NATIONAL FOREST, ständig bergab vom Markagunt Plateau in die Ebene. Streckenweise durch einen engen Canyon mit gewaltigen Felswänden, auf denen sich nur wenige Bäume halten können. Direkt an der Straße der ZION OVERLOOK: Blick vom Rand des Plateaus auf die Canyons und Mesas des Zion National Park. Ein majestätisches Panorama über den gesamten Südwesten Utahs.

✶ Cedar City (14.ooo Einw.)

Eine der üblichen Kleinstädte des amerikanischen Westens. Main Street mit einigen Geschäftshäusern und Fassaden aus der Pionierzeit und ansonsten die reklame- und neonbestückten Durchgangsstraßen. Lohnend der Theaterfreunde das alljährlich im Sommer stattfindende Shakespearean Festival.

 286 N. Main St.

SEHENSWERTES

ROCK CHURCH, Center St./ Ecke 1oo East St. Ungewöhnliches Kirchengebäude im englischen Stil. Kombination aus Naturstein und Fachwerk mit einem spitzen Uhrturm. Aus Mangel an Baumaterial während der Weltwirtschaftskrise mit den Steinen aus den Canyons der Umgebung errichtet.

IRON MISSION STATE PARK, 595 N. Main St. Nach der Entdeckung von Eisen bei Cedar City riefen die Mormonen zur Gründung der Iron Mission auf. Es kamen Siedler, Bergleute und Missionare. Das Museum informiert über diese frühe Pionierzeit sowie über die prähistorischen Indianer der Gegend. Hauptattraktion ist jedoch die hervorragende Kutschensammlung: Nobel-Karossen, Postkutschen der rustikalen und einfachen Art, eine bequeme Stage Coach von Wells Fargo, Schlitten, Leichenwagen. Geöffnet tägl. von 9-19 Uhr, außerhalb der Festival-Saison nur bis 17 Uhr; Eintritt 1,5o US.

SHAKESPEAREAN FESTIVAL: Größte Attraktion der Stadt, von Ende Juni bis Anfang September. Theaterfestival, bei dem in der Regel drei Stücke von Shakespeare sowie drei weitere von anderen Dramatikern auf dem Programm stehen. Neben dem ADAMS SHAKESPEAREAN THEATRE (Freilichtbühne) zwei weitere Theater: RANDALL L. JONES THEATRE und AUDITORIUM. Alle dicht zusammen auf dem Gelände der Southern Utah University, Center St./Ecke 3oo West St.

Während der Spielsaison auch weitere kulturelle Veranstaltungen wie Seminare, Vorträge und Führungen hinter die Kulissen. Programm des Festivals erhältlich über Utah Shakespearean Festival, Cedar City, UT 8472o. Über diese Adresse auch Kartenbestellungen. Ticketreservierung außerhalb per Tel. 586-7878. Ein Kartenkontingent wird außerdem für den jeweiligen Tag der Aufführung zurückgehalten. Eintrittspreise 16-24 US, für Matinees im Auditorium bereits ab 1o US.

 Wer wegen des Festivals nach Cedar City kommt, findet günstig gelegene Unterkünfte auf S.Main St.: die üblichen Motels aller Kategorien aufgereiht entlang der Hauptstraße. Als Übernachtungsstop auf dem Weg von Salt Lake City nach Nevada und Kalifornien eignen sich die Motels an der Autobahnausfahrt Exit 59.

CEDAR CITY --> PROVO

33o km/ ca. 3 Std. Schnellverbindung durch den Westen Utahs über Interstate 15. An der Strecke nur mäßig attraktive Zwischenstops. Details siehe Seite 515.

CEDAR CITY --> ST. GEORGE

85 km, 1 Std. auf der direkten Route über Interstate 15. An der Strecke die Abfahrt zu den KOLOB CANYONS (Exit 4o, Details siehe Zion NP) und der direkte Weg zum ZION NATIONAL PARK (Exit 27). Rund drei Kilometer von Exit 22 liegt SILVER REEF: Im 19. Jahrhundert eine Bergbaustadt, in der Silber gefördert wurde. Heute nur noch wenige Überreste, erhalten allerdings das steinerne Gebäude von Wells Fargo, inzwischen restauriert und zu einem kleinen historischen Museum umfunktioniert.

LEGACY LOOP: Alternative zur Autobahn; führt durch den äußersten südwestlichen Winkel von Utah: Hwy. 56 Richtung Westen, jenseits von NEWCASTLE dann Hwy. 18 nach Süden. Zeitaufwendiger, und auch die ganz großen Attraktionen fehlen. Der Loop umrundet die PINE VALLEY MOUNTAINS, in deren Höhenlagen dichte Wälder wachsen, und wohin man im Sommer vor der Hitze im Tal flüchten kann. Große Teile als Wilderness Area unter Naturschutz und daher nicht per Auto zugänglich.

An der Strecke einige kleinere Sehenswürdigkeiten, die hauptsächlich mit der Besiedlungsgeschichte Utahs zu tun haben: In OLD IRONTOWN RUINS zwischen Cedar City und Newcastle die Reste einer Eisengießerei aus dem 19. Jahrhundert. In MOUNTAIN MEADOW (zwischen Newcastle und Veyo) überfielen 1857 mormonische Siedler einen Planwagen-Treck und brachten dabei über hundert Menschen um. Ein Denkmal erinnert an diese düstere Episode. Kurz vor St. George der SNOW CANYON STATE PARK mit einer vielseitigen Wüstenlandschaft aus Lavaflüssen, Sandsteinfelsen, erloschenen Vulkanen und Sanddünen. Auch Flora und Fauna sind typisch für die Wüste: jede Menge Kakteenarten und hier und da eine Klapperschlange.

✯ St. George (3o.ooo Einw.)

Größte Stadt im Süden Utahs. Im Sommer brütend heiß, im Winter milde, frühlingshafte Temperaturen. Ausgebreitet in der Ebene mit dem üblichen Stadtbild. Für Besucher kaum von Interesse. Außer einigen religiösen und historischen Gebäuden der Mormonen ist nicht viel zu sehen.

PIONEER MUSEUM, 1oo East St./ Ecke St. George Blvd. Das übliche Museum mit Relikten aus der Zeit der Besiedlung durch die Mormonen. Fotos, Büroausstattungen, Musikinstrumente, Kleidung. Daneben die Chamber of Commerce mit der Touristeninformation.

BRIGHAM YOUNG WINTER HOME, 2oo North St./ Ecke 1oo West St. Auch der Urvater der Mormonen in Utah wußte das milde Klima von St. George zu schätzen und verbrachte seine Winter in diesem schönen Backsteinhaus. Rundum weitere Villen aus der Pionierzeit.

MORMON TEMPLE, 4oo South St./ Ecke 2oo East St. Aufwendig gestaltete Parkanlage. In der Mitte das weiße Gotteshaus, das die umgebende Wohnsiedlung mit seinen Türmen beherrscht.

Selbst als Übernachtungsstop an der Autobahn ist St. George wenig attraktiv: Las Vegas mit seinen preiswerten Hotels und Restaurants ist nur ca. 2 Std. entfernt. Für alle Fälle: Die beiden Motelzeilen der Stadt sind St. George Blvd. (direkt über Exit 8) oder Bluff St. (Exit 6). Alle bekannten Motelketten und örtliche Unternehmen in der üblichen Umgebung von Tankstellen und Drive-Ins.

ST. GEORGE --> ZION NATIONAL PARK

7o km, 45 Min. Schon bei der Annäherung auf Hwy. 9 hat man die majestätischen Felskolosse vor Augen. Bei VIRGIN Abfahrt zum Lava Point im nordwestlichen Teil des Nationalparks, ein unbedingt lohnender Abstecher (Details siehe Zion NP).

GRAFTON: Ghost Town mit wenigen verbliebenen Gebäuden einer Mormonensiedlung aus dem 19. Jahrhundert. Verlassen wegen ständiger Überflutungen. Fotogen vor allem wegen der roten Berge im Hintergrund. Gelegentlich von Hollywood-Regisseuren als Schauplatz für Western genutzt. Einige Szenen von "Butch Cassidy and Sundance Kid" wurden z.B. hier gedreht. Auch der kleine Friedhof mit verwitterten Grabsteinen und Holzkreuzen liegt malerisch vor der Bergkulisse (ca. 5oo m vor dem Ort links ab). Zu erreichen ab ROCKVILLE (Bridge St.) rechts ab und noch 6 km auf nicht asphaltierter Straße.

✱ Zion National Park

Grandiose Felslandschaft mit monumentalen Mesas, engen und tief eingekerbten Canyons sowie verwitterten und abgebrochenen Gesteinsschichten. Bis zu 6oo m ragen die senkrechten Sandsteinwände empor. Die verschiedenen Farbtöne des Sandsteins und die ständig wechselnden Licht- und Schattenverhältnisse in den Canyons machen den Nationalpark zu jeder Tageszeit zu einem neuen Erlebnis. Spektakuläre Wanderwege führen an den Canyonwänden bergauf und ergänzen den Eindruck durch einen Blick von oben.

Zion gehört mit jährlich über 2,5 Millionen Touristen zu den großen Attraktionen im Südwesten der USA. Die Besuchermassen konzentrieren sich im Zion Canyon, wo sich die Schlucht schlangenförmig zwischen enormen Felsriesen durchwindet. Doch auch die weniger spektakulären Teile des Nationalparks haben ihren Reiz: Canyons und schiere Felswände

Südwest-Utah

findet man überall, dazu noch die Vorteile von fast unberührter Wildnis und wenig Besuchern.

GEOLOGIE: Über 2oo Millionen Jahre lang war die Region im Südwesten des heutigen Utah eine Ebene, in der sich je nach Klima Inlandsmeere, Sümpfe, Flußlandschaften und Wüsten abwechselten. In jeder Epoche wurden Sedimente oder Sanddünen abgelagert, deren Gewicht den darunterliegenden Boden absinken ließ und das Land in etwa auf Meereshöhe hielt. Flüsse trugen Mineralien heran, die durch die Sandschichten sickerten und die Partikel zu massivem Fels verbanden.

Vor 1o Millionen Jahren begann die Aufwärtsbewegung des Colorado Plateau durch gewaltige Kräfte im Erdinnern. Da diese Bewegung im Norden stärker als im Süden war, erhielten die Flüsse ein starkes Gefälle und schürften mit der Zeit tiefe Canyons aus dem Fels heraus. Dieser Prozeß hält noch immer an.

In den Schluchten wurden verschiedene Schichten des ursprünglichen Sedimentgesteins abgetragen und freigelegt. Der nicht mehr vorhandene Druck im Innern der Felsen führt an den Canyonwänden zu einer Expansion des Gesteins und verursacht die überall sichtbaren Risse. Da in Zion untere Sandsteinschichten weicher sind als die oberen, erodieren diese eher, und können das Gewicht der oberen Schichten nicht mehr halten. Es kommt zu gewaltigen Felsabbrüchen, die im Zion Canyon besonders groß und deutlich zu erkennen sind.

Visitor Center kurz hinter dem Südeingang zum Park. Viel Literatur zu den Nationalparks im Südwesten der USA. Museum mit Schaukästen zur Entstehung und geologischen Entwicklung von Zion. Bei der Zufahrt (5 US pro PKW) erhält man eine Karte und "The Sentinel", eine Zeitung mit aktuellen Informationen über den Nationalpark. Außerdem ein Visitor Center am Scenic Drive zu den Kolob Canyons im nordwestlichen Zipfel des Nationalparks.

Post: Am Ortsrand von Springdale Richtung Zion Canyon, 624 Zion Park Blvd.

Telefon: Notruf, 24 Stunden besetzt: 911 oder 772-3322.

ZION CANYON

Die Super-Show der Felsgiganten von Zion. Knapp 1o km lang fährt man am Fuß von steilen Felswänden durch den Canyon aus rotem Sandstein. Je nach Tageszeit wechseln Schatten und Licht und geben der Schlucht dadurch ununterbrochen neue Dimensionen und Farben. An der Straße zahlreiche Ausbuchtungen mit Blick auf die phänomenalen Berge, deren Namen schon für sich sprechen: Three Patriarchs, Mount Majestic, Cathedral Mountain, The Great White Throne, Castle Dome, East Temple....

Wer tiefer in diese Monumental-Welt eindringen will, hat die Auswahl an zahlreichen Wanderwegen (Details siehe Wandern). Die wichtigsten Stationen, die per Auto oder kurzem Fußweg zu erreichen sind:

COURT OF THE PATRIARCHS: Kurzer Trail zu einem Aussichtspunkt, von dem aus die markanten Felsriesen Mountain of the Sun, Twin Brothers und Three Patriarchs zu erkennen sind.

GROTTO: Picknickplatz unter Bäumen, eingezwängt zwischen die an beiden Seiten aufragenden Felswände. Dominant der 18o7 m hohe Red Arch Mountain.

WEEPING ROCK: Kurzer Fußweg bergauf. Aus einer überhängenden Felswand regnet das Wasser direkt aus dem Gestein in kräftigen Tropfen und Strahlen. Es stammt von Regenfällen, die rund zwei Jahre vorher stattfanden und deren Wasser sich von den Berggipfeln langsam durch den Sandstein gearbeitet hat. Unter dem Felsvorsprung fühlt man sich wie in einer Theaterloge; auf der Bühne die Felsgiganten von Zion Canyon.

TEMPLE OF SINAWAVA: Benannt nach einen Gott der Paiute Indianer. Ende des Scenic Drive in einem fast geschlossenen Kessel von senkrechten Felswänden. Hier findet die majestätische Gewalt von Zion Canyon einen ihrer Höhepunkte.

ZION-MT.CARMEL HIGHWAY

Hwy. 9 windet sich in Serpentinen einen engen Canyon hinauf. Von allen Seiten eingeschlossen durch die Felswände und Sandsteinberge. Verschiedene Aussichtspunkte bieten fotogene Blicke auf Berge und in Nebencanyons. Straße teilweise direkt am Abgrund. Ein langer Tunnel führt durch einen der Felsgiganten hindurch. Östlich davon noch eine Reihe von massiven Bergen, die aus Tausenden von dünnen Sandsteinschichten zusammengepreßt sind.

CANYON OVERLOOK: Parkplatz sofort am Ende des Tunnels. Teilweise etwas steiler Pfad (1,5 km retour), der in kurzer Zusammenfassung beinahe alles zeigt, was für Zion typisch ist: Wege über schiere Felsen, Felsüberhänge, Sandsteinschichten, breite Canyons, enge Schluchten.

Am Endpunkt der Canyon Overlook mit einem Blick auf den Beginn von Zion Canyon. Das Tal im Vordergrund ist praktisch vollständig von senkrechten Sandsteinwänden eingeschlossen. Unten die Serpentinen von Hwy. 9 und in einer der Wände die Lichtschächte des Tunnels. Kein Wunder, daß die mormonischen Pioniere diese Landschaft für den ersten Tempel Gottes hielten und sie Zion nannten.

KOLOB TERRACE ROAD

Enge und kurvenreiche Straße (ca. 33 km) durchs "back country" von Zion. Weitaus weniger Betrieb als im Zion Canyon. Verwitterte Felskolosse, Canyons, Hochebenen mit Viehweiden und Feldern. Auf der Höhe dann grüne Wiesen und Wälder.

LAVA POINT: Es geht ständig bergauf, bis man hier auf 24o4 m einen absoluten Spitzenblick genießen kann. Beinahe wie aus dem Flugzeug auf die Canyons und Mesas des Zion National Park, die wie das wilde Auf und Ab eines aufgewühlten Meeres erscheinen. Richtung Osten geht der Blick zum Markagunt Plateau, wo man sogar einen Zipfel von Cedar Breaks National Monument erkennt.

KOLOB CANYONS

Massives Felsplateau mit zahlreichen eingekerbten Canyons im Nordwestzipfel des Zion National Park. Straße entlang von schieren, senkrecht aufragenden Felswänden. Am Endpunkt der beste Blick auf die <u>KOLOB TERRACE</u>, ein Felsplateau aus rotem Sandstein. Mehrere Schluchten, die <u>KOLOB CANYONS</u>, dringen fingerförmig in das Felsmassiv ein und bilden dadurch nebeneinander liegende Mesas, auf deren ebener Oberfläche Büsche und Bäume ums Überleben kämpfen.

Zufahrt ab Interstate 15 zwischen Cedar City und St. George, Exit 4o. Trotz dieser verkehrsgünstigen Lage relativ wenig besucht. Visitor Center am Beginn des Scenic Drive. Die Straße ist Ausgangspunkt mehrerer Wanderwege in die Canyons und zum <u>KOLOB ARCH</u> (siehe Wandern).

Außer der Zion Lodge befinden sich alle Unterkünfte in <u>SPRINGDALE</u>, einem Touristenort kurz vor dem südlichen Parkeingang.

"<u>Zion Lodge</u>", einzige Unterkunft direkt im Nationalpark, am Scenic Drive im Zion Canyon. Ganzjährig geöffnet. In kleiner Gartenanlage zahlreiche rustikale Motelgebäude und einige Blockhäuser. Zu beiden Seiten die steil aufragenden Wände des Canyons. DZ ab 7o US, Blockhaus für vier Personen 9o US. Während der Sommersaison frühzeitig reservieren. Tel. 586-7686.

"<u>Zion House</u>", 8o1 Zion Park Blvd. Bed&Breakfast im Ortszentrum. Großer Garten hinter dem Haus, viel Platz auch im Aufenthaltsraum. Vier Gästezimmer, geräumig und hell. Modern und individuell eingerichtet. Ausgiebiges Frühstück in persönlicher Atmosphäre. DZ je nach Größe ab 64 US. Rechtzeitige Reservierung im Sommer zu empfehlen. Tel. 772-3281.

"<u>Driftwood Lodge</u>", Hwy. 9 am Ortsrand von Springdale Richtung St. George. Modernes und komfortables Motel mit SW-Pool und Whirlpool. DZ im Sommerhalbjahr ca. 68 US, zum Winter hin Rückgang bis auf 48 US. Tel. 772-3262.

"<u>Terrace Brook Lodge</u>", 99o Zion Park Blvd. In der Ortsmitte, trotzdem ruhig, da nach hinten versetzt. Mehrere kleine Motelgebäude am Hang in kleiner Gartenanlage. Schöner SW-Pool. Zimmer klein, aber gepflegt und ordentlich ausgestattet. DZ je nach Saison ab 55 US. Tel. 772-3932.

"<u>Canyon Ranch Motel</u>", 668 Zion Park Blvd. Angenehmes Motel am Ostrand des Ortes Richtung Nationalpark. Ruhig gelegen in kleiner Gartenanlage, darin mehrere flache Gebäude verteilt. Schöner SW-Pool. Zimmer hell, mit großen Fenstern. Modern eingerichtet. DZ im Winter je nach Größe und Ausstattung ab 4o US, während der Sommermonate ab 51 US.

"<u>Watchman Campground</u>": Am Südeingang des Nationalparks, nicht weit vom Visitor Center. Auf weitläufigem Gelände am Bach, Stellplätze relativ großzügig verteilt unter

Bäumen. Sand- oder Steinboden. Toiletten, Picknicktische, Wasser; keine Duschen. Stellplatz 7 US.

"South Campground": Nähe Watchman, ähnlich gelegen und ausgestattet. Stellplatz ebenfalls 7 US.

"Zion Canyon Campground": In Springdale, Zion Park Blvd. Im Ort, nicht so schön gelegen wie die beiden Campgrounds im Nationalpark. Dafür voll ausgestattete sanitäre Anlagen inkl. Duschen. Stellplätze (ab 14 US) relativ dicht beisammen.

"Lava Point Campground": Wenige Meter von dem grandiosen Aussichtspunkt am Ende der Kolob Terrace Road. Idyllischer Platz in einem Wäldchen; nur wenige Stellplätze abseits des Nationalparkgetriebes. Für Fans von Einsamkeit und alle, die sich oft und lange einem Super-Blick aussetzen möchten. Toiletten, Picknicktische, kein Wasser. Gratis.

Zahlreiche Lokale entlang der Hauptstraße in Springdale. Trotz Touristenrummels ist die Qualität des Essens in einigen von ihnen erstaunlich gut:

ZION PIZZA & NOODLE CO., 868 Zion Park Blvd., in der Ortsmitte. Ehemalige Backsteinkirche, umfunktioniert in ein gemütliches Restaurant. Im Sommer Terrasse. Man bestellt an der Theke und bekommt das Essen dann serviert. Nudeln und Pizza für 7-1o US. Kein Alkoholausschank, Bier darf man aber mitbringen.

FLANIGAN'S INN, 428 Zion Park Blvd., am Ortsrand Richtung Nationalpark. Gemütliche Korbmöbel, gediegene Atmosphäre im Speisesaal und im Sommer auf der ruhigen Terrasse. Gehobene Küche mit ausgezeichnet präparierten Fleisch-, Fisch- und Nudelgerichten für 1o-15 US; große Salate um 8 US. Mittags und zum frühen Dinner bis 18 Uhr preiswerter.

BITS AND SPURS, 1212 Zion Park Blvd. Hervorragende mexikanische Küche mit Elementen der Southwestern Cuisine. Traditionelle mexikanische Gerichte wie Enchiladas und Tostadas für 7-1o US; originelle Kreationen des Hauses 1o-15 US. Das Ambiente trotz Holzverkleidung der Wände eher abweisend. Im Sommer allerdings rund ums Haus eine schattige Terrasse, umgeben von einem schön angelegten Garten.

Selbstversorger: ZION PARK MARKET, 856 Zion Park Blvd., in Springdale. Supermarkt mit dem Nötigsten in Dosen und kleineren Abteilungen für Milchprodukte, frisches Obst und Gemüse.

Picknick: Schattiger Platz ("Grotto") mit Picknickbänken und Grilleinrichtungen im Zion Canyon, Nähe Zion Lodge. Die steilen Felswände bilden die Kulisse, so daß man auch beim Essen nicht auf die grandiosen Phänomene des Canyons verzichten muß.

WANDERN

Wandern in Zion ist das ganze Jahr über möglich. Trails in Höhenlagen oder engen Canyons können jedoch während des Winterhalbjahres verschneit oder vereist und damit unzugänglich sein. Aktuelle Informationen in den Visitor Centers.

"**Gateway to the Narrows**": Ausgangspunkt am Ende des Scenic Drive im Zion Canyon. Am Virgin River entlang. An den Felswänden wachsen im Frühjahr und Sommer Pflanzen und Wildblumen. Am Ende ist das Tal so eng, daß nur noch der Fluß hineinpaßt. Viel Betrieb auf dem asphaltierten Trail (3,2 km retour), da ganze Busladungen hier abgesetzt werden. Lohnt aber trotzdem wegen des Canyon-Erlebnisses.

Viele Leute wandern im Flußbett weiter aufwärts in die "Narrows". Der Canyon wird immer enger und attraktiver. Aber: Es gibt keinen Trail, das Wasser kann eiskalt sein, es gibt starke Strömungen, nach Regenfällen ist der Wasserstand an vielen Stellen mehr als knöcheltief, Regen kann zu plötzlichen und lebensgefährlichen Fluten führen. Wer die aufregende Tour machen möchte, sollte sich unbedingt bei den Rangern über den aktuellen Stand der Dinge informieren und deren Ratschläge befolgen.

"**Hidden Canyon Trail**": Über Serpentinen hinein in eine schiere Felswand. Im oberen Abschnitt enger Trail direkt am Abgrund, gelegentlich Ketten zum Festhalten. Ausblick auf Zion Canyon und den Scenic Drive im Tal. Hidden Canyon ist eine enge Schlucht, deren Felswände extrem dicht zusammenstehen. Oberhalb ein Felsvorsprung mit grandiosem, aber kribbligem Panorama. Hin und zurück 3,2 km, ca. 1,5 Std. Ausgangspunkt: Parkplatz Weeping Rock.

"**East Rim Trail**": Vom Boden des Zion Canyon zum 1983 m hoch gelegenen Observation Point. Serpentinen in die steile Felswand. Dann durch den engen Echo Canyon, später über schieren Fels, in den Stufen gehauen sind. Unterwegs und besonders am Observation Point atemberaubende Blicke auf Zion Canyon und die gegenüberliegenden Felswände. Hin und zurück 12 km, je nach Kondition 5-7 Std. Ausgangspunkt: Parkplatz Weeping Rock am Scenic Drive im Zion Canyon.

"**Emerald Pools Trail**": Wanderung zu natürlichen Wasserbecken in der Canyonwand. Die Lower Pools unter einem Felsüberhang. Bei genügend Wasser ergießen sich von oben aus den Middle Pools zwei Wasserfälle über die Kante. Von den Middle Pools unwegsamer Pfad zum Upper Pool, einem sensationellen, beinahe magischen Ort: Halbkreisförmig erheben sich die senkrechten Felswände direkt hinter dem kleinen Teich. Fast unheimlich die Abbruchkanten und Risse. Insgesamt 3 km, ca. 1,5 Std. Ausgangspunkt: Parkplatz gegenüber der Zion Lodge.

"**La Verkin Creek Trail**": Anstrengende Wanderung zu einem der größten natürlichen Torbögen der Welt, dem Kolob Arch mit einer Spannweite von 94 m. Einsame Landschaften im "back country" von

Zion. Entlang von Bachbetten (je nach Jahreszeit ausgetrocknet) in Seitencanyons. 21 km hin und zurück, Tagestour. Wer am Kolob Arch übernachten will (fotogener Sonnenauf- und -untergang) braucht ein permit der Ranger. Ausgangspunkt: 1oo m unterhalb des Parkplatzes Lee Pass, am Scenic Drive zu den Kolob Canyons, im nordwestlichen Teil des Nationalparks.

Verbindungen

Zion National Park ist mit öffentlichen Verkehrsmitteln nicht zu erreichen. Per Auto dafür schnell und bequem. Hwy. 9, die Durchgangsstraße durch den Park, hat gute Anschlüsse sowohl im Osten als auch im Westen: Hwy. 89 zum Bryce Canyon (135 km, ca. 1,5 Std.) oder nach Kanab (65 km, ca. 45 Min.) und von dort weiter zum Grand Canyon. Interstate 15 nach St. George (7o km, ca. 45 Min.) oder Richtung Norden nach Salt Lake City (48o km, ca. 5 Std.).

Nach Schneefällen werden die Straßen im Park geräumt. Ausnahme ist Kolob Terrace Road zum Lava Point, die im Winter in der Regel gesperrt ist. Wegen des ständig wachsenden Besucherandrangs wird überlegt, ob Zion Canyon zukünftig nur per Shuttle Bus zugänglich sein soll. Beschränkungen für größere Wohnmobile gibt es bereits.

ZION NATIONAL PARK --> ARIZONA

65 km, ca. 1 Std. bis Kanab, kurz vor der Grenze zwischen Utah und Arizona. Zunächst noch im Nationalpark über den spektakulären Zion-Mt. Carmel Highway (Beschreibung siehe Zion NP). In MT. CARMEL JUNCTION markieren ein paar Motels und Tankstellen den Scheideweg: nach Norden zum Bryce Canyon oder nach Süden zum Grand Canyon.

CORAL PINK SAND DUNES: Kurz hinter Mt. Carmel Junction die Abzweigung zu einer der schönsten und ungewöhnlichsten Dünenlandschaften des Südwestens (knapp 2o km). Inmitten der Hochebene des Colorado Plateau die lachs- und aprikosenfarbenen Sanddünen. Ein knallbunter Fleck in der sonst eher grauen Umgebung. Teilweise bewachsen mit Pflanzen, Blumen und niedrigen Büschen; andernorts liegt der Sand bloß und ist vom Wind zu ständig wechselnden Formen aufgeweht. Über einen großen Teil des Geländes knattern die Dünen-Buggies (keine Vermietung); eine kleine Sektion ist abgesperrt zum Wandern und für sonstige Nutzung. Schöner Picknickplatz am Dünenrand. Zufahrt pro PKW 3 US.

Die Färbung der Dünen stammt aus einem hohen Anteil von Eisenoxyd im Sand. Es ist der gleiche Sand, der vor Millionen von Jahren auf dem Colorado Plateau abgelagert wurde und aus dem die Felsmonumente von Zion und Bryce Canyon bestehen. Dort wurde er durch Druck und chemische Prozesse in Sandstein verwandelt, hier liegt er lose auf der Ebene und wird von den Südwinden zu Dünen aufgeweht.

Gepflegter Campground am Rande der Dünen auf sandigem Untergrund. Viele Bäume geben Schatten und trennen die großzügig angelegten Stellplätze. Saubere sanitäre Anlagen inkl. Duschen. Stellplatz 9 US, einschließlich Zufahrt zum State Park.

Zurück auf Hwy. 89 Richtung Kanab und Arizona über die Abkürzungsstraße, die entgegen den Angaben auf vielen Karten inzwischen asphaltiert ist.

MOQUI CAVE: Ca. 8 km nördlich von Kanab, direkt an der Straße. Sandsteinhöhle im Privatbesitz mit Museum. Fundstücke prähistorischer Indianerkulturen, Mineralien, Fossilien. Zusammengetragen aus vielen Teilen des Südwestens. Geöffnet im Sommer Mo-Sa von 8.3o-19.3o Uhr, außerhalb der Saison eingeschränkte Zeiten.

✶Kanab (3.5oo Einw)

Hier laufen sämtliche Straßen zwischen Arizona und dem südwestlichen Utah zusammen, der Ort liegt zwischen den Touristenhochburgen Zion, Bryce Canyon, Grand Canyon und Lake Powell. Entsprechend das Ambiente: Außer den gewohnten Motels und Tankstellen entlang der Durchgangsstraße ist nicht viel los. Selbst als Übernachtungsstop ist Kanab nur bedingt brauchbar, da die Entfernungen zwischen den großen Nationalparks bequem in wenigen Stunden zurückzulegen sind.

Gute Gelegenheit allerdings, sich mit Lebensmitteln einzudecken, da die Läden in den Nationalparks nicht übermäßig gut bestückt und relativ teuer sind. IGA SUPER-CENTER, Hwy. 89 Nähe Kreuzung mit Hwy. 89A: großer Supermarkt mit Abteilungen für Obst, Gemüse und Fleisch.

Wer zufällig an einem der großen amerikanischen Feiertage in Zion oder am Grand Canyon auftaucht und dort kein Hotelzimmer mehr bekommt, kann im Notfall nach Kanab ausweichen.

Übernachtung dort entweder traditionell in der "Parry Lodge" (89 E. Center St., Tel. 644-2601, DZ ab 48 US während der Sommersaison), wo an den Türen noch die Namen der Filmstars von John Wayne bis Telly Savalas stehen, die hier im Rahmen von Dreharbeiten übernachtet haben; oder modern und komfortabel im "Red Hills Motel", 124 W. Center St., Tel. 644-2675, DZ je nach Saison und Größe 5o-75 US. Beide Häuser mit SW-Pool, den man im Sommer hier auch gebrauchen kann. Weitere Motels aufgereiht entlang der Durchgangsstraße.

Juhe Die preiswerteste Übernachtungsalternative in Kanab ist das "Canyonlands International Youth Hostel", 143 E. 1oo South St., Tel. 644-5554. Einfache Schlafsäle und Aufenthaltsräume; Küche und Waschmaschine. Ca. 9 US pro Person inkl. Frühstück und Bettwäsche.

VERMILION CLIFFS: Rund um Kanab und entlang Hwy. 89 eine Landschaft, die aus zahlreichen Wildwest-Filmen bekannt ist. Die rötlichen Plateaus mit wüstenhafter Vegetation tauchten in rund hundert Hollywood-Western auf. Die meisten waren zweitklassige Filme der vierziger und fünfziger Jahre; aber auch Außenaufnahmen für "Stagecoach" oder "Planet of the Apes" wurden hier gedreht. Außerdem Fernsehserien wie "Lassie" und "Gunsmoke".

PARIA CANYON: Malerischer Sandsteincanyon im Grenzgebiet zwischen Utah und Arizona. Die bunten Gesteinsschichten der Canyonwände zieren so manches Titelfoto von Bildbänden über den Südwesten. Die schönsten Stellen dieses bis zu 600 m tiefen Canyons sind jedoch nur per langer und schwierig zu organisierender Wanderung zu erreichen.

WANDERN

Paria Canyon ist eines der attraktivsten, aber auch problematischsten Wandergebiete im gesamten Südwesten. Nur zu empfehlen für erfahrene Wanderer und nach vorheriger Rücksprache hinsichtlich Wetter- und Trailbedingungen mit den Rangern in Kanab (Bureau of Land Management, 318 N. 1oo East St., Tel. 644-2672). Dort erhält man auch das notwendige "permit" sowie eine Karte und weitere Informationen über diesen knapp 6o km langen Trail, der in Utah beginnt (Hwy. 89 zwischen Kanab und Page) und in Lees Ferry/Arizona endet (Mündung des Paria River in den Colorado).

Häufige Flußdurchquerungen, weiche Sandbänke und im Sommer die Gefahr von plötzlichen Regenfällen, die den Fluß anschwellen lassen, machen die Tour schwierig und unter Umständen gefährlich. Wanderung daher nur erlaubt von Utah aus, da im obersten Teil die für "flash floods" besonders problematischen Engstellen existieren. Nach ca. 4-5 Tagen Wanderung besteht dann noch das Problem des Rücktransports zum Ausgangspunkt, wo man vermutlich sein Auto zurückgelassen hat. Öffentliche Verkehrsmittel stehen nicht zur Verfügung.

INDEX:

A
Abajo Peak 55o
Abo 432
Acoma Pueblo 345
Ajo 323
Ajo Mountain Drive 326
Alamogordo 153, 449
Albuquerque 9, 25, **356**
Alpine 274
Alpine Loop 512
Anasazi 1o9, 347, 354, 463
Angel Fire 4o6
Angel Peak 35o
Antelope Island 491
Antelope Mesa 215
Apache Junction 268
Apache Lake 269
Apache Pass 142
Apache Trail 268
Apachen 119, 141, 275
Arches NP 538
Arcosanti 238
Arizona Strip 2o1
Arizonac 126
Artesia 422
Aztec 353
Aztec Ruins 353

B
Bacavi 216
Baja California 316
Bandelier NM 394
Bear Lake 5oo
Beaver 515
Bicentennial Highway 55o, 554
Big Cottonwood Canyon 492
Bingham Canyon 493
Biosphere 2 3o9
Bisbee 281
Bisti Wilderness 353
Black Mesa 116, 2o8

Blanding 55o
Bloomfield 35o
Bonneville Salt Flats 5o6
Book Cliffs 529
Boulder Mountain 565
Brian Head 574
Brigham City 5o1
Bryce Canyon NP 568
Bullfrog Marina 556
Bullhead City 337
Burr Trail 567

C
Caballo Lake 435
Cabeza Prieta 328
California-Trail 133
Camino Real 435
Camp Verde 229
Canyon de Chelly 141, **2o9**
Canyon del Muerto 211
Canyon Lake 269
Canyonlands NP 541
Capitan 452
Capitol Reef NP 559
Capulin Volcano NM 414
Carlsbad 423
Carlsbad Caverns NP 425
Casa Grande NM 263
Castle Dale 529
Catalina SP 312
Cedar Breaks NM 574
Cedar City 578
Cedar Springs Marina 524
Cerrillos 371
Chaco Canyon 111
Chaco Culture NP 346
Chama 4o7
Cheyenne 145, 5o1
Chicago 12, 14, 166
Chihuahua Desert 92
Chimayó 397
Chimney Rock 461

Chiricahua NM 279
Chloride 161
Chuska Mountains 355
Cíbola 125
Cimarron 415
Cimarron Canyon 4o7
City of Rocks SP 444
Clarkdale 231
Clayton 413
Cleveland Lloyd Dinosaur Quarry 528
Clifton 274
Cloudcroft 453
Clovis 421
Colorado Plateau 89
Colorado River 89, 93, 547
Colorado River Canyons 54o
Colossal Cave 314
Colton Crater 18o
Columbus 446
Coral Pink Sand Dunes 586
Coronade SM 361
Coronado NM 283
Coronado Peak 283
Coronado Trail 273
Cortez 469
Cottonwood 23o
Crater Range 328

D

Datil 437
Davis Dam 337
Davis Montahan Air Force Base 315
Dead Horse Point SP 542
Deer Creek Reservoir 512
Delta 5o9
Deming 445
Denver 1o, 145, 414
Deseret 131
Dinosaur NM 521
Dividend 5o8
Dixie Nat. Forest 573, 577
Dolores 471
Douglas 28o
Duchesne 526
Duncan 276
Durango 31, **456**
Eagle Nest 4o7

E

El Malpais NM 344
El Morro NM 341
El Paso 424
Elephant Butte Lake 435
Enchanted Circle 4o7
Escalante 566
Española 397
Eureka 5o8
Evanston 5o5

F

Fairfield 5o8
Fairview 516
Farmington 35o
Fillmore 515
First Mesa 215
Flagstaff 166, **168**, 221
Flaming Gorge 523
Florence 266
Florida 126
Fort Apache 273
Fort Bowie NM 278
Fort Bridger 525
Fort Huachuca 284
Fort Lowell 298
Fort Sumner 118, **42o**
Fort Union 415
Fort Verde SP 229
Fossil Butte NM 5o1
Four Corners 89, 35o
Four Corners Monument 473
Fredonia 2o1

G

Gallinas Canyon 42o
Gallup 339
Ganado 213
Garden City 5oo
Gates of Lodore 524
Gates Pass 316

Georgetown 32
Gila Bend 328
Gila Cliff Dwellings NM 443
Gila River 121
Glen Canyon 2o2, 555
Glen Canyon Dam 2o3
Glenwood 438
Globe 27o
Goblin Valley 558
Golden 371
Golden Shores 166
Golden Spike NHS 499, 5o1
Goldfield 268
Goosenecks State Reserve 552
Grafton 58o
Gran Quivira 432
Grand Canyon 32, **181**
Grand Canyon Caverns 168
Grand Canyon Village 186
Grand Circle 456
Grand Falls 181
Grand Teton NP 5o1
Granite Dells 233
Grants 342
Great Basin Desert 92
Great Basin NP 5o9
Great Salt Lake 49o, 5o1
Great Salt Lake SP 491
Green River 524, 533, 547
Greer 273
Guadalupe Hidalgo 129
Guadalupe Mountains NP 424

H

Halls Crossing 555
Halls Crossing Marina 556
Hanford 152
Hanksville 558
Hano 215
Hastings-Cutoff 133
Heber City 511
Hell's Backbone Road 567
Helper 526
High Desert 339
Highway 666 273
Hiroshima 154

Hite Crossing 555
Hobbs 422
Hohokam 1o5
Holbrook 219
Hole in the Rock Road 567
Hoover Dam 94, 161
Hopi 115
Hopi Mesas 214
Hotevilla 216
Hovenweep NM 471, 551
Hubbell Trading Post 213

I

Ibapah 5o8
Idaho 5oo
Ignacio 461
Illinois 13o
Island in the Sky 543
Isleta Pueblo 435

J

Jacob Lake 2o1
Jemez Pueblo 39o, 396
Jemez Springs 396
Jemez State Monument 396
Jerome 231
Jornada del Muerto 435

K

Kalifornien 12, 167
Kanab 587
Kayenta 161
Kingman 161
Kitt Peak 322
Kodachrome Basin 566
Kofa 334
Kolob Canyons 583
Kuaua Pueblo 361
Kykotsmovi 216

L

La Cueva 4o8
La Sal Mountains 54o
Laguna Pueblo 346

Lake Bonneville 508
Lake Havasu City 335
Lake Mead 161
Lake Mohave 337
Lake Patagonia 289
Lake Powell/Arizona 202
Lake Powell/Utah 555
Laramie 501
Las Cruces 447
Las Trampas 397
Las Vegas/Nevada 10, 12, 161
Las Vegas/New Mexico 416
Laughlin 337
Lees Ferry 201
Legacy Loop 579
Lenox Crater 180
Lincoln 452
Little Colorado River Gorge 180
Little Cottonwood Canyon 492
Little Sahara 508
Logan 495
Logan Canyon 500
Long Valley 573
Long Valley Junction 573
Lordsburg 444
Los Alamos 151, 154, **391**
Los Angeles 10, 12, 17, 165, 166
Lost Dutchman SP 268
Louisiana-Territory 126, 128
Lukeville 327

M

Madrid 371
Magdalena 436
Mammoth 508
Manila 525
Manti 517
Marble Canyon 202
Markagunt Plateau 573
Mesa 256
Mesa Verde 111
Mesa Verde NP 463
Mesilla 447
Meteor Crater 221
Mexican Hat 551

Mexiko 127, 289, 291
Miami/Florida 13
Miami/Arizona 272
Mimbres 108
Mimbres River 443
Mishongnoki 216
Moab 535
Mogollon 107, 437
Mogollon Rim 230
Mojave Desert 92
Mokee Dugway 52
Montezuma 420
Montezuma Castle NM 228
Monticello 548
Monument Valley 207
Mora 408
Morenci 274
Mormonen 130, 475
Mount Carmel Junction 586
Mount Graham 274
Mount Lemmon 312
Mountainair 432

N

Nagasaki 154
Nambe Pueblo 389
Natural Bridges NM 553
Navajo 117, 141, 214
Navajo Lake 573
Navajo NM 205
Nebo Scenic Loop 515
Nephi 515
Nevada 506
New Orleans 13, 128
New York 11
Newcastle 579
Nine Mile Canyon 529
Nogales 289
North Rim, Grand Canyon 196

O

Oak Creek Canyon 224
Oak Ridge 152
Oatman 165
Ogden 502

Old Oraibi 216
Old Tucson 316
Old West Highway 275
Oregon-Territory 128
Organ Pipe Cactus NM 325
Ouray 462
O'Leary Peak 18o

P

Page 2o4
Pained Rocks 328
Painted Desert 2o4
Paiute 121
Palisade SP 517
Palisades Sill 4o7
Palm Canyon 334
Panguitch Lake 573
Papago 12o
Paria Canyon 588
Paria River 2o2
Park City 5o9
Parker 334
Parker Dam 334
Parowan 516
Patagonia 289
Paunsaugunt Plateau 568
Payson 23o, 515
Peach Springs 167
Pearl Harbor 5o9
Pecos NHP 385
Petrified Forest NP 216
Petroglyph NM 36o
Phoenix 9, 25, **239**
Picuris Pueblo 389
Pima 12o, 276
Pinetop-Lakeside 273
Pinos Altos 441
Pipe Spring NM 2o1
Pocatello 5oo
Polacca 215
Portales 422
Potsdam 153
Prescott 233
Price 526
Promontory Point 136, 139, 499
Provo 514

Provo Canyon 512
Pueblo Grande 244
Pueblo-Indianer 113
Puerto Blanco Drive 326
Puye Cliff Dwellings 396

Q

Quarai 432
Quartzsite 334
Quitobaquito 327

R

Rainbow Bridge NM 2o4, 557
Raton 411
Raton Pass 414
Red Canyon 524, 573
Red River 4o6
Red Rock Country 223
Red Rock SP 341
Reserve 437
Rio Grande Gorge 4o2
Rockhound SP 446
Rockville 58o
Rocky Mountains 137
Roosevelt Dam 269
Roosevelt Lake 269
Ropere Lake 275
Roswell 422
Route 66 166, 337
Ruidoso 452

S

Sabino Canyon 312
Sacaton 263
Sacramento Mountains 451
Sacramento Peak 453
Safford 274, 276
Sagebrush Country 5o7
Saguaro NM East 313
Saguaro NM West 317
Salado 1o6
Salina NM 429
Salmon Ruins 35o
Salt Lake City 1o, 25, 131, **475**
Salt River 27o

Saltair 491
San Agustin Pass 448
San Agustin Plains 436
San Carlos 119, 142, 275
San Carlos Lake 276
San Francisco 12, 17
San Francisco Hot Springs 438
San Francisco Peaks 176
San Francisco Volcanic Field 180
San Ildefonso Pueblo 389
San Juan Pueblo 389
San Juan River 552
San Juan Skyway 462
San Rafael Swell 529, 530
San Xavier del Bac 292, 315
Sandia Crest 361
Santa Ana Pueblo 390
Santa Clara Pueblo 389
Santa Fe 127, **371**
Santa Fe Trail 127, 372, 416
Santa Rosa 420
Saratoga Resort 515
Sawtooth Nat. Forest 499
Scottsdale 259
Second Mesa 216
Sedona 223
Seligman 168
Sells 322
Senita Basin 327
Shakespeare 444
Sheep Creek Geological Area 524
Shipaulovi 216
Shiprock 355
Show Low 273
Shungopavi 216
Sichomovi 215
Sierra Nevada 136
Sierra Vista 283
Sigurd 517
Silver City 438
Silverton 31, 462
Sinagua 108, 176, 228
Sipapu 406
Sky City 345
Slide Rock SP 224
Snow Canyon SP 579

Socorro 432
Sonoita 289
Sonora Desert 92, 319
South Rim, Grand Canyon 183
SP Crater 180
Spring City 516
Springville 516
St. George 579
Stein's Ghost Town 445
Strawberry Crater 180
Sundance 512
Sunset Crater NM 178
Supai 167
Sycamore Canyon 224

T

Taliesin West 260
Taos 398
Taos Pueblo 401
Taos Ski Valley 405
Telluride 462
Tempe 255
Tesuque Pueblo 389
Texas 128
Thatcher 276
The Gap 204
The Maze 547
The Needles 545
The Wedge 529
Third Mesa 216
Three River Petroglyphs 451
Timpanogos Cave NM 513
Tintic Mining District 508
Tombstone 284
Tonto Natural Bridge 230
Tonto NM 107, 270
Tooele 507
Topaz Camp 509
Topock Gorge 337
Tortilla Flat 269
Truchas 397
Truth of Consequences 435
Tsegi 205
Tuba City 204
Tubac 292
Tucson 9, **292**

Tucumcari 42o
Tularosa Basin 448
Tmacacori NHP 291
Turquoise Trail 371
Tuzigoot NM 23o
Tyrone 439

U

Utah Lake 515
Utah Lake SP 515
Utah-Territory 132
Ute 121
Ute Mountain Tribal Park 472

V

Valle Grande 396
Valley of Fires 451
Valley of the Gods 551
Vermilion Cliffs 2o1, 587
Vernal 519
Very Large Array 436
Virgin 58o

W

Wahweap Marina 2o3
Walnut Canyon NM 176
Walpi 215
Wasatch Mountains 5o9
Wellington 529
Wendover 5o6
White Canyon 554
White Mountain 273
White Sands Missile Range 448
White Sands NM 448
Whiteriver 273
Why 322
Wickenburg 238
Willard Bay SP 5o1
Willcox 276
Williams 32, 168
Window Rock 214, 355
Wupatki NM 1o9, 178
Wyoming 5o1, 5o5, 523, 525

Y

Yarnell 238
Yellowstone NP 1o1, 5oo
Yuma 133, **328**

Z

Zia Pueblo 39o
Zion Canyon 581
Zion NP 581
Zuni Pueblo 341

PERSONEN INDEX

A/B
Allen, Rex 277
Bandelier, Adolph 111, 394
Bass, Edward 3o9
Billy the Kid 147, 421, 438, 452
Burris, Dutch Charlie 14o

C/D
Carson, Kit 141, 398, 4oo, 416
Cassidy, Butch 148
Churchill, Winston 153
Clum, John P. 286
Cochise 141, 278
Cole, Nat King 167
Coolidge, Calvin 426
Doc Holiday 147, 416
Douglass, A.E. 111

E/F
Earp, Virgil 284
Earp, Wyatt 147, 284
Einstein, Albert 151
Fermi, Enrico 152, 154
Ford, John 2o7
Fremont, John C. 296
Fuchs, Klaus 152

G/H
Garrett, Pat 147, 421, 452
Geronimo 142, 278
Grant, Ulysses 137
Hahn, Otto 151
Holly, Buddy 421
Houston, Sam 13o
Hubbell, John L. 213

J/K
James, Jesse 14o, 416
Jefferson, Thomas 128
Kino, Eusebio 12o, 315

L/M
Lawrence, D.H. 398, 4o7
Lincoln, Abraham 135
McCarthy, Joseph 123
Muir, John 1o2

N/O
Nichols, John 397
Nuñez, Alvar 125
Oñate, Juan de 126, 342
Oppenheimer, J. Robert 152, 154, 391

O'Keefe, Georgia 398

P/R

Pershing, Sam 446
Place, Etta 148
Polk, James 129
Redford, Robert 397, 512
Rolling Stones 167
Roosevelt, Franklin D. 5o9, 122, 151
Roosevelt, Theodore 418

S/T

Scheiffelin, Ed 284
Sherman, William 142
Smith, Joseph 13o, 132
Soleri, Paolo 238
Stalin, Josef 153
Stanford, Leland 137
Steinbeck, John 167
Sundance Kid 148
Taft, William 15o
Teller, Edward 152
Tombaugh, Clyde 17o
Truman, Harry 152, 154

V/W/Y

Vásquez de Coronado, Francisco 125, 274
Velasco, Carlos 294
Villa, Pancho 446
Wetherill, Richard 111
Wilson, Woodrow 446
Wright, Frank Lloyd 238, 26o
Young, Brigham 131, 479

NOTIZEN

NOTIZEN

NOTIZEN

NOTIZEN

NOTIZEN

NOTIZEN

VERLAGS PROGRAMM

Reihe unkonventioneller Reiseführer im Verlag Martin Velbinger, München. Mit vielen Tips vollgepackt, – alles, was man zur Planung und für unterwegs braucht. Die Fülle hilfreicher Details und Infos zu – Hotels – Restaurants – Verbindungen – Sport – Stränden etc. besticht, der locker- lebendige Stil macht Freude zum Lesen und motiviert zum Selbstentdecken und Ausprobieren. – "Eine Reihe von ungemein hohem Gebrauchswert" –

> "Ein oder zwei Tips können schon den Kaufpreis des Buches wieder einsparen!"

VERLAG MARTIN VELBINGER

Bahnhofstr. 1o6   82166   Gräfelfing / München
TEL: (089) - 85 10 19   FAX: (089) - 85 43 253

✂

COUPON

Ich bestelle hiermit folgende VELBINGER REISEFÜHRER:

Anzahl	Titel	Preis DM

✏

....
....
....
....

(zuzügl. Versandspesen 7 DM)   Summe ....

☐ Summe liegt per Verrechnungsscheck bei
☐ Summe wurde auf Psch. Kto. München 2o 65 6o - 8o8 überwiesen

MEINE ADRESSE:
....
....
....

....
(Datum, Unterschrift)

Coupon ausfüllen und Verrechnungsscheck beilegen, bzw. Überweisung auf Postscheckkonto.

VERLAG MARTIN VELBINGER

Bahnhofstr. 1o6 82166 Gräfelfing Tel: o89-85 1o 19 Fax: o89-85 43 253

TITELÜBERSICHT

SÜDOST - EUROPA

Bd. o4	Griechenland/Gesamt	44,- DM
Bd. 3o	Griechenland/Kykladen	36,- DM
Bd. 32	Griechenland/Dodekanes	36,- DM
Bd. 21	Kreta	42,- DM
Bd. 35	Ungarn	32,- DM
Bd. 41	Österreich/Ost	32,- DM
Bd. 42	Österreich/West	32,- DM
Bd. 16	Jugoslawien/Gesamt	36,- DM
Bd. 34	Jugoslawien/Inseln-Küste	32,- DM

SÜD - EUROPA

Bd. 11	Toscana/Elba	36,- DM
Bd. 15	Golf von Neapel/Campanien	36,- DM
Bd. 12	Süditalien	36,- DM
Bd. 14	Sardinien	39,8o DM
Bd. 23	Sizilien/Eolische Inseln	39,8o DM
Bd. o6	Südfrankreich	42,- DM
Bd. 46	Côte d'Azur/Provence	42,- DM
Bd. 13	Korsika	39,8o DM

SÜDWEST - EUROPA

| Bd. o5 | Portugal/Azoren/Madeira | 46,- DM |
| Bd. 48 | Andalusien | 36,- DM |

WEST - EUROPA

Bd. 25	Bretagne/Normandie/Kanalinseln	46,- DM
Bd. 26	Französische Atlantikküste/Loire	42,- DM
Bd. 24	Irland	42,- DM
Bd. 17	Schottland	42,- DM
Bd. 57	Wales	32,- DM
Bd. 27	Südengland	44,- DM

NORD - EUROPA

Bd. 18	Schweden	44,- DM
Bd. 28	Skandinavien/Nord	39,8o DM
Bd. 29	Finnland	44,- DM
Bd. 5o	Dänemark	44,- DM
Bd. 19	Norwegen/Süd-Mitte	46,- DM

STÄDTEFÜHRER

| Bd. o7 | Paris | 36,- DM |
| Bd. 1o | Wien | 29,8o DM |

AMERIKA

Bd. 53	USA/Kalifornien	46,-- DM
Bd. 54	USA/Oregon Washington	46,-- DM
Bd. 58	USA/Südwesten	46,-- DM
Bd. o8	Bahamas/Florida	26,8o DM
Bd. o2	Südl. Karibik	39,8o DM
Bd. o3	Mexiko	42,-- DM
Bd. 36	Chile/Antarktis/	42,-- DM
Bd. 37	Venezuela/Guyanas	39,8o DM
Bd. 38	Kolumbien/Ecuador	39,8o DM
Bd. 39	Brasilien	39,8o DM
Bd. 56	Argentinien Paraguay/Urug.	39,8o DM

NAHER OSTEN/AFRIKA

Bd. 44	Togo	32,- DM
Bd. 43	Kenya	36,- DM
Bd. 51	Marokko	36,- DM

Warum nicht mal was total Neues ausprobieren?

Chile Zunächst mal: "am Ende der Welt" (aus europäischer Weltkugel-Sicht). Der 4.000 km lange Handtuch- Schlauch Chile (maxim. 250 km breit) zieht sich durch alle Klima- und Vegetationszonen:

* im Norden endlose Wüsten am Pazifik mit großartigen und einsamen Stränden, in der Wüste verlassene Wildwestsiedlungen der Salpeterzeit

* oft nur über 150 km landein über steile Andenpisten rauf in 4.000 m zu Salzseen vor der grandiosen Kulisse der 6.000-er Vulkankette. Jede Menge an off-road Pisten und Freiraum an Abenteuer, wie es der Geländewagenfahrer in Europa nie findet!

* Santiago, die Hauptstadt, massiv smogbelastet. So doch gute Restaurants und Ausgangspunkt für die Erschließung des Landes, die ab Santiago sternförmig beginnen.

* Robinson Crusoe Insel: 700 km der Pazifikküste vorgelagert. Der rund 1.000 m hohe Inselgipfel ist dicht mit Urwäldern überwuchert. In früheren Jahrhunderten Pirateninsel, wo die Schiffe ausgebessert wurden. Hier lebte Alexander Selkirk, ein schottischer Seemann, der 1704 hier ausgesetzt wurde und in totaler Einsamkeit 4 Jahre und 4 Monate wartete, bis das nächste vorbeikommende Schiff ihn wieder aufnahm.

  Selkirk diente später als Vorbild für die Romanfigur Robinson Crusoe (geschrieben von Daniel Defoe, wurde Weltbestseller). Auch heute noch ist der Besuch der Insel ein gewisses Abenteuer, da die Insel nur mit kleinen Propeller- Sportflugzeugen erreicht werden kann, und man bei schlechtem Wetter oft auf Tage festhängt. Excellent die fangfrischen Lobster, - ein touristisches Zielgebiet fernab des Gängigen.

* Osterinsel: per se hochkarätig bei Chile- Besuch. Knapp 4.000 km westlich der Küste im Pazifik mit dem Mysterium der rund 300 Steinfiguren.

* Chilenisches Seengebiet: zählt zum Schönsten, was Südamerika an Natur, Weitläufigkeit, Vulkanen und Natur zu bieten hat. Zieht sich zwischen Andenketten mit engen fjordähnlichen Seen (und Fährüberfahrten) rüber nach Argentinien. Vielzahl an Querverbindungen auch per Schiff.

* Insel Chiloe: wer auf Meeresfrüchte steht (Muscheln, Austern etc.) fangfrisch wie an kaum anderer Stelle der Welt. Chile versorgt insbesondere auch Europa mit seinen Produkten.

* Carretera Austral: führt definitiv in Pioniergebiete entlang eng eingeschnittener Fjorde, Vulkane und Gletschergebiete. Vielfach auch Naturschutzparks, großartige Natur in Weitläufigkeit und Einsamkeit fernab des 08/15- Tourismus.

* Absolutes Highlight ist die Fahrt von Pto. Montt per Schiff 3 Tage nach Pto. Natales durch die endlosen Fjorde der südchilenischen Pazifik-Küste. Im Gegensatz zu Norwegen so gut wie nicht bewohnt, - und ein Trip ans Ende der Welt.